1781

Colin Forbes

FEUERKREUZ

Deutsch von Christel Wiemken

Hoffmann und Campe

Titel der Originalausgabe: »Cross of Fire«
Erschienen bei Pan Books Ltd., London, Sydney and Auckland 1992

Die Deutsche Bibliothek – CIP-Einheitsaufnahme

Forbes, Colin:
Feuerkreuz : Roman / Colin Forbes.
Aus dem Engl. von Christel Wiemken. –
1. Aufl. – Hamburg : Hoffmann und Campe, 1992
ISBN 3-455-02049-6

Schutzumschlag- und Einbandgestaltung: Werner Rebhuhn
Gesetzt aus der Garamond
Satz: Utesch Satztechnik, Hamburg
Druck- und Bindearbeiten: Mohndruck, Gütersloh
Printed in Germany

Für Jane

Vorbemerkung des Autors

Die Figuren dieses Romans entstammen der Phantasie des Autors und stehen in keinerlei Verhältnis zu lebenden Personen. Auch der Landsitz »Grenville Grange« existiert nicht.

Inhalt

Vorspiel

November.

Paula Grey rannte um ihr Leben.

Unter einem stürmischen Himmel in Suffolk, England, rannte sie über die schwammige Marsch auf ein dichtes Wäldchen aus Nadelbäumen zu. Durch das Heulen des vom Meer her wehenden Windes hindurch hörte sie wieder das Bellen der Hunde, die Rufe der Männer, die sie verfolgten.

Sie warf einen Blick über die Schulter. Ihre Freundin Karin Rosewater war ein ganzes Stück hinter ihr; sie hatte Schwierigkeiten mit dem trügerischen Gelände. Paula dachte kurz daran, zurückzulaufen und sie zur Eile zu drängen, aber die Männer, die sie verfolgten, holten immer mehr auf.

»Zu den Bäumen, Karin«, rief sie.

Doch ihre Stimme wurde von dem zunehmenden Wind davongetragen. Sie rannte weiter, rannte, so schnell sie konnte, rang angsterfüllt nach Luft. Dann befand sie sich im Schutz der dunklen Tannen. Mit Jeans und einem Anorak bekleidet, rannte sie tiefer in das kleine Wäldchen hinein. Das Bellen der wütenden Hunde war jetzt näher. Es gab kein Entkommen.

Aber sie *mußte* entkommen. In der Deckung des Wäldchens schaute sie an einer riesigen Tanne hoch, die ihre Zweige ausstreckte wie Hände, die sie ergreifen wollten. Ihre Jeans steckten in Lederstiefeln mit Profilsohlen. Sie ergriff einen der unteren Äste, zog sich an dem massigen Stamm hoch, zwang sich zu schneller Bewegung. Ihre Stiefel waren naß, weil sie vor ein paar Minuten durch einen Bach gewatet war. Sie setzte ihren Aufstieg fort wie ein behender Affe und dankte Gott, daß sie in guter körperlicher Verfassung war.

Nahe dem Wipfel der Tanne, die die anderen Bäume ringsum überragte, ließ sie sich mit dem Rücken zum Stamm auf einem Ast nieder und versuchte, wieder zu Atem zu kommen. Sie schaute hinunter und stellte fest, daß sie, von einer kleinen Lücke abgesehen, vor Blicken von unten gut verborgen war. Die Dämmerung brach herein, und sie schaute hinunter auf die Marsch, in die Richtung des Flusses Alde. Zu ihrem Entsetzen sah sie, daß Karin ins Offene lief und auf ein kleines Boot zustrebte, das in einem

Bach lag, der in den Jachthafen mündete. Die Jäger waren ihr dicht auf den Fersen. Paula hörte unter sich ein Geräusch, warf einen Blick hinunter, erstarrte vor Angst.
Ein großer Schäferhund, von seinem Führer von der Leine gelassen, beschnüffelte den Stamm der Tanne. Sie wartete darauf, daß er den Kopf hob, hinaufschaute zu ihrem Versteck. Zwei der Verfolger tauchten auf. Hochgewachsene Männer, die Sturmhauben mit Sehschlitzen trugen und Tarnanzüge, die in Militärstiefeln steckten. Beide Männer waren mit Gewehren bewaffnet.
Paula griff lautlos in ihre Umhängetasche und holte ihre .32er Browning Automatik heraus. Dann hörte sie, wie weitere Männer durch das Unterholz kamen. Sie waren in der Überzahl. Der Schäferhund umkreiste den Baum. Er schien verwirrt zu sein. Paula erinnerte sich an den Bach, den sie durchquert hatte. Das Tier hatte ihre Spur verloren. Die beiden Jäger zogen weiter. Sie stieß einen Seufzer der Erleichterung aus.
Auf dem Ast sitzend, reckte sie sich hoch und schaute nach Aldeburgh hinüber, dieser merkwürdigen Stadt an der See. Ihr Dächergewirr war in der Dunkelheit verschwunden. Sie erhaschte einen kurzen Blick auf einen Streifen Wasser mit weißen Schaumkronen; dann verschwand auch er in der mondlosen Dunkelheit.
Wo ist Karin? fragte sie sich.
Wie als Antwort auf ihre besorgte Frage hörte sie einen durchdringenden Schrei, der die Stille der Marsch zerriß. Er kam aus der Richtung des Bootes, auf das Karin zugerannt war. Dann brach der Entsetzensschrei plötzlich ab. Die Stille danach war beängstigend. Großer Gott! Hatten sie Karin eingeholt? Was hatten sie mit ihr gemacht?
Vor Kälte zitternd, knöpfte sie ihren Anorak bis zum Hals zu; dann schaute sie auf das Leuchtzifferblatt ihrer Armbanduhr. Halb sechs. Ihre Erfahrung sagte ihr, daß sie warten mußte. Die Jäger wußten, daß sie zwei Frauen verfolgt hatten. Und sie hörte nach wie vor, wenn auch in einiger Entfernung, das Bellen der Hunde.
Ihre Beine begannen zu schmerzen – die Reaktion auf die verzweifelte Flucht über die Marsch und auf die Anstrengung, reglos auf dem Ast zu sitzen. Der Wind peitschte die kleineren Äste, stachlige Zweige wischten über ihr Gesicht. Sie wartete bis halb sieben, bevor sie das Mobiltelefon aus der Tasche ihres Anoraks zog. Seit einer Dreiviertelstunde hatte sie die Jäger nicht mehr gesehen oder gehört. Ihre Finger waren klamm vor Kälte, als sie die Nummer des SIS-Hauptquartiers am Park Crescent wählte.

Robert Newman, weltweit bekannter Auslandskorrespondent, steuerte seinen Mercedes 280 E auf der A 1094 durch die Nacht und verlangsamte seine Fahrt auch nicht, als er durch die High Street von Aldeburgh fuhr, die einen gespenstisch verlassenen Eindruck machte. Er war zufällig am Park Crescent gewesen, als Paulas Hilferuf kam.

Neben ihm saß Marler, schlank und klein, der beste Scharfschütze in ganz Westeuropa. Sein Armalite-Gewehr lag auf seinem Schoß. Im Fond saß Harry Butler, ein Mann in den Dreißigern, ein glattrasierter, kräftig gebauter Mann, der nicht viel Worte machte, und neben ihm sein jüngerer Partner Pete Nield, schlanker als er, immer elegant gekleidet und mit einem säuberlich gestutzten schwarzen Schnurrbart.

In einem Schulterholster trug Newman, mittelgroß und Anfang Vierzig, den von ihm bevorzugten Smith & Wessen Special. Butler war mit einer 7.65 mm Walther bewaffnet; auch Nield hatte eine Walther.

Von den Männern im Wagen war Newman der einzige, der kein regulärer Mitarbeiter des Geheimdienstes war. Aber er hatte alle Sicherheitsüberprüfungen bestanden und schon mehrfach bei gefährlichen Missionen mitgeholfen. Außerdem mochte er Paula, die gleichfalls dem SIS angehörte.

»Sie wecken ja die Toten auf«, sagte Marler mit seiner herablassenden Stimme.

»Um acht Uhr abends ist in diesem Nest nichts mehr los«, konterte Newman.

»Sie scheinen Ihren Weg zu kennen«, bemerkte Marler.

»Ich kenne ihn. Ich war eine Weile zur Erholung hier. Bin die meiste Zeit spazierengegangen. Ich bin sicher, daß ich uns direkt zu dem Wäldchen bringen kann, das Paula uns am Telefon beschrieben hat...«

»Wenn sie noch dort ist. Ein fürchterlicher Abend, der Wind heult in den höchsten Tönen. Ich möchte wissen, was dahintersteckt.«

»Das werden wir erfahren, wenn wir sie gefunden haben«, sagte Newman ingrimmig und hoffte, daß Marler endlich den Mund hielte.

Newman fuhr mit aufgeblendeten Scheinwerfern. In ihrem Licht wirkte die High Street wie eine Filmkulisse von Läden und Häusern, alt und mit steilen Dächern. Eine unheimliche Atmosphäre.

»Verrücktes Nest«, bemerkte Marler.

»Eigenartig wäre das richtige Wort«, knurrte Newman. »Viel weiter können wir nicht fahren. Vom Stadtrand aus, der vor uns liegt, gehen wir zu Fuß...«

Dort, wo die Stadt aufhörte, wurde die Straße ganz plötzlich unbefahrbar. Im Licht der Scheinwerfer sahen sie einen breiten Kiesweg. Als sie ausstie-

gen, hörten sie durch das Heulen des Windes hindurch das Anbranden der Brecher an die unsichtbare Küste. Es war ein ungewöhnlich stürmischer Abend. Newman stellte fest, daß es acht Uhr war. Als Paula anrief, war es ungefähr halb sieben gewesen.
»Wohin führt dieser Weg?« fragte Marler. »Und was ist das dort für ein Damm, auf dem Kräne stehen?«
»Eine Verstärkung der Deiche gegen die See. Wenn sie durchbricht, überschwemmt sie die Marsch, die wir durchqueren müssen.« Er schaltete die Scheinwerfer aus, schloß den Wagen ab und blieb einen Moment stehen, bis sich seine Augen an die Dunkelheit gewöhnt hatten. »Der Weg führt zum Jachtclub von Slaughden. Das Dorf Slaughden ist vor etlichen Jahren ins Meer gerutscht. Genau wie Dunwich, ein Stück weiter die Küste hinauf. Ich kann das Tannenwäldchen sehen. Beten wir zu Gott, daß Paula noch dort ist. Und am Leben.«
Er führte sie von der Straße herunter auf die Marsch. Die anderen drei Männer hielten automatisch Abstand voneinander, um ein schwierigeres Ziel abzugeben. In ihrer kurzen Nachricht hatte Paula vor Männern mit Gewehren gewarnt. Mit Hilfe einer starken Taschenlampe suchte sich Newman seinen Weg durch das sumpfige Gelände, trat von einem Grasbüschel auf das nächste. Ein falscher Schritt, und er konnte im Schlamm versinken.
Die Abendluft war bitterkalt, aber Newman war kurz in seiner Wohnung gewesen, um knöchelhohe Stiefel anzuziehen. Wie die anderen trug auch er einen wattierten Anorak. Mit der Taschenlampe in der einen und dem Revolver in der anderen Hand war er der erste, der das Wäldchen erreichte und hineinging. Er begann, leise zu rufen.
»Paula? Ich bin es, Bob. – Paula?«
Seine Stiefel drückten das halbverrottete, tote Farnkraut zusammen. Am Stamm der hohen Tanne richtete er seine Taschenlampe aufwärts. Ihr Licht fiel auf sein Gesicht. Er versteifte sich, als ein Zweig zu Boden fiel.
»Bob! Ich bin hier oben! Ich komme herunter. Gott, ist das kalt...«

Er hatte einen Mantel bei sich, den er bei seinem kurzen Besuch in seiner Wohnung in South Kensington mitgenommen hatte. Sie sprang auf den Boden, und er legte den Mantel um sie. Sie schlang die Arme um ihn, und er drückte sie fest an sich.
»Jetzt ist alles wieder gut, Paula.«
»Da waren Männer mit Gewehren.«
»Und wir sind Männer mit Pistolen. Marler, Butler, Nield und ich.«

»Wir müssen sofort nach Karin sehen.«

»Es ist dunkel. Stockfinster ...«

»Wir *müssen* nach ihr sehen«, beharrte sie, machte sich von seiner Umarmung frei. »Ich habe gesehen, in welche Richtung sie lief. Ich kenne diese Gegend. Geben Sie mir die Taschenlampe. Bitte, Bob.«

Sie kamen aus dem Wäldchen heraus, wo Newmans drei Begleiter auf ihn warteten. Paula richtete die Taschenlampe auf den Boden und bewegte sich steif, aber dennoch erstaunlich schnell über die Marsch auf den Jachthafen zu, in dem zahlreiche Boote an Bojen verankert und für den Winter mit Planen abgedeckt waren.

Paula taten alle Glieder weh, aber die Verspannung lockerte sich allmählich, als sie über die Grasbüschel rannte und den öligen Wasserlachen auswich. Fünf Minuten später war sie den Deich hinaufgeklettert, der den Ankerplatz umgab. Sie schaltete die Taschenlampe aus und blieb auf dem schmalen, auf der Deichkrone entlangführenden Fußweg stehen. Ihre Augen gewöhnten sich schnell an die Dunkelheit, und ihr Orientierungssinn war gut gewesen. Sie befand sich ganz in der Nähe des Bootes, auf das Karin zugerannt war, bevor sie diesen entsetzlichen Schrei ausgestoßen hatte.

Sie schaltete die Taschenlampe wieder an und eilte den Fußweg entlang. Jeder Schritt war eine Anstrengung nach dem langen Hocken auf der Tanne, aber ihre Entschlossenheit trug sie voran, und Newman folgte ihr. Der Fußweg auf der Deichkrone war dem von der See her wehenden Wind voll ausgesetzt. Draußen im Hafen schwankten die Masten der vor Anker liegenden Boote. Sie blieb stehen und richtete den Lichtstrahl auf das kleine Boot, das in einiger Entfernung vom Fluß in einem Bach lag.

»Was ist das?« fragte Newman. Er mußte nahezu schreien, um sich verständlich zu machen.

»Sehen Sie das Boot dort? Es ist leer. Das war es, auf das sie zugerannt ist.«

»Sie haben einen Schrei gehört«, erinnerte er sie ruhig. »Ich möchte nicht das Schlimmste annehmen, aber es wird einfacher sein, wenn wir die Gegend bei Tage absuchen.«

»Ich gehe hinunter«, erklärte sie halsstarrig.

Bevor er ihren Arm ergreifen konnte, war sie die feuchte, grasbewachsene Böschung bis zum Ufer des Baches hinuntergeklettert. Er schaute schnell zurück. Marler hatte sich ein Stück weiter hinten auf dem Weg niedergekauert, das Gewehr schußbereit. Butler und Nield waren, in einiger Entfernung voneinander, ebenfalls in die Hocke gegangen. Ihr Rücken war gedeckt. Er kletterte hinter ihr hinunter.

»Das verstehe ich nicht«, sagte Paula, halb zu sich selbst.

Sie schaute in den leeren Rumpf, bewegte den Lichtstrahl vor und zurück. Newman stand neben ihr, nahm ihr die Taschenlampe ab und ließ ihr Licht über ein größeres Areal wandern. Der Strahl bewegte sich über einen weiteren nahen Bach und schwenkte dann langsam zurück.

»Gehen Sie wieder hinauf zu Harry und Pete«, wies er sie mit ernster Stimme an. »Und sagen Sie Marler, er soll zu mir herunterkommen.«

»Was immer da sein mag, ich muß es sehen. Schließlich bin ich erwachsen. Also, was ist da?«

Newman schaltete seine Lampe aus, steckte sie in die Tasche seines Anoraks, legte die Hände an den Mund und rief Marler.

»Harry und Pete sollen bleiben, wo sie sind. Und Sie kommen schnell herunter.«

»Was, um Gottes willen, haben Sie gesehen?«

Paula zerrte aufgeregt an seinem Ärmel. Newman ignorierte es, bis Marler bei ihnen angekommen war, wie immer beherrscht und gelassen.

»Ist etwas? Und wenn ja, was – wenn ich mir die Frage erlauben darf?«

»Kommen Sie mit. Und Sie, Paula, bleiben zurück.«

Er schaltete sein Licht wieder ein und ging vorsichtig am Rande der Marsch entlang bis zum nächsten Bach. Marler blieb ihm dicht auf den Fersen, und Paula folgte ihnen. Newman blieb stehen, schaute zurück auf Paula, schüttelte resignierend den Kopf, hob seine Taschenlampe.

Am Rande des Baches, im stehenden, mit grünem Schleim bedeckten Wasser, lagen die Überreste eines Ruderbootes. Der größte Teil des Rumpfes war verrottet, und es war halb im Schlamm versunken. Die Überreste ragten heraus wie die Rippen eines prähistorischen Ungeheuers. Schilf war kürzlich ausgerissen und über das Wrack geworfen worden. Newman richtete sein Licht darauf. Paula keuchte, dann hatte sie sich wieder in der Gewalt. In dem ihnen zugewandten Bug ragte ein Paar Turnschuhe heraus, und Newman wußte, daß in diesen Turnschuhen Füße stecken mußten.

Marler bewegte sich vorwärts, nachdem er Newman sein Armalite übergeben hatte. Mit bloßen Händen räumte er vorsichtig das Schilf am Heck beiseite. Im Licht von Newmans Taschenlmape sahen sie, wie dunkles Haar zum Vorschein kam, ein aufwärts starrendes, fleckiges weißes Gesicht und eine Zunge, die aus dem halbgeöffneten Mund heraushing. Marler räumte noch mehr Schilf beiseite und legte einen dunkelblauen Anorak frei. Dann verlor das Boot das Gleichgewicht und kippte den Leichnam seitlich heraus.

Es war ein makabrer Anblick. Der Körper rollte, als wäre er noch am Leben, drehte sich auf den Rücken und lag dann auf dem feuchten Schilf.

Im Licht von Newmans Taschenlampe beugte sich Marler über die mit Anorak und Jeans bekleidete Gestalt.
»Das ist Karin«, flüsterte Paula. »Sie ist tot, nicht wahr?«
»Das befürchte ich«, erwiderte Marler ruhig. »Ganz und gar tot«, fügte er fast unhörbar hinzu.
»Wie ist sie...« setzte Paula an.
»Erwürgt«, erwiderte Marler.
Der Lichtstrahl richtete sich auf den gequetschten, geschwollenen Hals. Die heraushängende Zunge lag auf der Unterlippe. Newman legte einen Arm um Paula, führte sie zurück auf den zum Deich hinaufführenden Weg.
»Wir sollten zum Wagen zurückkehren. Ich brauche mein Mobiltelefon, um die Polizei anzurufen.«
»Sie haben vergessen, daß ich eines bei mir habe.«
Paula zog ihr eigenes Telefon aus ihrem Anorak. Sie reichte es Newman, und dann stand sie ganz still da und schaute hinunter, dorthin, wo Marler, der erkannt hatte, daß er nichts mehr tun konnte, sich aufgerichtet hatte und Schilfhalme von seinem Regenmantel wischte.
»Dann rufe ich gleich von hier aus an«, sagte Newman mit dem Telefon in der Hand.
»Sie wissen doch die Nummer nicht.«
»Auf der Herfahrt habe ich kurz an einer Telefonzelle angehalten und mir die Nummer der Polizei in Ipswich notiert. Als Sie am Park Crescent anriefen, erwähnten Sie einen Schrei, der plötzlich abbrach. Ich habe mit etwas dergleichen gerechnet.«
Er zog die Antenne aus und drückte die Tasten. Er mußte einige Minuten warten, bis sich der Diensthabende meldete.
»Ich muß einen Mord melden. Tatort...«

ERSTER TEIL

Ein Alptraum für Paula

Erstes Kapitel

»Ich habe das Gefühl, in Deutschland ist die Lage sehr kritisch«, sagte Tweed, um sich von seiner Sorge um Paula abzulenken. Er wanderte in seinem Büro im ersten Stock des SIS-Hauptquartiers am Park Crescent hin und her.

Der Stellvertretende Direktor des SIS war mittelgroß, kräftig gebaut, alterslos. Er trug eine Hornbrille und konnte auf der Straße an Leuten vorübergehen, ohne daß diese Notiz von ihm nahmen – eine Eigentümlichkeit, die ihm schon oft bei seiner Arbeit geholfen hatte.

Außer ihm war nur seine Assistentin Monica anwesend, eine Frau in mittleren Jahren, die ihr graues Haar zu einem Knoten geschlungen hatte. Sie saß an ihrem Schreibtisch und hörte ihrem Chef zu. Er sah auf die Uhr und stellte fest, daß es bereits zehn Uhr war.

»Gott sei Dank ist Paula in Sicherheit. Der Anruf von Newman war sehr kurz. Wenn sie verletzt ist, dann behält er es für sich, bis sie wieder hier sind. Ich frage mich, was in Suffolk passiert sein mag.«

»Sie werden es erfahren, wenn sie hier ist und es Ihnen erzählen kann. Was veranlaßte Sie zu der Bemerkung, daß in Deutschland die Lage sehr kritisch sein könnte?«

»Der dringende Anruf von Otto Kuhlmann vom Bundeskriminalamt. Sein Wunsch, mich in drei Tagen in aller Heimlichkeit in Luxemburg zu treffen. Weshalb ausrechnet dort? Ich hätte zu ihm nach Wiesbaden fliegen können.«

»Auch das werden Sie erfahren, wenn Sie mit ihm zusammentreffen.«

»Was ist in Suffolk passiert?« wiederholte Tweed. »Paula ist nur dorthin gefahren, weil sie weiß, daß ich den beunruhigenden Gerüchten aus Frankreich nachgehe. Karin Rosewater hat ihr erzählt, sie wäre auf der Spur einer Verbindung zu der wachsenden Unruhe in Frankreich. Was für eine Verbindung könnte es zwischen Suffolk und Frankreich geben?«

»Vielleicht sind alle drei Faktoren miteinander verknüpft«, mutmaßte Monica. »Suffolk, Frankreich und Kuhlmanns Bitte um ein Treffen.«

»Das scheint mir doch eher in den Bereich der Phantasie zu gehören.«

Das war eine Bemerkung, die er später bereuen sollte. Das Telefon läutete. Monica nahm den Hörer ab, sah erfreut aus, sagte, sie sollten gleich heraufkommen.

»Paula, Newman und Marler sind eingetroffen.«

»Bob muß gefahren sein wie ein Verrückter.«

Als die drei ins Zimmer traten, registrierte Tweed Paulas grimmige Miene. Sie nickte ihm zu, sagte aber nichts und sackte auf ihrem Schreibtischstuhl zusammen. Marler setzte sich auf die Kante ihres Schreibtischs. Newman hängte seinen Anorak über die Rückenlehne eines Stuhls, setzte sich und begann zu reden, während Monica hinauseilte, um Kaffee zu machen. Tweed lehnte sich auf seinem Drehstuhl zurück, hörte zu, ohne Newman zu unterbrechen, und warf von Zeit zu Zeit einen Blick auf Paula.

»... und nachdem wir die Leiche gefunden hatten, rief ich die Polizei in Ipswich an«, fuhr Newman fort. »Wir ließen Butler und Nield zurück, damit sie der Polizei den Tatort zeigen konnten. Dann fuhren wir mit Paula ins Hotel Brudenell, mieteten ein Zimmer, damit sie ein Bad nehmen konnte, und kamen dann auf dem schnellsten Wege hierher. Das war's.«

»Nicht ganz, nehme ich an.« Tweed sah Paula an. »Zuerst muß ich Ihnen sagen, wie leid mir das tut, was mit Ihrer Freundin passiert ist.«

»Es war kaltblütiger Mord. Jetzt geht es mir wieder gut. Das heiße Bad hat mir gutgetan. Wie Sie bin ich eine Nachteule, wir können es also hinter uns bringen. Sie haben bestimmt Fragen.«

»Weshalb ist Karin zu Ihnen gekommen?«

»Sie wußte, daß ich für etwas arbeite, das sie für einen hochorganisierten Sicherheitsdienst hielt. Daß es sich dabei um den SIS handelt, wußte sie natürlich nicht. Sie sagte, sie wäre, wie sie sich ausdrückte, von Amts wegen gebeten worden, die sich verschlimmernde Lage in Frankreich zu untersuchen. Sie bat mich, sie nach Dunwich in Suffolk zu begleiten. Ein Dörfchen an der Küste unterhalb von Southwold.«

»Weshalb ausgerechnet dorthin? Ich kenne Dunwich.«

»Dann wissen Sie vermutlich auch, daß der größte Teil von Dunwich im Meer versunken ist – infolge Erosion im Laufe der Jahre. Auf ihren Vorschlag hin liehen wir uns Taucheranzüge und fuhren dorthin. Irgendeine Organisation betreibt dort Unterwasserforschung und versucht, das versunkene Dorf zu erkunden und zu kartieren. Ich dachte, sie wäre verrückt, fragte sie nach dem Grund. Sie erklärte, das könnte sie nicht sagen, aber ich möchte ihr doch bitte helfen. Es gäbe einen Zusammenhang mit dem, was in Frankreich vorgeht.«

»Hat sie sich dazu eingehender geäußert?«

»Nein. Ich hatte vor, sie später, während des Essens, zu fragen, aber wie die Dinge liegen ...« Sie hielt inne und schluckte. »Bevor wir London verließen, rief Karin jemanden in Southwold an, den sie kannte. Als wir in Aldeburgh eintrafen, wartete ein Mann auf uns; er übergab uns ein Schlauchboot mit einem starken Außenbordmotor. Karin beförderte uns bei ruhiger See die Küste entlang, bis wir uns in der Nähe von Dunwich befanden. Dann schaltete sie den Motor aus, und wir gingen mit unserer Taucherausrüstung über Bord.«

»Wie weit waren Sie von der Küste entfernt?« fragte Newman.

Paula trank einen großen Schluck aus dem Becher Kaffee, den Monica ihr gebracht hatte. »Ungefähr eine halbe Meile, vielleicht auch etwas weniger.«

»Weiter«, drängte Tweed. »War jemand in der Nähe, als Sie ankamen?«

»Keine Menschenseele. In dem Schlauchboot lag zusammengerollt ein langes Seil mit einem Eisenhaken an einem Ende; das andere Ende war an dem Schlauchboot festgemacht. Karin warf es über Bord und sagte, auf diese Weise würden wir, wenn es sein müßte, schnell den Rückweg zum Boot finden. Und bei Gott, später mußte es tatsächlich sein.«

»Was ist unter Wasser passiert?« fragte Tweed.

»Anfangs war es faszinierend. Fürchterlich kalt, aber es gibt dort erstaunlich gut erhaltene Überreste des versunkenen Dorfes. Sogar einen alten Kirchturm, der noch aufrecht steht, was mich wunderte. Wir schwammen zwischen den Gebäuden und den Felsen herum, und dann war mir, als sähe ich einen großen weißen Wal. Ich wäre fast aus meinem Taucheranzug gefahren, aber er rührte sich nicht von der Stelle, als wäre er verankert. Das war, als die schwimmende Kavallerie auftauchte – Männer in Taucheranzügen, einer davon mit einem Messer zwischen den Zähnen.«

»Sie meinen, sie waren feindselig?« warf Marler ein.

»Ich glaube, sie hatten vor, uns umzubringen. Wir schafften es, ihnen zu entkommen, indem wir schnell davonschwammen. Karin führte mich zu der Stelle, an der sie den Eisenhaken festgemacht hatte, an einem Fenster der Kirche. Wir kletterten an dem Seil hoch, stiegen wieder in unser Boot und bekamen einen Mordsschrecken.«

»Trinken Sie noch etwas Kaffee«, empfahl Tweed.

Er beobachtete aufmerksam jede ihrer Reaktionen. Sie hatte ein fürchterliches Erlebnis hinter sich, und er war bereit, sie nach Hause zu schicken. Aber sie schien entschlossen, ihre Geschichte zu erzählen.

Selbst unter Streß war sie attraktiv. Sie war Anfang Dreißig, hatte kohlschwarzes Haar, ein gutgeschnittenes Gesicht, eine hervorragende Figur, war schlank und mittelgroß. Sie setzte ihren Becher ab.

»Die See war nicht mehr leer. Nicht weit von unserem Schlauchboot lag ein großes Schiff. Höchst merkwürdig. Ich hatte so etwas noch nie gesehen. Es war irgendwie unheimlich. Nicht wie ein gewöhnliches Schiff.«
»Ein Luftkissenfahrzeug?« schlug Newman vor.
»Bestimmt nicht. Es ragte hoch aus dem Wasser heraus. Etwas an seinem Rumpf war merkwürdig.«
»Ein Tragflügelboot?« fragte Marler.
»Nein!« Sie schwenkte ungeduldig die Hand. »Ich weiß, wie diese Schiffe aussehen. Nein, der Rumpf sah aus, als wäre er gespalten.«
»Erzählen Sie, was weiter passierte«, drängte Tweed.
»Drei der Männer in den Taucheranzügen kamen an die Oberfläche, dicht neben dem Schlauchboot. Karin zerschnitt das Ankertau, ich startete den Motor, und wir fuhren wie die Wahnsinnigen südwärts nach Aldeburgh.«
»Weshalb so weit?« fragte Tweed.
»Weil ich unseren Wagen auf einem Parkplatz am Rand von Aldeburgh abgestellt hatte. Ich dachte, wir könnten es gerade noch schaffen, bevor es dunkel wurde. Glücklicherweise hatten wir einen guten Vorsprung. Aber als wir Aldeburgh erreicht hatten, bekamen wir einen weiteren Schrecken.«
Monica hatte ihren Becher wieder gefüllt. Paula trank einen weiteren Schluck von dem heißen Kaffee. Tweed wartete mit halbgeschlossenen Augen und beobachtete sie, als sie fortfuhr.
»Das merkwürdige Schiff hatte uns eingeholt. Als wir landeten, lag es ungefähr eine halbe Meile von der Küste entfernt. Wir sahen, wie sie Schlauchboote mit Außenbordmotoren zu Wasser ließen. Es wurde dämmrig, aber an Land war noch niemand. Wir zogen unsere Taucheranzüge aus, warfen sie auf den Strand und schlüpften in unsere Kleider, die wir dort zurückgelassen hatte. Die Schlauchboote kamen heran, als wir uns auf den Weg zum Parkplatz machten. Ich schaute zurück und sah, wie sie an Land kamen – diesmal waren es Männer mit Sturmhauben und Gewehren. Wir hatten nicht die Zeit, den Wagen aufzuschließen und zu starten. Ich rannte schneller als Karin, lief über die Marsch auf dieses Tannenwäldchen zu ...«
Nachdem sie noch einen Schluck Kaffee getrunken hatte, beschrieb sie mit leiser Stimme die letzten grauenhaften Szenen – wie Karin den Fehler machte, auf ein Boot zuzuflüchten, den entsetzlichen Schrei ...

»Sollten wir nicht bis morgen früh Schluß machen?«
Tweed machte den Vorschlag, als Paula ein paar Minuten geschwiegen und ins Leere gestarrt hatte.

»Nein. Stellen Sie mir Fragen. Bitte. Ich möchte jetzt nicht allein sein. Reden hilft.«
»Wie Sie möchten. Erzählen Sie mir etwas von Karin Rosewater. Woher kommt die Nationalitäten-Mischung in ihrem Namen?«
»Sie ist mit einem Engländer verheiratet. Victor. Er ist Captain bei der britischen Armee in Deutschland. Militärischer Geheimdienst. Er ist Verbindungsoffizier bei einer NATO-Basis in der Nähe von Freiburg. Hat eine Wohnung in Freiburg.«
»Und Karin war Deutsche?«
»Ihre Mutter Französin, ihr Vater Deutscher. Sie stammt aus Colmar im Elsaß.«
»Alles dicht an der Schweizer Grenze«, sinnierte Tweed.
»Und was hat das zu bedeuten?« fragte Paula.
»Vermutlich nichts. Nur eine geographische Bemerkung. Waren Sie eng befreundet?«
»Ja und nein. Ich habe sie während meines Urlaubs in Deutschland kennengelernt. Wir verstanden uns gut. Schienen uns auf derselben Wellenlänge zu befinden und beschlossen, in Verbindung zu bleiben.«
»Wie und wo haben Sie sie kennengelernt?«
Tweed war plötzlich sehr interessiert. Er hatte das Gefühl, daß ihm etwas Wichtiges entgehen konnte.
»Bei einer Party in der Luftwaffenbasis. Mit einer Menge Leute. Otto Kuhlmann war auch dort. Wir haben uns eine ganze Weile unterhalten. Er sagte, er wäre dienstlich da, aber nicht, weshalb.«
»Was ist mit ihrem Mann, Victor? Haben Sie ihn auch kennengelernt?«
»Ja.« Paula verzog das Gesicht. »Er war mir nicht sonderlich sympathisch. Warum, weiß ich nicht.« Sie unterdrückte ein Gähnen. »Vermutlich war er einfach nicht mein Typ.«
»Und hat Ihnen Karin zu dieser Zeit irgendwann einmal erzählt, von wem sie ›von Amts wegen‹ – so haben Sie es ausgedrückt – gebeten worden war, sich mit der Lage in Frankreich zu befassen?«
»Nein. Sie ist nicht darauf zurückgekommen. Und später waren wir vollauf mit dem beschäftigt, was dann passierte.«
»Als Sie sie kennenlernten, hatten Sie da den Eindruck, daß sie irgendeinen Job hatte?«
»Nein. Ich hielt sie für eine Hausfrau. Ich habe das Gefühl, als würde ich verhört. Nicht, daß es mich störte. Aber so hört es sich an.« Sie brachte ein Lächeln zustande.
»Sie *werden* verhört. Es ist durchaus möglich, daß Sie mehr wissen, als Sie

glauben. Aber es ist spät geworden. Ich glaube wirklich, daß Sie jetzt heimfahren sollten. Marler, würden Sie Paula bitte begleiten?«

»Mit Vergnügen. Sie haben sie wirklich durch die Mangel gedreht.«

»Das macht nichts«, versicherte Paula ihm, als sie aufstand und in ihren Anorak schlüpfte, den Monica zum Trocknen an den Heizkörper gehängt hatte. »Da geht irgend etwas Merkwürdiges vor, nicht wahr? Ich meine nicht nur den brutalen Mord an Karin – der allein ist schon schlimm genug. Aber weshalb war sie so daran interessiert, ein versunkenes Dorf zu erkunden?«

»Sie brauchen Schlaf. Zerbrechen Sie sich deshalb nicht den Kopf. Sie haben sich wunderbar gehalten – in einer schlimmen Lage.«

Es war ungewöhnlich, daß Tweed ihr ein solches Kompliment machte. Sie lächelte dankbar, sagte gute Nacht und verließ zusammen mit Marler das Zimmer.

»Da ist wirklich etwas merkwürdig an dieser ganzen Geschichte«, sagte Newman und kam damit auf Paulas Bemerkung zurück.

Er war allein mit Monica und Tweed, der jetzt wieder langsam in dem großen Raum herumwanderte. Er runzelte die Stirn, und Monica enthielt sich jeder Bemerkung, weil sie wußte, daß er angestrengt nachdachte.

»Sie haben recht, Bob«, sagte er schließlich. »Es gibt eine Schlüsselfrage, auf die ich gern eine Antwort hätte. Wollten diese Killer nur Karin umbringen oder auch Paula? Die Antwort auf diese Frage würde mir nicht nur erklären, was passiert ist. Sondern auch *warum.*«

»Nach allem, was sie mir unterwegs erzählt hat, waren sie hinter beiden her«, erwiderte Newman.

»Und die zweite Frage betrifft den Zusammenhang zwischen Suffolk und Frankreich. Karin hat Paula erzählt, daß sie ›von Amts wegen‹ gebeten worden war, über die Situation in Frankreich zu berichten. Und drittens wüßte ich gern, wem dieses merkwürdige Schiff gehört. Und um was für ein Schiff es sich handeln könnte.«

»Eine Unmenge Fragen«, bemerkte Monica. »Und keine einzige Antwort.«

Tweed hielt inne, sah Newman an. »Sie haben Butler und Nield als Zeugen für die Polizei zurückgelassen. Was für eine Geschichte gedenken sie zu erzählen?«

»Da ich nicht wußte, in was wir da hineingeraten waren, habe ich mich eingehend darum gekümmert. Ich habe sie angewiesen, die Wahrheit zu sagen – bis zu einem gewissen Grade. Daß Paula und Karin an Unterwasser-Erkundung interessiert waren, daß sie mit dem Schlauchboot nach Dunwich gefahren waren, tauchten, von Männern mit Messern verfolgt wurden, nach Aldeburgh zurückkehrten, wo sie ihren Wagen stehengelassen hatten, nicht die Zeit hatten, in ihn einzusteigen, und deshalb über die Marsch flüchteten.«

»So weit, so gut. Das entspricht sämtlichen Beweisen, die die Polizei finden wird. Die beiden Taucheranzüge am Strand, das aufgegebene Schlauchboot. Sogar den Wagen auf dem Parkplatz am Rande der Marsch.«

»Ich mußte schnell überlegen, und das waren die Gedanken, die mir durch den Kopf gingen. Ausgelassen habe ich die Geschichte, daß Karin sich mit dem beschäftigte, was in Frankreich vorgeht, und daß sie für irgend jemanden arbeitete. Sie sollten Paula morgen früh warnen – sie wird bestimmt bald von der Polizei vernommen werden.«

»Ich rufe sie noch heute abend an, wenn sie in ihrer Wohnung in Putney angekommen ist. Nur für den Fall, daß sie ihre Adresse herausfinden und sie dort überfallen.«

Tweed nahm seine Wanderung wieder auf, hatte die Hände hinter dem Rücken verschränkt und schaute ins Leere.

»Woran denken Sie?« fragte Monica schließlich.

»Diese Männer mit Sturmhauben, Gewehren und Suchhunden. Das läßt auf ein hohes Maß an Organistion schließen. Ich frage mich, wer dahintersteckt und für wen sie arbeiten. Bob, würden Sie, während ich in Luxemburg bin, noch einmal nach Aldeburgh fahren und ein paar diskrete Erkundigungen einziehen? Vergessen Sie Dunwich nicht. Dort hat der ganze Ärger angefangen. Warum?«

»Vielleicht sollte ich Paula mitnehmen. Sie muß etwas zu tun haben, was sie von diesem schrecklichen Erlebnis ablenkt.«

»Vielleicht brauche ich sie hier.« Tweed machte eine kleine Pause. »Da ist noch etwas, was Sie nicht wissen. Ich habe den neuen Mann, Francis Carey, nach Frankreich geschickt, damit er sich dort umhört.«

»Nach nur sechs Monaten beim SIS?« fragte Newman zweifelnd. »Hat er schon genug Erfahrung für den Fall, daß er in eine gefährliche Lage kommt? Welche Qualifikationen hat er für einen solchen Auftrag?«

»Sein Vater ist Engländer, seine Mutter Französin. Er hat einen Teil seiner Kindheit in Bordeaux verbracht. Er kann ohne weiteres für einen Franzosen durchgehen. Er ist von Natur aus vorsichtig, aber hartnäckig. Er macht Eindruck auf Frauen – Paula könnte das bestätigen. Also wird er sich wahrscheinlich eine Freundin zulegen. Ein Paar ist weniger auffällig als ein einzelner Mann.«

»Theoretisch scheint er der ideale Mann zu sein.« Newman schüttelte den Kopf. »Aber ich habe ihn kennengelernt, mit ihm gesprochen. Ich glaube, in einer Krise könnte er in Panik geraten.«
»Ich wollte, Sie hätten das nicht gesagt.«
»Was bedeutet, daß Sie es nicht bestreiten.«
»Nun, er ist jetzt dort, mit einem Funkgerät. Er hat mehrere verschlüsselte Nachrichten aus der Gegend um Bordeaux gesendet. Dort ist es in zunehmendem Maße zu schweren Unruhen gekommen – wegen der Frage der Deportation von Ausländern. Irgendwer schürt dort den Haß gegenüber den Algeriern, zum Beispiel. In den Lokalen wird viel davon geredet, daß irgendwelche Männer hoch oben einen Staatsstreich planen. Vielleicht weiß ich mehr, wenn ich aus Luxemburg zurück bin. Und nun sollten wir zusehn, daß wir etwas Schlaf bekommen. Es könnte durchaus sein, daß uns morgen noch mehr unerfreuliche Neuigkeiten ins Haus stehen. Ich habe da so ein Gefühl ...«

Zweites Kapitel

Am nächsten Abend war es bitterkalt in der Altstadt von Bordeaux, der Hafenstadt an der breiten Garonne. In der Bar Miami schaute Francis Carey auf die Uhr. Halb elf. Bald würde er Feierabend machen und in seine billige Wohnung zurückkehren können.
Er hatte den Job als Barmann im immer gut besuchten Miami angenommen, nachdem er sich in seinem fließenden Französisch beiläufig über das Lokal erkundigt hatte. Er hatte mehrere Bars ausgekundschaftet, bevor er die Stellung annahm. Er hatte gehört, daß diese Bar bei den unteren Offiziersrängen der Armee sehr beliebt war; sie waren dort Stammgäste.
Um diese späte Stunde – und wegen des Wetters – war der lange Raum, der sich parallel zur Theke hinzog, brechend voll. Jeder Stuhl, jeder Barhocker war besetzt, viele mußten stehen. Der Lärm war ohrenbetäubend; es wurde geredet und gescherzt. Carey, ein magerer Mann Ende Zwanzig mit dunklem Haar und einem langen, schmalen Gesicht, polierte in Windeseile Gläser für neue Gäste, während er in Gedanken mit zwei Problemen rang. Er hatte sich eine französische Freundin zugelegt, Isabelle Thomas. Sie arbeitete in einer Werbeagentur und hatte langes, tizianrotes Haar, ein blasses Gesicht und eine Figur, die sie gern so vorteilhaft wie möglich präsentierte. Allem Anschein nach hatte sie sich in ihn verliebt, womit er nicht gerechnet hatte, solange es ihm nur um die gute Tarnung gegangen

war. Und jetzt konnte sie jeden Augenblick hereinkommen, damit er sie zu einer schnellen Mahlzeit ausführen konnte. Er fürchtete sich vor ihrem Eintreffen und hätte die Verabredung gerne verschoben.
Als er am Morgen nach dem Einkaufen in seine bescheidene Wohnung in einem alten Haus in der Rue Georges Bonnac zurückgekehrt war, hatte er Spuren einer Durchsuchung entdeckt. Das Funkgerät, das er dazu verwendete, verschlüsselte Meldungen zum Park Crescent zu senden, war in einem ramponierten alten Koffer auf dem museumsreifen Kleiderschrank versteckt gewesen. Bevor er zum Supermarkt im Mériadeck Centre Commercial, einem riesigen Betonkomplex, aufgebrochen war, hatte er an dem Koffer ein Haar angebracht. Als er zurückkehrte, war die Tür kaum zu öffnen gewesen. Der erste Hinweis darauf, daß etwas nicht in Ordnung war.
Eine genauere Durchsuchung der Wohnung bestätigte seinen Verdacht. Das am Schloß des Koffers festgeklemmte Haar war verschwunden. Anfangs nahm er an, daß Madame Argoud, die widerliche alte Vermieterin, in seinem Zimmer herumgeschnüffelt hatte. Aber die Argoud war klein und dick. Carey war ziemlich groß; dennoch mußte er auf einen Stuhl steigen, um den außer Sichtweite auf dem Schrank zurückgeschobenen Koffer zu erreichen.
Jetzt fragte er sich, ober er nicht besser daran getan hätte, am Morgen gleich zu packen, die Pension zu verlassen und in einen anderen Teil der weitläufigen Stadt zu ziehen. Seine ganze Ausbildung beim SIS hatte dafür gesprochen. *In feindlichem Territorium dürfen Sie nie auch nur das geringste Risiko eingehen. Sie handeln sofort, um das Risiko zu vermeiden ...*
Hatte er zu lange gewartet? Er polierte weiterhin Gläser und ließ dabei abermals den Blick durch den überfüllten Raum schweifen. Niemand, der hier nicht herzugehören schien. Und war es klug gewesen, Isabelle zu bitten, die Nachricht zu übermitteln, falls ihm irgendetwas zustieß? »Wenn ich verschwinde und dich nicht anrufe«, so hatte er es ausgedrückt.
Zwei Leutnants kamen herein, steuerten direkt auf die Theke zu und bestellten Drinks. Er bediente sie, und sie bezahlten, tranken und unterhielten sich.
»Bald trinken wir in Paris, was, Antoine? Ich habe mir sagen lassen, die Frauen dort wären große Klasse.«
»In Paris? Du meinst auf Urlaub? Wir bekommen doch in nächster Zeit keinen Urlaub.«
»Man hat dir also nichts davon gesagt? Nun ja, ich bin bei einer Spezialeinheit. Vergiß, was ich gesagt habe.«

Der Offizier drehte sich um und musterte Carey. Der Barmann wischte mit einem Tuch die Theke ab.
»Sie habe ich doch noch nie gesehen«, sagte der Leutnant.
»Ich bin neu hier«, erwiderte Carey sofort. »Meine Freundin ist umgezogen, deshalb bin ich hierhergekommen, um in ihrer Nähe zu sein.«
»Und ich wette, nachts sind Sie in allernächster Nähe.«
Der Offizier grinste anzüglich, leerte sein Glas, und die beiden Männer gingen. Eine seltsame Bemerkung – über Paris –, dachte Carey. Ich werde sie in meiner nächsten Meldung erwähnen. Er erstarrte, als er sah, wie Isabelle mit einem heiteren Lächeln auf den vollen roten Lippen sich ihren Weg durch die Menge zu ihm bahnte. Ein fetter Mann, der an der Theke lehnte, rülpste, und Carey zwang sich, seinen Widerwillen nicht zu zeigen. Die Mischung aus Knoblauch und Anisette bewirkte, daß sich ihm der Magen umdrehte. Nach all den Jahren in England war er an französische Gerüche nicht mehr gewöhnt. Isabelle setzte sich auf einen Hocker, und er schenkte ihr einen Pernod ein.
»Hast du bald Feierabend?« fragte sie eifrig. »Ich weiß da ein kleines Restaurant, wo es ein vorzügliches Essen gibt.«
»Bezahl deinen Drink. Der Chef schaut her. Ich gebe dir das Geld später zurück.«
»Brauchst du nicht. Du kannst das Essen bezahlen. Hier.«
Von seinem Platz an der Kasse aus registrierte der Besitzer des Lokals, ein kleiner, dicker Man mit fettigem Haar, einem langen Schnurrbart und einem Bauch, der sich unter seiner Schürze wölbte, die Transaktion mit Genugtuung. Keine freien Drinks in seiner Bar – nicht einmal für Henris Bettgenossin.
»Nur noch ein paar Minuten, dann können wir gehen«, sagte Carey, automatisch die Theke polierend.
Er warf einen Blick zur Tür und fragte sich, weshalb es in dem Lokal plötzlich so still geworden war. Alle sahen zu den beiden Männern hin, die gerade hereingekommen waren. Beide trugen graue Trenchcoats mit Gürteln und breiten Revers, tief in die Stirn gezogene Schlapphüte und dunkle Brillen. Wer setzte schon im Winter und spätabends eine Brille mit getönten Gläsern auf? Als sie sich ihren Weg stetig auf ihn zu bahnten, bekam Carey plötzlich Angst.
»Sieh zu, daß du von mir wegkommst, Isabelle«, wies er sie an. »Keine Fragen. Verschwinde – und nimm dein Glas mit.«
Anders als viele andere Frauen tat sie genau das, was er wollte. Als die beiden Männer die Stelle erreicht hatten, wo Carey hinter der Theke stand,

war sie in der Menge verschwunden. Die Gäste der Bar betrachteten sie, immer noch schweigend.

»DST.« Der größere der beiden Männer zückte einen Ausweis. »Sie sind Henri Bayle?«

DST. *Direction de la Surveillance du Territoire* – französischer Geheimdienst. Und sie kannten den Namen, den er angenommen hatte, den Namen, der in den im Keller des Hauses am Park Crescent perfekt gefälschten Papieren stand. Fast hätte er seinen Ausweis herausgeholt, um seine Identität zu bestätigen, doch dann kam er zu dem Schluß, daß das zu diesem Zeitpunkt ein Fehler wäre. Er fuhr fort, die Theke zu polieren.

»Der bin ich. Was kann ich für Sie tun?«

»Sie kommen mit. Zum Verhör. Wo haben Sie Ihr Jackett und Ihren Mantel?«

»Ich habe nur ein Jackett. Es ist hinten. Ich gehe und hole es.«

»Sie bleiben, wo Sie sind«, fuhr der größere Mann ihn an. Er sah den Besitzer des Lokals an, der nähergekommen war. »Holen Sie das Jackett dieses Mannes. Er begleitet uns...«

»Haben Sie ein Problem?« fragte Carey.

»Wir nicht. Das Problem sind Sie.«

Carey zog das Jackett an, das sein Chef auf die Theke geworfen hatte, ging zu der Ausgangsklappe, hob sie hoch und kam, von den beiden Männern flankiert, heraus, ständig darauf bedacht, keinen Blick in Isabelles Richtung zu werfen. Als sie nahe bei der Tür waren, rammte er dem Mann zu seiner Linken den Ellenbogen in den Bauch, bahnte sich seinen Weg durch die Menge und rannte hinaus in die bitterkalte Nachtluft. Ein Fuß wurde ausgestreckt, brachte ihn zu Fall. Ein weiterer Fuß wurde auf seinen Rücken gesetzt, während er auf dem Pflaster lag und versuchte, wieder zu Atem zu kommen.

»Das war blöd«, bemerkte der große Mann, als er herauskam.

Carey schaute auf und sah zwei weitere, ähnlich gekleidete Männer. Sie hatten draußen auf ihn gewartet. Er wurde hochgezerrt und in den Fond eines Citroën gestoßen. Als der Wagen anfuhr, saß beiderseits von ihm einer der Männer. Die beiden anderen saßen auf den Vordersitzen. Sie erreichten die Gare St. Jean, und der Citroën bog auf die leere Rampe ab, die zu dem unter Straßenniveau liegenden Bahnhofseingang hinunterführte.

Isabelle war ihnen auf ihrem Moped gefolgt; es war nicht schwer, den Citroën auf den dunklen, leeren Straßen im Auge zu behalten. Sie war verblüfft, als der Citroën die Rampe hinunterfuhr. Was hatten sie mit Henri vor? Konnte es sein, daß er mit dem Zug irgendwohin gebracht werden sollte? Und wenn ja, weshalb? Sie stellte ihr Moped an die Bahnhofsmauer, schloß es ab und schlug den Kragen ihres Anoraks hoch gegen den kalten Wind vom Atlantik.

Als der Citroën die Rampe hinunterfuhr, biß Henri die Zähne zusammen, um sich seine Angst nicht anmerken zu lassen. Es war, als führen sie in eine düstere Höhle. Keine Fahrgäste zu dieser späten Stunde. Der große Mann wiederholte zum dritten Mal die Frage, die er auf der Fahrt zum Bahnhof gestellt hatte.

»Mit wem haben Sie gesprochen, wenn Sie das Funkgerät benutzten, das wir in Ihrer Wohnung gefunden haben?«

»Ich bin Amateurfunker. Ich unterhalte mich mit anderen Amateurfunkern in der ganzen Welt.«

»Sie lügen. Noch einmal frage ich Sie nicht.«

»Wie sind Sie in meine Wohnung gekommen?« fragte Henri.

»Haben Sie noch nie von Nachschlüsseln gehört? Das haben Sie doch bestimmt. Und hier ist Endstation. Steigen sie aus.«

Der Citroën hatte in der Nähe des Eingangs zur Schalterhalle angehalten. Hinter ihm lag die Höhle in beängstigender Düsternis. Carey folgte dem kleineren Mann hinaus auf den Gehsteig. Sein Arm wurde umklammert wie mit einem Schraubstock. Der größere Mann blieb im Wagen, richtete eine Automatik auf ihn.

»Sieh zu, daß du ihn loswirst, Louis. Er will nicht reden.«

»Sie können jetzt gehen«, teilte Louis Carey mit. »Da drüben kommen Sie auf die Straße. Verschwinden Sie, bevor wir es uns anders überlegen.«

Carey ging in die Dunkelheit hinein und blieb stehen, als sich etwas bewegte, ein Schatten unter anderen Schatten. Hände legten sich um seinen Hals. Carey versuchte, den Angreifer in die Hoden zu treten, stolperte und stürzte. Die schattenhafte Gestalt kniete sich auf ihn, die Hände umklammerten nach wie vor seinen Hals, die Daumen drückten fachmännisch seinen Kehlkopf zusammen. Carey versuchte zu schreien, brachte aber nur ein Gurgeln hervor, als der unerbittliche Druck verstärkt wurde. Carey begann, das Bewußtsein zu verlieren. Er versuchte verzweifelt, Luft zu bekommen, hämmerte mit geballten Fäusten auf seinen Angreifer ein. Selbst als er bereits erschlafft war, übte der Würger weiterhin Druck aus. Nach einer weiteren Minute erhob er sich und verschwand.

Louis schaltete seine Taschenlampe ein, kam heran, beugte sich über die liegende Gestalt, taste an ihrem Hals nach dem Puls. Dann kehrte er zum Wagen zurück und stieg wieder ein.

»Kein Halspuls«, berichtete er dem großen Mann.

»Also hat Kalmar – wer immer er sein mag – wieder ganze Arbeit geleistet. Für ein fettes Honorar, da bin ich ganz sicher. Und was bekommen wir? Einen anerkennenden Klaps auf die Schulter.« Er wendete sich an den Fahrer. »Zurück in die Kaserne.«

Isabelle preßte sich am oberen Ende der Rampe flach an die Wand, als der Citroën davonfuhr. Als die hintere Tür geöffnet wurde, war die Innenbeleuchtung angegangen, und sie hatte gesehen, wie Henri ausstieg.

Sie schlich langsam die Rampe hinunter, blieb stehen, um zu lauschen. Die Stille ängstigte sie. Sie holte ihre Taschenlampe hervor – ihre Mutter bestand darauf, daß sie immer eine bei sich hatte –, schaltete sie ein und ging bis zum unteren Ende der Rampe, wagte sich in die Schatten, ließ das Licht ihrer Lampe herunterwandern.

Sie stolperte fast über die Leiche, stieß einen leisen Schrei aus und richtete das Licht nach unten. Henri lag auf dem Rücken, seine Zunge hing aus dem schlaffen, offenen Mund. Seine Kehle war böse gequetscht.

Sie zwang sich, neben ihm niederzuknien, nach dem Puls an seinem Handgelenk zu fühlen. Aber sie wußte, daß er tot war. Starr vor Entsetzen und Schmerz griff sie in seine Brusttasche, in der er seine Brieftasche aufbewahrte. Sie war verschwunden. Sie konnte nicht wissen, daß Kalmar sie nur Minuten später von einer Brücke aus in die Garonne werfen würde.

Sie küßte ihn auf die Stirn, mit geschlossenen Augen, um das verzerrte Gesicht nicht sehen zu müssen. Dann stand sie auf und taumelte die Rampe hinauf zu der Stelle, an der ihr Moped stand. Als sie die Sicherheitskette aufschloß, torkelte ein Betrunkener mit einer Flasche aus der Bar Nicole. Tränen strömten über Isabelles Gesicht, während sie ihr Moped auf der Straße entlangschob. Der Betrunkene starrte sie lüstern an.

»Hat dein Freund dich versetzt? Vielleicht könnten wir ein bißchen Spaß miteinander haben...«

»Fall tot um!«

Sie startete ihr Moped und fuhr davon. Der Wind peitschte ihr feuchtes Gesicht, über das nach wie vor die Tränen rannen. Ihr fiel wieder ein, was sie zu dem Betrunkenen gesagt hatte. Es war der arme Henri, der tot war, und sie hatte ihn geliebt.

Aber sie konnte noch etwas für ihn tun. Sie konnte tun, was sie ihm versprochen hatte, falls ihm irgend etwas zustoßen sollte. Morgen früh auf dem Weg zur Arbeit würde sie die Nummer in London anrufen, die er ihr gegeben hatte, und demjenigen, der sich dort meldete, berichten, was mit ihm passiert war.

Drittes Kapitel

»Kuhlmann hat in letzter Minute den Ort unseres Treffens geändert«, teilte Tweed Monica und Paula mit. »Das sieht ihm gar nicht ähnlich. Er muß sich große Sorgen machen. Wir treffen uns nicht in Luxemburg, sondern in Genf. Morgen früh im Hotel des Bergues.«

»Wann möchten Sie abfliegen?« fragte Monica, die Hand über dem Telefon.

»Am liebsten heute abend.« Tweed wendete sich an Paula. »Gestern war ein etwas anstrengender Tag für Sie – schließlich habe ich Stunden damit verbracht, Ihnen einzudrillen, was Sie zu Chefinspektor Buchanan sagen sollen.«

»Dafür bin ich Ihnen dankbar. Ich habe jedes Wort parat. Und es war eine gute Idee von Ihnen, Buchanan bei seinem Anruf zu sagen, ich wäre nicht in der Stadt und Sie wüßten nicht, wo ich stecke...«

Sie brach ab, als die Tür geöffnet wurde. Newman und Marler kamen herein, setzten sich und schauten Tweed an. Als Monica ihre Stimme am Telefon senkte, ließ Tweed Newman rasch eine Warnung zukommen.

»Bob, ich habe eine unerfreuliche Nachricht für Sie. Der Mann, der den Mord an Karin Rosewater untersucht, ist unser alter Freund, Chefinspektor Roy Buchanan.«

»Mein Freund ist er nicht. Als wir uns das letzte Mal begegneten, war ich für ihn der Hauptverdächtige in einem Mordfall. Sollte ich mich etwa über ein Wiedersehen freuen?« Er runzelte die Stirn. »Moment mal. Buchanan leitet die Mordkommission von New Scotland Yard. Und wir haben Karins Leiche erst vorgestern abend gefunden. Die Leute von Ipswich hatten gar nicht genügend Zeit, den Yard um Hilfe zu bitten.«

»Genau das habe ich Buchanan auch gefragt, als er gestern anrief. Anscheinend hat er gerade einen anderen Mord in Suffolk aufgeklärt und war noch dort. Der größte Teil der höheren Beamten in Ipswich liegt mit Grippe im Bett. Und deshalb hat der Chief Constable Buchanan gefragt, ob er aushelfen könnte.«

»So ein Pech...«

»Und er ist jetzt auf dem Weg hierher. Deshalb habe ich auf Ihrem Anrufbeantworter eine Nachricht hinterlassen und Sie gebeten, heute morgen so früh wie möglich herzukommen. Sie und Marler müssen eine Menge wissen, bevor Buchanan hier einfällt. Gestern haben Paula und ich durchgesprochen, wie sie die Sache angehen und was sie auf seine Fragen antworten soll. Ganz kurz, keine Erwähnung der Tatsache, daß Karin von irgendwelchen Leuten beauftragt worden war, die Zustände in Frankreich zu untersuchen. Nur eine Freundin von Paula, die ihr Interesse an Unterwasser-Erkundung teilte. Ich werde Buchanan so auf Paula zusteuern, daß er sie zuerst verhört. Ihr beide könnt dann aufgreifen, was sie gesagt hat. Sagt nichts aus freien Stücken – beantwortet nur die Fragen, die er stellt, und haltet im übrigen den Mund.«

»Wir sind schließlich nicht gerade Amateure in diesem Spiel«, protestierte Marler.

Tweed lehnte sich über seinen Schreibtisch vor. »Und Buchanan ist auch keiner, vergeßt das nicht...«

Das Telefon läutete. Monica nahm den Anruf entgegen, hörte zu, machte eine Grimasse in Richtung Tweed, der nickte und sich auf seinem Stuhl entspannte.

»Sie sind schon im Hause«, sagte Monica, nachdem sie den Hörer wieder aufgelegt hatte. »Die siamesischen Zwillinge – Chefinspektor Buchanan mit seinem getreuen Assistenten, Sergeant Warden.«

»Dann müssen wir sie wohl empfangen. Seien Sie so gut und machen Sie Kaffee.«

Tweed erhob sich hinter seinem Schreibtisch, als Monica die Tür öffnete und zwei Männer eintraten. Buchanan war ein schlanker, hochgewachsener Mann in den Vierzigern mit einer trügerisch lässigen Art, die schon mehr als nur ein paar Verdächtige in die Irre geführt hatte. Warden, einige Zentimeter kleiner, trug stets eine unbewegte Miene zur Schau und ließ sich nur selten irgendeine Reaktion anmerken. Er hatte ein Notizbuch in der Hand. Tweed begrüßte sie freundlich und bot ihnen zwei Stühle an, die er vorher so hingestellt hatte, daß sie Paula und ihm gegenübersitzen konnten.

»Wir stehen Ihnen zur Verfügung«, erklärte Tweed liebenswürdig. »Und Miss Grey ist bereit, Ihre Fragen zu beantworten.«

»Tatsächlich?« Buchanans Ton war ein wenig zynisch; er schaute sich im Zimmer um. »Sie meinen, Sie wollen kooperieren, ohne mich bei jedem Satz auf die Geheimhaltungsvorschriften hinzuweisen? Schließlich ist das bei der General & Cumbria Assurance schon des öfteren vorgekommen.«

Tweed lächelte bei dieser Erwähnung des Decknamens für den SIS, der auf dem Messingschild neben der Haustür stand.

»Monica holt gerade Kaffee«, fuhr Tweed gleichermaßen liebenswürdig fort. »Es ist ein ungemütlicher Tag.«

»Es muß auch ein ungemütlicher Tag gewesen sein, als Sie, Miss Grey, bei Dunwich Tauchsport betrieben. Das jedenfalls war die Geschichte, die mir Mr. Harry Butler vorgestern im Polizeirevier von Ipswich erzählt hat.«

»Miss Grey?« Sie bedachte ihn mit ihrem schönsten Lächeln. »Soweit ich mich erinnere, war es Paula, als wir uns das letzte Mal begegnet sind.«
»Dies ist eine formelle Untersuchung eines kaltblütigen Mordes. Wie wurde sie Ihrer Meinung nach umgebracht?«
Er geht gleich aufs Ganze, dachte Tweed. Versucht, sie auf die brutale Tour aus der Fassung zu bringen.
»Allem Anschein nach wurde sie erwürgt«, erwiderte Paula ruhig.
»Von einem Experten. Man könnte fast sagen, von einem Profi.«
»Wie kommen Sie darauf?« warf Tweed ein.
»Der Bericht über die Autopsie. Sie wurde von Dr. Kersey vorgenommen. Vielleicht haben Sie schon von ihm gehört – einer unserer besten Pathologen.« Buchanan klimperte mit dem Kleingeld in seiner Hosentasche.
»Und worauf beruht diese Schlußfolgerung?« beharrte Tweed.
Buchanan sah ihn an, und in seinen wachen grauen Augen lag eine Spur von Belustigung. Er wußte recht gut, daß Tweed sich eingemischt hatte, um für einen Moment den Druck von Paula zu nehmen.
»Auf der Art des Würgens, den Kehlkopf des Opfers mit beiden Daumen so zusammenzudrücken, daß der Tod fast augenblicklich eintrat. Kersey vermutet, daß ein Teil der Quetschungen erst nach dem Tode erfolgt sind – ein Versuch, die Geschicklichkeit zu verheimlichen, mit der das Opfer erdrosselt wurde. So, und wenn Sie nichts dagegen haben, möchte ich jetzt Miss Grey ein paar Fragen stellen. Schließlich befand sie sich am Schauplatz des Verbrechens – und Sie nicht.«
»Ich befand mich nicht am Schauplatz des Verbrechens«, widersprach Paula. »Ich saß oben auf einer Tanne und zitterte vor Angst und Kälte.«
»Aber Sie haben den Mord beobachtet?«
»Nein, das habe ich nicht. Möchten Sie, daß ich Ihnen sage, weshalb Karin und ich dort waren?«
»Sie sind bereit, eine Aussage zu machen?«
Buchanan warf einen Blick auf Warden, der mit seinem Notizbuch im Schoß dasaß, und dann, Einspruch erwartend, auf Tweed. Tweed, der mit einem Bleistift spielte, nickte lediglich.
Paula erzählte ihre Geschichte knapp und ohne ein überflüssiges Wort. Während sie sprach, ließ Buchanan sie nicht aus den Augen, aber sie erwiderte seinen Blick. Der Chefinspektor schlug die Beine übereinander, stellte Tasse und Untertasse, die Monica ihm gebracht hatte, auf sein Knie und trank seinen Kaffee.
»... und jetzt wünschte ich mir, Karin und ich hätten den Tag mit Einkaufen in London verbracht«, beendete Paula ihren Bericht.

»Ich wußte gar nicht, daß Sie sich für Unterwasser-Erkundungen interessieren«, bemerkte Buchanan.
»Es gibt vieles, was Sie über mich nicht wissen. Ich habe meine Aussage gemacht.«
»Und diese mysteriösen vermummten Männer, die mit Gewehren hinter Ihnen her waren...« In seiner Stimme schwang ein Anflug von Sarkasmus, und er hielt inne, weil er hoffte, daß Paula den Köder annehmen würde. Als sie schwieg, fuhr er fort. »Wer könnte das gewesen sein? Und weshalb hätten sie Sie beide umbringen wollen? Und als Sie, von den anderen Schlauchbooten verfolgt, nach Aldeburgh zurückjagten – weshalb haben Sie nicht schon früher die Küste angesteuert und sind davongerannt?«
Warden lächelte innerlich. Eine typische Buchanan-Taktik. Ohne jede Vorwarnung setzte er sie mit einem Trommelfeuer von Fragen unter Druck. Auf diese Art hatte er schon viele Zeugen zum Reden gebracht.
»Ich habe meine Aussage gemacht«, wiederholte Paula. »In dieser Aussage habe ich Ihre Fragen bis auf die dritte beantwortet. Aber ich werde Ihnen den Gefallen tun, Chefinspektor. Wenn es Sie nicht stört, daß ich mich wiederhole.«
»Nicht im mindesten«, erklärte Buchanan verbindlich.
»Ich habe keine Ahnung, wer die Killer waren. Ich habe keine Ahnung, weshalb sie hinter uns her waren. Die Antwort auf die dritte Frage war in meiner Aussage nicht enthalten. Wenn Sie diesen Teil der Welt kennen, dann wissen Sie auch, daß die Gegend südlich von Dunwich einer der einsamsten Küstenstreifen ist. Ich hatte das Gefühl, daß wir, um ihnen entkommen zu können, zu unserem Wagen zurückkehren mußten.«
»Und die drei Schlauchboote, mit denen diese Männer Sie verfolgten, erschienen auf der Bildfläche, nachdem Sie untergetaucht waren?«
»Ich verweise auf meine Aussage.«
»Karins Mann, Captain Victor Rosewater, ist auf einer NATO-Basis in Süddeutschland stationiert. Jemand muß ihn anrufen und ihm sagen, was passiert ist.«
»Das habe ich bereits getan. Es war nicht gerade eine angenehme Aufgabe.«
»Wie hat er reagiert?«
Das war die unerwartete Frage, vor der sie sich gefürchtet hatte. Etwas, das während der langen Sitzung mit Tweed nicht zur Sprache gekommen war. Sie zögerte eine Sekunde, strich mit der Hand eine Falte ihres blauen Rockes glatt.
»Er konnte es einfach nicht glauben. Ich hatte den Eindruck, daß er es noch nicht begriffen hatte, als wir unser Gespräch beendeten.«

Buchanan fuhr mit der Hand über sein braunes Haar und strich bis in den Nacken herunter. Warden war die Geste vertraut: Enttäuschung. Buchanan schaute plötzlich über die Schulter zu Newman.
»Haben Sie dem letzten Teil der Aussage von Miss Grey noch etwas hinzuzufügen? Schließlich waren Sie im entscheidenden Moment auch zur Stelle. Ich habe noch eine weitere Frage, wenn Sie mir Ihre Version der Ereignisse gegeben haben.«
»Ich habe Paulas eingehender Schilderung der Ereignisse nichts hinzuzufügen. Und Ihre weitere Frage?«
»Der zeitliche Ablauf stimmt nicht. Ich war im Revier von Ipswich, als Ihr Anruf kam. Ich ging gerade am Schreibtisch des diensttuenden Beamten vorbei, den gleichfalls die Grippe erwischt hat. Deshalb nahm ich Ihren Anruf entgegen...«
»Komisch. Ich habe Ihre Stimme nicht erkannt...« warf Newman ein, um Zeit zu gewinnen.
»Wahrscheinlich deshalb, weil ich mit meiner Amtsstimme gsprochen habe. Aber ich habe Ihre Stimme erkannt. Der Anruf erfolgte um 20.20 Uhr. Miss Greys Aussage zufolge müssen Sie da noch auf der Marsch gewesen sein. Woher wußten Sie, welche Nummer Sie anrufen mußten?«
»Als wir unterwegs waren, um Paula zu Hilfe zu kommen, kamen wir an einer Telefonzelle vorbei. Ich hielt an, ging zurück und suchte mir aus dem Telefonbuch die Nummer heraus.«
»Was? In diesem Stadium?«
Buchanans Frage kam wie ein Peitschenknall. Newman lächelte, zündete sich eine Zigarette an, blies Rauchringe.
»Ich verweise auf Paulas Aussage. Schließlich sind Sie Detektiv und hätten sich das selbst zusammenreimen können. Als sie telefonierte und um Hilfe bat, erwähnte sie Karins Schrei. Ich befürchtete das Schlimmste und hielt es für wahrscheinlich, daß wir die Polizei brauchen würden.«
»Ich verstehe.« Er wendete sich plötzlich wieder Paula zu. »Hatten Sie eine Waffe bei sich?«
»Nein«, log sie prompt.
»Was ist mit Ihnen, Newman – und den anderen?«
Buchanan hatte sich wieder umgedreht. Sein Blick passierte Marler, verharrte auf Newman.
»Wir waren alle bewaffnet. Weshalb, brauche ich Ihnen wohl nicht zu erklären, oder?«
»Was für eine Waffe hatten Sie bei sich?«
Buchanans Frage galt Marler, der dagesessen hatte wie ein Statue. Er

rauchte eine King Size-Zigarette, schnippte die Asche in eine Glasschale, musterte Buchanan belustigt.

»Für Ihre Akten«, näselte Marler, »als wenn das etwas zu besagen hätte – ich hatte die von mir bevorzugte Waffe bei mir. Ein Armalite-Gewehr.«

Tasse und Untertasse auf Buchanans Knie klirrten. Warden lehnte sich verblüfft vor. Er hatte noch nie erlebt, daß seinen Chef etwas aus der Fassung brachte. Buchanan erholte sich rasch und nickte zustimmend, bevor er antwortete.

»Eine ungewöhnliche Waffe, um damit in der Landschaft umherzustreifen.«

»Finden Sie?« Marlers Ton war nach wie vor herablassend. »Ich hätte gedacht, es wäre nur logisch, nachdem wir gehört hatten, daß die Männer, die Paula verfolgten, Gewehre bei sich hatten. Ich kann einigermaßen gut damit umgehen.«

Buchanan stellte Tasse und Untertasse auf einen Tisch, stand auf und wendete sich mit neutraler Stimme an Paula.

»Wir lassen Ihre Aussage tippen. Vielleicht sind Sie später so gut, im Yard vorbeizukommen, um sie zu unterschreiben.«

»Lassen Sie sie hierher bringen«, erwiderte Tweed ruhig. »Inzwischen hat sich eine dringliche Angelegenheit ergeben. Paula wird in der nächsten Zeit sehr beschäftigt sein.«

»Wie Sie wünschen.« Buchanan ging zur Tür, die Warden bereits geöffnet hatte. Bevor er ging, drehte er sich noch einmal um. »Ich möchte allen Anwesenden für ihre Kooperation danken. Und Ihnen ganz besonders, Tweed...«

Er schwieg, bis er hinter dem Steuer seines Volvo saß, den er ein Stück weiter am Park Crescent geparkt hatte. Als er seinen Sicherheitsgurt anlegte, stellte Warden seine Frage.

»Was meinen Sie, Chef?«

»Paula Grey hat gelogen.«

»Wirklich? Den Eindruck hatte ich nicht.«

»Sie hat durch Auslassen gelogen. Ihre Aussage hörte sich an, als wäre sie sorgfältig geprobt worden. Vermutlich mit Tweed. Es gibt vieles, was sie uns nicht gesagt haben. Ist Ihnen aufgefallen, daß Newman kaum den Mund aufgemacht hat? Daß er nur sagte, daß er Paulas Aussage nichts hinzuzufügen hätte? Normalerweise ist er nicht so schweigsam.«

»Dieser Marler ist ein ziemlich unverschämter Bursche.«

»Ach, das war nur eine clevere Taktik. Eine Methode, das Gespräch zu beenden.«

»Und Sie haben es ihm durchgehen lassen? Das ist doch sonst nicht Ihre Art...«
»Mir war klar, daß wir in diesem Stadium nicht mehr aus ihnen herausbekommen würden. Wir lassen sie eine Weile in Ruhe, lassen sie glauben, ich hätte alles widerspruchslos geschluckt.«
»Und was ist mit diesen mysteriösen Männern mit Sturmhauben und Gewehren? Für mich hörte sich das an wie totaler Unsinn.«
»Da könnten Sie sich irren. Es ist so bizarr, daß ich glaube, daß es tatsächlich so gewesen ist. Ich glaube sogar, daß wir da möglicherweise über irgendein großes Ding gestolpert sind. Wir kehren zurück in den Yard, holen Ihren Wagen und fahren dann beide wieder nach Suffolk. Dort trennen wir uns, sehen uns in der Gegend um, stellen Fragen – besonders über Unterwasser-Erkundung. Wir werden alle Hände voll zu tun haben. Es ist ein sehr großes Gebiet...«

»Nun, das ist ja gut gegangen«, bemerkte Newman, nachdem ihre Besucher gegangen waren.
»Glauben Sie?« fragte Tweed. »Buchanan hat sich nicht hinters Licht führen lassen. Er wird wiederkommen. Was wir gewonnen haben, ist nur eine Atempause, in der wir dem, was hier und in Frankreich passiert, auf den Grund gehen können. Wo waren Sie gestern, Bob?«
»Marler und ich sind nach Aldeburgh gefahren. Wir haben die Marsch gemieden, wo die Polizei den Tatort abgesperrt hat. Und wir haben erfahren, daß jemand eine neue Expedition zur Erforschung des im Meer versunkenen Dorfes Dunwich finanziert. Haben Sie schon einmal von Lord Dane Dawlish gehört?«
Tweed hakte sein Wissen an den Fingern ab. »Selfmade-Millionär. Hat Rüstungsfabriken in Schottland, in Thetford in Norfolk, in Belgien und in Annecy in Südfrankreich. Erwarb den Grundstock seines Vermögens mit Hilfe des Immobilienbooms Anfang der achtziger Jahre. Ein harter, skrupelloser Mann. Aber wahrscheinlich mußte er das sein, um dahin zu kommen, wo er jetzt ist. Das war's.«
»Ich glaube, ich sollte versuchen, ihn zu interviewen«, schlug Newman vor.
»Da könnte ich vielleicht mehr erreichen«, mischte sich Paula ins Gespräch. »Ich habe gehört, daß er eine Schwäche für das weibliche Geschlecht hat.«
»Wie könnten Sie sich einführen?«
»Ich kenne die Chefredakteurin von *Woman's Eye.* Ich könnte als Reporterin aufkreuzen, die einen Artikel über sein erfolgreiches Leben schreiben will.«

»Warten Sie ab, Bob«, riet Tweed. »Jedenfalls fürs erste. Wer zu ihm geht, entscheide ich, wenn ich aus Genf zurück bin – und Paula wird mich begleiten. Immer nur einen Schritt auf einmal. Zuerst möchte ich wissen, was die Deutschen beunruhigt.«
Das Telefon läutete. Monica nahm ab, meldete sich mit General & Cumbria Assurance. Sie hörte kurz zu, dann legte sie die Hand auf die Sprechmuschel und wendete sich an Paula.
»Können Sie übernehmen? Es ist eine Frau. Spricht Französisch.«
Paula nahm den Hörer, setzte sich auf die Kante von Monicas Schreibtisch.
»Hier ist die General & Cumbria. Mit wem spreche ich?« fragte sie auf Französisch.
»Mein Name ist Isabelle Thomas.« Es folgt ein erstickter Laut. »Entschuldigen Sie, ich bin völlig durcheinander. Kennen Sie einen Mann, der Henri Bayle heißt?«
Paula deckte die Sprechmuschel ab. »Henri Bayle?«
»Francis Carey, der Mann, den ich nach Südfrankreich geschickt habe«, bestätigte Tweed.
»Entschuldigung«, fuhrt Paula fort, »da war eine Störung in der Leitung. Sagten Sie Henri Bayle? Ja, wir arbeiten zusammen. Ich kenne ihn gut. Ich bin die Geschäftsführerin...«
»Henri ist tot...« Isabelles Stimme brach wieder. »Es war entsetzlich. Er wurde ermordet...
»Isabelle, von wo sprechen Sie?« fragte Paula schnell.
»Ich bin in der Hauptpost.«
»In Ordnung. Entschuldigen Sie die Unterbrechung. Bitte sprechen Sie weiter«, sagte Paula in geschäftsmäßigem Ton. »Das ist eine furchtbare Nachricht. Ich muß alles wissen, was Sie mir sagen können.«
Sie hörte zu, wie Isabelle, auf Grund von Paulas beherrschter Reaktion jetzt ruhiger, ihre Geschichte erzählte, vom Erscheinen der beiden DST-Männer in der Bar Miami an. Paula machte sich in Kurzschrift Notizen auf einem Block, den Monica ihr zugeschoben hatte. Im Zimmer war es still geworden. Alle spürten die Spannung in dem Gespräch; Paula ermutigte die Frau immer wieder zum Weiterreden. Schließlich ging sie daran, Isabelles Geschichte zu überprüfen.
»Sie sagten, zwei DST-Männer? Von der *Direction de la Surveillance du Territoire?«*
»Ja, genau die. Ich war Henri in der überfüllten Bar nahe genug, um mitzubekommen, was sie sagten. Ich verstehe einfach nicht, weshalb sie...« Ein weiterer erstickter Laut. »Ich habe Henri geliebt.«

»Und nun sind Sie sehr mitgenommen. Das wäre ich auch. – Haben Sie die Polizei informiert?«
»Nein. Sollte ich?«
»Unter gar keinen Umständen. Tun Sie das nicht. Erzählen Sie es niemandem.«
»Ich habe es nicht einmal meiner Mutter erzählt. Ich bin so durcheinander.«
»Das kann ich verstehen. Vielleicht weiß ich, was passiert ist«, log Paula. »Aber was immer Sie tun, erzählen Sie es niemandem«, wiederholte sie. »Wir werden versuchen, jemanden zu schicken, der Sie aufsucht. Er wird den Namen ... Alain Dreyfus benutzen.« Der erste Name, der ihr eingefallen war. »Haben Sie Geduld, Isabelle. Es kann eine Weile dauern, bis wir mit Ihnen Verbindung aufnehmen. Würden Sie mir bitte Ihre Adresse und Telefonnummer geben?«
Sie schrieb sie auf, bat Isabelle, die Adresse zu wiederholen, um ganz sicher zu sein, daß sie sie richtig notiert hatte.
»Haben Sie einen Job, Isabelle? Werfen Sie ihn nicht hin. Führen Sie Ihr Leben so weiter wie gewöhnlich – soweit Ihnen das möglich ist nach dem schmerzlichen Verlust, den Sie erlitten haben. Und keine Polizei. Weshalb Henri für eine Versicherung gearbeitet hat? Er untersuchte einen fragwürdigen Todesfall, bei dem ein Anspruch auf Auszahlung der Versicherungssumme erhoben worden war.«
»Ich muß jetzt wieder an die Arbeit«, sagte Isabelle mit matter Stimme. »Jedenfalls habe ich getan, um was Henri mich gebeten hat – für den Fall, daß ihm etwas zustoßen sollte.«
»Sie haben genau das Richtige getan. Wir gehen der Sache nach. Aber denken Sie daran – keine Polizei ...«
Sie legte den Hörer auf und atmete tief durch, bevor sie Tweed ansah.
»Puh! Ich hoffe, ich habe das halbwegs vernünftig gehandhabt. Sie haben mitbekommen, was passiert ist?«
»Dafür, daß Sie keine Zeit zum Nachdenken hatten, haben Sie brillant reagiert. Und habe ich recht mit der Annahme, daß Francis Carey tot ist?«
»Ja. Ermordet unter Mithilfe von zwei DST-Männern, die ihn gestern am späten Abend aus einer Bar herausholten und zur Gare St. Jean brachten. In Bordeaux ...«
Sie gab einen knappen Bericht über das, was Isabelle ihr erzählt hatte. Tweed hörte mit ausdruckslosem Gesicht zu. Als sie geendet hatte, trommelte er mit den Fingern seiner rechten Hand leicht auf die Schreibtischplatte und schaute Newman an.

»Ich fürchte, sie hatten recht. Für eine derartige Mission war Carey zu unerfahren. Mein todbringender Fehler!«
»Unsinn!« erklärte Newman. »Vor nicht allzulanger Zeit wurde auch Harry Masterson, einer Ihrer Sektorenchefs, ein überaus erfahrener Mann, ermordet. Das ist nun einmal Teil des Risikos, das jeder zu tragen hat, der für den SIS arbeitet. Ich bin sicher, Sie haben Carey gewarnt, bevor er sich bereit erklärte, den Aufrag zu übernehmen. Also hören Sie auf, sich Vorwürfe zu machen.«
Ganz plötzlich wurde Tweed aktiv. »Zwei DST-Männer? Das ist unglaublich. Monica, versuchen Sie, René Lasalle über das Scrambler-Telefon zu erreichen. Dann werden wir erfahren, was dahintersteckt...«
Alle schwiegen, während Monica die Nummer wählte. Paula saß an ihrem Schreibtisch, zupfte an den Falten ihres Rockes und ging in Gedanken noch einmal das Gespräch mit Isabelle durch. Monica nickte Tweed zu, um anzudeuten, daß der DST-Chef in Paris am Apparat war.
»René«, begann Tweed mit entschlossener Stimme. »Tweed hier, über Scrambler... Sie auch? Gut. Ich hatte, wie besprochen, einen meiner Agenten nach Südfrankreich geschickt. Und eben habe ich erfahren, daß er gestern abend in Bordeaux ermordet wurde – am Hauptbahnhof. Nachdem ihn zwei Männer aus einer Bar herausgeholt hatten, die behaupteten, sie gehörten zur DST...«
»Großer Gott! Sagen Sie DST? Das ist unmöglich. Im Gebiet von Bordeaux operieren keine DST-Männer. Ich muß es schließlich wissen.«
»Dann haben sie sich nur als solche ausgegeben...«
»Und das werde ich nicht hinnehmen. Sobald unser Gespräch beendet ist, schicke ich Leute nach Bordeaux, die der Sache nachgehen sollen. Aber ich brauche mehr Informationen, sofern Sie bereit sind, sie mir zu geben.«
»Das bin ich. Der Agent operierte – mit Papieren – unter dem Namen Henri Bayle. Er arbeitete als Barmann in einem Lokal, das Bar Miami heißt. Nach allem, was ich erfahren habe, muß der Mord gegen 23 Uhr geschehen sein. Anscheinend in einem unterirdischen Zugang, den man über eine Rampe erreicht. Der Mord selbst wurde nicht von den beiden falschen DST-Männern begangen, sondern von einem Dritten.«
»Und wer hat Ihnen das erzählt?«
»Ein Informant, dessen Namen ich nicht nennen möchte. Seine Angaben schienen verläßlich zu sein. Gestern abend war ein Funkbericht von Carey fällig, aber es kam nichts. Ich nahm an, er hätte ihn aus irgendeinem Grund verschieben müssen.«
»Und wann haben Sie von dem Mord erfahren?«

»Vor fünf Minuten.«
»Meine Leute fliegen sofort nach Bordeaux. Und ich wäre Ihnen sehr verbunden, Tweed, wenn Sie nach Paris kommen und mich aufsuchen könnten. Es gibt Entwicklungen, über die Sie Bescheid wissen sollten. Sie könnten mit dem Mord zusammenhängen. Ich spreche Ihnen mein Mitgefühl aus. Aber – und das ist überaus wichtig – können Sie kommen?«
»Ja. Schon sehr bald. Ich muß zuerst woanders hinfliegen. Kann ich Sie anrufen, sobald ich nach Paris kommen kann?«
»Bitte tun Sie das.« Lasalles Stimme nahm einen erbitterten Ton an. »Die Lage hier ist alles andere als rosig. Wir rechnen mit einer schweren Krise. Beeilen Sie sich, mein Freund. *Au revoir*...«
Nachdem er den Hörer aufgelegt hatte, starrte Tweed ins Leere. Die Anwesenheit der anderen im Zimmer schien er vergessen zu haben.
»Irgendwelche Anweisungen?« fragte Monica.
»Ja. Ich habe beschlossen, Paula mitzunehmen – nach Genf und dann nach Paris. Buchen Sie ein weiteres Zimmer im Hotel des Bergues in Genf, besorgen Sie für sie ein Ticket für meinen Flug. Außerdem offene Tickets von Genf nach Paris. Buchen Sie zwei Zimmer in diesem kleinen Pariser Hotel, dem Madeleine. Es ist nicht weit von der Rue des Saussaies – und Lasalle – entfernt.«
»Was ist mit Lassalle?« fragte Newman.
»Er ist der zweite, der in den letzten Tagen das Wort Krise benutzt hat. Zuerst Kuhlmann, und nun Lasalle. Irgendetwas braut sich auf dem Kontinent zusammen.«
»Mir ist gerade etwas eingefallen, was Karin gesagt hat«, berichtete Paula. »Das war, als wir uns gerade umzogen, nachdem wir bei Aldeburgh den Strand erreicht hatten und diese Männer hinter uns her waren. Deshalb hatte ich es vergessen.«
»Was war es?« fragte Newman.
»Sie sagte, die französische Armee wäre die Gefahr. Die Einheiten, die im Süden stationiert sind. Wir waren so aufs Entkommen bedacht, daß es mir entfallen war. Und später konnte ich sie nicht mehr fragen, wie sie das gemeint hatte.«
»Mein nächster Vorstoß«, verkündete Newman. »Während Tweed auf dem Kontinent herumreist.«
»Was für ein Vorstoß?« fragte Tweed.
»Ich werde den Oberbefehlshaber dieser Einheiten interviewen...«

Geschützrohre. Reihe um Reihe, die tödliche Feuerkraft einer gewaltigen Ansammlung von Panzern, an der Newman von einem Leutnant der französischen Armee vorbeibegleitet wurde.
Er war von Bordeaux aus zum schwerbewachten Eingang des Areals gefahren. Die Eilfertigkeit, mit der der Befehlshaber dieser großen Einheit einem Interview zustimmte, hatte ihn überrascht.
»Sie arbeiten für den *Spiegel*, Mr. Newman? Dann bin ich sicher, daß der General sich freuen wird, Sie zu sehen«, hatte die verbindliche Stimme erklärt. »Ich bin Major Lamy. Sie sind in Bordeaux? Sagen wir 14 Uhr? Ja, heute. Es bleibt also dabei ...«
Das Hauptquartier des Dritten Corps lag in hügeligem Gelände östlich von Bordeaux. Während seiner Fahrt mit einem gemieteten Citroën war Newman zwischen Weinbergen hindurchgefahren, und in der Ferne hatte er die Türme eines großen Schlosses gesehen.
»Hier entlang, Mr. Newman«, sagte der Leutnant auf Französisch und ging zwischen vier Reihen von Panzern hindurch, deren Geschützläufe genau parallel zueinander ausgerichtet waren. Newman hatte den Eindruck einer straff organisierten Militärmaschinerie, geleitet von einem Mann, der keine Zeitverschwendung duldete. Er wurde in ein eingeschossiges Gebäude mit Wachtposten vor der Tür geführt und dann über einen breiten Korridor zu einer schweren, mit geschnitzten Adlern in napoleonischem Stil geschmückten Mahagonitür. Eher die Art von Tür, die er in dem Schloß zu sehen erwartet hätte, an dem er vorbeigefahren war.
»Der General erwartet Sie. Treten Sie ein«, forderte der Leutnant ihn auf und griff nach der Klinke.
»Woher weiß er, daß ich da bin?« fragte Newman.
»Der wachthabende Offizier hat ein Zeitungsfoto von Ihnen. Als Sie aus dem Wagen stiegen, hat er über Funk den Adjutanten des Generals informiert.«
»Über Funk? Haben Sie noch nichts von Telefonen gehört?«
»Telefone können angezapft werden.«
»Und weshalb mußte ich mich einer Leibesvisitation unterziehen, bevor ich eingelassen wurde?«
»Eine weitere Sicherheitsmaßnahme. Sie wurden auf Waffen und auf ein verstecktes Tonbandgerät untersucht. Eine Routinemaßnahme wegen der durch Saboteure drohenden Gefahren. Der General wartet ...«
Die Tür wurde hinter Newman geschlossen. Er betrat allein einen langen

Raum mit einem Fußboden aus poliertem Parkett. Einen sehr langen Raum mit einem großen Louis Quinze-Schreibtisch am hinteren Ende. An dem Schreibtisch saß eine stämmige Gestalt in der Uniform eines kommandierenden Generals, und hinter dem hochlehnigen Louis Quinze-Stuhl stand ein sehr schlanker Mann, gleichfalls in Uniform und im Rang eines Majors. Doch was Newmans Aufmerksamkeit erregte, war die an der Wand hinter dem Stuhl hängende gerahmte Silhouette. Eine große, schwarze Silhouette, unverkennbar ein Porträt von General Charles de Gaulle, Kopf und Schultern im Profil und mit seinem Képi.

»Willkommen beim Dritten Corps, Mr. Newman. Bitte, nehmen Sie Platz. Ich hoffe, Sie nehmen es uns nicht übel, aber wir haben uns beim *Spiegel* vergewissert, daß Sie für ihn arbeiten.«

»General de Forge?« erkundigte sich Newman.

»Natürlich. Das ist Major Lamy, der Chef meines Nachrichtendienstes.«

De Forge hatte ein kraftvolles Habichtsgesicht, länglich und mit einem straffen Kinn. Seine Augen waren stahlblau und musterten Newman durchdringend, als er sich erhob und eine Hand ausstreckte. Sein Griff war so fest, daß Newmans Finger gelitten hätten, wenn er nicht darauf vorbereitet gewesen wäre.

Lamy trug einen schmalen dunklen Schnurrbart, und sein Ausdruck war ein wenig zynisch, als er Newman zunickte, der sich nun hinsetzte.

»Ich kann Sie nicht interviewen, General, wenn noch eine andere Person anwesend ist.«

De Forge musterte Newman mit unbewegter Miene. Seine Art, sich in seinem prachtvollen hochlehnigen Stuhl zurückzulehnen, verriet dynamische Energie unter der Kontrolle eines eisernen Willens. Er wirkte wie ein Staatsoberhaupt.

»Major Lamy ist einer meiner engsten Mitarbeiter.«

»Trotzdem«, beharrte Newman. »Ich habe am Telefon keinen Zweifel daran gelassen – und ich habe mit Major Lamy gesprochen –, daß es sich um ein persönliches Interview handeln würde. Und das bedeutet, unter vier Augen.«

»Dann sollten Sie uns verlassen, Lamy. Reporter scheinen zu glauben, sie hätten einen höheren Rang als Generäle.«

»Ich habe Gerüchte gehört«, begann Newman, nachdem der Nachrichtenoffizier die Tür hinter sich geschlossen hatte, »daß Sie über die gegenwärtige Lage in Frankreich sehr entschiedene Ansichten haben. Als ich am Tor ankam, mußte ich mich einer Leibesvisitation unterziehen. Der Leutnant benutzte ein Wort, das ich nicht recht verstehe. Saboteure.«

»Der Abschaum ist überall. Frankreich ist verseucht mit fremdländischen Elementen, die entfernt werden sollten. Algerier, Araber, Gott weiß was sonst noch.«

»Das hört sich an wie das Programm dieser neuen Partei, *Pour France,* einer extremistischen Gruppe, die offenbar der *Action Directe* nahesteht.«

Newman sprach fließend Französisch. Er glaubte, in den durchdringenden Augen einen Anflug von Verblüffung zu entdecken. De Forge schwenkte seine wohlgeformte Hand.

»Ich stehe im Dienst der Republik. Politik interessiert mich nicht. Aber ich muß Sie korrigieren. *Pour France* ist eine Partei, deren Beliebtheit stündlich zunimmt. Ob ihre Einstellung zugleich die meine ist, ist irrelevant.«

»Sie behaupten also, die Politik ginge Sie nichts an. Haben Sie sich eine Meinung über Deutschland gebildet?«

Es war, als hätte er auf einen Knopf gedrückt. De Forge lehnte sich vor, gestikulierte mit geballter Faust. Aber seine Stimme blieb beherrscht, als er seine Attacke losließ.

»Wir müssen auf der Hut sein. Der jetzige Kanzler ist ein Mann des Friedens, aber wer kommt nach ihm? Ein neuer Bismarck, der versucht, die Macht des vereinten Deutschland dazu zu benutzen, uns Elsaß-Lothringen wieder abzunehmen? Ich verweise auf die Siegfried-Bewegung, die jeden Tag stärker wird. Eine Untergrundorganisation, die jederzeit an die Oberfläche kommen kann. Frankreich muß auf neue Übergriffe gefaßt sein. Ich wiederhole es – Siegfried stellt für unser Land eine schwere Bedrohung dar. Wir müssen stark sein. Wollen Sie sehen, wie stark wir sind?«

»Ich habe Ihre Panzer gesehen...

»Ich meine unsere Methoden, eine Elitearmee auszubilden, die auf jeden Notfall vorbereitet ist. Kommen Sie mit, Mr. Newman.«

De Forge erhob sich und setzte sein Képi auf. Dann warf er einen Blick auf die Silhouette des Generals de Gaulle und lächelte kühl.

»Er war ein großer Mann. Vielleicht ist die Zeit reif für einen zweiten de Gaulle. Kommen Sie!«

De Forge führte ihn aus dem Gebäude heraus und zu einem Fahrzeug, das wie ein Jeep aussah. Er sprang behende hinein, setzte sich ans Steuer und bedeutete Newman, sich neben ihm auf dem Beifahrersitz niederzulassen. Newman kletterte hinauf. Er saß kaum, als sich das Fahrzeug auch schon mit hoher Geschwindigkeit in Bewegung setzte.

Uniformierte Männer auf Motorrädern erschienen als Eskorte mit heulenden Sirenen und fuhren vor dem General und hinter seinem Wagen her. Die

Kavalkade jagte durch das Tor am Haupteingang, das geöffnet worden war, und hinaus in die Landschaft.
Newman, der sich mit der Rechten festhielt, um nicht hinausgeschleudert zu werden, warf einen Blick auf den General. Sein Habichtsprofil wirkte gelassen, obwohl er es offensichlich genoß, sehr schnell zu fahren. Die Kavalkade bog von der Straße ab auf einen Feldweg, der auf einen Wald zuführte, wurde langsamer.
»Wo fahren wir hin?« fragte Newman.
»Ich will Ihnen den Strafbrunnen zeigen. Männer, die eine Elitetruppe bilden wollen, müssen viel aushalten können. Disziplin, Ordnung und Stabilität – das ist unsere Parole.«
»Ich glaube mich zu erinnern, daß der Vorsitzende von *Pour France* sich auf denselben Slogan beruft.«
De Forge starrte Newman mit ausdrucksloser Miene an und riß das Lenkrad herum. Er brachte das Fahrzeug auf einer Lichtung mitten in einem Nadelwald zum Stehen. Die Atmosphäre hatte etwas ebenso Bedrohliches an sich wie die Art, auf die die Motorradeskorte in einiger Entfernung vor einem alten, steinernen Brunnen einen Kreis bildete.
»Dieser Teil des Interviews ist nicht zur Veröffentlichung bestimmt«, befahl de Forge.
»Dieser Bedingung habe ich schon vorhin nicht zugestimmt. Sie können Sie nicht jetzt stellen.«
De Forge blieb stehen, als wäre er im Begriff, seinen Plan zu ändern und zum Hauptquartier zurückzufahren. Newman, der den Stimmungsumschwung spürte, sprang aus dem Wagen und ging auf den Brunnen zu. De Forge folgte ihm. Er trug Reitstiefel, die so poliert waren, daß sie glänzten wie Glas. In der rechten Hand hielt er eine Gerte, mit der er gegen die Stiefel schlug. Was immer der General sein mochte – er war eine Führerpersönlichkeit.
Newman betrachtete den alten Brunnen. Die Röhre hatte zerkrümelnde Wände, aber die Winde, die mit einer Kurbel bedient wurde, war brandneu. An einem Ende der Winde war ein Metermaß befestigt. Zwei Seile führten straff gespannt in die Tiefe. Newman hob einen kleinen Stein auf, ließ ihn hineinfallen. Es schien eine Ewigkeit zu dauern, bis er sein fernes Aufklatschen hörte.
»Werfen Sie keinen großen Stein hinunter«, warnte de Forge und lächelte sein kaltes Lächeln. »Sie könnten den Gefangenen treffen.«
»Den Gefangenen?«
»Dies ist der Strafbrunnen. Wenn ein Soldat einen Befehl nicht ausführt

oder seine Leistungen auf dem Hinderniskurs zu wünschen übriglassen, dann verbringt er einige Zeit in dem Strafbrunnen. Augenblicklich hängt ein Delinquent unmittelbar über dem stehenden Wasser.«

»Weshalb zwei Seile?«

»Eines liegt um seinen Hals wie eine Henkerschlinge. Sie ist mit einem speziellen, regulierbaren Gleitknoten befestigt, der von hier aus angezogen oder gelockert werden kann. Er befindet sich nicht in Gefahr. Nur ein bißchen Terror.«

»Und das zweite Seil?« fragte Newman knapp.

»Ist an einem Geschirr um seine Brust befestigt. Der einzige Halt zwischen dem Delinquenten und der Ewigkeit. Später wird er an dem Geschirrseil heraufgezogen.«

»Und das Metermaß?« Newman ließ nicht locker.

»Das zeigt uns an, wie tief der Gefangene abgesenkt wurde.«

Newman schaute über den Rand in das schwarze Loch. Es war so dunkel, daß er den armen Teufel, der da unten hing, nicht erkennen konnte. Er hörte Motorengeräusch und sah aus dem Augenwinkel heraus, wie Major Lamy in einem zweiten Jeep eintraf; so, wie er über das Lenkrad gebeugt dasaß, sah er aus wie ein Raubvogel.

De Forge trat zu ihm. Sie unterhielten sich kurz. Lamy griff nach einem Mikrofon. Eine Antenne fuhr automatisch aus. Lamy sprach in das Mikrofon, dann hängte er es wieder ein und fuhr davon.

»Jetzt wissen Sie, wie wir die schlagkräftigste Armee in Europa geschaffen haben.«

»Ich finde die Methoden barbarisch.«

Kein weiteres Wort wurde zwischen den beiden Männern gewechselt, während de Forge Newman zum Hauptquartier zurückfuhr. Die Motorradeskorte, Männer, die mit ihren Schutzbrillen mit getönten Gläsern unheimlich wirkten, begleitete sie. De Forge raste auf den Eingang zu, dann hielt er mit einem Ruck an, der Newman herausgeschleudert hätte, wenn er nicht auf dieses Manöver vorbereitet gewesen wäre. De Forge sah ihn beim Sprechen nicht an.

»Hier verlassen Sie uns.«

Newman sprang heraus, und de Forge raste durch das Tor, das bei seinem Herannahen geöffnet worden war. Auf dem Weg zu seinem Citroën mußte Newman an den Motorradfahrern vorbei, die zurückgeblieben waren und wieder einen Kreis gebildet hatten. Sorgfältig darauf bedacht, keines der Motorräder zu berühren, schlüpfte er durch eine Lücke, holte seinen Schlüssel heraus und steckte ihn ins Türschloß des Citroën.

Der Schlüssel glitt nicht mehr so mühelos hinein, wie er es zuvor getan hatte. Er bekam die Tür auf, glitt hinter das Lenkrad, schloß die Tür, startete den Motor. Das Gas schien langsamer zu reagieren. Er fuhr davon, wartete, bis er zwei langgestreckte Kurven umrundet hatte und sich nicht mehr in Sichtweite des Hauptquartiers befand, dann fuhr er auf das grasbewachsene Bankett.
Er stieg aus, kroch unter den Wagen und untersuchte ihn sorgfältig im Licht seiner Stablampe. Keinerlei Anzeichen für eine Bombe. Es hätte eine Bombe sein müssen, die durch Fernzündung ausgelöst wurde – sie durfte nicht hochgehen, solange die Motorradfahrer in der Nähe waren. Ich werde paranoid, dachte er. De Forge ist nur ein Egomane, dem es Spaß macht, eine Schau abzuziehen.
Er fuhr weiter in Richtung Bordeaux. Fünf Minuten später sah er im Rückspiegel auf der sonst verkehrslosen Straße einen schwarzen Berliet-Transporter, ein großes, breites Fahrzeug von der Art, wie es die CRS benutzte, die paramilitärische Polizei, die bei gewalttätigen Unruhen in Aktion zu treten pflegte. Konnte es sein, daß es de Forge gelungen war, sie auf seine Seite zu ziehen? Newman dachte an die falschen DST-Männer, die Francis Carey aus der Bar Miami herausgeholt hatten. War das Fahrzeug gestohlen worden?
Es kam schnell näher, wurde riesig in seinem Rückspiegel. In der Kabine saßen der Fahrer und zwei Männer mit Sturmhauben, die ihre Gesichter verhüllten. Einer hielt etwas in der Hand, das wie ein großer Gummiknüppel aussah. Standardausrüstung der CRS zum Zurückdrängen einer brodelnden Menschenmenge.
Newman hatte ein vorzügliches Gedächtnis für Strecken. Er brauchte nur einmal eine ihm bis dahin unbekannte Straße entlangzufahren, um sich auf der Rückfahrt an jede Einzelheit erinnern zu können. Er gab Gas, und wieder reagierte der Wagen nicht normal, genau so lahm wie beim Verlassen des Hauptquartiers.
Newman wußte genau, was passiert war. Er erinnerte sich an de Forges Stimmungsumschwung, als er sich geweigert hatte, die so spät gestellte Bedingung, von einem Teil des Interviews keinen Gebrauch zu machen, zu akzeptieren. Die Ankunft des Zynikers Lamy, de Forges Unterhaltung mit ihm, dann Lamy, der mit dem Funkgerät einen Befehl weitergab. Sie hatten Nachschlüssel benutzt, um seinen Wagen aufzuschließen, und sich dann am Gas zu schaffen gemacht. Er sah wieder in den Spiegel. Der schwarze Berliet raste auf ihn zu wie ein Geschoß, war schon fast in seinem Kofferraum.

Er trat das Gaspedal bis auf den Boden durch, holte soviel Geschwindigkeit wie möglich aus dem beschädigten Mechanismus heraus. Er erinnerte sich genau, wo er sich befand. Würde er die Brücke noch rechtzeitig erreichen? Es würde eine Sache von Sekunden sein. Kein Buchmacher würde eine Wette über seine Überlebenschancen abschließen.

Die beiden maskierten Männer in der Kabine lehnten sich vor. Newman spürte ihre Begierde, über ihn herzufallen. Sein letzter Versuch mit dem Gaspedal hatte den Abstand zwischen den beiden Fahrzeugen vorübergehend vergrößert. Noch zwei Kurven.

Der Berliet kam wieder näher, füllte den Rückspiegel fast völlig aus. Newman umrundete die erste Kurve, rammte das Pedal mit aller Kraft nieder. Vor ihm lag die letzte Kurve. Sie schien auf ihn zuzukriechen, während der Berliet schon beinahe seine hintere Stoßstange berührte. Er schwang das Lenkrad herum, durchfuhr die letzte Kurve, und dann lag der Buckel der schmalen Steinbrücke hundert Meter vor ihm. Newman umklammerte das Lenkrad, zwang sich, den Rückspiegel zu ignorieren.

Auf dem Hinweg war er ganz langsam über die schmale Brücke gefahren, hatte den Wagen vorsichtig zwischen den Steinmauern hindurchgesteuert, um ihn nicht zu verkratzen. Jetzt mußte er zentimetergenau steuern und die Brücke mit voller Geschwindigkeit passieren. Er riskierte einen letzten kurzen Blick in den Rückspiegel. Der Berliet war im Begriff, ihn zu rammen. Die Räder des Citroën rollten an der einen Seite des Buckels hinauf, jagten über die Kuppe, zwischen den massiven Steinmauern hindurch, die Newman nur verschwommen wahrnahm. Als er spürte, daß es abwärts ging, umklammerte er das Lenkrad noch fester. Beinahe hätte er die Kontrolle verloren, aber seine Nerven hielten stand. Die Brücke lag hinter ihm.

Im Rückspiegel sah er, wie der Berliet die Brücke erreichte. Weil er reichlich Zeit gehabt hatte, war Newman nicht auf der Nationalstraße zum Hauptquartier des Dritten Corps gefahren, sondern hatte sich für einen Umweg entschieden, um die Weinberge zu sehen und vielleicht ein Schloß. Der Fahrer des Berliet erkannte die Brücke zu spät. Der breite Transporter dröhnte die Anhöhe hinauf, Metall kreischte, knirschte gegen den Stein. Der Transporter kam zum Stehen, zwischen den Mauern eingekeilt. Die linke Mauer gab unter dem Druck nach, stürzte in die Schlucht hinunter und nahm einen Teil der Straßendecke der Brücke mit. Der Berliet schwankte, hing den Bruchteil einer Sekunde lang zur Seite geneigt über dem Abgrund, dann folgte er der Mauer, drehte sich in der Luft und landete mit dem Donnergeräusch einer detonierenden Bombe in der mit Felsbrokken übersäten Schlucht.

Newman hielt, sprang aus dem Wagen und kletterte auf eine Böschung, von der aus er in die Schlucht hinunterschauen konnte. Nichts bewegte sich in dem Berliet. Niemand kam aus dem metallenen Sarg heraus.
Newman zuckte die Achseln, stieg wieder ein und fuhr weiter nach Bordeaux. Als Tweed gehört hatte, daß er in diese Stadt fliegen wollte, hatte er ihm die Adresse von Isabelle Thomas, Francis Careys Freundin, gegeben. Es war Zeit, daß jemand sie aufsuchte, um zu sehen, wie sie zurechtkam – und um vielleicht noch weitere Informationen aus ihr herauszuholen.

Fünftes Kapitel

Die erste Überraschung, die Tweed und Paula erlebten, als sie in Genf im Hotel des Bergues eintrafen, war der Anblick von Otto Kuhlmann, dem leitenden Beamten des BKA, der in der Nähe der Rezeption in einem Sessel saß und eine Zeitung las. Er war viel früher eingetroffen, als sie erwartet hatten.
Die zweite Überraschung war seine Reaktion. Er blickte auf, dann ignorierte er sie und schlug eine weitere Seite seiner Zeitung auf. Paula sah Tweed an.
»Sagen Sie kein Wort zu ihm«, warnte er. »Und sehen Sie ihn nicht noch einmal an…«
Tweed meldete sich an. Als Paula seinem Beispiel folgte, wunderte sich Tweed, als sie beim Ausfüllen des Formulars ein Stück zurücktrat. Der Mann an der Rezeption gab ihr einen Schlüssel.
»Welches Zimmer, sagten Sie?« fragte sie mit lauter Stimme. »Ich habe meine Lesebrille vergessen.«
»Zimmer Nummer 135«, wiederholte der Angestellte nicht weniger laut.
Tweed packte schnell aus, dann ging er in ihr Zimmer, ein großes Doppelzimmer wie seines – etwas anderes hate Monica nicht mehr reservieren lassen können. Es lag in einer Ecke mit Blick auf die Rue de Mont-Blanc auf der einen und den Fluß jenseits der Straße, auf die der Haupteingang hinausführte, auf der anderen Seite und war fast eine Suite.
»Ein wahres Luxusappartement«, freute sich Paula. »Und sehen Sie nur die Lichter dort drüben.«
An den Gebäuden jenseits des Flusses waren vielfarbige Neonreklamen angebracht, die sich wie bunte Schlangen im Wasser spiegelten. Tweed nickte beifällig, war aber mit seinen Gedanken ganz woanders.
»Otto Kuhlmann hat mich bereits angerufen«, fuhr Paula fort. »Er hat

gefragt, wann wir zum Essen ausgehen wollten, er würde im Foyer warten; dann hat er plötzlich aufgelegt.«

»Er verhält sich äußerst merkwürdig. Vielleicht will er sich uns anschließen. Wir sollten uns für irgendein verschwiegenes Restaurant entscheiden.«

»Der Gedanke war mir auch schon gekommen. Ich hoffe, Sie haben nichts dagegen, aber nach seinem Anruf habe ich im Les Armures einen Ecktisch für drei reservieren lassen. Es ist ein gutes Restaurant in der Altstadt, in der Nähe der Kathedrale. Ich hoffe, es ist Ihnen recht.«

»Eine hervorragende Wahl. Wollen Sie sich umziehen?«

»Ich bin hungrig und möchte essen. Und ich nehme an, Otto will uns dringend sehen. Er benutzte dieses Wort, als er mich anrief.«

»Dann ziehen Sie Ihren Mantel an und lassen Sie uns gehen ...«

Kuhlmann stand vor dem Eingang. Er trug einen schwarzen Mantel und einen breitkrempigen Hut, den er tief in die Stirn gezogen hatte. Er war von kleiner Statur, hatte aber breite Schultern und einen großen Kopf und erinnerte Paula immer an die alten Filme, in denen Edward G. Robinson auf der Leinwand eschienen war. Dasselbe harte Gesicht, der feste Mund, der Eindruck großer körperlicher und geistiger Kraft. Er stand unter dem Baldachin, ignorierte sie und schaute statt dessen nach rechts und nach links, als wartete er auf jemanden.

Paula ging auf das Taxi zu, das gerade vorfuhr. Als der Fahrer ausstieg, um eine der hinteren Türen für sie zu öffnen, fragte sie mit lauter, deutlich vernehmbarer Stimme.

»Können Sie uns bitte zum Les Armures bringen? Das ist ein Restaurant in der Altstadt, in der Nähe der Kathedrale.«

»Ich weiß Bescheid, Madame ...«

Sie machte es sich neben Tweed bequem und genoß die Wärme des Wagens. Obwohl sie nur wenige Minuten auf dem Gehsteig gestanden hatten, war ihr kalt geworden. Ein scharfer Ostwind wehte vom See herüber – vermutlich direkt aus Sibirien, dachte sie.

»Ich hoffe, er hat es mitbekomen«, flüsterte sie.

»Er hat es bestimmt mitbekommen, wenn es das war, was er wissen wollte ...«

Das Taxi überquerte die breite Brücke über die Rhone und fuhr dann auf einem Zickzackkurs zu dem Restaurant. Es hatte angefangen zu nieseln, das Kopfsteinpflaster glänzte fettig im Schein der Straßenlaternen. Die Altstadt lag auf einer Anhöhe, dem Hauptteil der Stadt auf der anderen Seite des Flusses gegenüber. Es ging steil bergauf bis zum Gipfel, auf dem die Kathedrale stand. Das Taxi umrundete Haarnadelkurven zwischen Reihen von alten, dicht zusammengdrängt stehenden Häusern. Tweed warf einen Blick auf Paula.

Ihre Reaktion auf den grauenhaften Vorfall in Suffolk war bemerkenswert gewesen. Die Art, wie sie im Hotel die Situation in die Hand genommen und Kuhlmann ihre Zimmernummer mitgeteilt hatte. Und dann, als sie das Hotel verließen, hatte sie ihn ebenso geschickt über ihr Ziel informiert.

Er wußte, was sie versuchte, und bewunderte sie deswegen. Sie wollte beweisen, daß sie trotz allem, was sie durchgemacht hatte, durchaus imstande war, ihre Arbeit zu tun.

Paula schaute aus dem Fenster, während das Taxi seine scheinbar endlose Fahrt durch die engen Straßen fortsetzte. Abends wirkte die Altstadt immer ein wenig unheimlich. Niemand war unterwegs. Dunkle Gassen und hier und dort eine steile Treppe.

Das Taxi wurde langsamer, hielt in der Nähe einer schmalen Straße, die an einer erhöhten Plattform entlang verlief, auf der alte Kanonen standen. Der Fahrer drehte sich zu ihnen um.

»Von hier aus sind es nur ein paar Schritte unterhalb des Arsenals hindurch«, sagte er und deutete auf die Plattform.

»Ich weiß«, sagte Tweed und bezahlte ihn.

Der Fahrer verließ den Wagen und öffnete die hintere Tür. Paula stieg aus, gefolgt von Tweed, der seinen Mantelkragen hochschlug. Dann standen sie im Nieselregen, während das Taxi davonfuhr. Tweed schien in die bedrükkende Stille hineinzulauschen, die danach eingetreten war.

»Probleme?« fragte Paula, die auf der Plattform Schutz gesucht hatte.

»Nein. Ich wollte mich nur vergewissern, daß uns niemand gefolgt ist. Wir wollen hineingehen und hoffen, daß Kuhlmann kommt...«

Aus den Fenstern von Les Armures, 1 Puits-St. Pierre, fiel anheimelndes Licht heraus. Sie betraten das Restaurant durch eine Drehtür, passierten eine Bar mit Holzhockern. Paula schwelgte in der plötzlichen Wärme, zog ihren Mantel aus und gab ihn einem Kellner, der herbeigeeilt war. Die meisten Tische waren besetzt. Stimmengewirr mischte sich mit dem Klirren von Gläsern.

»Sie haben einen Tisch für drei Personen auf den Namen Grey«, sagte Paula zu dem Kellner, der gerade Tweed den Mantel abnahm.

Als der Kellner sie zu ihrem Tisch geleitete, erhaschte Paula durch einen Türbogen hindurch einen Blick in einen weiteren Raum, die *Salle des Artistes,* deren Wände mit den Stoßzähnen von Elefanten dekoriert waren. Sie wurden, wie es Paula gewünscht hatte, zu einem Ecktisch geführt. An

den Wänden über ihnen hingen gekreuzte Musketen. Sie setzten sich so, daß der Stuhl in der Ecke für Kuhlmann frei blieb.
»Hier sieht es noch genauso aus, wie ich es in Erinnerung hatte«, bemerkte Paula, bevor sie sich der großen Speisekarte zuwendete. »Und es ist immer noch gut besucht.«
»Ein guter Ort zum Reden«, erwiderte Tweed.
Die Wärme und das Stimmengewirr schufen eine Atmosphäre, in der sich die Gäste wohlfühlten. Überwiegend Einheimische, vermutete Tweed. Er las gerade die Speisekarte, als Paula sah, daß Otto Kuhlmann hereinkam. Er blieb an der Bar stehen, ließ den Blick durch den überfüllten Raum schweifen. Sie vermutete, daß er sich die Gesichter aller Anwesenden gemerkt hatte, bevor er Mantel und Hut abgab und sich zu ihnen setzte.
»Ich hatte Begleitung«, erklärte er auf Englisch seine Vorsichtsmaßnahmen. »Ein Motorradfahrer ist meinem Taxi gefolgt.
»Wie haben Sie ihn abgeschüttelt?« fragte Tweed.
»Indem ich das Taxi an der Treppe unterhalb der Kathedrale halten ließ. Dann bin ich die Treppe hinaufgerannt, und er konnte mir auf seiner Maschine nicht folgen.«
»Etwas zu trinken?« schlug Tweed vor.
»Fangen wir mit Kir Royal an«, sagte Paula prompt, und Kuhlmann nickt beifällig, während er sein Markenzeichen, eine große Zigarre, herausholte.
»Kommen wir zum Geschäft. Ich hoffe, die Zigarre stört Sie nicht – ich habe sie mir versagt, seit ich aus Wiesbaden abgefahren bin, in der Hoffnung, unerkannt zu bleiben. Irgendwo muß mir ein Fehler unterlaufen sein – die Leute, mit denen wir es zu tun haben, sind skrupellos und ausgesprochen gründlich.«
Er schwieg, während Tweed die Drinks bestellte. Sie wurden fast sofort gebracht. Paula trank die Hälfte der Mischung aus Champagner und Johannisbeerlikör, dann setzte sie ihr Glas ab.
»Das brauchte ich. So, Otto. Und nun rauchen Sie Ihre Zigarre.«
»Wie ich schon am Telefon sagte, Tweed, braut sich in Deutschland eine Krise zusammen. Wir haben einen gefährlichen Feind, den wir nicht lokalisieren können. Extreme Elemente der Pariser Presse zeichnen das Bild eines aggressiven Deutschland, das sich an Frankreich für frühere Niederlagen rächen will.«
»Das ist doch lächerlich, Otto«, protestierte Tweed. »Wir wissen doch, daß Deutschland die friedlichsten Absichten hat.«
»Das stimmt, aber es gibt eine überaus geschickt gesteuerte Kampagne, um uns als gefährlich darzustellen.«

»Unter dem gegenwärtigen Bundeskanzler? Das ist doch absurd.«
»Ich weiß. Die Propaganda ist so tückisch, daß sie von Goebbels stammen könnte. Es wird angedeutet, daß später ein neuer Bismarck an die Macht kommen könnte, der Frankreich Elsaß-Lothringen entreißen würde, das 1871 von Deutschland annektiert wurde.«
»Gegen derart offenkundige Lügen kann man doch vorgehen.«
»Da ist noch mehr.« Kuhlmann trank den Rest seines Kir Royal, und Paula bestellte eine weitere Runde. »Ich muß Ihnen sagen, daß von irgendwem außerhalb Deutschlands eine neue Untergrund-Bewegung organisiert wird. Und zwar in Zellen, die aus Terroristen bestehen. Woher sie kommen, können wir nicht herausfinden. Sie nennt sich Siegfried und ist eine rechtsextreme Gruppe. Wir wissen, daß Waffen und Sprengstoff in großen Mengen ins Land geschmuggelt und irgendwo für den künftigen Gebrauch gelagert werden. Aber wo das Zeug herkommt, können wir nicht herausfinden.«
»Sie müssen doch eine Ahnung haben, wer hinter dieser Verschwörung steckt«, sagte Tweed ruhig.
»Wie ich bereits sagte – gewisse extreme Elemente in der französischen Presse schüren das Feuer.« Er paffte an seiner Zigarre, während sie das Essen bestellten, sagte, er nähme dasselbe. »Natürlich ist das alles höchst vertraulich, das brauche ich Ihnen ja nicht zu sagen. Und noch vertraulicher ist die Tatsache, daß ich im persönlichen Auftrag des Bundeskanzlers hier bin.«
Paula musterte ihn über den Rand ihres zweiten Glases Kir Royal hinweg. Mit seinem dichten dunklen Haar, den ebenso dunklen Augenbrauen und dem um die Zigarre fest zusammengepreßten Mund wirkte Kuhlmann überaus grimmig.
»Ich verstehe, Otto«, sagte Tweed. »Wissen Sie, wie der französische Staatspräsident über die Lage denkt?«
»Er kann nicht glauben, daß es eine derartige Verschwörung gibt. Er ist überaus verärgert über das, was bestimmte französische Zeitungen schreiben. Er findet, es wäre das beste, überhaupt nicht darauf zu reagieren – das würde nur noch mehr Aufmerksamkeit auf ihre aggressiven Behauptungen lenken. Außerdem hat er ohnehin schon genug Probleme.«
»Welche meinen Sie?« drängte Tweed.
»Die wachsende Popularität dieser neuen Partei *Pour France*. Sie fordert die Deportation aller Ausländer – Algerier und so weiter. Damit hat sie großen Zulauf, und er weiß nicht, wie er reagieren soll.«
»Also komme ich auf meine frühere Frage zurück. Wer genau steckt in

Frankreich hinter dieser Verschwörung und all diesen Lügen über Deutschland?«

»Emile Dubois, die treibende Kraft hinter *Pour France*, gehört vermutlich dazu. Aber es gibt beunruhigende Gerüchte, daß ein paar Minister in Paris Dubois insgeheim unterstützen. Über Frankreich liegt ein Nebel, und es ist sehr schwer, ihn zu durchdringen und herauszufinden, was da wirklich vor sich geht. Und das ist auch der Grund, weshalb ich das große Risiko eingegangen bin, einen Agenten nach Frankreich zu schicken, der sich dort insgeheim umhören soll.«

Das *Émincé de veau Zürichoise* mit Rösti war serviert worden, nachdem Kuhlmann darauf hingewiesen hatte, daß er im Auftrag des Bundeskanzlers gekommen war. Jetzt saß Paula sehr still da; ihre Gabel schwebte über dem Teller in der Luft. Sie fragte sich, ob Tweed Otto von Francis Carey erzählen würde. »Sagen Sie mir, weshalb das ein so großes Risiko ist«, sagte Tweed.

»Angenommen, er flöge auf, sein Auftrag würde bekannt. Können Sie sich vorstellen, was die französische Presse daraus machen würde? *Deutscher Geheimagent spioniert in Frankreich.* Ich könnte die Schlagzeilen selbst schreiben.«

»Sie müssen sehr entschlossen sein, um dieses Risiko einzugehen.«

»Verzweifelt wäre vielleicht das treffendere Wort.«

Kuhlmann schwenkte seine Zigarre und lächelte zum ersten Mal. »Sein Name ist Stahl. Er ist von hier – der Schweiz – aus mit gefälschten Papieren unter einem angenommenen Namen eingereist. Vielleicht kommt er unerkannt wieder heraus. Stahls Mutter war Französin, sein Vater Deutscher. Er stammt aus dem Elsaß, wo es, wie Sie vielleicht wissen, ebensoviele deutsche wie französische Namen gibt.«

»Warum erzählen Sie mir das alles?« fragte Tweed eindringlich. »Warum gerade mir?«

»Weil ich weiß, daß Sie über ein vorzügliches Netzwerk von Agenten in Frankreich verfügen. In dieser Beziehung sind Sie uns weit voraus. Ich hoffe, daß Sie Erfolg haben werden, wenn Stahl scheitert. Vorausgesetzt natürlich, daß Sie uns helfen wollen.«

»Das will ich. Paula, zeigen Sie Otto das Foto von Ihrer Freundin.«

Paula öffnete ihre Umhängetasche und holte aus einem mit einem Reißverschluß verschlossenen Fach einen Umschlag heraus. In dem Umschlag steckte das einzige Foto, das sie zusammen mit Karin Rosewater zeigte – aufgenommen während ihres Urlaubs, als sie in Freiburg einige Zeit mit Karin verbracht hatte. Sie reichte Kuhlmann den Umschlag.

Er zog das Foto heraus, legte es auf seine große Handfläche. Seine einzige Reaktion bestand darin, daß seine Zähne sich noch fester um die Zigarre klammerten. Er sah erst Tweed an und dann Paula.

»Sie kennen die Frau, die mit Ihnen auf dem Foto ist?«

»Und Sie, Otto?« fragte Tweed leise.

Kuhlmann drückte die Zigarre aus und begann zu essen. Er trank einen Schluck von dem Champagner, den Tweed inzwischen bestellt hatte. Paula schürzte die Lippen, warf einen Blick auf Tweed. Kuhlmann legte Messer und Gabel hin, wischte sich den Mund mit der Serviette ab.

»Ja, ich kenne sie«, sagte er schließlich. »Was mich wundert, ist, daß auch Sie sie kennen. Ein erstaunlicher Zufall.«

»Ich habe eine schlimme Nachricht für Sie, Otto.«

»Reden Sie.« Kuhlmann setzte das Glas ab, aus dem er gerade hatte trinken wollen.

»Sie ist tot...«

Kuhlmann hörte mit unbewegter Miene zu, während Tweed ihm berichtete, was in Suffolk geschehen war. Er erwähnte auch die geheimnisvolle Bemerkung über eine Untersuchung ›von Amts wegen‹, die Karin Paula gegenüber gemacht hatte.

»Das bezog sich auf mich«, sagte Kuhlmann ingrimmig. »Jetzt entsinne ich mich, Paula. Sie waren auf der Party in der NATO-Basis, an der auch Karin teilnahm. Um ihretwillen war auch ich dort. Damit ihre Arbeit geheim blieb, ist sie nie auch nur in die Nähe von Wiesbaden gekommen. Wir trafen uns gewöhnlich auf irgendeiner Party, unterhielten uns kurz wie flüchtige Bekannte. Sie erstattete mir Bericht, ich gab ihr neue Instruktionen.«

»Sie hatten nicht vor, sie zu erwähnen«, stellte Tweed fest. »Nur Stahl.«

»Absichtlich. Ich mochte sie sehr gern – und sie war eine mutige Frau. Möchten Sie hören, wie ich sie rekrutiert habe?«

»Ich würde es gern erfahren«, mischte sich Paula ein.

»Sie sprach mehrere Sprachen fließend. Ihr Mann, Victor Rosewater, gehört zum militärischen Geheimdienst und sucht mich deshalb des öfteren dienstlich in Wiesbaden auf. Ich wurde in ihr Haus eingeladen. Als ich wieder einmal kam, war Karin allein. Sie erzählte mir, daß sie für den BND in Pullach gearbeitet hatte, und bat mich, mir helfen zu dürfen. Karin konnte sehr überzeugend sein. Und ich brauchte jemanden, der Stahl unterstützte. Sie schien für diese Aufgabe die ideale Person zu sein. Jetzt tut es mir leid, daß ich sie beauftragt habe, mit Stahl zusammenzuarbeiten und herauszufinden, was in Frankreich vor sich geht.«

»Wußte ihr Mann, was sie tat?« fragte Tweed.

»Victor Rosewater? Ich habe ihr eingeschärft, ihm nichts davon zu sagen. Und in dieser Beziehung lief alles bestens. Rosewater ist viel unterwegs – um die IRA-Einheiten in Deutschland aufzuspüren, vermute ich.«

»Hat außer Ihnen und Stahl sonst noch jemand gewußt, was sie tat?« beharrte Tweed.

»Keine Menschenseele. Die Sache schien absolut wasserdicht zu sein.«

»Weshalb hat der Bundeskanzler nicht den BND mit dieser Sache beauftragt?«

Kuhlmann schwenkte wegwerfend die Hand. »Der ist bis über beide Ohren mit der Überprüfung dubioser Leute beschäftigt, die seit der Wiedervereinigung aus Osteuropa ins Land kommen. Und aus irgendeinem Grund scheint der Bundeskanzler mir zu vertrauen. Weiß der Himmel, warum.«

»Weil Sie so verläßlich sind wie eine Bulldogge, die niemals aufgibt«, sagte Paula und schenkte ihm ihr wärmstes Lächeln. »Und nun essen Sie weiter.«

»Wir werden tun, was wir können, um diesem Geheimnis auf den Grund zu gehen«, versicherte Tweed. »Wenn Sie wollen, dann sagen Sie mir, wie wir mit Stahl in Verbindung treten können. Das liegt bei Ihnen.«

Kuhlmann holte einen Notizblock aus der Tasche, riß ein Blatt ab, legte es auf den Papprücken des Blocks, damit sich die Schrift nicht durchdrücken konnte, schrieb ein paar Worte und gab dann Tweed den zusammengefalteten Zettel.

»Danke, daß Sie uns Ihre Hilfe angeboten haben. Wir brauchen sie. Auf diesem Zettel steht Stahls gegenwärtige Adresse, der Name, unter dem er operiert, seine Telefonnummer. Das Codewort, mit dem Sie sich als vertrauenswürdig identifizieren, lautet Gamelin. Und jetzt können wir uns entspannen – wenn auch nur für heute abend. Morgen fliege ich nach Wiesbaden zurück. Noch etwas – Stahl hat mir berichtet, daß Siegfried den skrupellosesten Mörder auf dem ganzen Kontinent angeheuert hat. Jemanden, der sich Kalmar nennt.«

»Der Name ist mir neu.«

»Mir auch. Und Stahl sagte, die Kontakte zwischen Siegfried und Kalmar erfolgten hier in Genf. Und jetzt werde ich mich diesem exzellenten Essen widmen...«

Auf Kuhlmanns Vorschlag hin verließen sie das Lokal ebenso getrennt, wie sie angekommen waren. Tweed bat den Kellner, ihnen ein Taxi zu bestellen. Paula küßte Kuhlmann auf die Wange, bat ihn, auf sich aufzupassen. Kurz bevor sie gingen, beugte sich Tweed vor und flüsterte dem Deutschen etwas zu.

»Warnen Sie Stahl, daß er kein Funkgerät benutzen soll, wenn er sich mit Ihnen in Verbindung setzt. Peilwagen könnten ihn aufspüren.«
»Sie haben einen Grund für diesen Rat?«
»Den habe ich...«
Zehn Minuten nachdem Tweed und Paula abgefahren waren, verließ auch Kuhlmann das Restaurant. Tweed hatte darauf bestanden, die Rechnung zu bezahlen. Der Deutsche ließ sich kein Taxi kommen, sondern wanderte im Nieselregen durch die Stille und Dunkelheit der Altstadt. Er entschied sich für eine Route, die der, auf der ihn das Taxi zu dem Tunnel unterhalb der Kathedrale hergebracht hatte, entgegengesetzt war. Während er die menschenleere Grand' Rue hinunterging, war er in Gedanken mit dem Tod von Karin Rosewater beschäftigt; dennoch hielt er ständig Ausschau nach dem Motorradfahrer, der ihm zuvor gefolgt war.
Er hatte keine Spur von seinem Verfolger entdecken können, als er schließlich die Fußgängerbrücke über die Rhone überquerte und ins Hotel des Bergues zurückkehrte. Tweed hatte im Grunde nur wenig gesagt, aber der Deutsche hatte jetzt das Gefühl, daß die Bewältigung der Krise weitgehend von dem Engländer abhing.

Sechstes Kapitel

Auf dem Stadtplan betrachtet, sieht Bordeaux aus wie eine Stadt, in der man nirgendwo hinkommt. Newman, der in ihr herumfuhr, hatte denselben Eindruck. Er fuhr eine Hauptstraße entlang, die von der Gare St. Jean zu seinem Hotel, dem Pullman, führte und von der beiderseits enge Seitenstraßen abzweigten wie die Segel einer Windmühle.
Die Altstadt bestand aus alten, fünf oder sechs Stockwerke hohen Häusern aus grauem Stein. Die Mauern waren im Laufe der Zeit verschmutzt und seit Jahren nicht gesäubert worden. Fensterläden hingen schief herunter. Farbe schien seit Jahrzehnten nicht mehr verwendet worden zu sein. Einige der Häuser waren unbewohnte Ruinen, die aussahen, als wären sie Überreste eines Bombenkrieges; vermutlich waren sie nur durch Verwahrlosung in diesen Zustand geraten.
Als er wieder auf die Bremse treten mußte, hatte er das Gefühl, durch ein riesiges Gefängnis zu fahren. Der Verkehr verstopfte überall die Straßen, Fahrzeuge parkten Stoßstange an Stoßstange auf den Gehsteigen. Die meisten wiesen Blechschäden auf – eingedellte Kotflügel, verbeulte Türen. Der bleierne Himmel verstärkte den trostlosen Eindruck.

Newman hatte ein Zimmer im Pullman, einem der besseren Hotels. Aber er hatte sich außerdem ein Zimmer in einer Pension genommen, in der er sich unter einem falschen Namen hatte eintragen können. Alles, was die alte Schachtel, die den Laden leitete, von ihm gewollt hatte, war Geld im voraus. Er hatte in einem Trödelladen einen schäbigen Koffer gekauft und ein paar Kleidungsstücke aus seinem Koffer im Pullman hineingepackt, die er in einem Plastikbeutel zu seinem Wagen getragen hatte.

Das Zimmer in der Pension war eine Vorsichtsmaßnahme, zu der ihn der Mord an Francis Carey bewogen hatte. Jetzt war er unterwegs zu einem Rendezvous mit Isabelle Thomas, Careys Freundin. Er hatte sie unter der Nummer angerufen, die Tweed ihm gegeben hatte, und sie hatten vereinbart, daß sie sich um sechs Uhr abends in einem von Isabelle vorgeschlagenen Lokal, der Bar Rococo, treffen wollten. Sie hatte ihm gesagt, wie sie gekleidet sein würde. Er bog in die Straße ein, die sie ihm genannt hatte, sah, wie ein Wagen eine Parklücke verließ, fuhr schneller. Eine Frau mit einem Pelz um den Hals, die am Steuer eines Renault saß, lehnte sich aus dem Wagenfenster.

»Das war mein Parkplatz, Sie unverschämter Kerl. Verschwinden Sie.«

Newman bedachte sie mit einem breiten Lächeln. »Wer zuerst kommt, mahlt zuerst«, erklärte er.

Er schloß seinen Wagen ab und wartete, um sicherzugehen, daß auf ihre Beschimpfung nicht noch eine Beschädigung seines Fahrzeugs folgte. Sie machte eine obszöne Geste und fuhr davon. Autofahrerinnen in Bordeaux...

Die Bar Rococo war eleganter, als er erwartet hatte. Farne in großen, bauchigen Töpfen sorgten dafür, daß man das Innere nicht ungehindert überblicken konnte. Auf den Tischen lagen saubere, rotkarierte Decken; auch die grünen Schürzen der Kellner waren fleckenlos. Er wanderte zwischen den Farnen herum und blieb dann stehen. Sie entsprach der Beschreibung, aber wieder war er überrascht – sie war so attraktiv und gut gekleidet. Konnte sie das sein?

»Isabelle Thomas?« erkundigte er sich höflich.

»Ja.« Ihr Ton war zurückhaltend.

»Gut. Ich bin Alain Dreyfus«, fuhr er fort, den Codenamen nennend, den Paula von London aus mit ihr vereinbart hatte. »Darf ich mich setzen?«

»Aber gewiß, Mr. Robert Newman. Und wir können Englisch sprechen«, fuhr sie in dieser Sprache fort.

Das war seine dritte Überraschung. Er ließ sich ihr gegenüber nieder, und sie lächelte, als sie sein Gesicht sah.

»Ich habe Sie nach Fotos erkannt, die ich in ausländischen Zeitungen von Ihnen gesehen habe. Sie sind doch Robert Newman, nicht wahr? Und Ihr Beruf?«
Sie war wieder auf der Hut, fragte sich, ob sie nicht einen bösen Fehler gemacht hatte. Er lächelte beruhigend. Innerlich war er ein wenig verärgert, daß sie seine wahre Identität so schnell erkannt hatte.
»Ich bin Robert Newman, Auslandskorrespondent. Können wir uns hier ungestört unterhalten?«
»Deshalb habe ich dieses Lokal ausgewählt. Es ist noch früh, und wir sind fast die einzigen Gäste hier. Und wie Sie sehen, verhindern dichte Gardinen, daß man von der Straße hereinschauen kann.«
Sie ist mehr als nur attraktiv, sie ist schön, dachte Newman. Sie hatte eine Mähne aus tizianrotem Haar, einen hohen, schlanken Hals, ein feingeschnittenes Gesicht, grünliche Augen und einen klaren Teint. Sehr wenig Make-up; nur ein Hauch von Lippenstift auf ihrem festen Mund. Sie machte auf ihn den Eindruck einer Frau von Charakter. Ende zwanzig. Und was sie über das Lokal gesagt hatte, stimmte – niemand saß in ihrer Nähe.
»Einen Aperitif?« schlug er vor, als ein Kellner herangekommen war.
»Warum nicht gleich eine Flasche Wein? Sie entscheiden. Was das Essen angeht, habe ich keine besonderen Wünsche.«
»Bringen Sie uns einen 1979er roten Bordeaux«, sagte er auf Französisch zu dem Kellner. »Und lassen Sie die Speisekarte hier. Wir bestellen später.«
»Sind Sie immer so spendabel?« fragte sie belustigt.
»Ich hatte einen langen Tag.«
»Ist es Ihnen recht, wenn ich gleich auf das komme, was passiert ist?«
»Natürlich. Aber erst möchte ich Sie etwas fragen. War Henri Ihr erster richtiger Freund?«
»Nein.« Ihr Ausdruck veränderte sich, wurde ernst. »Ich war mit einem Soldaten vom Dritten Corps verlobt. Einem Panzerkommandanten. Es endete tragisch.«
»Wollen Sie mir davon erzählen?«
»Jemand sollte über General Charles de Forge Bescheid wissen.« Aus ihrer Stimme klang Verachtung. »Joseph Roux war sein Name, und das wäre auch meiner geworden – Roux. Ich habe diese Geschichte noch nie jemandem erzählt. Vielleicht könnte sie die Erfahrungen des Auslandskorrespondenten bereichern. Aber es ist eine ziemlich grauenhafte Geschichte. Ich möchte Ihnen nicht den Appetit verderben.«
»Ich habe einen ziemlich kräftigen Magen. Erzählen Sie.«

»Joseph war sehr selbstbewußt. De Forge hat etwas, was er den Strafbrunnen nennt...«
»Ich habe einiges darüber gehört.«
»Tatsächlich? Dann müssen Ihre Kontakte sehr gut sein. Eines Tages gehörte Joseph zu einer Abteilung, vor der der General eine Ansprache hielt. De Forge hört sich gern reden. Er fiel über die Juden her, erklärte, sie müßten aus Frankreich verschwinden. Nachdem er mit seiner Ansprache fertig war, erkundigte er sich, ob jemand noch Fragen hätte. Es wird erwartet, daß darauf niemand reagiert. Joseph tat es.«
»Was hat er gesagt?«
»Daß er glaubte, er befände sich in der Armee. Daß Politik nicht Sache des Militärs wäre. Außerdem hätte er zwei Freunde, die Juden wären. Er sagte, Antisemitismus wäre eine böse Sache, ausgesprochen unfranzösisch. De Forge schäumte vor Wut. Er gab sofort den Befehl.«
Sie hielt inne und trank einen Schluck Wein. Ihre Hand zitterte ein wenig. Sie faßte ihr Glas fester, versuchte, das Zittern zu unterdrücken und es sicher wieder auf den Tisch zu stellen.
»Welchen Befehl?« fragte Newman leise. »Wenn Sie weitererzählen wollen.«
»Jetzt habe ich einmal angefangen«, sagte sie entschlossen. »Sie brachten ihn unverzüglich zum Strafbrunnen. Joseph wurde an den Daumen in den Brunnen gehängt.« Sie beugte sich vor, schaute ihm ins Gesicht. »Können Sie sich vorstellen, wie es ist, wenn man sechs Stunden an den Daumen aufgehängt ist? Und Joseph war ein kräftiger Mann.«
»Das ist ja grauenhaft – und barbarisch.«
»Auf diese Weise erhält de Forge das aufrecht, was er eiserne Disziplin nennt. Einige seiner Offiziere nennen ihn den Mann aus Eisen.«
»Erzählen Sie weiter von Joseph. Was passierte dann?«
»Nach sechs Stunden zogen sie ihn wieder hoch. Er wurde im Hauptquartier ins Lazarett gebracht und dann mit einer hohen Pension aus der Armee entlassen.«
»In was für einer Verfassung war er?« fragte Newman sanft.
»Ich durfte ihn nicht im Lazarett besuchen. Als er nach Hause kam, waren beide Daumen grauenhaft langgezogen. Mein Arzt hat ihn untersucht und sagte, er würde zeitlebens ein Krüppel bleiben. Es gab nichts, was man dagegen hätte tun können. Joseph war ein sehr aktiver Mann, und sie hatten ein Wrack aus ihm gemacht. Das war es, was er zu mir sagte. ›Ich bin für immer ein Wrack.‹«
»Was haben seine Eltern gesagt? Oder unternommen?«

»Joseph war Waise. Wir hatten eine gemeinsame Wohnung. Ein sehr unsympathischer Offizier, ein Major Lamy, hatte, kurz bevor er aus dem Lazarett entlassen wurde, zu ihm gesagt, wenn er jemals jemandem erzählte, was passiert war, würde die Zahlung seiner Pension sofort eingestellt werden.«

»Wie hat Joseph darauf reagiert?«

»Anfangs glaubte er, wir könnten heiraten und von der Pension leben.«

»Und deshalb hat er über die Greueltat geschwiegen?«

»Da steckte noch mehr dahinter...«

Sie hielt inne, während der Kellner die gegrillte Meerbarbe mit *pommes nature* servierte, die sie bestellt hatten. Newman mißfiel die Art, auf die der Kopf des Fisches ihn angrinste. Er schnitt ihn ab und versteckte ihn unter dem Schwanz.

»Was wollten Sie gerade sagen?« drängte er.

»Joseph mußte immer an seine Behinderung denken. Er bildete sich ein, er sähe damit aus wie ein Freak. Der Gedanke, von Reportern interviewt – und fotografiert – zu werden, war ihm zuwider.« Sie schluckte, trank noch etwas Wein. Newman spürte, daß noch Schlimmeres kommen würde. Sie aß ein paar Bissen, dann legte sie ihr Besteck hin.

»Er begann, unter Depressionen zu leiden. Es gab so vieles, was er nicht selbst tun konnte. Ich wußte, daß etwas passieren würde, als er aufhörte, mit mir ins Bett zu gehen. Er sagte, er wäre zu nichts mehr nütze. Eines abends, als es schon dunkel war, sagte er, er wollte allein ausgehen, irgendwo in einer Bar etwas trinken, lernen, wieder ein normales Leben zu führen. Ich war froh.«

Sie trank noch mehr Wein und starrte Newman an, als er ihr Glas wieder füllte. Sie wappnete sich für etwas, das sie ihm sagen wollte. Er ließ ihr Zeit.

»Mit dieser Geschichte, daß er in eine Bar gehen wollte, hat Joseph mich getäuscht. Er hatte sich heimlich in einer Eisenhandlung zwei schwere Gewichte gekauft. Er fuhr zu einer Brücke über die Garonne, stieg aus, befestigte die Gewichte mit Seilen an seinen Knöcheln, schaffte es irgendwie, mit den Gewichten über das Brückengeländer zu klettern, und sprang hinunter in die Garonne. Später am Abend holten Taucher seine Leiche heraus. Eine Frau hatte gesehen, wie er über das Geländer gestiegen war, und die Polizei benachrichtigt. General de Forge ist also ein Mörder.«

»Wie lange ist das her?« fragte Newman, nur um etwas zu sagen.

»Zwei Jahre. Mir kommt es vor wie zwei Wochen. Ich lebte nur für Rache, bis ich Henri kennenlernte. Und nun ist auch Henri tot – ermordet von der DST der Regierung. Was geht da vor?«

Newman brachte die Unterhaltung auf ein anderes Thema, stellte ihr Fragen nach sich selbst. Sie war wieder zu ihrer Mutter gezogen und lebte mit ihr in einer Wohnung in Bordeaux. Im Augenblick besuchte ihre Mutter Verwandte in Arcachon, einer Hafenstadt am Atlantik, westlich von Bordeaux.

Sie war Abteilungsleiterin in einer Werbeagentur. Gewiß, sie war für einen solchen Job noch sehr jung, aber sie hatten festgestellt, daß die weiblichen Direktoren der Firmen, für die sie arbeiteten, es vorzogen, mit Personen ihres eigenen Geschlechts zu tun zu haben. Besonders, wenn die Werbung Damenmode und Unterwäsche betraf.

»Da müssen Sie ja gut verdienen«, meinte Newman.

»Mehr als die meisten Frauen meines Alters. Vielleicht habe ich deshalb nur wenige Freunde.«

»Gibt es irgendeinen ruhigen Ort, an dem wir uns weiter unterhalten und sicher sein können, daß niemand mithört?«

Newman sah sich um. Das Restaurant füllte sich. An den Tischen ringsum war jeder Stuhl besetzt. Er fragte sich, weshalb das Lokal »Bar« hieß, und äußerte die Frage.

»Im Untergeschoß ist eine große Bar, die sehr beliebt ist. Und was einen ruhigen Ort angeht...« Sie dachte nach, musterte Newman, während sie den Rest ihres Kaffees trank. »Ich habe Ihnen erzählt, daß meine Mutter nach Arcachon gefahren ist – es ist also niemand in der Wohnung. Wir könnten zu mir fahren...«

Newman hätte den Citroën nur ungern auf der Straße geparkt. Er fuhr ihn deshalb auf Isabelles Vorschlag um einen grauen Wohnblock herum in eine zu einem Hof führende Gasse und stellte ihn dort so ab, daß er von der Straße aus nicht zu sehen war.

Sie hatte eine der großen Doppeltüren aufgeschlossen, wartete auf ihn, schloß die Tür hinter ihnen wieder ab und führte ihn über einen Innenhof. Die Wohnung lag im ersten Stock am oberen Ende einer kahlen Steintreppe. Als er drinnen war, erkannte er, daß sie auf die Straße hinausging. An den hohen Fenstern hingen Spitzengardinen.

»Machen Sie hier kein Licht an«, warnte er.

»Gut, aber warum nicht?«

»Dann sieht es von der Straße her so aus, als wäre die Wohnung leer. Wir brauchen einen nach hinten hinausgehenden Raum.«

»Die Küche. Dann können wir noch mehr Kaffee trinken...«

Er ließ sich auf einem Hocker an einem Tresen nieder, nachdem er seinen

Trenchcoat ausgezogen hatte. Darunter trug er einen blauen englischen Straßenanzug. In der Küche sah es ganz anders aus als in dem Wohnzimmer, das mit schweren, altmodischen Möbeln eingerichtet war. Hier gab es die modernsten Geräte, sogar eine Dunstabzugshaube über dem Herd. Er startete seine Attacke, als sie einen braunen Becher mit dampfendheißem Kaffee vor ihn hingestellt und sich ihrem Gast gegenüber gleichfalls auf einem Hocker niedergelassen hatte.

»Wie viele Leute wissen von Ihrem Verhältnis mit Henri?« fragte er.

»Eigentlich niemand. Ich sagte es bereits, ich habe kaum Freunde.«

»Was ist mit Ihrer Mutter?«

»Die schon gar nicht.« Sie machte eine wegwerfende Handbewegung. »Wir sind in vielen Dingen unterschiedlicher Ansicht. Sie hatte keine Ahnung. Wenn sie gewußt hätte, daß ich mit einem Barmann befreundet war, hätte sie mir nur Vorwürfe gemacht.« Sie wärmte ihre Hände an dem Becher, wohlgeformte Hände. »Aber irgendwie fand ich es seltsam, daß Henri nur ein Barmann war – er kam mir sehr intelligent vor. Als ich ihn darauf ansprach, zuckte er nur die Achseln und sagte, er reiste nur in Frankreich herum, um etwas von der Welt kennenzulernen.«

»Wollen Sie damit sagen, daß es überhaupt niemanden gab, der über Sie und Henri Bescheid wußte?«

»Ja. Wenn wir ausgingen, wollte er immer, daß wir in Lokalen essen, in denen ich noch nie gewesen war. Ich habe ihn nicht nach dem Grund gefragt.«

»Jemand muß Henri an die DST verraten haben. Nach allem, was Sie sagten, kommt dafür nur eine Person in Frage. Sie selbst.«

Ihr Gesicht wurde rot. Sie starrte Newman an, als könnte sie ihren Ohren nicht trauen. Newman erwiderte ihren Blick, dann fuhr er fort.

»Wieviel haben sie Ihnen für Ihre Dienste bezahlt?«

Ihre Hand umkrampfte den Henkel des Bechers. Einen Augenblick lang glaubte er, daß er seinen Inhalt ins Gesicht bekommen würde, und bereitete sich darauf vor, sich zu ducken.

»Sie Schwein!« zischte sie mit ihrer klangvollen Stimme. »Für das, was Sie da eben gesagt haben, könnte ich Sie umbringen. Warum? Warum in aller Welt sagen Sie so schreckliche Sachen?«

»Weil es naheliegt, daß Sie ihn verraten haben. Sich an ihn heranmachten, sich sein Vertrauen erschlichen – während Sie die ganze Zeit nichts anderes waren als eine Agentin der DST...«

Sie glitt von ihrem Schemel, rannte um den Tresen herum. Unterwegs kippte sie den Inhalt ihres Bechers in den Ausguß. Dann stürzte sie sich auf ihn wie eine Tigerin.

Er war auf den Beinen, als sie den Becher hob, um ihn auf seinem Kopf zu zerschmettern. Er ergriff ihre Arme, drückte sie herunter, überrascht von ihrer Kraft und Behendigkeit. Sie zielte mit dem Knie auf seine Hoden, aber er fing den Stoß mit dem Oberschenkel ab und hielt sie umklammert, bis sie aufhörte, sich zu wehren, schwer atmend.

»Und Sie sind eine verdammt gute Schauspielerin, das muß Ihnen der Neid lassen«, reizte er sie weiter.

Sie senkte den Kopf, hatte vor, sein Kinn zu rammen. Er wirbelte sie um hundertachtzig Grad herum, hielt ihr die Arme an die Seiten, sein Kopf schob sich an den ihren, sein Körper drückte gegen ihren Rücken. Ein schwacher Parfumduft drang ihm in die Nase. Sie entspannte sich, nicht mehr imstande, Widerstand zu leisten. Jetzt war ihre Stimme beherrscht, aber voller Gift.

»Verschwinden Sie«, befahl sie. »Ich will Sie nie wieder sehen. Ich dachte, Sie wären ein Freund...«

»Das bin ich«, sagte er leise, mit dem Mund dicht an ihrem Ohr. »Aber ich mußte mich vergewissern, Sie auf die Probe stellen. Jetzt glaube ich Ihnen, Isabelle. Tut mir leid, wenn ich Ihnen zu nahe getreten bin, aber ich wiederhole – ich mußte mich vergewissern und Ihrer ganz sicher sein.«

Sie entspannte sich in seinen Armen, und in ihrer Stimme lag ein leichter Anflug von Belustigung.

»Vielleicht sollten Sie mich lieber loslassen. Wenn jetzt jemand hereinkäme und uns so sähe, würde er glauben, wir hätten ein Verhältnis miteinander.«

»Keine schlechte Idee – soweit es mich angeht. Aber ich bin aus beruflichen Gründen hier. Sie werden brav sein, wenn ich Sie loslasse?«

»Wenn es sein muß.«

Sie drehte sich um und lächelte ihn an, mit Tränen in den Augen. Dann wurde sie vom Gefühl überwältigt, legte den Kopf an seine Brust. Er strich ihr übers Haar; sie zitterte vor Erleichterung, versuchte, den Schock zu überwinden. Endlich ließ sie ihn los, ging zum Ausguß, drehte den Hahn auf und überschüttete ihr Gesicht mit Unmengen von kaltem Wasser. Nachdem sie sich abgetrocknet hatte, öffnete sie eine Schublade, holte eine Bürste heraus und bearbeitete mit Hilfe eines Spiegels an der Wand ihre Mähne. Als sie sich wieder präsentabel gemacht hatte, schob Newman seinen Kaffeebecher über den Tresen.

»Ich hatte genug. Der Rest gehört Ihnen.«

Sie trank gierig und musterte ihn über den Rand des Bechers hinweg, wie sie es auch beim Weintrinken in der Bar Rococo getan hatte. Als sie ausgetrunken hatte, stellte sie ihre Frage.

»Wer, meinen Sie, könnte Henri sonst verraten haben – sofern er etwas getan hat, was sich gegen den Staat richtete?«

»Erzählen Sie mir, weshalb er sich dafür entschieden hatte, in der Bar Miami zu arbeiten«, schlug Newman vor, verschränkte die Arme und lehnte sich an den Tresen.

»Das hat er nie gesagt. Aber ich habe ihn oft dort getroffen. Manchmal habe ich an einem Tisch gesessen und darauf gewartet, daß er Feierabend machen konnte. In der Bar verkehrten viele Offiziere. Ich hatte den Eindruck, daß er sich für sie interessierte.«

»Hat er Ihnen Fragen gestellt?«

»Manchmal. Harmlose Fragen, als ginge es ihm nur um freundliche Unterhaltung. Ob sie auf Urlaub wären? Dinge dieser Art.« Sie runzelte die Stirn. »Da fällt mir gerade etwas ein. Kurz bevor die beiden DST-Männer ihn verhafteten, bediente er zwei Leutnants. Ich war außer Sichtweite, aber in der Nähe. Sie wissen, wie das ist, wenn in einem überfüllten Lokal aus keinem ersichtlichen Grund manchmal ein Moment der Stille eintritt?«

»Ich weiß genau, was Sie meinen.«

»Das passierte an diesem Abend. Ich hörte, wie der eine Leutnant dem anderen erzählte, daß er einer Spezialeinheit angehörte und bald in Paris sein würde – und zwar nicht auf Urlaub. Die Bemerkung schien Henri sehr zu interessieren.«

»Woran merkten Sie das?«

Sie hatte sich auf den Tresen gesetzt und schaute traurig drein.

»Weil ich ihn inzwischen sehr gut kannte. Jede seiner Bewegungen. Henri polierte ein Glas. Er arbeitete sehr flink. Als der Leutnant diese Bemerkung machte, hörte Henri eine Sekunde lang mit dem Polieren auf, dann machte er hastig weiter.«

»Ich verstehe.«

Newman verstand noch mehr als nur das. Jetzt glaubte er zu wissen, wie Carey entdeckt worden war. Ein bißchen zu viel Eifer beim Reden mit Offizieren, zu viele beiläufige Fragen. Jemand hatte über dieses Interesse Bericht erstattet.

»Gehen wir ins Wohnzimmer und setzen wir uns dort auf die Couch«, schlug Isabelle vor.

Newman runzelte die Stirn, als er das Licht in der Küche ausschaltete, bevor er die Tür öffnete und ihr folgte. Sie schien an ihm interessiert zu sein. Aber Geschäft und Vergnügen waren zweierlei, und er hatte das Gefühl, daß sie trotz ihrer äußerlichen Ruhe aufgewühlt war. Kein Wunder nach allem, was er ihr zugemutet hatte.

Er hielt sich dicht hinter ihr, um nicht gegen irgendwelche Möbelstücke zu stoßen, bis seine Augen sich an die Dunkelheit gewöhnt hatten. Isabelle trat an eines der hohen Fenster, schaute durch die Vorhänge auf die Straße hinunter, versteifte sich. Newman konnte sehen, wie ihre Silhouette erstarrte.

»Was ist?« fragte er und trat schnell neben sie.

»Die beiden Männer, die da unten in dem Ladeneingang stehen. Das sind die DST-Männer, die Henri abgeholt haben.«

»Wie können Sie da so sicher sein?«

»Es ist die Art, wie sich der größere bewegt. Er hat sich dem kleineren zugewendet, um etwas zu ihm zu sagen. Sie sind es ganz eindeutig, Robert. Ich darf Sie doch Robert nennen?«

Newman schaute auf die Straße hinunter. Er wußte, daß es draußen sehr kalt war und zudem ein eisiger Wind wehte. Weshalb also standen diese Männer gegenüber dem Eingang zu diesem Wohnhaus? Freunde, die sich zufällig getroffen hatten? Dann wären sie zusammen in die nächste Kneipe gegangen. Newman ließ den Blick in beiden Richtungen über die schmale Straße wandern. Ungefähr fünfzig Meter von den Männern entfernt parkte ein einsamer Renault. Der kleinere der beiden schob die behandschuhten Hände in die Taschen seines Trenchcoats, zog die Schultern ein, starrte auf den Hauseingang auf der anderen Straßenseite.

»Ich weiß, daß sie es sind«, beharrte Isabelle. »Ich war ganz in der Nähe, als sie auf Henri zugingen. Und an dem Abend waren sie genau so angezogen wie jetzt.«

»Weiß irgend jemand in der Bar Miami, wo Sie wohnen?«

»Der Chef. Ich habe einmal ein Seidentuch dort vergessen. Ich habe angerufen, und er sagte, er hätte es gefunden. Er fragte nach meiner Adresse – es war ein teurer Ring an dem Tuch. Und als ich es abholte, verlangte er, daß ich ihm meine Adresse aufschrieb.«

»Und er wußte, daß Sie Henris Freundin waren?«

»Das hätte ihm kaum entgehen können.«

»Sie müssen von hier fort. Noch heute abend. Können Sie in Arcachon bei Ihrer Mutter wohnen? Ich fahre Sie hin. Wollen Sie etwas einpacken? Ganz schnell?«

»So viele Fragen, Robert...«

»Meine Freunde nennen mich Bob. Also, können Sie?«

»Ja. Aber nicht bei meiner Mutter. Ich habe eine Schwester, die dort eine Wohnung hat, in der ich bleiben kann. Lucille ist im Ausland und hat mir die Schlüssel hiergelassen. In der Werbeagentur ist im Moment nicht viel los, und ich habe noch zwei Wochen Urlaub gut. Ich könnte anrufen und sagen, ich führe nach Saint-Tropez. Und packen kann ich in zehn Minuten, vielleicht sogar schneller.«

»Gibt es eine Möglichkeit, zu meinem Wagen in dieser Gasse zu gelangen, ohne den Haupteingang zu benutzen? Das sind keine echten DST-Männer – sie sind wesentlich gefährlicher. Die DST läuft nicht herum und ermordet Leute.«

»Es gibt eine Hintertür, die direkt auf die Gasse führt. Ich habe einen Schlüssel.«

»Nächster Punkt. Haben Sie zwei scharfe Messer? Und Sie haben wohl keinen französischen Mantel, den ich tragen könnte?«

»Da ist einer, den Henri hiergelassen hat. Er war ungefähr so groß wie Sie. In einem Schrank im Schlafzimmer. Und auch ein Hut, wenn Sie einen wollen. Vielleicht paßt er Ihnen sogar...«

Als sie im Schlafzimmer waren und die Tür zugemacht hatten, schaltete sie das Licht ein und gab ihm aus einem großen, altertümlichen Kleiderschrank einen schäbigen dunklen Mantel und einen ebenso schäbigen Filzhut. Careys Methode, für einen Franzosen durchzugehen. Newman zog den Mantel an, schlug den Kragen hoch. Etwas eng unter den Armen, aber das würde im Dunkeln niemand bemerken. Er setzte den Hut auf, zog die Krempe tief in die Stirn.

»Er ist zu klein«, stellte Isabelle fest.

»Im Dunkeln geht er. Nun die Messer.«

Ihre Art, keine Zeit auf überflüssige Fragen zu verschwenden, beeindruckte Newman. In der Küche öffnete sie eine Schublade, trat zurück, forderte ihn auf, seine Wahl zu treffen. Er entschied sich für zwei Messer mit kräftigen Griffen und kurzen Klingen und steckte sie vorsichtig in die Manteltaschen.

»Zeigen Sie mir, wie ich zu dem Hinterausgang hinauskomme. Und während ich fort bin, packen Sie. Sie haben nicht zufällig eine leere Weinflasche?«

»Doch, im Mülleimer. Ich könnte sie ausspülen und gründlich saubermachen.«

»Ich will daraus trinken. Füllen Sie sie mit Wasser...«

Sie führte ihn hinunter zu dem Hinterausgang und schloß die Tür auf. Dann stand er auf der Gasse, die zur Hauptstraße führte.

Ein scharfer Wind schlug ihm ins Gesicht. Er zog den Kopf mit dem breitkrempigen Hut ein, torkelte langsam den Gehsteig entlang, schwenkte mit der linken Hand die Flasche. Der Wind wurde noch heftiger, Zeitungspapier wirbelte durch die Luft. Newman lehnte sich an eine Mauer, kippte die Flasche, trank daraus. Er torkelte auf die menschenleere Straße, näherte sich dem geparkten Renault.

Hinter ihm beobachteten die beiden Männer in den Trenchcoats sein unstetes Vorankommen. Newman zog den Hut noch tiefer in die Stirn – der Wind hätte ihn fast fortgeweht. Er vollführte eine betrunkene Kehrtwendung. Die beiden Männer zogen sich in den Schutz des Ladeneingangs zurück.

Er taumelte quer über die Straße zu dem Wagen und ging neben dem Hinterrad des Renault zu Boden. Er ließ die Flasche los, zog das erste Messer und klemmte es so zwischen Reifenprofil und Straßenpflaster, daß die Klinge beim Anfahren in den Reifen eindringen würde. Dann nahm er das zweite Messer und klemmte es neben das erste. Der Wind drohte, die Flasche davonzuwehen. Er packte sie rasch beim Hals und kam torkelnd wieder auf die Beine. Die Trenchcoats waren nicht mehr zu sehen.

Weiterhin den Betrunkenen spielend, kehrte er auf demselben Weg wieder zurück und behielt, unter der Hutkrempe hervorlugend, den Ladeneingang im Auge. Der Feind war noch immer nicht zu sehen. Er widerstand der Versuchung, schneller zu gehen, erreichte den Eingang zu der Gasse, torkelte weiter, bis er außer Sichtweite war.

Dann rannte er zu dem Hinterausgang, holte den Schlüssel, den Isabelle ihm gegeben hatte, aus der Hosentasche, und eine Minute später war er wieder in der Wohnung. Sie stand im Wohnzimmer am Fenster und drehte sich um, als er hereinkam.

»Gut! Sie haben es gerade noch geschafft. Sie haben Ihnen beide nachgeschaut, als Sie in die Gasse einbogen...«

»Sie sollten doch packen.«

»Ich bin fertig. Können wir jetzt unser Glück versuchen?«

»Ja.«

Sie band sich ein Seidentuch um den Kopf, um ihr tizianrotes Haar zu verbergen, und zog einen blauen Mantel an, den sie bis zum Hals zuknöpfte.

»Mein Trenchcoat«, erinnerte Newman sie.

»Der ist in meinem Koffer, zusammen mit Henris Rasierzeug und dem Schlafanzug, den er hiergelassen hat – alles so versteckt, daß meine Mutter es nicht finden konnte. Damit sind Sie für die Nacht in Arcachon versorgt...«

Die Gasse war menschenleer, als sie auf den auf dem Hof geparkten Citroën

zueilten. Sie würden die Beschreibung seines Wagens haben, dachte Newman ingrimmig – und die Zulassungsnummer. Sie hatten massenhaft Zeit gehabt, sie zu notieren, während de Forge mit ihm zu dem Strafbrunnen fuhr. Und bestimmt war sie auch den falschen DST-Männern bekannt. Es empfahl sich, immer mit dem Schlimmsten zu rechnen.
Er fuhr mit Isabelle neben sich aus der Gasse heraus. Sie bemühte sich, nicht in die Richtung des Ladeneingangs zu schauen, als Newman in die entgegengesetzte Richtung abbog. Er warf einen Blick zurück, sah, wie die beiden Männer auf den geparkten Renault zurannten.
Die beiden Männer sprangen in den Wagen. Der größere setzte sich ans Steuer, startete den Motor, gab Gas. Der Wagen schoß ein paar Meter voran, dann sackte der Reifen des Hinterrades in sich zusammen, als die Messer tief in ihn eindrangen. Der Fahrer fluchte, als der Wagen auf den Gehsteig zuschlitterte und die Felge auf der Straße schrammte.
Newman sah im Rückspiegel, was passierte, und fuhr so schnell wie möglich auf der leeren Straße davon. Von Isabelle dirigiert, hatte er bald die äußeren Vororte hinter sich gelassen. Sie fuhren auf der N 650 – dem Atlantik und Arcachon entgegen.
»Hat Ihre Mutter Bekannte in Bordeaux, die Ihre Adresse verraten könnten, wenn sie danach gefragt würden?« erkundigte sich Newman.
»Nein. Sie kann ihre Nachbarn nicht leiden und spricht nicht mit ihnen. Niemand weiß, daß sie Verwandte in Arcachon hat. Niemand kann etwas verraten.«
Es hatte den Anschein, als würde sie in Arcachon sicher sein. Newman hoffte es jedenfalls. Außerdem fragte er sich, ob die Polizei auf seinen anonymen Anruf bei der Präfektur in Bordeaux reagiert hatte. Er hatte von der Hauptpost aus angerufen, bevor er zur Bar Rococo fuhr.
Er hatte ihnen von dem Berliet-Laster erzählt, der in die Schlucht gestürzt war, hatte ihnen die Stelle beschrieben. Wessen Leichen würden sie darin finden?

Siebentes Kapitel

General Charles de Forge saß, die Hände auf den Armlehnen, in seinem hochlehnigen Sessel und schoß Fragen auf Major Lamy ab, der ihm auf der anderen Seite des großen Schreibtisches gegenüberstand. Es war früher Abend, und die einzige Beleuchtung war eine Schreibtischlampe, die die Züge von Lamys verdrossenem Gesicht deutlich hervortreten ließ.

»Äußerst unerfreulich, die Sache mit dem Berliet-Laster. Ist Newman entwischt?«
»Nur fürs erste, *mon général*. Wir bewachen den Flughafen, alle Bahnhöfe – ein kleines Heer unserer Leute in Zivil. Alle haben seine Beschreibung.«
»Und der Berliet?«
»Beseitigt. Die Leichen wurden an den üblichen Ort gebracht.«
»Und dieser Spion? Henri Bayle, so hieß er doch? Soweit ich weiß, hatte er eine Geliebte.«
»Ihre Wohnung wird überwacht. Ich hoffe, bald von ihrer Festnahme zu hören. Und nachdem sie befragt worden ist – falls erforderlich, unter Druck –, wird sie beseitigt.«
De Forge stand auf, kam mit hinter dem Rücken verschränkten Händen hinter seinem Schreibtisch hervor und wanderte dann langsam in dem langen Raum auf und ab.
»Es sind die Details, die bedacht werden müssen. Vergessen Sie das nie, Lamy.«
»Was ich nicht verstehe, *mon général*, ist, weshalb Sie sich erst bereiterklärt haben, Newman zu empfangen, und es sich dann anders überlegten.«
»Weil ich ein Gefühl für Menschen in den Fingerspitzen habe. Ich hatte gehofft, daß ein Artikel im *Spiegel*, in meinem Sinne formuliert, zu der wachsenden Unruhe in Deutschland beitragen würde. Später hatte ich den Eindruck, daß er feindselig war. Meine Entscheidung war logisch, wie immer. Und jetzt will ich zur Truppe reden...«
Den Panzerkommandanten, die sich im Exerziersaal versammelt hatten, war ein gutes Essen serviert worden. De Forge zitierte häufig Maximen Napoleons. Eine, die er besonders gern zitierte, war »eine Armee marschiert mit dem Bauch«. Als er in voller Uniform auf der erhöhten Plattform am Ende des Saales erschien, brandete lauter Beifall auf. Dann setzte der Sprechchor ein.
»Pour France... Pour France... Pour France...«
De Forge brachte sie zum Schweigen, indem er die Schultern hochreckte und die offene Rechte hob. Die Soldaten, die bei seinem Erscheinen aufgesprungen waren, setzten sich wieder und beugten sich vor. Am Ende der vordersten Reihe beobachtete ein gewisser Leutnant Berthier, schlank, glatt rasiert, mit sehr kurz geschnittenem blondem Haar, seinen Oberkommandierenden sehr genau.
»Soldaten Frankreichs«, begann de Forge mit tönender Stimme, »die Zeit zum Handeln ist nahe. Paris – und nicht Berlin – wird die Hauptstadt des neuen Europa werden. Euer Können, euer Mut werden es sein, die das alles

zustande bringen. Und Ihr seid nicht allein – eure Hilfe beim Einbringen der Ernte hat uns die Unterstützung der Bauern gesichert. Außerdem haben wir Freunde in hohen Ämtern – in Paris. Ihr seid die eiserne Barriere, an der sich der ausländische Abschaum die ungewaschenen Köpfe einrennen wird...«

Er mußte innehalten – sein Publikum überschüttete ihn mit donnerndem Applaus und Hochrufen. Dann redete er eine halbe Stunde lang weiter. Er war ein begabter Redner, der seine Zuhörer mitriß. Der Höhepunkt seiner Ansprache, der alle von den Sitzen riß, war typisch.

»Das alles geschieht nicht für mich, wie ihr genau wißt. Es geschieht für Frankreich...!«

Er nahm den dreiminütigen Beifall mit ernster, unbeteiligter Miene und hinter dem Rücken verschränkten Händen entgegen, dann verließ er die Plattform durch eine Seitentür, hinter der Major Lamy auf ihn wartete.

»Sie würden sterben für Sie, *mon général*«, bemerkte Lamy.

»Vielleicht müssen sie es. Und jetzt fahren Sie mich zur Villa von Mademoiselle Burgoyne. Ich brauche ein wenig aktive Entspannung.«

De Forge war verheiratet, besuchte aber seine Frau Josette nur selten. Sie lebte in einer teuren Wohnung in Bordeaux, wo sie »Salons« abhielt – Parties für einflußreiche Leute und namhafte Künstler. Er hatte sie geheiratet, weil sie die Tochter des amtierenden Verteidigungsministers war. Eine Karriereheirat.

Jean Burgoyne war eine gutaussehende Engländerin, deren Vitalität de Forge gefiel, als er sie bei einem Regierungsempfang in Paris kennengelernt hatte. Es verlangte ihn immer nach ihr, wenn er eine Ansprache gehalten hatte.

Auf der Fahrt zu der Villa musterte der Nachrichtenoffizier seinen Vorgesetzten. De Forge schaute nach vorn und präsentierte seinem Untergebenen sein berühmtes Profil.

»Ihr Hinweis auf Freunde in Paris war überaus geschickt. Sehr vertrauenerweckend. Und er entsprach der Wahrheit.«

»Aber der Hinweis auf einen noch stärkeren Verbündeten wäre keineswegs geschickt gewesen. Auf General Lapointe, nach mir das wichtigste Mitglied des *Cercle Noir*.«

»Lapointe spielt eine Schlüsselrolle«, pflichtete Lamy ihm bei.

Die französische Militärmacht beruhte auf der *force de frappe*, der beängstigenden Menge von Langstreckenraketen, die auf einer weiter östlich gelegenen Hochebene in Silos tief unter der Erde lagerten. Und die Raketen waren mit Atomsprengköpfen ausgerüstet.

Einer der Offiziere, der de Forges Ansprache besonders aufmerksam gefolgt war, kehrte nicht wie die anderen sofort in die Kasernen zurück. Leutnant Berthier wanderte, von einem dicken Mantel vor der arktischen Kälte geschützt, allein über den Paradeplatz.
Dabei wiederholte er in Gedanken den Wortlaut der Ansprache, die er gerade gehört hatte. Er hatte ein vorzügliches Gedächtnis, aber er wollte ganz sicher gehen, daß sich jeder Satz seinem Gehirn genau eingeprägt hatte. Wenn es an der Zeit war, über den Inhalt der Rede Bericht zu erstatten, wollte er imstande sein, sie wortwörtlich wiederzugeben.

Tweed bewegte sich schnell am folgenden Morgen. Paula saß neben ihm auf dem Flug SR 951 von Genf nach Basel.
Die Maschine war pünktlich um 7.10 Uhr gestartet und sollte um 7.55 Uhr landen. Paula drehte sich um und stellte fest, daß die Sitze hinter ihnen ebenso leer waren wie die vor ihnen. Was kein Wunder war – sie hatten um fünf Uhr aufstehen müssen. Dennoch sprach sie leise.
»Jetzt sagen Sie mir vielleicht, weshalb wir – anstatt direkt nach Paris zu fliegen und Lasalle aufzusuchen – uns vorher noch mit Victor Rosewater in Basel treffen wollen.«
»Weil er Karins Mann war.«
Paula knirschte mit den Zähnen. Am Vorabend hatte sie auf Tweeds Anweisung hin Rosewater in seiner Wohnung in Freiburg angerufen und ihn gefragt, ob er nach Basel kommen wollte und ob er vielleicht gern genau erfahren würde, was mit seiner Frau geschehen war. Rosewater hatte sofort zugesagt, und sie hatten verabredet, sich im Hotel Drei Könige zu treffen. Jetzt machte ihr Tweeds knappe Antwort klar, daß er nicht vorhatte, ihr irgend etwas mitzuteilen. Was führte er im Schilde?
»Nach dem Treffen mit Rosewater fliegen wir sofort weiter nach Paris«, bemerkte Tweed. »Während Sie sich mit Rosewater verabredeten, habe ich Lasalle angerufen. Ihm schien sehr viel daran zu liegen, mich so bald wie möglich zu sehen. Die Dinge scheinen außer Kontrolle zu geraten und Kuhlmanns schlimmste Befürchtungen zu bestätigen. Und der Ablauf der Ereignisse beschleunigt sich.«
»Welche Ereignisse?«
Tweed reichte ihr ein Exemplar des *Journal de Genève*, das er am Flughafen gekauft hatte. Die Schlagzeile sprang ihr entgegen.
SCHWERE UNRUHEN IN BORDEAUX. 1000 VERLETZTE.
Sie las den darunter stehenden Artikel. Horden von Männern mit Sturmhauben waren über die Stadt hergefallen, hatten Fußgänger angegriffen,

Läden in der Nähe der Gare St. Jean verwüstet, antisemitische Slogans an die Mauern gesprüht. Seltsamerweise waren keinerlei Verhaftungen vorgenommen worden – die Polizei schien total überrumpelt zu sein.
Sie schaute aus dem Fenster. Das Flugzeug war zuerst ein Stück am Genfer See entlanggeflogen und dann nach Nordwesten abgebogen. Jetzt lag unter ihnen der Schweizer Jura, der aussah wie ein Walrücken; die Gipfel waren schneebedeckt. Sie schauderte, gab Tweed die Zeitung zurück.
»Was steckt dahinter?« fragte sie.
»Sie hätten fragen sollen, wer dahintersteckt. Ich habe keine Ahnung.«
Sie glaubte ihm nicht, sagte aber nichts. Bald würden sie in Basel landen, und sie wappnete sich innerlich für das Gespräch mit Karins Witwer. Was in aller Welt konnte er Tweed schon sagen?

In der alleinstehenden Villa Forban östlich des Hauptquartiers des Dritten Corps sprang de Forge, nur mit einer Pyjamahose bekleidet, aus dem Bett und ging unter die Dusche. Er drehte den Kaltwasserhahn auf und stand ganz still da, während das eiskalte Wasser über seinen schlanken Körper prasselte.
Jean Burgoyne stieg langsamer aus dem großen Doppelbett, schlang ein Handtuch um ihren nackten Körper, öffnete die Tür und holte die Zeitung herein, die das Mädchen auf den Fußboden gelegt hatte. Sie saß auf der Bettkante und las die Schlagzeile, als de Forge zurückkehrte, sich abtrocknete und seine Uniform wieder anzog. Sie stand auf und hielt mit einer Hand das Handtuch fest; in der anderen Hand hatte sie die Zeitung.
Jean Burgoyne war fast so groß wie de Forge, blond und gut gebaut, mit langen, wohlgeformten Beinen. Sie hatte ein längliches Gesicht mit einem festen Kinn und einem makellosen Teint, der nicht auf Make-up angewiesen war. Sie reichte de Forge die Zeitung. Die Schlagzeile betraf die Unruhen in Bordeaux.
»Charles, das hat doch nichts mit dir zu tun, oder?« fragte sie und sah ihm dabei ins Gesicht.
De Forge warf einen Blick auf die Zeitung, dann warf er sie auf den Teppichboden. Sein rechter Arm fuhr hoch, und er schlug ihr mit dem Handrücken ins Gesicht. Sie taumelte unter der Wucht des Schlages zurück, fiel aufs Bett. Das Handtuch rutschte ab. Sie starrte ihn an, während sie danach griff, es wieder um sich schlang und dann aufstand.
Ihre Stimme war gelassen. Sie brachte sogar ein Lächeln zustande.
»Charles, tu das nie wieder. Du magst ein großer Mann sein, aber ich bezweifle, daß de Gaulle jemals eine Frau geschlagen hat. Vielleicht«, fuhr

sie fort, »ist das der Grund dafür, weshalb deine Frau möglichst wenig mit dir zu tun haben möchte.«

Er trat einen Schritt vor; seine Augen funkelten vor Wut. Sie hob warnend einen Finger, und jetzt war ihre Stimme kaum mehr als ein Flüstern.

»Ich sagte nie wieder. Und das ist mein voller Ernst. Übrigens dürfte dieser Widerling, Major Lamy, draußen stehen und frieren. Die Pflicht ruft, *mon général.*«

Er zögerte, war sich nicht sicher, ob sie ihn verspottete. Dann machte er auf dem Absatz kehrt, ging zur Tür und drehte sich noch einmal kurz um, bevor er hinausging.

»Jean, ich rufe an, wenn ich wieder Zeit habe...«

»Wie du willst...«

Aber de Forge war bereits draußen. Vor der von Nadelbäumen umgebenen zweigeschossigen Villa parkte ein Citroën *de luxe*. Major Lamy ging auf und ab, schwang die Arme um den Körper, schlug mit den behandschuhten Händen auf seinen Überzieher. Es war noch kälter als in der Nacht zuvor. De Forge blickte zum Himmel empor, einer tiefhängenden Decke aus düsteren Wolken, die aussah, als würde es bald schneien.

»Das Manöver *General Ali* kann beginnen, sobald Sie ins Hauptquartier zurückgekehrt sind«, informierte Lamy seinen Vorgesetzten.

»Das ist Routine. Ich weiß, daß wir in Bordeaux begonnen haben.«

»Das ist nur der Anfang.« Lamy lächelte und verzog die Lippen. »Weiteres ist in Vorbereitung. Toulon, Marseille, Toulouse.«

»Und dann Lyon«, fuhr de Forge fort. »Sorgen Sie dafür, daß es wie der Anfang eines Aufstandes, einer Revolution aussieht. Und danach«, sagte er mit Genugtuung, »die große Sache. Paris...«

In der Villa Forban saß Jean Burgoyne an ihrem Toilettentisch und betupfte mit einem nassen Wattebausch die Stelle, an der de Forge sie geschlagen hatte. Sie glaubte nicht, daß sie anschwellen würde, aber es war besser, Vorsichtsmaßnahmen zu ergreifen.

»Und ich glaube, ein kurzer Besuch zuhause in England wäre eine gute Taktik«, überlegte sie laut. »Charles kann eine Weile zusehen, wie er ohne mich auskommt. Und ich kann ein paar Tage im Haus meines Onkels in Aldeburgh verbringen...«

Genau um 8.45 Uhr eilte Tweed, gefolgt von Paula, ins Hotel Drei Könige in Basel. Er trug beide Koffer, übergab sie zusammen mit einem großzügigen Trinkgeld dem wartenden Hausdiener und bat ihn, sie unterzustellen.

»Victor ist schon da«, flüsterte Paula.

Hinter dem Haupteingang, gegenüber der Rezeption, befand sich eine mit bequemen Möbeln ausgestattete Sitzecke. Ein hochgewachsener, gutaussehender Mann in einem Sportjackett erhob sich aus einem tiefen Ledersessel und kam auf sie zu. Er begrüßte Paula und küßte sie auf die Wange.
Tweed musterte den Engländer, der Deutsch gesprochen hatte, eine von den mehreren Sprachen, die sowohl Tweed als auch Paula fließend beherrschten. Tweed vermutete, daß Victor Rosewater sogar hier in der Schweiz unerkannt bleiben wollte.
Rosewater, Tweeds Schätzung zufolge ein Mann in den Dreißigern, hatte ein verbindliches Wesen, war glatt rasiert und hatte den wettergegerbten Teint eines Mannes, der sich viel im Freien aufhält. Er hatte eine kräftige Nase, intelligente braune Augen unter dunklen Brauen und einen gut gebürsteten Schopf aus dichtem Haar. Ein attraktiver Mann und eine beeindruckende Persönlichkeit.
»Das ist Tweed«, stellte Paula auf Deutsch vor. »Er arbeitet in einem Sicherheitsunternehmen«, fuhr sie fort, den Anweisungen ihres Chefs folgend. »Außerdem ist er ein guter Freund.«
»In einem Sicherheitsunternehmen?«
Rosewaters Brauen hoben sich ein paar Millimeter, forderten nähere Angaben.
»So ist es«, sagte Tweed. Dabei beließ er es.
Sie gaben sich die Hand. Rosewater hatte große Hände, einen harten Griff. Er lächelte freundlich, nickte und unterließ es, Tweed weiter zu bedrängen. Ein ganz natürlicher Sondierungsversuch von seiten eines Mannes, der dem militärischen Geheimdienst angehört, dachte Tweed.
»Hier gibt es einen hübschen Speisesaal mit Blick auf den Rhein«, sagte Rosewater. »Möchten Sie vielleicht mit mir frühstücken? Ich bin gerade aus Freiburg gekommen. Es war zwar nur eine kurze Fahrt, aber zum Frühstücken hatte ich keine Zeit mehr. Und jetzt bin ich hungrig wie ein Wolf...«
Tweed kannte den Speisesaal; er hatte schon früher in diesem Hotel gewohnt, erwähnte es jedoch nicht. Rosewater führte sie zu einem Tisch an einem der großen Fenster einer geschlossenen Veranda, auf der sich im Sommer die reichen Leute trafen, um zu essen und zu trinken.
Hinter der Veranda strömte der Rhein vorbei; im Vergleich zur Rhone in Genf hatte er eine schlammige Farbe. Eine Reihe von Lastkähnen, gezogen von einem massigen Schlepper, pflügte sich gegen den Strom langsam flußaufwärts. Rosewater saß seinen beiden Gästen gegenüber. Nachdem er das Frühstück bestellt hatte, wendete er sich an Paula.

»Allmählich komme ich zurecht mit Karins Tod.« Er schaute zu dem Schleppzug hinüber. »Zumindest rede ich mir das ein. Aber manchmal habe ich das Gefühl, als stünde ich immer noch unter Schock.«
»Möchten Sie wirklich jetzt hören, wie es passiert ist?« fragte Paula.
»Ich glaube, es würde mir helfen. Im Augenblick stehe ich unter großem Druck, was meine Arbeit angeht...« Er warf Tweed einen kurzen Blick zu. »Die sich vermutlich nicht allzusehr von Ihrer Welt der Sicherheit unterscheidet. Ich weiß einfach nicht, ob mir das hilft oder nicht.« Er wendete sich wieder an Paula. »Erzählen Sie mir, wie es passiert ist. Was mich am meisten bestürzt hat, war die Tatsache, daß Sie am Telefon das Wort Mord gebrauchten. Wieso ausgerechnet Karin?«
»Genau das ist es, was wir gerne wüßten«, warf Tweed ein. Dann schwieg er und bediente sich mit dem vorzüglichen Brot, das auf dem Tisch stand. Paula hatte gerade angefangen zu reden, dann war sie verstummt. Sie trank langsam etwas Kaffee und ließ sich viel Zeit damit, Marmelade auf ihr Brot zu streichen. Rosewaters Blick war zum anderen Ende des Restaurants gewandert, und Tweed schaute rasch in dieselbe Richtung.
Eine attraktive Brünette saß für sich allein an einem Tisch an der Wand. Sie hatte die ansehnlichen Beine übereinandergeschlagen, wobei ihr der Rock bis über die Knie hochgerutscht war. Jetzt streichelte sie langsam mit einer Hand das übergeschlagene Bein und sah Rosewater dabei direkt an. Er beobachtete sie einen Moment mit ausdruckslosem Gesicht, dann sah er Tweed an und lächelte breit, um vor der Brünetten zu verbergen, was er sagte.
»Ich habe diese Frau schon einmal irgendwo gesehen. Ich glaube, sie hat sich an mich gehängt, und dabei bin ich doch weiß Gott vorsichtig gewesen.«
»Vielleicht gefallen Sie ihr einfach«, zog Paula ihn auf.
Rosewater, das erkannte sie, war ein Mann, der vielen Frauen gefallen mußte. Er machte den Eindruck eines gutartigen Charakters mit Humor. Aber seine Stimme blieb ernst.
»Das bezweifle ich. Einmal ist eine Zufallsbegegnung – zweimal ein Gefahrensignal. Ich weiß nicht, ob Paula es Ihnen erzählt hat, Tweed – aber ich arbeite für den militärischen Geheimdienst.«
»Sie hat es erwähnt. Aber Sie brauchen sich keine Sorgen zu machen. In meinem Beruf muß ich sehr diskret sein. Außerdem habe ich manchmal ein miserables Gedächtnis.«
Er trank Kaffee, überließ Paula das Feld. Sie war zum Fragenstellen in einer besseren Position. Doch Rosewater bestand darauf, mit Tweed zu reden.

»Sie sagten, Sie arbeiten in einem Sicherheitsunternehmen?«
»So ist es«, stimmte Tweed ihm zu, und wieder beließ er es dabei.
»Wäre dies der richtige Moment, Ihnen zu erzählen, was in Suffolk passiert ist?« ergriff Paula das Wort. »Oder möchten Sie die Einzelheiten lieber nicht erfahren?«
»Erzählen Sie mir alles. Mir wird wohler sein, wenn ich es weiß...«
Er wendete sich ihr zu und hörte aufmerksam zu, während sie ihm Bericht erstattete, wobei sie, wie während des Gesprächs mit Chefinspektor Buchanan in London, jeden Hinweis auf Park Crescent vermied. Rosewater, der sein Frühstück stehenließ, musterte sie, bis sie endete.
»... und dann kam die Polizei und nahm die Sache in die Hand. Ich bin schließlich nach Hause gefahren und habe versucht, über dieses Erlebnis hinwegzukommen.«
»Haben Sie den Mörder gesehen? Vermutlich war er auch vermummt, wie die anderen, oder?« fragte Rosewater.
»Von dem Baum aus hatte ich einen guten Überblick. Ich bin mir nicht sicher. Ich war zu sehr damit beschäftigt, mich vor den Männern mit den Gewehren zu verstecken...«
»Ich verstehe.« Er zerbrach ein Brötchen, strich automatisch Butter und Marmelade auf das abgebrochene Stück, kaute es mit nachdenklicher Miene. »Ich glaube, ich werde so bald wie möglich nach Aldeburgh fahren«, sagte er schließlich. »Es hat mir so leid getan, daß ich nicht an ihrer Beerdigung teilnehmen konnte. Aber ich war vollauf beschäftigt mit der Überprüfung eines Verdächtigen – nennen wir ihn einen Saboteur. Deshalb mußte ich in Deutschland bleiben.«
»Ich war dabei«, sagte Paula leise. »Ich habe für Sie einen Kranz niedergelegt. Möchten Sie ihr Grab sehen?«
»Nein!« Zum ersten Mal zeigte Rosewater Gefühl. »Ich glaube nicht, daß ich das ertragen könnte. Ich möchte Karin so in Erinnerung behalten, wie sie war. Hat die Polizei irgendeine Spur von dem Schwein, das sie ermordet hat?«
»Nicht die geringste, soweit wir wissen«, bemerkte Tweed. »Aber ich frage mich, wie Sie nach Suffolk fahren können, wo Sie doch in Deutschland alle Hände voll zu tun haben. Können Sie Urlaub nehmen?«
Rosewater tupfte seinen Mund mit der Serviette ab, warf einen Blick durch das Restaurant auf die Brünette und schaute dann wieder weg. Sie musterte ihn nach wie vor und wippte provokativ mit dem übergeschlagenen Bein.
»Ich habe einen ganz besonderen Job, Tweed. Ich arbeite gewissermaßen im freien Einsatz. Um irgendwelche Leute aufzuspüren, kann ich überall in

Europa umherreisen, oft inkognito, wie jetzt. Ich werde zusehen, daß ich so bald wie möglich nach Aldeburgh fahren kann.«

»Wenn Sie das tun, Victor«, schlug Paula vor, »rufen Sie mich, bevor Sie aus Deutschland abfliegen, unter dieser Nummer an.« Sie notierte sie auf einem Block, den sie aus ihrer Umhängetasche geholt hatte. »Wenn ich nicht da bin, hinterlassen Sie eine Nachricht auf dem Anrufbeantworter. Wenn Sie möchten – aber nur dann –, begleite ich Sie nach Aldeburgh.«

»Danke.« Er legte ihr den Arm um die Schultern. »Ich würde mich über Ihre Begleitung sehr freuen. Ich rufe an, bevor ich komme.« Er sah Tweed an. »Und wohin wollen Sie von hier aus? Oder fällt diese Frage unter die Rubrik ›Indiskret‹?«

»Durchaus nicht. Nach London«, log Tweed, ohne mit der Wimper zu zucken. »Sie sagten, Sie könnten überall in Europa herumreisen. Was halten Sie von der Lage, die sich in Frankreich zusammenbraut? Insbesondere von den Unruhen in Bordeaux?«

»Ja, Europa ist mein Spielplatz«, pflichtete Rosewater ihm bei. »Eigentlich eher ein Schlachtfeld als ein Spielplatz. Mein eigentliches Operationsgebiet ist Deutschland. Was Bordeaux angeht – ich hatte noch keine Zeit, irgendwelche Zeitungen zu lesen.« Er schaute auf die Uhr. »Ich muß mich bald wieder auf den Weg machen.«

»Bevor Sie gehen«, sagte Tweed, lehnte sich über den Tisch und senkte die Stimme. »Bei meiner Arbeit habe ich kürzlich Gerüchte über einen Mörder gehört, der hier auf dem Kontinent operieren soll. Er nennt sich Kalmar.« Rosewater benutzte eine Hand, um Krümel vom Tisch in die andere Hand zu fegen. Er ließ sie auf seinen Teller fallen und musterte Tweed.

»Sie haben also auch von ihm gehört. Man nennt ihn das Gespenst im Schatten. Niemand kennt seine Nationalität, weiß, wo er hergekommen ist, wo er lebt – wenn er überhaupt eine feste Basis hat. Er erinnert mich an ein bewegliches Ziel. Ich habe das merkwürdige Gefühl, daß ich Kalmar bei meiner Arbeit irgendwann einmal begegnen werde. Zweimal ist er mir um Haaresbreite entwischt. Ich bekomme eine Adresse, gehe hin und stelle fest, daß der Vogel ausgeflogen ist.«

»Interessant.« Tweed erhob sich, bestand darauf, die Rechnung zu bezahlen.

»Sie haben Ihr Feuerzeug vergessen«, sagte Paula zu Rosewater, als sie gerade gehen wollten. Sie gab es ihm.

»Eine aufmerksame Dame, danke«, erwiderte er und steckte das Feuerzeug ein.

Es war, dachte Paula, das einzige äußere Anzeichen dafür, daß ihn ihre

Geschichte aufgewühlt hatte. Normalerweise war er nicht der Mann, der etwas übersah. Da war sie ganz sicher.
Als sie das Restaurant verließen, warf Tweed noch einen Blick auf die Brünette, die immer noch dasaß, eine Zigarette rauchte und eine Tasse Kaffee vor sich stehen hatte. Sie schaute Rosewater unverhohlen an. Wirklich eine attraktive Frau, dachte Tweed.
Das Taxi, das er bestellt hatte, wartete bereits. Sie verabschiedeten sich von Rosewater, der Paula umarmte und ihr für ihre Hilfe dankte. Während der Fahrer zu seinem Sitz zurückkehrte, nachdem er ihnen die hinteren Türen geöffnet hatte, warf Paula noch einen Blick auf Rosewater. Er stand vor dem Eingang, hochgewachsen und gut aussehend. Tweed folgte ihrem Blick, und Rosewater winkte. Sie winkte zurück, dann fuhr das Taxi an. Paula musterte Tweeds Gesicht.
»Sie denken dasselbe wie ich auch. Victor wäre ein guter Kandidat für Park Crescent.«
»Jetzt behaupten Sie auch noch, meine Gedanken lesen zu können«, zog er sie auf. »Aber er ist intelligent. Die Art, auf die er meiner Frage wegen Bordeaux ausgewichen ist. Genau das, was man von einem erstklassigen Offizier des militärischen Geheimdienstes erwarten sollte. Wer wüßte das besser als ich.«
»Ich frage mich, was er in Wirklichkeit tut?«
»Nach dem wenigen, das er sagte, infiltriert er die IRA-Zellen, die in Deutschland gegen die britischen Stützpunkte operieren. Und jetzt werden wir wohl bald erfahren, was tatsächlich vor sich geht. In ein paar Stunden sind wir in Paris. Bei Lasalle. Ich habe ihn, nachdem wir in Basel gelandet waren, vom Flughafen aus angerufen.«
»Und ich frage mich, wie es Bob Newman ergangen sein mag«, sagte Paula nachdenklich.

Achtes Kapitel

Der dreieckige Hafen von Arcachon, rund fünfzig Kilometer westlich von Bordeaux, ist durch eine schmale Halbinsel fast vollständig vor dem Wüten des Atlantik geschützt. Die einzige Einfahrt in die Bucht ist eine schmale Öffnung zwischen einer Insel und der Spitze der Halbinsel.
Isabelle hatte sich warm angezogen und trug einen dicken, knielangen Trenchcoat mit einer über den Kopf gezogenen Kapuze. Neben ihr ging Newman in den neuen Sachen, die er in mehreren Läden im Ort gekauft

hatte. Er trug eine schwarze Baskenmütze, einen dunklen Mantel und Turnschuhe. Sie gingen am Casino de la Plage vorbei auf die ungeschützte Promenade. Sie war völlig menschenleer und der vollen Gewalt des Sturms ausgesetzt. Isabelle deutete auf einen Anleger.

»Die Jetée d'Eyrac. Hier legen im Sommer die Schiffe nach Cap-Ferret ab. Der Hafen liegt ein Stück weiter östlich. Sie können die Boote sehen, die dort festgemacht haben.«

Newman sah einen Wald aus Masten, die, vom Wind gepeitscht, wie betrunken schwankten. Am Vorabend hatte ihm Isabelle ein kleines Hotel in der Nähe des Bahnhofs gezeigt, dann waren sie weitergefahren zur Wohnung ihrer Schwester in der Nähe der Strandpromenade.

»Müssen Sie heute schon abreisen, Bob?« fragte sie betrübt.

»Unbedingt. Da ist einiges, was ich herausfinden muß. Ich verlasse mich darauf, daß Sie hierbleiben, bis ich mich wieder melde. Begeben Sie sich auf keinen Fall in die Nähe von Bordeaux.«

»Wenn Sie es wollen.« Sie schob das Kinn in den Wind, um ihre Enttäuschung anzuzeigen. »Im Sommer würden Sie die Stadt nicht wiedererkennen. Dann wimmelt es hier von Luxusjachten aus aller Welt mit ihren reichen Eignern. Ich habe sogar schon ein merkwürdiges Schiff mit einem gespaltenen Rumpf hier gesehen.«

»Gespalten?« Newman war sofort hellwach. »Können Sie dieses Schiff näher beschreiben?«

»Ich weiß nicht viel über Schiffe. Alles, was ich sagen kann, ist, daß es ziemlich groß und luxuriös ist.«

»Name?«

»Keine Ahnung.«

»Wie oft kommt es hierher?« Newman ließ nicht locker.

»Das weiß ich nicht. Aber im Gegensatz zu den Luxusjachten der Millionäre kommt es nicht nur während der Saison. Ich habe gesehen, wie es zu verschiedenen Zeiten des Jahres den Hafen ansteuerte. Sogar jetzt – im November.«

»Und das ist ungewöhnlich?«

»Sehr ungewöhnlich. Die Millionärsjachten kommen im Sommer. Dann herrscht hier die richtige Atmosphäre. Halbnackte Mädchen am Strand – manchmal auch ganz nackte. Im Casino herrscht Hochbetrieb. Und im Nachtclub, dem Étoile. Ich war einmal dort, weil meine Schwester darauf bestand. Nie wieder.«

»Was ist passiert?«

»Ein englischer Lord wollte sich an mich heranmachen. Das Wort Nein verstand er nicht. Schien zu glauben, daß jede französische Frau nur darauf wartete, mit Seiner Lordschaft ins Bett zu gehen. Im Augenblick komme ich nicht auf seinen Namen.«

Sie gingen weiter landeinwärts, weil jetzt die Wellen gegen die Promenade anbrandeten und Gischt über die Mauer schleuderten. Ihre Gewalt war so groß, daß Newman hätte schwören können, daß die Promenade erbebte, wenn eine Welle gegen sie prallte.

»So wie jetzt ist es nur selten«, bemerkte Isabelle. »Ich glaube, wir sollten umkehren.«

»Ich gehe zu meinem Wagen. Ich muß los. Bleiben Sie in Arcachon, Isabelle.« Er entschied sich dafür, seinem Wunsch ohne Rücksicht auf ihre Gefühle Nachdruck zu verleihen. »Denken Sie daran, was mit Henri passiert ist. Die Leute wissen, daß es Sie gibt.«

»Lord Dane Dawlish«, sagte sie plötzlich. »Das war der Mann, der sich im Étoile an mich herangemacht hat.«

Newman fuhr unter einem bleischweren Himmel zurück nach Bordeaux. Die tiefhängenden Wolken jagten wie Schwaden aus grauem Rauch ostwärts. Bevor er sein Hotel in Arcachon verließ, hatte er den Flughafen angerufen und auf sein offenes Ticket einen Flug nach Paris gebucht und außerdem einen Flug von Paris nach Heathrow. Vorher würde er beim Hotel Pullman vorbeifahren und seinen Koffer abholen. Wegen des alten Koffers, den er in der Pension gelassen hatte, machte er sich keine Gedanken; außerdem hatte er die elende Bude für vierzehn Tage im voraus bezahlt.

Er näherte sich der Gare St. Jean, als er in einen Stau geriet. Die Fahrzeuge standen Stoßstange an Stoßstange und kamen nicht weiter. Er sah auf die Uhr. Noch hatte er reichlich Zeit bis zum Start der Air Inter-Maschine nach Paris. Der Fahrer des Wagens neben ihm lehnte sich aus dem Fenster.

»Fahren Sie nicht ins Zentrum. Da gibt es Probleme.«

»Was für Probleme?«

Der Verkehr kam in Bewegung, bevor der Fahrer antworten konnte. Newman zuckte die Achseln. Probleme schienen jetzt in Frankreich an der Tagesordnung zu sein. Er hatte gerade die Place de la Victoire passiert, als er sah, daß sich vor ihm keine Fahrzeuge mehr befanden. Statt dessen füllte ein bedrohlich aussehender Mob die Straße. Er bog in eine Seitenstraße ein und parkte seinen Citroën ein gutes Stück von der Hauptstraße entfernt.

Nachdem er ihn abgeschlossen hatte, lief er zurück zu der Straße, von der er gekommen war und schaute sich um. Es sah aus, als hätte der Mob inzwischen Zulauf bekommen. Ein Schild verwies auf eine im ersten Stock gelegene Bar. Er eilte die Treppe hinauf, gelangte in einen überfüllten Raum, bestellte einen Pernod, um ein Glas in der Hand zu haben, und schob sich zwischen aufgeregt redenden Männern und Frauen hindurch, bis er ein auf die Hauptstraße hinausgehendes Fenster erreicht hatte.

Unten schrie eine Horde von Männern, die mit Sturmhauben maskiert waren und Keulen und Flaschen schwangen. *Pour France... Pour France... Pour France? Oui!... Juif? Non!!!...*

Das aufreizende Skandieren ging weiter. *Für Frankreich? Ja. Juden? Nein!* Mit seinem Glas in der Hand beobachtete Newman den Mob. Er hatte den unabweisbaren Eindruck, daß der Sprechchor organisiert war. Der Aufruhr wurde gewalttätiger. Männer stürmten ein Restaurant, rissen die Gardinen herunter, kippten Stühle um, auf denen Gäste saßen, warfen sie zu Boden. Männer und Frauen; sie machten keinen Unterschied. Auf der Straße regierte der Terror.

Nachdem sie das Restaurant verwüstet hatten, strömten die Männer wieder heraus, suchten sich ein neues Ziel. Ein Mann mit einer Farbdose sprühte etwas auf eine Schaufensterscheibe auf der anderen Straßenseite. Dann verunstaltete das Wort *Juif!* in großen roten Buchstaben die Scheibe. Auf dem Sims darüber stand der Name des Inhabers. Bronstein.

Nach Newmans Schätzung wüteten mehr als zweihundert maskierte Männer auf der Straße. Dann sah er, wie in einiger Entfernung ein Transporter der CRS hielt. Die paramilitärische Polizei war eingetroffen, um den sinnlos wütenden Mob zu zerstreuen. Sinnlos wütend? Was nun folgte, war erstaunlich.

Der scheinbar aufgebrachte Mob formierte sich zu einer Reihe von Einheiten. Irgendwo läutete durchdringend und unaufhörlich eine Glocke. Eine Warnung? Ein Signal? Anstatt sich zurückzuziehen, stürmten mehrere Einheiten auf den Transporter zu, aus dem CRS-Männer in schwarzen Mänteln und Schutzhelmen mit Gummiknüppeln ausstiegen. Sieben Männer aus dem Mob zogen kurze Pistolen mit dicken Läufen, zielten auf den Transporter.

Die CRS-Männer wollten gerade vorrücken, als die Geschosse aus den Pistolen vor ihnen auf die Straße trafen und sie in Wolken von Tränengas einhüllten. Die CRS-Männer taumelten, husteten, einige schlugen die Hände vor die Augen. Eine zweite Einheit, mit ähnlichen Pistolen bewaffnet, zielte auf das Niemandsland zwischen der CRS und dem Mob. Weitere Geschosse trafen die Straße. Schwarzer Rauch stieg auf. Rauchbomben. Unterhalb der Bar, in der sich Newman befand, wurde ein Fernsehreporter

mit einer Kamera von zwei Männern gepackt und festgehalten, während ihm ein dritter die Kamera abnahm, die er noch nicht benutzt hatte. Der Mann hob die Kamera und schwenkte sie langsam über die demolierten Läden, Restaurants und Bars. Keine Aufnahmen von dem Mob.
Nachdem das geschehen war, versetzte einer der Maskierten, die den Reporter festhielten, ihm einen Schlag auf den Hinterkopf. Der Reporter sackte im Rinnstein zusammen. Die Kamera wurde ihm in den Schoß geworfen.
Die Alarmglocke hatte aufgehört zu läuten. Der Mob bewegte sich in geordneten Trupps, wie Soldaten bei einem Manöver. Ein Teil davon verschwand in Seitenstraßen, andere stiegen in große Firmenfahrzeuge, die aus der Richtung der Gare St. Jean gekommen waren. Die Fahrzeuge fuhren schnell davon.
Plötzlich war die Straße leer. Die CRS-Männer, die sich von der Tränengasattacke erholt hatten, drangen durch den Rauchvorhang vor und mußten feststellen, daß niemand mehr da war. Newman öffnete vorsichtig das Fenster, hörte, wie die Stiefel der CRS-Männer über zerbrochenes Glas stampften. Es sah aus wie nach einer Schlacht.
In der Bar war Stille eingetreten, als Newman sich seinen Weg durch die Menge bahnte und die Stufen hinunterrannte, bevor die CRS eintraf. Er rannte weiter die Seitenstraße entlang, bis er seinen Wagen erreicht hatte, schloß ihn auf, sprang hinein, fuhr in der der Hauptstraße entgegengesetzten Richtung davon zum Flughafen.

Er hatte vorgehabt, beim Pullman Hotel anzuhalten und seinen Koffer zu holen. Jetzt beschloß er, es zu lassen. Er hatte genug damit zu tun, lebend aus Bordeaux herauszukommen.
Er bezweifelte, daß dies der einzige Aufruhr in der Stadt gewesen war. Was er gesehen hatte, deutete unmißverständlich auf eine sorgfältig organisierte Terrorkampagne hin. Das Ziel: der Bevölkerung eine Heidenangst einzujagen, sie zu demoralisieren, bis sie in einem Zustand war, in dem sie jede Macht willkommen heißen würde, die eine starke Regierung bildete und Recht und Ordnung wieder herstellte. Die Leute würden alles begrüßen, was ihnen gestattete, in Ruhe und Frieden wieder ihr normales Leben zu führen. Eine teuflische Strategie.
Er näherte sich dem Flughafen vorsichtig, weil er sicher war, daß dort Wachtposten standen – möglicherweise sogar falsche DST-Männer. Und wahrscheinlich hatten sie die Nummer seines Citroën, den er der Autovermietung zurückgeben mußte. Er fuhr langsamer, ließ andere Fahrzeuge

überholen. Als er auf das Flughafengelände fuhr, stoppten etliche Taxen vor ihm, aus denen Fahrgäste ausstiegen. Newman schaltete den Motor ab, zog den Schlüssel aus dem Schloß, sah sich um.

Nicht weit entfernt stand ein uniformierter Mann wartend neben einer leeren Limousine. Auf dem Band an seiner Mütze stand der Name eines Hotels. Newman ergriff seinen Koffer, stieg aus und ging mit einem Fünfhundert-Franc-Schein in der Hand auf den Chauffeur zu.

»Entschuldigen Sie, können Sie mir helfen? Sonst verpasse ich meine Maschine nach Lyon. Ich muß diesen Citroën dort an die Autovermietung zurückgeben. Könnten Sie das für mich tun?« Er zwinkerte. »Das Problem liegt darin, daß eine überaus entgegenkommende Dame auf mich wartet. Aber sie wird nicht warten, bis die nächste Maschine eintrifft...«

»Was ist mit der Bezahlung?« fragte der Chauffeur und beäugte den Geldschein.

»Es ist nichts zu bezahlen. Wie üblich ist alles im voraus bezahlt.«

»Benzin?«

»Ich habe wesentlich weniger verbraucht, als ich schon bezahlt habe.«

Newman reichte ihm den zusammengefalteten Geldschein.

»Es ist eine Menge, aber ich habe es nicht kleiner. Und was in Lyon auf mich wartet, ist es wert.«

»Wird erledigt, Monsieur...«

Der Geldschein verschwand in der Uniform des Chauffeurs. Er ging zu dem Citroën, und Newman eilte in den Flughafen. Dann verlangsamte er seine Schritte. Zwei Männer in Trenchcoats und mit Hüten standen vor dem Café. Sehr aufrecht, in fast militärischer Haltung. Newman zog seine Baskenmütze tiefer in die Stirn, ging zum Schalter, legte sein Ticket vor, gab seinen Koffer auf, begab sich in die Abflughalle für die Maschine nach Paris.

Er entspannte sich erst, als die Air Inter-Maschine von der Piste abhob. Und er hatte nicht vor, sich länger als nötig in Paris aufzuhalten. Er wollte so schnell wie möglich nach London weiterfliegen. Als die Erde unter ihm zurückblieb, eine flache Ebene aus grünen und grauen Flecken, hoffte er, daß Isabelle in Arcachon in Sicherheit war.

Neuntes Kapitel

Die Zentrale des französischen Geheimdienstes DST in Paris befindet sich in einer kleinen Nebenstraße, die von den Touristen kaum je bemerkt wird. Und dies, obwohl die Rue de Saussaies, eine schmale, gewundene Straße, die von der Rue du Faubourg St. Honoré abzweigt, nicht weit vom Elysée-Palast, dem Sitz des französischen Staatspräsidenten, entfernt ist.
Der Eingang besteht aus einem Steinbogen, durch den man in einen gepflasterten Hof gelangt. Der einzige Hinweis darauf, daß dieses Gebäude für den Schutz der Republik Frankreich eine Schlüsselrolle spielt, sind zwei Polizisten in Uniform.
Tweed und Paula saßen in dem engen Büro des Chefs der DST, der ihnen Kaffee einschenkte. René Lasalle war ein großer, schwergebauter Mann in den Vierzigern mit scheinbar unerschöpflicher Energie. Er stellte die Tassen vor seinen Gästen hin, schoß um seinen Schreibtisch herum und setzte sich. Seine Augen unter dichten Brauen und hinter einer Hornbrille waren hellwach und musterten Tweed. »Ein Mann, auf den Verlaß ist«, hatte Tweed einmal von ihm gesagt, »insbesondere in kritischen Situationen.«
»Ich freue mich, daß Sie Paula mitgebracht haben«, begann Lasalle und bedachte sie mit einem Lächeln. »Eine erfahrene Frau bemerkt manches, was einem Mann vielleicht entgeht.«
»Wie ist die Lage?« fragte Tweed, der erst die Ansichten seines Gastgebers hören wollte, bevor er seine eigenen äußerte.
»Kritisch. Und vermutlich bald katastrophal – für Frankreich, vielleicht für ganz Europa.«
»Normalerweise drücken Sie sich nicht so melodramatisch aus.«
»Sagen Sie mir zuerst, wo Sie gewesen sind«, schlug Lasalle vor.
»In Genf, dann in Basel. Von Basel aus sind wir direkt hierher geflogen.«
»Also arbeitet Robert Newman in Bordeaux auf eigene Faust.«
Tweed war verblüfft, was sehr selten vorkam; aber er ließ es sich nicht anmerken. Paula war gleichermaßen überrascht und versuchte, eine nichtssagende Miene zu wahren, während sie die wohlgeformten Beine übereinanderschlug.
»Was ist mit Newman?« fragte Tweed ruhig.
»Ich nehme an, jetzt ist alles in Ordnung. Zwei meiner Leute haben ihn gesehen, als er in Bordeaux an Bord einer Maschine nach Paris ging.«
Er entschuldigte sich, als das Telefon läutete. Er hörte einen Moment zu, sagte *»merci«* und legte dann den Hörer wieder auf.
»Newman bewegt sich schnell. Ich habe Leute zu seiner Maschine nach

Orly geschickt. Er ist mit einem Taxi zum Flughafen Charles de Gaulle gefahren und ist jetzt an Bord einer Maschine nach London.«

»Sie sagten eben, *jetzt* wäre mit Newman alles in Ordnung. Warum?« fragte Tweed.

»Am Flughafen in Bordeaux war er gekleidet wie ein Franzose. Mein Mann, der Newman entdeckte, kannte ihn von früher. Für meinen argwöhnischen Verstand deutet seine Kleidung darauf hin, daß er von irgend jemandem verfolgt wurde. Möglich?«

»Er ist mit einem Auftrag des *Spiegel* nach Bordeaux geflogen. Um General de Forge zu interviewen.«

Lasalle hob die Brauen. »Mr. Newman ist ein mutiger Mann. Frankreich steht ein Erdbeben bevor. Und ich bin überzeugt, daß der Mann, der es auslöst, General Charles de Forge ist, der sich für den neuen de Gaulle hält. Ein Pseudo-de Gaulle, meiner Meinung nach.«

»Können Sie mehr ins Detail gehen?« fragte Tweed. »Und haben Sie herausgefunden, weshalb mein Agent, der unter dem Namen Henri Bayle operierte, von der DST verhaftet wurde?«

»Eins nach dem anderen, bitte. Entschuldigen Sie mich...« Er beantwortete abermals einen Anruf, dann sprach er in schnellem Französisch. Paula verstand, um was es ging. Lasalle gab Anweisung, sofort ein neues Team von zwanzig DST-Männern nach Bordeaux zu schicken.

»Sie verstärken Ihre Truppen in Bordeaux«, bemerkte Paula. »Entschuldigen Sie die Bemerkung, aber mir konnte nicht entgehen, was Sie sagten.«

Lasalle lächelte sie an. »Natürlich, ich stehe so unter Druck, daß ich einen Augenblick lang vergessen hatte, daß Ihr Französisch besser ist als mein Englisch.«

»Gegen Ihr Englisch ist nicht das geringste einzuwenden. Ich bitte nochmals um Entschuldigung.«

»Nicht nötig.« Lasalle schwenkte die Hände. »Nun zu Ihren Fragen, Tweed. Erstens, als Bayle aus der Bar Miami herausgeholt und später an der Gare St. Jean ermordet wurde, befand sich kein einziger echter DST-Agent in Bordeaux. Ich muß es wissen – ich bin immer darüber informiert, wo sich jeder einzelne der mir unterstellten Leute aufhält. Die Männer, die Bayle mitnahmen, haben sich nur als DST-Leute ausgegeben.« Seine normalerweise gelassene Stimme nahm einen bitteren Unterton an. »Und das gefällt mir nicht – was einer der Gründe dafür ist, daß ich diese Stadt mit meinen Leuten überschwemme.«

»Und der andere Grund?« erkundigte sich Tweed.

»Darauf komme ich später. Ich habe mich selbst mit dem Präfekten von

Bordeaux in Verbindung gesetzt. Die dortige Polizei hat noch nichts herausgefunden. Aber er hat mir eine merkwürdige Geschichte erzählt. Jemand hat ihn anonym angerufen und ihm gesagt, er würde in einer Schlucht ein gutes Stück außerhalb von Bordeaux einen Berliet-Laster von der Art finden, wie sie von der CRS benutzt werden. Mit Leichen darin. Der Anrufer gab eine ungefähre Beschreibung des Ortes.«

»Merkwürdig, wie Sie sagten. Wurde der Laster gefunden?«

»Nein! Kein Laster, keine Leichen. Aber sie fanden die Brücke, die der Anrufer beschrieben hatte. Sie war teilweise eingestürzt, und eine der Mauern lag in der Schlucht. Außerdem fanden sie die Spuren eines schweren Kettenfahrzeugs von der Art, wie die Armee sie benutzt – um genauer zu sein, die Pioniereinheit des Dritten Corps. Nur ein so schweres Gerät wäre imstande gewesen, einen Berliet-Laster abzutransportieren.«

»Sie haben sich bei General de Forge erkundigt?« fragte Tweed.

»Wonach? Ich habe keine eindeutigen Beweise. Keine Zeugen. Also ist es nicht mehr als ein weiteres mysteriöses Ereignis, das ich meiner Akte über de Forge hinzufüge.« Er sah Paula an. »Ein weiteres Faktum in dieser Akte ist de Forges englische Geliebte in der Villa Forban in der Nähe seines Hauptquartiers. Sie heißt Jean Burgoyne und kommt aus irgendeinem gottverlassenen Nest in East Anglia, von dem ich noch nie gehört habe. Ah, hier steht es – Aldeburgh.«

Paula zwang sich, nicht zusammenzufahren. Sie spulte einen Katalog von Informationen ab.

»Jean Burgoyne. Eine blonde Schönheit. Entstammt dem Landadel von Lincolnshire. Hat London den Rücken gekehrt und gesagt: ›Die Londoner Gesellschaft langweilt mich zu Tode.‹ Soll überaus intelligent sein. Ein bißchen wild und eigensinnig. Lebt gern gefährlich.«

»Die Villa Forban«, wiederholte Lasalle, »gehört de Forge und dient als geheimer Treffpunkt für den berüchtigten *Cercle Noir*.«

»Was ist das?« fragte Tweed. »Übrigens hört sich das alles an, als hätten Sie einen Informanten in de Forges Lager.«

»Habe ich das gesagt?« Lasalle hob wieder die Brauen. »So, und jetzt gehen wir erst einmal essen, in einem Schweizer Restaurant am Rande der Place de la Madeleine. Hinterher erzähle ich Ihnen vom *Cercle Noir*...«

In ihrem Schlafzimmer in der Villa Forban saß Jean Burgoyne, nur mit einem seidenen Morgenmantel bekleidet, vor ihrem Toilettentisch. Sie vermutete, daß de Forge im Begriff war, sich in frenetische Aktivitäten zu stürzen.

Es war erst Mittag, und er war zum zweiten Mal innerhalb von zwölf Stunden in ihr Bett gekommen – immer ein Anzeichen dafür, daß irgendwelche großen Dinge bevorstanden. Es war fast so, als hätte er in kritischen Momenten ein besonders starkes Bedürfnis nach ihr. Auf einem kleinen Tisch beim Fenster lag seine lederne Depeschenmappe.

De Forge kam aus der Dusche und trocknete sich ab. Während er seine Uniform wieder anzog, fiel sein Blick auf die Depeschenmappe. Er erstarrte für eine Sekunde, dann zog er sich fertig an.

Normalerweise übergab er Major Lamy die Mappe, bevor er die Villa betrat. Doch als er diesmal ankam, hatte es angefangen zu schneien, und er war hineingeeilt und hatte die Mappe auf den Tisch gelegt. Er ging langsam zum Toilettentisch, und seine Augen funkelten sie aus dem Spiegel an. Nach einer Sekunde ignorierte sie seinen Blick und fuhr fort, Gesichtscreme aufzutragen. Seine Hände packten ihre Schultern, schoben den Morgenmantel beiseite, entblößten ihre wohlgeformten Brüste. Der Mantel glitt in ihren Schoß herunter.

»Nicht schon wieder, Charles«, sagte sie mit ihrer leicht rauchigen Stimme. »Es wird Zeit, daß du gehst. Und ich fliege für ein paar Tage heim nach England. Noch heute.«

Der Griff um ihre Schultern wurde härter. Jean ließ sich nie irgendwelche Angst vor de Forge anmerken, ein Umstand, der, wie sie vermutete, zu der Anziehungskraft beitrug, die sie auf ihn ausübte. Seine Stimme war gefährlich ruhig.

»Ich habe meine Depeschenmappe auf dem Tisch dort drüben liegen gelassen. Sie liegt nicht mehr genau so da, wie ich sie abgelegt habe. Ich habe ein Auge für solche Dinge...«

»Dein Auge muß dich täuschen.«

Der Griff wurde noch härter.

»Du hast die Papiere gelesen, die darinstecken, während ich unter der Dusche war.«

»Nimm deine Hände weg, du Idiot«, erwiderte sie ebenso ruhig. »Glaubst du etwa, ich interessierte mich für deine blöden Papiere? Du scheinst unter Verfolgungswahn zu leiden – überall siehst du Spione. Und«, fuhr sie gelassen fort, »wenn du mich noch einmal schlägst, dann bekommst du diese Bürste zu spüren...« Ihre rechte Hand packte den Griff. »Und nun verschwinde mit diesem Widerling Lamy und spiel deine albernen Kriegsspiele.«

Er gab sie frei und trat einen Schritt zurück. »Warum fliegst du nach England?«

»Weil ich es möchte, Charles.«
Diesmal hatte sie darauf bestanden, als erste unter die Dusche zu gehen. Jetzt zog sie ihre Strumpfhose an, streifte einen Unterrock über den Kopf, schlüpfte in ein enganliegendes, knielanges schwarzes Kleid, schob die kleinen Füße in Pumps, legte eine Perlenkette um den Hals. Alles in Sekundenschnelle.
»Warum willst du zurück nach England?« wiederholte de Forge seine Frage. »Immer fliegst du irgendwohin – wie eine Libelle. Es könnte sein, daß ich dich hier brauche.«
»Weil ich meinen Onkel besuchen und wieder einmal daheim sein möchte. Du wirst dein Verlangen eben zügeln müssen. Wenn du das nicht schaffst, kannst du ja Josette einen Besuch abstatten. Wie lange ist es her, seit du deine Frau zum letzten Mal gesehen hast? Und wenn du in ihre Wohnung gehst, nimmst du dann auch diese verdammte Depeschenmappe mit, mein Liebling?«
De Forges Lippen preßten sich zusammen. Er tat einen entschlossenen Schritt auf sie zu. Wieder hob sie warnend einen Finger.
»Denke daran, was ich dir gesagt habe, als du mich das letzte Mal geschlagen hast. Es war mir ernst damit. Und weshalb entscheidest du dich immer für Frauen, deren Namen mit einem ›J‹ anfangen?«
De Forge machte von seiner Willenskraft Gebrauch, zwang sich, auf ihren Spott nicht einzugehen. Er setzte gerade sein Képi auf, als jemand leise an die Tür klopfte.
»Herein«, rief Jean, um zu zeigen, wer hier das Sagen hatte.
Die Tür ging langsam auf, und Leutnant André Berthier, blond und gut aussehend, trat mit respektvoll unter den Arm geklemmtem Képi ein und wendete sich direkt an de Forge.
»Entschuldigen Sie, *mon général*, aber Major Lamy schickt mich. Sie hatten gebeten, an die Zeit erinnert zu werden.«
»Vielleicht möchte der Leutnant ein Glas Champagner?« fragte Jean und ging auf den Eiskübel neben dem zerwühlten Bett zu.
»Er möchte nicht«, erwiderte de Forge kalt. »Er ist im Dienst.«
»Du hast ein paar hübsche Männer um dich, Charles«, flüsterte Jean.
Sie strich sich das Haar über eine Schulter und musterte Berthier, seinen Körperbau, sein kraftvolles junges Gesicht. Berthier, sich ihres Blickes bewußt, starrte die Wand an.
»Fähigkeit ist das einzige Kriterium meiner Auswahl«, erklärte de Forge ebenso kalt wie zuvor.
Er ging rasch zu dem kleinen Tisch, nahm seine Depeschenmappe und eilte

dann zur Tür. Ihre Bemerkung über das Mitnehmen der Mappe in Josettes Wohnung hatte ihn bestürzt; bei seinen gelegentlichen Besuchen hatte er sie tatsächlich mitgenommen.
Jean beobachtete seinen Abgang mit einer gewissen Belustigung. Immer ein bißchen Eifersucht erregen, wenn der Liebhaber ging – dann behielt er einen besser im Gedächtnis. Als sie gehört hatte, wie die Haustür ins Schloß fiel, lief sie zur Schlafzimmertür, öffnete sie einen Spaltbreit. Ja, sie waren fort. Sie ging zum Telefon, wählte eine Nummer.

Draußen war es sehr kalt, und es schneite. Major Lamy, der neben der kugelsicheren Limousine stand, versuchte, die hintere Tür zu öffnen. Sie schien zugefroren zu sein. Er riß daran mit seiner großen, kraftvollen Hand, und sie ging auf. De Forge wischte sich die Schneeflocken von der Uniform und stieg ein. Lamy schlug die Tür zu, lief um das Heck herum und setzte sich neben de Forge, während Berthier sich vorn neben dem Chauffeur niederließ. Unter den Rädern spritzte der Kies auf, als die Limousine die Auffahrt hinunterjagte.
De Forge warf einen Blick auf Lamy. Mit seinem langen Gesicht und seinem spitzen Kinn erinnerte der Nachrichtenoffizier den General oft an einen Fuchs. De Forge schob die Trennscheibe zwischen dem vorderen und dem hinteren Teil des Wagens zu, damit Berthier nicht mithören konnte.
»Weshalb haben Sie Berthier als Leibwache ausgewählt?«
»Weil«, erklärte Lamy, »er ein Experte im Umgang mit Maschinenpistolen ist. Er hat jetzt eine neben sich. Seine Leistungen am Schießstand sind besser als die aller anderen.«
»Bei diesem Spion Henri Bayle hat Kalmar gute Arbeit geleistet«, sagte de Forge und wechselte damit plötzlich das Thema – eine Taktik, die er gern anwendete, um seine Offiziere aus der Fassung zu bringen. »Ich frage mich, wer er wirklich ist. Sie müssen doch eine Ahnung haben.«
»Nein, die habe ich nicht.« Lamy schaute aus dem Fenster, wo der Schnee jetzt zu einem weißen Vorhang geworden war. »Er hält seine Identität absolut geheim. Ich kann nur telefonisch mit ihm in Verbindung treten – von einer Telefonzelle zu einer anderen. Bezahlung in Schweizer Franken. In einem Umschlag, der in einem kleinen Lederbeutel steckt. Immer an einem abgelegenen Ort, der im Umkreis von Meilen einsehbar ist.«
»Man könnte fast meinen, daß er eine militärische Ausbildung hat«, sagte de Forge. »Aber er tut seine Arbeit, und das ist das einzige, was zählt.«
»Ich habe ein anderes Problem, von dem Sie wissen sollten«, sagte Lamy schnell, nun seinerseits das Thema wechselnd. »Unser Fonds für die gehei-

men Projekte ist ziemlich leer. Und wir brauchen mehr von den Spezialraketen – und dem Nervengas, mit dem sie bestückt sind.«
»Machen Sie sich deshalb keine Sorgen. Ich habe eine chiffrierte Nachricht von unserem Lieferanten erhalten. Mehr Geld ist unterwegs, mehr Raketen, mehr Nervengas.«
»Wann trifft das Schiff ein?«
»Bald. Ich sage Ihnen Bescheid, wenn ich das genaue Datum weiß.«
»Und der Übergabeort ist Arcachon? Wie beim letzten Mal?«
»Ja, Lamy. Und da ist noch etwas, das sofortiges Handeln erfordert. Ich möchte, daß Jean Burgoyne beschattet wird, wenn sie die Villa verläßt. Ich erwarte Bericht darüber, wohin sie geht, mit wem sie sich trifft. Überwachung rund um die Uhr. Berthier spricht fließend Englisch. Lassen Sie den Wagen halten, geben Sie meinen Befehl an ihn weiter.«
»Weshalb jetzt? Berthier kann ihr doch nicht in Uniform folgen. Sie würde ihn sofort erkennen.«
»Ihr Verstand läßt nach, Lamy.«
De Forge warf einen Blick nach hinten auf die uniformierte Motorradeskorte, die seinem Wagen folgte. Weitere Motorradfahrer fuhren voraus. Sie waren in Position gegangen, sobald de Forges Limousine das Gelände der Villa Forban verlassen hatte. Jean Burgoyne hatte erklärt, sie wollte keine Horde lärmender Motorradfahrer auf dem Grundstück haben.
»Sie fährt bald zum Flughafen«, fuhr de Forge fort. »Schicken Sie einen der Motorradfahrer zurück. Er soll in Deckung gehen, die Villa beobachten und ihr unauffällig folgen, wenn sie wegfährt. Er kann über Funk Verbindung mit Berthier aufnehmen. Und was Berthier betrifft – er steigt auf eines der Motorräder, fährt wie der Teufel ins Hauptquartier, vertauscht seine Uniform gegen Zivil. Er setzt einen Hut auf, der sein blondes Haar verdeckt, und eine Sonnenbrille. Geben Sie ihm ein bißchen Geld. Und lassen Sie den Wagen halten, Lamy – sofort!«
Der Major verließ den Wagen, nachdem er Berthier befohlen hatte, auszusteigen. Er erteilte dem Leutnant rasch seine Befehle. Mit dem Rücken zu de Forge zog er seine Brieftasche und entnahm ihr drei Tausend-Franken-Scheine.
»Alles erledigt«, berichtete er, als er mit von der Kälte gerötetem Gesicht wieder auf seinen Sitz sank.
Der Wagen mit seiner Motorradeskorte setzte sich wieder in Bewegung. De Forge kam der Gedanke, daß er gut daran tun würde, auch seine Frau Josette überwachen zu lassen. Falls Paris das Dritte Corps infiltriert hatte, konnte dem nur mit mehr Spionen begegnet werden.

Zehntes Kapitel

»General de Forge ist von allen politischen Figuren, die es in diesem Jahrhundert in Frankreich gegeben hat, die übelste«, sagte Lasalle.
Paula warf einen Blick auf Tweed, der lediglich nickte und damit den Chef der DST zum Weiterreden aufforderte. Sie waren aus dem Schweizer Restaurant zurückgekehrt und saßen nun wieder in Lasalles engem Büro. Paula hatte Tweeds Taktik begriffen. Er befand sich nach wie vor im Stadium des Materialsammelns, bevor er nach London zurückkehrte und sich überlegte, wie er seine Truppen einsetzen sollte. Ein Stadium, das ihr mittlerweile vertraut war.
»Er hetzt die öffentliche Meinung in Frankreich gegen Deutschland auf«, fuhr Lasalle fort. »Dubois, der Chef der Partei *Pour France*, ist seine Marionette, eine bloße Bauchrednerpuppe. Es ist de Forge, der Dubois zeigt, wo es langgeht. Es ist unglaublich – Deutschland ist die friedliebendste Nation in ganz Europa, aber de Forge schürt künstliche Ängste vor dem wiedervereinigten Deutschland.«
»Warum?« fragte Tweed. »Welche Absichten verfolgt er damit?«
»Er will der nächste Präsident Frankreichs werden.«
»Hat er da auch nur die geringsten Aussichten? Ein General?«
Lasalle lächelte verdrossen. »Es gibt da einen Präzedenzfall – General de Gaulle...«
»Der die Macht übernahm, als ein nationaler Notstand herrschte und die Regierung hilflos war.«
»Und das ist genau die Situation, die de Forge jetzt herbeiführt. Unruhen, Straßenkämpfe. Offensichtlich haben Sie die Bedeutung dessen, was in Bordeaux passiert ist, noch nicht ganz begriffen.«
»Weshalb Bordeaux?«
»Ah, Bordeaux! Das ist genau der springende Punkt. Wie Sie vielleicht wissen, war Bordeaux der Schauplatz von drei nationalen Krisen und von zwei demütigenden Niederlagen. 1871, als Bismarcks Heere uns besiegten und Elsaß-Lothringen annektierten. 1914, als die Pariser Regierung in Panik geriet und nach Bordeaux flüchtete. Und vor allem 1940, als Paul Reynaud, der damalige Ministerpräsident, mit seiner ganzen Regierung flüchtete – gleichfalls nach Bordeaux – und dann Hitler gegenüber kapitulierte.«
»Ich begreife immer noch nicht, weshalb de Forge seine Kampagne ausgerechnet dort startet.«
»Wenn er es durchgesetzt hat, zum Befehlshaber des Dritten Corps bestellt

zu werden, so zum Teil deswegen, weil es in der Nähe dieser Stadt stationiert ist. Für de Forge ist Bordeaux ein Symbol der Demütigung Frankreichs. Welche Stadt wäre als Ausgangspunkt einer Rachekampagne besser geeignet? Um Frankreich zur mächtigsten Nation auf dem Kontinent zu machen?«

»Sie sagten ›zum Teil‹. Welchen Grund hatte er außerdem?«

»Weil er dort seinem Freund und Verbündeten nahe ist, General Lapointe, Befehlshaber der *force de frappe*, Frankreichs Atomstreitkraft.«

»Und wieso wurde seinem Versetzungsgesuch entsprochen?«

»Louis Janin, der Verteidigungsminister, ist ein weiterer Verbündeter. De Forge hat Janin praktisch in der Tasche.«

»Aber gewiß kann doch der Präsident etwas unternehmen. Er muß doch wissen, was da vorgeht.«

»Ah, der Elyséepalast!« Wieder das verdrossene Lächeln. »Der Präsident hält sich zurück. Er kann einfach nicht glauben, daß ein General ihm gefährlich werden könnte. Aber die steigende Popularität von *Pour France* macht ihm Sorgen. Algerier raus, Araber raus – das sind Dubois' Schlagworte.«

»Das kann man doch kaum als nationalen Notstand bezeichnen«, beharrte Tweed, weil er wollte, daß Lasalle mit weiteren Beweisen herausrückte.

»Aber es fehlt nicht viel daran. Die Unruhen in Bordeaux. Ich habe gehört, daß da unten Leute...« Er brach ab, weil einer seiner Männer hereinstürmte und ein Blatt Papier vor ihm auf den Schreibtisch legte. Dann eilte er wieder hinaus, ohne auch nur einen Blick auf die Besucher zu werfen. Lasalles normalerweise entspannte Miene verfinsterte sich. Er sah Tweed an.

»Sie sagten, wir hätten keinen nationalen Notstand. Dieses Fax ist gerade eingegangen. Es hat schwere Unruhen in Lyon gegeben. Erste Berichte sprechen von mehr als tausendfünfhundert Verletzten und einer total verwüsteten Innenstadt. Die Randalierer trugen Sturmhauben, und kein einziger von ihnen wurde verhaftet. Die CRS wurde mit Tränengas und Rauchbomben zurückgehalten. Mit jeder Stunde rücken sie näher an Paris heran.«

»Also funktioniert der Plan.«

»So ist es, Tweed. *De Forges* Plan funktioniert. Er destabilisiert Frankreich, schafft die Voraussetzungen für eine Revolution. Wer wird Frankreich retten? Einmal dürfen Sie raten.«

»Erzählen Sie mir von dem *Cercle Noir*, den Sie vorhin erwähnten.«

»Der Schwarze Kreis.« Lasalle warf in einer Geste der Hilflosigkeit beide Hände hoch. »Allen Gerüchten zufolge ist es nur ein kleiner Club, der all das plant. Meine Nachforschungen deuten darauf hin – aber eindeutige

Beweise habe ich nicht –, daß ihm die folgenden Personen angehören: General de Forge, General Masson, der Chef des Generalstabs, General Lapointe, der Verteidigungsminister Louis Janin. Und Emile Dubois.«
»Sonst noch jemand?« fragte Tweed.
»Vielleicht noch ein weiterer Mann. Sie haben ihm den Codenamen *Oiseau* gegeben...«
»Vogel?« warf Paula ein. »Ein merkwürdiger Codename.«
»Wir glauben, daß er kommt und geht, daß er de Forge nicht nur mit den nötigen Geldmitteln zur Finanzierung seiner Kampagne versorgt, sondern heimlich auch mit modernsten Waffen, die ihm in seinem Arsenal nicht zur Verfügung stehen. Vielleicht sogar mit Nervengas.«
»Haben Sie irgendeine Ahnung, wer *Oiseau* sein könnte?« fragte Tweed.
»Nicht die geringste. Und bitte sprechen Sie mit niemandem über unsere Unterhaltung – auch nicht mit einem Minister oder irgendeinem meiner Mitarbeiter. De Forge hat überall seine Spione.«
Tweed war verblüfft. So hatte er Lasalle noch nie erlebt.
»Also macht die Forge die Musik und läßt einen Wagen durchs Land rollen, auf den viele Leute aufspringen?«
»So könnte man es ausdrücken«, erwiderte Lasalle. »Wir können nur hoffen, daß es noch nicht zu spät ist.«
»Andererseits«, meinte Paula, »nehme ich an, daß auch Sie Ihre Informanten haben. Wie könnten Sie sonst soviel wissen über das, was in de Forges Lager vor sich geht?«
»Ich habe Informanten«, erwiderte Lasalle vorsichtig. »Aber es ist nicht nur die Lage hier, die mir Sorgen macht. Auch in Deutschland gehen merkwürdige Dinge vor. Eine rechtsradikale Gruppe, die sich Siegfried nennt, operiert im Untergrund jenseits des Rheins und hilft de Forge, das wiedervereinigte Deutschland als Bedrohung hinzustellen.«
»Gibt es – vom Präsidenten abgesehen – in der Regierung niemanden, dem Sie vertrauen können?«
»Doch, es gibt ihn. Pierre Navarre, den Innenminister, dem ich letzten Endes unterstehe. Er verabscheut de Forge. Seine Position hat nur einen Nachteil. Ich weiß, daß der Präsident überzeugt ist, daß alles gutgehen wird, solange Navarre im Kabinett ist und ein Gegengewicht schafft zu Louis Janin, der dem Präsidenten erzählt, die Gefahr eines Staatsstreichs existiere nicht.«
»Also wird nichts unternommen?«
»So ist es. Bevor ich zu einem delikaten Thema komme – gibt es sonst noch etwas, das Sie wissen möchten?«

»Ja«, sagte Paula prompt. »Können Sie uns etwas über de Forges Privatleben erzählen? Dort könnte sein schwacher Punkt liegen.«

Lasalle stand auf, öffnete einen hinter seinem Schreibtisch an der Wand hängenden Schrank, legte einen Tresor bloß. Er öffnete ihn, holte eine dicke grüne Akte heraus und legte sie auf seinen Schreibtisch.

»Sie sind fleißig gewesen«, bemerkte Tweed, als Lasalle die Akte aufschlug.

»De Forge ist bei mir zu einer Art Besessenheit geworden«, gab Lasalle zu.

Paula schaute sich in dem Büro im ersten Stock um, während der Franzose in der Akte blätterte. Die Möbel waren alt – ein billiger Holzschreibtisch mit stark abgenutzter Platte; auch die Schränke waren aus Holz und abgeschabt; die Fenster mußten dringend geputzt werden, und die Gardinen waren schon seit geraumer Zeit nicht mehr gewaschen worden. Doch als sie das Gebäude betreten hatten, hatte sie im Erdgeschoß durch eine offene Tür hindurch einen Blick in einen Raum werfen können, der voll war von Computern, Faxgeräten, flimmernden grünen Bildschirmen. Die DST war eine Mischung aus unauffälligen Antiquitäten und neuester Technologie.

Als Lasalle wieder zu sprechen begann, wendete er sich an Paula. »De Forge ist seit zehn Jahren verheiratet mit einer Dame der Pariser Gesellschaft. Sie hat eine Wohnung in Bordeaux und eine zweite hier in Passy. Ihr Vater war Verteidigungsminister, als de Forge sie heiratete. Ihr Bild...«

Paula betrachtete das Foto einer eleganten Brünetten, die in einem kurzen Rock auf einer Couch saß und die wohlgeformten Beine übereinandergeschlagen hatte. Eine Dame, die es verstand, ihre Reize zur Geltung zu bringen.

»Attraktiv, intelligent, eine Frau, die weiß, was sie will«, vermutete Paula.

»Eine hervorragende Charakteranalyse«, erwiderte Lasalle beeindruckt.

»Und sie möchte die Gattin des französischen Staatspräsidenten werden, ihres Mannes.«

»Ist er ihr treu?«

»Ganz und gar nicht! De Forge hat einen unersättlichen Appetit auf die guten Dinge des Lebens. Und am oberen Ende der Liste stehen Frauen. Er hat, wie ich bereits erwähnte, eine englische Geliebte. Sie lebt in der Villa Forban in der Nähe des Hauptquartiers des Dritten Corps. Darf ich Ihnen Jean Burgoyne vorstellen...«

Paula betrachtete das Foto, das er seiner Akte entnommen hatte. Eine hinreißende Frau mit langem blonden Haar. Sie saß vor dem Hintergrund dunkler Nadelbäume auf einem Segeltuchstuhl auf einer Rasenfläche. Ihr breiter Mund lächelte, ein Lächeln boshafter Belustigung.

»Das Foto ist ein bißchen verschwommen«, bemerkte Paula.
»Es wurde heimlich mit einem Teleobjektiv aufgenommen.«
»Und ich vermute, Madame de Forge weiß nicht, daß es sie gibt?« fragte Paula.
»Das glauben Sie doch wohl selbst nicht!« Lasalle lachte spöttisch, seit ihrem Zusammensein das erste Mal für einen Augenblick entspannt. »Ich habe Beweise dafür, daß Madame Josette über die zahlreichen kleinen Seitensprünge ihres Mannes bestens informiert ist.«
»Und sie läßt sich das gefallen?«
»Sie ignoriert sie. Ich sagte es bereits – sie möchte die Frau des Mannes bleiben, der Präsident von Frankreich werden wird. Eine überaus ehrgeizige Frau. Sie hat auch Affären – und zwar immer mit Männern, die de Forge nützlich sein können.«
»Eine beachtliche Dame, wenn das das richtige Wort ist«, bemerkte Paula.
Lasalle legte ein weiteres Foto auf den Tisch. »Und das ist Major Jules Lamy, de Forges Nachrichtenoffizier. Manche Leute behaupten, er wäre de Forges graue Eminenz, sein böser Geist. Lamy ist ein Fitness-Fanatiker. Es heißt, er liefe jeden Tag fünfzehn Kilometer, und das bei jedem Wetter.«
Tweed beugte sich vor, um das Foto genauer zu betrachten. Ein Mann mit einem Fuchsgesicht, harte Züge, durchdringende Augen. Paula verzog das Gesicht, gab Lasalle das Foto zurück.
»Ein unerfreulicher Typ, dem ich nicht in einer dunklen Nacht begegnen möchte.«
»Und das ist Sergeant Rey. Ich habe zwei Abzüge – nehmen Sie einen mit. Wenn Robert Newman daran denken sollte, nach Bordeaux zurückzukehren, sollte er über Rey Bescheid wissen.«
»Welche Funktion hat er?« fragte Tweed, während Paula sich vorbeugte, um das Foto genau zu betrachten.
Rey trug die Uniform und die Insignien eines Sergeanten. Er hatte ein gnomenhaftes Gesicht, und sein Alter war unbestimmbar, aber die Augen waren grausam und verschlagen. Auch dieses Foto war leicht verschwommen.
»Offiziell ist er de Forges Bursche«, sagte Lasalle. Seine Stimme klang grimmig. »Aber das Entscheidende, das man auf gar keinen Fall vergessen darf, ist, daß er ein Genie im Konstruieren von Sprengfallen ist. Erfinderisch wie der Teufel.«
»De Forge scheint auf Teufel abonniert zu sein«, bemerkte Tweed halb humoristisch, um die Atmosphäre aufzulockern.
Er händigte das Foto Paula aus, die es sorgsam in einem Fach ihrer Umhän-

getasche verstaute. Lasalle trommelte langsam mit den Fingern auf der Schreibtischplatte, musterte Tweed.

»Und jetzt komme ich zu dem delikaten Thema. Ich weiß, wie sehr Sie Ihre Agenten schätzen und sich um sie kümmern. Henri Bayle, der in Bordeaux ermordet wurde. Er wurde aus der Bar Miami, dem Lokal, in dem er arbeitete, von zwei falschen DST-Leuten herausgeholt. Wir haben über Fax den Autopsiebericht erhalten. Einen sehr detaillierten Bericht.«

»Und was sagt er uns?« fragte Tweed leise.

»Daß er erwürgt wurde. Der Aspekt des Berichtes, der mir zu denken gab...« Er hielt inne, warf einen Blick auf Paula. »Ich hoffe, das hört sich nicht zu kaltblütig an?«

»Keineswegs«, sagte Paula prompt. »Wir brauchen alle Informationen, die wir bekommen können.«

»Der Pathologe«, fuhr Lasalle fort, »schreibt in seinem Bericht, der Würger wäre ein Profi gewesen. Ein seltsames Wort, aber er führt es weiter aus. Der Akt des Erdrosselns war kurz und wirksam. Die Daumen wurden auf Bayles Kehlkopf gedrückt und dort belassen, bis er tot war. Nachdem der Tod eingetreten war – und das ist merkwürdig –, quetschte der Mörder heftig den Hals. Das hört sich an, als wäre ein Sadist oder gar ein Psychopath am Werke gewesen.«

»Ich halte es eher für einen Versuch, seine professionelle Arbeit zu verschleiern«, bemerkte Tweed.

»Es gibt ein Gerücht – nicht mehr –, daß der Mörder ein Mann war, von dem wir schon gehört haben. Kalmar.«

»Wo kommt das Gerücht her?«

»Wir glauben, daß Kalmar seine Existenz selbst bekanntgibt, um seinen Ruf – und damit sein Honorar – für solche Aufträge zu fördern.«

»Seine Herkunft?«

»Ein völliges Geheimnis.« Lasalle schwenkte wieder die Hände. »Einige sagen, er käme aus Mitteleuropa. Andere behaupten, er wäre aus dem Osten gekommen – vom Balkan. Wie Interpol haben wir keinerlei Hinweise auf seine Nationalität, keine Beschreibung des Mannes. Es heißt nur, daß er mehrere Sprachen fließend spricht. Aber welche, wissen wir gleichfalls nicht.«

»Mit anderen Worten, René – bisher wissen wir nicht das mindeste über Kalmar.«

»Früher oder später wird er einen Fehler machen.«

»Nachdem er noch mehr Leute umgebracht hat«, meinte Paula.

Tweed sah auf die Uhr, griff nach seinem Mantel.

»Wir müssen unsere Maschine erreichen. Zurück nach London. Ich danke Ihnen für Ihre Hilfe und für die Informationen, die Sie uns gegeben haben. Wir müssen engen Kontakt halten. Und wir werden Tag und Nacht an dieser Sache arbeiten. Es ist durchaus möglich, daß die Wurzeln dessen, was da vorgeht, in England liegen...«

Elftes Kapitel

An einem stürmischen Novemberabend führten alle Wege nach Aldeburgh, der eigentümlichen alten Stadt an der Küste der britischen Grafschaft Suffolk.

Tweed und Paula waren in London gelandet, hatten sich in ihren Wohnungen in aller Eile umgezogen und sich dann am Park Crescent wieder getroffen. Von seinem Büro aus tätigte Tweed eine Reihe kurzer Anrufe, bat Monica, die Stellung zu halten, und verließ dann mit Paula das Gebäude. Beide hatten einen Koffer bei sich. Sie stiegen in seinen Ford Escort und fuhren aus der Stadt heraus, im Dunkeln durch die flache Landschaft von Essex und dann weiter nach Suffolk. Als sie im Hotel Brudenell eintrafen, mußten sie feststellen, daß es um diese Jahreszeit fast völlig leer war.

Für Paula war es bedrückend, an den Ort ihres grauenhaften Erlebnisses und des Mordes an ihrer Freundin Karin Rosewater zurückzukehren. Tweed war so beschäftigt, daß sie sich still verhielt, bis er sie in sein großes Zimmer im ersten Stock kommen ließ. Er hatte etwas einberufen, was er einen »Kriegsrat« nannte, und nun tranken sie Kaffee und warteten auf das Eintreffen der anderen.

Newman hatte angerufen, erst vor wenigen Stunden aus Bordeaux und Paris zurückgekehrt. Marler war unterwegs und brachte zwei weitere SIS-Leute mit – Harry Butler und Pete Nield, die oft im Team arbeiteten. Während sie warteten, stellte Paula ihre Frage.

»Warum haben Sie zu Lasalle gesagt, daß die Wurzeln der Vorgänge hier in England liegen könnten?«

»Aufgrund einer interessanten und – buchstäblich – tödlichen Tatsache. Ihre Freundin Karin wurde von jemandem ermordet, den der Pathologe hier in Suffolk als Profi bezeichnete. Sie erinnern sich, was im Autopsiebericht steht?«

»Wie könnte ich das je vergessen?«

»Entschuldigung, ich habe mich wohl zu grob ausgedrückt. Und dann erzählte René Lasalle uns in Paris, was der Pathologe nach der Ermordung von Francis Carey an der Gare St. Jean festgestellt hat. Er benutzte dasselbe Wort – Profi. Sogar die Beschreibung des Tathergangs stimmte fast wortwörtlich überein.«

»Das ist mir nicht entgangen«, erklärte Paula, »aber ich hielt es für einen Zufall. Sie wollen damit doch nicht sagen...«

»Daß der Würger in Suffolk identisch ist mit dem Würger in Bordeaux? Genau das will ich damit sagen.«

Tweed griff in seine Jackentasche, zog einen Flugplan von British Airways heraus und schlug ihn an einer Stelle auf, die mit einer umgeschlagenen Ecke markiert war.

»Den habe ich eingesteckt, bevor wir den Park Crescent verließen. Der Mord an Karin Rosewater fand am Abend statt. Am Abend des folgenden Tages wurde Francis Carey auf genau dieselbe Art in Bordeaux ermordet. Aus diesem Flugplan geht hervor, daß eine BA-Maschine um 10.55 von Heathrow abgeht, die um 12.25 in Bordeaux eintrifft. Außerdem gibt es noch einen direkten Flug mit Air France, der ein wenig später startet und am frühen Nachmittag in Bordeaux ankommt.«

»Lassen Sie da nicht Ihrer Phantasie die Zügel schießen?«

»Die Tatsachen, die ich erwähnte, haben mit Phantasie nichts zu tun. Sie beruhen auf der fast identischen Beschreibung der Mordtechnik durch zwei verschiedene Pathologen.«

»Kalmar?« vermutete sie.

»Ein professioneller Mörder kann sich schnell bewegen. Weil er in ganz Europa operiert, kennt er alle Routen und Flugpläne. Das gehört zu seinem Handwerk.«

»Kalmar«, wiederholte sie. »Ein merkwürdiger Name.«

»Mit Bedacht gewählt, um seine wahre Identität, seine wahre Nationalität zu verbergen. Eines steht in den Berichten beider Pathologen – der Würger hat große Hände.«

Er brach ab, als das Telefon läutete. Paula nahm den Anruf entgegen, sagte, sie sollten heraufkommen, dann legte sie den Hörer wieder auf.

»Newman ist angekommen, und Marler, Butler und Nield gleichfalls. Gut, daß Sie genügend Stühle bringen ließen.«

Das geräumige Zimmer hatte ein großes Erkerfenster mit Blick auf die Nordsee. Die Vorhänge waren zugezogen, aber Paula konnte unter dem Heulen des Windes die starke Brandung hören, das Donnern der Wellen, die mit der auflaufenden Flut gegen den Strand prallten. Als die vier Männer das Zimmer betreten und sich gesetzt hatten, schenkte sie Kaffee ein. Wie üblich verzichtete Marler auf einen Stuhl; er lehnte sich statt dessen an die Wand und zündete sich eine seiner King Size-Zigaretten an. Tweed vergeudete keine Zeit. Er berichtete kurz, was in Frankreich und Deutschland vorging, informierte sie über das, was er von Kuhlmann und Lasalle erfahren hatte.

»Wir müssen schnell handeln«, fuhr er fort. »Nachdem ich wieder am Park Crescent war, hatte ich einen dringenden Anruf von Lasalle. Er hatte nähere Einzelheiten über die Unruhen in Lyon erhalten und sagte, die Ereignisse nähmen den Charakter eines Aufruhrs an. Ich vermute, daß de Forge nur auf den Anstoß wartet – irgendein Ereignis, das ihm den Vorwand für den Marsch auf Paris liefert. Also, Bob, haben Sie in Bordeaux irgend etwas herausbekommen?«

»Ich habe eine Menge herausbekommen – und alles bestätigt das, was Sie eben sagten.«

Er berichtete kurz über seine Erlebnisse in Bordeaux. Sein Interview mit de Forge, der Strafbrunnen, sein knappes Entkommen, als er von dem Berliet-Laster verfolgt wurde. Und das Zusammentreffen mit Isabelle.

»Diese Isabelle«, fragte Paula, »ist sie hübsch?«

»So könnte man es nennen«, erwiderte Newman. Mehr sagte er nicht.

Sie gefällt ihm, dachte Paula. Und vermutlich gefällt Bob ihr auch.

»Diese Unruhen, die Sie in Bordeaux beobachtet haben«, sagte Tweed mit geschäftsmäßiger Stimme. »Sie zeichneten das Bild einer disziplinierten Truppe – nicht eines Mobs von Hitzköpfen. Die Art, wie sie die CRS, eine gut ausgebildete paramilitärische Einheit, kampfunfähig gemacht haben, das hörte sich fast an, als steckten unter diesen verdammten Sturmhauben bestens trainierte Soldaten.«

»Das war genau der Eindruck, den ich hatte, als ich die Vorgänge von dieser Bar aus beobachtete«, bestätigte Newman. »Hätten Sie es nicht gesagt, wäre ich jetzt darauf zu sprechen gekommen.«

»Sonst noch etwas?«

»Einige der Unruhestifter sind vermutlich Mitglieder von *Pour France* – Bauern, Landarbeiter, Verkäufer. Aber das Gros, da bin ich ganz sicher nach dem, was ich in Bordeaux gesehen habe, sind de Forges Leute, mit diesen Sturmhauben getarnt.«

»Dann ist die Lage mehr als nur gefährlich – sie ist explosiv. Und uns bleibt nur noch sehr wenig Zeit.«

Marler meldete sich zum ersten Mal zu Wort. »Und weshalb, wenn ich fragen darf, haben wir uns dann alle hier in diesem gottverlassenen Nest versammelt?«

»Weil hier alles angefangen hat – der Mord an Karin Rosewater, der Versuch, beide Frauen umzubringen. Und weshalb? Weil sie dabei ertappt wurden, wie sie bei Dunwich unter Wasser herumschwammen. Irgend etwas geht dort vor.«
»Da könnte ich Ihnen vielleicht einen Anhaltspunkt liefern«, sagte Marler. »Während Sie im Ausland herumgereist sind, bin ich hierher gefahren – nach Dunwich und dann noch ein Stück weiter nordwärts bis nach Southwold. Habe ein paar Kneipen besucht. Die Leute, die in den Kneipen herumsitzen, sind gewöhnlich gut informiert.«
»Und was haben Sie erfahren?«
»Der Mann, der die Erkundung von Dunwich, diesem versunkenen Dorf, finanziert, ist ein gewisser Lord Dane Dawlish.«

»Ein mehrfacher Millionär«, sinnierte Tweed, nachdem er Marlers Information verdaut hatte. »Und irgend jemand muß auch de Forge finanzieren – Lasalle hat darauf hingewiesen. Er braucht Geld, um seinen Männern Extrasold zu zahlen für das Unruhestiften, um in Paris die Leute an der Spitze großzügig zu schmieren. Aber bis jetzt ist das pure Spekulation. Wir brauchen etwas, das Aldeburgh mit Bordeaux verbindet. Und das haben wir nicht – ausgenommen die Ähnlichkeit der beiden Morde. Wir brauchen noch viel mehr.«
»Also hilft es uns vielleicht weiter«, bemerkte Marler, »daß es mir gelungen ist, eine Einladung zu einem Preisschießen auf Dawlishs Besitz Grenville Grange zu erhalten.«
»Wie haben Sie das geschafft?« fragte Tweed.
»Ich habe im Cross Keys zu Mittag gegessen – einem sehr guten Lokal, nicht weit von hier. Am Nebentisch saß eine Gruppe hart aussehender Männer, alle elegant gekleidet. Sie unterhielten sich über ein Tontaubenschießen bei Dawlish. Ich kam mit ihnen ins Gespräch, zog eine Schau ab, erzählte ihnen, ich wäre ein Börsenmakler auf Urlaub und könnte Tontauben vom Himmel schießen. Sie schnappten den Köder – ein massiger Typ namens Brand ging mit mir eine Wette ein. Über fünfhundert Pfund.«
»Wie wollen Sie die gewinnen?« fragte Newman. »Und vielleicht könnte ich mich Ihnen anschließen?«
»Ich müßte alle meine Tontauben treffen. Aber ich werde verlieren. Ich denke nicht daran, sie wissen zu lassen, wie gut ich schießen kann. Sie können mitkommen, wenn Sie unbedingt wollen. Brand sagte, ich könnte gern Freunde mitbringen. Soweit ich verstanden habe, ist Dawlish ein sehr geselliger Typ. Liebt große Parties.«

»Wann?« fragte Newman.
»Morgen. Ich gedenke gegen elf in Grenville Grange zu erscheinen. Sie halten mich für Peter Wood. Ich habe einen Freund dieses Namens, der Börsenmakler in der City ist; ich habe ihn angerufen und gebeten, mich zu decken. Wenn sie mich überprüfen wollen, wird Woods Sekretärin ihnen mitteilen, daß ihr Chef in Suffolk Urlaub macht.«
Tweed beugte sich vor. »Weshalb diese Vorsichtsmaßnahmen?«
»Irgend etwas stimmte nicht mit ihnen. Von Brand abgesehen sahen sie aus, als fühlten sie sich in ihren eleganten Klamotten gar nicht wohl. Bullige Typen, alle Ende Zwanzig, Anfang Dreißig.«
Tweed zog aus seinem Jackett die wohlgefüllte Brieftasche, die er immer bei sich trug. Er entnahm ihr zehn Fünfzig-Pfund-Scheine und gab sie Marler. »Ihre verlorene Wette. Ich bin auch der Meinung, daß Sie gut daran täten, ihre Schießkünste zu verheimlichen. Das ist wieder bloße Vermutung – Dawlish. Aber hier gibt es ein Bindeglied. Dawlish, der die Unterwasser-Erkundung in Dunwich finanziert. Und diese Taucher, die versucht haben, Paula und Karin umzubringen.«
»Und ich begleite Sie«, beschloß Newman. »Unter meinem eigenen Namen.«
»Wenn es sein muß«, sagte Marler achselzuckend.
»Das ist es, was mir gefällt.« Newman grinste. »Helle Begeisterung.«
»Ich möchte auch mitkommen«, erklärte Paula. »Die Chefredakteurin von *Woman's Eye* ist eine Freundin von mir. Und die Zeitschrift hätte gern ein Interview für ihre Serie *Men of Distinction*.«
»Wäre das nicht zuviel des Guten?«, wendete Newman ein.
»Und«, warnte Tweed, »angenommen, es stellt sich heraus, daß einige der Gangster, die Ihnen von Dunwich aus in Schlauchbooten folgten, zu den Leuten gehörten, die Marler im Cross Keys getroffen hat? Sie könnten wiedererkannt werden.«
»Das halte ich für ausgeschlossen«, erklärte Paula. »Sie haben uns nur im trüben Wasser gesehen, und wir hatten unsere Tauchermasken auf. Es ist unmöglich, jemanden zu erkennen, der so eine Maske trägt.«
»Aber als Sie sich am Strand Ihrer Taucheranzüge entledigten«, erinnerte sich Tweed, »da näherten sich, Ihrem Bericht zufolge, die Männer in den Schlauchbooten der Küste.«
»Aber Sie waren zu weit weg, um mich zu erkennen. Außerdem dämmerte es bereits. Ich werde dort auf eigene Faust aufkreuzen«, informierte sie Newman, »und Sie beide nicht kennen. Und Sie werden um elf dort sein. Ich rufe Dawlish an und verabrede mich mit ihm für zwölf Uhr.«

»Wenn Ihnen das gelingt...«
»Männer sind eitel. Erfolgreiche Männer sind besonders eitel, sehen gern ihren Namen in guten Zeitschriften. Wetten, daß ich es schaffe?«
»Unter den gegebenen Umständen«, entschied Tweed widerstrebend, »wäre es vielleicht keine schlechte Idee. Die Zeit ist so knapp, daß es umso besser ist, je früher wir Dawlish von der Liste der Verdächtigen streichen können.«
»Ich würde sagen, er paßt wie ein Handschuh«, bemerkte Marler. »Vor ein paar Minuten haben Sie Lasalle zitiert, der meinte, irgend jemand müsse de Forge heimlich mit Geld und Waffen versorgen. Dawlish hat Waffenfabriken. Eine von ihnen müßte im Wald zwischen Snape Maltings und Orford zu finden sein.«
»Woher wissen Sie das?« fragte Tweed scharf.
»Weil ich mich, wie ich bereits sagte, hier in der Gegend ein wenig umgesehen habe. Auf dem Weg nach Orford entdeckte ich einen Weg, der von einer einsamen Landstraße in den Wald abzweigt. Das Gebiet war von einem zweieinhalb Meter hohen Drahtzaun umgeben, unter Strom. An dem Zaun hingen Schilder mit einer freundschaftlichen Warnung. ›Kein Zutritt! Lebensgefahr!‹ Komplett mit Schädel und gekreuzten Knochen.«
»Das ist weit weg von Frankreich – und insbesondere von Bordeaux.«
Tweed blinzelte, starrte ins Leere. Da war irgend etwas, das Paula bei einer anderen Gelegenheit gesagt hatte. Was war es? Vielleicht würde es ihm wieder einfallen.
»Sie suchen nach einem Bindeglied zu Frankreich?« fragte Newman. »Es könnte sein, daß sich eines in diesem Hotel befindet. Als ich auf den Fahrstuhl zuging, stieß sich ein relativ junger Mann an einer Stufe den Zeh. Ich habe gehört, wie er leise *Merde!* murmelte. Dann fragte er mich in einwandfreiem Englisch nach dem Weg zur Bar.«
»Beschreiben Sie ihn.«
»Ende Zwanzig, Anfang Dreißig. Glatt rasiert. Geht sehr aufrecht. Machte eher einen militärischen Eindruck. Trug eine dunkle Brille – Gott weiß warum zu dieser Jahreszeit.« Er warf Paula einen Blick zu. »Manche Frauen würden ihn als gut aussehend bezeichnen.«
»Ich muß der Bar einen Besuch abstatten«, sagte Paula prompt. »Ich wette, er hat den Weg dorthin gefunden. Nachdem ich wegen morgen bei *Woman's Eye* angerufen habe.«
»Ich glaube, wir sind vielleicht doch am rechten Ort zusammengekommen«, dachte Tweed laut.
»Sie wissen gar nicht, wie recht Sie haben«, stichelte Marler. »Chefinspek-

tor Buchanan und Sergeant Warden wohnen auch in diesem Hotel. Ich hatte gestern eine kurze Begegnung mit Buchanan.«
»Weshalb sind sie noch hier?«
»Der Chief Constable hat Buchanan gebeten, die Untersuchung des Mordes an Karin Rosewater fortzusetzen. Ganz Aldeburgh weiß über ihn Bescheid.«
»Wir dürfen nicht zulassen, daß er uns in die Quere kommt.« Tweed stand auf. »Was de Forge in Deutschland vorhat, ist vage – und deshalb umso gefährlicher. Aber heute abend können wir nicht mehr viel unternehmen. Ich habe für Sie alle von London aus Zimmer reservieren lassen. Morgen muß einiges geschehen.«
»Und wie passen wir ins Bild?« fragte der untersetzte Butler.
Wie gewöhnlich hatten er und sein Partner Pete Nield geschwiegen. Aber beide Männer hatten sich jedes Wort gemerkt, das gesprochen worden war.
»Auf Sie wollte ich gerade kommen«, erwiderte Tweed. »Sind Sie bewaffnet, wie ich vorgeschlagen habe?«
»Gut zu wissen, daß man es nicht sieht«, bemerkte der gesprächigere Nield und befingerte seinen Schnurrbart.
Beide Männer trugen Jeans und Anorak. Butler nickte und holte aus dem Hüftholster unter seinem Anorak eine 7.65 Walther Automatik heraus. Auch Nield zeigte seine Walther vor.
»Gut«, erklärte Tweed. »Denn ich möchte, daß ihr Newman und Marler morgen unauffällig nach Grenville Grange folgt. Ihr fungiert als Rückendeckung, falls es Ärger geben sollte.«
»Sie erwarten Ärger bei einem Mann wie Dawlish?« erkundigte sich Marler skeptisch.
»Monica hat ein Dossier erstellt, während wir unterwegs waren. Ich habe es überflogen, bevor ich mit Paula losfuhr. Er hat sein Reich gewissermaßen aus dem Nichts aufgebaut – zum Teil mit höchst fragwürdigen Methoden. Gehen Sie mit äußerster Vorsicht vor. Paula, versuchen Sie, herauszubekommen, wer Newmans Franzose ist. Er ist der erste Hinweis auf Frankreich hier in Suffolk.«

In einem blauen Chanel-Kostüm mit weißer Bluse betrat Paula gerade die Bar, als eine hochgewachsene, schlanke Frau mit einer blonden Mähne, die ein Glas Champagner in der Hand hielt, sich umdrehte und mit ihr zusammenstieß.
Paula sprang beiseite, und der Champagner spritzte an ihrem Kostüm vorbei. Jean Burgoyne starrte sie entsetzt an. Paula lächelte beruhigend.

»Es ist nichts passiert. Alles ist auf dem Boden gelandet.«
»Es tut mir ja so leid. Wie fürchterlich ungeschickt von mir! Sind Sie sicher, daß Ihr Kostüm nichts abbekommen hat? Das ist von Chanel, nicht wahr? Sie sehen phantastisch aus.«
»Sie können sich auch sehen lassen. Und von Chanel ist es leider nicht. Ich habe es selbst genäht.«
Jean Burgoyne sah wirklich hinreißend aus. Sie trug ein enganliegendes hellgrünes Etuikleid, das ihre Figur voll zur Geltung brachte. Zwei schmale Träger über ihren bloßen, wohlgeformten Schultern hielten es fest. Ihre grünlichen Augen musterten Paula, ihr breiter Mund lächelte.
»Ich bin Jean Burgoyne...«
»Und ich bin Paula Grey. Ich arbeite freiberuflich für *Woman's Eye*.«
Paula hatte rasch nachgedacht und war zu dem Schluß gekommen, daß es sich empfahl, bei dieser Story zu bleiben. In einem kleinen Nest wie Aldeburgh konnte man nie wissen, wer wen kannte. Sie hatte die prachtvolle Blondine sofort erkannt und hoffte, daß sie nicht in Begleitung war.
»Ich kaufe jedes Heft«, erklärte Jean. »Und das mindeste, was ich tun kann, ist, Ihnen ein Glas Champagner zu holen. Das heißt, wenn Sie allein sind.«
»Das bin ich. Mir hatte schon vor einem einsamen Abend gegraust.«
Paula ging mit Jean Burgoynes Glas zu einem freien Ecktisch. Sie war verblüfft. Was tat die Frau in diesem Teil der Welt? Wieder eine Verbindung zu Frankreich: de Forges Geliebte in Aldeburgh. Und sie war wirklich eine tolle Frau; sie bewegte sich anmutig, und jeder Mann in der Bar sah ihr nach.
Als sie mit einem zweiten Glas Champagner an den Tisch kam, entdeckte Paula den Franzosen mit der dunklen Brille, von dem Newman gesprochen hatte. Er warf einen kurzen Blick auf Jean, dann wendete er sich ab. Jean hatte sich neben Paula niedergelassen. Jetzt erhob sie ihr Glas.
»Auf Ihr Wohl, Paula! Ich darf Sie doch Paula nennen? Ich heiße Jean.«
»Bitte tun Sie es. Einen Schluck Champagner kann ich jetzt brauchen.«
»Mir geht es nicht anders.« Sie trank den halben Inhalt. »Ich komme gerade aus Frankreich. Aus Bordeaux, um genau zu sein. Ich habe einen Freund dort. Mein Onkel, der mich aufgezogen hat, wohnt in einem der Häuser im hinteren Teil von Aldeburgh. Er liebt die Abgeschiedenheit.« Sie redete weiter mit ihrer rauchigen Stimme. »Meine Eltern kamen bei einem Verkehrsunfall ums Leben, als ich sechs Jahre alt war. Er hat mich aufgenommen. Jetzt ist er achtzig. Mein Vater wäre jetzt zweiundachtzig. Ich wurde spät geboren. In Frankreich ist der Teufel los. Ich habe meinem Onkel davon erzählt. Er ist noch völlig klar im Kopf. War früher Brigadier beim

militärischen Geheimdienst.« Sie lächelte verschmitzt. »Entschuldigen Sie. Ich rede immer nur von mir. Sie müssen glauben, daß ich es darauf anlege, von Ihnen interviewt zu werden.«
»Der Gedanke ist mir noch nicht gekommen. Aber Sie wären eine ideale Interviewpartnerin.«
»Bestimmt nicht.« Wieder das verschmitzte Lächeln. »Als ich aus Oxford kam, wollte ich Anwältin werden, aber praktiziert habe ich nie. Ein idealer Interviewpartner? Nicht für *Woman's Eye*. Dazu liebe ich die Männer zu sehr – ich fürchte, Sie würden mein Leben ein bißchen zu pikant finden.«
»Ich habe schon einen Auftrag«, erklärte Paula. »Morgen interviewe ich Lord Dane Dawlish. Ich habe ihn vorhin angerufen. Er schien begeistert zu sein.«
Jean bedachte Paula mit einem merkwürdig abschätzenden Blick, trank aus ihrem halbleeren Glas, stellte es vorsichtig wieder ab. Paula schwieg; sie hatte das Gefühl, rein zufällig auf einen Knopf gedrückt zu haben.
»Ich war bei einer Party in Grenville Grange, als ich meinen französischen Freund kennenlernte«, sagte Jean langsam. »Vor Dawlish müssen Sie sich in acht nehmen. Sie sehen gut aus. Er wird bestimmt einen Annäherungsversuch unternehmen.«
»Wissen Sie das aus eigener Erfahrung?«
»Das kann man wohl sagen. Es ist ungefähr so, als hätte man es mit einem Wolf zu tun. Viel Glück. Und ziehen Sie möglichst viel an.«
Paula versuchte, eine ausdruckslose Miene zu bewahren, als sie sah, wie ein hochgewachsener, gut aussehender Mann die Bar betrat. Es war Victor Rosewater.
Alle Wege führten nach Aldeburgh ...

Zwölftes Kapitel

Grenville Grange lag, ein paar Meilen von Aldeburgh entfernt, in der Nähe von Iken Church auf einer in die Alde hineinragenden Halbinsel. An diesem Abend waren alle Lichter eingeschaltet, und Lord Dane Dawlish saß in seinem Arbeitszimmer an einem Queen Anne-Schreibtisch und sprach mit Joseph Brand.
Dawlish war ein mittelgroßer, kräftig gebauter Mann von Ende Fünfzig. Er hatte einen Stiernacken und einen kantigen Schädel. Er war glattrasiert, und um seine Ohren ringelte sich dichtes graues Haar. Seine Nase und das füllige Kinn wirkten kämpferisch, und in den braunen Augen lag ein

herausfordernder Ausdruck. Er strahlte körperliche Energie aus, sein Wesen war aggressiv.

«Ich bin nicht dahin gekommen, wo ich jetzt bin, indem ich Leuten gegenüber höflich war, die mir im Weg standen«, war einer seiner Lieblingsaussprüche.

»Sie haben diesen Peter Wood überprüft, der morgen an dem Schießen teilnehmen wird?« fragte er.

»Ich habe sein Büro in London angerufen. Seine Sekretärin sagte, ihr Chef wäre nicht zu sprechen, er wäre auf Urlaub in Suffolk.«

»Also könnte er astrein sein.«

Brand schürzte seine dicken Lippen. Er war ein kleiner, breitschultriger Mann, der an die hundert Kilo wog und in jedermann einen möglichen Feind sah. Eine seiner großen Hände trommelte lautlos auf sein Knie unter dem Schreibtisch, an dem er seinem Chef gegenübersaß. Er war Ende Vierzig und hatte einen birnenförmigen Kopf, der in einem rundlichen Kinn unter einem breiten, schmalen Mund endete.

»Brauchen wir noch weitere Informationen?« fragte Brand.

»So viele, wie wir bekommen können. Er ist ein Fremder, der sich in diesem Lokal an Sie herangemacht hat. Ich weiß gern, wer sich unter meinem Dach aufhält. Und diese Wette um fünfhundert Pfund – er scheint mit dem Geld um sich zu werfen. Seine Eintrittsgebühr.«

»Börsenmakler verdienen recht gut«, wendete Brand ein. »Wenn jemand das weiß, dann ich. Sie können von ihren Provisionen leben.«

»Und von Idioten, die an der Börse spekulieren, was ich nicht tue.«

An einem wunden Punkt getroffen, vergaß Brand seine Stellung. Die Worte waren heraus, bevor er wußte, daß er einen schweren Fehler gemacht hatte.

»Zumindest werfe ich mein Geld nicht für Frauen zum Fenster hinaus...«

Dawlish trommelte mit den behaarten Knöcheln seiner rechten Hand langsam auf der Schreibtischplatte. Er lächelte, aber es war kein angenehmes Lächeln. Seine Augen musterten Brand.

»Sie haben etwas übersehen. Ich bekomme eine ganze Menge für mein Geld. Und ich glaube, Sie haben vergessen, mit wem Sie reden. Ich kann Sie jederzeit gegen einen anderen auswechseln. Von Ihrer Sorte gibt es zehn für einen Groschen.«

»Ich bin müde, Sir. Ich habe seit fünf Uhr früh gearbeitet...«

»Und was ist dabei herausgekommen?« erkundigte sich Dawlish brutal.

»Mein Informant im Brudenell berichtet von einer Menge Neuankömmlingen. Und das im November. Einer von ihnen ist Robert Newman, der Auslandskorrespondent...«

»Um dessentwillen mich dieser Peter Wood angerufen hat. Unter dem Vorwand, mir im voraus für die Erlaubnis zur Teilnahme an meinem Schießen zu danken. In Wirklichkeit rief er an, um zu fragen, ob er Newman mitbringen dürfte. Wie ich schon sagte ...«
»Er gehört auch zu den Leuten, die ich für Sie überprüft habe«, sagte Brand hastig.
»Unterbrechen Sie mich gefälligst nicht. Eine Menge Leute scheint sich plötzlich für mich zu interessieren – und dies ist ein kritischer Zeitpunkt. Für den Fall, daß Sie es vergessen haben sollten.«
»Das könnte Zufall sein ...«
»Ich habe überlebt, weil ich an Zufälle nicht glaube. Und außerdem kommt noch eine Paula Grey, die mich interviewen will. Hörte sich sehr sexy an am Telefon. Vielleicht steckt da noch ein Bonus für mich drin«, fügte Dawlish hinzu und lächelte verschlagen. »Wie steht es mit der Waffenlieferung?«
»Die Hälfte ist versandfertig, und der Rest wird bald an Ort und Stelle sein.«
»Und Sie behalten die Wetterverhältnisse in der Biskaya im Auge? Die Fahrt nach Arcachon kann verdammt tückisch sein.«
»Ich höre stündlich den Wetterbericht«, versicherte Brand seinem Chef, erleichtert, daß er wieder in umgänglicherer Stimmung zu sein schien.
»Und der Kat ist gründlich überholt worden?«
»Ich habe mich heute beim Kapitän erkundigt. Er ist in bestem Zustand.«
»Das will ich hoffen.«
Dawlish stand auf, trat an das große Fenster hinter seinem Schreibtisch und schaute über den Rasen zur Anlegestelle am Ufer der Alde. Es war eine mondhelle Nacht, und man konnte die Sturmwolken sehen, die von der Nordsee heranjagten.
Dawlish, dessen Gestalt sich vor dem Licht wie eine Silhouette abzeichnete, stand so still auf seinen dicken Beinen, daß er aussah wie ein Buddha. Brand war noch nie ein anderer Mann begegnet, der so lange völlig reglos verharren konnte. Dawlish fürchtete sich nicht vor irgendwelchen Anschlägen auf dem Gelände seines Anwesens. Einmal liefen Wolfshunde frei herum; zum anderen bestanden die Fenster aus kugelsicherem Glas. Brand riskierte es, seine Gedanken zu stören, weil er seine Gründlichkeit unter Beweis stellen wollte.
»Es ist noch jemand in Aldeburgh eingetroffen – Jean Burgoyne. Sie wurde in der Bar des Brudenell gesehen.«
Dawlish reagierte ganz anders, als Brand erwartet hatte. Er fuhr herum, aufgebracht und mit funkelnden Augen.

»Was zum Teufel hat die hier zu suchen? Und all das passiert ausgerechnet jetzt, in einer, wie ich schon sagte, überaus kritischen Zeit. Die bisher größte Lieferung. Und dazu ein dicker Packen Geld für unsere Freunde in Frankreich.«

»Die Burgoyne hat einen Onkel in Aldeburgh«, erklärte Brand in beschwichtigendem Tonfall. »Sie besucht ihn von Zeit zu Zeit...«

»Verdammt nochmal, haben Sie das bißchen Verstand verloren, das Sie besitzen? Jean Burgoynes Onkel war Brigadier beim militärischen Geheimdienst. Verdammt! Noch so ein Zufall – und dazu noch all die anderen Leute...«

Dawlish trat rasch an die luxuriöse Hausbar, die in einem vom Boden bis zur Decke reichenden Bücherschrank verborgen war, und drückte auf einen Knopf, der eine Schiebetür zur Seite gleiten ließ und die Bar freigab. Er goß sich einen großen Scotch ein und leerte das Glas auf einen Zug. Brand bot er nichts an.

»Der Onkel ist achtzig...«, wendete Brand ein.

»Und hat immer noch einen guten Draht zum Verteidigungsministerium. Ich habe das Gefühl, bedrängt zu werden. Und bisher hat dieses Gefühl immer bedeutet, daß es Probleme gibt.« Er reichte Brand das Glas. »Holen Sie mir noch einen. Einen großen. Wir müssen morgen ein paar Vorsichtsmaßnahmen ergreifen. Sorgen Sie dafür, daß Leute bereitstehen, die mit dem Hubschrauber aufsteigen können. Sie sollen bewaffnet sein. Es könnte sein, daß sich die Notwendigkeit ergibt, jemandem zu folgen, ihn vielleicht sogar zu erledigen.«

»Das könnte gefährlich sein«, warnte Brand und reichte ihm das erneut gefüllte Glas. »Noch ein Todesfall – nach dem, was mit Karin Rosewater passiert ist...«

»Wenn man es in dieser Welt zu etwas bringen will, muß man Risiken eingehen.«

»Da ist noch etwas, was ich heute herausgefunden habe. Es hält sich noch jemand im Brudenell auf...«

»Spielen Sie mit mir keine Spielchen, Brand. Wer?«

»Chefinspektor Buchanan vom Yard und sein Assistent, Sergeant Warden.«

»Also wird es, wenn wir Gefahr wittern, beim Schießen einen tödlichen Unfall geben. Wobei wir es so einrichten werden, daß einer der Gäste als der Schuldige dasteht«, sagte Dawlish und trank den Rest seines Scotch.

Dreizehntes Kapitel

In der Bar des Brudenell hatte Jean Burgoyne gesagt, sie müßte sich jetzt auf den Heimweg machen. Bevor sie ging, gab sie Paula ihre Adresse und eine Telefonnummer.

»Die Unterhaltung mit Ihnen hat mir wirklich gutgetan«, sagte sie herzlich. »Bitte versprechen Sie mir, daß wir uns bald wiedersehen. Es gibt da ein paar Probleme, über die ich gern mit Ihnen reden würde. – Das heißt natürlich, wenn Sie mich nicht stinklangweilig finden«, setzte sie hastig hinzu.

»Durchaus nicht«, erwiderte Paula. »Ich weiß noch nicht, wie lange ich hier sein werde, aber ich rufe Sie an. Wir sehen uns wieder.«

»Ich bin wirklich nicht auf ein Interview aus«, versicherte Jean. »Das dürfen Sie mir glauben.«

»Ich weiß. Wir sehen uns wieder«, wiederholte Paula.

Sobald Jean gegangen war, kam Victor Rosewater herbei. Wieder kam ihr der Gedanke, wie gut er aussah in seinem karierten Sportjackett und der grauen Hose mit scharfer Bügelfalte. Aber sein Gesicht wirkte mitgenommen, und sein Lächeln war gezwungen, als sie ihn aufforderte, sich zu ihr zu setzen. Er stellte ein Glas Orangensaft auf den Tisch.

»Ich sagte, daß ich hierher kommen wollte«, begann er, »aber ich habe nicht damit gerechnet, daß ich das Glück haben würde, Sie hier zu treffen.«

»Weshalb haben Sie nicht angerufen? Haben Sie Urlaub bekommen?«

»Ich hatte vor, Sie von hier aus anzurufen. Ich mußte mich sehr beeilen, um meine Maschine nach London zu erreichen. Wie ich Ihnen bereits in Basel erzählte, arbeite ich im freien Einsatz und kann nach Belieben herumreisen. Ich bin hergekommen, weil dies der Ort ist, an dem Karin starb.«

»Halten Sie das für eine gute Idee?« fragte sie leise.

»Keine Macht der Welt kann mich daran hindern, herauszufinden, wer sie ermordet hat. Die Lösung muß hier liegen. Warum? Wie? Wer?«

Sein Ton und seine Miene waren grimmig und entschlossen. Er lächelte wieder und nahm einen Schluck von seinem Orangensaft, während der Wind gegen die Fenster hämmerte, als wollte er sie zerbrechen.

»Es muß ein Abend wie dieser gewesen sein, an dem ihr Leben endete.«

»Ja, so ungefähr«, sagte sie und fragte sich, worauf er hinauswollte.

»Würde es Ihnen etwas ausmachen, bei diesem Wind einen Spaziergang im Dunkeln zu unternehmen?«

Er starrte an ihr vorbei ins Leere, ohne sich der anderen Gäste bewußt zu sein. Rache ist die stärkste aller Antriebskräfte, dachte sie.

»Was haben Sie vor?« fragte sie schließlich.
»Bitte sagen Sie nein, wenn Ihnen die Idee nicht gefällt. Aber ich möchte sehen, wo es passiert ist. Zur gleichen Tageszeit und bei dem Wetter, das damals herrschte. Vielleicht ist da etwas, was die Polizei übersehen hat. Niemand hat Karin so gut gekannt wie ich. Sie könnte einen Hinweis hinterlassen haben.«
Sie wollte gerade sagen, daß das ganze Gelände von überaus fähigen Männern von Scotland Yard abgesucht worden war, als Newman hereinkam. Er blieb stehen, als er sah, daß Paula nicht allein war. Sie winkte ihn herbei.
»Bob, das ist Victor Rosewater.« Sie warf ihm einen warnenden Blick zu. »Er war Karins Mann. Wie Sie wissen, haben Tweed und ich ihn in Basel getroffen. Victor, das ist Robert Newman.«
»Der Auslandskorrespondent...«
Rosewater stand auf, reichte Newman die Hand. Sein Eintreffen schien ihm zu helfen. Newman setzte sich zu ihnen, betrachtete Rosewaters Glas, fragte ihn, ob er Orangensaft tränke.
»Das tue ich tatsächlich.«
»Sind Sie Abstinenzler.«
»Großer Gott, nein!«
»Dann wäre an einem kalten Abend wie diesem vielleicht etwas Stärkeres angebracht. Wie wäre es mit einem Scotch?«
»Nein, danke.« Rosewater wirkte verlegen. »Ich habe einfach das Gefühl, daß Alkohol keine gute Idee wäre, so, wie mir im Augenblick zumute ist.«
»Victor wollte die Stelle sehen, an der sich die Tragödie ereignete«, informierte Paula Newman. »Er meint, er könnte vielleicht etwas finden, was die Polizei übersehen hat.«
»Sie meinen – jetzt?« fragte Newman mit einem Anflug von Überraschung.
»Ja«, fuhr Paula fort. »Bei demselben Wetter wie an jenem Abend. Und ich glaube, der Sturm hat sich gelegt. Ich kann ihn nicht mehr hören.«
»Und es war um diese Zeit, nicht wahr?« fragte Rosewater nach einem Blick auf die Uhr.
»Ja, das war es«, pflichtete Paula ihm bei. »So ungefähr jedenfalls.« Sie warf einen Blick auf Newman. »Ich hätte nichts gegen einen Spaziergang einzuwenden. Ich kann mich ja warm anziehen.«
»Dann komme ich auch mit«, beschloß Newman.
»Das wäre für mich eine große Erleichterung«, sagte Rosewater. »Wenn Sie beide mitkämen – sofern das nicht eine große Zumutung ist...«
»Unsinn.« Newman stand auf. »Bringen wir es hinter uns. Ich hole meinen Mantel. Wir treffen uns in ein paar Minuten im Foyer...«

Aldeburgh war tot. Die Straßen waren menschenleer, als Paula, Newman und Rosewater das Brudenell durch den Hintereingang verließen. Sie ließen die Stadt hinter sich und erreichten den öffentlichen Parkplatz. Der Sturm hatte sich so schnell gelegt, wie er aufgekommen war. Paula war ein wenig unheimlich zumute, als der Kiesbelag des Parkplatzes unter ihren Füßen knirschte.

Es war mondhell, und sie konnte sich genau erinnern, wo sie ihren Wagen abgestellt hatte, als sie mit Karin eingetroffen war. Den Wagen, den Butler später nach London zurückgefahren hatte, nachdem Newman sie in seinem Mercedes heimgebracht hatte. Sie verließen den Parkplatz und gingen auf der Kiesstraße weiter, die zum Slaughden Sailing Club führte. Als sie das alte, scheunenähnliche Gebäude mit der Aufschrift »Bootsschuppen« passierten, schob sich eine Wolke vor den Mond, und es wurde stockfinster.

»Wohin jetzt?« fragte Rosewater, der neben Paula herging.

»Noch ein Stück weiter auf dieser fürchterlichen Straße, dann biegen wir auf einen Fußweg ein, der quer durch die Marsch führt.«

Sie schaltete ihre Taschenlampe im gleichen Augenblick ein, in dem auch Rosewater von einer noch stärkeren Gebrauch machte. Hinter ihnen ging Newman, der gleichfalls eine Taschenlampe eingeschaltet hatte und sich ständig umsah. Paula bog von der Straße ab, stieg die steile Böschung hinunter und schlug den durch die Marsch führenden Fußweg ein. Rosewater holte sie ein, dann wurde er langsamer, als ihm klarwurde, saß sie Mühe hatte, mit seinen langen Beinen Schritt zu halten.

»Wie weit ist es noch?« fragte er.

»Von hier aus ungefähr zehn Minuten ...«

Obwohl sich der Sturm gelegt hatte, war es sehr kalt. Paula trug einen pelzgefütterten Mantel mit einer Kapuze, die sie über den Kopf gezogen hatte. Ihre Füße steckten in Gummistiefeln. Auch die beiden Männer trugen Gummistiefel, unter denen der sumpfige Boden quietschte.

Sie erreichten die Stelle, an der der Weg sich gabelte – eine Abzweigung führte zurück zur Straße, die andere auf den Deich hinauf. Paula rutschte im Schlamm aus, wäre beinahe gestürzt. Rosewater legte den Arm um sie, hielt sie aufrecht, zog sie auf den Deich hinauf. Hinter ihnen war Newman stehengeblieben: seine scharfen Ohren hatten das Geräusch eines Motors gehört, das lauter zu werden schien, obwohl es noch weit weg war. Geräusche trugen weit in der bedrohlich wirkenden Stille, die über der Marsch lag. Sonst war nur die Brandung des Meeres zu hören.

Rosewater ging auf dem schmalen Pfad auf der Deichkrone entlang; unterhalb von ihm lagen rechts die Marsch und links der Ankerplatz hinter einem

Gewirr von halb zugewucherten Bächen. Paula folgte dichtauf, und Newman bildete die Nachhut. Er bedauerte, daß er keine Waffe bei sich hatte. Er konnte immer noch das Fahrzeug hören, das sich auf der Marsch näherte. Paula zitterte – und nicht vor Kälte. Je näher sie der Stelle kamen, an der Karin gefunden worden war, desto elender fühlte sie sich. Die Dunkelheit war keine Hilfe. Sie konnte nicht einmal das Tannenwäldchen sehen, in dem sie sich versteckt hatte, während Karin erwürgt wurde.
»Halt, Victor«, rief sie.
Sie blieb stehen, zwang sich, das Licht der Taschenlampe am Deich hinunterwandern zu lassen, an einem kleinen Bach mit stehendem Wasser entlang. Sie erstarrte. Im Lichtstrahl sah sie das kleine, verrottende Boot, dessen Spanten aufragten wie die gebogenen Rippen eines in seiner Ruhe gestörten Skeletts. Genau so hatte sie es gesehen, als Karins Leiche darin lag. Sie biß die Zähne zusammen, zwang sich zum Sprechen.
»In diesem Bootswrack wurde sie gefunden...«
Rosewater richtete seine Taschenlampe auf das Boot, rannte, schlitterte den grasbewachsenen Hang hinunter, hockte sich nieder, untersuchte das Innere. Dann legte er die Taschenlampe auf ein Grasbüschel, packte das Boot, kippte es um, zerrte es auf das Gras. Paula drückte eine Hand auf den Mund, um nicht aufzuschreien. Newmans Hand legte sich sanft auf ihren Arm.
»Lassen Sie ihn allein damit fertig werden«, flüsterte er.
Rosewater hatte die Taschenlampe wieder in die Hand genommen, suchte nun fieberhaft das Gras und die dazwischenliegenden Schlammlöcher ab, tastete mit seiner freien Hand auf der Erde herum. Die Hand hielt plötzlich inne. Paula versteifte sich. Rosewater ließ den Lichtstrahl ganz langsam über ein Grasbüschel wandern. Augenblicke zuvor hatte er gehandelt wie ein Besessener. Jetzt bewegte er seine Hand langsam und systematisch. Die Hand hielt wieder inne, die Finger schlossen sich um etwas. Er öffnete die Hand, richtete den Lichtstrahl auf einen Gegenstand, klemmte die Lampe unter den Arm und benutzte die behandschuhte Hand, um ihn zu säubern. Er stieg wieder auf die Deichkrone hinauf; die bloße Hand war fest zusammengeballt. Vor Paula angekommen, öffnete er die Hand, richtete den Lichtstrahl auf sie. Sie starrte auf einen goldenen Ring, in den ein Zeichen eingraviert war. Sie nahm ihn von seiner Handfläche und zeigte ihn Newman, der erst den Ring ansah und dann Rosewater.
»Karins Ring?«
»Nein. Dazu ist er viel zu groß. Karin hatte kleine Hände, schlanke Finger. Kennen Sie das Symbol auf dem Siegel?«

»Das Lothringer Kreuz. De Gaulles Symbol für das Freie Frankreich während des Zweiten Weltkriegs.«
»Und die Größe läßt darauf schließen«, erklärte Rosewater, »daß ihn möglicherweise der Mörder verloren hat. Wenn wir den Mann finden, dem er gehört, dann haben wir den Würger gefunden...«
»Stecken Sie ihn in die Tasche. Schnell!« befahl Newman.
Das Motorengeräusch war plötzlich viel lauter. Ein Fahrzeug kam auf der Marsch schnell auf sie zu. Newman war gerade im Begriff, auf der der Marsch abgewendeten Seite des Deiches hinunterzueilen, als ein gleißender Lichtstrahl die drei auf dem Deich stehenden Personen traf.
»Bleiben Sie, wo Sie sind«, befahl eine vertraute Stimme. »Sie können nirgendwohin flüchten. Ich wiederhole – bleiben Sie auf dem Deich...«
Newman hob eine Hand, um seine Augen vor dem hellen Gleißen abzuschirmen. Dann richtete er das Licht seiner Tachenlampe auf den Pfad, der am Deich entlang durch die Marsch führte. Das Fahrzeug war ein Buggy mit riesigen Reifen – die einzige Art von Fahrzeug, mit dem man auf diesem tückischen Gelände fahren konnte.
»Schalten Sie dieses verdammte Licht aus, Buchanan«, rief Newman zurück. »Wir haben dasselbe Recht, hier zu sein, wie Sie auch. Haben Sie gehört, Buchanan?«
»Chefinspektor Buchanan, wenn ich bitten darf«, rief Warden, der am Steuer des Buggy saß.
»Machen Sie sich nicht lächerlich, Warden«, flüsterte Buchanan.
Es war das erste Mal, daß Newman gehört hatte, wie der unerschütterliche Warden etwas sagte. Er wendete sich an Paula und Rosewater und verkündete mit höchster Lautstärke: »Es geschehen noch Zeichen und Wunder. Er kann tatsächlich sprechen.«
»Okay, das reicht, Newman«, rief Buchanan. »Ich komme hinauf.«
»Dann sagen Sie Ihrem Fahrer, er soll das verdammte Licht ausschalten.«
Der Scheinwerfer auf dem Dach des Buggy verlöschte. Buchanan kletterte behende die Böschung hinauf, schaltete seine eigene Taschenlampe ein, richtete sie auf das umgekippte Boot.
»Das könnte man als Verfälschung von Beweismaterial bezeichnen«, sagte er sanft.
»So ein Unsinn«, fuhr Newman auf. »Sie haben die Absperrung beseitigt, die Sie zweifellos angebracht hatten. Also hätte jedermann sich an dem Boot zu schaffen machen können.«
»Ich muß trotzdem mit Ihnen allen reden. Würden Sie das Polizeirevier vorziehen oder das Brudenell, in dem ich wohne?«

»Sie können uns nicht aufs Revier bringen«, erklärte Newman ebenso aggressiv wie zuvor. »Und das wissen Sie auch. Aber mit dem Brudenell sind wir einverstanden. Vorausgesetzt, daß wir in Ihrem Buggy mitfahren...«

Vierzehntes Kapitel

»Also«, fuhr Buchanan fort, sich an Rosewater wendend, »Sie sind hergekommen, um zu sehen, wo Ihre Frau erwürgt wurde.«
Sie hatten sich in Buchanans Zimmer versammelt, das im Gegensatz zu Tweeds wesentlich geräumigerem Zimmer ein Stockwerk tiefer auf die Straße hinausging. Es bot kaum Platz für so viele Leute – Newman, Paula und Warden und dazu der Chefinspektor selbst und Rosewater. Newman war anzumerken, daß ihm Buchanans brutale Ausdrucksweise mißfiel.
»So ist es«, erwiderte Rosewater. »Eine ziemlich natürliche Reaktion, finden Sie nicht?«
»Und Sie sind Captain beim militärischen Geheimdienst?«
»Ja. Bei der Britischen Rheinarmee.«
»Haben Sie Urlaub? Wegen des Todes Ihrer Frau?«
»Nein.« Rosewater, ebenso groß wie Buchanan, musterte den Mann, der ihn verhörte. »Ich kann kommen und gehen, wie es mir beliebt.«
»Höchst ungewöhnlich für einen britischen Offizier. Wem haben Sie diese Bewegungsfreiheit zu verdanken?«
»Meinem Job. Ich sagte es bereits – ich gehöre zum militärischen Geheimdienst.«
»Könnten Sie ein wenig deutlicher werden?«
»Nein. Sicherheitsvorschriften. Sie sind nicht berechtigt, eine derartige Frage zu stellen.«
Buchanan seufzte. »Darf ich Sie daran erinnern, Captain Rosewater, daß ich einen Mord zu untersuchen habe?«
»Diese Erinnerung ist unnötig«, erklärte Rosewater knapp. »Darf ich Sie daran erinnern, daß es meine Frau war, die ermordet wurde?«
»Haben Sie etwas Interessantes gefunden, als Sie sich an diesem Boot zu schaffen machten?« wollte Buchanan wissen.
»Nicht das mindeste«, log Rosewater prompt.
»Haben Sie dieses Verhör nicht allmählich weit genug getrieben?« mischte sich Newman ein.
Er saß neben Paula auf dem Bett. Rosewater und Warden hatten sich auf

den einzigen beiden Stühlen niedergelassen, und Buchanan wanderte im Zimmer umher und klimperte mit dem Kleingeld in seiner Tasche. Er blieb vor Paula stehen, sah auf sie herab.
»Und weshalb waren Sie in der Marsch, Miss Grey?«
»Um Captain Rosewater zu der Stelle zu führen, an der es passierte.«
»Tatsächlich?« Mit diesem einen Wort gab Buchanan seiner Skepsis Ausdruck. »Und woher kennen Sie diesen in Deutschland stationierten Offizier?«
»Das war reiner Zufall. Ich kannte Karin, und ich habe ihren Mann kennengelernt, während ich dort Urlaub machte. In Deutschland, um genau zu sein«, setzte sie bissig hinzu.
»Und Sie, Newman, sind rein zufällig hier?«
»Nein. Absichtlich. Hin und wieder interviewe ich immer noch prominente Leute. Um nicht aus der Übung zu kommen.«
»Obwohl dieses Buch, das Sie geschrieben haben – *Kruger: The Computer That Failed* –, ein internationaler Bestseller geworden ist und Sie auf Lebenszeit finanziell unabhängig gemacht hat?«
»Ihr Gedächtnis läßt nach. Ich sagte es schon – ich will nicht aus der Übung kommen. Es liegt mir nicht, nur herumzuhängen und nichts zu tun.«
»Soweit mir bekannt ist, ist das etwas, was bei Ihnen nur selten vorkommt.«
»Wenn Sie meinen...«
Buchanan schaute Rosewater, Paula und Newman an, und seine Miene war skeptisch. Dann sah er auf die Uhr und schob anschließend beide Hände in die Hosentaschen.
»Sie können jetzt gehen. Und bevor ich's vergesse – ich danke Ihnen für Ihre Mitarbeit und Ihr Entgegenkommen...«
»Ein gemeiner Kerl, dieser Buchanan!« empörte sich Paula, als sie mit Newman zusammen den Flur entlang und die Treppe zum nächsten Stockwerk hinunterging.
»Ach, der tut nur seine Arbeit.« Newman warf einen Blick auf den Mann hinter ihnen. »Und er macht seine Sache gut. Sie haben genau richtig reagiert. Nur seine Fragen beantwortet und nichts hinzugefügt.«
Rosewater, der ihnen folgte, lächelte. »Das war nicht sonderlich schwierig. Schließlich habe ich oft genug auf der anderen Seite gesessen und meinerseits Verdächtige verhört. Kommen Sie mit in die Bar? Ich glaube, jetzt könnte ich einen Scotch vertragen. Es war lausig kalt da draußen auf der Marsch. Ich hoffe nur, Sie haben sich nicht erkältet, Paula.«
»Nein. Ich war warm genug angezogen.«
Paula blieb stehen, als sie das darunterliegende Stockwerk erreicht hatten.

»Bob, ich möchte mit jemandem sprechen. Wie wäre es, wenn Sie und Victor allein in die Bar gingen?«

»Das werden wir tun. Wir sehen uns dann beim Essen.«

»Aber wir werden Sie vermissen«, versicherte ihr Rosewater.

Paula wartete, befingerte den zusammengefalteten Mantel, den sie auf dem Ausflug auf den Deich getragen hatte. Als Rosewater an ihr vorbeiging, drückte er ihr etwas in die Hand. Es war der Ring, den er im Schlamm gefunden hatte. Sie eilte zu Tweed, um ihm Bericht zu erstatten.

Früher am Abend hatte Leutnant André Berthier vom Dritten Corps geduldig gewartet, während sich Jean Burgoyne mit der attraktiven dunkelhaarigen Frau unterhielt. Zwei Schönheiten – die eine blond, die andere schwarz. Er hätte nichts gegen eine nähere Bekanntschaft mit jeder von ihnen einzuwenden gehabt. Beide wären sogar noch besser. Er träumte ein wenig, um sich die Zeit zu vertreiben, ließ dabei aber keinen Augenblick in seiner Wachsamkeit nach. Sich an die Rolle erinnernd, die er als Engländer spielte, bestellte er sich noch einen Gin und Tonic, weil das ein so britisches Getränk war. Während er daran nippte, kehrten seine Gedanken zurück zu den Befehlen, die er in Frankreich erhalten hatte.

Die Anweisungen, die er neben dem Wagen erhalten hatte, in dem de Forge von der Villa Forban zurückkehrte, waren eindeutig gewesen. Major Lamy war bekannt dafür, daß er keine unnötigen Worte machte.

»Sie folgen der Burgoyne, wo immer sie hingeht. Ich möchte einen detaillierten Bericht darüber, was sie unternimmt. Und vor allem, mit wem sie sich trifft. Namen, Adressen. Hier ist Geld für die Reise. Sie fliegt heim nach England. Nehmen Sie dieses Motorrad, fahren Sie auf schnellstem Wege ins Hauptquartier, ziehen Sie Zivilsachen an – Ihre englischen. Und in einer halben Stunde melden Sie sich in der Villa Forban …«

Berthier war mit demselben gefälschten Paß und Führerschein eingereist, die er schon bei früheren Besuchen in Großbritannien benutzt hatte. Er war der Burgoyne im gleichen Flugzeug nach Paris und Heathrow gefolgt und dann in den Ford Sierra gestiegen, den er während seines Aufenthaltes am Flughafen Charles de Gaulle telefonisch gemietet hatte.

Irgendwie hatte er sich nicht vorstellen können, daß die Burgoyne in einem auf sie wartenden Wagen direkt zum Hotel Brudenell in Aldeburgh fahren würde. Er hatte sich unter dem Namen James Sanders eingetragen, angetan mit seiner dunklen Brille und einem Hut, der sein blondes Haar verdeckte. Wenn irgend jemand eine Bemerkung darüber machen sollte, wieso er im November eine Sonnenbrille trug, hatte er eine Erklärung parat.

»Ich habe schwache Augen. Sie schmerzen bei hellem Licht...«
Lamy hatte seinen Schützling gut trainiert. Sobald er in seinem Zimmer angekommen war, hatte er die Tür verschlossen. So flink hantierend, wie er konnte, hatte er die Flasche mit Haarfärbemittel aus seinem Koffer geholt, war ins Badezimmer gegangen und hatte die Flüssigkeit sorgsam aufgetragen. Er benutzte einen an der Wand befestigten Haartrockner, überprüfte sein Aussehen im Spiegel und eilte hinunter.

Seine Befürchtung, daß die Burgoyne gegangen sein könnte, wuchs, als er sie im Foyer nicht entdecken konnte. Er ging in die Bar, und da stand sie an der Theke, nahm zwei Gläser Champagner entgegen und brachte sie zu dem Tisch, an dem die attraktive dunkelhaarige Frau saß. Berthier hatte seinen ersten Gin und Tonic bestellt und sich an einem Ecktisch niedergelassen. Die beiden Frauen plauderten wie alte Freundinnen.

Berthier war sicher, daß die Burgoyne ihn nicht wiedererkennen würde. Obwohl er in ihrem Zimmer in der Villa Forban gestanden hatte, als er darauf wartete, de Forge zu seinem Wagen zu begleiten.

Das Haarfärbemittel hatte sein Aussehen verändert. Die dunkle Brille vervollständigte die Maskerade. Außerdem hatte die Burgoyne ihn nur in Uniform gesehen. Zivilkleidung konnte bewirken, daß derselbe Mann nicht wiederzuerkennen war. Er hatte gerade seinen zweiten Gin und Tonic ausgetrunken, als die Burgoyne ihren Mantel anzog und die Bar verließ.

Berthier folgte ihr, als sie die Stufen hinunterging, die vom Hinterausgang des Hotels auf die Straße führten. Ihr Wagen, ein Jaguar, parkte ein Stück entfernt. Er lief zu seinem Ford Sierra, für den er einen Parkplatz dicht beim Ausgang gefunden hatte. Als sie losfuhr, folgte er ihr in unauffälligem Abstand.

Keine anderen Fahrzeuge waren unterwegs, als sie in der kalten Abendluft nach links in eine schmale Seitenstraße abbog, dann nach rechts in die ebenso leere High Street, auf der sie nur eine kurze Strecke entlangfuhr, bis sie abermals links abbog und einer in Serpentinen aufwärtsführenden Straße folgte. Hier war alles stockfinster mit hohen Mauern, nur hier und dort brannte Licht in einem großen Haus hinter einer Auffahrt. Dies war der Teil von Aldeburgh, in dem die Gutsituierten lebten.

Berthier verlangsamte, fuhr nur mit Standlicht. Der Jaguar bog plötzlich von der Straße ab, war verschwunden. Auf dieser Seite der Straße gab es ein breites Grasbankett, auf dem vereinzelte Bäume standen. Er lenkte seinen Ford auf das Bankett, schaltete Standlicht und Motor ab und stieg aus.

Die bittere Kälte des Novemberabends traf ihn wie ein Schlag. Als er langsam auf die Stelle zuging, an der der Jaguar verschwunden war, schlug er den Kragen seines englischen Sportjacketts hoch und schob die Hände in die Taschen. Ganz offensichtlich war sie zwischen zwei steinernen Pfosten hindurchgefahren, die von bronzenen Nachbildungen alter Segelschiffe gekrönt waren. Die beeindruckende Residenz trug den Namen Admirality House.

Berthier lugte um einen der Pfosten herum und sah am Ende der Auffahrt ein kleines Herrenhaus aus der georgianischen Zeit. In einem Zimmer rechts neben der Haustür brannte Licht, die Vorhänge waren nicht zugezogen. Berthier sah einen alten Mann, der sich, sehr aufrecht stehend, irgend etwas aus einer Flasche eingoß. Die Burgoyne erschien und zog die Vorhänge zu. Bevor sie ihm die Sicht nahm, konnte Berthier gerade noch sehen, wie das Licht eines Kronleuchters ihr blondes Haar aufleuchten ließ.

Er ging über das feuchte Gras zu seinem Wagen zurück, stieg ein und versuchte, sich einen Reim darauf zu machen. Lamy hatte offensichtlich damit gerechnet, daß sie sich mit einem Liebhaber treffen würde. War es der alte Mann? Berthier hatte da seine Zweifel.

Er verschränkte seine kräftigen Hände ineinander, preßte sie fest zusammen, massierte gedankenverloren die Knöchel. Als nach einer halben Stunde offensichtlich schien, daß sie an diesem Abend nirgendwo anders mehr hinzugehen gedachte, fuhr er wieder zurück ins Brudenell.

Paula berichtete mit knappen Worten von dem Besuch am Tatort; dann holte sie ein Taschentuch hervor, schlug es auf und zeigte Tweed den Ring. Sie waren allein in seinem Zimmer. Er hatte sich Kaffee und Sandwiches bringen lassen und trank, während der Ring auf seiner Hand lag. Dann setzte er die Tasse ab und schob den Siegelring auf den Mittelfinger. Er war viel zu groß.

»Sie sehen«, meinte Paula, »das paßt zu dem, was der Pathologe sagte. Der Würger hat große Hände. Dieser Ring kann nur einem Mann mit großen Händen passen.«

»Das Lothringer Kreuz. Interessant«, sinnierte Tweed und benutzte eine Serviette, um den letzten Schlamm abzuwischen. »Das könnte bedeutsam sein. Andererseits ...«

»Ein Bindeglied zu Frankreich«, beharrte Paula. »Warum sind Sie so skeptisch? Ich habe Ihnen erzählt, wie er gefunden wurde und wo.«

»In diesem Stadium registriere ich lediglich. Wir haben eine Menge Material, etliche Stücke des Puzzles, aber einige fehlen nach wie vor.«

»Und was haben wir bis jetzt?« fragte Paula.

»Lasalles Überzeugung, daß in Frankreich ein Staatsstreich unmittelbar bevorsteht. Organisiert von dem berüchtigten *Cercle Noir*, dessen treibende Kraft möglicherweise General de Forge ist. Für diese Theorie könnte sprechen, was Newman bei den Unruhen in Bordeaux beobachtet hat.«
»Sie hören sich immer noch skeptisch an«, erklärte sie.
»Für eine eindeutige Bewertung der Fakten ist es noch zu früh. Dann haben wir Kuhlmann und seinen Hinweis auf die in Deutschland im Untergrund operierende Siegfried-Bewegung. Das *könnte* mit den Vorgängen in Frankreich zusammenhängen. Und vergessen Sie nicht den mysteriösen Kalmar, der möglicherweise Karin und Francis Carey ermordet hat. Ich habe das unabweisbare Gefühl, daß er der Schlüssel ist. Wenn wir Kalmar ausfindig machen und identifizieren, dann wissen wir, was in Wirklichkeit vorgeht.« Er wechselte das Thema. Sein Verstand arbeitete schnell. »Ich nehme diesen Ring an mich. Ihnen ist doch klar, daß wir ihn Buchanan aushändigen müssen? Wir können in einem Mordfall nicht Beweismaterial unterdrücken.«
»Ich könnte ihn Buchanan gleich geben ...«
»Nein. Ich möchte, daß unsere Leute im Bastelkeller am Park Crescent eine exakte Kopie davon anfertigen. Danach bekommt ihn Buchanan. Weiß er, daß ich hier bin?«
»Ich bin sicher, daß er es nicht weiß.«
»Belassen wir es dabei. Ich bleibe heute abend in meinem Zimmer, und morgen früh reise ich zeitig ab. Ich fahre in meinem eigenen Wagen nach London, zurück zum Park Crescent. Aber vorher sollte ich mit Victor Rosewater sprechen und ihm sagen, daß ich diesen Ring dem CID übergeben muß. Dann hat er Zeit, sich eine Geschichte auszudenken.«
»Dann hole ich ihn lieber gleich, bevor er sich mit Bob zum Essen trifft.«
»In Ordnung. In einer Minute.« Tweed betrachtete abermals den Siegelring mit dem Lothringer Kreuz. »Ich habe das seltsame Gefühl, als hätte ich das erst kürzlich irgendwo gesehen. Keine Ahnung, wo. Vielleicht fällt es mir wieder ein. Und, Paula, lassen Sie äußerste Vorsicht walten, wenn Sie morgen mittag Lord Dawlish interviewen.«
»Newman und Marler werden auch dort sein – bei der Schießparty.«
»Trotzdem müssen Sie sehr vorsichtig sein«, beharrte er. »Monica hat jetzt ihr Dossier über Dawlish vervollständigt.«
»Weshalb?«
»Weil er Rüstungsfabrikant ist. Weil er in der Gegend lebt, in der Karin ermordet wurde. Wahrscheinlich hat er nichts zu tun mit dem, was uns interessiert. Aber eine Routineüberprüfung muß sein. Und da ist noch etwas, um das ich Sie bitte. Und auch dabei müssen Sie vorsichtig sein.«

»Geht in Ordnung. Was ist es?«

»Da ist dieser Franzose – wenn Newman richtig gehört hat, was er murmelte, als er sich den Zeh stieß. Machen Sie seine Bekanntschaft, wenn sich die Gelegenheit dazu ergibt. Finden Sie heraus, was er hier tut. So, und nun holen Sie Captain Rosewater. Erzählen Sie ihm, ich wäre der Sicherheitschef einer Versicherungsgesellschaft.«

»Also ist es wohl das Beste, wenn ich Chefinspektor Buchanan sage, daß ich den Siegelring entdeckt habe«, sagte Rosewater entschlossen.

Er hatte sich gerade Tweeds Vorschlag angehört und entsprechend reagiert. Tweed musterte Rosewater, erinnerte sich an Paulas Bemerkung, daß er ein hervorragender Kandidat für die Arbeit des SIS wäre. Auf jeden Fall ist er imstande, eine Situation schnell zu erfassen, dachte Tweed, als Rosewater fortfuhr.

»Ich werde ihm sagen, daß weder Paula noch Newman von dem Ring wußten. Ich hätte ihn sofort in die Tasche gesteckt, um ihn mir später genauer anzusehen. Schließlich war es meine Frau, die ermordet wurde, und ich habe das größte Interesse daran, den Mann zu identifizieren, der Karin umgebracht hat.«

»Buchanan wird Ihnen die Hölle heiß machen«, warnte Tweed. »Unterschlagung von Beweismaterial und dergleichen.«

»Damit werde ich schon fertig. Schließlich habe ich selbst einige Erfahrung im Verhören von Leuten. Wollen Sie mir den Ring jetzt geben?«

»Er ist im Augenblick sicher untergebracht. Und ich glaube, es wäre besser, wenn wir ein paar Tage verstreichen ließen, bevor Buchanan Sie in die Mangel nimmt. Vielleicht werde ich beschließen, dabei zu sein.«

Rosewater setzte sich bequemer hin und musterte Tweed eine volle Minute, bevor er seine Frage stellte.

»Paula sagte, Sie arbeiten für eine Versicherungsgesellschaft. Sicherheitsbelange scheinen mir damit nur schlecht vereinbar zu sein, wenn Sie mir die Bemerkung nicht verübeln.«

»Durchaus nicht.« Tweed lächelte. »Unsere Spezialität ist die Versicherung reicher Leute gegen Entführung«, log er gewandt. »Das ist vertraulich. Gelegentlich müssen wir mit den Leuten verhandeln, die einen Kunden entführt haben – was oft ziemlich problematisch ist.«

»Das kann ich mir vorstellen.«

»Wir operieren in ganz Westeuropa, vor allem in Frankreich und Deutschland. Deshalb reise ich viel herum. Einige deutsche Industrielle sind jetzt besonders nervös wegen dieser neuen Siegfried-Bewegung.«

»Sie meinen, die Leute könnten versuchen, sich auf diese Weise Geld zu verschaffen?«
»So ist es. Und auch das ist streng vertraulich. Zumal Sie selbst sehr viel herumreisen.«
»In meinem Job habe ich gelernt, den Mund zu halten. Um noch einmal auf den Ring zurückzukommen – erfahre ich rechtzeitig, wann die Polizei informiert werden soll?«
Tweed gab ihm eine Visitenkarte, die ihn als Chef der Ermittlungsabteilung der General & Cumbria Assurance auswies und auf der nur seine Telefonnummer stand. Er beobachtete Rosewater, als dieser die Karte in seiner Brieftasche verstaute.
»Ich nehme an, Sie bleiben noch ein paar Tage hier?« erkundigte sich Tweed. »Damit ich weiß, wo ich Sie erreichen kann?«
Rosewater lächelte zum ersten Mal. »Ich werde hier sein. Ich habe vor, mich ein paar Tage in dieser seltsamen alten Stadt umzusehen. Und nun sollte ich hinuntergehen – zum Essen mit Bob Newman.«

Als Paula Tweed verlassen hatte, ging sie kurz in ihr Zimmer, um ihr Aussehen zu überprüfen. In der Bar entdeckte sie den jungen Mann mit der dunklen Brille, den Newman ihr beschrieben hatte. Er saß für sich allein an einem Ecktisch, und vor ihm stand ein Glas. Paula erinnerte sich, daß er während ihrer Unterhaltung mit Jean Burgoyne an demselben Tisch gesessen hatte.
Sie betrat die Bar, sah sich um, als wüßte sie nicht recht, wo sie sich niederlassen sollte, dann entschied sie sich für einen freien Tisch in der Nähe des Mannes mit der dunklen Brille. Sie ließ sich mit dem Gesicht zu ihm nieder und schlug die Beine übereinander. Der Mann bemerkte sie sofort und zögerte keine Minute. Er stand auf und kam mit seinem Glas in der Hand langsam auf sie zu.
»Bitte, entschuldigen Sie. Wenn ich störe, gehe ich sofort wieder. Ich bin allein hier und dachte, wir könnten vielleicht ein bißchen plaudern. Es sei denn, Sie erwarten jemanden.«
Sie lächelte. »Ich erwarte niemanden. Und wir sind beide Hotelgäste. Bitte, nehmen Sie Platz.«
»Nachdem ich Ihnen einen Drink geholt habe.« Er stellte sein Glas ab. »Was möchten Sie?«
»Wäre ein Glas Champagner in Ordnung? Ich bleibe gern bei ein und demselben Drink...«
Sie hatte genau hingehört und keine Spur eines Akzents entdeckt. Er

kehrte mit dem Glas Champagner zurück, setzte sich zu ihr und erhob sein eigenes Glas.
»Cheers! Auf einen denkwürdigen Abend.«
»Cheers!« erwiderte Paula. »Aber leider habe ich nicht den ganzen Abend Zeit. Ich habe vorhin zuviel Zeit damit verbracht, mich mit Jean Burgoyne zu unterhalten. In dieser Bar hier.«
»Wirklich? Wer ist diese Jean Burgoyne?«
»Eine bekannte Dame der Gesellschaft. Ihr Foto erscheint oft in den eleganten Zeitschriften. Und manchmal auch in den Klatschspalten der Massenblätter. Sie ist gerade aus Frankreich zurückgekommen. Kennen Sie Frankreich?«
»Entschuldigen Sie. Meine Manieren lassen zu wünschen übrig. Ich bin James Sanders...«
»Paula Grey. Sie kennen Frankreich also nicht?«
Berthier rückte seine Brille zurecht, schob sie auf dem Rücken seiner Adlernase hoch. Dann wendete er ihr das Gesicht zu. Es störte sie, daß sie seine Augen nicht deutlich sehen konnte.
»Im Gegenteil. Ich komme gerade aus Frankreich...«
Lamy hatte ihm beigebracht, immer so dicht wie möglich bei der Wahrheit zu bleiben. »Pure Zeitverschwendung. Um diese Jahreszeit herrscht im Geschäft die totale Flaute.«
»In welchem Geschäft? Tut mir leid, das war ziemlich persönlich.«
»Ich verkaufe Schiffszubehör an private Kunden. Leute, die mit Booten herumschippern. Aus diesem Grund bin ich auch hier in Aldeburgh. Hier gibt es massenhaft Bootsnarren.«
Sie nickte. Trug er bei der Benutzung von umgangssprachlichen Ausdrükken ein bißchen zu dick auf? Sie war sich nicht sicher.
»Herrscht nicht auch hier Flaute? Um diese Jahreszeit?«
Er leerte sein Glas zur Hälfte. »Ich hoffe, Kontakte für das Frühjahr anzuknüpfen. Mein Geschäft ist stark von der Jahreszeit abhängig. Aber auch außerhalb der Saison trifft man eine Menge Leute, die interessiert sind, wenn der Winter nur noch eine böse Erinnerung ist.« Er wendete ihr immer noch das Gesicht zu; die dunklen Gläser glichen seelenlosen Augen.
»*Vous en voulez un autre?*« fragte Paula plötzlich.
Sie sprach sehr rasch, auf die Art, wie es Französinnen tun, erkundigte sich, ob er noch einen Drink wollte. Er bewegte sich, als wäre er im Begriff aufzustehen, dann verlagerte er nur seinen Körper und setzte sich bequemer hin. Eine Sekunde lang hätte sie schwören können, daß sein Gesicht erstarrte.

»Entschuldigung«, fuhr sie fort. »Ich dachte, Sie sprechen Französisch, weil Sie geschäftlich in Frankreich zu tun haben.«
Er lächelte, schwenkte seine kräftigen Hände. »Ich weiß, ich sollte Französisch sprechen, aber ich kann es nicht. Die übliche Einstellung der Briten – die verdammten Ausländer sollen gefälligst Englisch sprechen. Und das tun sie auch – jedenfalls die paar Leute, mit denen ich in Paris zu tun habe. Und meist zeige ich ihnen nur die Ersatzteile in einem Katalog. Deshalb ist es einfach. Und was haben Sie gesagt?«
»Ich fragte, ob Sie noch einen Drink möchten.«
»Ich bin der Gastgeber«, erwiderte er. »Wie wäre es mit noch einem Glas Champagner?«
»Danke, ich habe genug gehabt. Aber ich wollte vorschlagen, daß diesmal ich einen Drink für Sie besorge.«
»Ich glaube, ich habe auch genug gehabt.« Er rückte abermals seine Brille zurecht. »Sind Sie ganz sicher, daß Sie nicht mit mir essen können?«
»Ich täte es wirklich gern. Aber ich bin schon mit zwei Freunden verabredet.« Sie sah auf die Uhr. »Und wenn Sie nichts dagegen haben, Mr. Sanders...«
»James...«
»Wenn Sie nichts dagegen haben – ich werde im Speisesaal erwartet. War nett, mit Ihnen zu plaudern. Viel Glück beim Anknüpfen nützlicher Kontakte.«
Sie stand auf, und er erhob sich gleichfalls, schob seinen Stuhl zurück. Dann räusperte er sich, als wäre er unsicher, ob er noch mehr sagen sollte. Schließlich rückte er mit der Einladung heraus, mit der sie gerechnet hatte. »Vielleicht könnten wir morgen eine Fahrt durchs Land machen? Dabei müßte es uns eigentlich gelingen, ein akzeptables Lokal für den Lunch ausfindig zu machen.«
Sie lächelte. »Das ist nett von Ihnen. Aber morgen läßt sich leider nichts machen. Ich habe eine Verabredung. Vielleicht an einem anderen Tag. Wenn wir dann beide noch hier sind...«
Als sie ging, war er auf dem Weg zur Theke. Ein Paar kam aus dem Fahrstuhl, und sie stieg ein und drückte auf den Knopf für den ersten Stock. Dann klopfte sie in einem bestimmten Rhythmus an Tweeds Tür und wartete, bis sie geöffnet wurde.
Tweed tupfte sich den Mund mit einer Serviette ab; er hatte einen Besucher. Marler, makellos gekleidet mit einem Sportjackett, messerscharf gebügelter Hose sowie handgearbeiteten Schuhen, begrüßte sie auf seine spöttische Art.

»Ich vermute, die clevere Dame hatte wieder alle Hände voll zu tun«, bemerkte er, während Tweed die Tür wieder abschloß.
»Noch eine Ladung Sandwiches?« fragte Paula nach einem Blick auf den Teller, der neben der Kaffeekanne auf dem Tisch stand.
»Sie wissen, daß ich in dem Stadium, in dem ich meine Truppen ausschwärmen lasse, immer hungrig bin.« Tweed setzte sich an den Tisch. »Ich habe Marler eben ein paar ganz spezielle Anweisungen erteilt.« Er deutete auf mehrere Blätter Papier, auf denen Namen standen, einige davon in eingekreisten Gruppen. Punktierte Linien verbanden bestimmte Gruppen mit anderen. Tweed sah Paula an.
»Was ist mit Newmans Pseudo-Engländer? Wenn er einer ist.«
»Name James Sanders. Behauptet er jedenfalls.« Sie zog die Brauen zusammen. »Das Blöde daran ist, daß ich nicht sicher bin. Er redet fast wie ein Ausländer, der hervorragend Englisch spricht, aber er spickt seine Sätze mit einer Menge umgangssprachlicher Ausdrücke, bei denen ich nicht sicher bin, ob ein echter Engländer sie gebrauchen würde. Ich habe ihm eine Frage auf Französisch an den Kopf geworfen – ob er noch einen Drink wollte. Es sah fast so aus, als wollte er aufstehen, aber die Bewegung war so geringfügig, daß ich auch in diesem Fall nicht beschwören könnte, daß er Franzose ist. Urteil? Keine Beweise. Und jetzt muß ich hinunter und mich mit Bob und Rosewater zum Dinner treffen. Ihr beide könnt währenddessen weiter Pläne schmieden.«
»Morgen...« Tweeds Miene war ernst. »Seien Sie überaus vorsichtig in Grenville Grange. Mein sechster Sinn sagt mir, daß dort Gefahr lauern könnte.«

Fünfzehntes Kapitel

Es war ein Graus.
Paula hatte mit ihrem Wagen – den sie von Nield geliehen hatte – vor dem geschlossenen schmiedeeisernen Tor angehalten, das Grenville Grange schützte. Am Ende einer langen, gewundenen Auffahrt sah sie den grotesken Bau. Viktorianische Architektur von der schlimmsten Sorte: ein grauer, dreistöckiger Kasten, von dem beiderseits ein Flügel abzweigte; auf dem Dach ein wahrer Wald von Türmchen und riesige Wasserspeier, die sich vor dem klaren Winterhimmel abzeichneten.
Sie war aus Aldeburgh herausgefahren und dann nach links abgebogen, auf die A 1094, am Golfplatz vorbei. Das ausgedehnte Grün war mit Rauhreif

bedeckt, der die Farbe von *crème de menthe* hatte. In der Nähe von Snape war sie abermals links abgebogen und schließlich auf eine schmale Landstraße gelangt, die nach Iken führte. Sie mußte immer wieder die Straßenkarte konsultieren, die aufgeschlagen auf dem Sitz neben ihr lag. Nach einem weiteren Linksabbiegen befand sie sich in der offenen Landschaft mit Blick auf eine große Schleife der Alde, deren Wasser aussah wie eine Fläche aus blauem Eis. Und nun dies...

Sie drückte mehrmals auf die Hupe, und es erschien ein großer, wie ein Landmann gekleideter Typ mit einem gefährlich aussehenden Wolfshund an der Leine, der sie knurrend anspringen wollte. Willkommen in Grenville Grange.

»Was wollen Sie?« fragte der große Mann. »Privatgrundstück.«

»Das ist nicht zu übersehen«, rief Paula zurück. »Paula Grey. Ich habe eine Verabredung mit Lord Dawlish. Um zwölf Uhr.«

»Zeigen Sie mir Ihren Ausweis.«

»Kommen Sie gefälligst heraus und sehen Sie ihn sich an. Und halten Sie diesen blöden Köter zurück. Oder rufen Sie Seine Lordschaft an und sagen Sie, daß Sie mich nicht eingelassen haben...«

Wütend schloß der Wachmann das Tor auf, öffnete einen Flügel, nahm den Hund knapp an die Leine und kam auf sie zu. Paula fiel auf, daß seine Kleidung brandneu aussah. Nicht das, was sie bei einem Wachmann erwartet hätte.

Sie zeigte ihm ihren Presseausweis, einen von mehreren, der im Keller des Hauses am Park Crescent für sie angefertigt worden war. Er betrachtete ihn eingehend.

»Sie können hineinfahren«, sagte er widerstrebend.

»Sie haben also gewußt, daß ich kommen würde?«

Sie lächelte über sein rot gewordenes Gesicht, als er zurückging und auch den anderen Flügel öffnete und dann schnell zur Seite sprang, als sie den Gashebel niedertrat und so schnell die Auffahrt hinaufjagte, daß der Wolfshund mit Kies bespritzt wurde. Ein weiter Halbkreis unterhalb einer großen, mit einer Balustrade versehenen Terrasse, von der Stufen zur Haustür hinaufführten, bot reichlich Platz zum Parken.

Sowie sie den Motor abgeschaltet hatte, hörte sie das Gewehrfeuer. Die Schießparty war in vollem Gange, irgendwo hinter dem hoch aufragenden Kasten. Sie entdeckte Newmans Mercedes 280 E, der am Ende zweier Reihen von Wagen parkte, ungefähr zwanzig Stück, darunter mehrere BMW, ein Ferrari und ein Lamborghini. Dawlish schätzte Geld bei seinen Schießparties. Sie sah auf die Uhr. 11.50. Zehn Minuten zu früh. Wenn sie

Fremden einen Besuch abstattete, überraschte sie sie gern. Manchmal ertappte man sie bei etwas, das sie lieber geheimgehalten hätten.
Sie schloß den Wagen ab und stieg nicht die Treppe zur Haustür hinauf, sondern ging um den linken Flügel des Gebäudes herum. Dahinter erstreckte sich eine riesige, an zwei Seiten von hohen Tannen begrenzte Rasenfläche bis zu einem großen, in die Alde hineinragenden Bootsanleger.
Sie zählte etwa dreißig Gewehre in den Händen von Männern unterschiedlichen Alters, die alle elegant – zum Teil sogar geckenhaft – gekleidet waren. Die Temperatur lag nur knapp über dem Gefrierpunkt, und sie trug einen knielangen Wildledermantel und einen seidenen Schal. Die Schützen ignorierten die schwarzen Tonscherben, die auf den Rasen herabregneten. Sie hatten sich am Rand der Rasenfläche verteilt und schossen einer nach dem anderen. Sie sah, wie Marler zielte, als fünf weitere Ziele hochflogen. Er verfehlte drei von den fünfen, und in einem kurzen Moment der Stille konnte sie seine unverwechselbare Stimme hören.
»Ich treffe die verdammten Dinger einfach nicht…«
So siehst du aus, dachte sie. Wenn du wolltest, könntest du sie alle vom Himmel holen.
Sie schaute auf, als sie einen tief fliegenden Hubschrauber hörte. Er kam über die Baumwipfel, verharrte kurz, flog dann über das Gebäude hinweg außer Sichtweite. Einen Augenblick lang dachte Paula, es könnte sich um eine Maschine der Küstenwache handeln, und versuchte, ihre Kennzeichen festzustellen. Soweit sie sehen konnte, hatte sie keine. Sie blickte an der Hauswand empor und sah, wie ein satyrähnlicher Wasserspeier auf sie herabgrinste.
»Der Typ da oben auf dem Dach scheint ziemlich scharf auf Sie zu sein«, erklärte eine blasierte Stimme.
Sie fuhr herum, und ein kinnloser Jüngling beäugte sie mit unverhohlenem Interesse. Das Gewehr lag in einem affektierten Winkel auf seiner Schulter.
»Sie müssen zum Harem seiner Lordschaft gehören«, fuhr er fort. »Er ist da drüben…« Er ruckte mit dem Kopf. »Wartet auf Sie. Und kann es kaum erwarten, da bin ich ganz sicher.«
Paula musterte ihn kalt. »Ich habe einen anderen Vorschlag. Weshalb verschwinden Sie nicht einfach?«
»Wenn Sie es wünschen.«
Der junge Geck schlenderte davon, und Paula schaute in die Richtung, in die er gewiesen hatte. Newman sprach mit einem schwer gebauten, mittelgroßen Mann in Reitkleidung. Dawlish hörte mit finsterer Miene zu, und

plötzlich verstummten die um den Rasen herum versammelten Männer, als spürten sie, daß etwas Dramatisches vorging. Marler stand hinter Newman und zündete sich eine seiner King Size-Zigaretten an. Paula hörte den Wortwechsel ganz deutlich.
»Was war das für eine Frage, die Sie da eben gestellt haben?« grollte Dawlish.
»Ich habe gehört, daß Sie hier ganz in der Nähe eine Waffenfabrik haben. Soweit ich informiert bin, ist das ihre größte Einkommensquelle. Und jetzt, da der Kalte Krieg zu Ende ist, müssen Sie sich die Kunden für Ihre Waffen woanders suchen. Aber vielleicht sind Sie ja auch froh, daß wir nun vielleicht Frieden auf Erden haben werden – auch wenn das bedeutet, daß Sie nicht mehr von Kriegen profitieren können.«
»Sie waren als Gast zu meiner Party eingeladen«, knurrte Dawlish mit einer Hand in der Tasche seiner Reithose. »Und jetzt versuchen Sie, ein Interview aus mir herauszuholen. Für den *Spiegel*, wie Sie behaupten...«
»Sind Sie denn nicht an Publicity interessiert?« fuhr Newman verbindlich fort. »Als einer der führenden Industriellen in der westlichen Welt? Wie es heißt, können Sie Waffen an Leute und Länder verkaufen wie kein anderer. Sie müssen Beziehungen zu den höchsten Stellen haben...«
»Dort geht es hinaus«, fuhr Dawlish auf und zeigte mit dem Daumen auf den Parkplatz. »Wenn Sie nicht in zwei Minuten das Grundstück verlassen haben, lasse ich Sie hinauswerfen.«
»Die Mühe können Sie sich sparen«, erklärte Newman gelassen. »Die Gangster, die Sie da angeheuert haben, haben vermutlich andere schmutzige Arbeit zu erledigen...«
»Gangster?« Dawlish tat einen Schritt auf Newman zu. Er wirkte cholerisch. Zu hoher Blutdruck? fragte sich Paula.
»Ihre sogenannten Wildhüter und Treiber«, fuhr Newman fort, »in ihren schicken neuen Klamotten. Herausstaffiert, daß sie aussehen wie Leute vom Lande. Professionelle Wachmänner vermutlich. Aus respektablen Firmen hinausgeworfen?«
»*Zwei Minuten*...«
Dawlish wendete sich ab, sah sich um, winkte einem massigen Mann mit dunklem Haar heran, der eiligst herbeikam. Paula begriff, daß Dawlish kaum etwas entging; er strebte direkt auf sie zu, während der andere Mann sich zu ihm gesellte. Sie konnte den ersten Teil seiner Anweisungen hören.
»Rufen Sie den Hubschrauber. Er soll Newman folgen. Er fährt einen alten blauen Mercedes. Große Kiste. Falls erforderlich, sollen sie ihm eine Lektion erteilen. Man hat mich vor Newman gewarnt...«

Er senkte die Stimme, und obwohl sie näherkamen, konnte sie den Rest dessen, was Dawlish sagte, nicht verstehen. Sie sah, wie Newman sein Gewehr einem der Wachmänner übergab und Marler seinem Beispiel folgte; dann gingen sie auf den Parkplatz zu, ohne auch nur einen Blick in ihre Richtung zu werfen. Sie war beunruhigt: auf der Fahrt nach Grenville Grange hatte sie keine Spur von Butler und Nield gesehen, obwohl sie wußte, daß Tweed sie angewiesen hatte, als Beschützer zu fungieren. Dann wurde ihr klar, daß sie Butler und Nield nicht hätte sehen können, wo immer sie warteten – sie waren Profis.

»Machen Sie zu, Brand. Sie fahren ab...«

Sie hörte Dawlishs letzte Anweisung an den massigen Mann, der nun davoneilte, während der Besitzer von Grenville Grange mit einem breiten Lächeln auf sie zukam und seinen Bowler abnahm.

»Miss Grey? Sie kommen früh...«

»Ich bin gern pünktlich.«

Braune Augen wie Gewehrkugeln inspizierten sie. Eine kraftvolle Hand ergriff ihren rechten Arm, und er dirigierte sie die Hintertreppe hinauf und durch eine Terrassentür. Sobald sie drinnen waren, verschloß er die Tür, zog die dichten Vorhänge zu.

»Lassen Sie mich Ihnen den Mantel abnehmen, meine Liebe...«

Als er ihr aus dem Mantel half, verweilten seine Finger ein paar Sekunden zu lange auf ihren Schultern. Er deutete auf eine große, tiefe und mit Kissen belegte Couch, während er einen Schrank öffnete, ihren Mantel auf einen Bügel hängte und in dem Schrank verstaute.

Paula sah sich nach einem Sessel um, aber Dawlish hatte das Zimmer für ihren Empfang gut hergerichtet. Auf jedem Sessel lag ein Stapel ledergebundener Bücher. Weshalb ihr nichts anderes übrig blieb, als sich an einem Ende der Couch niederzulassen. Dawlish bot ihr Scotch oder Wein an, aber sie bat um Kaffee. Er drückte auf einen Knopf an der Wand. Ein schwarzgekleideter Diener öffnete eine Tür im Hintergrund des großen Zimmers.

»Kaffee für die Dame, Walters. Einen großen Scotch für mich. Und das nächste Mal klopfen Sie an, bevor Sie hereinkommen. Machen Sie zu...«

Das scheinen seine Lieblingsworte zu sein, dachte Paula, als sie ein Notizbuch aus ihrer Umhängetasche holte und sich dabei umschaute. Die eine Wand nahmen die auf den Rasen hinausgehenden Terrassentüren ein, die anderen drei waren vom Boden bis zur Decke mit Eiche vertäfelt; in die Täfelung waren in Abständen Bücherregale eingelassen. An der Wand ihr gegenüber prasselte in einem tiefen, gewölbten Kamin ein Feuer. Es herrschte eine erstickende Hitze.

»Stört es Sie, wenn ich meine Jacke ausziehe?«
Er tat es und ließ gleichzeitig den Blick über ihre mantellose Figur wandern. Dann setzte er sich dicht neben ihr auf die Couch, legte eine Hand auf das rechte Knie ihrer übereinandergeschlagenen Beine, drückte es.
»Womit fangen wir an?« fragte er mit einem breiten Lächeln.
Von Dawlish ging eine Aura großer körperlicher Kraft aus, und trotz seiner Masse bewegte er sich sehr flink. Es ist, als säße man neben einem sexuellen Kraftwerk, dachte Paula, bevor sie antwortete.
»Wir fangen damit an, daß Sie die Hand von meiner Person nehmen.«
»Aber einer überaus reizenden Person...«
Die Nägel ihrer rechten Hand schwebten über seiner Hand. Sie hatte sehr harte Nägel. Als sich die behaarte Hand nicht bewegte, gruben sie sich sanft in den Handrücken.
»Ich bin durchaus imstande, Sie so zu kratzen, daß Blut fließt und Sie es wochenlang spüren. Und dann verlasse ich sofort das Haus. Mit anderen Worten – scheren Sie sich zum Teufel.«
»Hitzig. Das gefällt mir.«
Aber er nahm seine Hand von ihrem Knie, lehnte sich in die Kissen zurück, befingerte sein Haar auf der ihr zugewandten Seite, betrachtete sie, als sähe er sie zum ersten Mal.
»Ich stehe Ihnen zu Diensten«, sagte er schließlich.
»Soweit ich informiert bin, interessieren Sie sich für Naturschutz. Und für Unterwasser-Erkundung. Ich habe gehört, daß Sie die neue Expedition zur Erforschung von Dunwich finanzieren, dem Dorf, das im Meer versunken ist.«
»Der Kat ist für diese Arbeit wie geschaffen.«
»Wie bitte?«
Paula starrte Dawlish verblüfft an, als an die Tür geklopft wurde. Dawlish, offensichtlich erfreut über die Wirkung, die er erzielt hatte, bellte »Herein...« Sie warteten, bis Walters ein silbernes Tablett abgesetzt, Paula Kaffee eingeschenkt, Dawlish ein Kristallglas mit Scotch gereicht und das Zimmer wieder verlassen hatte.
»Hinein ins Luk!« sagte Dawlish und kippte die Hälfte seines Drinks hinunter. »Kommen Sie. Ich zeige es Ihnen.«
Bevor sie recht wußte, was geschah, hatte er ihr einen Arm um die Taille gelegt und sie auf die Beine gezogen; dann führte er sie quer durch das Zimmer zu einem Wandabschnitt rechts neben dem großen Kamin. Er drückte auf einen Knopf.
Sie hörte das sirrende Geräusch einer unsichtbaren Maschinerie. Ein großes

Stück der Wandvertäfelung glitt nach oben und enthüllte etwas, was Paula an die Dioramen erinnerte, die sie in Heeresmuseen gesehen hatte. Sie starrte auf eine riesige Glasscheibe, die wie ein Bullauge geformt war. Dahinter lag das Modell eines seltsamen Schiffes auf einem Stück blauem Meer. Dawlish drückte noch einmal auf den Knopf, und das merkwürdige Gefährt pflügte sich durch Wellen, die plötzlich vor seinem Bug erschienen.

Paula hatte nach wie vor ihr Notizbuch und ihren Stift in der Hand. Einen Augenblick lang erstarrte ihre Miene. Dawlish musterte sie belustigt, hielt ihre Angst für Verblüffung. Paula betrachtete die Replik des unheimlichen Schiffes, das sie und Karin gesehen hatten, als sie bei Dunwich wieder aufgetaucht und in ihr Schlauchboot gestiegen waren, auf der Flucht vor den Tauchern mit Messern zwischen den Zähnen. Um sich ihre Reaktion nicht anmerken zu lassen, kritzelte sie ein paar Worte in unentzifferbarer Kurzschrift in ihr Buch.

»Der Kat«, sagte Dawlish, von Besitzerstolz erfüllt. »Die Abkürzung für eine großartige Erfindung. Ein Katamaran mit einem Doppelrumpf. Anstatt über die Wellen hinwegzugleiten wie gewöhnliche Schiffe, zerteilt er sie, schneidet in sie ein. Höchstgeschwindigkeit zweiundvierzig Knoten. Ich habe ihn *Steel Vulture* genannt. Wenn man ihn von einem anderen Schiff aus auf sich zukommen sieht, ähnelt er einem Geier, der sich durchs Wasser pflügt.«

Innerlich zitternd betrachtete Paula das Schiff, während Dawlish auf einen weiteren Knopf drückte. Das Modell kehrte zu seiner ursprünglichen Position an der linken Seite zurück. Dawlish setzte es wieder in Bewegung. Auf der »See« bildeten sich weitere Wellen. Die *Steel Vulture* fuhr nach rechts.

»Sie ist ungewöhnlich breit«, stellte sie fest.

»Sie bietet Platz für mehr als hundert Personen«, fuhr Dawlish stolz mit seinen Erläuterungen fort. »Und für eine ganze Menge schwerer Fahrzeuge. Sie ist gebaut wie eine Autofähre. Ein größeres Schiff dieser Art vekehrt zwischen Portsmouth und Cherbourg. Aber die *Vulture*, die in Norwegen gebaut wurde, hat mehr technische Finessen.«

Fast hypnotisiert betrachtete Paula das doppelte Kielwasser, das hinter dem Heck aufbrandete. Sie zwang sich zum Weiterreden.

»Wo bringen Sie ein solches Schiff unter?«

»Wenn es nicht auf See ist, liegt es in Harwich.«

»Und Sie sagten, Sie benutzen es für Erkundungsarbeiten in Dunwich?«

»Oft. Sie ist das Mutterschiff für die Taucher, die dort hinuntergehen, um

den versunkenen Ort zu vermessen. Hätten Sie vielleicht Lust zu einer Spazierfahrt auf meinem neuesten Spielzeug?«
»Ja, ich glaube, das könnte ich in meinem Artikel verwenden«, stimmte Paula automatisch zu. »Sie können sich mit mir über die Redaktion von *Woman's Eye* in Verbindung setzen. Ich bin viel unterwegs.«
»Also wollen Sie die Unterwasser-Forschung zum Thema ihres Artikels machen? Das letzte Mal haben sich 1979 einige Tauchclubs dort unten umgesehen. Ich betreibe die Forschung in wesentlich größerem Maßstab. Schließlich kann ich mir die Ausrüstung leisten ...«
Er redete begeistert weiter, drückte auf die verschiedenen Knöpfe, beförderte das Modell an seinen Ausgangspunkt zurück, ließ das Stück Täfelung wieder heruntergleiten, das das bewegliche Diorama verbarg. Paula kehrte zur Couch zurück und setzte sich. Dann sagte sie etwas, was die bisher freundschaftliche Atmosphäre schlagartig veränderte.
»Die Unterwasser-Forschung kostet bestimmt eine Menge Geld, aber soweit ich weiß, bringen Ihre Rüstungsfabriken ein Vermögen ein. Bereitet Ihnen das keine schlaflosen Nächte? Daß Sie ein Händler des Todes sind?«
Er durchquerte das Zimmer, ließ sein beträchtliches Gewicht neben ihr auf die Couch fallen, packte ihr Handgelenk und umklammerte es wie eine stählerne Handschelle. Seine Miene war bedrohlich.
»Wie zum Teufel kommen Sie auf eine solche Frage?«
Paula fragte sich, wo Newman und Marler stecken mochten. Ihr wäre wesentlich wohler gewesen, wenn sie nicht so früh abgefahren wären.

Sechzehntes Kapitel

Newman hatte die Halbinsel bei Iken so schnell wie möglich verlassen. Marler saß neben ihm auf dem Beifahrersitz. Sie fuhren auf einer Straße, die von Hecken gesäumt war, hinter denen mit Rauhreif überzogene Felder lagen. Die Sonne war eine verschwommene Scheibe, und zwischen den Bäumen driftete weißer Nebel wie ein langsam schwingender Vorhang.
»Möchten Sie vielleicht einen Blick auf Dawlishs Waffenfabrik im Wald an der Straße nach Orford werfen?« erkundigte sich Marler.
»Woher wissen Sie, daß dort Waffen hergestellt werden?«
»Was würden Sie denn vermuten? Mitten in der Wildnis? Umgeben von einem hohen Maschendrahtzaun, der unter Strom steht. Dahinter patrouillierende Wachmänner mit Hunden. Meinen Sie vielleicht, dort würden Bonbons hergestellt?«

»Warum nicht, wenn Sie so scharf darauf sind«, willigte Newman ein. »Dirigieren Sie mich.«

»Dort oben auf der Kuppe nach links, dann noch einmal nach links, wenn Sie die Hauptstraße nach Snape Maltings erreicht haben. Dann auf der Landstraße nach Orford.«

»Da ist jemand hinter uns.«

»Ich weiß. Habe es im Außenspiegel gesehen. Ein Ford Sierra. Aber ich habe nicht gesehen, wo Nield und Butler sich an uns gehängt haben.«

»Schließlich sind sie Profis. Was meinen Sie, wie ist die Party gelaufen? Sie sind ein miserabler Schütze, wenn Sie es darauf anlegen.«

»Ich habe es darauf angelegt«, bemerkte Marler. »Und Sie haben Dawlish ganz schön eingeheizt. Mußten Sie ihm so viel Feuer unter dem Hintern machen?«

»Das war Absicht. Wenn ein Mann in die Enge getrieben wird, sagt er manchmal mehr, als er eigentlich zu sagen vorhatte.«

»Soweit ich weiß, war das einzige, was er sagte, daß wir verschwinden sollten. Haut ab, oder ich lasse euch hinauswerfen.«

»Ich habe mein Ziel erreicht und ihn aus der Fassung gebracht. Um Paula die Arbeit zu erleichtern. Sie haben natürlich gesehen, wie sie ankam. Und nachdem Dawlish uns befohlen hatte, schleunigst zu verschwinden, hat er sich auf sie gestürzt. Er wird sein blaues Wunder erleben, wenn er versucht, sie zu betatzen.«

»Aber Sie könnten sie auch in eine Bredouille gebracht haben«, wendete Marler ein. »Er dürfte nicht gerade bester Laune sein.«

»Was sie bemerken und geschickt ausnutzen wird. Ich bin sicher, daß sie mit ein paar interessanten Informationen zurückkommt.«

»Hauptsache, sie kommt überhaupt zurück...«

Fünf Minuten später hatte Newman die Stelle erreicht, an der er nach links abbiegen mußte, und jetzt fuhren sie durch eine noch einsamere Landschaft in Richtung Orford. Um sie herum herrschte eine unglaubliche Stille, als Newman den Motor abgestellt hatte und für eine Minute anhielt. Beiderseits der Straße erstreckten sich Nadelwälder – Tannen und Kiefern – über eine hügelige Heidelandschaft. Sie hatten bereits einen Sandweg passiert, der von der Straße in die Wildnis abzweigte und dann um eine Biegung herum verschwand. Marler zündete sich eine Zigarette an.

»Der Eingang zu dem Schädel mit den gekreuzten Knochen liegt gleich hinter der übernächsten Kurve«, bemerkte er.

»Und woher wissen Sie, daß dieser Laden etwas mit Dawlish zu tun hat?«

»Weil ich einen guten Detektiv abgeben würde.« Marler lächelte. »An der

Unterkante von einem der an dem Zaun hängenden Warnschilder steht in kleinen Buchstaben etwas geschrieben. *Dawlish Conservation Ltd.* Wobei ich mir allerdings nicht vorstellen kann, weshalb für einen Naturpark all diese Schutzvorrichtungen erforderlich sein sollten, von denen ich Ihnen berichtet habe.«

»Eben habe ich das Geräusch eines Motors in der Luft gehört.«

»Hörte sich an wie ein Hubschrauber. Unwahrscheinlich, daß hier draußen ein Verkehrshubschrauber herumfliegt. Könnte eine Maschine der Küstenwache gewesen sein.«

»Könnte auch etwas anderes gewesen sein.« Newman startete den Motor. »Fahren wir weiter und sehen wir zu, was passiert.«

»Hier draußen? Ich würde sagen, am hellichten Tage passiert hier nichts.«

Newman war sich plötzlich der beunruhigenden Tatsache bewußt, daß sie beide unbewaffnet waren und sich nicht verteidigen konnten. War es die unheilschwangere Atmosphäre, die über der Landschaft zu liegen schien? Die völlige Abgeschiedenheit dieses Teils der Welt? Seit sie Iken verlassen hatten, war ihnen kein einziges Fahrzeug begegnet.

Newman fuhr ganz langsam die gewundene Straße entlang, warf ständig Blicke in das Unterholz zu beiden Seiten der Straße. Er fühlte sich irgendwie eingeengt. Sie umrundeten die erste Kurve, und vor ihnen lag ein weiteres Stück leerer Straße, das nach ungefähr hundert Metern hinter einer weiteren Kurve verschwand.

»Wir könnten aussteigen und zu Fuß weitergehen«, bemerkte Marler, der keinerlei Gefahren zu fürchten schien.

»Warum sollten wir?« fuhr Newman ihn an.

»Noch eine Kurve, und dann liegt Dawlishs kleine Privatwelt auf unserer linken Seite...«

Newman fuhr weiterhin im Schrittempo. Er runzelte die Stirn, drückte auf den Knopf, der das Schiebedach aufgleiten ließ. Marler streifte die Asche von seiner Zigarette in den Aschenbecher.

»Wollen Sie, daß wir erfrieren? Es ist verdammt kalt in diesem Wald.«

»Still! Hören Sie!«

Newman konnte das Geräusch jetzt ganz deutlich hören. Das Tuckern des Hubschraubers, der aus einer anderen Richtung zurückkehrte. Sie fuhren um die zweite Kurve. Jetzt verlief die Straße über eine weite Strecke schnurgerade. Der Wald war an beiden Seiten zurückgewichen, und an seiner Stelle erstreckten sich Streifen flacher Heidelandschaft hinter den niedrigen Hecken. Zu ihrer Linken tauchte ein hoher Maschendrahtzaun auf, an dem in Schulterhöhe Metallschilder hingen.

Der Zaun war ungefähr zweihundert Meter lang, und in der Mitte befand sich ein zweiflügeliges Tor, gleichfalls aus Maschendraht. Hinter dem Tor führte ein breiter Kiesweg zu einem Wäldchen. Sie konnten gerade noch einstöckige Gebäude erkennen, aus Beton und fensterlos. Newman fand es eigenartig, daß keine Spur von den Wachmännern und den Hunden zu entdecken war, von denen Marler ihm berichtet hatte.
Er hielt gegenüber dem verschlossenen Tor an, ließ den Motor aber laufen. Marler stieg aus, ging zu dem Tor, dann schritt er die Strecke, auf der sie gekommen waren, methodisch ab, bis er einen Betonpfosten erreicht hatte. Dann kehrte er zum Wagen zurück. Durch das offene Dach konnte Newman den jetzt wesentlich näheren Hubschrauber hören. Er schien außerhalb ihrer Sichtweite zu kreisen.
»Was zum Teufel haben Sie da getrieben?« fragte er, als Marler wieder eingestiegen war.
»Ich wollte feststellen, ob man den Elektrozaun im Dunkeln mit einem Schraubenzieher mit Holzgriff kurzschließen kann.«
»Und weshalb, wenn ich fragen darf?«
»Das haben Sie gerade getan, alter Junge. Antwort: für den Fall, daß ich mich entschließen sollte, wiederzukommen und mir in der Nacht diesen Laden hier genauer anzusehen.«
»Das würde ich nicht empfehlen. Nicht allein ...«
Newman betrachtete den Weg. Die Spuren darauf ließen erkennen, daß er von schweren Fahrzeugen mit breiten Reifen benutzt worden war. Ihm mißfiel noch immer das Fehlen jeden Anzeichens von Leben. Es war, als hätte jemand den Befehl gegeben, daß alle Wachen sich außer Sichtweite zurückziehen sollten. Und er konnte das Gefühl nicht abschütteln, daß unsichtbare Augen sie beobachteten.
»Kommt Ihnen wohl ein bißchen unheimlich vor?« erkundigte sich Marler.
»Es ist jedenfalls kein Ort, an dem ich ein Picknick abhalten möchte.«
»Ist Ihnen schon der Gedanke gekommen, daß Dawlish die Wachen als Verstärkung nach Grenville Grange beordert haben könnte? Schließlich waren heute morgen eine Menge Gäste dort.«
»Ich glaube nicht, daß das die Erklärung ist«, sagte Newman langsam und schaute sich überall um. »Schließlich ist Dawlish Millionär. Er könnte so viele Wachleute einstellen, wie er für erforderlich hält ...«
Er brach ab, als ein ohrenbetäubendes Dröhnen die Stille mordete. Ungefähr eine Minute lang war das Motorengeräusch des Hubschraubers schwächer geworden. Jetzt schien er direkt über ihnen zu schweben. Newman drückte auf den Schalter, der das Dach schloß, löste die Handbremse, gab

Gas. Im gleichen Augenblick erhoben sich Männer mit Gewehren aus den Gräben hinter dem Zaun, in denen sie sich versteckt hatten. Ein Hagel von Schrotkugeln prallte vor und hinter dem Mercedes auf die Straße. Newman stellte fest, daß keine davon den Wagen traf. Sie waren genötigt, auf der geraden Straßenstrecke weiterzufahren.

»Vor uns ...« warnte Marler.

Etwas schoß etwa zwanzig Meter vor dem Wagen über die Straße. Ein Fuchs, von dem Lärm aufgeschreckt, suchte Deckung. Hinter ihm kam plötzlich der graue Hubschrauber über die Baumwipfel. Dann änderte der Pilot den Kurs, flog direkt auf sie zu. Etwas fiel aus der Maschine, landete auf der Straße. Blendendes Licht gleißte auf. Newman kniff die Augen zusammen, riß das Lenkrad herum, konnte dem Gleißen ganz knapp ausweichen. Der Hubschrauber fegte über sie hinweg.

»Magnesiumfackel«, sagte Newman verbissen. »Wenn uns so ein Ding trifft oder ich darüber hinwegfahre, geht der Tank hoch.«

»Er wird wiederkommen«, bemerkte Marler, der sich auf seinem Sitz umgedreht hatte und nach hinten schaute.

»Und das nächste Mal könnte es uns erwischen ...«

Newman gab noch mehr Gas, hätte alles für eine gewundene Straße gegeben. Diese endlose gerade Strecke machte sie zu einem idealen Ziel – der Pilot konnte mühelos ihre vermutliche Position im voraus berechnen.

»Er ist fort«, berichtete Marler.

»Bereitet sich auf einen neuen Anlauf vor«, prophezeite Newman.

Er hatte kaum ausgesprochen, als sie sahen, wie der Hubschrauber ein ganzes Stück vor ihnen wieder auftauchte und genau über der Straße auf den Mercedes zuflog. Im gleichen Augenblick sah Newman, wie hinter ihnen der Ford Sierra mit Höchstgeschwindigkeit heranjagte.

In dem Ford saß Nield am Steuer. Neben ihm hatte Butler sein Fenster heruntergekurbelt und seinen Sicherheitsgurt gelöst. Jetzt lehnte er sich, den Rücken gegen die Sitzlehne gepreßt, aus dem Fenster und hielt mit beiden Händen seine Walther umklammert. Die Straßendecke war gut, was ihm half, seine Waffe ruhig zu halten.

Der Hubschrauber näherte sich Newmans Wagen, der vor dem Ford herfuhr. Diesmal war es keine Magnesiumfackel. Statt dessen quoll Rauch, dicker schwarzer Rauch, aus dem Heck der Maschine. Der Rauch driftete schnell und schwer herunter. Der Hubschrauber war noch ungefähr dreihundert Meter von Newmans Wagen entfernt. Wie ein Flugzeug, das ein Schädlingsbekämpfungsmittel ausbringt, besprühte er die Straße mit dem Rauch. Newman nahm den Fuß vom Gas, trat auf die Bremse.

»Was zum Teufel haben Sie vor?« wollte Marler wissen.
In dem Ford zielte Butler mit seiner Walther auf die Pilotenkanzel. Die Chance, daß er einen direkten Treffer landete, stand eine Million zu eins, aber es war die einzige Chance, die er hatte. Er zog den Abzug durch und leerte das Magazin; seine Knöchel wurden weiß von der Anstrengung, die Waffe auf ihr Ziel gerichtet zu halten.
Aus dem Hubschrauber begann eine andere Art von Rauch hervorzuquellen. Und während die Maschine bisher pfeilgerade Kurs gehalten hatte, fing sie jetzt an zu beben und zu schwanken. Plötzlich schwenkte sie von der Straße ab, eine Flamme schoß hoch, dann verschwand sie hinter den Bäumen. Die Schockwelle einer Explosion ließ die beiden Wagen erbeben. Über dem Wald stieg eine Säule von öligem Qualm auf, dann herrschte Stille. Newman brachte seinen Wagen kurz vor dem wirbelnden Rauch zum Stehen. Hinter ihm wurde Nield langsamer und hielt dicht bei dem Mercedes an. Ein weiterer Fuchs kam hervorgeschossen, lief durch die Ausläufer des Rauchs. Plötzlich hörte er auf zu laufen, bäumte sich fast senkrecht auf, kippte auf die Straße und rührte sich nicht mehr,
»Deshalb«, sagte Newman, »bin ich langsamer gefahren...«
Er stieg aus, gefolgt von Marler und Butler, der inzwischen nachgeladen hatte. Newman wartete, bis der Rauch sich verzog, und näherte sich dann langsam dem Tier. Der Fuchs lag auf der Seite, sein buschiger Schwanz ebenso flach und reglos wie der Körper. Seine Augen waren hervorgequollen, sein Maul stand weit offen. Newman berührte ihn mit dem Fuß. Es war, als berührte er einen Stein – der Kadaver war stocksteif.
»Ich möchte ihn im Kofferraum mitnehmen, damit er untersucht werden kann.«
»Warum das?« fragte Marler.
»Weil das kein gewöhnlicher Rauch war, mit dem der Hubschrauber uns besprühen wollte. Er enthielt irgend etwas, das – wie Sie sehen – tödlich war...«
Er kehrte zu seinem Wagen zurück, gab Butler eine kurze Erklärung und holte ein Stück Sackleinen aus dem Kofferraum. Dann zog er ein Paar alte Schaffell-Handschuhe an. Sie kehrten zurück zu der Stelle, an der der tote Fuchs lag.
Butler, der gleichfalls Handschuhe übergestreift hatte, half ihm, den Fuchs auf das Sackleinen zu legen, das sie auf der Straße ausgebreitet hatten, den Kadaver darin einzurollen und zum Wagen zurückzutragen. Als er sicher im Kofferraum verstaut war, zog Newman seine Handschuhe aus und warf sie auf das Bündel.

»Ich empfehle Ihnen, dasselbe zu tun«, sagte er zu Butler.
Als beide Paar Handschuhe darin lagen, machte er den Deckel zu. Dann schlug er Butler kurz auf die Schulter.
»Danke, daß Sie uns gerettet haben, Harry. Ohne sie wären wir jetzt genau so tot wie dieser Fuchs.«
»Gehört zum Job«, erwiderte Butler auf die für ihn typische Art. »Und wohin jetzt?«
»Zurück zum Brudenell. Tweed ist heute morgen schon zeitig aufgebrochen, also werden wir vermutlich unsere Rechnung bezahlen und auch nach London zurückfahren.« Er warf einen Blick auf Marler, der dicht neben ihm stand. »Jedenfalls hat es funktioniert.«
»Was hat funktioniert?«
»Daß ich Lord Dawlish aufgestöbert habe. Diese Hubschrauberattacke war ein schwerer Fehler. Damit hat er sich verraten. Tweed wird sehr interessiert sein.«

Siebzehntes Kapitel

Tweed war beunruhigt während seiner morgendlichen Heimfahrt zum Park Crescent. Zu dieser Party bei Lord Dawlish hatten sich zu viele Leute eingefunden. Nicht genug, daß Newman und Marler dort waren – Paula hatte sich für ihr Interview denselben Vormittag ausgesucht.
Seine Unruhe wuchs, als er London erreichte, und als er seinen Wagen in der Nähe der Zentrale abstellte, war er zu einem Entschluß gelangt. Er eilte die Treppe zu seinem Büro hinauf, öffnete die Tür und erteilte Monica seine Anweisungen, noch bevor er den Mantel ausgezogen hatte.
»Dringend.« Er sah auf die Uhr. 12.30 Uhr. Paula war um zwölf verabredet gewesen. »Sehr dringend. Finden Sie die Nummer von Lord Dane Dawlish in Grenville Grange in der Nähe von Aldeburgh heraus. Wenn Sie sie haben, geben Sie sie mir gleich.«
Nachdem er seinen Mantel ausgezogen und sich an seinem Schreibtisch niedergelassen hatte, schlug er eine Akte auf, aber was er las, drang kaum in sein Bewußtsein. Monica hatte Mühe, die Nummer herauszufinden. Sie war in keinem Verzeichnis eingetragen. Nachdem sie es vergeblich bei der Auskunft versucht hatte, rief sie einen Freund von Tweed im Sonderdezernat an.
Ein paar Minuten später legte sie den Hörer auf, schrieb die Nummer auf ein Blatt Papier, riß es von ihrem Notizblock ab und brachte es Tweed.

»Tut mir leid, daß es so lange gedauert hat...«
»Hauptsache, ich habe sie. Ich rufe selbst an. Es könnte sein, daß ich eine Abschirmung von Handlangern durchbrechen muß...«

Als Dawlish ihr Handgelenk umklammerte, hatte Paula mit kalter Wut reagiert.
»Wenn Sie nicht sofort loslassen, gehe ich auf der Stelle. Und der Artikel wird Ihnen nicht gefallen. Überschrift? *Lord Dawlish mißhandelt Frauen.* Das dürfte Ihrem Image nicht gerade zuträglich sein.«
Dawlish ließ ihr Handgelenk los. Mit noch immer gerötetem Gesicht wiederholte er seine Frage gelassener.
»Wer zum Teufel hat Sie angewiesen, mich nach dem Rüstungsgeschäft zu fragen? Vor nicht einmal zehn Minuten hat mir ein anderer die gleiche Frage an den Kopf geworfen.«
»Ich bin nicht irgendein anderer. Und zu Ihrer Information – ich erhalte von niemandem Anweisungen. Schließlich lag die Frage auf der Hand – Sie besitzen Rüstungsfabriken. Ich mache meine Hausaufgaben, bevor ich jemanden interviewe. Oder ziehen Sie es vor, diesem Thema auszuweichen?«
»Es ist kein Thema, dem ich ausweichen müßte, wie Sie es ausdrücken. Ich besitze außerdem ganze Ketten von Supermärkten in Amerika, die meine Haupteinkommensquelle sind.« Er beugte sich näher zu ihr heran. »Ich ernähre Menschen. Die Rüstung ist ein Nebengeschäft. Aber ich vermute, wie alle Reporter sind Sie auf eine Sensationsmasche aus.«
»Was ich will, ist ein ausgeglichener Bericht. Sie haben wirklich ein weitgespanntes Betätigungsfeld, und das wird in meinem Artikel zum Ausdruck kommen. Supermärkte, die Finanzierung der Erforschung eines versunkenen Dorfes. Ich glaube, ich werde mich auf das letztere konzentrieren. Es ist ungewöhnlich.«
»Habe ich Ihr Wort?« bellte Dawlish.
»Sind Sie taub? Ich habe Ihnen schon einmal erklärt, was ich vorhabe.«
»Ich mag Frauen, die wissen, was sie wollen.« Dawlish wurde wieder liebenswürdig. »Ich verbringe die Hälfte meiner Zeit damit, irgendwelche Dickschädel zu veranlassen, daß sie meinen Anordnungen richtig Folge leisten. Nur auf diese Weise bin ich dahin gekommen, wo ich jetzt stehe. Sie sind sehr intelligent. Ich hätte die Beherrschung nicht verlieren dürfen. Es hat draußen einen kleinen Zwischenfall gegeben, bevor ich Sie traf. Ich bitte um Entschuldigung.« Er lächelte. »Wollen Sie nicht ein Glas Wein mit mir trinken, zum Zeichen dafür, daß alles wieder in Ordnung ist? Und später zeige ich Ihnen dann das Haus. Ich habe oben ein paar interessante Bilder.«

Oben? Schlafzimmer. Da haben wir es wieder, dachte Paula, während sie den Kopf schüttelte. »Wenn es Ihnen recht ist, bleibe ich bei Kaffee.«
»Kaffee können Sie auch oben bekommen«, beharrte Dawlish. »Ich habe dort einen Rubens. Das wäre doch etwas für Ihren Artikel.«
»Ich mag Rubens nicht.«
»Aus welchen Quellen haben Sie erfahren, daß eine meiner nebensächlichen Aktivitäten das Waffengeschäft ist?« Dawlish warf ihr die Frage ganz plötzlich an den Kopf.
Paula schwieg. Sie spürte, daß ihre Lage sehr unerfreulich werden konnte. Dawlish war es nicht gewohnt, von Frauen abgewiesen zu werden. Sein Verhalten und seine Miene waren aggressiv geworden. Das Telefon läutete. Dawlish schürzte verärgert die dicken Lippen, nahm von dem auf dem Tisch stehenden Apparat den Hörer ab.
»Wer zum Teufel ist das? Wer ruft an? Ich verstehe. Stellen Sie ihn durch. – Ja, hier Dawlish.«
»Hier spricht Chefinspektor Buchanan, Scotland Yard«, sagte Tweed. »Soweit ich weiß, ist eine Paula Grey bei Ihnen. Ich möchte, daß Sie sofort für ein Verhör zum Hotel Brudenell zurückfährt. Und wenn ich sage sofort, dann meine ich sofort.«
»Das kommt im Moment sehr ungelegen.«
»Dann machen Sie es gelegen. Ich habe einen Mord zu untersuchen – das hat Vorrang, ob es jemandem paßt oder nicht. Holen Sie sie an den Apparat, Dawlish. *Sofort!*«
Dawlish schaute wütend drein. Er unternahm einen weiteren Versuch, die Abfahrt seiner Besucherin hinauszuzögern.
»Sie könnte in ungefähr einer Stunde losfahren ...«
»Und ich könnte einen Streifenwagen schicken, der sie abholt. Ich finde Ihre mangelnde Bereitschaft zur Kooperation etwas merkwürdig«, fuhr Tweed fort.
»Einen Moment.«
Dawlish schob Paula das Telefon zu. Dann hob er die Stimme, so daß er am anderen Ende der Leitung zu hören war.
»Chefinspektor Sowieso besteht darauf, mit Ihnen selbst zu sprechen. Er wird Ihnen sagen, was er von Ihnen will.«
»Miss Grey?« Tweed sprach schnell. »Hier ist Chefinspektor Buchanan. Würden Sie bitte sofort zum Hotel Brudenell zurückfahren? Ich brauche noch weitere Informationen von Ihnen ...« Dann flüsterte Tweed mit seiner normalen Stimme: »Sehen Sie zu, daß Sie schnell herauskommen. Mir gefällt Dawlishs Laune nicht.«

Paula gelang es, sich nichts anmerken zu lassen. Zuvor hatte er sich genau wie Buchanan angehört.
»Geht in Ordnung, Chefinspektor. Ich weiß zwar nicht, wie ich Ihnen helfen kann, aber da Sie darauf bestehen, fahre ich sofort ab. Ich bin spätestens in einer halben Stunde bei Ihnen. Bis gleich also.«
Sie legte den Hörer auf, steckte Notizbuch und Stift in ihre Umhängetasche. Dann stand sie auf, ging schnell zu dem Wandschrank und war in ihren Mantel geschlüpft, bevor Dawlish sie erreichen konnte. Sie drehte sich zu ihm um.
»Ich bin sicher, daß ich genügend Material für meinen Artikel in *Woman's Eye* habe. Vielen Dank dafür, daß Sie so liebenswürdig waren, mich zu empfangen.«
Dawlish schob eine Hand in die Tasche seiner Reithose. Er machte einen verärgerten und enttäuschten Eindruck und stand da wie eine Statue.
»Um was geht es? Sind Sie in Schwierigkeiten?«
»Ich habe die Leiche einer Frau entdeckt, die kürzlich in der Nähe von Aldeburgh ermordet wurde.«
»Ich habe davon gelesen. Karin...« Er schnippte mit den dicken Fingern seiner anderen Hand.
»Rosewater.« Sie beobachtete seine Augen, die wieder Gewehrkugeln glichen. »Sie war eine Deutsche mit einem englischen Mann. Niemand weiß, weshalb sie ermordet wurde.«
»Wahrscheinlich war es irgendein Psychopath. Und jetzt sollten Sie lieber abfahren und sich bei Inspektor Plattfuß melden. Ich möchte nur wissen, woher er wußte, daß Sie hier sind.«
»Er weiß, daß ich im Brudenell abgestiegen bin. Er brauchte nur nachzufragen – ich habe mich beim Personal erkundigt, wie ich nach Grenville Grange komme«, log Paula geschickt.
»Vergessen Sie nicht meine Einladung zu einer Fahrt mit dem Kat«, sagte Dawlish, als er sie durch die geräumige Halle zur Vordertür begleitete. »Hier ist meine Karte mit meiner Nummer. Sie steht nicht im Telefonbuch, also erwähnen Sie sie um Himmels willen nicht in Ihrem Artikel.«
»Ich verspreche es«, sagte Paula und nahm die goldgeränderte, geprägte Karte entgegen.
»Lassen Sie mich wissen, wann Sie Zeit haben«, bedrängte Dawlish sie liebenswürdig; eine Hand lag auf ihrem Arm. »Dann können Sie zwischen mehreren Terminen wählen.«
Als er einen Flügel der Doppeltür öffnete, drehte Paula plötzlich den Kopf. Rechts von ihr befand sich eine Tür, die in die Halle führte. Sie stand einen

Spaltbreit offen, und in dem Spalt bemerkte sie einen Mann, der sie beobachtete. Dann wurde die Tür geschlossen.
Sie ließ sich auf den Sitz hinter dem Lenkrad ihres Wagens sinken und seufzte vor Erleichterung. Dawlish war eine überwältigende Persönlichkeit, und sie war erschöpft von der Anstrengung, ihn abzuwehren. Sie drehte den Zündschlüssel, und als sie die Auffahrt hinunter auf das große Tor zufuhr, das automatisch aufschwang, redete sie mit sich selbst.
»Dem Himmel sei Dank für Tweed...«
Im Innern von Grenville Grange ging Dawlish auf die Tür an der rechten Seite der Halle zu, öffnete sie und funkelte den Mann an, der drinnen wartete.
»Ich hoffe, sie hat Sie nicht gesehen, Sie Schwachkopf. Und jetzt kommen Sie mit und berichten Sie, Leutnant Berthier.«

Am Park Crescent starrte Monica Tweed verblüfft an. Er hatte gerade sein Gespräch mit Grenville Grange beendet.
»Da kenne ich Sie nun seit so vielen Jahren«, erklärte Monica, »und hatte keine Ahnung, daß Sie ein so guter Imitator sind. Sie haben sich wirklich angehört wie Chefinspektor Buchanan.«
»Oh, ich habe verborgene Talente.« Tweed lächelte leicht und putzte seine Brille mit dem Taschentuch. »Und jetzt müssen wir schnell handeln. Geben Sie mir René Lasalle...«
»Wird gemacht.«
»Ich spreche über Scrambler, René«, erklärte Tweed, als die Verbindung hergestellt war.
»Ich auch. Die Lage ist äußerst unerfreulich...«
»Ich arbeite daran«, versicherte Tweed ihm. »Und fast alle meine Leute. Rund um die Uhr. Und jetzt brauche ich dringend ein paar Dinge.«
»Welche?«
»Als wir Sie in Paris besuchten, haben Sie uns einige Fotos aus dem Dossier eines gewissen Herrn gezeigt. Können Sie mir ganz schnell von den folgenden Abzüge schicken? Erstens – Josette. Sie wissen, wen ich meine?«
»Ja. Von wem sonst noch?«
»Major Lamy, de Forge und Jean Burgoyne.«
»Ich mache die Abzüge von den Negativen selbst und lasse sie Ihnen von meinem persönlichen Kurier überbringen. Codename Versailles. Außerdem schicke ich Ihnen noch ein weiteres Foto. Von einem Leutnant Berthier. Gehört zu Lamys Stab. Könnte ein Verbindungsoffizier sein – und noch etwas anderes. War's das?«

»Im Augenblick, ja. Wir bleiben in Verbindung...«
»Wer ist Josette?« erkundigte sich Monica.
»General de Forges Frau. Wenn Newman nach Frankreich zurückkehrt, muß er in der Lage sein, die Hauptakteure zu erkennen.«
»Wäre das nicht gefährlich – nach dem, was bei seiner letzten Reise dorthin passiert ist?«
»Sehr gefährlich sogar, aber wie ich Bob kenne, wird er darauf bestehen, wieder hinzufahren. Er macht sich Sorgen um diese Isabelle, die sich in Arcachon versteckt. Und da war noch etwas in meinem Gespräch mit Lasalle, das mir zu denken gibt...«
Er wiederholte Lasalles Worte über Leutnant Berthier und sagte ihr, daß ein Foto unterwegs war.
»Eine sehr geheimnisvolle Bemerkung«, stellte Monica fest. »Was könnte er damit gemeint haben?«
»Ich habe keine Ahnung«, sagte Tweed schnell, zu schnell. »Aber da wir gerade von Newmans Rückkehr nach Frankreich reden – da fällt mir etwas ein.« Er schloß eine Schublade auf und holte das Foto von Sergeant Rey heraus, das Lasalle ihm in Paris gegeben hatte. »Kommen Sie her und sehen Sie sich diesen Mann an.«
»Ein widerwärtiger Typ«, erklärte Monica, nachdem sie das Foto betrachtet hatte.
»Sergeant Rey. Ich vermute, der Rang ist irreführend, vielleicht eine Tarnung. Er ist de Forges Experte für Sprengfallen. Lassen Sie im Keller sechs Abzüge machen. Newman muß einen haben – und es kann sein, daß ich ihm Verstärkung schicke, wenn die Zeit dazu gekommen ist. Jeder, der in die Nähe des Dritten Corps – oder auch nur nach Bordeaux – kommt, muß wissen, wie dieses Reptil aussieht.«
»Ich kümmere mich gleich darum...«
»Nein, zuerst verbinden Sie mich mit Otto Kuhlmann. Ich hoffe nur, er ist in seinem Büro in Wiesbaden.«
»Sie legen sich aber wirklich ins Zeug«, bemerkte Monica, als sie an ihren Schreibtisch zurückkehrte und aus dem Gedächtnis die Nummer wählte.
»Ich glaube, uns bleibt nicht mehr viel Zeit...«
»Hier Kuhlmann«, meldete sich knurrig eine vertraute Stimme. »Über Scrambler. Und das sollten Sie auch sein.«
»Ich bin es, Otto. Und Ihrer Stimme nach zu urteilen, ist etwas passiert.«
»Richtig. Ich bin dieser Siegfried-Bewegung auf der Spur. Eingeschleuste Terroristen, die vorhaben, hier das totale Chaos anzurichten.«
»Irgendwelche Hinweise?« fragte Tweed gelassen.

»Ja. Ich habe einen Tip bekommen. Von einem Engländer. Wir haben eine Wohnung in Freiburg durchsucht und ein kleines Arsenal von Waffen und Sprengstoff gefunden. Um genau zu sein – sechs Kalaschnikows, drei Kilo Semtex, Zünder und anderes Zubehör zur Herstellung von einem halben Dutzend Bomben.«

»Und wie viele Siegfried-Terroristen?«

»Keinen einzigen. Die Vögel waren ausgeflogen. Sie haben so gut aufgeräumt, daß es aussieht, als wäre eine Frau bei ihnen gewesen. Gibt es bei Ihnen etwas Neues?«

»Wir tun unser Bestes. Vielleicht habe ich bald etwas für Sie. Geduld, Otto. Ist dieser Freund von Ihnen, Stahl, noch unter der Adresse zu erreichen, die Sie mir gegeben haben?«

»Ja.«

»Übrigens, dieser Tip von einem Engländer. Könnte es sein, daß da irgendein Zusammenhang mit *Der Name der Rose* besteht?« fragte Tweed, den Titel eines berühmten Romans zitierend.

»Ja, das könnte es. Belassen wir es dabei. Und vielleicht komme ich demnächst nach London. Sogar Scrambler können abgehört werden ...«

Tweed legte den Hörer auf, beunruhigt. In Wiesbaden schien die Atmosphäre ebenso unheilschwanger zu sein wie in Paris. Eine diabolische Atmosphäre von Nervosität und Mißtrauen bei den Männern an der Spitze gegenüber ihren eigenen Mitarbeitern. Zuerst Lasalle, und nun Kuhlmann.

»Wer ist Stahl?« fragte Monica.

»Geben Sie mir eine der Top Secret-Karten. Danke. Stahl ist ein Agent von Kuhlmann, der in Bordeaux arbeitet...« Während er redete, schrieb er etwas auf die Karte. »Das ist seine Adresse und Telefonnummer – und der französische Name, den er benutzt. Ich möchte, daß für Newman ein Umschlag im Safe aufbewahrt wird.« Er gab ihr die Karte. »Die kommt in den Umschlag. Ebenso ein Abzug des Fotos von diesem üblen Typ, Sergeant Rey, sobald Sie die Abzüge bekommen haben.«

»Wird gemacht. Was sollte diese Frage nach *Der Name der Rose*?«

»Kuhlmann hatte einen Hinweis auf eine der von Siegfried benutzten konspirativen Wohnungen bekommen. Der Hinweis kam von Captain Victor Rosewater. Ich habe Ihnen erzählt, daß Paula und ich ihn in Basel getroffen haben. Paula glaubt, er wäre ein guter Kandidat für uns.«

»Hört sich an, als könnte Paula recht haben.«

In Grenville Grange führte Dawlish, sobald er mit Leutnant Berthier ins Wohnzimmer gekommen war, ein langes Telefongespräch mit New York.

Der Franzose stand am Fenster und schaute über den Rasen hinweg zum Anleger. Dahinter, in einer breiten Schleife der Alde, hatte eine luxuriöse Jacht an einer Boje festgemacht. Er sah, wie ein mit drei Männern besetztes Motorboot von der Jacht wegsteuerte. Sie hielten auf den Anleger zu, sprangen an Land und verschwanden dann um die Seitenfront des Gebäudes herum. Es waren rauhe, kräftige Männer in den Dreißigern, die sich durchtrainiert bewegten.

»Jetzt zu Ihnen, Berthier«, sagte Dawlish. »Kommen wir zur Sache. Was haben Sie zu melden?«

Berthier fuhr auf dem Absatz herum, tastete nach der Brille mit den dunklen Gläsern, schob sie tiefer in die Manteltasche. Dawlishs Verhalten war abrupt, sein Ton brüsk.

»Ich bin beauftragt, Sie zu fragen, wann die nächste Lieferung eintrifft.«

»Was für eine Lieferung?«

Dawlish beobachtete Berthiers Reaktion genau. Die Augen seines Gastes gaben nichts preis.

»Ich habe keine Ahnung, Sir. Das waren genau die Worte, die mir aufgetragen wurden.«

»Aber Sie könnten doch etwas vermuten«, beharrte Dawlish.

»Das kann ich nicht, Sir. Meine Instruktionen lauteten, Ihnen bestimmte Fragen zu stellen und später Ihre Antworten meinen Vorgesetzten mitzuteilen.«

»Zu welcher Einheit gehören Sie, Leutnant? Sind Sie tatsächlich nur Leutnant? Oder verbirgt sich dahinter ein höherer Rang?«

»Nur Leutnant, Sir. Und ich gehöre zu den Pionieren, Brückenbau und dergleichen.«

»Ich verstehe.«

Dawlish ließ sich nicht anmerken, wie beeindruckt er war. Die Sicherheitsvorkehrungen ließen wirklich nichts zu wünschen übrig.

»Die nächste Lieferung wird in ungefähr drei Wochen eintreffen. Beantwortet das Ihre Frage?«

»Das tut es. Ich danke Ihnen, Sir.«

»Entspannen Sie sich, Mann.« Dawlish wurde verbindlich. »Sie sind nicht im Dienst. Gießen Sie sich einen Drink ein. Sie brauchen nur auf den Knopf in dem Bücherregal hier zu drücken – neben *Pilgrim's Progress*.«

»Ich trinke nie, wenn ich im Dienst bin, Sir.«

»Dann gießen Sie gefälligst mir einen ein. Einen großen Scotch.«

Dawlish war wütend über die pedantische Korrektheit des Franzosen. Es war ihm nie gelungen, die kalte Maske herunterzureißen, die Berthier ihm zeigte. Wenn man ihm etwas befahl, tat er alles, was von ihm verlangt wurde. Dawlish gefiel es gar nicht, daß er den Panzer, mit dem Berthier sich zu umgeben schien, nicht zu durchdringen vermochte. Dawlish fürchtete nur wenige Männer, aber Berthier machte ihn nervös. Er nahm das Glas Scotch wortlos entgegen und leerte es zur Hälfte.

»Da ist noch eine Frage, die ich Ihnen stellen sollte«, fuhr Berthier fort. »Wo wird die Lieferung angelandet?«

»In Arcachon...«

Dawlish hätte fast hinzugesetzt »... wie die vorigen Male«, unterdrückte es aber gerade noch rechtzeitig. Vielleicht wußte Berthier wirklich so wenig über das Unternehmen, wie es der Fall zu sein schien.

»Und eine Nachricht über die genaue Ankunftszeit wird auf dem üblichen Wege vierundzwanzig Stunden vorher eintreffen?«

»Ja.«

Dawlish beließ es dabei. Wieder musterte er Berthier. Einsachtzig groß, kraftvolles Gesicht, athletischer Körperbau, große Hände, die locker herabhingen. Fast so, als stünde er auf dem Kasernenhof. Bei einer Parade. Die Augen waren blau und eiskalt. Der Prototyp einer gut trainierten Maschine.

»Wann kehren Sie zurück?« fragte Dawlish.

»Ich habe Anweisung, noch eine Weile zu bleiben und gewisse Erkundigungen einzuziehen. Ich wohne in einem Hotel.«

Dawlish hätte gern gefragt, um welches Hotel es sich handelte, aber er bezweifelte, daß er es erfahren hätte. Um sich von einem Mann, dessen Reaktionen er nicht voraussehen konnte, keine Zurückweisung einzuhandeln, nickte Dawlish nur. Er trank den Rest seines Scotch, erhob sich.

»Walters bringt Sie hinaus...«

Als Berthier gegangen war, wanderte er im Zimmer herum. Menschen, die eingedrungen und dann wieder gegangen waren, ließen eine ganz bestimmte Atmosphäre zurück. Dawlish hatte das Gefühl, als hätte gerade der Tod Grenville Grange einen Besuch abgestattet.

Achtzehntes Kapitel

Immer noch wütend über die Art, auf die Dawlish versucht hatte, sich an sie heranzumachen, freute sich Paula über den Anblick des Mannes, der aus dem Brudenell herauskam, als sie aus ihrem Wagen stieg. Victor Rosewater kam herbei, begrüßte sie und schloß sie freundschaftlich in die Arme.

»Sie sehen ein wenig mitgenommen aus«, bemerkte er. »Hatten Sie ein übles Erlebnis?«
»Es war in der Tat ein wenig unangenehm...«
Sie war überrascht und erfreut darüber, wie aufmerksam er war. Er unternahm keinen Versuch, ihr irgendwelche Fragen zu stellen, sondern sagte statt dessen genau das Richtige.
»Ich wollte gerade einen Spaziergang durch Aldeburgh machen. Aber das kann warten. Ich nehme an, Sie können einen Drink vertragen. Ich warte in der Bar, während Sie sich Ihres Mantels entledigen...«
In ihrem Zimmer verbrachte Paula ein paar Minuten mit der Überprüfung ihres Make-ups. Sie steckte ihre Lieblingsbrosche ans Revers ihres Kostüms und kämmte und bürstete ihr schwarzes Haar.
»Champagner?« fragte Rosewater, als sie sich neben ihm an die Theke setzte.
»Gern. Den kann ich brauchen.«
»Setzen wir uns irgendwo in eine ruhige Ecke«, schlug Rosewater vor, als die zwei Gläser vor ihm standen.
Wieder bewunderte sie seine Rücksichtnahme. Er hatte intuitiv erraten, daß sie vielleicht gern reden würde – aber nur, wenn niemand mithören konnte. Als sie ihm gegenübersaß, musterte sie seine Kleidung. Ein elegantes, kleinkariertes Sportjackett, eine Cordhose, die die Kälte abhielt, ein cremefarbenes Hemd und eine blaßblaue Krawatte. Er sah wirklich gut aus. Er erhob sein Glas.
»Cheers! Möchten Sie über Ihr Erlebnis reden, oder wollen wir das Thema lieber meiden?«
»Ich möchte es gern loswerden.« Ihr war etwas merkwürdig zumute bei dem Gedanken, mit dem Mann, der mit Karin verheiratet gewesen war, auf so vertrautem Fuße zu stehen. Aber Rosewater sah nicht nur gut aus; was wichtiger war – er konnte mit Frauen umgehen. Er saß aufmerksam und geduldig da, während Paula fortfuhr.
»Ich tue nebenbei ein bißchen journalistische Arbeit«, sagte sie, die Wahrheit verschleiernd. »Ich komme gerade von Lord Dane Dawlish, den ich für *Woman's Eye* interviewt habe. Es war äußerst unerfreulich. Er konnte die Hände nicht von mir lassen.«
»Aber es ist doch nichts Ernstes – wirklich Ernstes – passiert?« fragte er leise.
»Nein. Ich habe ihn abgewehrt. Ich hätte ihm das Gesicht zerkratzt.«
»Vermutlich ist es gut, daß Sie es nicht getan haben. Dawlish steht in dem Ruf, bei Frauen, die ihm nicht zu Willen sind, brutal zu werden.«

»Woher wissen Sie das?« fragte sie neugierig.
»Es gehört zu meinem Job, über sämtliche Hauptakteure im internationalen Spiel gut informiert zu sein.«
»Spiel, Victor?«
»Der falsche Ausdruck. Britisches Understatement. Es ist alles andere als ein Spiel – ein tödlicher Kampf um Macht und Geld. Man wird nicht zu einem Lord Dane Dawlish, wenn man sich an die Spielregeln hält.«
»Meine Recherchen haben ergeben, daß Dawlish einige Rüstungsfabriken besitzt.«
»Sie haben das ihm gegenüber erwähnt?« fragte Rosewater beiläufig.
»Das habe ich. Und es hat ihm gar nicht gefallen.«
»Wahrscheinlich, weil er diesen Teil seiner Unternehmungen zurückschraubt. Ende des Kalten Krieges und all das. Er hat noch genügend andere goldene Eier in seinem Korb.«
»Wie die Erforschung des im Meer versunkenen Dorfes Dunwich?« fragte Paula.
Rosewater trank einen Schluck von seinem Champagner, ließ sich Zeit mit seiner Reaktion auf den plötzlichen Themenwechsel. Er setzte das Glas ab und befingerte den Stiel. Schließlich schüttelte er den Kopf und sah sie lächelnd an, wobei seine Augen von ihrer schlanken Taille zu ihren Augen hochwanderten.
»Dabei setzt er bestimmt Geld zu. Aber es fördert sein Image – der Mann, dem der Umweltschutz am Herzen liegt. Wer weiß, vielleicht ist er genau das. Muß eine angenehme Abwechslung sein nach all dem harten Schachern und Feilschen, mit dem er sein Geld gemacht hat.«
»Vermutlich haben Sie recht.« Paula sah auf die Uhr. »Nach einem schnellen Lunch muß ich zurück nach London. Bleiben Sie noch hier? Versuchen Sie immer noch, herauszubekommen, wer die arme Karin ermordet hat?«
»In ein paar Tagen komme ich auch nach London. Sagen Sie Tweed, daß er mich in Brown's Hotel erreichen kann, wenn er mich braucht. Bis dahin bleibe ich hier im Brudenell. Aber bevor Sie abfahren und mich ganz allein hier zurücklassen, könnten wir doch noch zusammen essen.«
»An der High Street gibt es ein recht gutes Lokal. Es heißt Cross Keys.«
»Dann wollen wir dort essen. Ich brauche etwas Substantielles, um auf Trab bleiben zu können. Es muß an der Kälte liegen . . .«
Als er sie durch den Speisesaal begleitete, hatte Paula das merkwürdige Gefühl, als hätte Rosewater ihr einen Hinweis gegeben. Aber sie konnte sich im Moment beim besten Willen nicht erinnern, was es gewesen war.

Nach ihrer Rückkehr aus dem Wald, in dem der Hubschrauber sie angegriffen hatte, begaben sich Newman und Marler zum Essen ins Cross Keys. Butler und Nield folgten ihnen, setzten sich aber an einen anderen Tisch und taten so, als hätten sie nichts mit ihnen zu schaffen. Die normale Prozedur, wenn sie jemanden beschützten.

»Wir haben Gesellschaft«, flüsterte Newman, nachdem er bestellt hatte. »An dem großen Tisch dort drüben. Fünf von ihnen. Der unerfreuliche Typ, der der Boss zu sein scheint, heißt Brand. Ich habe gehört, wie Dawlish ihn so nannte, nachdem er von uns fortgegangen war.«

»Oh, ich hatte bereits das Vergnügen mit Mr. Brand«, erwiderte Marler mit normaler Lautstärke. »Er ist der Mann, der gewettet hat, ich könnte keine Tontauben vom Himmel holen.«

Der massige Mann, der ihnen bisher den Rücken zugewendet hatte, drehte sich langsam um. Sein Stuhl scharrte auf dem Boden. Unter dicken Brauen musterte er Marler und grinste unangenehm.

»Und Ihnen fünfhundert Pfund abgenommen hat, Sie erbärmlicher Schütze.«

»Meine Trefferquote betrug nicht gerade hundert Prozent«, pflichtete Marler ihm bei, völlig ungerührt von Brands aggressivem Verhalten.

»Hundert Prozent?« Brand schwenkte eine große Hand, um seine vier Begleiter in die Unterhaltung einzubeziehen. »Dieser Angeber könnte nicht einmal aus zwei Metern Entfernung ein Scheunentor treffen.«

Newman erfaßte die Lage. Marler hatte im Cross Keys die Bekanntschaft dieser Gangster gemacht. Zweifellos hatten sie von dem Fiasko mit dem Hubschrauber gehört und waren hergekommen für den unwahrscheinlichen Fall, daß sie Marler hier wiedersehen würden. Sie dürsteten nach Rache. Zeit, sich einzumischen.

»Aber ich könnte Sie aus zwei Metern Entfernung treffen, Brand, was ungefähr der Abstand zwischen uns ist.«

»Ach, wirklich?«

Brand schob seinen Stuhl zurück, stand langsam auf. Auch seine Begleiter bewegten sich und machten Anstalten, aufzustehen. Butler erhob sich, zog den Gummiknüppel, den er in einer Spezialtasche seines Regenmantels bei sich trug. Er ging an den Tisch und tippte einem der Gangster mit dem Knüppel auf die Schulter.

»Ist hier jemand, der scharf ist auf einen eingeschlagenen Schädel? Dann braucht er nur aufzustehen. Bleiben Sie lieber sitzen, meine Herren. Lassen Sie die beiden die Sache allein ausfechten. Fair muß fair bleiben, meinen Sie nicht auch?«

Es war etwas Bedrohliches an der Art, wie Butler dastand, einsachtzig groß, kräftig gebaut, und mit dem Gummiknüppel auf die offene Hand schlug. Er lächelte, als er den Blick um den Tisch herumwandern ließ. Die Männer saßen ganz still. Brand bewegte sich auf Newman zu.

Newman blieb sitzen. Seine Ellenbogen waren auf den Tisch gestützt, die Hände unter dem Kinn verschränkt. Brands Rechte schoß vor, ergriff seinen halb leergegessenen Teller, kippte das Essen auf den Boden. Er grinste abermals unangenehm.

»So, jetzt können Sie vom Boden essen. Aber daran dürften Sie ja gewöhnt sein. Die meisten Hunde tun es.«

»Diese Bemerkung ist ein bißchen provozierend«, stelle Marler fest.

Brand ballte die rechte Hand, hatte vor, Newman einen Rammschlag aufs Kinn zu versetzen. Es gab eine blitzschnelle Bewegung. Newman stand, sein Stuhl lag zurückgekippt auf dem Boden. Brands Faust hatte ihr Ziel verfehlt. Newmans Handkante dagegen traf den Rücken von Brands Nase. Brand taumelte zurück, seine Augen tränten vor Schmerzen.

Newman folgte ihm und rammte seine Rechte auf seinen ungeschützten Kiefer. Brand torkelte zurück, prallte gegen die Theke, sackte davor zusammen, lag reglos da. Der Mann, der rechts neben Brands leerem Stuhl saß, machte Anstalten aufzustehen. Newmans Hand drückte auf seine Schulter, zwang ihn zurück auf seinen Sitz.

»Wenn Sie Ärger wollen, können Sie ihn haben. Ich war früher beim SAS. Ich werde versuchen, Sie nicht umzubringen, aber Unfälle passieren nun einmal...«

Was nicht gelogen war, dachte Marler. Newman hatte eine Ausbildung beim SAS durchgestanden, weil er einen Artikel über diese Einheit schreiben wollte. An der anderen Seite von Brands Tisch versuchte ein anderer Mann aufzustehen. Nield drückte ihn nieder, zog den Stuhl unter ihm weg. Als der Gangster rückwärts kippte, fuhr ihm Butlers rechter Unterarm ins Gesicht und beschleunigte die Bewegung. Der Kopf des Mannes prallte auf den Boden, dann lag er still. Nield fühlte den Puls an seinem Hals.

»Er lebt noch. Er dürfte Kopfschmerzen haben, wenn er aufwacht...«

Eine Kellnerin eilte entsetzt herbei. Newman holte einen Schein aus der Brieftasche, gab ihn ihr.

»Wie Sie sahen, haben die angefangen. Hier ist etwas zur Wiedergutmachung des Schadens. Das Essen auf dem Boden tut mir leid, aber ein gutes Trinkgeld sollte Ihnen die Arbeit erfreulicher machen.«

»Danke«, sagte die Kellnerin nach einem Blick auf den großen Geldschein. »Das sind Stammgäste. Ich hätte das nie für möglich gehalten.«

»Ich an Ihrer Stelle würde ihnen Hausverbot erteilen«, sagte Newman. »Ihre Manieren lassen zu wünschen übrig ...«

Zusammen mit Marler ging er zur Hintertür hinaus und durch einen kleinen Garten zu der Stelle, wo er seinen Wagen geparkt hatte. Jenseits der Promenade braute sich ein Nordweststurm zusammen. Die graue See schäumte, riesige Wellen türmten sich auf. Butler und Nield hatten das Lokal durch die Vordertür verlassen und waren nicht mehr zu sehen.

Newman schlug den Kragen seines Trenchcoats hoch und blickte die verlassene Promenade entlang. Aldeburgh war ein seltsames Städtchen. Rechts von ihm reihten sich alte Häuser mit steil abfallenden Dächern. Auf der Kuppe des Kiesstrandes standen etliche Winden; sie dienten dazu, die wenigen Fischerboote, die noch von Aldeburgh ausliefen, an Land zu ziehen. Einen Hafen gab es nicht.

»Sie haben sich für das Cross Keys entschieden, weil Sie hofften, daß es zu einer Schlägerei kommen würde?« fragte Marler.

»Eigentlich nicht«, erwiderte Newman, während sie in seinen Mercedes stiegen. »Aber ich wollte sehen, ob Brand und seine Schläger dort auftauchten. Schließlich haben Sie mir erzählt, daß Sie diesen häßlichen Affen dort kennengelernt haben.«

»Sie sind aufgetaucht.«

»Was bezeichnend ist. Dawlish hat gerade seinen zweiten schweren Fehler begangen. Der erste war, daß er den Hubschrauber losgeschickt hat, der uns im Wald angriff. Und der zweite, daß er diese Leute beauftragte, uns zusammenzuschlagen – damit uns die Lust zum Wiederkommen vergeht.«

»Ich glaube, ich verstehe, worauf Sie hinauswollen.«

»Wir sind bei der im Wald versteckten Waffenfabrik gesehen worden. Dort geht irgend etwas ganz Geheimes vor. Dawlish hat uns in seine Karten sehen lassen.«

»Also sehe ich mir bei nächster Gelegenheit den Laden aus der Nähe an.«

»Wir sehen uns den Laden an – aber erst später.« Newman bog auf die High Street ab, aus der Stadt heraus. »Jetzt fahren wir zurück nach London.«

»Ich arbeite lieber allein«, protestierte Marler.

»Das soll Tweed entscheiden. Jetzt müssen wir ihm erst einmal in allen Einzelheiten berichten, was passiert ist. Vielleicht reimt sich das mit den anderen Informationen zusammen, die bereits in seinem Kopf stecken. Und vergessen Sie nicht den Fuchs in unserem Kofferraum. Er hält sich nicht ewig, und ich möchte, daß ein Experte feststellt, was ihn umgebracht hat.«

Isabelle Thomas dachte an Newman, als sie am Nachmittag des gleichen Tages mit ihrem Deux Chevaux durch Bordeaux fuhr. Sie drosselte die Geschwindigkeit, als sie sich der Wohnung ihrer Mutter näherte, und musterte alle geparkten Wagen. Sie suchte nach einem Fahrzeug, in dem ein Mann saß – oder mehrere Männer.

Jetzt, da sie Newmans eindringliche Warnung, sich von Bordeaux fernzuhalten, in den Wind geschlagen hatte, beherrschte der Engländer ihr Denken. Sie dachte daran, wie wütend er sein würde über den scheinbar trivialen Grund, um dessentwillen sie dieses Risiko eingegangen war. Aber ihr war die Brosche eingefallen, die sie in der Wohnung zurückgelassen hatte, die kostbare Brosche, die Joseph, ihr toter Verlobter, ihr geschenkt hatte.

Armer Joseph. Er hatte Selbstmord begangen, war mit Gewichten an den Füßen in die Garonne gesprungen, nur weil er glaubte, deformiert zu sein, ein Krüppel mit grauenhaft langgezerrten Daumen, weil de Forge ihn in seinem Strafbrunnen daran hatte aufhängen lassen.

Ich könnte de Forge umbringen, dachte sie. Ganz langsam – qualvoll.

Sie wußte, daß Joseph ungefähr ein halbes Jahr lang seinen Sold gespart hatte, um ihr diese Brosche kaufen zu können. Ihr einziges Andenken an den Mann, mit dem sie ihr Leben hatte teilen wollen. Nach einem letzten Blick in die Runde bog sie in die Gasse ein und parkte ihren Wagen am Ende des kleinen Hofes, so daß er von der Straße aus nicht zu sehen war. Genau, wie Bob Newman es getan hatte. Wenn er wüßte, daß sie in die Stadt zurückgekehrt war, würde er ihr die Hölle heiß machen.

Sie schloß die Hintertür auf, schlüpfte lautlos hindurch und verschloß sie dann wieder. Das Haus kam ihr unheimlich still vor, als sie die Treppe hinaufeilte und dann vor der Wohnungstür stehenblieb. Bevor sie den Schlüssel ins Schloß steckte, legte sie ein Ohr an das kalte Holz, lauschte. Konnte es sein, daß sie drinnen auf sie warteten?

Sie holte eine Stablampe aus ihrer Handtasche, schirmte sie mit der anderen Hand ab, schaltete sie ein und untersuchte das Schloß. Keinerlei Hinweis darauf, daß sich jemand daran zu schaffen gemacht hatte. Ich bin paranoid, dachte sie. Sie steckte den Schlüssel ein, öffnete lautlos die gut geölte Tür, schloß sie bedachtsam und legte die Kette vor. Jetzt war sie in Sicherheit. Um sich ein wenig zu entspannen, lehnte sie sich an die Tür. Die Wohnung fühlte sich an wie ein Leichenhaus. Kein sonderlich erfreulicher Vergleich, dachte sie. Nimm dich zusammen.

Ohne Licht zu machen, durchquerte sie das düstere Zimmer und trat an eines der hohen Fenster, von denen aus man auf die Straße hinunterschauen konnte. Der Himmel war eine Bleiplatte, die auf die schäbige Stadt drückte.

Sie suchte die Straße ab, schaute in den Eingang, in dem sich die beiden DST-Männer versteckt hatten, als Newman bei ihr gewesen war. Niemand war zu sehen. Die Temperatur draußen lag nur knapp über dem Gefrierpunkt. Eine Frau eilte mit eingezogenen Schultern die Straße entlang, bepackt mit zwei Plastiktüten. Sonst niemand.

Sie durchquerte den Wohnraum und ging in ihr Schlafzimmer, wo sie das Licht erst einschaltete, nachdem sie die Vorhänge zugezogen hatte. Sie brauchte nur eine Minute, um die kostbare Brosche zu finden, die sie in einer Schublade mit Unterwäsche versteckt hatte. Als sie sie in einen Unterrock einwickelte, stellte sie fest, daß die Tür zum Wohnzimmer einen Spaltbreit offenstand, so daß das Licht in das Wohnzimmer fallen konnte, in dem die Vorhänge nicht zugezogen waren. Sie steckte die Brosche in die Manteltasche, eilte durchs Zimmer, schaltete das Licht aus, machte die Tür zu.

Sie stand mit dem Rücken an die Tür gelehnt da, wartete darauf, daß ihre Augen sich an die Düsternis gewöhnten. Ihr kam der Gedanke, daß sie eine Waffe haben müßte, mit der sie sich verteidigen konnte. Sie wartete noch ein wenig länger, dann öffnete sie die Tür und ging ins Badezimmer. Sie nahm eine Dose mit Haarspray von der gläsernen Konsole, schraubte den Deckel ab, steckte sie in die Tasche. Sie war froh, daß sie gehen konnte. In ihren Ohren dröhnte Newmans Warnung.

Sie näherte sich gerade der Wohnungstür, als jemand anklopfte. Sie erstarrte. Ihre Mutter hatte keinerlei Kontakt mit den Nachbarn, sprach mit keinem ihrer Mitbewohner. Das Klopfen wiederholte sich, kräftiger, dringlicher. Sie versteifte sich, holte tief Luft.

»Wer ist da?« rief sie.

»Der Klempner. Einer Ihrer Heizkörper ist undicht, das Wasser läuft in die Wohnung unter Ihnen.«

»Das kann nicht von hier kommen«, rief sie zurück, um sich Zeit zum Nachdenken zu verschaffen.

»Doch, das tut es«, beharrte die Stimme. »Ein Klempner kann feststellen, wo ein Leck ist. Es ist in Ihrer Wohnung. Unten läuft das Wasser an der Wand herunter.«

Es war schon einmal passiert, vor langer Zeit, als sie noch ein Kind gewesen war. Sie erinnerte sich, wie sie dem Klempner bei der Arbeit zugesehen hatte. Und sie konnte nicht herumgehen und nachsehen. Dazu würde sie sämtliche Lichter einschalten müssen. Und damit jemandem, der die Wohnung von draußen beobachtete, ihre Anwesenheit verraten.

Sie steckte den Schlüssel ganz leise ins Schloß, drehte ihn um. Sie zögerte,

bevor sie die Kette abnahm, dann beschloß sie, es hinter sich zu bringen. Sie trat einen Schritt von der Tür zurück, hielt die Stablampe in einer Hand, zwang sich zum Reden.
»Die Tür ist offen ...«
Sie wurde langsam geöffnet, bis sie weit offenstand. Sie schaltete ihre Taschenlampe ein. Auf der Schwelle standen zwei Männer in Trenchcoats. Die beiden DST-Männer, die Henri aus der Bar Miami entführt hatten. Die beiden falschen DST-Männer – wie Newman ihr erklärt hatte –, die an der Ermordung von Henri in der Gare St. Jean beteiligt gewesen waren. Sie wurde eiskalt vor Haß. Der größere der beiden Männer hob eine Hand, um seine Augen vor dem Licht der Taschenlampe abzuschirmen, und grinste.
»Wir waren sicher, daß Sie zurückkommen würden. Kommen Sie mit. Wir sind von der DST.«
Sie zielte mit der Sprühdose, die sie in der rechten Hand hielt, drückte auf den Knopf, beschrieb mit ihr einen schnellen Bogen, sprühte beiden in die Augen. Der Größere fluchte gotteslästerlich, hielt sich die Hände vor die Augen. Isabelle senkte den Kopf, sprang vor, rammte ihm mit aller Kraft den Kopf gegen die Brust. Er taumelte rückwärts. Sein Rücken durchbrach das Treppengeländer. Die Wucht ihres wütenden Angriffs brachte ihn zu Fall. Er schrie auf, als er zwei Stockwerke tief auf den Betonfußboden des Kellers hinunterstürzte.
Isabelle fuhr herum. Der andere, kleinere Mann hatte noch immer die Hände vor den Augen. Sie ergriff eine Handvoll von seinem Haar, riß seinen Kopf nach vorn. Instinktiv ruckte er ein Stück zurück, was genau das war, womit sie gerechnet hatte. Sie änderte ihre Taktik, stieß mit ihrer ganzen Kraft zu, schmetterte seinen Kopf gegen die harte Kante des Türrahmens. Das Geräusch von Knochen auf Holz. Er sackte zusammen. Sie stopfte die Dose und ihre Lampe in die Tasche, packte ihn bei den Fersen, zerrte ihn zu der Lücke im Treppengeländer, hob seine Beine über das Sims, hebelte seinen Körper hinterher. Er gab keinen Laut von sich, als er seinem Kollegen folgte. Sie hörte nur einen leisen Aufprall.
Sie verschloß die Tür und verließ das Gebäude über die Hintertreppe. Sobald sie wieder am Steuer ihres Wagens saß, holte sie tief Luft. Sie mußte ganz normal fahren. In der Nähe des Gare St. Jean entdeckte sie eine Parklücke und daneben eine Telefonzelle. Sie lenkte den Wagen in die Lücke, schloß ihn ab, ging schnell zu der Telefonzelle. Drinnen suchte sie mit Hilfe ihrer Taschenlampe die Nummer der Präfektur von Bordeaux heraus. Als sich der Diensthabende meldete, sprach sie mit eindringlicher Stimme.

»Ich muß ein schweres Verbrechen melden – einen Mordversuch. Gerade eben. Verbinden Sie mich sofort mit dem Präfekten. Ich spreche mit niemand anderem. Wenn Sie mich warten lassen, lege ich auf. Es geht um die DST...«

In seinem Büro im ersten Stock des alten, grauen Steinbaus mit zwei Flügeln, die einen Innenhof flankierten, ganz in der Nähe des Mériadeck Centre Commercial, runzelte der Präfekt bei der Erwähnung der DST die Stirn und wies den Diensthabenden an, den Anruf durchzustellen. Mit dem Fuß knallte er die Tür seines Büros zu.

In der Telefonzelle hatte Isabelle ein Ende Ihres Seidenschals über die Sprechmuschel gelegt, um ihre Stimme zu dämpfen.

»Hier ist der Präfekt. Mit wem spreche ich?«

»Notieren Sie sofort diese Adresse ... Sie haben sie? Gut. Wenn Sie gleich einen Streifenwagen losschicken, finden Sie im Treppenhaus zwei falsche DST-Männer. Es hat einen Kampf gegeben, auf der Treppe. Beide Männer sind bewußtlos – und sie waren an dem Mord an Henri Bayle beteiligt.«

»Mit wem spreche ich?« wiederholte der Präfekt.

Aber die Leitung war tot. Der Präfekt, ein kleiner untersetzter Mann, verdankte seinen Posten seiner Fähigkeit, schnelle Entschlüsse zu fassen. Falsche DST-Männer? Aber der Name, der ihn aufhorchen ließ, war Henri Bayle – der Mann, der kürzlich bei der Gare St. Jean ermordet worden war. Er verschloß seine Bürotür. Dann nahm er den Hörer ab, verlangte eine Leitung nach draußen und erklärte dem Mann in der Vermittlung, wenn er mithörte, würde er sofort entlassen. Dann wählte er die Nummer von René Lasalle, dem Chef der DST in Paris. Er kam sofort durch.

»Hier ist der Präfekt von Bordeaux. Sie erinnern sich, wir haben bereits miteinander gesprochen. Ich habe gerade einen anonymen Anruf erhalten, über zwei falsche DST-Männer in einem Haus hier in Bordeaux. Der Anrufer, von dem ich glaube, daß es eine Frau war – die Stimme war verschwommen –, sagte, sie wären an dem Mord an Henri Bayle beteiligt gewesen...«

Er hielt das Gespräch kurz. Nachdem es beendet war, griff er wieder zum Hörer und beorderte zwei Streifenwagen zu der angegebenen Adresse.

»Dringend. Brecht in das Haus ein, wenn es sein muß. Und nehmt Maschinenpistolen mit...«

Isabelle fuhr so schnell wie möglich auf der N 650 nach Arcachon, auf derselben Route, auf der Newman sie gefahren hatte. Als sie der See nahe gekommen war, fuhr sie außerhalb des Dorfes Facture mitten in der

freien Landschaft an den Straßenrand. Jenseits der Felder sah sie eine alte, ausgebrannte Scheune, deren Dachsparren sich wie Rippen vor dem Himmel abzeichneten.
Die Reaktion setzte ein. Sie zitterte, als hätte ein Schüttelfrost sie überfallen. Sie fühlte sich wie erstarrt. Nerven. Allmählich bekam sie sich wieder in die Gewalt. Sie hatte die Fenster geöffnet und atmete tief die eisige Luft ein, die durch sie hereindrang.
Jetzt war es nicht mehr weit bis nach Arcachon. Von jetzt an würde sie dort bleiben. Und morgen früh würde sie Bob Newman anrufen und ihm erzählen, was passiert war. Vielleicht war es wichtig.

Neunzehntes Kapitel

Am folgenden Tag verbrachte Tweed am Park Crescent sehr viel Zeit damit, sich die Berichte über das anzuhören, was in Aldeburgh vorgefallen war, und anschließend alle in seinem Büro Versammelten eingehend zu befragen.
Anwesend waren Paula, Newman, Marler, Butler und Nield. Monica saß an ihrem Schreibtisch und machte sich Notizen. Sie waren gerade mit ihren Berichten fertig, als Newman sich noch einmal zu Wort meldete.
»Mir ist eben etwas wieder eingefallen, was ich total vergessen hatte. Es betrifft Isabelle ...«
»Die hübsche Isabelle mit dem tizianroten Haar«, spottete Paula.
»Ich habe sie nur beschrieben«, entgegnete Newman gereizt.
»Es war die Art, wie Sie sie beschrieben haben«, schnurrte Paula.
»Und jetzt möchte ich etwas Wichtiges sagen, ohne unterbrochen zu werden. Es war Ihre Beschreibung, Paula, von Lord Dawlishs Katamaran, der *Steel Vulture*. Als Sie uns von ihrem schlimmen Erlebnis erzählten, bei dem Karin Rosewater ermordet wurde, sagten Sie, als Sie bei Dunwich auftauchten, wäre da ein merkwürdiges Schiff gewesen mit einem doppelten Rumpf ...«
»Das stimmt.« Paula beugte sich vor, jetzt wieder ganz bei der Sache.
»Nun, als ich mit Isabelle auf der Uferpromenade in Arcachon spazierenging, erzählte sie mir von einem merkwürdigen Schiff, das dort gelegentlich einläuft – ein Schiff mit doppeltem Rumpf. So ähnlich hat sie sich jedenfalls ausgedrückt. Dabei kann es sich nur um die *Steel Vulture* gehandelt haben.«
»Das ist interessant«, warf Tweed ein. »Vielleicht haben wir jetzt ein Bindeglied zwischen Suffolk und Frankreich.«

»Außerdem«, fuhr Newman fort, »hat sie mir erzählt, daß bei irgendeiner Party ein Lord Dawlish auftauchte und einen Annäherungsversuch unternahm, den sie zurückwies.«
»Dawlish, wie er leibt und lebt«, bemerkte Paula. »Und haben wir damit nicht ein weiteres Bindeglied zwischen Aldeburgh und Frankreich?«
»Sogar ein überaus wichtiges«, pflichtete Tweed ihr bei. »Zwischen Aldeburgh und Arcachon – das nicht weit von Bordeaux entfernt ist. Dawlish ist Rüstungsfabrikant. Und Lasalle hat mir erzählt, daß irgendeine unbekannte Organisation General de Forge mit Waffen und Geld versorgt. Das könnte teuflisch clever sein.«
»Was meinen Sie?« fragte Paula.
»Waffen in Arcachon anzulanden anstatt direkt in Bordeaux, wo ankommende Fracht genauer untersucht wird. Dank sei Isabelle – und Ihnen, Paula.«
»Aber um welchen Preis«, sagte Paula nachdenklich. »Der Preis war Karins Leben.«
»Victor Rosewater ist erreichbar, wenn wir ihn brauchen?« fragte Tweed, das Thema wechselnd.
»Ja. Vielleicht spürt er sogar Karins Mörder auf. Er ist ein Mann, der nicht lockerläßt.«
»Beschreiben Sie mir noch einmal, Bob, wie er diesen Siegelring gefunden hat.« Tweed lehnte sich auf seinem Drehstuhl zurück und musterte Newman. »Von Anfang an. Bis ins kleinste Detail ...«
Während Newman noch einmal berichtete, was an jenem dunklen Abend mit Paula und Rosewater auf der Marsch passiert war, schloß Tweed eine Schublade auf, holte ein großes seidenes, zu einem Ball zusammengeknülltes Taschentuch heraus und legte es auf seinen Schreibtisch.
Als Newman seinen Bericht mit der Rückfahrt zum Brudenell in dem Strandbuggy mit Buchanan und Warden beendet hatte, beglückwünschte ihn Tweed zu seinem hervorragenden Erinnerungsvermögen. Dann schlug er das Taschentuch auf, entnahm ihm zwei Siegelringe und schob sie Paula zu.
»Welches ist der Ring, den Rosewater gefunden hat?«
Paula betrachtete sie genau und schob sie nacheinander auf ihren Mittelfinger. Beide waren viel zu groß. Verblüfft betrachtete sie sie noch einmal, schüttelte den Kopf, sah Tweed an.
»Das verstehe ich nicht. Sie sind identisch.«
»Nicht ganz. Auf der Innenseite des einen Ringes ist ein winziger Kratzer. Das ist das Original. Unsere Leute im Keller haben sechsunddreißig Stun-

den gearbeitet – die ganze Nacht hindurch –, um das Duplikat anzufertigen. Das Original muß ich Chefinspektor Buchanan aushändigen – aber ich wollte eine Kopie haben. Wenn wir den Finger finden, an dem er gesteckt hat, dann haben wir möglicherweise den Mörder gefunden.«
»Wieso nur möglicherweise?« fragte Newman aggressiv.
»Weil nichts schlüssig ist. Ebensowenig können wir schon jetzt davon ausgehen, daß zwischen Dawlish und de Forge eine Verbindung besteht. Wir brauchen mehr eindeutige Beweise – und zwar schnell. Und deshalb meine ich, daß Sie, Marler, sofort zu dieser speziellen Mission in Frankreich aufbrechen sollten, über die wir gesprochen haben.« Er hob eine Hand, ließ den Blick über seine Zuhörer schweifen. »Nein, davon wissen nur Marler und ich.«
»Eines nach dem anderen«, mischte sich Marler zum ersten Mal ins Gespräch. »Vorher muß ich mir diese Fabrik im Wald an der Straße nach Orford genauer ansehen.«
»Und ich komme mit«, sagte Newman entschlossen.
»Kommt nicht in Frage«, erklärte Marler nachdrücklich.
»Einen Moment, ihr beide«, sagte Tweed. »Ihr habt gerade einen Ausflug in diese Gegend überlebt. Keine Widerrede. Ihr untersucht diese Fabrik gemeinsam. Bewaffnet. Und danach, Bob, richten wir unsere gesamte Aufmerksamkeit auf Frankreich, tun alles, was in unseren Kräften steht, um herauszufinden, was de Forge wirklich im Schilde führt – und was es mit dieser Siegfried-Bewegung in Deutschland auf sich hat. Es dürfte gefährlich werden.«
»Was ist mit meinem Fuchs?« fragte Newman.
»Der wurde unverzüglich abgeholt und zu Robles gebracht, unserem besten Tierpathologen. Schon vor Stunden. Und ich habe Robles Ihre Wagenschlüssel gegeben, weil er auch den Kofferraum untersuchen wollte. So, und jetzt sollten wir grüppchenweise zum Lunch gehen. Vielleicht hat sich schon etwas getan, wenn wir zurückkommen ...«

Tweed spürte, daß Monica aufgeregt war, als er mit Paula, Newman und Marler in sein Büro zurückkehrte. Sie wartete, bis er seinen Mantel ausgezogen und sich an seinem Schreibtisch niedergelassen hatte. Draußen herrschte ungemütliches Novemberwetter – kalter Nieselregen und ein schneidender Wind.
»Lasalles Kurier ist mit den Fotos eingetroffen, die Sie haben wollten. Er hat sie abgegeben und ist dann sofort nach Heathrow zurückgekehrt, um die nächste Maschine nach Paris zu erreichen.«

»Und?«
Newman hatte sich in dem Sessel neben dem Schreibtisch niedergelassen, und Paula setzte sich auf eine der Armlehnen. Marler nahm seine übliche Stellung ein und lehnte sich an die Wand. Monica kam mit einem Umschlag herbei und legte ihn mit einem vielsagenden Lächeln vor Tweed hin.
»Das wird Sie interessieren.«
»Hört sich an, als hätten Sie etwas entdeckt.«
Tweed zog die Hochglanzfotos aus dem Umschlag und breitete sie auf dem Schreibtisch aus. Von jedem Foto waren drei Abzüge gemacht worden. Auf die Rückseite hatte Lasalle mit eigener Hand die Namen geschrieben. Josette de Forge. General de Forge. Major Lamy. Leutnant Berthier. Jean Burgoyne.
Tweed händigte Paula einen Satz Fotos aus und Newman einen weiteren. Er warf einen Blick auf Monica, die jetzt wieder an ihrem eigenen Schreibtisch saß, und bemerkte, daß sie ihn erwartungsvoll musterte. Er betrachtete die Fotos, dann hielt er inne und griff nach seiner Lupe. Dann sah er die anderen an.
»War mir doch so, als hätte ich diesen Siegelring schon einmal gesehen.« Er hielt das Foto hoch, das er betrachtet hatte. In Paris hatte er den Ring auch ohne Lupe entdeckt. Er hielt das Foto hoch, das De Forges Nachrichtenoffizier Major Lamy zeigte.

»Also«, sagte Newman nach kurzem Schweigen, »haben wir Kalmar, den Mörder, gefunden.«
»Nicht unbedingt«, warnte Tweed.
»Aber das liegt doch auf der Hand«, widersprach Newman. »Sein Ring wurde neben dem Boot gefunden, in dem Karin erwürgt wurde.«
»Und wie, meinen Sie, konnte ein Mann wie Major Lamy hierherfliegen, in irgendeinem Hotel absteigen und den Mord begehen? Bedenken Sie seinen Posten, die Gefahr, daß ihn in England jemand erkennt. Weiß jemand, ob er fließend Englisch spricht?«
»Könnte sein. Es wäre durchaus denkbar, daß er ins Land kam und wieder verschwand, ohne bemerkt zu werden.«
»Daß es sein könnte, genügt nicht«, erklärte Tweed. »In diesem Stadium ist das nicht mehr als eine Möglichkeit.«
»Als ich ihm begegnete, hatte ich den Eindruck, daß er ein überaus unerfreulicher Zeitgenosse ist«, sagte Newman, dann schwieg er wieder.
»Sie vergessen Dinge, die sich vorher ereigneten«, sagte Tweed geheimnisvoll. Er nahm ein Blatt Papier mit handschriftlichen Notizen von Monica

zur Hand. »Aber das hier ist eindeutig und dürfte sowohl Sie als auch Marler interessieren. Wir wissen jetzt, wie Ihr Fuchs gestorben ist. Interessiert?«

»Sehr.«

»Robles hat telefonisch seinen vorläufigen Bericht durchgegeben, während wir zum Lunch waren. Er ist der Ansicht, daß der Fuchs an einem Nervengas gestorben ist, das zusammen mit diesem Rauch von dem Hubschrauber aus versprüht wurde.«

»Nervengas?« Marler schreckte aus seiner Gelassenheit auf. »Wenn Newman und ich also etwas von diesem Rauch eingeatmet hätten...«

»Dann wäret ihr genauso tot wie der Fuchs«, beendete Tweed den Satz.

»Nervengas. Das ist wirklich ein starkes Stück.«

»Und«, warf Monica ein, »meine Recherchen haben ergeben, daß Dawlish Chemicals in dem Fabrikkomplex an der Straße nach Orford ein Hochsicherheitslabor besitzt.«

»Robles«, fuhr Tweed fort, »bringt den Kadaver in einem Kühlwagen zu einem Freund, der in Porton Down arbeitet, dem Institut für chemische Kriegführung. Danach wird er uns sagen können, welche Art von Nervengas benutzt wurde.«

»Dann sollten wir zusehen, daß wir schnell nach Suffolk zurückfahren – Marler und ich. Es wird Zeit, daß wir uns Dawlishs ›Naturschutz‹-Unternehmen etwas genauer ansehen.«

»Einverstanden«, sagte Tweed. »Je früher, desto besser – Marler muß nach Frankreich. Aber seid vorsichtig.«

»Wir wissen, daß wir es nicht mit Schmusekätzchen zu tun haben«, erwiderte Newman. Dann verließ er zusammen mit Marler das Büro.

Das Telefon läutete. Tweed wartete, während Monica den Anruf entgegennahm. Sie bat den Gesprächspartner, einen Moment zu warten, deutete mit einem Kopfnicken auf Tweeds Apparat.

»Es ist Lasalle in Paris. Möchte Sie dringend sprechen.«

»Weitere Probleme, René?« erkundigte sich Tweed. »Ja, ich spreche über Scrambler...«

»Ich hatte gerade einen Anruf vom Präfekten von Bordeaux, einem Mann, auf den ich mich verlassen kann«, berichtete Lasalle. »Er erhielt einen anonymen Anruf – von einer Frau, wie er glaubt, die ihm die Adresse eines Mietshauses in Bordeaux gab und ihm sagte, er würde dort die beiden falschen DST-Männer finden, die an dem Mord an Henri Bayle beteiligt waren. Ihrem Agenten, der an der Gare St. Jean gefunden wurde. Er fuhr selbst zu der angegebenen Adresse. Die Frau hatte gesagt, er würde die beiden Männer bewußtlos vorfinden. Er hat sie gefunden. Sie waren tot. Alle beide.«

»Wie sind sie gestorben?«

»Das war anscheinend nicht auf Anhieb festzustellen. Beide waren zwei Stockwerke tief hinuntergestürzt. Seine Männer fanden Blutspuren am Rahmen der Tür, die in die Wohnung von Isabelle Thomas und ihrer Mutter führt. Beide Frauen sind verschwunden. Aber ihre Beschreibung stimmt mit dem überein, was Zeugen in der Bar Miami über die beiden Männer aussagten, die Henri Bayle dort herausholten – nachdem man ihnen gut zugeredet hatte. Ich fliege nach Bordeaux, um mit General de Forge zu sprechen. Damit kann ich ihn aufstören, an seinem Käfig rütteln. Es ist alles schon viel zu lange nach seinem Kopf gegangen...«

»Seien Sie vorsichtig«, warnte Tweed. »Sie wollen doch wohl nicht allein zu ihm?«

»Doch, das will ich.« Er hielt einen Moment inne. »Vielleicht mit ein bißchen Rückendeckung.«

»Noch etwas, bevor Sie auflegen. Wissen Sie, ob Major Lamy Englisch spricht?«

»Er spricht Englisch, als wäre er in England geboren und aufgewachsen.«

In seinem engen Büro legte Lasalle den Hörer auf und schaute auf die Uhr. Er hatte eine Verabredung mit Innenminister Navarre. Nachdem er seinen Mantel angezogen und seinen Hut aufgesetzt hatte – draußen fiel Schneeregen –, verließ er das Gebäude, ging die Rue du Faubourg St. Honoré entlang und bog dann nach rechts in die dem Elysée-Palast entgegengesetzte Richtung ein.

Lasalle, ein normalerweise zwar hartnäckiger, aber sanfter Mann, schritt mit grimmiger Miene schnell aus. Als er den Eingang zum Innenministerium an der Place Beauveau erreicht hatte, rechnete er damit, daß die Wachen, die ihn gut kannten, ihn sofort durchlassen würden. Ein Wachtposten verstellte ihm den Weg.

»Ihren Ausweis, bitte.«

»Sie kennen mich doch.«

»Vorschrift, Monsieur. Ihren Ausweis, bitte.«

Lasalle zog seinen speziellen Dienstausweis, reichte ihn dem Wachtposten. Nachdem er ihn eingehend betrachtet hatte, gab der Wachtposten ihm den Ausweis zurück und winkte ihn grüßend durch. Also hat Navarre die Sicherheitsvorkehrungen verschärft, dachte Lasalle, während er über den geräumigen Hof vor dem Ministerium eilte. Das ist gut.

Das Büro des Ministers befand sich im ersten Stock, und seine Fenster gingen auf den vorderen Hof hinaus. Als Lasalle hereingeleitet wurde, erhob sich der Minister, der an seinem Schreibtisch gesessen hatte. Pierre Navarre war ein kleiner, untersetzter Mann mit dunklem Haar, dichten Brauen und ungeduldigen Augen. Wie General de Forge stammte er aus Lothringen. Er reichte dem DST-Chef die Hand, forderte ihn auf, Platz zu nehmen, und zog, in der einen Hand ein Dokument haltend, mit der anderen Hand einen Stuhl dicht neben den von Lasalle. Er reichte ihm das Dokument, das Lasalle rasch überflog. Am unteren Ende trug es Navarres kraftvolle Unterschrift.

»Das sollte seinen Zweck erfüllen, Herr Minister«, sagte Lasalle.

»Höchste Zeit, daß wir diesen Kerl ein bißchen unter Druck setzen«, bemerkte Navarre wütend. »Wann fliegen Sie nach Bordeaux?«

»In ungefähr einer Stunde.«

»Lassen Sie mich wissen, wie es gelaufen ist. Ich werde hier ein bißchen länger arbeiten ...«

Ein bißchen länger. Die Worte widerhallten in Lasalles Kopf, als er in sein Büro zurückeilte. Navarre war berühmt für seine Unermüdlichkeit – oft arbeitete er achtzehn Stunden am Tag. In seinem Büro rief er eine Nummer in Bordeaux an, erteilte ganz bestimmte Anweisungen, knallte den Hörer auf die Gabel und rannte hinunter zu dem Wagen, der im Hof wartete, um ihn zum Flughafen zu bringen.

Bei der Ankunft am Flughafen von Bordeaux wurde er von einem DST-Beamten erwartet, der ihn zu einem kugelsicheren Citroën brachte. Lasalle sprang hinein, ebenso der Beamte, und der Chauffeur, der mit laufendem Motor gewartet hatte, fuhr los.

»Und die Reserve?« fragte Lasalle den neben ihm sitzenden Beamten.

»Ist in einem Feld in der Nähe des Hauptquartiers des Dritten Corps versteckt. General de Forge rechnet damit, daß Sie allein kommen?«

»Ja. Er ist nicht der einzige Taktiker in Frankreich ...«

Auf dem Lande, ein gutes Stück von Bordeaux entfernt, hielt der Fahrer neben dem Gatter eines Feldes an. Es wurde von einem Mann in blauem Regenmantel geöffnet, der mit erhobenem Arm ein Signal gab und dann Lasalles Wagen weiterwinkte. Während sie eine gerade Straßenstrecke entlangrasten, warf Lasalle einen Blick durch das Rückfenster. Seinem Wagen folgte ein Konvoi von acht Wagen mit bewaffneten DST-Männern sowie Motorradfahrer der CRS in schwarzen Lederjacken mit über die Schulter gehängten automatischen Waffen. Der Konvoi hielt vor dem Eingang zum Hauptquartier des Dritten Corps an.

Ein uniformierter Leutnant näherte sich mit finsterer Miene dem Citroën. Als Lasalle auf den Knopf drückte, der das Fenster öffnete, schaute er in den Wagen. Lasalle vergeudete keine Zeit.
»Machen Sie das Tor auf.« Er zückte seinen Ausweis. »Lasalle von der DST, Paris. General de Forge erwartet mich. Ich habe heute morgen mit Major Lamy telefoniert.«
»Wir haben nur Sie allein erwartet...«
»Keine langen Diskussionen. Machen Sie das Tor auf.«
»Ich muß Major Lamy holen.«
»Er hat zwei Minuten, um hier zu erscheinen. Zwei Minuten. Los, Mann. Das scheint hier ein ziemlicher Sauhaufen zu sein.«
Kaum eine Minute später fuhr ein Wagen an das Tor heran. Major Lamy stieg aus, kam durch die Fußgängerpforte. Er starrte auf den endlosen Konvoi.
»Was ist das für ein weißes Fahrzeug?«
»Eine Ambulanz. Und nun lassen Sie das Tor öffnen. Sie wissen, daß General de Forge mich erwartet.«
Lamy starrte auf die vier CRS-Motorradfahrer, die jetzt Lasalles Citroën flankierten. Die Motorradfahrer, die Sturzhelme trugen, starrten durch ihre Schutzbrillen hindurch zurück.
»Wenn Sie darauf bestehen«, gab Lamy nach. »Aber dies ist ein militärischer Sperrbereich...«
»Ich habe es nicht für ein Ferienlager gehalten«, unterbrach ihn Lasalle. »Das Tor...«
»Nur Ihr Wagen darf einfahren...«
»Dann werden die übrigen das Tor durchbrechen und mir folgen. Geben Sie Ihre Befehle.«
Lasalle drückte wieder auf den Knopf, und das Fenster schloß sich vor Lamys Nase. Er drehte sich um, nickte, das Tor schwang auf, und Lamy mußte rennen, um in seinen Wagen zu gelangen und auf dem Weg zu General de Forges Quartier voranfahren zu können. Hinter ihm schob sich, Stoßstange an Stoßstange, der Konvoi durch das Tor. Sie fuhren über eine lange, von eingeschossigen Gebäuden flankierte Betonstraße. Lasalle stellte fest, daß an jeder Abzweigung ein großer Panzer stationiert war, in dessen Luk der Kommandant stand und dessen Geschützrohr in einem niedrigen Winkel auf die Straße gerichtet war. De Forge demonstrierte seine Macht.
Lamys Wagen hielt schließlich vor einem Gebäude, das sich in nichts von den anderen unterschied. Lasalle sprang aus seinem Wagen, unter dem Arm

den Aktenkoffer, den er seit der Abfahrt von Paris nicht aus der Hand gelassen hatte. Lamy führte sie in einen großen Raum mit poliertem Parkettfußboden. An der rechten Wand hing ein großes Banner mit dem Lothringer Kreuz, das während des Zweiten Weltkriegs de Gaulles Symbol für das Freie Frankreich gewesen war.
»Willkommen beim Dritten Corps«, sagte de Forge steif, ohne sich zu erheben.
Lasalle ließ sich auf einem Stuhl nieder, so daß er dem General, durch ungefähr einen Hektar Schreibtisch von ihm getrennt, gegenübersaß. Keine Papiere auf dem Schreibtisch, nur drei verschiedenfarbige Telefone und eine ledergerahmte Unterlage.
»Muß der bleiben?« fragte Lasalle und deutete mit einem Kopfnicken auf Lamy, als wäre er das Maskottchen der Truppe.
Lamy, der mit hinter dem Rücken verschränkten Händen hoch aufgerichtet dastand, versteifte sich. Er warf einen Blick auf seinen Vorgesetzten.
»Es ist üblich«, teilte de Forge ihm mit, »daß Major Lamy zugegen ist, auch bei unwichtigen Gesprächen.«
Lasalle nickte und ignorierte die Beleidigung. Er öffnete seinen Aktenkoffer, entnahm ihm ein zusammengefaltetes Blatt Papier und legte es auf seinen Schoß. Er schaute de Forge unverwandt an. Seine Miene ließ nicht erkennen, was er dachte, aber seine Stimme glich einem Peitschenknall.
»Es ist eine überaus ernste Sache, die mich hierhergeführt hat. Darf ich Sie daran erinnern, daß nach unserer Verfassung das Militär der zivilen Macht unterstellt ist? Ich vertrete die zivile Macht. Das möchte ich klarstellen, bevor ich fortfahre.«
»Dann fahren Sie fort«, befahl de Forge kalt.
»Es ist in letzter Zeit mehrfach vorgekommen, daß sich Unbefugte als Angehörige der DST ausgegeben haben. Ich brauche Sie wohl nicht darauf hinzuweisen, daß das ein schweres Vergehen ist.«
»Ich habe nicht die geringste Ahnung, wovon Sie reden.«
»Lassen Sie mir noch eine Minute Zeit, dann wird es Ihnen klar werden. Ich habe draußen zwei Beispiele von Männern, die sich für DST-Beamte ausgegeben haben.« Lasalle stand auf. »Würden Sie mich bitte begleiten?«
»Weshalb sollte ich?«
»Weil ich es Ihnen befehle, General.«
»Sie sind nicht befugt, mir irgend etwas zu befehlen!« brüllte de Forge mit seiner Exerzierplatzstimme.
Lasalle erwiderte nichts. Er lehnte sich über den Schreibtisch und gab de Forge das zusammengefaltete Blatt. Der General warf einen Blick auf

Lamy, dann musterte er abermals Lasalle, der seinen Blick kalt erwiderte. De Forge klappte langsam das Blatt auf. Er sah den gedruckten Kopf, erkannte, daß er ein Blatt vom persönlichen Briefpapier des Innenministers vor sich hatte. Er las die Anweisung. *Sie werden ersucht, mit meinem Abgesandten René Lasalle, Chef der Direction de la Surveillance du Territoire, zu kooperieren und seinen Anweisungen Folge zu leisten. Er besitzt uneingeschränkte Vollmacht.*

»Jetzt werden Sie vielleicht mit mir nach draußen kommen«, sagte Lasalle gelassen.

Lasalle durchquerte den riesigen Raum schneller, als er es beim Eintreten getan hatte. Auf halbem Wege zur Tür blieb er stehen, schaute zurück. De Forge folgte ihm; seine Reitstiefel waren ebenso auf Hochglanz poliert wie das Parkett. Lamy war am Schreibtisch stehengelieben.

»Major Lamy«, rief Lasalle, die Befehlsgewalt übernehmend, »Sie kommen auch mit.«

Er setzte seinen flotten Gang zur Tür fort, öffnete sie und schaute hinaus. Seinen Anweisungen war Folge geleistet worden. Die Begleitfahrzeuge waren zusammen mit seinem eigenen Wagen seitlich vom Eingang geparkt worden. Die Ambulanz war rückwärts an den Eingang herangefahren. Die Türen waren noch geschlossen, und neben dem Tritt standen zwei Männer in weißen Kitteln. Lasalle trat beiseite, beobachtete.

De Forge kam aus seinem Büro, stand stocksteif da, nahm den großen Konvoi mit einem Blick zur Kenntnis. Seine dünnen Lippen verkniffen sich.

»Das ist eine Invasion.«

»So könnte man es nennen«, gab Lasalle zu. »DST-Beamte, echte, alle bewaffnet. Außerdem CRS-Leute, gleichfalls bewaffnet, wie Sie sehen können.«

»Das ist eine Unverschämtheit!«

»Ich nenne es eine Vorsichtsmaßnahme«, entgegnete Lasalle gelassen.

»Und aus welchem hirnrissigen Grund haben Sie mich hier herausbeordert?« Er sah ein paar Soldaten, die das Schauspiel verfolgten. »Major, scheuchen Sie diese Leute sofort in voller Kampfausrüstung über den Hinderniskurs.«

»Das hat Zeit«, sagte Lasalle entschieden. »Es könnte sein, daß Major Lamy das hier auch sehen möchte.«

Er nickte den beiden weißbekittelten Männern zu, ging die Treppe hinunter zu ihnen, gefolgt von de Forge und Lamy. Die beiden Männer öffneten die Hecktüren und blieben auf dem Tritt stehen. Aus dem Innern schlug

ihnen ein Schwall eisiger Luft entgegen. De Forge und Lamy starrten hinein. Drinnen standen zwei große Metallkästen. Einer der Kästen war geöffnet. Die weißbekittelten Männer traten zurück. Lasalle schwenkte eine Hand.
»Ich sagte es bereits – ich habe zwei Männer mitgebracht, die sich in Bordeaux als DST-Beamte ausgegeben haben.«
Die Weißbekittelten öffneten auch den zweiten Kasten. In jedem lag eine nur teilweise bekleidete Leiche, deren Kopf auf einem Holzklotz ruhte. Aus dem gekühlten Leichenwagen drang auch weiterhin eisige Luft heraus.
»Diese Männer sind tot«, ließ sich Lamy entfahren.
»Gut beobachtet«, bemerkte Lasalle. »Es sind Soldaten – vermutlich vom Dritten Corps, da sie in Bordeaux gefunden wurden.«
»Wie kommen Sie auf die Idee?« fragte de Forge verächtlich.
»Oh, sie hatten keine Papiere bei sich außer den gefälschten DST-Ausweisen. Sie trugen Zivil – aber etwas wurde übersehen. Ihre Unterwäsche stammt aus Armeebeständen. Daran besteht keinerlei Zweifel.«
De Forge warf Lamy einen Blick zu. Der Major trat näher an die Leichen heran. Dann machte er auf dem Absatz kehrt, wendete sich an den General.
»Ich erkenne die Leute. Es sind Deserteure. Sie haben sich schon vor Wochen von ihrer Truppe entfernt.«
Lamy konnte schnell denken. Lasalle bewunderte ihn insgeheim, dachte aber nicht daran, sich so leicht abspeisen zu lassen.
»Offiziell als Deserteure registriert?«
»Major Lamy«, sagte de Forge, das Stichwort aufgreifend, »gehen Sie und holen Sie die Unterlagen, damit wir sie dem Herrn aus Paris zeigen können.«
Er kehrte in das Gebäude zurück, während Lamy um eine Ecke herum verschwand. Lasalle nickte, bevor er de Forge folgte. Die Männer in den weißen Kitteln schlossen die Kästen mit ihrem grausigen Inhalt: beide Leichen wiesen schwere Kopfverletzungen auf. Dann folgte er de Forge in das Gebäude.
»Die beiden Männer waren an einem brutalen Mord beteiligt«, informierte Lasalle de Forge, während sie auf Lamy warteten; de Forge hatte sich an seinem Schreibtisch niedergelassen, und Lasalle wanderte vor ihm auf und ab, was de Forge höchst zuwider war. Dennoch saß der General reglos wie eine Statue da.
»Deserteure sind Abschaum«, erwiderte de Forge schließlich.
»Wenn es Deserteure waren.« Lasalle formulierte seine Bemerkung bedachtsam. »Irgendjemand hat ihnen Befehle erteilt...«

Er brach ab, als Major Lamy mit einer Akte unter dem Arm auf den Schreibtisch zumarschierte. Lasalle ignorierend, legte er sie vor dem General hin.

»Gemeine Gillet und Ferron«, berichtete er. »Vor fünf Wochen desertiert und seither nicht mehr gesehen worden.«

»Da haben Sie's.«

De Forge deutete auf die beiden Blätter, auf die er einen flüchtigen Blick geworfen hatte. Er machte keinerlei Anstalten, sie Lasalle auszuhändigen. Der DST-Chef streckte schnell die Hand aus, ergriff die Blätter, betrachtete sie.

»Diese Kopien sind unser Eigentum«, warnte de Forge.

Lasalle hielt die Blätter gegen das Licht, drehte sie einzeln in alle möglichen Richtungen. Dann legte er sie in seinen Aktenkoffer und ließ das Schloß zuschnappen.

»Muß ich Sie daran erinnern, daß ich in einer Mordsache zu ermitteln habe? Diese Unterlagen sind wichtige Beweisstücke. Eine spektographische Untersuchung wird ergeben, ob diese Dokumente, wie ich vermute, in den letzten fünf Minuten hergestellt wurden.«

»Ich verwahre mich gegen diese Unterstellung«, brauste Lamy auf.

»Gehört alles zu meiner Arbeit. Die zivile Macht hat Vorrang vor der militärischen.« Er wendete sich zum Gehen. »Ich danke Ihnen für die Kooperation. Ich werde wiederkommen ...«

De Forge wartete, bis er den Konvoi abfahren hörte. Dann erteilte er Lamy seinen Befehl. »Organisieren Sie äußerst gewalttätige Ausschreitungen in Lyon. Wir müssen schnell handeln.«

Zwanzigstes Kapitel

Newman hörte das Telefon läuten, als er die Tür zu seiner Wohnung in der Beresforde Road in South Kensington aufschloß. Er beeilte sich, obwohl er sicher war, daß das Läuten aufhören würde, bevor er den Apparat in dem großen Wohnzimmer erreicht hatte. Er nahm den Hörer ab und nannte seine Nummer, aber nicht seinen Namen. Es war Tweed.

»Bob, ich dachte, das sollten Sie erfahren. Lasalle hat mich von Bordeaux aus angerufen. Die beiden falschen DST-Männer, die Francis Carey aus der Bar Miami herausholten, bevor er ermordet wurde, sind in dem Haus gefunden worden, im dem Isabelle Thomas' Mutter wohnt.«

»Gefunden? Was heißt das?«

»Warten Sie's ab. Ich bin noch nicht fertig. Der Präfekt von Bordeaux erhielt einen anonymen Anruf – von einer Frau, vermutet er –, die ihn über die beiden Männer informierte. Sie sagte, sie wären bewußtlos. Im Keller. Die Polizei hat sie gefunden. Beide Männer waren tot.«

»Großer Gott! Wie sind sie gestorben?«

»Das ist sehr merkwürdig, und niemand weiß Genaueres. Aber sie sind zwei Stockwerke tief hinuntergestürzt, und ihre Schädel waren eingeschlagen. Glauben Sie, daß Isabelle das getan haben könnte?«

»Nicht absichtlich. Ich kann mir kaum vorstellen, daß sie mit zweien von ihnen fertig geworden wäre. Allerdings ist sie ungewöhnlich kräftig. Sie sagen, Lasalle hat von Bordeaux aus angerufen?«

»Ja. Er ist dorthin geflogen und hat den Stier bei den Hörnern gepackt. Hat sich bei de Forge angemeldet, die Leichen in einem Kühlwagen mitgenommen und sie ihm gezeigt. Anhand ihrer Militärunterwäsche wurden sie als Soldaten identifiziert. Irgend etwas wird immer vergessen. Er hat de Forge aufgerüttelt.«

»Ist das gut?«

»Es könnte ihn veranlassen, einen falschen Schritt zu tun. Wir brauchen den Anstoß, der ihn veranlaßt, seine Karten auf den Tisch zu legen. Das Problem ist nur, daß ich nicht weiß, wie dieser Anstoß aussehen wird. Ich muß jetzt aufhören. Sie wollen sich bald auf den Weg machen?«

»Ich warte nur noch auf Marler. Er wollte in ungefähr einer halben Stunde hier sein.«

»Gehen Sie nicht bis zum Äußersten ...«

Newman hatte den Hörer kaum aufgelegt, als das Telefon abermals läutete. Marler? Der ihm sagen wollte, daß er erst später käme? Er nahm den Hörer ab, nannte abermals nur seine Nummer.

»Das sind doch Sie, Bob, nicht wahr? Ich erkenne Ihre Stimme.« Isabelle. Überstürzt. Er sagte ihr, sie sollte sich beruhigen. »Sie werden sehr böse mit mir sein. Es war blöd von mir, ihre Warnung in den Wind zu schlagen ...«

»Ganz ruhig, Isabelle«, sagte er noch einmal, jetzt bestürzt. »Sind Sie in Gefahr? Und von wo rufen Sie an?«

»Jetzt ist alles in Ordnung, ich bin in Sicherheit. Ich spreche von der Wohnung meiner Schwester in Arcachon aus, sie ist nicht hier, ich bin allein ...«

»Dann beruhigen Sie sich, um Himmels willen. Und jetzt erzählen Sie ...«

Ohne sie noch einmal zu unterbrechen, hörte er sich ihre Geschichte an. Sie redete jetzt mit normalem Tempo und lieferte ihm einen knappen, aber detaillierten Bericht über alles, was passiert war. Sie endete damit, daß sie

ihm erzählte, wie sie den Präfekten von Bordeaux angerufen hatte, bevor sie wie eine Wahnsinnige nach Arcachon zurückgefahren war.
»Es könnte Ihnen jemand gefolgt sein«, sagte er.
»Ausgeschlossen. Ich habe ständig in den Rückspiegel geschaut. Um diese Zeit herrschte kaum Verkehr. Und ich habe ein paar Minuten auf freier Strecke angehalten und kein anderes Fahrzeug gesehen.«
»Dann können wir wenigstens in dieser Hinsicht beruhigt sein.« Newman zögerte, kam zu dem Schluß, daß er dafür sorgen mußte, daß sie in Arcachon blieb, indem er ihr einen Mordsschrecken einjagte. »Etwas stimmt nicht an der Geschichte, die Sie mir erzählt haben.«
»Und was ist das?«
»Sie sagten, die beiden falschen DST-Männer wären bewußtlos gewesen. Aber sie waren beide tot.«
»Sind Sie sicher? Woher wissen Sie das, Bob?«
Er hatte mit Hysterie gerechnet, aber ihre Stimme war völlig gelassen. Er glaubte sogar einen Unterton von Genugtuung zu hören.
»Ich versichere Ihnen, sie waren beide tot. Ich weiß es, Isabelle. Ich habe Verbindungen.«
»Also sind die Männer, die den armen Henri in den Tod geschickt haben, jetzt selbst tot.«
»So tot, wie es nur geht«, betonte er.
»Ich habe keine Zeit damit vergeudet, nach ihnen zu sehen. Bob, sind Sie mir böse, weil ich nach Bordeaux zurückgefahren bin, obwohl Sie es mir verboten hatten?«
Es hörte sich an, als ob diese Möglichkeit sie mehr beunruhigte als das, was er ihr mitgeteilt hatte.
»Haben Sie vor, noch einmal nach Bordeaux zu fahren?« fragte er.
»Nein! Ich verspreche es. Ich weiß, ich habe es schon einmal versprochen, aber diesmal halte ich mein Wort. Sie glauben mir doch, Bob, nicht wahr? Sagen Sie, daß Sie mir glauben. Bitte, sagen Sie es ...«
Ihre Worte überstürzten sich wie das Wasser eines Flusses, der über Stromschnellen dahinrauscht.
»Ich glaube Ihnen«, versicherte Newman. »Eine Menge Leute werden nach Ihnen Ausschau halten. Sind Sie sicher, daß niemand weiß, daß Ihre Mutter eine Wohnung in Arcachon hat?«
»Da bin ich ganz sicher. Ich sagte es Ihnen doch, sie kann die Leute in Bordeaux nicht leiden und hat nie jemandem erzählt, daß sie hier eine Wohnung hat. Also wird niemand auf die Idee kommen, hier nach mir zu suchen. Wann sehe ich Sie wieder?«

»Ich melde mich, sobald ich kann. In der Zwischenzeit lesen Sie ein paar von den Büchern, die ich in Ihrer Wohnung gesehen habe. Gehen Sie erst nach Einbruch der Dunkelheit spazieren. Und verstecken Sie Ihr Haar unter irgendeiner Kopfbedeckung. Einer Mütze. Einem Tuch. Irgend etwas...«

»Ich verspreche es, Bob. Ich werde mein Haar hochstecken und es unter einem Tuch verbergen. Und ich werde eine Hose tragen. Ich habe eine. Normalerweise trage ich nie Hosen, weil ich finde, daß sie unweiblich aussehen. Niemand wird mich erkennen. Sehe ich Sie bald?«

»Sobald ich es einrichten kann. Jemand ist an der Tür. Ich muß Schluß machen. Halten Sie die Ohren steif...«

Newman trat ans Seitenfenster des Alkovens, von dem er durch die dichten Gardinen hindurch den Hauseingang sehen konnte. Draußen war es bereits fast dunkel. Marler stand vor der Tür. Er hatte eine lange Reisetasche bei sich. Was bedeutete, daß er sein Armalite-Gewehr mitgebracht hatte. Offenbar rechnete er mit Problemen bei Dawlishs Fabrik an der Straße nach Orford.

Marlers neuer Volvo-Kombi war ein Stück die Straße hinunter geparkt. Sie würden in seinem Wagen fahren müssen, dachte Newman, als er in die Diele ging, um auf den Knopf zu drücken, der die Haustür öffnete. Sein Mercedes war noch in den Händen des Tierpathologen.

»Ziehen Sie sich warm an«, sagte Marler, als er die Wohnung betrat. »Draußen ist es lausig kalt.«

Marler trug einen Schaffellmantel, dessen Kragen er hochgeschlagen hatte. Newman glaubte, daß die Kälte – der Wetterbericht hatte Frost vorhergesagt – ihnen vielleicht helfen würde. Wachmänner patrouillieren nicht gern in einer so kalten Nacht. Jedenfalls hoffte er, daß er mit dieser Annahme recht hatte.

In seinem Büro am Park Crescent spürte Tweed, sobald Paula das Zimmer betrat, daß sie erregt war. Sie legte den steifen Umschlag, den sie in der Hand gehalten hatte, auf ihren Schreibtisch und zog ihren Wildledermantel aus, eine ihrer wenigen Extravaganzen. Dann holte sie eines von Lasalles Fotos aus dem Umschlag und deckte es mit einer Hand ab, während sie ihre Frage stellte.

»Haben Sie etwas dagegen, wenn ich mit einem Filzstift auf diesem Foto herummale? Es ist eines der Fotos, die Lasalle uns geschickt hat.«

»Nur zu. Unsere Leute im Keller haben von sämtlichen Fotos massenhaft Abzüge gemacht.«

Tweed ließ sich keine Neugierde anmerken, sondern notierte eine Reihe von Namen auf seinen Block. Monica dagegen beobachtete Paula verstohlen, während sie mit ihrem Filzstift arbeitete. Dann legte sie den Stift nieder, nahm das Foto in die Hand, betrachtete es aus einiger Entfernung.
»Er ist es«, verkündete sie. »Ich dachte es mir gleich, als ich in meiner Wohnung die Fotos betrachtete.«
»Wer?« erkundigte sich Tweed.
»Leutnant Berthier, der zum Stab von Major Lamy gehört, ist hier im Lande. Genauer gesagt, er wohnt vermutlich nach wie vor im Hotel Brudenell in Aldeburgh.«
Sie brachte das Foto zu Tweed und legte es vor ihm hin. Sie hatte den Stift dazu benutzt, um seine Augen mit einer dunklen Brille zu verdecken und sein Haar zu schwärzen. Tweed betrachtete ihre Skizze, dann sah er auf.
»Tüchtig«, sagte er. »Und Sie haben recht. Ich habe diesen Mann in der Bar des Brudenell gesehen, als ich aus dem Haus ging, um noch einen Abendspaziergang über die Marsch zu machen.«
»Das ist der Mann, von dem Newman glaubte, daß er ihn auf Französisch fluchen hörte, als er sich den Zeh anstieß. Das ist der Mann«, fuhr Paula fort, »mit dem ich ins Gespräch kommen sollte, was ich, wie Sie wissen, getan habe. Ich habe ihn unvermittelt auf Französisch angesprochen, ihn gefragt, ob er noch einen Drink haben wollte. Sie erinnern sich? Er machte Anstalten, aufzustehen, um selbst weitere Drinks zu holen, dann hielt er noch rechtzeitig inne und tat so, als hätte er sich nur bequemer hinsetzen wollen. Ich *vermutete*, daß er wußte, was ich gesagt hatte. Jetzt weiß ich, daß es stimmt.«
»Und damit«, bemerkte Tweed, »haben wir ein weiteres Bindeglied zwischen Suffolk und Frankreich. Berthier. In der Umgebung von Aldeburgh geht irgend etwas Bedeutsames vor. Das ist ein Zufall zuviel.«
»Mir hat er gesagt, er hieße James Sanders«, erinnerte sich Paula. »Er handelte mit Ersatzteilen für Schiffe und wäre gerade von Paris zurückgekommen.«
»Ein weiteres mögliches Bindeglied«, sagte Tweed sofort. »Ein Offizier aus Lamys Stab, der sich als Händler mit Ersatzteilen für Schiffe ausgibt, hätte einen legitimen Grund, sich mit Dawlish in Verbindung zu setzen. Schließlich ist Dawlish Besitzer eines Schiffes, der *Steel Vulture.* Weitere Teile des Puzzles tauchen auf und passen ins Bild.«
»Ich glaube, ich sollte noch einmal nach Aldeburgh fahren«, schlug Paula vor. »Unter dem Vorwand, daß ich Jean Burgoyne besuchen will.«
»Aber wir wissen, daß die Burgoyne de Forges Geliebte ist. Riskant. In

diesem Stadium wissen wir nicht, wem wir vertrauen können – falls überhaupt jemandem.«

»Ich glaube trotzdem, ich sollte wieder hinfahren, zumal wir wissen, daß Berthier sich dort aufhält. Vielleicht läßt er sich etwas entschlüpfen, wenn ich ihm Avancen mache.«

»Die Idee gefällt mir nicht«, gab Tweed zu bedenken. »Ich habe vor mir eine Liste mit Namen – und jeder von ihnen könnte der Profimörder Kalmar sein.«

»Dürfen wir die Liste sehen?« warf Monica ein.

»Nein. Noch nicht. Ich möchte erst sicher sein – ich brauche immer noch mehr Informationen …«

»Die ich vielleicht bekommen könnte, wenn ich nach Aldeburgh fahre«, beharrte Paula. »Newman und Marler sind gleichfalls auf dem Weg dorthin. Newman wird Sie bestimmt anrufen – und dann können Sie ihm sagen, daß ich im Brudenell bin.«

»Sie können fahren, aber nur unter der Bedingung, daß Sie im Hotel bleiben, bis Newman sich bei Ihnen gemeldet hat. Das ist ein Befehl.«

»Ich bin schon unterwegs.« Paula sprang auf, bevor Tweed es sich anders überlegen konnte. »Ich hole nur meinen Koffer aus meiner Wohnung, dann fahre ich nach Suffolk.«

»Finden Sie, daß das klug war?« fragte Monica, als sie allein waren. »Sie fährt dorthin zurück, wo ein Mord begangen wurde. Der Mörder könnte nach wie vor in der Gegend sein.«

»Falls Dawlish«, sagte Tweed, mit seinen Gedanken ganz woanders, »tatsächlich das Dritte Corps heimlich mit Waffen beliefern sollte, dann frage ich mich, wie er sie nach Frankreich bringt.«

»Mit seinem Katamaran«, sagte Monica prompt. »Dawlish selbst hat Paula erzählt, wie groß das Schiff ist – daß es mehr als hundert Personen und eine ganze Reihe von schweren Fahrzeugen befördern kann. Und Newmans Freundin Isabelle hat gesagt, daß sie ein Schiff, auf das die Beschreibung der *Steel Vulture* paßt, mehrfach in Arcachon gesehen hat.«

»Sie begreifen nicht, worauf ich hinauswill. Dawlish hat außerdem gesagt, daß das Schiff normalerweise in Harwich liegt. Ich weiß zufällig, daß die Sicherheitsvorkehrungen in Harwich verstärkt worden sind. Man hat dort eine große Menge Rauschgift an Bord eines Schiffes gefunden, das nach Rotterdam auslaufen sollte – eine Umkehrtaktik der Drogenhändler. Die Drogen werden auf anderen Wegen ins Land gebracht und dann auf den Kontinent *hinaus*befördert. Würde Dawlish bei dieser Art von Überwachung eine Durchsuchung riskieren? Ich glaube nicht.«

»Wie macht er es dann?«
»Ich habe keine Ahnung. Vielleicht steckt er überhaupt nicht in der Sache drin. Aber das hat mich auf eine Idee gebracht. Ich werde Heathcote anrufen, den Hafenmeister von Harwich. Er ist mir verpflichtet.«
Tweed schloß eine Schublade auf, blätterte in einem Telefonverzeichnis, fand die Nummer, wählte sie, nannte seinen Namen, bat, mit dem Hafenmeister verbunden zu werden.
»Sind Sie das, Heathcote? Wie geht es Ihnen? Ja, ich wollte Sie um einen Gefallen bitten. Ein Schiff namens *Steel Vulture,* ein Katamaran ...«
»Gehört dem Millionär Dawlish. Ein supermodernes Schiff, das Schiff der Zukunft. Es liegt hier vor Anker. Was ist damit?«
»Haben Sie es schon einmal durchsucht? Die Drogengeschichte?«
Heathcote lachte auf. »Glauben Sie etwa, Millionäre stünden über dem Gesetz? Die Antwort lautet ja. Im letzten halben Jahr haben wir es zweimal durchsucht. Völlig sauber. Befürchten Sie, daß uns etwas entgangen ist?« fragte Heathcote. »Daß wir dieses Schiff im Auge behalten sollten?«
»Das wäre Zeitverschwendung. Und ich habe nicht an Drogen gedacht. Fragen Sie mich nicht, um was es geht. Streng geheim.«
»Sie erwarten von mir, daß ich rede, und dann schalten Sie ab«, knurrte Heathcote mit gespielter Empörung.
»Wenn wir uns wieder einmal treffen, spendiere ich Ihnen einen Scotch. Fürs erste vielen Dank.«
»Das war nichts«, teilte Tweed Monica mit. »Heathcote hat den Katamaran im letzten halben Jahr zweimal durchsuchen lassen. Nichts. Dawlish ist viel zu gerissen, um sich erwischen zu lassen. Sieht aus wie eine Sackgasse. Aber irgendjemand hat mir etwas erzählt, was das Schlupfloch sein könnte, und ich kann mich einfach nicht erinnern, was es war.«
»Sie haben kein Wort von dem gehört, was ich vorhin gesagt habe«, warf Monica ihm vor. »Ich sagte, daß dort, wohin Paula jetzt zurückfährt, schon ein Mord begangen wurde. Der Mörder könnte sich immer noch in der Gegend dort aufhalten.«
»Das halte ich für ziemlich ausgeschlossen.«
Das war eine Bemerkung, die Tweed schon wenig später bereuen sollte.

Der *Cercle Noir* hielt in der Villa Forban in der Nähe des Hauptquartiers des Dritten Corps eine Krisensitzung ab. Sie war von General de Forge einberufen worden, während Jean Burgoyne abwesend war. Er saß am Kopfende des Tisches im Wohnzimmer. Draußen war es dunkel, und die Vorhänge waren zugezogen.

Mit ihm am Tisch saßen Verteidigungsminister Louis Janin; General Masson, der Chef des Generalstabs; General Lapointe, der Befehlshaber der *force de frappe*, der Atomstreitmacht des Landes; Emile Dubois, der Vorsitzende der neuen politischen Partei *Pour France*, und der Mann, der unter dem Decknamen *Oiseau* – Vogel – auftrat.
Janin war ein kleiner, untersetzter Mann mit glattem schwarzem Haar, der eine randlose Brille trug. Der Typ des Intellektuellen. Obwohl nominell de Forges Vorgesetzter, stand er ganz im Bann der bezwingenden Persönlichkeit des Generals. General Lapointe war aus härterem Holz geschnitzt: ein schlanker Mann mit schmalem Gesicht, der glaubte, daß nur Charles de Forge Frankreich vor der Vorherrschaft des mächtigen, nun wiedervereinigten Deutschland retten konnte. Emile Dubois war massig und ein begabter Redner. Er neigte dazu, die Arme zu schwenken, um seine Worte zu unterstreichen, und hoffte, Premierminister zu werden, sobald de Forge Präsident geworden war. General Masson war ein zweitklassiger Soldat, aber sehr stolz auf die Würde seines Postens.
»Wir sind an einem Kreuzweg der Geschichte angelangt«, begann de Forge. »Jetzt, da in diesem Land ständig wachsende Unruhen ausgebrochen sind, gibt es kein Zurück mehr. Es wird weitere und maßlosere Ausschreitungen geben. In Lyon. Und danach in Paris.«
»Gehen wir nicht zu schnell vor?« fragte Janin.
De Forge verachtete Intellektuelle. »Jetzt, da die Dinge in Gang gekommen sind, müssen wir schneller vorgehen. Mit Vorsicht reagieren nur Mutlose und Feiglinge.«
»Der Präsident hört in zunehmendem Maße auf Navarre«, warnte Janin, wütend wegen der Anspielung.
»Es kann sein, daß wir Navarre aus seinem Amt entfernen müssen«, teilte de Forge ihm mit.
»Sie meinen doch nicht etwas Kalmar?« protestierte Janin.
»Der General hat keine derartigen Andeutungen gemacht«, wies Lapointe ihn zurecht.
»Die Mitglieder meiner Partei fahren *en masse* nach Lyon«, versicherte Dubois de Forge. »Wir werden dort sein und unseren Teil der Arbeit tun.«
»Ich hatte Besuch von einem Lakaien von Navarre«, berichtete de Forge. »Lasalle von der DST. Er versucht, einen Fall gegen uns aufzubauen. Was ihm natürlich nicht gelingen wird. Aber wenn wir an die Macht kommen, wird er der erste sein, der auf die Straße fliegt. Wir brauchen patriotisch gesinnte Männer in allen Schlüsselpositionen. Ich brauche Ihre Zustimmung dazu, daß wir in Lyon einen Flächenbrand entzünden, ein Fanal, das

in Paris zu sehen ist. Und wir müssen insgeheim Vorauseinheiten in die Hauptstadt schicken.« Er hieb mit der geballten Faust auf den Tisch. »Von dieser Sekunde an muß das Tempo unseres Vorgehens ständig gesteigert werden. Wer einverstanden ist, schlägt mit der Faust auf den Tisch...«
Fünf Fäuste schlugen mit unterschiedlicher Heftigkeit auf den Tisch. Am schwächsten reagierte, wie de Forge feststellte, Janin. Und nun brachte der Verteidigungsminister das Problem zur Sprache, das ihn am meisten beschäftigte.
»Ich sagte es schon mehrfach – mir gefällt es nicht, daß ein Mitglied des *Cercle* unerkannt bleiben will.«
Oiseau saß am entgegengesetzten Ende des großen Tisches, de Forge gegenüber. Sein Gesicht war unter einer Sturmhaube verborgen. Er war der einzige, der bei den geheimen Treffen nie ein Wort sprach. Jetzt wendete er sich Janin zu, wortlos wie immer. De Forge explodierte.
»Ich habe es Ihnen bereits erklärt, Janin, immer und immer wieder. *Oiseau* liefert uns die zusätzlichen Waffen, die wir brauchen. Und was noch wichtiger ist, er stellt uns Geldmittel zur Verfügung – Geldmittel, bei denen niemand feststellen kann, wo sie herkommen. Ohne diese Geldmittel hätte *Pour France*, unsere überaus wichtige zivile Abteilung, niemals aufgebaut werden können. Seine Identität geht Sie nicht das geringste an. Und mir ist aufgefallen, daß seine Faust wesentlich kräftiger auf den Tisch geschlagen hat als die Ihre.«
»Ich finde nach wie vor, daß es gefährlich ist, irgendwelche entscheidenden Schritte zu unternehmen, bevor wir wissen, wie der Präsident reagieren wird«, beharrte Janin.
»Also unternehmen wir keinen entscheidenden Schritt, bevor wir wissen, wie er auf die Unruhen in Lyon reagiert.« De Forges Stimme nahm einen höhnischen Ton an. »Sie lieben die Diskussion, Janin, aber Entscheidungen fallen Ihnen schwer. Hauptsache, Sie halten mich über die Lage im Elysée auf dem laufenden...«
Die Sitzung dauerte noch eine weitere Viertelstunde. Den größten Teil dieser Zeit verbrachte de Forge damit, die Moral der Anwesenden zu stärken, ein Gefühl der Begeisterung hervorzurufen, die Überzeugung, daß der Sieg gleich hinter der nächsten Ecke lag.
Wie immer verließen die Mitglieder des *Cercle Noir* die Villa Forban einzeln, in Abständen von fünf Minuten. *Oiseau* ging als erster. Er nickte de Forge kurz zu, holte seinen Mantel selbst aus dem Schrank in der Diele und ging in den bitterkalten Abend hinaus, wo eine Limousine wartete, die ihn zu einem Privatjet auf dem Flughafen von Bordeaux bringen sollte. Erst

als Brand, der jetzt eine Chauffeursuniform trug und als Fahrer fungierte, das Gelände der Villa verlassen hatte, nahm sein Passagier *Oiseau* die Sturmhaube ab.

In der Villa wartete de Forge, bis die anderen alle gegangen waren. Dann trat er ins Nebenzimmer und machte die Tür hinter sich zu. Major Lamy arbeitete an einem Schreibtisch, während aus einem Kassettenrecorder leise die Musik von Strawinskys *Sacré du Printemps* erklang. Lamy stellte das Gerät ab und sah auf.

»Gibt es hier irgendwelche Notizblöcke, die ich benutzen kann? Ich habe den Schreibtisch durchsucht – bis auf die unterste Schublade, die ich nicht aufbekomme. Sie hat ein Spezialschloß.«

»Das ist die Schublade, in der Jean ihren Schmuck aufbewahrt«, teilte de Forge ihm mit. »Außer ihr hat niemand einen Schlüssel dazu. – Gott bewahre mich vor einigen dieser Kretins, mit denen ich es zu tun habe.«

»Bezieht sich das auf eine bestimmte Person?«

»Janin. Ich deutete an, daß wir möglicherweise Navarre loswerden müssen – also erwähnt Janin Kalmar. Offenbar hatte er vergessen, daß Lapointe glaubt, Kalmar wäre nichts als ein Ganove, der Leuten, die uns im Wege sind, einen Denkzettel verpaßt.«

»General Lapointe würde Kalmars Talent nicht zu würdigen wissen.«

»Natürlich nicht. Er würde den *Cercle* sofort verlassen.«

»Janin ist ein Schwächling«, pflichtete Lamy ihm bei. »Aber das ist nichts, was uns Sorge machen müßte. Er ist sehr geschickt darin, sich beim Präsidenten lieb Kind zu machen. Ihm zu schmeicheln.«

»Der Präsident ist das Haupthindernis, das unseren Plänen im Wege steht. Und ich weiß nicht, wie er reagieren wird. Aber jetzt sollten wir verschwinden. Zurück ins Hauptquartier ...«

»Ich werde in den nächsten sechsunddreißig Stunden unterwegs sein«, informierte Lamy seinen Chef, als sie im Fonds der Limousine saßen und das Grundstück verließen.

»So lange – um Lyon zu organisieren?« erkundigte sich der immer argwöhnische de Forge.

»Sie haben befohlen, Lyon in ein Inferno zu verwandeln. Ich muß mich vergewissern, daß unser Kontingent an Ort und Stelle ist. Auf Dubois und seine Amateure können wir uns nicht verlassen. Außerdem hat unser Verbindungsmann in Lasalles Büro berichtet, daß eine Paula Grey kürzlich bei Lasalle war und mit ihm gesprochen hat. Mein Mann hält sie für eine britische Agentin. Er hat mir ein Foto zukommen lassen, das er heimlich von ihr aufgenommen hat.«

Lamy sah de Forge nicht an, sondern schaute aus dem Fenster, während dieser das Wort ergriff.
»Ein Job für Kalmar? Die Entscheidung liegt bei Ihnen. Und wissen Sie was? Ich glaube, wir kommen auch während Ihrer Abwesenheit ganz gut zurecht.«

Einundzwanzigstes Kapitel

Am Park Crescent sah Tweed seine Unterlagen durch, um je nach Lage der Dinge Teams seiner Leute nach Frankreich zu schicken. Den größten Teil davon hatte er im Kopf, aber, gewissenhaft wie er war, zog er es vor, alles schriftlich festzuhalten, um kein Detail zu übersehen. Es war spätabends. Er schaute auf und wendete sich an Monica.
»Dieser Brand, den Newman und Paula in Grenville Grange gesehen haben und der später in Aldeburgh versuchte, einen Streit mit Newman vom Zaun zu brechen – finden Sie so viel wie möglich über ihn heraus. Ich nehme an, er ist Dawlishs rechte Hand.«
»Und das natürlich möglichst noch gestern«, bemerkte Monica.
»Oder vorgestern ...«

Marler parkte den Volvo-Kombi hinter einer Kurve der Landstraße, außer Sichtweite von Dawlishs Fabrik. Als Vorsichtsmaßnahme für den Fall, daß sie flüchten mußten, hatte er den Wagen gewendet, so daß er in der Richtung stand, aus der sie gekommen waren.
»Wenigstens ist der Mond hinter den Wolken verschwunden«, bemerkte Newman, als er zusammen mit Marler ausstieg. »Hoffen wir, daß er nicht im falschen Moment wieder auftaucht ...«
Beide Männer waren bewaffnet, Newman mit einem .38er Smith & Wesson in einem Hüftholster, Marler mit seinem Armalite-Gewehr. Außerdem hatten beide eine Steppdecke bei sich, die sie zusammengefaltet über dem linken Arm trugen, während sie in Schuhen mit Gummisohlen langsam die Straße entlanggingen. An der Kurve blieben sie stehen, lauschten und beobachteten den Teil des die Anlage umgebenden Zauns, den sie sehen konnten. Kein Laut, kein Anzeichen für patrouillierende Wachen.
»Sie rechnen nicht damit, daß wir noch einen zweiten Versuch unternehmen«, flüsterte Newman.
»Da bin ich nicht so sicher«, erklärte Marler trocken.
Sie näherten sich dem Zaun, blieben wieder stehen, um zu lauschen und

sich umzusehen. Es war windstill. Das nächtliche Schweigen des Waldes zerrte an den Nerven. Newman traf seine Entscheidung.

»Versuchen wir unser Glück«, flüsterte er. »Sie sind dran.«

Marler holte den Schraubenzieher mit Holzgriff aus der Tasche, ging zum Tor, machte kehrt, schritt die Entfernung ab, die er bei ihrem ersten Besuch ermittelt hatte. Er langte hoch und drückte das metallene Ende des Schraubenziehers gegen Drähte, die aus einer weißen Plastikröhre herausragten. Es gab ein kurzes Aufblitzen.

»Der Elektrozaun ist kurzgeschlossen«, sagte er zu Newman, der hinter ihm stand. »Hoffen wir, daß er keinen Alarm ausgelöst hat.«

»Das werden wir bald wissen. Aber wir sollten ihnen keine Zeit zum Reagieren lassen...«

In jeder der zusammengefalteten Steppdecken steckte eine ausziehbare Metalleiter, die mit einem Plastikhaken an der Steppdecke befestigt war. Newman hakte seine Leiter ab, zog sie auf ganze Länge aus, hockte sich auf halber Höhe des Zauns auf die oberste der mit Gummi überzogenen Sprossen. Marler erklomm die Leiter, warf Newmans Decke über die Oberkante des Drahtzauns. Dann schwang er sich mitsamt seiner eigenen Decke über den mit der Decke gepolsterten Zaun und sprang auf der anderen Seite herunter.

Rasch stellte er seine eigene Leiter auf und lehnte sie an der Innenseite gegen den Zaun, damit sie notfalls schnell flüchten konnten. Er kletterte die Leiter hinauf und warf seine Decke über die von Newman. Der Reporter war wesentlich schwerer als der schlanke Marler. Sekunden später stand Newman neben ihm. Jetzt befanden sie sich beide auf feindlichem Territorium.

»Passen Sie auf, wo Sie hintreten«, warnte Newman. »Ich gehe voraus. Ich habe ein komisches Gefühl, was diesen Laden hier angeht. Daß es keine Wachen gibt, ist unnatürlich...«

Ein Teil seines Verstandes war über viele Jahre hinweg in die Vergangenheit zurückgekehrt. In die Zeit, als er eine Ausbildung beim SAS durchmachte, um einen fundierten Artikel über diese legendäre Elite-Einheit schreiben zu können. Irgendwie hatte er den Kurs überlebt. Jetzt hörte er die Stimme des SAS-Ausbilders, den er nur als Sarge kannte. *Wenn Sie sich einer Sicherheitszone nähern, vergessen Sie nie den Boden unter Ihren Füßen. Dort könnte die größte Gefahr lauern...*

Newman richtete das mit der Handfläche abgeschirmte Licht seiner Stablampe nach unten, auf die Stelle, auf die er als nächstes zu treten gedachte. Hinter ihm setzte Marler, der normalerweise seine eigenen Wege ging,

seine Füße genau dorthin, wo sich die von Newman gerade zuvor befunden hatten. Feuchter, schlammiger Boden, aus dem hier und dort Felsbrocken herausragten. Das Schleichen hügelauf dauerte an. Marler hätte am liebsten gerufen: »Nun beeilen Sie sich doch ein bißchen«, aber er hielt den Mund, weil ihn Newmans langsames, methodisches Vorgehen beeindruckte.
Marler schaute häufig auf, ließ den Blick über die leere Wildnis schweifen – leer bis auf eines der eingeschossigen Gebäude, die aussahen wie Blockhäuser. Kein Anzeichen für irgendwelche Bewegungen, kein Laut. Die Stille war unheimlich, beunruhigend. Sie waren bis auf zehn Meter an das Gebäude herangekommen; seine Fenster glichen schwarzen Schlitzaugen. Wurden sie beobachtet? Würde der erste Hinweis darauf, daß sie in eine Falle gegangen waren, ein Geschoßhagel sein?
Newman hob eine Hand. Marler, dessen Augen sich inzwischen an die Dunkelheit gewöhnt hatten, sah die Geste, blieb stehen. Newman hockte sich nieder. In einer Hand hielt er die Taschenlampe, mit der anderen, an der er gleichfalls keinen Handschuh trug – mit Handschuhen konnte man keine Waffe abfeuern –, tastete er nach etwas auf dem Boden. Seine Finger waren vor Kälte erstarrt, aber er setzte seine Untersuchung fort. Marler hockte sich hinter ihm nieder.
»Probleme?« flüstere Marler.
»Könnten tödlich sein«, erwiderte Newman gelassen.
»Was ist es?«
Newman klopfte ganz leicht auf den Boden rechts neben sich, stocherte in einem Büschel Heidekraut. Dann bedeutete er Marler, er sollte sich auf dieses Stückchen Boden begeben. Nun hockten sie beide nebeneinander. Marler warf einen Blick auf Newman, registrierte dessen grimmige Miene.
»Sehen Sie hier«, flüsterte Newman.
Er bewegte langsam den Lichtstrahl seiner Taschenlampe, und Marler sah Metallzinken, die aus Grasbüscheln herausragten. Als der Lichtstrahl weiterwanderte, zählte er sieben solcher Zinken. Das Metall war blank und funkelte im Licht der Taschenlampe.
»Tretminen«, sagte Newman. »Wenn sie scharf sind und Sie darauf treten, dann kann Sie das ein Bein kosten. Vielleicht auch beide. Es ist zu gefährlich, näher heranzugehen. Wir haben es mit Leuten zu tun, die vor nichts zurückschrecken.«
»Also?«
»Also kehren wir auf demselben Weg zurück, auf dem wir gekommen sind. Lassen Sie mich wieder vorausgehen.«
»Hat das noch dreißig Sekunden Zeit? Unsere Leute im Keller haben mir

eine neue Kamera gegeben. Mit Infrarotlinse und Zoom-Objektiv. Miniaturformat. Ich möchte die Fenster von diesem Gebäude fotografieren.«
»Worauf warten Sie dann noch? Dreißig Sekunden. Und ich zähle...«
Marler holte eine kleine, längliche Plastikschachtel aus der Tasche, richtete sie nacheinander auf sämtliche Fenster des Gebäudes und machte von jedem sechs Aufnahmen. Man hatte ihm gesagt, daß sich das Ding automatisch den Lichtverhältnissen anpaßte – sogar bei völliger Dunkelheit. Einfach daraufhalten und abdrücken. Er tat es.
»Machen Sie schnell«, warnte Newman. »Das Klicken ist ziemlich laut. Sie könnten Sensoren installiert haben. Dieses Pack ist zu jeder Teufelei imstande...«
»Fertig, Commander.«
Marler salutierte spöttisch, nachdem er die Kamera wieder in die Tasche gesteckt hatte. Der Rückweg schien eine noch größere Strapaze zu sein als der Hinweg. Newman suchte abermals den Boden mit seiner Taschenlampe ab – jetzt, nachdem er die unheildrohenden Zinken gesehen hatte, noch sorgfältiger als zuvor. Als sie den Zaun erreicht hatten, unterdrückte Marler einen Seufzer der Erleichterung. Newman stieg als erster hinüber. Marler folgte ihm, legte sich mit dem Bauch auf die Steppdecke, langte an der Innenseite des Zauns hinunter und ergriff die Metalleiter. Sobald er neben Newman auf der Straße gelandet war, streckte Newman, der größere von beiden, einen Arm aus und zog die Steppdecken herunter. Mit beiden Leitern und den Decken kehrten sie durch die nächtliche Stille zu der Stelle zurück, an der sie den Volvo geparkt hatten.
»Viel haben wir nicht erreicht«, bemerkte Newman. »Aber man kann nicht immer gewinnen.«
»Das wissen wir erst, wenn unsere Leute im Keller den Film entwickelt haben«, erklärte Marler.
Sie hatten alles im Wagen verstaut und waren dann eingestiegen. Newman, der gern fuhr, hatte Marler gefragt, ob es ihm recht wäre, wenn er das Steuer übernähme.
»Von mir aus...«
»Hören Sie!«
Irgendwo auf der Straße hinter ihnen hörten sie ein Fahrzeug. Sie lauschten, wie es sich langsam näherte.
»Man hat uns doch entdeckt«, bemerkte Marler.
»Das glaube ich nicht. Wir haben den Wagen gründlich untersucht, bevor wir eingestiegen sind. Keinerlei Anzeichen dafür, daß sich jemand am Motor zu schaffen gemacht hat, keine Bombe unter dem Chassis. Und sie

wären gekommen, solange wir uns auf dem Gelände befanden. Ich fahre los und suche einen Platz, an dem wir uns verstecken können. Dieses Fahrzeug fährt in die gleiche Richtung wie wir.«
»Nicht in die entgegengesetzte?«
»Die führt nur nach Orford, eine Sackgasse. Ich glaube kaum ...«
Mit voll aufgeblendeten Scheinwerfern durchfuhr er die nächsten beiden Kurven; das Licht streifte über unbewegte Bäume. Dann bog er nach rechts von der Straße auf einen Waldweg ab, wendete den Wagen, hielt hinter ein paar Bäumen an, zwischen denen hindurch er die Straße sehen konnte, schaltete Motor und Scheinwerfer aus, wartete.
Ein schwerer Laster fuhr mit voller Beleuchtung an der Einmündung des Waldweges vorbei, in Richtung Snape Maltings. Newman folgte ihm, ohne das Licht einzuschalten, und hielt gerade so viel Abstand, daß er die roten Schlußlichter nicht aus den Augen verlor. Er umrundete geschickt eine Kurve. Marler grunzte.
»Wenn Sie nicht wenigstens das Standlicht einschalten, landen wir noch im Straßengraben.«
»Tun wir nicht. Sie vergessen, daß ich diese Strecke erst vor kurzem gefahren bin. Jetzt kenne ich sie.«
Marler war halbwegs beruhigt. Er setzte sich bequemer hin; das Armalite-Gewehr lag auf seinem Schoß.
Der Laster bog nach rechts auf die Straße nach Tunstall ab, immer noch auf der Fahrt nach Snape Maltings. Hinter der Ansammlung von alten Lagerhäusern, in denen im Sommer Benjamin Britten-Konzerte stattfinden, setzte er seine Fahrt durch die einsame Landschaft fort.
»Marler, ich glaube, in dem Laster sitzt nur ein Fahrer. Ich werde ihn überholen und stoppen. Sie steigen aus, tun so, als wären Sie eine Amtsperson, und durchsuchen seinen Wagen.«
»Wie der Herr wünschen.«
Newman schaltete seine Scheinwerfer ein, gab Gas, jagte an dem Laster vorbei. Dann bremste er, drehte das Lenkrad, stellte den Volvo mit gleißenden Scheinwerfern als Barriere quer über die Straße. Marler nickte, stieg aus, ging ein Stück zurück, stellte sich auf das Bankett.
Der Laster kam heran, mit normaler Geschwindigkeit. Seine Scheinwerfer beleuchteten das Hindernis. Der Laster wurde langsamer, hielt kurz vor dem Volvo an. Der Fahrer öffnete die Tür seiner Kabine, und Marler riß sie vollends auf und fing den Fahrer ab, der beinahe herausgefallen wäre. Oft funktionierte eine Schocktaktik.
»Was zum Teufel soll das?«

Er war ein schmächtiges Kerlchen mit einem wettergegerbten Gesicht, zwischen vierzig und sechzig Jahre alt. Seine Augen waren blutunterlaufen. Er trug einen wattierten Anorak, brandneu. Dawlish schien viel Wert darauf zu legen, daß seine Leute gut ausgestattet waren. Marler roch Alkohol in seinem Atem. Kognak? Er schwenkte rasch seinen Ausweis von der General & Cumbria Assurance vor der Nase des Kerlchens.
»Polizei Ipswich. Ich möchte Ihre Ladung sehen. Sie können es ablehnen – aber dann zeige ich Sie wegen Alkohol am Steuer an. Mein Kollege hat sich bereits Ihre Zulassungsnummer notiert.«
Marler sah Angst in den blutunterlaufenen Augen. Dawlish mußte hart vorgehen gegen Leute, die sich irgendwelche Fehler leisteten. Der Fahrer ging zum Heck des Lasters. Marler, der ihm folgte, sah die Aufschrift an der Seite des Lasters. *Dawlish Conservation.*
Außerdem fiel ihm auf, als der Fahrer ein Schlüsselbund aus der Tasche holte, daß die Hecktüren mit zwei neuen Vorhängeschlössern gesichert waren. Der Fahrer hatte Mühe, sie aufzuschließen. Dann öffnete er eine Tür und trat beiseite.
»Sie werden kein Rauschgift finden, wenn es das ist, wohinter Sie her sind.«
»Sie warten hier. Versuchen Sie nicht, mich einzuschließen – sonst macht mein Kollege Kleinholz aus Ihnen ...«
Er schaltete seine Taschenlampe ein und ließ ihr Licht über das Innere des Lasters wandern. Reihenweise aufgestapelte Jutesäcke, jeder mit einer einfachen Metallklammer verschlossen. Er löste eine Klammer, schaute mit Hilfe der Taschenlampe in den Sack. Er war angefüllt mit Sturmhauben. Nicht das, was er erwartet hatte. Er öffnete aufs Geratewohl noch weitere Säcke. Alle voller Sturmhauben. Merkwürdig. Überaus merkwürdig.
»Wozu werden diese Sturmhauben gebraucht?« fragte er, als er wieder auf die Straße heruntergesprungen war.
»Für ein großes Kostümfest zu Weihnachten ...«
Marler packte ihn beim Hemdkragen unter dem Anorak. »Tischen Sie mir keine Märchen auf, Mann. Sonst stecke ich Sie in Ipswich in eine Zelle.«
»Das ist die reine Wahrheit. Weihnachten steht vor der Tür. Wissen Sie das nicht? Wir liefern zeitig aus. Ein großer Auftrag. Ich nehme an, daß es sich um so eine Fete handelt, bei der man nicht weiß, mit wem man tanzt, bis der große Augenblick gekommen ist. Mitternacht. Und dann nehmen alle ihre Masken ab.«
Er redete zuviel, lieferte zu viele Details. Marler machte eine wegwerfende Handbewegung, wartete, während der Fahrer die Schlösser wieder anbrachte.

»Und Ihr Bestimmungsort ist?«
»Lowestoft.«
Er hatte kurz gezögert, bevor er diese Frage beantwortete. Zuerst redete er zuviel, dann äußerte er nur ein einziges Wort. Als der Fahrer zu seiner Kabine zurückkehrte, versetzte ihm Marler einen Schlag aufs Hinterteil. Wie er erwartet hatte, traf seine Hand auf etwas, das in der Gesäßtasche des Fahrers steckte. Eine Flasche Kognak.
»Fahren Sie vorsichtig«, warnte er. »Und schalten Sie dieses verdammte Licht aus. Es blendet meinen Kollegen.«
Sobald Marler wieder eingestiegen war, brachte Newman den Wagen schnell in Gang und fuhr los, bevor der Fahrer des Lasters seine Scheinwerfer wieder einschalten konnte. Marler zündete sich eine King Size an.
»Das war eine gute Idee«, bemerkte Newman. »Daß Sie ihm befohlen haben, sein Licht auszuschalten. Auf diese Weise konnte er unsere Zulassungsnummer nicht erkennen.«
»Das war der Zweck der Sache. Möchten Sie vielleicht raten, was er um diese mitternächtliche Stunde transportiert?«
»Ich halte nicht viel von Ratespielen.«
»Sie würden ohnehin nicht darauf kommen. Massenhaft Säcke voller Sturmhauben. Sonst nichts. Von der Mitte der Ladefläche bis zur Fahrerkabine bis zur Decke aufgestapelt. Müssen Hunderte, wenn nicht sogar Tausende sein. Hat mir etwas vorgesponnen – sie wären für ein Kostümfest zu Weihnachten. Und er hat über seinen Bestimmungsort gelogen. Behauptete, es wäre Lowestoft. Vielleicht sollten wir feststellen, wo er wirklich hinwill.«
»Da bin ich ausnahmsweise einmal Ihrer Meinung. Die nächste Möglichkeit zum Abbiegen ist die Kreuzung bei Snape. Ich wette einen Zehner gegen einen Fünfer, daß er nach rechts auf die A 1094 nach Aldeburgh abbiegt.«
»Die Wette gehe ich nicht ein.« Marler war sehr nachdenklich. »Ja, das müssen Tausende von Sturmhauben gewesen sein, die dieser Laster geladen hat. Eigenartiges Kostümfest...«
Dem Laster weit voraus lenkte Newman an einer einsamen Straßenkreuzung den Volvo auf eine ausgedehnte Grasfläche, fuhr hinter eine Hecke, schaltete die Scheinwerfer und den Motor aus und wartete. Marler drückte seine Zigarette aus und öffnete sein Fenster einen Spaltbreit, um besser hören zu können.
In der Stille der Dunkelheit, die auf ihnen zu lasten schien, hörten sie den Laster schon von weitem kommen. Marler schaute auf das Leuchtziffer-

blatt seiner Uhr. Es war halb zwei. Eine merkwürdige Zeit zum Abliefern einer Ware.

Sie saßen ganz still da, als der Laster mit abgeblendeten Scheinwerfern herankam. An der Kreuzung bog er auf die A 1094 ein – aber nach *links*, in die Aldeburgh entgegengesetzte Richtung. Newman schaltete das Licht ein, startete den Motor und folgte dem Laster.

»Ich hätte die Wette doch annehmen sollen«, sagte Marler.

Sobald sie das kleine Dorf Snape hinter sich gelassen hatten, fuhr Newman nur noch mit Standlicht. Die Rücklichter des Lasters genügten als Anhaltspunkt, und bei dem kurzen Aufenthalt an der Kreuzung hatten sich seine Augen wieder an die Dunkelheit gewöhnt. Der Laster bog nach rechts auf die A 12 ab, beschleunigte, fuhr nach Norden.

»Vielleicht hat der Typ doch die Wahrheit gesagt, als er behauptete, er führe nach Lowestoft«, bemerkte Marler. »Aber ich hätte schwören können, daß er lügt.«

»Und in solchen Dingen haben Sie in der Regel recht.«

»Danke für das uneingeschränkte Vertrauen.«

Auf Marler wirkte die endlose Fahrt auf der Hauptstraße fast hypnotisierend. Jetzt kam ihnen hin und wieder ein anderes Fahrzeug entgegen, zwei gleißende Augen, die auf sie zurasten. Nun hatte Newman keine Bedenken mehr, seine Scheinwerfer wieder einzuschalten, abgeblendet. Die ihnen entgegenkommenden Wagen ließen eine derartige Rücksicht vermissen. Mehrere Male fuhr Newman auf.

»Blende gefälligst ab, du Schwein ...«

Der Laster fuhr jetzt sehr schnell, fraß die Meilen. Newman mußte Gas geben, um mitzuhalten, hielt aber ausreichend Abstand, damit der Fahrer des Lasters nicht merkte, daß er verfolgt wurde. Marler schaute wieder auf die Uhr.

»Weiß der Himmel, wann wir im Brudenell ankommen werden – und ob sie uns um diese Zeit überhaupt hineinlassen.«

»Bei der Anmeldung habe ich der Frau an der Rezeption einen Hausschlüssel abgeluchst.«

»Das wundert mich aber, daß *Sie* imstande waren, sie dermaßen zu becircen.«

»Wir haben erst vor kurzem dort gewohnt. Jetzt hält sie uns für vertrauenswürdige Leute.«

»Oh, sehr vertrauenswürdig. Leute, die in ein Privatgrundstück einbrechen.«

Er wollte sich gerade eine weitere King Size-Zigarette anzünden, doch dann ließ er es. Der Laster wurde langsamer. Immer noch ein gutes Stück von Lowestoft entfernt. Der rechte Blinker des Lasters leuchtete auf und zeigte an, daß er die Hauptstraße zu verlassen gedachte. Newman verlangsamte gleichfalls, schaute in den Rückspiegel. Hinter ihm war meilenweit kein Fahrzeug zu sehen. Der Laster bog in eine zum Meer führende Nebenstraße ein.

Newman fuhr an den Straßenrand. Sein Gesicht war wie Stein, als er sich vorbeugte und auf den Wegweiser schaute, der in die Richtung zeigte, die der Laster eingeschlagen hatte.

Dunwich.

Zweiundzwanzigstes Kapitel

Am nächsten Tag war Paula im Brudenell nervös und ungeduldig. Ihr war klar, daß sie das Versprechen halten mußte, das sie Tweed gegeben hatte – im Hotel zu bleiben, bis sie mit Newman gesprochen hatte. Aber das war leichter gesagt als getan. Die Frau an der Rezeption hatte ihr gesagt, daß er und Marler im Hotel abgestiegen waren; sie hatte ihr sogar ihre Zimmernummern verraten. Sie wußte, daß die beiden Männer auch bei ihrem letzten Besuch in Aldeburgh beieinander gewesen waren.

Paula fuhr mit dem Fahrstuhl zu beiden Zimmern, und an beiden hing das gleiche Schild an der Türklinke: *Bitte nicht stören.* Verärgert ging sie in ihr eigenes Zimmer, zog ihren Wildledermantel an und band sich ein Kaschmir-tuch um. Es war ein ungemütlicher, kalter Tag, aber im Haus fühlte sie sich eingesperrt. Der erste Mensch, dem sie begegnete, als sie im Erdgeschoß den Fahrstuhl verließ, war Leutnant Berthier, der als James Sanders auftrat, dunkelhaarig und mit seiner dunklen Brille. Er trug einen Anorak und einen Rollkragenpullover. Seine Füße steckten in Turnschuhen.

»Hallo, Mr. Sanders«, sagte sie schnell. »Haben Sie inzwischen genug Kunden kennengelernt, denen Sie Ihre Ersatzteile verkaufen können?«

»Das Wetter ist nicht gerade ideal – die meisten Leute ziehen die Köpfe ein. Sie wollen einen Spaziergang machen? Ich wollte selbst gerade ein bißchen frische Luft schnappen. Die Promenade entlang?«

»Das wird uns gut tun.«

Sie trat durch die Tür, die er für sie geöffnet hatte, direkt auf die Promenade. Vielleicht ließ sich Berthier etwas entlocken; und auf diese Weise würde sie beschäftigt sein, bis Newman beschlossen hatte, wieder zum Vorschein zu kommen.

»Später könnte ich Sie an einen hübschen Ort fahren, wo wir zusammen essen können«, schlug er vor.
»Das ist sehr nett von Ihnen, aber ich muß in der Nähe der Hotels bleiben. Ich erwarte einen Anruf«, log sie.
Berthier ging auf der der See zugewandten Seite und schützte sie vor dem Sturm, der sich zusammenbraute. Berghohe Wellen rollten an die Kaimauer, versprühten Gischt auf die Promenade. Paula fiel auf, daß die Kellerfenster von mehreren der alten Häuser mit Läden verschlossen waren, bei einigen sogar die Fenster im Erdgeschoß. Wenn die Nordsee richtig wütete, dann überspülte sie zweifellos die Promenade und erreichte auch die Keller. Sie stemmte sich gegen die Gewalt des Windes. Berthier ergriff ihren Arm.
»Damit Sie nicht fortgeweht werden.«
»Weshalb versuchen Sie nicht, mit Lord Dawlish Verbindung aufzunehmen?«
Als sie die Frage stellte, spürte sie, wie sein Griff um ihren Arm sekundenlang fester wurde. Dann ließ er schnell wieder locker.
»Weshalb sollte ich das tun?« fragte er.
»Ich dachte, Ihre Recherchen hätten ergeben, daß es sich lohnen könnte. Er besitzt einen riesigen Katamaran, die *Steel Vulture*. Er wäre möglicherweise ein guter Kunde.«
»Ich werde darüber nachdenken.«
»Tun Sie mehr als nur das«, drängte sie. »Er wohnt nicht weit von hier entfernt. In Iken.«
»Wo liegt das?«
Lauter falsche Antworten, dachte sie. Wenn er seine Rolle als Geschäftsmann richtig spielen würde, hätte er eingehende Recherchen anstellen müssen. Dabei hätte ihm Dawlish kaum entgehen können.
»Ein Stück die Alde hinauf, an der Strecke nach Snape Maltings. Sie wissen sicher, wie gewunden der Lauf der Alde ist.« Sie ließ nicht locker.
»Bisher habe ich mich an die Gelben Seiten gehalten. Lassen Sie uns im Cross Keys Kaffee trinken. Es ist das netteste Lokal in der Stadt.«
»Gute Idee.«
Sie antwortete automatisch. Früher hatte sie Aldeburgh gemocht, als behagliche Zuflucht vor der Welt. Aber jetzt stand im Vordergrund das Bild eines grauenhaften Abends, an dem maskierte Männer mit Gewehren Jagd auf sie und Karin gemacht hatten wie ein Rudel Wölfe, das hinter seiner Beute herhetzt. Sie erinnerte sich, was sie – einer von ihnen – Karin angetan hatten. *Hör auf damit!* befahl sie sich.

Berthier sah auf die Uhr, als er sie von der Promenade herunter in den zum Hintereingang führenden Garten geleitete. Sie war froh, von der Promenade herunterzukommen. Sie hatte Glück gehabt: ihr teurer Wildledermantel hatte kaum Salzwasserspritzer abbekommen.
»Ist Ihnen dieser Tisch recht?« fragte Berthier. »Der da, gleich neben der Theke. Nur Kaffee?«
Er geleitete sie zu einem Stuhl, dann ging er an die Theke, um seine Bestellung aufzugeben. Im Cross Keys war es nicht kalt, aber Paula behielt trotzdem den Mantel an. Sie hatte gerade bemerkt, wer sich an dem großen Tisch in der Nähe des ihren niederließ.
Fünf harte Burschen in Matrosenjacken und, ihr halb den Rücken zuwendend, der massige, breitschultrige Brand. Sie schaute zur Seite, sah, daß die Kellnerin hinter dem Tresen ihn anstarrte. Brand drehte sich um, erwiderte ihren Blick. Sie holte tief Luft, sprach mit scharfer Stimme.
»Ich habe doch gesagt, Sie sollen sich hier nicht wieder blicken lassen.«
»Das geht in Ordnung, er ist mit mir gekommen ...«
Lord Dawlish tauchte aus dem Vorderzimmer auf. Er trug einen dicken Überzieher, dessen Kragen er hochgeschlagen hatte, aber keinen Hut. Er gesellte sich zu den fünf Männern, ließ sich auf einem Stuhl nieder, den man, wie Paula vermutete, für ihn freigehalten hatte. Sie begann, sich Sorgen zu machen; die Atmosphäre war bedrohlich geworden.
Niemand redete an Dawlishs Tisch. Die Matrosentypen musterten sie. Sie hob herausfordernd das Kinn, blickte hoch zu der niedrigen, von schweren Balken abgestützten Decke, die auf ihr zu lasten schien. Dunkle Eiche. Die Tische, auf denen keine Decken lagen, waren gleichfalls aus dunkler Eiche. Sie erinnerte sich, daß sie bei einem früheren Besuch das Lokal als freundlichen und angenehmen Ort empfunden hatte. Die Gäste hatten die Atmosphäre verändert.
Berthier kehrte an ihren Tisch zurück, die Kellnerin brachte den Kaffee. Sie warf einen Blick auf Berthier, der ihr gegenüber saß. Er schaute sie unverwandt an, ohne etwas zu sagen; seine Augen waren unsichtbar hinter den getönten Gläsern. Er ist überhaupt keine Hilfe, dachte sie, als sie einen Schluck von dem vorzüglichen Kaffee trank. Er sieht mich einfach nur an, verdammt noch mal.
Dann erinnerte sie sich, daß er auf die Uhr geschaut hatte, bevor sie das Lokal betraten. War dies ein arrangiertes Zusammentreffen? Bevor sie im Brudenell in ihr Zimmer hinaufgefahren war, um ihren Mantel zu holen, hatte sie der Frau an der Rezeption zugerufen, daß sie einen Spaziergang machen wollte. Durchaus möglich, daß Berthier in Hörweite gewesen war.

»Nicht das richtige Wetter für einen Ausflug mit dem Kat«, rief Dawlish zu ihr herüber. »Sie haben doch meine Einladung nicht vergessen, meine Liebe?«

Einer der Männer an seinem Tisch kicherte. Sie stellte ihre Tasse sorgfältig wieder auf die Untertasse. Ihre Miene war starr, und sie musterte Dawlish.

»Vielleicht habe ich Zeit dazu, vielleicht auch nicht«, sagte sie schroff.

Dawlish schüttete die Hälfte des doppelten Scotch hinunter, den er bestellt hatte. Er hielt das Glas in der Hand und sprach in spöttischem Tonfall.

»Es wäre ein einzigartiges Erlebnis. Ein Tag – und eine Nacht – an Bord des Kat.«

Einer der Männer ließ ein wieherndes Gelächter hören, brach aber sofort ab, als Dawlish ihn ansah. Paula war überzeugt, daß sie absichtlich unter Druck gesetzt werden sollte. Um sie aus Aldeburgh zu vertreiben? Berthier, reglos wie eine Statue, starrte sie auch weiterhin durch seine dunkle Brille hindurch an. Vom Hintereingang her betrat ein Mann langsam das Lokal.

Er war so groß, daß sein Kopf fast die Deckenbalken berührte, und trug einen Trenchcoat, der feuchte Flecken aufwies. Er mußte vom Brudenell aus über die Promenade gegangen sein.

Victor Rosewater blieb stehen, musterte Paula, Berthier und die Männer am Nebentisch. Auf seinem kraftvollen Gesicht spiegelte sich keine Empfindung. Aber als er da stand, herrschte plötzlich Stille.

»Paula, Sie sehen aus, als hätten Sie genug von diesem Laden. Möchten Sie auf einen Spaziergang mitkommen?«

»Wer hat Sie aufgefordert, sich einzumischen und hier...« begann Brand.

Rosewater richtete den Blick auf den massigen Mann. Er sagte nichts, aber Brand brach mitten im Satz ab. Niemand schien darauf scharf zu sein, mit dem Neuankömmling zu diskutieren oder sich mit ihm anzulegen.

»Ja, Victor«, sagte Paula schnell und stand auf. »Ich habe genug davon. Und ich mache gern einen Spaziergang.« Sie warf einen Blick auf Berthier. »Danke für den Kaffee.«

Rosewater geleitete sie durch den Vordereingang hinaus, der an der der Promenade entgegengesetzten Seite des Gebäudes lag. Sie wanderten durch schmale Straßen, die parallel zur Promenade verliefen und von altertümlichen Häusern gesäumt waren.

»Hier besteht nicht die Gefahr«, bemerkte Rosewater, »daß Sie Spritzer von Salzwasser auf Ihren hübschen Mantel bekommen. Wie Sie an meinem Trenchcoat sehen, sind die Wellen jetzt so hoch, daß sie auf die Promenade klatschen.«

»Danke.«
Er bewies eine Rücksichtnahme, die Berthier überhaupt nicht in den Sinn gekommen war. Sie schaute neugierig zu ihm auf.
»Woher wußten Sie, daß ich so schnell wie möglich aus dem Lokal verschwinden wollte?«
Er lächelte. »Ich habe ein Gefühl für Atmosphäre. Und ich hatte den Eindruck, daß Sie sich nicht wohlfühlten. Daß der Grund dafür die anderen Gäste sein könnten. Unerfreuliches Pack, dachte ich. Und der Mann, der bei Ihnen war, schien keine große Hilfe zu sein.«
»Er behauptet, er verkaufte Ersatzteile für Schiffe, und sein Name wäre James Sanders.«
Sie hatte das Gefühl, daß es wichtig sein konnte, Rosewater vor Berthier zu warnen. Sie hatte kurz überlegt, bevor sie ihre Bemerkung machte. Rosewater griff sie sofort auf.
»Behauptet? Das hört sich an, als glaubten Sie, daß das weder sein richtiger Beruf noch sein richtiger Name ist.«
Rosewater war langsamer geworden. Paula hatte lange Beine, aber die seinen waren noch erheblich länger; er hatte gemerkt, daß sie sich anstrengen mußte, wenn sie mit ihm Schritt halten wollte. Er schien nicht nur sehr intelligent zu sein – er war auch rücksichtsvoll in kleinen Dingen.
»So ist es«, erwiderte sie. »Ich habe den Verdacht, daß er nicht ist, was er zu sein vorgibt. Aber ich kann mich natürlich irren.«
Obwohl sie sich gut verstanden, hatte Paula nicht die Absicht, Informationen preiszugeben, die Tweed als höchst vertraulich ansah. Sie gingen eine Minute lang schweigend weiter, und keiner von ihnen hatte das Gefühl, reden zu müssen. Dann ergriff Rosewater ihren Arm und führte sie durch eine enge Gasse auf die High Street.
»Wo gehen wir hin?« fragte sie.
»Wir können einen recht guten Lunch bekommen in einem Restaurant, das Captain's Table heißt. Es ist ruhig – um diese Jahreszeit –, die Bedienung ist freundlich und das Essen durchaus genießbar.«
»Hört sich wunderbar an ...«
Alles, um von der Atmosphäre fortzukommen, die wie eine dunkle Wolke über dem Cross Keys gehangen hatte. Irgendwie verglich sie sie mit dem grauenhaften Abend, an dem Karin gestorben war. Weshalb? Sie wußte es nicht.
Das Captain's Table war ein kleines Restaurant, ein länglicher Raum mit relativ wenigen, für den Lunch hübsch gedeckten Tischen. Paula kam es eher wie ein Zimmer in einem Privathaus vor als wie ein Restaurant. Ein

distinguiert aussehender Mann hieß sie willkommen, geleitete sie zu einem Fenstertisch mit Blick auf die High Street, händigte ihnen die Speisekarten aus und ließ sie dann allein.

»Dieser Mann in dem dicken Überzieher«, begann Rosewater, »war das nicht Lord Dawlish? Ich habe sein Foto in Zeitschriften gesehen.«

»Ja. Lord Dane Dawlish. Millionär. Supermarkt- und Rüstungskönig.«

»Er redete mit Ihnen, als ich hereinkam. Sagte irgend etwas von einem Kat. Sie kennen ihn?«

»Ja...« Sie erzählte, wie sie ihn interviewt, wie er ihr das erstaunliche Diorama mit seinem Katamaran gezeigt hatte, erwähnte aber nichts davon, daß Newman und Marler auch dagewesen waren und an dem Wettschießen teilgenommen hatten.

»Und diese Männer in seiner Begleitung«, fuhr Rosewater fort, nachdem er die Speisekarte zugeklappt hatte, »schienen mir ziemlich üble Burschen zu sein. Wer sind sie?«

»Zwei von ihnen habe ich bei meinem Besuch in Grenville Grange gesehen. Sie sind Angestellte von Dawlish.«

»Matrosen von der *Steel Vulture?*« vermutete Rosewater. »Ich nehme übrigens den Lammbraten. Den hatte ich neulich schon einmal, und er war gut.«

»Dann nehme ich ihn auch.« Sie hielt inne, lächelte. »Wie kam es, daß Sie genau im richtigen Augenblick im Cross Keys auftauchten?«

»Ich bin Ihnen und diesem Mann vom Hotel aus gefolgt«, gab er offen zu. »Irgendwie gefiel er mir nicht. Ich habe ihn gestern abend in der Bar gesehen. Warum trägt er ständig diese dunkle Brille?«

»Er sagt, er hätte schwache Augen, Licht täte ihnen weh. Ich finde es wirklich sehr nett von Ihnen, daß Sie mich beschützen wollen. Und vermutlich müssen Sie immer noch ständig an Karin denken«, sagte sie sanft. »Sind Sie deshalb noch hier? In der Hoffnung, einen Hinweis darauf zu finden, wer es getan hat?«

»Etwas dergleichen«, sagte er auf seine zurückhaltende Art. Er machte auf Paula den Eindruck eines Mannes mit eiserner Selbstbeherrschung und fast übermenschlicher Ausdauer. Wie ein Spürhund, dachte sie, der einer Spur folgt.

»Diese Interviews, die Sie für Frauenzeitschriften machen«, sagte er, nachdem ihr Essen serviert worden war, »ist das eine Nebenbeschäftigung? Denn eigentlich arbeiten Sie doch wohl für Tweeds Firma.«

»Ja. Tweed ist mein Boss. Ich bin seine Assistentin – ich erledige einen großen Teil der vertraulichen Recherchen in Versicherungsfällen«, erklärte sie lässig. »Das ist meine Hauptbeschäftigung. Sie ist vertraulich, deshalb kann ich nichts davon erzählen.«

Nach einer guten Mahlzeit, hinuntergespült mit einer Flasche Chablis – Rosewater hatte festgestellt, daß sie Rotwein nicht mochte –, begleitete er sie zurück zum Hotel. Es regnete nicht, aber ein Heer von tiefhängenden Wolken, die aussahen wie grauer Rauch, wälzte sich landeinwärts und schien fast die Hausdächer zu berühren. Der Sturm war stärker geworden und fegte durch die High Street wie durch einen Windkanal. Paula hatte das Gefühl, sich kaum auf den Beinen halten zu können. Als ob er ihre Ängste spürte, legte ihr Rosewater einen Arm um die Taille.

»Wir wollen doch nicht, daß Sie aufs Meer hinausgeweht werden«, scherzte er. »Und dem Wetterbericht nach soll es noch schlimmer werden. Heute abend soll der Sturm Geschwindigkeiten von hundertzwanzig Stundenkilometern erreichen ...«

Sein Arm lag nach wie vor um ihre Taille, als sie das Hotel betraten und im Foyer auf Newman und Marler stießen. Rosewater gab sie frei, sagte, er hätte ihre Gesellschaft sehr genossen und verschwand im Fahrstuhl.

»Sie sind also nicht einsam gewesen«, bemerkte Newman mit finsterer Miene.

»Irgendwelche Einwände?« fuhr Paula auf, den Grund für seinen Ausdruck mißdeutend.

»Nein. Wir müssen Ihnen etwas erzählen. *Dunwich ...*«

Major Lamy stieg aus der Maschine der British Airways, die ihn vom Flughafen Charles de Gaulle in Paris nach Heathrow gebracht hatte.

Er hatte sich vergewissert, daß die Truppen in Lyon bereitstanden. Von dort aus war er mit Air Inter nach Paris geflogen. Während er auf seine Maschine nach London wartete, hatte er eine relativ unbekannte Autovermietung in London angerufen und unter dem Namen William Prendergast einen Wagen bestellt. An der Paßkontrolle legte er einen gefälschten Ausweis vor, der auf den gleichen Namen lautete. Wegen des starken Rückenwinds hatte der Flug nur fünfundvierzig Minuten gedauert.

Mit dem kleinen Koffer, mit dem er das Flugzeug bestiegen hatte, machte sich Lamy auf den Weg durch den Zoll zum Ausgang. Er trug einen britischen Straßenanzug unter einem Burberry, und auch seine Schuhe waren britischen Ursprungs. Er sah aus wie der Archetyp des aus dem Ausland zurückkehrenden Engländers.

Den hochgewachsenen blonden Mann, der mitten zwischen den Passagieren stand und die Ankömmlinge beobachtete, bemerkte Lamy nicht. Bill

Corcoran, ein Freund von Tweed und Sicherheitschef des Flughafens, warf einen Blick auf eines der kleinen Fotos, die ihm ein Motorradkurier vom Park Crescent überbracht hatte. Dann schaute er auf die Rückseite des Fotos. Major Jules Lamy.

Corcoran folgte Lamy in sicherem Abstand. Er stellte fest, daß er sich nicht an der Gepäckausgabe anstellte, wo die anderen Passagiere geduldig darauf warteten, daß ihre Koffer auf der Rutsche erschienen. Er folgte Lamy durch den *Nichts zu verzollen*-Ausgang.

Sobald er den Zoll hinter sich gelassen hatte, beschleunigte Lamy seine Schritte. Hinter der Absperrung standen mehrere Fahrer, die Schilder mit Namen hochhielten. *William Prendergast.* Lamy ging zu der Frau, die das Schild mit diesem Namen schwenkte. Corcoran hätte ihn sofort festnehmen können wegen Reisens mit einem falschen Paß. Aber damit hätte er der ausdrücklichen Bitte von Tweeds Assistentin Monica zuwidergehandelt.

Corcoran folgte Lamy und der Frau zum Parkplatz für Kurzparker. Die Rampe hinauf, über die Brücke, ins Parkhaus. Er holte seine eigenen Wagenschlüssel aus der Tasche und wirbelte sie herum, während er den beiden folgte. Der Wagen, in den Lamy einstieg, nachdem er die Formalitäten erledigt und die Frau mit einem Bündel Geldscheine bezahlt hatte, war ein Rover. Corcoran merkte sich die Zulassungsnummer, versuchte, der Frau, die keine Uniform trug, zu folgen, aber sie verschwand.

Als der Rover davongefahren war, eilte Corcoran zurück in sein Büro. Nachdem er die Tür verschlossen hatte, wählte er Monicas Nummer, hoffte, mit Tweed sprechen zu können.

»Er ist nicht hier, Jim«, sagte Monica. »Mußte ganz schnell irgendwo hin. Gibt es etwas Neues?«

»Ja. Einer der Leute von den Fotos ist gerade mit einer British Airways-Maschine aus Paris eingetroffen. Reist unter dem Namen William Prendergast. Fährt einen gemieteten Rover, Nummer... Major Lamy.«

Monica dankte ihm, legte den Hörer auf und war in der nächsten Sekunde vollauf beschäftigt. Sie rief einen Bekannten im Verkehrsamt in Swansea an, gab ihm die Nummer des Wagens und den Code, der ihm bestätigte, daß sie zum SIS gehörte. Das Verkehrsamt reagierte mit ungewohnter Schnelligkeit, rief zehn Minuten später zurück und gab ihr den Namen und die Adresse einer Autovermietung in London. Sie machte nicht den Fehler, die Firma direkt anzurufen. Statt dessen rief sie einen anderen Bekannten beim Sonderdezernat an, gab ihm die erforderlichen Auskünfte, betonte, wie dringend es wäre. Dreiviertel Stunde später rief das Sonderdezernat zurück.

»Der Wagen wurde heute nachmittag telefonisch von einem William Prendergast gemietet. Er mußte angeben, wohin er damit zu fahren gedachte.«
»Spannen Sie mich nicht auf die Folter, Martin«, flehte Monica.
»Aldeburgh, Suffolk.«

»Also, Brand, sehen Sie zu, daß diese Sache richtig läuft. Pannen dürfen nicht passieren«, erklärte Dawlish.
»Habe ich jemals etwas verpatzt?« knurrte Brand, der seinen massigen Körper auf einen Sessel im Wohnzimmer von Grenville Grange deponiert hatte.
»Bisher noch nicht«, fuhr Dawlish ihn an. »Aber es gibt immer ein erstes Mal. Sorgen Sie dafür, daß das nicht gerade heute eintritt.«
»Der Job wird professionell erledigt«, versicherte ihm Brand.
»Das will ich hoffen. Heute abend.«

Major Lamy verlangsamte seine Fahrt, als er sich Aldeburgh näherte. Er wußte nicht mehr, wie oft er in den Rückspiegel geschaut hatte, um sich zu vergewissern, daß niemand ihm folgte. Der Verkehr war, nachdem er London verlassen hatte, relativ schwach gewesen, und das hatte ihm geholfen.
Er war nie schneller gefahren, als die Geschwindigkeitsbegrenzung es erlaubte – er konnte nicht riskieren, von einem Streifenwagen angehalten zu werden. Wieder schaute er in den Rückspiegel. Nichts. Wenig später bog er auf den Hof eines Hotels am Stadtrand von Aldeburgh ein.
Mit seinem kleinen Koffer in der Hand betrat er das Hotel und meldete sich als William Prendergast mit einer fiktiven Londoner Adresse an. Auch das Hotel hatte er von Paris aus angerufen und das Zimmer bestellt, ohne anzugeben, von wo aus der Anruf erfolgte.
Er nieste mehrmals hinter dem hochgezogenen Schal. Außerdem trug er eine Jagdmütze, die er tief in die Stirn gezogen hatte.
»Ihr Zimmer ist fertig, Mr. Prendergast«, teilte ihm die Frau an der Rezeption mit. »Eine Nacht, sagten Sie?«
»Ja. Ich bezahle im voraus«, sagte Lamy. »Es kann sein, daß ich morgen früh zeitig abreisen muß.«
Er bezahlte in bar, und sie gab ihm die quittierte Rechnung. Als er sich bückte, um seinen Koffer aufzuheben, nieste er abermals.
»Sie haben sich ja eine böse Erkältung zugelegt«, bemerkte sie mitfühlend.
In seinem Zimmer riß er den Schal herunter; jetzt brauchte er kein Niesen mehr vorzutäuschen. Er sah auf die Uhr. Er war ein sorgfältiger Planer.

Massenhaft Zeit, die Gegend zu erkunden. Aus der Innentasche seines Jacketts holte er einen Umschlag, der ihm am Flughafen Charles de Gaulle von seinem Informanten in Lasalles Zentrale in der Rue de Saussaies ausgehändigt worden war. In dem Umschlag steckte ein Foto, das er jetzt herauszog. Es war ein Foto von Paula Grey.

Dreiundzwanzigstes Kapitel

Kalmar saß auf dem öffentlichen Parkplatz in der Nähe des Hotels Brudenell in seinem Wagen. Kein anderes Fahrzeug war in Sicht. Es war noch Tag, aber die tiefhängenden Sturmwolken, die über den Himmel fegten, ließen es eher wie Abend erscheinen.

Er konnte hören, wie die riesigen Wellen gegen die hohe Mauer anprallten, die sich an der anderen Seite des Hotels nach Süden an der Küste entlang erstreckte. Es wurde nicht gearbeitet, aber große Kräne und Bauwagen ließen erkennen, daß man dabei war, den künstlichen Wall gegen die See zu verstärken. Er sah die Gischt, die wie Nebel über den Wall sprühte und von der Gewalt des Sturms über die Marsch getragen wurde.

Er beugte seine kräftigen Finger. Man konnte es sich nicht leisten, einen Zeugen am Leben zu lassen. Und beim Erdrosseln von Karin Rosewater hatte es einen Zeugen gegeben. Eine Zeugin. Er dachte über sie nach, über ihre Art, zu gehen, sich zu bewegen, zu reden. Vor allem zu reden ...

Der Zugriff seiner Finger wurde härter. Er stellte sich vor, wie er sie bei der Kehle packte, seine Daumen auf ihren Kehlkopf preßte, wie ihr die Augen aus dem Kopf traten. Er würde der letzte Mensch sein, den sie in ihrem Leben sehen würde.

Er hatte sich entschieden. Bei der nächstmöglichen Gelegenheit. Heute abend. Er würde zwar keinen Schweizer Franken über das dicke Honorar hinaus erhalten, das er für die Sache mit Karin bereits kassiert hatte. Aber man konnte es sich einfach nicht leisten, einen Zeugen am Leben zu lassen.

Paula saß mit Newman und Marler in ihrem Zimmer. Newman hatte kurz über den Ausflug zu der Rüstungsfabrik in der voraufgegangenen Nacht berichtet. Er erzählte, wie sie dem Lastwagen gefolgt waren, nachdem Marler sich über seine Ladung informiert hatte. Dann stellte sie ihre erste Frage.

»Wer würde denn Tausende von Sturmhauben brauchen?«

»Sie haben doch gehört, was ich von Bordeaux erzählt habe«, fuhr Newman sie an. Sie starrte ihn an, verletzt von seiner brüsken Erwiderung. Er schien gereizt zu sein. »Erinnern Sie sich an die Unruhen, die ich beobachtet habe«, fuhr Newman fort. »Der Mob ging ziemlich brutal vor, aber alles war hervorragend organisiert. Und ich habe niemanden gesehen, der keine Sturmhaube trug. Damit wollten sie verhindern, daß sie erkannt wurden. Und jetzt hat es in Lyon noch viel schwerere Unruhen gegeben. Haben Sie nicht die Fotos in den Zeitungen gesehen? Jeder Mann, der an dieser Orgie der Gewalt beteiligt war, trug eine Sturmhaube. Und zwar, darauf gehe ich jede Wette ein, weil es sich um Soldaten von de Forges Drittem Corps handelte.«

»Die Sache mit Dunwich verstehe ich immer noch nicht«, wendete sie ein. »Selbst wenn es sich um de Forges Leute handeln sollte, so könnten sie doch Sturmhauben in Frankreich kaufen ...«

»Wo sie damit rechnen müßten, daß der Fabrikant – oder einer seiner Leute – die DST über die Lieferung informiert? Oder die Polizei?«

»Ach, Sie meinen ...«

»Ich meine«, unterbrach er sie, »daß sie, wenn der Mob größer wird, wesentlich mehr Sturmhauben brauchen werden. Und es ist sicherer, wenn sie in aller Heimlichkeit aus dem Ausland herbeigeschafft werden. Deshalb dieser Laster auf dem Weg nach Dunwich. Sie haben die *Steel Vulture* in der Nähe von Dunwich gesehen an dem Tag, als Sie und Karin dort tauchten.«

»Also könnte es sein, daß die Sturmhauben auf der *Vulture* zu de Forge gebracht werden – über Arcachon?«

Newman lächelte. »Allmählich begreifen Sie.«

»Aber warum seid ihr dem Laster nicht bis nach Dunwich gefolgt, um zu sehen, wo er anhielt?«

»Weil«, erklärte Newman, »der Fahrer bis zu diesem Zeitpunkt noch keinen Verdacht geschöpft hatte. Sie wissen, daß die Nebenstraße, die nach Dunwich führt, eine schmale Landstraße ist. Ich wollte nicht das Risiko eingehen, daß er uns entdeckt. Deshalb kamen wir hierher zurück.«

»Ich verstehe.« Paula stemmte die Hände auf die Hüften und streckte sich. »Bob, Sie machen einen so gereizten Eindruck, als wären Sie wütend auf mich. Warum?«

»Weil Sie wieder hier sind. Wo Karin ermordet wurde. Das gefällt mir nicht. Irgend jemand könnte Sie für eine Zeugin des Mordes halten. Der Mörder könnte sich noch hier in der Gegend aufhalten.«

»Das halte ich für ziemlich ausgeschlossen. Der hat sich längst aus dem Staub gemacht.«

Newman zuckte die Achseln. »Tun Sie, was Sie wollen.«

»Das tue ich gewöhnlich – genau wie Sie. Sie haben es gerade nötig...«
Marler, der spürte, daß ein Wortgefecht bevorstand, griff zum ersten Mal in die Unterhaltung ein. Er hatte an die Wand gelehnt dagestanden, beobachtet und zugehört.
»Wenn ihr mich auch einmal zu Worte kommen laßt – ich denke, ich verlasse euch jetzt und fahre zum Park Crescent zurück. Ich bin gespannt darauf, was herauskommt, wenn unsere Leute den Film mit meinen Aufnahmen von Dawlishs Fabrik im Walde entwickelt haben. Sie haben doch nichts dagegen, Newman, wenn ich mit meinem eigenen Volvo zurückfahre?«
»Und wie komme ich morgen nach London? Schwimmend? Für den Fall, daß Sie es nicht wissen sollten – hier verkehren schon seit Jahren keine Züge mehr.«
»Sie können mit mir zurückfahren, Bob«, sagte Paula schnell. »Ich bin mit Tweeds Escort gekommen.«
Sie war wieder versöhnlicher gestimmt. Newman war nur so brüsk gewesen, weil er Angst um sie hatte. Marler schwenkte eine Hand, als wollte er sagen: Dann ist ja alles geregelt, und verließ das Zimmer.
»Ich glaube, ich mache einen Spaziergang«, sagte Newman, als sie allein waren. »Sie haben recht, ich bin nervös. Vielleicht liegt es an dem Sturm, der für heute abend vorhergesagt wurde. Möchten Sie mitkommen?«
»Das täte ich gern, aber ich bin ziemlich kaputt. Macht es Ihnen etwas aus, wenn ich statt dessen ein Bad nehme?«
»Ich könnte auch hierbleiben und Ihnen den Rücken schrubben, aber vielleicht sollte ich doch lieber spazierengehen. Genießen Sie Ihr Bad...«
Nachdem Newman gegangen war, ging Paula ins Badezimmer und drehte die Hähne auf. Ihre Entschuldigung war nicht ganz ehrlich gewesen. Früher am Tage hatte sie mit Jean Burgoyne telefoniert, und sie hatten sich für den Abend zu ein paar Drinks im Haus von Jeans Onkel, Admirality House, verabredet. Jean hatte ihre Tüchtigkeit bewiesen: während Paula ihr unangenehmes Erlebnis im Cross Keys hatte, hatte sie an der Rezeption einen Stadtplan hinterlassen, auf dem sie die Lage des Hauses auf dem Hügel hinter der eigentlichen Stadt eingezeichnet hatte.
Paula hatte Jean sehr sympathisch gefunden, als sie sich bei ihrem vorhergehenden Besuch im Aldeburgh in der Bar miteinander unterhalten hatten. Im Laufe dieses kurzen Gesprächs hatte sich zwischen den beiden Frauen eine Art Freundschaft entwickelt.
Aber das war nicht Paulas eigentliches Motiv dafür, diese Verbindung aufrechtzuerhalten. Sie hatte nicht vergessen, daß Jean General de Forges

Geliebte war. Sie hoffte, daß es ihr gelingen würde, das Gespräch auf dieses Thema zu lenken und vielleicht Informationen für Tweed herauszuholen. Sie befolgte Newmans Rat und genoß ihr Bad; dabei spürte sie, wie ihre innere Anspannung allmählich nachließ. In Gedanken beschäftigte sie sich mit dem Problem, was sie zu diesem Anlaß anziehen sollte. Schließlich entschied sie sich für ein schlichtes Wollkleid mit Stehkragen und breitem Gürtel. Sie trug gern breite Gürtel; sie betonten ihre schlanke Taille.

»Das wäre erledigt«, sagte sie zu sich selbst, als sie aufstand und sich abfrottierte. »Und wenn ich darüber meinen Wildledermantel trage, werde ich auch nicht frieren.«

Draußen sank die Temperatur rapide, wie es der Wetterbericht vorhergesagt hatte. Glücklicherweise war die Fahrt nur kurz. Jean hatte angeboten, sie abzuholen, aber sie hatte abgelehnt. Paula war ungern auf jemanden angewiesen; sie zog es vor, über eigene Transportmittel zu verfügen.

Nachdem sie fertig angezogen war, fuhr sie mit dem Fahrstuhl nach unten und trat an die Rezeption.

»Ich gehe gegen sechs Uhr aus«, teilte sie der Frau mit. »Und ich rechne damit, gegen acht wieder hier zu sein. Könnten Sie im Speisesaal Bescheid sagen? Wenn ich zurückkomme, habe ich wahrscheinlich einen Mordshunger. Das Wetter …«

»Und es soll noch schlimmer werden«, sagte jemand hinter ihr. Sie erkannte Berthiers rauhe Stimme. »Böen bis zu hundertzwanzig Stundenkilometern …«

»Hört sich reizend an«, erwiderte sie. »Entschuldigen Sie mich – ich erwarte einen Anruf.«

Sie trat in den Fahrstuhl, drückte auf den Knopf, seufzte vor Erleichterung, als er nach oben fuhr. Für diesen Tag hatte sie genug von Berthier. Verdammt, erinnerte sie sich, ich muß mir angewöhnen, an ihn als an James Sanders zu denken. Sonst besteht die Gefahr, daß ich ins Fettnäpfchen trete.

Sie verschloß die Tür ihres Zimmers, streifte ihre hochhackigen Schuhe ab und erinnerte sich noch an etwas – daß sie vernünftige Schuhe anziehen mußte, wenn sie zum Admirality House fuhr. Sie erwartete keinen Anruf. Sie ließ sich in einem Sessel nieder und griff nach ihrer Taschenbuchausgabe von Tolstois *Krieg und Frieden*. Ihr blieb noch ungefähr eine halbe Stunde, bis es Zeit war, sich auf den Weg zu Jean zu machen.

In der Bar im Erdgeschoß schaute Brand auf die Uhr. Er trank Scotch mit Wasser – heute abend brauchte er einen klaren Kopf. Von seinem Platz aus

hatte er gesehen, wie Paula den Fahrstuhl betrat. Anhand ihrer Kleidung vermutete er, daß sie an diesem Abend auszugehen vorhatte.
Natürlich konnte es auch sein, daß sie im Hotel essen wollte, aber Brand glaubte es nicht. Trotz seiner groben Manieren hatte er ein feines Gefühl für gesellschaftliche Nuancen. Er hätte eines seiner reichlich bemessenen Monatsgehälter darauf verwettet, daß sie im Laufe der nächsten Stunde das Hotel verlassen würde.
Anstelle der Arbeitskleidung, die er am Mittag im Cross Keys angehabt hatte, trug er jetzt einen grauen Maßanzug, der so geschnitten war, daß er seinen dicken Armen ausreichend Bewegungsfreiheit ließ. Auf den Stuhl neben dem seinen hatte er seine Motorradhandschuhe gelegt. Gesellschaft war das letzte, was er an diesem Abend brauchen konnte.

Tweed fuhr mit Höchstgeschwindigkeit durch Suffolk. Er saß am Steuer von Newmans Mercedes 280 E, dessen Scheinwerfer über die Hecken schwenkten, die die Straße säumten. Der Wind peitschte gegen die Seite der anderthalb Tonnen Auto und drohte es von der Straße zu drücken.
Tweed hielt das Lenkrad fest umklammert, kümmerte sich nicht um das Wetter, fuhr automatisch, den Kopf voller Sorgen. Er war unterwegs nach Aldeburgh. Monica hatte ihm telefonisch ein Zimmer im Brudenell bestellt, und er war entschlossen, dort so bald wie möglich anzukommen.
Er machte sich Sorgen um Paula. Eine sichere Ahnung sagte ihm, daß sie in Gefahr war. Er hätte nicht sagen können, weshalb sich seine anfänglichen Bedenken in Angst verwandelt hatten – aber er wußte aus Erfahrung, daß ihn diese instinktive Ahnung einer bevorstehenden Gefahr noch nie getrogen hatte.
Er hatte um die Mittagszeit versucht, sie anzurufen, aber die Frau an der Rezeption des Brudenell hatte im gesagt, sie wäre ausgegangen. Er hatte darauf verzichtet, eine Nachricht für sie zu hinterlassen – vielleicht hätte er sie nur unnötig aufgeregt.
Dann war Newmans Wagen von einem von Robles' Leuten zurückgebracht worden. Der Tierpathologe hatte ihm den Bericht aus Porton Down durchtelefoniert – und der war keineswegs beruhigend gewesen. Das Schlimmste, das man sich vorstellen kann, lautete der Befund.
Es war die Rückgabe von Newmans Wagen gewesen, die Tweed veranlaßt hatte, einen seiner blitzschnellen Entschlüsse zu fassen – nämlich selbst nach Aldeburgh zu fahren. Bevor Newman aus seiner Wohnung abgefahren war, hatte er Tweed angerufen und ihm mitgeteilt, daß er zwei Nächte im Brudenell bleiben würde.

Es gab noch einen weiteren Grund für Tweeds eiligen Aufbruch aus London. Er wollte selbst den Ort sehen, an dem Karin Rosewater ermordet worden war. Man konnte sich die detaillierten Berichte anderer Leute über die Landschaft anhören, aber das war nie dasselbe wie der eigene Augenschein. Er schaute auf die Uhr und schätzte, daß er ungefähr um dieselbe Zeit die Marsch erkunden konnte, zu der der Mord begangen worden war. Nachdem er sich vergewissert hatte, daß es Paula gut ging.

Angetan mit ihrem Wildledermantel und mit einem Seidentuch, das sie sich als Schutz vor dem Wind um den Kopf gebunden hatte, trat Paula aus dem Fahrstuhl, gab ihren Schlüssel an der Rezeption ab und sagte, daß sie zu einer Freundin in Aldeburgh fahren wollte.

Draußen war es stockfinster. Sie ging rasch zu dem Ford Escort, den sie direkt vor dem Hotel geparkt hatte. Sie stieg ein, steckte den Schlüssel ins Zündschloß, drehte ihn. Nichts passierte. Nur ein entmutigendes Brummen. Sie versuchte immer wieder, den Motor zu starten. Nichts. Sie schaute auf, als eine schattenhafte Gestalt an ihrem Seitenfenster erschien. Leutnant Berth ... Nein, *James Sanders.*

»Will er nicht?« fragte er. »Lassen Sie mich einmal versuchen.«

Sie zögerte, dachte: Ich bin direkt vor dem Hotel. Sie stieg aus und wartete, während er sich ans Steuer setzte und den Zündschlüssel drehte. Er versuchte es sechsmal, dann schüttelte er den Kopf.

»Wahrscheinlich ist die Batterie leer. Hatten Sie eine lange Fahrt vor?«

»Nein. Ich wollte jemanden hier in Aldeburgh besuchen.«

Sie wünschte sich, sie hätte nicht so schnell reagiert. Er stieg aus, kurbelte das Fenster hoch und schloß die Tür.

»Mein Saab steht gleich neben Ihrem Wagen. Ich fahre Sie, wo immer Sie hinmöchten. Ich habe sonst nichts anderes vor.«

Sie zögerte abermals. Bevor sie heruntergekommen war, hatte sie an Newmans Tür geklopft. Keine Antwort. Anscheinend war er noch unterwegs; er konnte kilometerweit wandern, wenn er in der Stimmung dazu war. Und Marler war nach London zurückgefahren. Paula legte großen Wert auf Pünktlichkeit, und es war nur eine kurze Fahrt.

»Ich habe eine Karte, aus der hervorgeht, wo ich hin will. Es heißt Admirality House und ist mit einem Kreuz markiert ...«

Berthier setzte sich mit der Karte in der Hand ans Steuer, ließ die Tür offen und tat so, als studierte er sie. Er wußte genau, wo er hinfahren sollte. Schließlich hatte er erst vor kurzem vor Admirality House gestanden, als er Jean Burgoyne gefolgt war.

»Jetzt weiß ich, wie ich fahren muß. Es ist wirklich nicht weit.«
Sie legte ihren Sicherheitsgurt an, und er fuhr los. Ihr wäre wohler gewesen, wenn sie ihren .32er Browning Automatic bei sich gehabt hätte, aber das war nicht der Fall. Nicht nervös werden, befahl sie sich.
Er fuhr die verlassene High Street entlang und bog dann nach links in die gewundene Straße ab, die hügelaufwärts zwischen Häusern hindurchführte, in denen es kein Licht zu geben schien. Paula war überrascht, wie dunkel diese Straße war. Teure Häuser am Ende langer Auffahrten, aber keine Gegend, in der sie gern gewohnt hätte.
Nahe der Einfahrt zu Admirality House, wo die Straße die Hügelkuppe erreicht hatte und eben wurde, lenkte Berthier den Wagen auf das grasbewachsene Bankett. Er schaltete den Motor ab, drehte sich zu ihr um.
»Ich habe Sie bewundert, seit ich Sie kennengelernt habe«, begann er. »Sie sind eine überaus reizvolle Frau.«
»Danke.«
Sie löste rasch ihren Sicherheitsgurt. Seine kräftige linke Hand legte sich um ihr Genick, seine rechte Hand glitt unter ihren Mantel, ertastete ihr Kleid. Er hatte seinen Sicherheitsgurt gleichfalls gelöst und beugte sich jetzt vor, um sie zu küssen. Sie hob die rechte Hand, von dem sie rasch den Handschuh abgezogen hatte, näherte ihre harten Nägel seinem Gesicht.
»Lassen Sie mich in Ruhe, sonst zeichne ich Sie fürs Leben.«
»Widerspenstig? Das mag ich bei einer Frau...«
Seine Hand in ihrem Genick packte fester zu. Ihre Nägel gruben sich in sein Gesicht, ohne es aufzureißen. Plötzlich verließ ihre Hand sein Gesicht, und sie rammte ihm die Spitze des Ellenbogens in den Adamsapfel. Er keuchte, ließ ihr Genick los, seine andere Hand glitt aus ihrem Mantel heraus. Sie öffnete mit der linken Hand die Tür, ergriff mit der rechten ihren Handschuh und sprang hinaus auf das schwammige Gras. Sie sprach rasch, bevor sie die Tür zuschlug, und ihre Stimme klang verächtlich.
»Haben Sie vielen Dank fürs Mitnehmen, Mr. Sanders. Zurück komme ich auch ohne Sie...«
Sie eilte auf dem Bankett entlang und erreichte die Einfahrt von Admirality House. Als sie darauf zuging, sah sie ein einladendes, gutbeleuchtetes Wohnzimmer, dessen Vorhänge nicht zugezogen waren. Jean Burgoyne sah sie kommen, nahm sie an der Tür in Empfang.
»Willkommen in der Höhle des Brigadiers...«
Paula ging hinein. Sie hatte bereits beschlossen, die Episode mit Berthier nicht zu erwähnen. Später konnte sie zu Fuß zum Hotel zurückkehren. Es war nicht allzu weit.

Vierundzwanzigstes Kapitel

Als Tweed eintraf, fand er vor dem Brudenell zwei freie Parkplätze – reichlich Platz zum Abstellen von Newmans großem Mercedes. Er nahm seinen kleinen Koffer vom Beifahrersitz sowie den speziellen Spazierstock, den die Leute im Keller für ihn angefertigt hatten, stieg aus in den eisigen Abend, verschloß den Wagen und betrat das Hotel.

»Ja, Mr. Tweed, wir haben ein Zimmer für Sie reserviert. Dasselbe, das Sie neulich hatten«, erklärte ihm die Frau am Empfang. »Und hier ist die Nummer von jemandem, der möchte, daß Sie ihn sofort nach Ihrer Ankunft anrufen.«

»Danke. Ich führe das Gespräch von meinem Zimmer aus.«

In dem großen Zimmer mit Ausblick auf die Uferpromenade warf er seinen Burberry aufs Bett. Die Nordsee machte wesentlich mehr Lärm als beim letzten Mal. Die Fenster waren geschlossen, aber er hörte, wie zahllose Tonnen Wasser gegen die Promenade prallten.

Er stellte den Koffer ab, lehnte den Stock an die Wand und entfaltete den Zettel. Monicas Nummer. Etwas war passiert. Er nahm den Hörer ab, wählte.

»Hier ist Tweed, Monica. Ich spreche von meinem Hotelzimmer aus«, warnte er sie.

»Ich verstehe.« Eine kurze Pause. »Das Brand-Produkt wurde ursprünglich bei Tauchunternehmen verwendet – auf einer Ölbohrplattform in der Nordsee. Dort stellte sich heraus, daß es schadhaft war – seine Verwendung wurde unter ungeklärten Umständen eingestellt. Später wurde es von Wachmännern im Dienst von zwei Sicherheitsunternehmen benutzt. Auch hier hielt man es für schadhaft – nichts Greifbares. Dann wurde es von einer Buchprüferfirma übernommen. Neuester Stand der Dinge: genießt hohes Ansehen bei einer Firma in Dawlish Warren in Devon. Ende der Geschichte.«

»Danke für die gute Arbeit.«

»Legen Sie noch nicht auf. Es kommt noch mehr. Etwas riskant, aber es könnte wichtig sein.«

»Etwas, das mit meiner Geschäftsreise hierher zu tun hat...?« Tweed redete rasch. Plötzlich erhob er die Stimme. »Vermittlung? Die Verbindung ist sehr schlecht. Können Sie etwas dagegen tun?« Er wartete auf das Klicken, das ihm verriet, daß jemand mitgehört hatte. Es gab kein Klicken. Sein scharfes Gehör wartete auf das Einziehen von Atem. Nichts. Niemand hörte mit. »Fahren Sie fort, Monica.«

»Lasalle hat angerufen. Er ist beunruhigt.«
»Weshalb?«
»Sein Informant beim Dritten Corps hat ihm mitgeteilt, daß Sergeant Rey verschwunden ist. Lasalle meint, das könnte Übles bedeuten.«
»Lasalle hat recht.«
»Da ist noch mehr. Corcoran hat von Heathrow aus angerufen. Major Lamy ist vor ein paar Stunden angekommen – kurz nachdem Sie abgefahren waren. Reist unter dem Namen William Prendergast. Und was folgt, werden Sie nicht glauben.«
»Lassen Sie's darauf ankommen.«
»Er hat Heathrow in einem Mietwagen verlassen, einem Rover. Unterwegs nach Aldeburgh. Ich habe es selbst ermittelt. Das war alles.«
»Es reicht«, sagte Tweed ingrimmig. »Nochmals danke. Rufen Sie mich an, wenn sich etwas Neues ergibt. Und versuchen Sie, etwas Schlaf zu bekommen ...«
Tweed legte den Hörer auf und fing an, im Zimmer herumzuwandern. Brand, Dawlishs rechte Hand, war ursprünglich Taucher bei einer Ölgesellschaft gewesen. Es hörte sich an, als wäre er in irgendwelche dunklen Machenschaften verwickelt gewesen. Sabotage? Später hatte er als Wachmann für zwei verschiedene Firmen gearbeitet – und war von beiden entlassen worden. Hatte er schon damals für Dawlish spioniert? Und Monicas Hinweis auf das winzige Küstennest Dawlish Warren war ein Meisterstreich gewesen. Damit hatte sie ihm zu verstehen gegeben, daß er von den beiden Sicherheitsfirmen aus direkt in Dawlishs Dienste getreten war. Der Hinweis auf die Buchprüferfirma war merkwürdig – das hörte sich fast so an, als wäre Brand selbst Buchprüfer gewesen, was bedeutete, daß er entschieden mehr war als ein Gangster, der anderen Gangstern sagte, was zu tun war. Tweed wanderte weiter, dachte über die Informationen von Lasalle nach.
Sergeant Rey, de Forges Spezialist für Sprengfallen, war aus dem Hauptquartier des Dritten Corps verschwunden. Wo mochte er stecken? Mit welchem Auftrag war er unterwegs? Natürlich konnte er auf Urlaub sein, aber Tweed glaubte es nicht. De Forge würde jetzt, da seine Kampagne auf Hochtouren lief, niemanden in Urlaub schicken.
Und was noch verwirrender – und möglicherweise bedenklicher – war: Lamy stattete Aldeburgh einen heimlichen Besuch ab. Das war ein weiteres, eindeutiges Bindeglied zwischen Suffolk und Frankreich. Und zwar eines, das Tweed ganz und gar nicht gefiel.
Er kam zu dem Schluß, daß er Paula sofort ausfindig machen mußte. Er

schlüpfte in seinen Burberry, ergriff seinen Spazierstock, verließ das Zimmer, eilte, statt den Fahrstuhl zu benutzen, die Treppe hinunter und trat an die Rezeption.

»Ich suche nach einer Bekannten, Paula Grey«, teilte er der Frau hinter dem Tresen mit.

»Oh, die ist vor einer Weile weggefahren. Sie wollte jemanden in Aldeburgh besuchen.«

»Allein?«

»Ja.«

»Wissen Sie, wo sie hinwollte? Ich muß dringend mit ihr sprechen – wegen eines Telefongesprächs«, improvisierte er.

»Tut mir leid, aber ich habe keine Ahnung...«

»Sind Mr. Newman und Mr. Marler im Hause?«

»Nein.« Die Frau war überrascht von den vielen Fragen, von dem Eindruck von Dringlichkeit, der von Tweed ausging. »Mr. Marler ist nach London zurückgefahren, und Mr. Newman wollte einen Spaziergang machen.«

»Danke.«

Tweed beschloß, das zu tun, weshalb er hergekommen war – um sich von seiner Besorgnis abzulenken. Er verließ das Hotel durch den Hintereingang und eilte über den Parkplatz zu der Kiesstraße. In der Rechten trug er seinen Stock, in der Linken eine Taschenlampe. Es war so dunkel, daß er ihr Licht brauchte, um seinen Weg zu finden.

Tweed war imstande, wichtige Beschreibungen wortwörtlich im Kopf zu behalten. Er konnte sich genau an die Route erinnern, die Paula, Newman und Rosewater eingeschlagen hatten, als dieser den Siegelring zutage gefördert hatte. Major Lamys Ring? Anscheinend.

Er passierte einen alten, ein Stück von der Straße entfernten Schuppen und las die Aufschrift *Boat Storage*. Er befand sich ganz in der Nähe der Stelle, an der der Pfad durch die Marsch von der Straße abzweigte. Der starke Lichtstrahl seiner Lampe fiel auf den Pfad. Tweed glitt behende den Abhang hinunter auf ebenes, sumpfiges Gelände. Der Wind zauste an seinen Haaren, aber er nahm es nicht zur Kenntnis; er konzentrierte sich ausschließlich darauf, der Route zu folgen, die man ihm beschrieben hatte.

Der Lichtstrahl zeigte ihm den Fußweg, der parallel zu der höher gelegenen Kiesstraße verlief. Er ging schnell, trug den Stock, wie ein Soldat sein Gewehr tragen mochte, indem er ihn in der Mitte umfaßte. Er schaltete die Taschenlampe aus und blieb stehen, damit seine Augen sich an die Dunkelheit gewöhnen konnten. Vor sich sah er die Silhouette eines hohen Walls. Der Deich, der sich hinter dem Hafen entlangzog.

Er schaltete sein Licht wieder ein und gelangte zu der Stelle, an der sich der Weg gabelte – ein Pfad führte zurück auf die Straße, der andere auf den Deich hinauf. Er blieb stehen. Hier konnte man sich leicht irren. Er folgte dem Pfad, der auf die Deichkrone hinaufführte und auf ihr ostwärts verlief. Der Hafen lag links unter ihm, die Marsch rechts. Das stimmte.
Er ging rasch den holprigen Pfad entlang. Dann blieb er einen Moment stehen, ließ den Lichtstrahl seiner Taschenlampe über den Hafen wandern, sah mit blauer Plastikfolie abgedeckte Boote, die aussahen wie riesige blaue Eier. Ihre Masten ruckten heftig, dann schwankten sie nur noch leicht. Der Sturm hatte sich plötzlich gelegt. Er hörte ein merkwürdiges Geräusch. Er faßte den Stock anders, so daß er nun den Griff in der Hand hatte.
Der Spazierstock war eine Waffe. Die Spitze war beschwert. Mit einem Hieb konnte er einem Mann den Schädel einschlagen. Aber es steckte noch mehr dahinter. Unter dem Griff befand sich ein Knopf. Wenn er darauf drückte, kam ein fünf Zentimeter langer Stahldorn zum Vorschein. Es war kein Stockdegen, aber ein kurzes Zustoßen genügte, um einen Angreifer zu verletzen. Es war nicht Tweeds Angewohnheit, eine Waffe bei sich zu tragen, aber Aldeburgh entwickelte sich zu einem gefährlichen Ort – und die Marsch war womöglich noch gefährlicher. Um den Dorn wieder verschwinden zu lassen, brauchte er nur erneut auf den Knopf zu drücken.
Jetzt erkannte er das seltsame Geräusch. Es waren Metalldrähte, die sich an den Masten der Boote rieben. Er ging weiter.
Jetzt richtete er den Lichtstrahl seiner Taschenlampe auf den Abhang zu seiner Linken. Er konnte nicht mehr weit von der Stelle entfernt sein, an der die drei die Überreste des Bootes entdeckt hatten, in dem Karin Rosewater gestorben war. Der Lichtstrahl glitt über einen Bach mit stehendem Wasser, wanderte ein Stückchen zurück.
Das Boot, dessen Spanten an die Rippen eines Tieres erinnerten, lag kieloben am Ufer des Baches. Das war die Stelle, an der Rosewater den Siegelring gefunden hatte. Tweed kletterte den steilen Abhang hinunter; er hatte keine Mühe, das Gleichgewicht zu halten. Er trat auf ein festes Grasbüschel, das ringsum von Schlamm umgeben war, und suchte die Umgebung Zentimeter für Zentimeter mit dem Lichtstrahl ab. Dann hockte er sich kurz nieder, betastete das sumpfige Terrain. Seine behandschuhte Hand drückte auf das Gras, spürte, wie es unter seinem Druck nachgab.
Er seufzte, erhob sich, kletterte wieder auf die Deichkrone hinauf. Es war alles so gewesen, wie er es vorzufinden erwartet hatte – bis ins kleinste Detail.
Gegen den Sturm ankämpfend, der plötzlich mit noch größerer Gewalt als

zuvor wieder aufgekommen war, eilte er auf dem Deich entlang und kehrte dann auf demselben Wege, auf dem er gekommen war, ins Brudenell zurück. Drinnen zwang er sich, seine Frage an die Frau an der Rezeption möglichst beiläufig zu stellen.
»Ist Miss Grey schon zurück?«
»Nein, noch nicht.«
Tweed ging mit einem sehr unguten Gefühl in sein Zimmer.

Jean Burgoyne war eine muntere Gastgeberin. Sie trug ein enganliegendes grünes Kleid, gleichfalls mit einem breiten Gürtel um die schlanke Taille. Das Kleid endete knapp oberhalb der Knie und ließ ihre wohlgeformten Beine in einer dunkelgrünen Strumpfhose sehen. Ihre Mähne aus langem, blondem Haar funkelte im Licht des Kronleuchters im Wohnzimmer. Eine beachtliche Frau, dachte Paula.
Sie saß in einem bequemen Sessel dicht vor dem prasselnden Kaminfeuer. Jean hatte sich auf einem Stuhl neben ihr niedergelassen; ihre Beine waren übereinandergeschlagen, ein Absatz baumelte in der Luft. Beide Frauen hielten ein Glas mit Champagner in der Hand.
»Paula, das ist mein Onkel, Brigadier Burgoyne«, stellte Jean vor, als ein Mann das Zimmer betrat.
Der Brigadier war klein und wohlgerundet unter seinem samtenen Hausrock. Sein Kopf war eiförmig und obenauf kahl; an den Seiten waren Strähnen von weißem Haar sorgfältig zurückgebürstet. Er hatte ein rötliches Gesicht und wirkte eher wie ein Mann von Mitte Sechzig als wie einer von achtzig Jahren.
»Ich freue mich, Sie kennenzulernen, Miss Grey«, sagte er formell und verbeugte sich, um ihr die Hand zu geben. »Jean hat mir schon viel von Ihnen erzählt. Aber ich kann mit eigenen Augen sehen, daß Sie eine kluge Frau sein müssen ...«
Er war an eine Anrichte getreten, wo er sich aus einer Karaffe ein Glas Portwein eingoß, als Paula ihre Bemerkung machte. Für den Bruchteil einer Sekunde unterbrach er das Eingießen – so kurz, daß nur Paulas scharfe Augen es bemerkten.
»Wenn ich recht informiert bin, Brigadier, gehörten Sie dem militärischen Geheimdienst an.«
»Ach, das liegt schon sehr lange zurück ...« Er warf einen schnellen Blick auf Jean, dann sah er Paula an und erhob sein Glas. »Auf Ihr Wohl.« Er blieb bei der Anrichte stehen und trank einen Schluck Portwein.
»Die Arbeit muß Ihnen fehlen«, fuhr Paula fort, entschlossen, bei diesem

Thema zu bleiben. »Insbesondere, weil es auf diesem Gebiet jetzt soviel zu tun gibt. Frankreich ist ein gutes Beispiel. Wir müssen genau wissen, was dort vor sich geht – insbesondere beim Dritten Corps.«

Der Brigadier stand ganz still da. Seine Augen zwinkerten einmal. Wie eine Eule. Er sieht fast aus wie eine Eule, dachte Paula.

»Ich bin in letzter Zeit nicht mehr so recht auf dem laufenden.« Burgoyne machte einen leicht abwesenden Eindruck, was vorher durchaus nicht der Fall gewesen war. »Würden Sie es für sehr unhöflich halten, wenn ich mich wieder in mein Zimmer zurückziehe? Auf meinem Schreibtisch liegen ein paar juristische Papiere, an denen ich arbeiten muß. Bin nur heruntergekommen, um Ihnen Guten Tag zu sagen. Lassen Sie sich durch meine Abwesenheit nicht stören. Jean bleibt immer die halbe Nacht auf...«

Er schlurfte aus dem Zimmer. Ein beträchtlicher Unterschied zu den kraftvollen Schritten, mit denen er hereingekommen war. Du schauspielerst, du gerissener Alter, dachte Paula.

»Er ermüdet schnell«, erklärte Jean. »Er hat Sie gemocht – das war offensichtlich.«

»Aber *Sie* kennen das Dritte Corps, nicht wahr?«

Jean leerte schnell ihr Glas, bot Paula weiteren Champagner an, die ablehnte, dann füllte sie ihr eigenes Glas von neuem. Sie schob eine Strähne ihres blonden Haars über die Schulter zurück und musterte Paula über den Rand ihres Glases hinweg.

»Sie scheinen gut informiert zu sein.«

»Das braucht Sie nicht zu stören. Ich bin Journalistin. Das gehört zu meinem Job. Und ich habe es versprochen – kein Interview.«

»Ich kenne General de Forge«, sagte Jean langsam, nachdem sie einen Schluck Champagner getrunken hatte. Ihr Ärmel berührte den neben ihr stehenden Eiskübel. Sie schob ihn beiseite. »Ich betrachte ihn als Freund. Sehr dynamisch, sehr anregend. Einer der bedeutendsten Männer Westeuropas. Er hat sehr ausgeprägte Ansichten, was erfrischend ist.«

»Über die Deportation aller Ausländer in Frankreich? Insbesondere Algerier und Neger?«

»Seine Ansichten werden von vielen Menschen geteilt. Seine Anhängerschaft wächst stündlich.« Jean trank noch mehr Champagner, füllte ihr Glas von neuem. Sie kippt ihn regelrecht hinunter, dachte Paula. »Manche Leute halten de Forge für einen zweiten General de Gaulle«, fuhr Jean fort.

»Sie auch?« fragte Paula.

»De Gaulle war ein großer Staatsmann. De Forge ist nur ein Soldat. Wie könnte er je zu einem Staatsmann werden?«Ihre Stimme war neutral.

»Das erste Stadium wäre vielleicht, Chaos anzurichten.«
Jean hatte lange, blonde Wimpern. Sie musterte Paula durch sie hindurch, mit halb geschlossenen Augen. Dann griff sie nach einem silbernen Kästchen, hob den Deckel an, entnahm ihm eine Zigarette, zündete sie mit einem goldenen Feuerzeug an, das sie gleichfalls dem Kästchen entnahm. Paula hatte während ihrer kurzen Bekanntschaft noch nicht erlebt, daß sie rauchte. Jean blies einen Rauchring und schaute ihm nach, als er zur Decke emporschwebte.
»Als Journalistin sind Sie wirklich ein Profi bis in die Fingerspitzen«, bemerkte sie.
Es lag keine Kritik, kein Ärger in ihrem Verhalten. Es war die Feststellung einer Tatsache. Sie strich sich mit dem Zeigefinger ihrer linken Hand über die Wange. Sie ist tatsächlich eine schöne Frau, dachte Paula. Die Art von Frau, die eine Menge Männer um den Verstand bringen kann.
»Mich interessiert nun einmal, was in der Welt vorgeht«, verteidigte sich Paula.
»Sie haben natürlich recht. In Frankreich geht allerhand vor.« Jean schien wie in Trance zu sprechen. »Und niemand kann vorhersagen, wo das alles enden wird.«
»Wo wird es Ihrer Meinung nach enden?«
»An den Pforten der Hölle...«
Sie kicherte, aber das Kichern hatte einen bitteren Unterton. Sie änderte das Thema, kam auf Aldeburgh zu sprechen.
»Aldeburgh ist irgendwie unwirklich. Ist Ihnen das nicht aufgefallen? Hier leben fast nur Leute im Ruhestand – Diplomaten, Soldaten wie mein Onkel. Als Kinder wurden sie von ihren Eltern in den Ferien mit hierher gebracht. Als sie dann endgültig aus dem Ausland heimkehrten, war dies der einzige Ort, den sie kannten. Für junge Leute gibt es hier kaum Arbeit. Höchstens als Verkäufer in den Geschäften. Die meisten Arbeitsplätze gibt es noch in Ipswich, und das ist ziemlich weit weg. Die anderen Einwohner haben hier ihren Zweitwohnsitz. Sie haben einen Teil der Häuser an der Promenade verkauft, in denen sie den Sommer verbringen können...«
Sie plauderten noch eine Weile weiter. Einmal ließ Jean Paula ein paar Minuten lang allein, um auf die Toilette zu gehen. Paula hob den Deckel des Zigarettenetuis an, holte das goldene Feuerzeug heraus. Eingraviert war dasselbe Symbol, das sie auf dem Siegelring gesehen hatte, den Victor Rosewater in der Marsch gefunden hatte. Das Lothringer Kreuz.
»Ich sollte jetzt ins Brudenell zurückkehren«, erklärte Paula wenig später. »Ich danke Ihnen für diesen reizenden Abend.«

»Von mir aus könnten wir die ganze Nacht hindurch weitermachen. Wenn Sie je in die Nähe von Bordeaux kommen, rufen Sie mich unter dieser Nummer an. Das ist die Villa Forban. Dann komme ich und hole Sie ab.«

Sie reichte Paula den Zettel, auf den sie die Nummer geschrieben hatte. Dann begleitete sie sie zur Haustür, öffnete sie und schaute hinaus.

»Ein ungemütlicher Abend. Haben Sie einen Wagen hier? Wenn nicht, fahre ich Sie zurück...«

»Ich habe einen Wagen«, log Paula.

Sie wollte zu Fuß zurückkehren, sich die Eindrücke vergegenwärtigen, die sie von dem Brigadier gewonnen hatte, ihr Gespräch mit Jean. Von ihrem Wildledermantel vor der Kälte geschützt und mit umgebundenem Kopftuch ging sie die Auffahrt hinunter, winkte Jean, die auf der Schwelle stand, noch einmal zu, dann bog sie nach rechts ab, um den Hügel hinunterzugehen.

Sie ging auf dem feuchten Grasbankett entlang, als sie etwas hörte. Sie wollte sich gerade umsehen, als ihr eine große Packpapiertüte über den Kopf gestülpt wurde. Ein Paar kräftiger Hände legte sich um ihren Hals und schwang sie herum, so daß sie ihrem Angreifer gegenüberstand. Die Daumen drückten auf ihren Kehlkopf. Sie konnte nicht atmen.

Sie hätte in Panik geraten können, aber ihre erste Reaktion war die, daß dies das Schwein sein mußte, das Karin erwürgt hatte. Sie widerstand dem Instinkt, die tödlichen Hände wegzureißen. Ihre Hände fuhren hoch zu der Tüte, ungefähr zu der Stelle, wo sie ihren Mund bedeckte. Ihre harten Fingernägel rissen wütend an dem Papier. Einen Augenblick lang hatte sie das Gefühl, daß es zu fest war, um sich zerreißen zu lassen. Dann, als die Daumen ihren Druck verstärkten, rissen ihre Nägel einen langen Schlitz auf. Sie ballte die Faust und schlug mit aller Kraft zu, so tief am Körper des Angreifers, wie sie konnte, in der Hoffnung, die Nieren zu treffen. Sie hörte ein Grunzen. Sekundenlang lockerte sich der Zugriff der Hände. Sie öffnete den Mund und stieß einen ohrenzerreißenden Schrei aus.

»A-a-a-a-a-a-r-r-g-h...!«

Fünfundzwanzigstes Kapitel

Paula wurde rückwärts geschleudert; gleichzeitig hörte sie etwas, das so klang, als würde eine großkalibrige Handwaffe viermal nacheinander in rascher Folge abgefeuert.

Glücklicherweise befand sie sich nach wie vor auf dem Grasbankett, aber sie lag da und rang nach Atem. Dann hörte sie ein weiteres Geräusch. Der Motor eines Wagens wurde angelassen. Sie nahm all ihre Kräfte zusammen, zerrte die Tüte von ihrem Kopf, stützte sich auf einen Ellenbogen – gerade noch rechtzeitig, um die roten Schlußlichter eines Wagens zu sehen, der davonfuhr – in einer Richtung, die der, aus der sie mit Berthier gekommen war, entgegengesetzt war.

Jean Burgoyne kam aus Admirality House gerannt. Sie blieb stehen, suchte die menschenleere Straße ab.

»Hier bin ich«, rief Paula schwach.

Als Jean sie erreicht hatte, kam sie gerade taumelnd wieder auf die Beine. Sie strich über ihren Mantel, um Schmutz abzustreifen.

»Mein bester Mantel – Wildleder ...«

Eine plötzliche Bö fegte über die Straße und hätte sie fast wieder umgerissen. Jean ergriff ihren Arm, führte sie langsam zurück zur Auffahrt und ins Haus. Erst jetzt sah Paula, daß sie einen großen Revolver in der Hand hatte.

»Der Dienstrevolver meines Onkels«, sagte Jean, als sie ihren Blick auf die Waffe bemerkte. »Was in aller Welt war da draußen los? Ist Ihnen etwas passiert? Möchten Sie etwas zu trinken? Mehr Champagner, Kaffee, Tee? Vielleicht etwas mit einem Schuß Brandy?«

»Nein, nichts. Danke ...«

Sie zog ihren Mantel aus, untersuchte ihn und stellte fest, daß er keinen ernsthaften Schaden genommen hatte.

»Ich muß ihn in die Reinigung geben.« Sie war immer noch benommen. »Haben Sie diesen Revolver abgefeuert?«

»Das habe ich. In die Luft. Ich hörte Sie schreien – es hörte sich an, als wollten Sie die Toten aufwecken. Sind Sie imstande, mir zu erzählen, was passiert ist?«

Paula tat es, mit Pausen, um ihre Kehle zu schonen und um etwas Limonensaft zu trinken. Die wahren Hintergründe verschwieg sie und stellte es so hin, als hätte jemand versucht, sie zu vergewaltigen.

Als sie geendet hatte, nahm sie Jeans Anerbieten, sie zum Hotel Brudenell zurückzufahren, an, wollte aber vorher mit einer Taschenlampe auf der Straße nach der Packpapiertüte suchen, die ihr über den Kopf gestülpt worden war. Sie konnte ein wichtiges Beweisstück sein.

Sie suchten fünf Minuten lang vergeblich auf dem Bankett und auf der Straße, und dann bestand Jean darauf, daß sie in ihren Wagen stieg, damit sie sie ins Hotel zurückfahren konnte. Paula hielt sich nach wie vor gut, fürchtete aber, sie könnte Jean zuviel verraten. Außerdem fürchtete sie sich

vor Newman. Wenn er hörte, was passiert war, würde er ihr die Hölle heiß machen.
Sie erreichten das Hotel, und als sie ausstieg, warf Paula einen Blick auf die anderen Fahrzeuge. Berthiers Saab parkte neben Newmans Mercedes. Was zum Teufel tat der Mercedes hier? Jean begleitete sie hinein, und sie stießen auf Newman, der im Foyer herumwanderte.
Jean stellte sich vor, ohne zu ahnen, daß es nicht nötig gewesen wäre – Newman erkannte sie sofort nach dem Foto, das Lasalle per Kurier zum Park Crescent geschickt hatte. Paula dankte Jean überschwenglich und sagte, sie würde ihre Einladung nicht vergessen, falls sie jemals in die Nähe von Bordeaux kommen sollte. Irgend etwas veranlaßte sie, Jean nachzurufen, als diese das Hotel verließ.
»Und passen Sie gut auf sich auf. Die Welt ist gefährlich, in der wir leben.«
»Was niemand besser weiß als Sie. Auf Wiedersehen.«

»Tweed ist hier«, teilte Newman ihr mit, als sie im Fahrstuhl nach oben fuhren. »Wir gehen in sein Zimmer, wenn es Ihnen recht ist. Sie sehen sehr mitgenommen aus. Weiß wie eine Wand. Ist etwas passiert?«
»Ich erzähle es, wenn auch Tweed zuhören kann...«
Als sie in Tweeds Zimmer in einem Sessel saß und immer wieder von dem gesüßten Tee trank, um den sie gebeten hatte, berichtete sie ihnen, was vorgefallen war. Tweed saß dicht neben ihr in einem anderen Sessel und beugte sich mit ineinander verschränkten Händen vor.
Er konnte sich nicht recht entscheiden, ob er zulassen sollte, daß sie weitererzählte, was sie unbedingt wollte. Ihre Bitte um gesüßten Tee, obwohl sie normalerweise Zucker nicht anrührte, deutete darauf hin, daß sie sich in einem Schockzustand befand. Er hatte seine Vermutung ausgesprochen, aber sie hatte es abgestritten. Tweed fragte sich immer noch, ob er sie nicht ins Bett schicken sollte. Andererseits – wenn sie sich imstande fühlte, jetzt gleich zu berichten, was passiert war, dann würde sie sich wahrscheinlich auch an kleine Details erinnern, die sich als wichtig erweisen konnten.
Paula hatte fürchterlichen Durst. Sie hielt immer wieder inne, um einen Schluck Tee zu trinken. Die Wahrheit war, daß sie tatsächlich unter Schock stand, aber all ihre Willenskraft zusammennahm, um es sich nicht anmerken zu lassen. Während sie weitersprach, hielt sie sich unter Kontrolle, indem sie zwei Finger langsam am Schulterriemen ihrer Umhängetasche auf- und abgleiten ließ. Sie war an dem Punkt angelangt, als Jean sich erboten hatte, sie zurückzufahren, und sie in ihren Wagen gestiegen waren. Newman ergriff zum ersten Mal das Wort.

»Hat jemand daran gedacht, die Polizei zu rufen?«

»Oh ja. Jean war entschlossen, genau das zu tun, aber ich habe es ihr ausgeredet.« Sie sah Tweed an. »Sie haben ohnehin schon genügend Probleme mit Buchanan, und ich vermutete, daß auch das bei ihm landen würde. Er hätte unangenehme Fragen stellen können, die Ihnen zu diesem Zeitpunkt nicht gepaßt hätten.«

»Damit könnten Sie recht haben«, pflichtete Tweed ihr bei. »Sehr vernünftig von Ihnen.«

»Da bin ich anderer Ansicht«, fuhr Newman auf. »Wenn die Polizei sofort eine Suchaktion eingeleitet hätte, dann hätte sie den Wagen vielleicht anhalten können.«

»Welchen Wagen?« fragte Paula. »Alles, was ich gesehen habe, waren zwei rote Schlußlichter. Ich habe keine Ahnung, um was für einen Wagen es sich handelte – weiß nicht einmal, wie groß er war.«

»Sie hätten Straßensperren errichten können«, beharrte Newman.

»Was wahrscheinlich nichts genützt hätte«, wendete Tweed ein. »Angenommen, der Mann, der Paula überfallen hat, wohnt irgendwo in Aldeburgh? Was ich für sehr wahrscheinlich halte. Sein Wagen steht vermutlich in irgendeiner Garage.«

»Der Gedanke war mir auch gekommen«, pflichtete Paula ihm bei. »Ich habe mir den Stadtplan angesehen – die Straße, in der Jean Burgoynes Onkel wohnt, hat die Form eines Hufeisens. Er könnte auch in der Richtung, in der er davonfuhr, wieder auf die High Street gelangt sein und seinen Wagen sogar draußen vor dem Hotel geparkt haben. Mir ist aufgefallen, daß Berthiers Saab an der gleichen Stelle stand, von der aus wir abfuhren.«

»Haben Sie den Kühler angefaßt, um festzustellen, ob der Motor noch warm war?« fragte Newman.

»Dummerweise«, fuhr sie auf, »habe ich daran nicht gedacht. Man vergißt leicht etwas, wenn gerade jemand versucht hat, einen umzubringen.«

»Außerdem«, erklärte Tweed, »würde an einem Abend wie diesem ein Motor sehr schnell abkühlen.« Er betrachtete Paula. »Sie haben leichte Quetschungen am Hals.«

»Das ist mir schon aufgefallen, als ich in meinem Zimmr war, um mich zu waschen, bevor Bob mich hierherbrachte.« Sie betastete ihre Kehle. »Es ist nicht schlimm – wahrscheinlich hat mich mein Kopftuch vor Schlimmerem bewahrt.«

»Ich wollte sagen«, fuhr Tweed fort, »daß wir Sie vielleicht von einem Arzt untersuchen lassen sollten.«

»Kein Arzt«, sagte Paula, während sie aufstand und ein Gähnen unterdrückte. »Wenn Sie nichts dagegen haben, sehe ich jetzt zu, daß ich etwas Schlaf bekomme. Aber vorher werde ich ein Bad nehmen ...«

»Tun Sie es nicht«, warnte Newman. »Sie würden darin einschlafen.« Er grinste. »Es sei denn, ich darf mitkommen und Ihnen ins Wasser helfen.«

Sie lächelte dankbar, weil sie begriffen hatte, daß er ein bißchen Humor ins Spiel bringen wollte, um sie zu beruhigen; doch dann schüttelte sie den Kopf. Als sie die Tür erreicht hatte, blieb sie stehen. Ihre Gedanken liefen auf Hochtouren, und sie drehte sich noch einmal um.

»Ich habe Ihnen alles erzählt, was in Admirality House gesprochen wurde. Aber da ist noch etwas mit Brigadier Burgoyne. Er war munter wie ein Fünfjähriger, als ich ankam – geistig und körperlich. Aber als ich anfing, vom Dritten Corps zu sprechen, trocknete er aus.«

Tweed beugte sich mit einem Funkeln in den Augen vor. »Wie meinen Sie das?«

»Vorher hatte er seine fünf Sinne beisammen, doch plötzlich gab er sich senil. Ich hatte das unabweisbare Gefühl, daß er eine Schau abzog. Er schlurfte sogar aus dem Zimmer. Als er hereinkam, hätte man meinen können, er wäre keinen Tag älter als sechzig.«

»Interessant«, sagte Tweed.

»Und an Jean Burgoyne ist auch etwas seltsam«, fuhr Paula fort.

»Seltsam?« fragte Tweed. »In welcher Hinsicht?«

»Ich weiß es nicht. Noch nicht. Sie hat mich in die Villa Forban eingeladen, falls ich je in die Nähe von Bordeaux kommen sollte. Ich glaube, ich werde sie besuchen, wenn sich die Gelegenheit dazu ergibt.«

»Es hat keinen Sinn, jetzt darüber nachzudenken. Legen Sie sich so bald wie möglich hin«, drängte Tweed.

Paula schien nur ungern zu gehen. »Glauben Sie, daß der Mörder eine Frau sein könnte?« fragte sie plötzlich.

»Wie kommen Sie auf diese Idee?« fragte Tweed überrascht.

»Auch das weiß ich nicht. Noch nicht. Schlafen Sie gut, meine Herren ...«

»Kalmar ist irgendwo hier in Aldeburgh«, sagte Tweed, sobald sie allein waren. »Davon bin ich überzeugt. Ich habe mich gehütet, es zu sagen, solange Paula hier war. Für einen Tag hat sie genug durchgemacht. Kalmars Identität ist der Schlüssel zu diesem ganzen europäischen Rätsel – zu dem, was in Frankreich vorgeht und in Deutschland.«

»Und im Augenblick befinden sich hier massenhaft Kandidaten für die Rolle des Mörders«, bemerkte Newman. Tweed hatte ihm von dem Gespräch mit Monica erzählt, während sie auf Paulas Rückkehr warteten. »Major Lamy, Sergeant Rey, Leutnant Berthier – und Brand.«

»Also wird morgen früh Ihre erste Amtshandlung sein, daß Sie Paula mit Ihrem Mercedes nach London zurückbringen. Das ist ein Befehl.«

»Den ich mit Vergnügen ausführen werde...«

»Sie darf keine Minute länger hier bleiben«, betonte Tweed. »Sie müssen Sie aus der Gefahrenzone herausschaffen – aus Aldeburgh.«

»Und dann, nehme ich an«, sagte Newman zynisch, »wird sie sich in noch größere Gefahr begeben wollen, wenn sie erfährt, wohin ich fahre. Nach Frankreich.«

Sechsundzwanzigstes Kapitel

Neuerliche Tumulte in Lyon. Situation in Frankreich wird kritisch.

Am nächsten Tag las Tweed in seinem Büro am Park Crescent den Bericht unter der bestürzenden Schlagzeile. Monica hatte während seiner Abwesenheit ein Exemplar von *Le Monde* besorgt.

Mehr als 2000 Verletzte... über 400 Tote... Lyon in totalem Chaos... möglicherweise wird der Präsident die Stadt besuchen... Verhängung des Kriegsrechts erwogen...

Er überflog den Bericht und warf dann einen Blick auf Paula, die an ihrem Schreibtisch saß. Sie sah wieder wesentlich besser aus. Ein guter Nachtschlaf in Aldeburgh, bevor Newman sie zurückgefahren hatte, hatte Wunder gewirkt. Vor der Abfahrt hatte Newman noch die Batterie von Tweeds Escort aufladen lassen.

»Ich habe es gelesen«, sagte sie. »Kann es sein, daß General de Forge den Druck verstärkt?«

»Irgend jemand tut es«, erwiderte Tweed vorsichtig. »Ich fliege später am Tag nach Paris und spreche mit Lasalle. Er scheint dem Telefon nicht zu trauen. Das heißt, nachdem ich mit Otto Kuhlmann gesprochen habe.«

»Hier? Er kommt nach London?«

»Ja, er müßte jede Minute hier sein. Monica hat den Anruf entgegengenommen, bevor ich zurück war. Noch jemand, der dem Telefon nicht traut. Das macht mir Sorgen – diese Atmosphäre der Unsicherheit bei den Leuten ganz oben. In Paris treffe ich mich auch mit Pierre Navarre, dem Innenminister – dem einzigen starken Mann in der Regierung.«

»Wir sind aus einer schwierigen Zeit zurückgekehrt in ein Inferno.«

»Ich befürchte, das Inferno steht uns noch bevor.« Er registrierte ihr Understatement – »eine schwierige Zeit«, zu der auch ein beinahe erfolgreicher Versuch gehört hatte, sie zu ermorden. »Und zu alledem«, teilte er ihr mit, »haben wir nachher auch noch das Vergnügen mit Chefinspektor Buchanan. Auf meine Bitte hin, zugegeben; Victor Rosewater wird auch dabei sein. Ich muß Buchanan diesen Siegelring aushändigen, und wir beide – Rosewater und ich – werden ein paar Salven von unserem Freund einstekken müssen. Aber ich denke, wir werden es überleben ...«
Das Telefon läutete. Monica nahm den Hörer ab, sagte, er sollte eine Minute warten. Dann legte sie die Hand über die Sprechmuschel.
»Es geht los. Kuhlmann ist unten.«
»Er soll heraufkommen.«
Der Deutsche kam herein; er trug einen dunklen Straßenanzug, und zwischen seinen Zähnen klemmte eine unangezündete Zigarre. Seine Miene war grimmig, aber er ging zu Paula, legte ihr den Arm um die Schultern und drückte sie an sich. Er bemerkte das Tuch, das sie über ihrem blauen Pullover trug; es war leicht verrutscht. Kuhlmanns scharfem Auge entging nichts.
»Ihr Hals«, sagte er. »Waren Sie im Krieg?«
»So könnte man es ausdrücken«, sagte Tweed, während Paula das Tuch zurechtrückte. »Ich erzähle es Ihnen gleich. Setzen Sie sich. Willkommen in London. Kaffee?«
»Bitte. Schwarz wie die Sünde.«
Kuhlmann ließ sich in einem Sessel nieder und musterte Paula abermals; dabei drehte er seine Zigarre zwischen den Fingern.
»Zünden Sie sich Ihre Zigarre an«, sagte Paula. »Ich mag das Aroma einer Havanna.«
Monica hatte das Zimmer verlassen, um Kaffee zu machen. Kuhlmann zündete seine Zigarre an, sah zu Tweed hinüber, deutete mit der Zigarre auf Paula.
»Ihr Hals«, drängte er.
Tweed gab ihm einen knappen Bericht über ihren Ausflug nach Aldeburgh, sprach von seiner Gewißheit, daß sich auch Kalmar in dieser Gegend aufgehalten hatte. Er gab dem Deutschen eine Liste der Verdächtigen, sagte ihm aber, er wäre noch nicht so weit, um mit dem Finger auf einen bestimmten Mann zu zeigen.
»Haben Sie irgendeine Ahnung, wo er herkommt, über seine Nationalität?« fragte Kuhlmann. »Ich habe gleichfalls versucht, etwas über ihn herauszubringen. Alles, was ich von meinen Verbindungsleuten höre, ist,

daß er von irgendwo aus dem Osten kommt. Und das ist ein ziemlich weites Feld. Nicht der geringste Hinweis auf sein Alter, sein Aussehen.«
»Der Schatten eines Schattens«, bemerkte Tweed. »Höchst merkwürdig. Vielleicht sogar bedeutsam. Aber deshalb sind Sie nicht hergekommen, Otto.«
Er wartete, bis Monica ihm eine große Tasse dampfenden, schwarzen Kaffee eingeschenkt hatte. Kuhlmann dankte ihr und leerte die Hälfte der Tasse mit einem Zug.
»Siegfried«, begann er. »Rosewater hat mich wieder von irgendwoher angerufen. Von wo, habe ich ihn nicht gefragt. Schließlich gehört er zum militärischen Geheimdienst. Er gab mir eine Adresse, die er gerade von einem Informanten erhalten hatte. Eine Wohnung in München. Wir haben sie durchsucht und ein wahres Arsenal gefunden. Zwölf Kalaschnikows, Munition, sechs Granaten und zwei Kilo Semtex.«
Tweed beugte sich vor. »Und Terroristen?«
Kuhlmann schwenkte die Hände wie ein Schwimmer. »Ich glaube, die örtliche Polizei hat sie verjagt. Streifenwagen mit heulenden Sirenen. Keine Terroristen. Niemand war in der Wohnung. Und auch hier wieder kein einziger Fingerabdruck. Da war bestimmt wieder eine Frau am Werk. Ein Mann hätte irgendetwas übersehen.«
»Also ist Siegfried in Stellung gegangen«, bemerkte Tweed.
»Unsere eigenen Informanten in der Kriminellenszene sagen, daß das der Fall ist – und die wissen, was vorgeht. Mehr als hundert guttrainierte Mörder und Saboteure. Voraussichtliche Opfer: führende Mitglieder der Regierung, einschließlich des Bundeskanzlers. Allem Anschein nach warten sie auf ein Signal von draußen, um Deutschland zu destabilisieren. Was mir wirklich Sorgen macht, ist die immer heftiger werdende Kampagne gegen Deutschland in einem Teil der französischen Presse.«
»Die gesteuert ist. Jeder vernünftige Mensch weiß, daß Deutschland die friedfertigste Nation auf dem Kontinent ist. Bestimmte Elemente in Frankreich heizen antideutsche Gefühle an, um ihre eigenen finsteren Absichten verfolgen zu können. Um die Tatsache zu verschleiern, daß es ihnen nur darum geht, in Paris die Macht zu ergreifen. Der *Cercle Noir*.«
»Der Schwarze Kreis.« Kuhlmann schwenkte seine Zigarre. »Wir haben gerüchteweise von diesen Leuten gehört. Sie sind antisemitisch, antiamerikanisch, antibritisch. Das Problem ist nur, daß wir nicht wissen, wer dazugehört. Aber sie haben sehr viel Einfluß. Und wenn ich die Siegfried-Terroristen nicht ausräuchern kann, bevor sie loslegen, dann wird genau das passieren, was die Massenpresse über uns schreibt.«

»Was der Sinn der Sache ist, das Herzstück des Plans.«
»Außerdem haben wir aus der Kriminellenszene gehört, daß sie damit rechnen, daß bald beträchtliche Verstärkungen eintreffen. Von wo? Falls aus dem Osten – wie Kalmar –, dann kommen sie durch ...«
»Haben Sie in Wiesbaden ein paar gute Leute, die Französisch sprechen?« fragte Tweed.
»Ja. Weshalb?«
»Schicken Sie sie heimlich nach Genf. Lassen Sie bekannt werden, daß sie versuchen, Kalmar für einen großen Job anzuheuern. Honorar – drei Millionen Mark. Nein, besser Schweizer Franken.«
»Wenn Sie meinen ...«
»Und schicken Sie weitere Leute nach Basel. Dieselbe Botschaft.«
»Sie wissen etwas?«
Kuhlmann musterte Tweed durch blauen Zigarrenrauch hindurch. Dann trank er den Rest seines Kaffees, und Monica füllte seine Tasse wieder.
»Tun Sie es einfach. Was ist mit Stahl, Ihrem Agenten in Bordeaux? Gibt es da etwas Neues?«
Kuhlmann zögerte einen Moment. »Also gut. Sie waren mir gegenüber offen. Ja, er ist noch dort. Das Problem ist nur, daß Sie gesagt haben, er sollte sein Funkgerät nicht benutzen. Seine letzte Nachricht besagte, daß er über eine Menge Informationen verfügt und sie so bald wie möglich herausbringen würde. Eine sehr kurze Nachricht. Sie operieren in Frankreich?« Kuhlmann schaute zur Decke, als er beiläufig diese Frage stellte.
»In großem Rahmen.«
»Das ist der eigentliche Grund meines Besuchs. Es ist äußerst schwierig für deutsche Agenten, in Frankreich zu arbeiten. Der Kanzler ist dagegen.«
»Warum?«
»Wie Sie wissen, hat er ein sehr gutes Verhältnis zum französischen Präsidenten. Wenn die Pariser Presse Wind davon bekäme, daß wir Agenten auf französischem Territorium haben, wäre das für sie ein gefundenes Fressen.«
»Und was ist mit Stahl?«
Kuhlmann schaute wieder zur Decke empor. Paula wußte, daß er sich seine Antwort überlegte.
»Das ist mein Geheimnis«, sagte Kuhlmann schließlich. »Und wenn es je bekannt werden sollte, werde ich sagen, daß ich Stahl losgeschickt habe, bevor der Kanzler sein Veto einlegte. Im Augenblick könnte es sehr schwierig sein, Stahl schnell herauszuholen. Es ist durchaus möglich, daß der *Cercle Noir* Bordeaux regelrecht eingekreist hat.«

»Er hat es getan.« Tweed erinnerte sich an die Mühe, die Newman gehabt hatte, an den Wachtposten am Flughafen von Bordeaux vorbeizukommen. »Der Flughafen wird beobachtet«, warnte er. »Und ich vermute, daß sie auch die Bahnhöfe überwachen und möglicherweise sogar alle Autofahrer kontrollieren, die die Stadt verlassen wollen.«
»Also sitzt Stahl in der Falle.«
»Vielleicht können wir Kontakt mit ihm aufnehmen. Keine Garantie. Aber wir halten zu Ihnen, Otto. Alles, was Sie im Moment tun können, ist zurückkehren, hoffen und beten...«

Nachdem Kuhlmann sich wieder auf den Weg nach Heathrow gemacht hatte, sah Tweed auf die Uhr. Monica erriet, woran er dachte.
»Ja, Victor Rosewater müßte gleich kommen...« Das Telefon läutete, und sie nahm den Hörer ab. Während sie zuhörte, veränderte sich ihr Ausdruck. »Wie, alle drei sind gleichzeitig angekommen? Sie sind jetzt hier?« Auf ihrem Gesicht spiegelte sich eine Mischung aus Verblüffung und Ärger. Sie sah Tweed an.
»Was ist schiefgegangen?«
»Sie warten alle unten. Rosewater, Buchanan und sein Assistent Warden.«
»Höchst merkwürdig. Ah, jetzt verstehe ich.« Er warf Paula einen Blick zu. »Lassen Sie sie alle heraufkommen, Monica.«
Rosewater betrat als erster das Zimmer. Seine Hände steckten in den Taschen seines Trenchcoats, und er sah Paula an und zwinkerte ihr zu. Sein Verhalten war kühl und gelassen wie immer. Hinter ihm erschien mit undurchdringlichem Gesicht Chefinspektor Buchanan, gefolgt von Warden, gleichfalls mit undurchdringlichem Gesicht.
»Legen Sie ab, meine Herren«, sagte Tweed munter. Er sah Buchanan an. »Übrigens kommen Sie eine halbe Stunde zu früh.«
»Ich bin immer gern pünktlich«, sagte Buchanan und reichte Monica seinen Mantel. »Wir stießen auf Mr. Rosewater, als wir draußen auf und ab gingen. Und da fanden wir, es wäre eine gute Idee, sich ihm anzuschließen.«
Aber Tweed hatte Buchanans Taktik bereits durchschaut. Er war absichtlich sehr früh erschienen, in der Hoffnung, Rosewater ankommen zu sehen. Auf diese Weise blieb Tweed keine Zeit, sich mit dem Geheimdienstoffizier abzustimmen.
Sobald seine Gäste Platz genommen hatten, kam Tweed zur Sache. In seinen Sessel zurückgelehnt berichtete er, wie Rosewater, Newman und Paula in der Marsch den Siegelring gefunden hatten. Er schloß eine Schublade auf, holte das Duplikat des Ringes heraus und gab es Buchanan.

»Das läuft auf Unterschlagung von Beweismaterial in einem Mordfall hinaus, und ...«, begann Buchanan, wobei er Rosewater anfunkelte.

Tweeds geballte Faust hieb auf den Schreibtisch. »Nun hören Sie gut zu. Ich habe Ihnen den Ring gegeben. Aus freien Stücken. Und für den Fall, daß Sie es vergessen haben sollten – Sie befinden sich hier in der Zentrale des SIS. Und Captain Rosewater gehört dem militärischen Geheimdienst an. Ich weiß unter anderem, daß er mit einer Angelegenheit von allergrößter Bedeutung für die nationale Sicherheit befaßt ist. Ohne meine Zustimmung werden keine Fragen gestellt und keine Vorwürfe erhoben. Ich lasse nicht zu, daß Sie sich in meinem Büro so anmaßend aufführen.«

»Also das ist das Spiel, das Sie spielen wollen«, bemerkte Buchanan gelassen, streckte die Beine aus und schlug die Knöchel übereinander.

»Es ist kein Spiel, wie Sie vielleicht glauben!« Tweed beugte sich wieder vor. »Menschen sind gestorben. Einer davon war einer meiner Agenten. Im Ausland, wo Sie keine Amtsgewalt haben. Ich kann im Ausland operieren, und ich tue es. Wenn Sie Informationen haben wollen, die Ihnen bei *Ihrer* Untersuchung weiterhelfen, dann halten Sie den Mund.«

»Meine Aufgabe besteht darin, herauszufinden, wer die Frau dieses Herrn hier ermordet hat; wer sie auf der Marsch, wo dieser Ring gefunden wurde, kaltblütig erwürgte.«

Buchanan war nach wie vor gelassen. Man hätte denken können, er führte ein freundschaftliches Gespräch in einem Lokal. Tweed dagegen schien nach wie vor von beherrschter Wut erfüllt zu sein.

»Sie haben den Ring. Sie haben gehört, unter welchen Umständen er gefunden wurde.« Seine Stimme hob sich. »Aber ich muß mich um den Hexenkessel kümmern, der in Europa am Überkochen ist – um eine Situation, die sich stündlich verschlimmert. Für den Fall, daß Sie nicht wissen sollten, wovon ich rede, lesen Sie die Zeitungen.«

»Mir ist klar, daß Sie eine schwere Verantwortung tragen. Vielleicht sollten wir ein andermal wiederkommen, wenn sie weniger beschäftigt sind. Aber ich würde Captain Rosewater gern eine Frage stellen.«

»Nein!« Tweed stand auf. »Captain Rosewater ist direkt in das verwickelt, was auf dem Kontinent vor sich geht. Ich weiß, Sie werden mich nicht für unhöflich halten, wenn ich Ihnen sage, daß ich nicht die Zeit habe, dieses Gespräch fortzusetzen. Ich stehe unter Druck. In Europa droht ein Flächenbrand.«

»Ich denke, ich habe, was ich wollte.« Buchanan stand gleichfalls auf; er hielt den Siegelring in einer Hand, über die er, bevor er ihn entgegennahm, einen dünnen Gummihandschuh gestreift hatte. Jetzt ließ er ihn in eine

Plastiktüte fallen, die Sergeant Warden ihm hinhielt. »Aber es könnte sein, daß ich Captain Rosewater noch im Yard sprechen muß...«
»Tut mir leid, Chefinspektor«, warf Rosewater ein, »aber ich werde vermutlich noch heute nach Deutschland zurückkehren müssen. Wo ich stationiert bin.«
»Aber Sie haben doch sicher genügend Zeit, um vorbeizukommen und eine Aussage zu machen.«
»Ich fürchte, nein. Tweed hat Ihnen gesagt, was auf dem Kontinent vor sich geht. Ich fliege mit der nächsten Maschine.«
»Bon voyage«, erwiderte Buchanan ironisch und verließ, gefolgt von Warden, das Zimmer.
»Sie haben mir ein unangenehmes Verhör erspart«, sagte Rosewater, sobald sie wieder allein waren. »Dieser Chefinspektor ist ein gerissener Hund.«
»Ich wollte nicht, daß er versucht, etwas über die Rolle herauszubekommen, die Sie in Deutschland und Frankreich spielen. Sie werden in Freiburg sein, falls ich Sie erreichen muß?«
»Meistens.« Er schaute zu Paula hinüber. »Wenn Sie Ihren Chef dazu überreden können, großzügig zu sein, können Sie mich dort besuchen. Sie haben die Adresse.«
»Vielleicht stehe ich eines Tages vor der Tür«, scherzte Paula.
Rosewater erhob sich. »Es war mir ernst mit dem, was ich zu Buchanan sagte. Ich fliege mit der nächsten Maschine ab. Wenn Sie mich in Freiburg nicht erreichen können, wenden Sie sich an Kuhlmann. Er weiß möglicherweise, wo ich mich aufhalte. Wir halten engen Kontakt.«
»Seien Sie vorsichtig«, warnte Tweed, wobei er ihn musterte. »Siegfried ist gefährlich. Ich habe gehört, daß Sie Schwierigkeiten haben, die Leute aufzuspüren.«
»Sie haben sich in unabhängig von einander operierende Zellen aufgespalten, von denen jede einen bestimmten Auftrag hat, wenn in Deutschland der Ballon hochgeht. Sabotage und Mord in großem Maßstab. So viel habe ich herausbekommen. Und ich versuche – aber das muß unbedingt unter uns bleiben –, Agenten in Siegfried einzuschleusen. Es ist ein Wettlauf mit der Zeit – bevor der Mann, der sie steuert, das Signal gibt. Und das könnte Kalmar sein...«

»Warum«, fragte Paula, als Rosewater gegangen war, »haben Sie Buchanan nichts von Major Lamy und Leutnant Berthier gesagt? Beide waren in Aldeburgh. Vielleicht sogar Sergeant Rey.«
»Weil«, erklärte Tweed, »ich sie am langen Zügel laufen lasse, ihnen viel

Spielraum gebe. Aber zuerst einmal fliegen wir – Sie und ich – nach Paris. Sie haben wie üblich einen fertig gepackten Koffer? Gut. Monica hat drei Plätze gebucht.«
»Drei?«
»Newman müßte jeden Augenblick kommen. Er fliegt mit uns nach Paris. Der Flughafen von Bordeaux wird streng überwacht. Und Sie werden gut daran tun, Lasalle um eine Waffe zu bitten – wir begeben uns mitten in den Hexenkessel.«

Siebenundzwanzigstes Kapitel

Major Lamy, jetzt wieder in französischem Zivil, verließ in Bordeaux die Maschine der Air Inter. Er wurde von einem Fahrer abgeholt, der gleichfalls Zivil trug und ihn zu dem wartenden Citroën geleitete.
Eine halbe Stunde später betrat er den großen Raum, in dem General de Forge die Zeitungsberichte über die Verheerungen las, die die neuerlichen Unruhen in Lyon angerichtet hatten. De Forge faltete die Zeitung, in der er gerade gelesen hatte, zusammen und legte sie auf einen Stapel. Dann bedeutete er Lamy, sich ihm gegenüber niederzulassen.
»Haben Sie die Zustimmung von *Oiseau*?« wollte er wissen.
»Gewiß, *mon général.*« Lamy saß steif aufgerichtet da; er wußte, daß dies ein offizielles Gespräch war. »*Oiseau* hat sich bereiterklärt, doppelt so viele Raketen mit Nervengas-Gefechtsköpfen zu liefern, wie ursprünglich vorgesehen.«
»Wann?« wollte de Forge wissen.
»Er hat gesagt, er würde uns über Funk von der *Steel Vulture* aus das genaue Datum mitteilen. Ich hatte den Eindruck, daß das bald geschehen wird.«
»*Bald*? Mir scheint, militärische Präzision muß *Oiseau* erst noch lernen. Es kann sein, daß wir diese Waffen schon in einer Woche brauchen werden. Haben Sie gehört, daß der Präsident daran denkt, nach Lyon zu fahren und sich den Schaden anzusehen? Und daß er, weil er nicht gern fliegt, mit dem TGV fahren will?«
Lamy ließ sich nicht anmerken, daß er nichts davon gewußt hatte – de Forge erwartete, daß man alles wußte, was vorging. Der TGV – der *Train de Grande Vitesse*, der Geschwindigkeiten bis zu 240 Stundenkilometern erreichte.
»Das betrifft uns?« fragte er.

»Sie erhalten bald Ihre Befehle. Wichtige Befehle. Das könnte die Gelegenheit sein, auf die wir gewartet haben. Haben Sie außerdem gehört, daß der Präfekt von Paris – der Mann, der sich uns hätte in den Weg stellen können, wenn wir uns auf Paris konzentrieren – ermordet worden ist?«
Lamy nickte. »Kalmar war wieder aktiv...«
»Kalmar! Sind Sie so sicher, daß er es war? Ich hatte einen Anruf über meine Geheimnummer von einem Mann, der sich mit dem Codenamen *Manteau* meldete.«
Er beobachtete Lamy genau, als sich der Nachrichtenoffizier noch aufrechter hinsetzte und den Blick erwiderte. Lamy stellte fest, daß er immer noch auf Englisch dachte, wie er es während seiner Reise nach Aldeburgh getan hatte.
»Was hat dieser *Manteau* gesagt?« fragte Lamy.
Er hatte die Worte kaum ausgesprochen, als de Forge auch schon wütend auffuhr.
»Er hat gesagt, *er* hätte den Präfekten erschossen. Er gab mir einen detaillierten Bericht, wie und wo und wann er es getan hat. In den Zeitungen hat darüber noch nichts gestanden. Ich habe Berthier angewiesen, unseren Kontaktmann in Lasalles DST anzurufen. Er lieferte genau dieselben Einzelheiten über die Aktion. *Manteau* hat ein Honorar von einer halben Million Schweizer Franken verlangt. Er sagte, wenn ich ablehnte, wäre das in Ordnung, aber er erwartete meinen nächsten Auftrag.«
»Wie zum Teufel konnte er wissen, daß wir den Präfekten aus dem Wege haben wollten?« wunderte sich Lamy.
»Weil es hier in meinem eigenen Hauptquartier eine undichte Stelle geben muß«, wütete de Forge. »Und die sollten Sie schleunigst finden. Wer immer es ist – er muß in den Landes erschossen und seine Leiche auf die übliche Art beseitigt werden.«
De Forge musterte Lamy genau, während er sprach. Lamy, der sich des forschenden Blickes bewußt war, erwiderte ihn, ohne zu blinzeln. Dann wechselte er schnell das Thema und öffnete den Aktenkoffer auf seinem Schoß.
»Ich werde die Untersuchung selbst leiten.« Er entnahm dem Koffer einen großen, dicken Umschlag. »*Oiseau* hat die geforderte Summe zur Verfügung gestellt. Drei Millionen Schweizer Franken. Er hat sie mir anstandslos ausgehändigt.« Er legte den Umschlag auf den Schreibtisch.
»Warum sind Sie noch nicht unterwegs und bringen die Untersuchung in Gang?« fragte de Forge.
Lamy eilte aus dem Zimmer, um seine Uniform wieder anzuziehen, als de

Forge ihm nachrief, er sollte noch einen Augenblick warten. Seine Stimme war gefährlich ruhig. Lamy war an die unberechenbaren Stimmungsumschwünge seines Chefs gewöhnt und wußte, daß er sich auf trügerischem Grund befand. Er drehte sich um.
»Ja, *mon général*?«
»Haben Sie, bevor Sie nach England abgereist sind, diesen Überfall im Stil des Ku-Klux-Klan auf die Juden im Süden organisiert?«
»Ja. Er sollte gestern abend stattfinden. Ich bin sicher, daß Sie noch heute davon hören werden. Ein Reporter mit einer Pistole im Rücken und einer Kamera in der Hand wird ihn festgehalten haben.«

Als Tweed, Paula und Newman in der Rue de Saussaies in Paris eintrafen, begegneten sie einem wütenden Lasalle. Er begrüßte sie höflich, ließ Kaffee holen, und wartete dann, bis sie unter sich waren.
»Was ist passiert, René?« fragte Tweed, der gesehen hatte, in welcher Stimmung sich sein Gastgeber befand.
»Diese Zeitung habe ich gerade durch einen Kurier vom Chef meines Teams in Bordeaux erhalten. Es ist eine grauenhafte Untat.«
Er breitete die Zeitung vor ihnen auf dem Schreibtisch aus; er wußte, daß sie alle Französisch lesen konnten. Auf der Titelseite war ein großes Foto, eines der gräßlichsten, das Paula je gesehen hatte. Die Schlagzeile lautete: »ANTISEMITISCHE AUSSCHREITUNGEN IN TARBES. ZWANZIG JUDEN VERBRANNT.«
Das Foto war makaber. Gestalten, von Kopf bis Fuß bekleidet mit etwas, das aussah wie weiße Bettlaken, hielten brennende Fackeln in den Händen. Die Laken waren so geformt, daß sie über den verdeckten Köpfen in eine Spitze ausliefen, und hatten Sehschlitze. Jede der Gestalten trug in der einen Hand eine brennende Fackel und in der anderen ein langes Messer. Die Gruppe von etwa vierzig Männern bildete eine dreieckige Formation. Die Figur an der Spitze dieses Dreiecks trug ein loderndes Lothringer Kreuz. Das Kreuz war nicht das einzige, was loderte. Männer, die meisten von ihnen barhäuptig, rannten, von Flammen umhüllt, in die Dunkelheit. Einer der verzweifelt Flüchtenden trug ein Käppchen. Tweed schlug die nächste Seite auf; sie brachte weitere Fotos. Überall lagen verkohlte Leichen herum. Paula schluckte, versuchte sich zu fassen.
»Das ist gestern abend passiert?« fragte Tweed
»Ja«, sagte Lasalle. »Anscheinend gibt es dort eine alte Burg, in der eine Gruppe von Juden zusammenkommt, um über die Bibel zu diskutieren. Es scheint so eine Art Club gewesen zu sein – anscheinend trafen sie sich dort

regelmäßig. Also wußte derjenige, der dies getan hat, wann er seine Opfer dort vorfinden würde.«

»Es ist grauenhaft«, flüsterte Paula. »Warum?«

»Ich würde meinen, das liegt auf der Hand«, bemerkte Newman. »Wir wissen alle, daß es in vielen Ländern einen unterschwelligen Antisemitismus gibt. Jemand in Frankreich hetzt die Bevölkerung auf – den Teil davon, der gegen die Juden ist.«

»Aber das war ein Massaker«, protestierte Paula.

»Das war es«, sagte Newman. »Eine abscheuliche Greueltat, um das Chaos zu vergrößern. Der Mann, der dahintersteckt, ist ein Ungeheuer.«

»Dubois, da bin ich sicher«, sagte Lasalle. »In seinen Reden speit er Gift und Galle gegen alle fremden Elemente, wie er sie nennt, insbesondere die Juden.«

»Was ist mit dem Reporter?« wollte Newman wissen.

»Mein DST-Chef in Bordeaux sagt, er wurde mit vorgehaltener Waffe gekidnappt und dann gezwungen, diese gräßlichen Fotos zu machen. Der Präsident ist entsetzt. Das Problem ist nur, daß er gerade im Begriff ist, mit dem TGV nach Lyon zu fahren.«

»Sie meinen, heute?« erkundigte sich Tweed.

»Ja. Und er nimmt den Premierminister mit. Das Sicherheitsproblem ist ein Alptraum. Aber das ist einfach eine weitere Sache, mit der ich mich herumschlagen muß. Wie Churchill es einmal ausdrückte – mein geistiger Kanal läuft beinahe über. Und was ich Ihnen jetzt sage, ist streng geheim.«

»Verstanden«, sagte Newman, der wußte, daß er es war, um dessentwillen Lasalle sich Gedanken machte.

»Der Präfekt von Paris wurde gestern abend ermordet.«

»Großer Gott!« rief Paula. »Er war einer der wenigen Leute, auf die Sie sich in einer Notlage hätten verlassen können.«

»Und genau deshalb wurde er umgebracht. Aber wir haben beschlossen, nichts darüber verlauten zu lassen. Die Presse und die Öffentlichkeit sollen es nicht erfahren.«

»Wie in aller Welt wollen Sie das anstellen?« fragte Newman.

»Indem wir sagen, er wäre in Urlaub gefahren. Der stand ihm zu. Ich hatte ihn gestrichen, aber das weiß niemand. Bei dem Mord gab es eine Zeugin. Das Merkwürdigste an der Sache ist, daß ich einen Anruf von einem Franzosen bekommen habe, der sich *Manteau* nannte. Er hat behauptet, er hätte den Präfekten erschossen. Wir haben schon gerüchtweise von diesem neuen Killer gehört. Ein Profi. Also haben wir jetzt zwei von dieser Sorte – Kalmar und *Manteau*.«

»Vorsicht«, sagte Tweed leise. »*Manteau* – das heißt soviel wie Deckmantel. Oder Cape. Vielleicht hat Kalmar ihn sich zugelegt, um die Suche nach ihm zu erschweren.«

Lasalle starrte Tweed an. »Daran habe ich noch nicht gedacht. Es würde jedenfalls in das Muster des immer größer werdenden Chaos passen. Die Zeugin wartet unten. Vielleicht wollen Sie Ihr einige Fragen stellen. Bei Ihrer Geschicklichkeit im Verhören von Leuten holen Sie vielleicht etwas heraus, das mir entgangen ist.«

Er erteilte über die Gegensprechanlage seine Anweisung. Paula behielt die Tür im Auge, gespannt darauf, was für eine Zeugin das sein würde. Tweed nahm Lasalles Angebot an, sich auf dem Stuhl hinter seinem Schreibtisch niederzulassen, und wartete mit ineinander verschränkten Händen. Die Tür wurde geöffnet, und ein DST-Beamter brachte einen Typ von Zeugin herein, den zu sehen Paula am allerwenigsten erwartet hatte.

Eine kleine, dicke Stadtstreicherin schlurfte in das Büro. Sie umklammerte ein großes, von einem Stück schmutzigem Stoff umhülltes Bündel. Sie funkelte den DST-Beamten an und wendete sich an Tweed, den sie für den Chef hielt.

»Sie haben versucht, mir mein Bündel wegzunehmen. Da drin steckt alles, was ich auf der Welt besitze. Ich lasse es nie aus den Augen. Ich schlafe unter den Seine-Brücken. Die *flics* verscheuchen mich immer. Behaupten, ich wäre schlecht für die Touristen. Wen kümmern schon die Touristen?«

»Bitte nehmen Sie Platz, Madame«, sagte Tweed auf Französisch. »Ich werde veranlassen, daß niemand Ihr Bündel anrührt.«

»Das sollten Sie auch, wenn Sie mir Fragen stellen wollen. Und vorher möchte ich mehr Geld.«

Lasalle, der neben dem Schreibtisch stand, holte seine Hände hinter dem Rücken hervor und durchblätterte das Bündel Geldscheine, das er darin hielt.

»Das bekommen Sie später. Aber nur, wenn mein Chef mit Ihren Antworten zufrieden ist.«

»Ich habe Ihnen doch schon alles erzählt«, murrte sie. »Weshalb sagen Sie es ihm nicht?«

»Weil«, erklärte Tweed mit mitfühlender Stimme, »es wichtig ist, daß ich selbst von Ihnen höre, was mit dem Präfekten passiert ist. Sie kommen mir vor wie eine Frau, die ihre Augen offenhält.«

»Mir entgeht nicht viel, das kann ich Ihnen versichern«, erwiderte die Stadtstreicherin, von Tweeds Ton besänftigt.

»Dann erzählen Sie mir bitte, was Sie gesehen haben.«

»Ich hatte gerade auf der Suche nach einem Schlafplatz die Île de la Cité überquert. Es war ein Uhr nachts. Ich weiß das, weil ich auf eine Uhr gesehen habe. Die Präfektur liegt auf der Île de la Cité. Aber das wissen Sie ja. Ich kenne den Präfekten vom Sehen. Sollte ich auch. Er hat mir gelegentlich ein paar Francs gegeben. Mehr als jeder *flic.*«

»Und was ist in der vergangenen Nacht passiert?«

Paula betrachtete die Kleidung der Stadtstreicherin. Sie war eingehüllt in eine khakifarbene Armeedecke, die am Hals von einer großen Sicherheitsnadel zusammengehalten wurde. Um den Kopf hatte sie ein großes Tuch gebunden, dessen Farben verblichen waren, und unter dem Strähnen von grauem Haar hervorquollen. Aus den abgetragenen Männerschuhen, in denen ihre großen Füße steckten, ragte Zeitungspapier heraus. Aber ihre bloßen roten Hände wirkten kräftig, und sie schob herausfordernd das Kinn vor, als sie, Tweed ansehend, zu erzählen begann.

»Ich war ein Stück vom Eingang zur Präfektur entfernt. Auf der anderen Straßenseite, der Seite, auf der ich mich befand, parkte ein Wagen. Ein Mann stand gebückt hinter dem Wagen, schien seine Schnürsenkel zubinden zu wollen. Ich erkannte den Präfekten, als er die Treppe herunterkam und auf seinen Wagen zuging ...«

Ihr zuvor aggressiver Ton war monoton geworden; er hörte sich an, als gäbe sie etwas von sich, das sie auswendig wußte. Natürlich, dachte Paula, schließlich hat sie Lasalle bereits dieselbe Geschichte erzählt.

»Der Mann, der sich hinter seinen Wagen gebückt hatte, richtete sich auf. Er hielt etwas in der Hand, das aussah wie ein Gewehr. Er legte es auf das Dach seines Wagens, zielte, feuerte. Der Präfekt blieb auf halber Höhe der Treppe stehen, dann brach er zusammen.«

»Und der Mörder?« drängte Tweed.

»Sprang in seinen Wagen und fuhr davon. Fragen Sie mich nicht, was für ein Wagen das war, denn damit kenne ich mich nicht aus. Habe nie einen Wagen besessen.«

»Wie hat der Mörder ausgesehen? Größe? Gewicht? Trug er eine Kopfbedeckung? Welche Farbe hatte sein Haar, wenn er ...«

»Halt! Halt. Nicht so schnell ...«

»Entschuldigung. Lassen Sie sich Zeit.« Tweed sprach sehr langsam. »Sie haben doch sicher gesehen, wie er angezogen war?«

»Er trug ein Cape. Ein dunkles Cape. Dunkel wie sein Hut. Das sieht man heutzutage nur noch selten. Capes. Außer manchmal, wenn die feinen Herrschaften in die Oper gehen.«

»Ihnen ist doch sicher noch etwas aufgefallen an dem Mann mit dem Cape.«

»Nein. Es ging alles so schnell. Ich würde ihn nicht wiedererkennen, wenn er mir noch einmal über den Weg liefe. Und dann kamen Polizisten aus dem Gebäude gerannt und fuchtelten mit ihren Waffen herum. Zu spät, wie gewöhnlich. Das war's. Außer, daß sie mich mitgenommen haben. Was ist mit meinem Geld?«
Tweed nickte. Lasalle hielt ihr das Bündel Geldscheine hin, dann zog er es zurück, als sie danach greifen wollte. Seine Stimme war grob.
»Vergessen Sie nicht die Bedingungen. Sie reden über diese Sache nicht mit der Presse, dem Radio, überhaupt niemandem. Wenn Sie das tun, entgeht Ihnen die größere Summe, die ich Ihnen später geben werde.«
»Größer? Wieviel größer?« Die Frage kam blitzschnell.
»Das werden Sie feststellen, wenn ich der Ansicht bin, daß Sie sie verdient haben. Ich lasse Sie Tag und Nacht überwachen.«
Er gab ihr das Geld. Ohne nachzuzählen, stopfte sie die Scheine irgendwo unter ihre Decke, funkelte Tweed an, stand auf, ergriff ihr Bündel, lehnte es ab, sich von Lasalle helfen zu lassen, der ihr die Tür öffnete. Der DST-Beamte, der auf dem Flur gewartet hatte, führte sie ab. Lasalle schloß die Tür und musterte seine drei Besucher mit erhobenen Brauen.
»Ich weiß, daß *Manteau* nicht Kalmar ist«, erklärte Newman.
Alle starrten ihn an. Newman zuckte die Achseln, rieb über ein Auge, sprach abermals.
»Ich habe mich unklar ausgedrückt. Ich war die halbe Nacht auf. Ich glaube, daß *Manteau* nicht Kalmar ist.«
»Weshalb nicht?« fragte Lasalle mit sanfter Stimme.
»Der *modus operandi.* Kalmar erwürgt seine Opfer. Carey in Bordeaux in der Gare St. Jean. Karin Rosewater in Aldeburgh. *Manteau* hat den Präfekten erschossen.«
»Es wäre dem Mörder sehr schwer gefallen, so nahe an den Präfekten heranzukommen, daß er ihn erwürgen konnte«, erklärte Tweed. »Und wie Sie von Ihrer Ausbildung beim SAS her wissen, Bob, gibt es mehr als nur eine Methode, einen Menschen zu töten – und Männer, die verschiedene Techniken beherrschen.«
Lasalle machte einen ungeduldige Handbewegung. »Auch für das grauenhafte Massaker an den Juden in Tarbes gibt es einen Zeugen. Er wartet unten. Ich finde, Sie sollten auch mit ihm sprechen. Er war der Leiter der Diskussionsgruppe. Moshe Stein...«

Moshe Stein war ein schwer gebauter, mittelgroßer Mann mit einem robusten Gesicht und einem sanften Lächeln. Dunkle, hellwache Augen über einer Hakennase musterten alle Anwesenden. Sein dichtes, schwarzes Haar war aus einer hohen Stirn zurückgebürstet. Er trug einen gutgebügelten dunkelblauen Straßenanzug, und über dem festen Mund saß ein buschiger Schnurrbart. Lasalle stellte seine Gäste als »Angehörige von Sicherheitsorganen« vor. Er sprach Englisch, und Stein erwiderte die Vorstellung mit einem freundlichen Lächeln.

»Moshe Stein«, erklärte Lasalle, »ist der einzige Überlebende des Massakers in Tarbes.«

»Ich fürchte, ich bin ein Feigling«, sagte Stein zu Paula, nachdem er sich in einem Sessel niedergelassen hatte. »Ich sah diese furchtbare Attacke von unserer Zentrale aus. Ein sehr altes Château, aber auch sehr klein. Mir war klar, daß ich nichts unternehmen konnte – die Mörder waren zu zahlreich. Ich fand, jemand müßte überleben, um den Behörden davon erzählen zu können. Also habe ich mich in einem Keller versteckt. Als sie fort waren, ging ich zum Bahnhof und stieg in einen Zug, mit dem ich den Expreß nach Paris erreichen konnte. Aber ich schäme mich und fühle mich schuldig.«

»Unsinn«, sagte Paula entschlossen. »Sie haben das einzig Vernünftige getan. Vielleicht können Sie Ihre Freunde sogar rächen...«

Stein redete mit seiner gelassenen Stimme, beschrieb die Ankunft der Mörder. Er war überzeugt, daß sie den Ku-Klux-Klan imitierten, der, soweit er wußte, in kleinem Maßstab im tiefen Süden der USA wieder aktiv geworden war. Er sah Newman an.

»Ich kehre zurück in meine kleine Villa in den Landes. Das ist eine sehr hübsche Gegend. Große Tannen- und Kiefernwälder, die sich über ein weites Gebiet erstrecken, bis der Atlantik sie aufhält. Sogar der Strand ist schön – dort gibt es hohe Sanddünen, die das endlose blaue Meer hinter ihnen dem Blick entziehen.«

Paula fand, daß Stein sich ziemlich poetisch ausdrückte, und als er sprach, erschien auf seinem wettergegerbten Gesicht ein verträumter Ausdruck. Wieder sah er Newman an.

»In den Landes geht irgend etwas Mysteriöses vor. Sie sind Zeitungsreporter. Ich dachte, wir könnten vielleicht zusammen hinfahren. Das heißt, wenn Sie glauben, daß eine Story für Sie darin steckt.«

»Einverstanden«, sagte Newman sofort. »Aber nur, wenn wir noch heute abfahren und in Arcachon Station machen können.«

»Wir nehmen den Expreß Paris-Bordeaux«, schlug Stein vor.

»Ja. Aber wir müssen aussteigen, bevor wir Bordeaux erreicht haben. Ich habe einen Grund dafür. Vertrauen Sie mir.«

»Das tue ich. Ich habe mir ein Bild von Ihnen gemacht. Wir könnten in

Angoulême aussteigen und für den Rest der Strecke einen Wagen mieten. Zuerst nach Arcachon, dann weiter in die Landes.«

Newman holte die Karte von Frankreich hervor, die er mitgebracht hatte, suchte Angoulême und stimmte zu. Er sagte nicht, daß es weit genug nördlich von Bordeaux lag, um nicht überwacht zu werden.

»Das ging schnell«, sagte Lasalle, als die beiden Männer sein Büro verlassen hatten. »Newman weiß, was er will.«

»Newman ist sehr gut darin, Menschen zu beurteilen. Offensichtlich hat ihm gefallen, was er sah. Und jetzt treffen wir uns mit Navarre? Gut.«

»Und ich habe beschlossen, Jean Burgoyne in der Villa Forban zu besuchen«, verkündete Paula. »Als sie mich von Admirality House zum Brudenell zurückfuhr, sagte sie mir, daß sie dorthin zurückkehren wollte.«

»Warten Sie hier in Paris«, befahl Tweed. »Rufen Sie Monica an, sobald Sie ein Hotelzimmer haben, und geben Sie ihr Namen, Adresse und Telefonnummer des Hotels. Wenn ich mich entschließe, Sie fahren zu lassen, werden Sie Begleitung haben – Butler und Nield.«

»Wenn Sie darauf bestehen. Schauen Sie nicht so besorgt drein.«

»Ich bin besorgt.« Tweed stand auf, als Lasalle auf die Uhr schaute. Sie wurden im Innenministerium erwartet. »Ich bin sogar sehr besorgt«, betonte Tweed. »Ich bin überzeugt, daß General de Forge nur auf einen Anstoß wartet, um Europa in Brand zu setzen. Ich weiß nur noch nicht, was dieser Anstoß sein wird.«

Zweiter Teil

Der tödliche Anstoß

Achtundzwanzigstes Kapitel

Der Präsident von Frankreich ging die sechs Stufen hinunter, die vom Eingang des Elysée-Palastes zu der im Hof wartenden Eskorte führten.
Er stieg in den Fond seines Citroën, dessen Tür ihm sein *chef de cabinet* aufhielt. Dann lief der *chef* um das Heck des Wagens herum und setzte sich neben den Präsidenten. Der Fahrer und ein bewaffneter Sicherheitsbeamter in Zivil warteten, bis die hinteren Türen geschlossen waren, dann ließen sie sich auf den Vordersitzen nieder.
Die Kavalkade bestand aus acht Citroëns, die hinter den auf die Rue du Faubourg St. Honoré hinausgehenden Gittertoren standen. Der Premierminister bestieg schnell den Wagen hinter dem des Präsidenten, in die anderen stiegen Angehörige seines Stabes und bewaffnete Sicherheitsbeamte ein.
Auf der Straße unmittelbar außerhalb des Elysée-Palastes patrouillierten weitere Sicherheitsbeamte mit automatischen Waffen. Der Verkehr war umgeleitet worden, und die neugierige Menge wurde von uniformierten Polizisten zurückgehalten. Auf ein Signal hin wurden die Tore geöffnet, die Limousine des Präsidenten fuhr hindurch und steuerte mit Höchstgeschwindigkeit auf die Gare de Lyon zu, dichtauf gefolgt von den anderen Wagen.
Eine bewaffnete Motorradeskorte begleitete die Wagen. Eine Gruppe von vier Motorradfahrern fuhr vor der Limousine des Präsidenten, eine weitere Gruppe bildete hinter dem letzten Fahrzeug die Nachhut.
Der Präsident hielt sich sehr aufrecht – er wußte, daß viele Einwohner von Paris die Straßen säumten und das Spektakel des vorbeirasenden Konvois genossen. Erst als sie sich bereits in der Nähe der Gare de Lyon befanden, fuhr der Chauffeur des Präsidenten langsamer. Er bog in den Bahnhof ein und hielt genau vor einem roten Teppich, der zum Wagen des Präsidenten führte.
Der Präsident verließ die Limousine und inspizierte die in makellosen Uniformen angetretene Ehrengarde. Er nickte ihrem Befehlshaber beifällig zu und stieg in den Zug. Ein Schaffner verbeugte sich und geleitete den Präsidenten zu seinem Sessel. Da er wußte, daß jetzt die zugelassenen Fernsehkameras auf ihn gerichtet waren, setzte sich der Präsident, klein und untersetzt, so hin, daß sein Profil im richtigen Winkel zur Geltung kam. Er ergriff eine Ledermappe, die ihm ein Mitarbeiter reichte, und tat so, als läse er in einer Akte.
Der Wagen des Präsidenten befand sich direkt hinter der Lokomotive, die

ihn nach Lyon befördern würde. Der *Train de Grande Vitesse,* der Stolz der französischen Eisenbahn, stand im Bahnhof wie ein langes poliertes Geschoß.
Nachdem er Paris hinter sich hatte, würde er mit einer Geschwindigkeit bis zu 240 Stundenkilometern fahren. Es dauerte eine Weile, bis das gesamte Gefolge des Präsidenten den Zug bestiegen hatte. Der Wagen des Premierministers befand sich hinter dem des Präsidenten, und auch er wurde von zahlreichen Mitarbeitern begleitet.
Die hinteren Wagen waren für Presse, Radio und Fernsehen reserviert. Sie würden über die Fahrt des Präsidenten durch das verheerte Lyon berichten. Ihm ging es darum, Frankreich zu zeigen, wie sehr er die Opfer der Ausschreitungen bedauerte.
Die Abfahrt des TGV wurde durch kein Signal angekündigt. In einer Sekunde stand er in der Gare de Lyon, in der nächsten glitt der Zug bereits hinaus in den kalten Sonnenschein eines eisigen Novembertages.
Erst jetzt wendete sich der Präsident an seinen *chef de cabinet.*
»Sind für meine Ankunft in Lyon alle Vorbereitungen getroffen? Für den ersten Teil der Besichtigung brauche ich einen Wagen.«
»Eine kugelsichere Limousine wird am Bahnhof bereitstehen.«
»Später werde ich aussteigen, wenn ein geeigneter Zeitpunkt gekommen ist und sich viele Leute versammelt haben. Ich werde mich unter die Menge mischen, den Leuten mein Mitgefühl aussprechen, viele Hände schütteln ...«
»Der Sicherheitschef befürchtete, daß Sie genau das tun würden. Lasalle hat darauf hingewiesen, daß ein Profi-Killer, Kalmar, bereits mindestens zwei Leute umgebracht hat. Ihm wäre es wesentlich lieber, wenn Sie in Ihrem Wagen bleiben würden.«
»Lasalle regt sich unnötig auf. Der Präsident der Republik muß sich in der Stunde der Not dem Volke zeigen. Sagen Sie das dem Sicherheitschef.«
Der Präsident vertiefte sich in Akten und schaute nur selten aus dem Fenster. Die Menge von Papieren, die täglich auf seinem Schreibtisch im Elysée landeten, war kaum zu bewältigen. Er las die detaillierten Berichte über die Unruhen im Süden. Und er hatte keine Ahnung, was er gegen den ständig wachsenden Terror unternehmen sollte.
Auf dem offenen Land hörten Bauern und Arbeiter den Expreß kommen. Sie hielten inne und sahen zu, wie er vorbeiraste. In der großen Kabine der Lokomotive schaute ein Zugführer auf die Uhr, sah seinen Kollegen an.
»Wir sind bald da. Behalte die Höchstgeschwindigkeit bei. Der Präsident hat es eilig ...«

Südlich von Roanne führte die Strecke über einen hohen Viadukt, der einen tief unter ihm liegenden Fluß überspannte. Der TGV näherte sich dem Viadukt wie üblich mit Höchstgeschwindigkeit. Der Zugführer schaute hinaus, sah, wie sie auf den Viadukt zuschossen. Er steckte sich eine Gauloise zwischen die Lippen, zündete sie aber noch nicht an.
Die Lokomotive erreichte den Viadukt, begann, ihn zu überqueren, zog die Wagen hinter sich her, als wären sie aus Plastik. Auf einer Anhöhe, keine fünfhundert Meter entfernt, lag ein großes Dorf.
Der gesamte TGV befand sich auf dem Viadukt, als vor ihm, in der Nähe des Endes, die Explosion erfolgte. Ein langes Gleisstück wurde himmelwärts geschleudert. Der TGV donnerte vorwärts, die Räder erreichten die Lücke. Die Lokomotive ruckte seitwärts, rasierte die Steinbrüstung ab, als wäre sie aus Papier. Der TGV sauste weiter – ins Leere. Er schoß voran wie ein Torpedo und riß die Wagen mit sich. Dann kurvte er abwärts und stürzte mit höllischem Tempo in die Schlucht. Die Lokomotive drehte sich in der Luft. Der Zugführer biß seine unangezündete Gauloise durch. Später fand man den abgetrennten Kopf mit der halben Zigarette im Mund.
Die Lokomotive prallte wie eine detonierende Bombe auf den Grund der Schlucht, und die Wagen stürzten auf sie, vor sie, hinter sie. Niemand überlebte im Wagen des Präsidenten. Niemand überlebte im Wagen des Premierministers. In den anderen Wagen waren die meisten sofort tot, einige wurden schwer verletzt.
Am Rande des Dorfes hatte ein Mann in mittleren Jahren und abgerissener Kleidung auf den Expreß gewartet und sein Herankommen durch ein Fernglas beobachtet, das er jetzt auf den Viadukt richtete. Die Lücke in der Mauer kam ihm vor wie eine Lücke im Gebiß eines Mannes.

Neunundzwanzigstes Kapitel

General de Forges Limousine hielt vor der Villa Forban. Er wartete nicht auf den Fahrer, sondern öffnete die Tür selbst und sprang heraus, sobald der Wagen stand. Er hatte die Schlüssel zu den beiden Schlössern der Haustür in der Hand, steckte sie nacheinander ein, stieß die schwere Tür auf, ging hinein, schlug sie hinter sich zu und blieb dann unvermittelt stehen.
»Was machst du denn hier?«
Jean Burgoyne strich ihr blondes Haar über die Schulter zurück. Sie schwenkte die wohlgeformten Hände.

»Freust du dich denn nicht, mich zu sehen, Charles?«
»Du hast mich nicht darüber informiert, daß du so bald wieder hier sein würdest«, erwiderte er steif.
»Denkst du etwa, ich wäre deine Sklavin und müßte über jeden meiner Schritte Rechenschaft ablegen?«
Ihre Stimme war sanft und rauchig und ließ keine Spur von Verärgerung erkennen. Sie holte ein goldenes Zigarettenetui aus ihrer Handtasche, entnahm ihm eine Zigarette, steckte sie zwischen die Lippen, zündete sie mit ihrem goldenen Feuerzeug an. Dem, auf das das Lothringer Kreuz eingraviert war.
De Forge kam auf sie zu, riß ihr die Zigarette aus dem Mund, warf sie auf den Boden.
»Das gibt eine Brandstelle in dem schönen Parkett«, bemerkte sie.
»Dann heb sie doch auf.«
»Nein, mein Liebling, du hast sie hingeworfen, also hebst du sie auf.«
Seine Lippen verspannten sich. Er tat ein paar Schritte, zertrat die brennende Zigarette mit dem Absatz seines Reitstiefels. Jean wunderte sich über seine Wut. Sie trat an eines der kugelsicheren Fenster neben der Tür und schaute hinaus. Nur der Chauffeur stand neben der Limousine.
»Wo ist denn dein Freund Major Lamy? Und dein Beschützer Leutnant Berthier? Die begleiten dich doch sonst immer.«
»Ich habe es dir schon öfters gesagt. Militärische Angelegenheiten gehen dich nichts an.«
Sie verzog den Mund. »Ich denke nur an deinen Schutz. Du hast Feinde. Möchtest du Kaffee?«
»Meinetwegen ...«
Als sie verschwunden war, ging er ins Wohnzimmer und wanderte rastlos herum. Mit der Erwähnung der beiden Offiziere hatte sie einen wunden Punkt berührt.
Eine ganze Weile zuvor hatte Lamy über das spezielle Telefon mit Kalmar Verbindung aufgenommen. Eine Frauenstimme hatte Lamy mitgeteilt, zu welcher öffentlichen Telefonzelle er fahren sollte und wann Kalmar ihn unter der Nummer dieser Zelle anrufen würde. Danach hatte Lamy Bericht erstattet und bestätigt, daß er de Forges neuen Auftrag weitergegeben hatte. Anschließend hatte Lamy seinen Informanten in Lasalles Zentrale in der Rue de Saussaies angerufen und war dann nach Bordeaux gefahren, um eine frühe Air Inter-Maschine nach Lyon zu erreichen.
Auch Berthier war mit einem Hubschrauber des Dritten Corps nach Lyon geflogen. Doch keiner der beiden Männer wußte von der Anwesenheit des

anderen. De Forge wanderte weiter herum, schaute auf die Uhr. Um die Mittagszeit würde er Näheres erfahren.
Außerdem ärgerte es de Forge, daß Jean in die Villa Forban zurückgekehrt war. Er war gekommen, weil er sie abwesend glaubte, um ihre Besitztümer zu durchsuchen, die ganze Villa durchzukämmen. Er sah wieder auf die Uhr. Würde er gelingen – sein Meisterstreich?

In seinem großen Büro, dessen Fenster auf den Hof und die Place Beauveau dahinter hinausgingen, kam Pierre Navarre, der Innenminister, ohne weitere Formalitäten zur Sache. Tweed war beeindruckt von der Tatkraft und Entschlossenheit des dunkelhaarigen Franzosen mit dem schmalen Gesicht. *Formidable*, wie die Franzosen sagen.
»Ihr Plan funktioniert, Tweed«, begann Navarre. »Wie Sie vermutlich bereits wissen.«
Navarre sah Lasalle an, hob die dunklen Brauen, und Lasalle nickte zustimmend. Drei Menschen saßen auf Stühlen im Halbkreis um den Schreibtisch des Ministers, an der einen Seite Paula, Tweed Navarre gegenüber. Lasalle rechts von Tweed. Paula riskierte eine Frage.
»Herr Minister, weshalb steckt Frankreich so plötzlich in einer Krise? Ich habe Ihr Land immer für sehr stabil gehalten. Und jetzt haben wir schwere Unruhen, und dazu diese grauenhaften Ku-Klux-Klan-Morde an den Juden.«
»Eine gute Frage.« Navarre lehnte sich auf seinem Sessel hinter dem Louis Quinze-Schreibtisch vor, und seine durchdringenden dunklen Augen fixierten sie. »Unter der Oberfläche versucht Frankreich verzweifelt, wieder zu werden, was es einmal war. Gewisse Elemente sehnen sich nach der Zeit de Gaulles zurück – als Frankreich Europa überragte wie ein Koloß. Die Wiedervereinigung Deutschlands hat diese Sehnsucht verstärkt. De Forge beutet diese Nostalgie nach Kräften aus und baut sich als neuen de Gaulle auf. Es ist nichts als nackter Ehrgeiz.«
»Aber damit kommt er doch bestimmt nicht durch«, wendete Paula ein.
Navarre zuckte die Achseln, breitete die Hände aus.
»Ich glaube es auch nicht. Aber er macht sich auf geschickte Art den unausgesprochenen Wunsch vieler Franzosen zunutze, daß Frankreich wieder eine führende Rolle in Europa spielt und später in der ganzen Welt.«
»Ich weiß immer noch nicht genau«, ergriff Tweed das Wort, »weshalb Sie um meine Hilfe gebeten haben.«
»Simpel!« Navarre machte wieder die gleiche Geste. »Wir stecken mitten in dieser Situation. Also sehen wir sie vielleicht nicht so klar, wie wir sie sehen

sollten. Sie kommen von einer Insel – was keine Kritik sein soll, eher das Gegenteil. Und deshalb sehen Sie die Krise als Außenstehender. Was Sie bisher vorschlugen, könnte den Feind verwirren. General de Forge.«
»Ich habe ein ungutes Gefühl«, erklärte Tweed. »Ich glaube, de Forge wartet nur auf das, was ich den Anstoß nenne. Ein Ereignis, das ihm einen Vorwand zum Handeln liefert.«
»Der Präsident der Republik steht de Forge und dem Chaos im Wege«, erwiderte Navarre. »Er wird vielleicht zögern. Er hört zu sehr auf das, was de Forges Pudel sagt – Janin, der Verteidigungsminister. Aber die neuerlichen Unruhen in Lyon haben, wie ich weiß, den Präsidenten in seiner Entschlossenheit bestärkt. Und ich erwarte einen weiteren Besucher, der uns die Dinge aus deutscher Sicht erklären wird. Otto Kuhlmann vom BKA in Wiesbaden kommt auf meinen Wunsch hierher. Mit ausdrücklicher Ermächtigung des deutschen Bundeskanzlers ...«

General de Forge, ein Mann, der ungern Zeit vergeudete, hatte beschlossen, seinen Besuch in der Villa Forban, die er nun nicht mehr durchsuchen konnte, auszunutzen. Er ging ins Badezimmer, während Jean Burgoyne, nur mit einem kurzen Unterrock bekleidet, auf dem Rand des zerwühlten Bettes saß und ihre Strumpfhose anzog.
Sie war bereits vollständig angekleidet, als de Forge zurückkam und seine Uniform zuknöpfte. Während sie ihr blondes Haar bürstete, schien ihr der rechte Moment für eine Unterhaltung gekommen zu sein.
»Wer steckt wirklich hinter diesen grauenhaften Unruhen, Charles?«
»Woher soll ich das wissen?«
»Major Lamy hätte eigentlich imstande sein müssen, es dir zu sagen. Wozu ist ein Nachrichtenoffizier sonst da?«
»Die Franzosen haben die Fremden satt, die sich in Frankreich breitmachen, ihnen die Jobs wegnehmen, die Straßen mit ihrer bloßen Anwesenheit verschmutzen.«
»Aber in *Le Monde* habe ich gelesen, daß dieser sogenannte Mob mit militärischer Präzision vorgegangen ist. Und wenn es gewöhnliche Leute waren – weshalb trugen sie dann diese Sturmhauben? Es scheint überaus wichtig zu sein, daß kein einziger dieser Leute identifiziert werden konnte.«
»Vermutlich befürchteten sie, sie könnten verhaftet werden, wenn die Polizei gewußt hätte, wer sie sind.«
De Forge sprach auf eine wegwerfende Art, während er seine Erscheinung in einem Spiegel überprüfte. Jean kannte diese Art, diesen Tonfall: er

machte Ausflüchte. Aber da er gerade mit ihr im Bett gewesen war, würde er vielleicht reden.
»Du hast mich nicht überzeugt, Charles. Und was ist mit diesem grauenhaften Massaker an den Juden in Tarbes? Die Mörder waren angezogen wie Leute vom Ku-Klux-Klan. Auch hier wieder Maskierte – und der Reporter, den sie gekidnappt hatten, um ihn zum Zeugen dieser Untat zu machen, benutzte dieselben Worte: ›Ein mit militärischer Präsizion durchgeführter Angriff‹.«
De Forge rückte sein Képi zurecht, drehte sich langsam zu ihr um. Die Hände auf die Hüften gestemmt, starrte er sie an. Sie erwiderte den Blick. Seine Stimme war leise, drohend.
»Was willst du damit andeuten, Jean?«
»Ich will gar nichts andeuten. Aber ich warte darauf, von dir eine Erklärung für diese unheimlichen und blutigen Ereignisse zu hören.«
»Das Volk steht auf, um seiner Wut – und seiner Angst – über das Emporkommen eines allmächtigen Deutschland Luft zu machen.«
»Ich verstehe.« Sie schien nicht überzeugt zu sein, wechselte aber das Thema. »Hat deine Frau noch immer nichts gegen unsere Freundschaft einzuwenden?«
»Josette steht mir loyal zur Seite – wegen meiner Position als maßgeblicher Offizier«, sagte de Forge zynisch. »Sie ist in unsere Wohnung in Passy zurückgekehrt. Sie glaubt, die Zeit wäre gekommen, weitere ihrer berühmten Salons abzuhalten, zu denen viele einflußreiche Leute kommen.«
»Außerdem habe ich den Eindruck«, bemerkte Jean, »daß du auf irgendeine wichtige Nachricht wartest. Ich habe das gespürt, als wir im Bett waren.«
De Forge zuckte die Achseln, eine weitere verräterische Geste. »Du hast eine zu lebhafte Phantasie.«
In de Forge waren alle Instinkte einer Gefahr in seiner Nähe wach geworden.
Er war sehr darauf bedacht, Jean nicht anzusehen. Sie hatte so eine Art, sich in seine Gedanken hineinzuversetzen. Hatte er ihr zuviel erzählt? Sie interessierte sich sehr für sein Tun, seine künftigen Pläne, hatte in letzter Zeit etliche gefährliche Fragen gestellt.
»Ich muß jetzt gehen.«
Er nahm sie fest in die Arme, aber seine Augen, die sie nicht sehen konnte, waren eiskalt. War die Zeit gekommen, Vorsichtsmaßnahmen zu ergreifen? War sie vielleicht ein weiteres Objekt für Kalmar?
Oder für *Manteau*?
Das Telefon begann zu läuten.

Der Expreß Paris–Bordeaux hatte in Angoulême gehalten, ein gutes Stück nördlich von Bordeaux. Newman und Stein waren ausgestiegen, dann hatten sie sich schnell bewegt. Während Stein sich auf den Weg machte, um den gemieteten Wagen abzuholen, rief Newman von einer Telefonzelle aus Lasalles Büro in der Rue de Saussaies an.

Ihm wurde gesagt, daß Lasalle nicht zu sprechen sei. Newman bot seine ganze Überredungskraft auf, um dem Mann am anderen Ende der Leitung klarzumachen, daß Lasalle seinen Anruf erwartete. Er wurde gebeten, seine Nummer anzugeben und zu warten.

Moshe Stein kam in einem Renault an, hielt auf der gegenüberliegenden Straßenseite, tat so, als sähe er Newman nicht. Es war Spätnachmittag, und über den Himmel jagten tiefhängende dunkle Wolken. Bald würde es dunkel werden, und bis zu Steins Villa in den Landes hatten sie noch eine lange Fahrt vor sich. Außerdem wollten sie unterwegs noch in Arcachon Station machen.

Vor dem Verlassen von Paris hatte sich Newman völlig neu eingekleidet. Er trug jetzt eine Baskenmütze, einen französischen Anorak, eine französische Hose und französische Schuhe. Das Warten machte ihn nervös. Würde jemals jemand zurückrufen? Das Telefon begann zu läuten...

Es meldete sich Lasalle, immer noch in Navarres Büro mit den Besuchern aus England; nachdem er begriffen hatte, daß Newman von einer Telefonzelle aus sprach, übergab er Tweed den Hörer.

»Wir sind in Angoulême«, berichtete Newman rasch. »Mir gehen die Münzen aus. Nächste Station ist Arcachon. Dann mit Moshe in die Landes.« Er vermied bewußt den Namen Stein. »Notfalls können Sie eine Nachricht bei Isabelle hinterlassen. Ihre Nummer ist... Moshe hat mir einiges erzählt, was mich befürchten läßt, daß unsere Reise nicht ganz ungefährlich sein wird. Der Ort, der der Villa am nächsten liegt, ist St. Girons. In Paris hat er uns eine falsche Adresse genannt. Die Villa liegt dicht am Meer. St. Girons liegt an der D 42, die in Richtung Westen von der N 10 abzweigt. Telefonnummer...«

»Notiert«, erwiderte Tweed. »Paula kommt in den Süden – wird vielleicht einen Schlupfwinkel brauchen. Haben Sie noch eine Minute? Ich gebe ihr den Hörer...«

»Tun Sie das.«

»Bob...« Paula sprach rasch und deutlich. »Sagen Sie nicht zuviel. Könnte Isabelle mein Schlupfwinkel sein?«

»Ja. Ich sage ihr, daß Sie vielleicht kommen. ›Gruyère-Käse‹ ist Ihr Kennwort.«

»Danke, Bob. Das war alles.«
»Paula! Kommen Sie nicht. Moshe hat mir unterwegs einiges erzählt. Hier unten ist es weitaus gefährlicher als in der Umgebung des Brudenell.«
»Dann passen Sie auf sich auf. Bis später...«
Die Verbindung war unterbrochen, bevor er noch weitere Einwände erheben konnte. Er blieb noch eine Minute in der Zelle stehen und dachte nach. Überall Mißtrauen und Gefahr. Moshe hatte bei der DST eine falsche Adresse angegeben! Eine Sekunde bevor Lasalle sich meldete, hatte Newman gehört, wie eine Frau in der Vermittlung »Innenministerium« sagte... Selbst in dieser Bastion der Sicherheit hatte Tweed nur zugehört und sehr wenig gesagt... Paula hatte gesagt *Sagen Sie nicht zuviel.* Sie hatte Isabelles Vornamen genannt, aber nicht ihren Nachnamen. Und sein Anruf war über die Vermittlung des Ministeriums gegangen.
Hatte er irgendetwas gesagt, was Isabelle direkt mit Arcachon in Verbindung brachte? Er überdachte das Gespräch. Nein, das hatte er nicht getan. Das alles lief auf irgend etwas Schreckliches hinaus – Verräterei, bezahlte Informanten in den höchsten Kreisen.
Als er die Telefonzelle verließ, setzte ein ungemütlicher kalter Nieselregen ein. Er überquerte schnell die Straße und setzte sich neben Stein auf den Beifahrersitz. Sein Gepäck lag im Kofferraum. Stein, der den Weg kannte, saß am Steuer.
»Es kann losgehen, Moshe...«
Nachdem sie bereits eine lange Strecke südwärts gefahren waren, sah Newman mitten auf dem flachen Land eine beleuchtete Tankstelle, die in der Dunkelheit aussah wie eine brennende Fackel. Er bat Moshe, bei der Tankstelle anzuhalten.
»Wir haben noch genügend Benzin.«
»Halten Sie trotzdem an«, beharrte Newman.
Er stieg zusammen mit Moshe aus und wanderte in dem zu der Tankstelle gehörenden kleinen Laden herum, während Moshe den Tank bis zum Rand füllen ließ. Newman entdeckte massenhaft Fotos aus dem Zweiten Weltkrieg, und auf einem Bord sah er einen alten deutschen Benzinkanister mit einem Fassungsvermögen von vielen Litern.
Der alte Mann, dem die Tankstelle gehörte, schaute Newman an, als dieser mit dem Kanister herankam. Newman lächelte.
»Ein Souvenir aus dem Krieg?«
»Ich habe mehrere davon«, erklärte der alte Mann mit dem Einfüllstutzen des Benzinschlauchs in der Hand. »Ein Lastwagenfahrer hat sie fortgeworfen, als er nach Deutschland zurückflüchtete.«

»Könnten Sie ihn vollmachen? Damit wir genügend Reserve haben. Ich bezahle Ihnen für das Souvenir, was Sie haben wollen.«
Der alte Mann, der den Tank des Wagens gefüllt hatte, füllte auch den Kanister. Newmann bezahlte den vereinbarten Preis, stellte den Kanister in den Fond des Wagen und legte eine Decke darüber, nachdem er sich vergewissert hatte, daß der Deckel fest geschlossen war.
»Wir brauchen das?« fragte Moshe, als sie weiterfuhren.
»Es könnte sein. Fahren Sie so schnell, wie es die Geschwindigkeitsbegrenzung erlaubt. Und meiden Sie Bordeaux wie die Pest. Direkt nach Arcachon.«

In Navarres Büro hatte das Telefon geläutet, kurz nachdem Paula den Hörer aufgelegt hatte. Sie wollte gerade gehen, wartete aber noch auf ein Zeichen von Tweed.
Navarre nahm den Anruf entgegen, sprach ein paar Worte, übergab Lasalle den Hörer. Der DST-Chef hörte zu, stellte ein paar Fragen, dann streckte er Tweed den Hörer entgegen.
»Es ist für Sie. Ihr Butler ist am Apparat«, sagte er mit ausdrucksloser Miene.
»Tweed...«
»Gott sei Dank!« Es war eindeutig Harry Butlers Stimme. »Wir sind, wie Sie es wollten, vor ungefähr einer Stunde angekommen. Ich hatte alle Mühe, die Leute in der Rue de Saussaies dazu zu bringen, mich mit Ihnen zu verbinden. Mußte meinen Ausweis vorzeigen, beschreiben, wie Sie aussehen. Pete ist auch hier, wie Sie es wollten. Was nun?«
»Gehen Sie in das Schweizer Restaurant in der Straße, die von der Rue St. Honoré abzweigt und direkt zur Place de la Madeleine führt. Es ist im ersten Stock.«
»Ich erinnere mich. Dort haben wir uns schon einmal getroffen. Und danach?«
»Dort warten Sie beide, bis jemand auftaucht. Kleben Sie an diesem Jemand wie die Kletten. Folgen Sie den Anweisungen der Person, die Sie beschützen.«
»Verstanden. Brauchen wir Eisenwaren?«
Er meinte Waffen – Handfeuerwaffen mit reichlich Reservemunition. Tweed versicherte ihm, daß sie sie erhalten würden. Er legte den Hörer auf, sah Paula an, die an der Tür wartete. Bis zum Abflug ihrer Air Inter-Maschine nach Bordeaux hatte sie noch reichlich Zeit.
»Wenn Sie wieder in der Rue de Saussaies gewesen sind«, wies er sie an,

»gehen Sie direkt in dieses Schweizer Restaurant – Sie haben gehört, was ich am Telefon gesagt habe. Erster Stock.« Er wendete sich an Lasalle. »Könnten Sie uns wieder helfen? Ich möchte, daß Paula jetzt mit Ihnen in die Rue de Saussaies geht. Sie braucht zwei 7.65 mm Walther Automatik und reichlich Reservemagazine.«

»Und außerdem brauche ich«, setzte Paula hinzu, »einen .32er Browning – gleichfalls mit Reservemagazinen.«

Als sie gegangen waren und Navarre mit Tweed in seinem großen Büro allein war, stand er auf und wanderte mit den Händen hinter dem Rücken langsam herum.

»Welche Absicht verfolgen Sie mit diesem schlauen Plan, den Sie ins Werk gesetzt haben?«

»De Forge versucht, Frankreich zu destabilisieren«, erwiderte Tweed. »Ich versuche, de Forge zu destabilisieren. Abgesehen von der Tatsache, daß er für den Mord an einem meiner Agenten verantwortlich ist – etwas, das ich ihm auf keinen Fall vergessen werde –, ist es unerläßlich, daß wir ein stabiles Europa haben, ein Europa, das allem gewachsen ist, was immer uns erwarten mag...«

Er brach ab, als Navarre auf das Summen seiner Gegensprechanlage reagierte. Der dunkelhaarige agile Franzose hörte sich die Nachricht an, bat, ihn heraufzuschicken, schaltete ab und wendete sich an Tweed.

»Monsieur Kuhlmann ist eingetroffen. Er wird gleich hier sein. Wir halten engen Kontakt zu Deutschland....«

Die Tür ging auf, und Kuhlmann kam mit grimmiger Miene herein. Er reichte Navarre und Tweed die Hand, ließ sich in einem Sessel nieder und betrachtete seine unangezündete Zigarre, bevor er zu reden begann.

»Ich bin gekommen, um zu hören, ob es irgendwelche neuen Entwicklungen gibt. Die deutschen Zeitungen sind voll von den Unruhen in Lyon. Und von den antiamerikanischen und antideutschen Parolen, die geschrien wurden...«

»Deshalb brauchen Sie sich keine Sorgen zu machen«, versicherte ihm Navarre. »Wir arbeiten alle zusammen. Tweed hat einen Plan. Über die Details kann ich Ihnen nichts sagen. Wie ist gegenwärtig die Lage in Deutschland?«

»Deutschland ist unruhig, seiner selbst nicht sicher. Mit der Wiedervereinigung sind wir plötzlich zum mächtigsten Staat in Europa geworden. Das macht viele Leute nachdenklich. Gorbatschow hat von Rußland den Deckel abgenommen – aber ich bin nicht sicher, ob ihm bewußt ist, daß er damit auch von Deutschland den Deckel abgenommen hat. Möglicherweise hat er dunklen Mächten Tür und Tor geöffnet. Nämlich Siegfried. Was mir Angst macht, ist der Gedanke, daß Siegfried eine Waffe der Rechtsextremen sein könnte. Ich hoffe zu Gott, daß es sich bei den Siegfried-Leuten um eingeschleuste Terroristen handelt – wenn es so ist, werden sie uns früher oder später ins Netz gehen...«

Kuhlmann redete weiter, während Tweed an Newman und Paula dachte, die jetzt beide unterwegs nach Süden waren, in die Region um Bordeaux – in de Forges Territorium. Er hing immer noch seinen Gedanken nach, als abermals das Telefon läutete.

Navarre eilte hinter seinen Schreibtisch, nahm den Hörer ab, lauschte. Es war ein langes Gespräch, bei dem der Anrufer den größten Teil des Redens besorgte. Tweed und Kuhlmann, die ihn beobachteten, spürten beide eine wachsende Anspannung. Navarre setzte sich steiler hin, beugte sich vor, sein Gesicht verspannte sich. Er legte langsam den Hörer auf und wendete sich an seine Besucher.

»Es ist eine Katastrophe passiert. Der Anruf kam aus Lyon – vom dortigen DST-Chef.« Er holte tief Luft, bevor er fortfuhr. »Der Präsident der Republik ist tot. Der Premierminister ist tot. Ein Saboteur hat vor dem TGV, mit dem sie unterwegs waren, die Gleise in die Luft gesprengt. Der ganze Zug ist in eine tiefe Schlucht gestürzt. Massenhaft Tote.«

»Der Anstoß«, sagte Tweed. »Der Anstoß, auf den General de Forge gewartet hat. Jetzt wird Frankreich explodieren wie ein Vulkan.«

Dreißigstes Kapitel

Als sie sich mit verringerter Geschwindigkeit Arcachon näherten, beobachtete Newman, wie Moshes Scheinwerfer über den Rand des *bassin* schwenkten – des fast allseitig vom Land umschlossenen Hafens. Auf der anderen Seite der Landstraße sah er eine marschähnliche Landschaft, durchzogen von Bächen mit stehendem Wasser, das ölig glitzerte. Vor ihnen kamen die Lichter von Arcachon näher.

»Ich muß jemanden besuchen«, sagte Newman. »Wahrscheinlich brauche ich dazu nicht mehr als eine Stunde, es könnte aber auch länger dauern. Würde es Ihnen etwas ausmachen, in einem kleinen Hotel zu warten, bis ich Sie abhole?«

»Natürlich nicht, mein Freund. Ich kenne ein kleines Hotel in der Nähe des Bahnhofs. Vielleicht sollten wir zuerst dorthin fahren, damit Sie den Wagen übernehmen können.«

»Das wäre praktisch«, gab Newman zu.
Er verspürte Erleichterung. Er war müde, und die Vorstellung, bis zu Isabelles Wohnung laufen zu müssen, hatte ihm gar nicht behagt. Eine Weile zuvor hatte er sie von einer Telefonzelle in einem Dorf aus angerufen und ihr gesagt, daß er kommen würde. Es hatte sich angehört, als wäre sie ganz aufgeregt vor Freude, was ihm Sorgen machte.
Moshe hielt vor einem kleinen Hotel, stieg mit seinem Koffer aus, wünschte Newman viel Glück und ging ins Haus. Es war sehr kalt, und ein eisiger Wind fegte durch den Badeort. Zehn Minuten später war Newman in Isabelles Wohnung. Sie trug ein warmes blaues Kostüm, und als er eintrat, schlang sie ihm die Arme um den Hals.
»Oh, mein Gott! Sie haben ja keine Ahnung, wie froh ich bin, Sie zu sehen. Haben Sie es schon gehört, Bob? Es ist grauenhaft...« Wieder überstürzten sich ihre Worte. »Der Präsident ist tot, er wurde ermordet. Der TGV, mit dem er nach Lyon unterwegs war, wurde in die Luft gesprengt. Und, Bob, der Premierminister ist auch tot. Er war im selben Zug...«
»Langsam, Isabelle. Langsam.«
»Ich mache Ihnen eine Tasse heißen Kaffee. Ihnen ist kalt. Kein Wunder bei diesem Wetter. Milch, aber keinen Zucker. Sie sehen, ich erinnere mich... Kommen Sie, machen Sie es sich im Wohnzimmer bequem. Im Kamin brennt ein Feuer. Dann können wir reden...«
Newman ließ sich in dem gemütlichen Zimmer auf einer Couch nieder und genoß das prasselnde Feuer. Nicht nur wegen der Wärme nach der bitteren Kälte draußen – es half ihm auch, Ordnung in seine Gedanken zu bringen. Der Präsident von Frankreich tot – und der Premierminister. Bei dem Interview mit de Forge hatte er den Eindruck gehabt, als zerrte der General an der Leine der Zurückhaltung, die ihm die Autorität des Präsidenten auferlegte. Jetzt stand es de Forge frei, so zu handeln, wie er wollte. In Paris würden Konfusion und Chaos herrschen.
Und all das, dachte er ingrimmig, bedeutete auch, daß er und Moshe Stein in den Landes in viel größerer Gefahr sein würden. Nach dem, was Moshe ihm erzählt hatte, wußte er, daß sie ein gewisses Risiko eingingen. Jetzt hatte dieses Risiko sich verdreifacht.
»Kaffee...« Isabelle stellte ein Tablett auf einen kleinen Tisch und schenkte ein. »Ist das nicht eine schreckliche Nachricht? Es ist schön, Sie wieder hier zu haben. Bei mir. Nur wir beide allein...«
Sie hatte sich auf den Fußboden gesetzt und ihre langen Beine wie eine Katze untergeschlagen, lehnte an seinen Knien und trank ihren Kaffee. Er stellte die Frage, die ihn beschäftigte.

»Wo ist Ihre Schwester? Ist damit zu rechnen, daß sie zurückkommt?«
»Nein.« Ein katzengleiches Lächeln. »Nachdem Sie angerufen hatten, rief mich Lucille von der Wohnung ihres Freundes in Stockholm aus an. Sie bleibt noch länger dort. Sie hat viel Verständnis für uns.«
»Ach, wirklich? Sie kennt meinen Namen?«
»Natürlich nicht!« Ihr Rücken versteifte sich. »Ich bin auf Ihre Sicherheit bedacht – auch wenn ich Lucille kenne. Aber Sie wissen ja – Kopfkissengeplauder mit ihrem Freund. Alles, was sie ihm sagen kann, ist, daß ein Freund bei mir ist. Sie sehen sehr französisch aus in dieser Kleidung.«
»Genau das habe ich beabsichtigt.« Newman hatte die Baskenmütze abgenommen und den Anorak ausgezogen. Er unternahm die Anstrengung, bevor die Wärme – und Isabelle – ihm zu sehr zusetzten. »Ich muß bald wieder weg.« Ihre Hand tätschelte sein Knie. Noch mehr davon, und er würde die Nacht mit ihr verbringen.
»Bob, waren Sie wütend auf mich, als ich Ihnen am Telefon von meiner Fahrt in die Wohnung meiner Mutter in Bordeaux erzählte?«
»Nein, nur besorgt. Und erleichtert, daß Sie diesen beiden falschen DST-Gangstern entkommen konnten. Sie hätten Sie umgebracht – genau wie Henri in der Gare St. Jean.«
»Statt dessen habe ich sie umgebracht.«
»Sie haben sich mit sehr viel Mut und Einfallsreichtum verteidigt. Es war ein Unfall, und sie hatten nichts Besseres verdient.«
»Ich muß noch etwas beichten ...«
»Ich bin kein Priester.«
»Das weiß ich.« Sie lächelte mutwillig. »Ich kann mir kaum jemanden vorstellen, der weniger Ähnlichkeit mit einem Priester hätte als Sie.« Ihre Hand glitt an seinem Oberschenkel empor, blieb dort liegen. Er legte die eigene Hand auf die ihre, drückte sie, um sie zu ermutigen. Und um zu verhindern, daß ihre Hand noch weiter wanderte.
»Henri hat ein Tagebuch geführt. Es war voll, und er wollte ein neues anfangen. Er gab mir das alte zum Aufbewahren, sagte, ich sollte es gut verstecken. Ich habe ihm versprochen, nicht hineinzuschauen – er sagte, das wäre gefährlich –, und ich habe mein Versprechen gehalten. Ich habe es in der Wohnung in Bordeaux unter meiner Wäsche versteckt. Dort ist es noch.«
»Warum haben Sie es mir nicht gegeben?« fragte Newman.
»Ich habe es vergessen. Ich weiß, es klingt verrückt, aber es ist so viel passiert. Der Mord an Henri. Und dann, als wir zusammen in der Wohnung waren, stellten wir fest, daß diese Männer uns beobachteten. Ich war

damit beschäftigt, mich auf das zu konzentrieren, was Sie sagten, damit wir sicher wegkamen.«

»Und bei Ihrem zweiten Besuch – als Sie Henris Brosche holten?«

»Herrgott nochmal!« fuhr sie auf. »Die beiden Männer standen vor der Tür. Sie wissen, was danach passiert ist. Ich habe das Tagebuch wieder vergessen. Wundert Sie das?«

Also hatte Henri Bayle – alias Francis Carey, Tweeds Agent – Aufzeichnungen hinterlassen über das, was er in Bordeaux und Umgebung herausgefunden hatte. Vielleicht war er nicht umsonst gestorben – Newman wußte, daß sein Tod Tweed zeitlebens belasten würde, wenn seine Mission nichts von Belang erbracht hatte. Außerdem war es durchaus möglich, daß das versteckte Tagebuch wichtige Informationen enthielt, die jetzt, da Frankreich nach der brutalen Beseitigung des Präsidenten und des Premierministers dem Chaos entgegentrieb, vielleicht noch wichtiger geworden waren.

»Isabelle, haben Sie einen Schlüssel zu der Wohnung in Bordeaux?« fragte er beiläufig.

»Natürlich. Er liegt in der Schublade vom Sekretär.«

»Kann ich ihn für ein paar Stunden haben?«

»Wozu?« Ihre Augen funkelten vor Besorgnis. »Was haben Sie vor?«

»Holen Sie den Schlüssel, dann erzähle ich es Ihnen.«

»Ich komme mit.«

Sie warf die Bemerkung über die Schulter, stand auf und ging zum Sekretär hinüber. Newman kam der Gedanke, wie gut es war, daß er Moshe Stein gesagt hatte, es könnte eine Weile dauern, bevor er ihn im Hotel abholte – und noch besser war es, daß Moshe ihm den gemieteten Renault zur Verfügung gestellt hatte. Isabelle kam zurück, mit dem Schlüssel in der Hand hinter dem Rücken.

»Ich gebe Ihnen den Schlüssel erst, wenn Sie mir gesagt haben, wozu Sie ihn brauchen.«

»Um Henris Tagebuch zu holen. Wir müssen einen Blick hineinwerfen, bevor wir weitere Schritte unternehmen.«

Sie nahm seine Worte als Zustimmung, daß sie ihn begleiten durfte. Sie beschrieb genau, in welcher Schublade im Schlafzimmer sich das Buch befand, tief unter ihrer Wäsche vergraben. Newman nickte, beugte sich vor, zog sie an sich. Sie kam bereitwillig, als er sie in die Arme nahm und dabei eine Hand auf ihren Rücken legte. Sie küßte ihn begierig, schien seinen Mund verschlingen zu wollen. Seine rechte Hand ergriff die ihre, zwang die Finger auseinander, fühlte Metall, nahm den Schlüssel.

Sie riß sich wutschnaubend los, stand auf und schaute auf ihn herab.
»Sie haben mich hereingelegt! Verdammter Kerl! Sie wollen allein fahren.«
»Angenommen, wir führen zusammen«, sagte Newman ruhig und steckte den Schlüssel ein. »Es kann sein, daß die Wohnung noch immer beobachtet wird. Wenn Sie mitkommen, brauche ich die Hälfte meiner Wachsamkeit, um Sie zu beschützen und aufzupassen, daß Ihnen nichts passiert. Aber um auf der Hut zu sein, brauche ich meine volle Wachsamkeit. Wenn ich mich um Sie kümmern muß, könnten wir beide getötet werden. Meine Überlebenschancen sind erheblich besser, wenn ich allein bin.«
Sie stand mit verschränkten Armen vor ihm. Ihre Wut hatte sich gelegt. Newman baute auf ihre Intelligenz, hoffte, daß sie seine Argumentation verstanden hatte. Plötzlich lächelte sie.
»Ich verstehe, Bob. Mir hat gefallen, daß Sie von Beschützen gesprochen haben. Sie wissen, daß das der Schlüssel zur Hintertür ist?«
»Das wollte ich gerade fragen. Auf diese Weise ist es leichter, hinein- und wieder herauszukommen.«
»Und danach kommen Sie zurück?«
»Ihre Mutter hat einen Schlüssel zu der Wohnung in Bordeaux?«
»Ja...« Das Wort war heraus, bevor sie begriffen hatte, was das bedeutete. »Sie meinen, Sie kommen nicht hierher zurück? Woher soll ich dann wissen, daß Ihnen nichts passiert ist? Das *muß* ich wissen, Bob.«
»Ich rufe Sie an, sobald ich kann. Ich kann nicht versprechen, wann das sein wird, aber ich rufe ganz bestimmt an.« Er zögerte, weil er wußte, daß das nächste Thema möglicherweise heikel war. »Isabelle, es kann sein, daß eine Frau, die für einen anderen Mann arbeitet, Sie aufsuchen wird...«
»Wichtig für Sie?« Ihre Augen funkelten.
»Ich sagte es bereits, Sie arbeitet für jemand anderen – einen Mann, der ein guter Freund von mir ist. Sie heißt Paula. Sie wird sich mit dem Wort ›Gruyère-Käse‹ identifizieren.«
»Ich kümmere mich um sie«, versprach Isabelle, bis zu einem gewissen Grade besänftigt.
Newmann fragte sich, was passieren würde, wenn die eigensinnige Paula mit der ebenso eigensinnigen Isabelle zusammentraf. Vielleicht war es doch keine gute Idee gewesen, Paula die Adresse und Telefonnummer der Französin zu geben. Aber dafür war es jetzt zu spät. Er stand auf.
»Haben Sie zufällig ein paar leere Flaschen? Weinflaschen oder so etwas Ähnliches?«
»Zufällig wollte ich gerade eine ganze Kollektion von Mineralwasserflaschen wegwerfen. Ich trinke eine Menge Mineralwasser.« Sie hakte sich bei

ihm ein. »Ich bin eine durstige Seele – und nicht nur, was Sie angeht. Sie sind in der Küche.«
Sie gingen durch eine Schwingtür, und Newman stellte fest, daß in der Küche, deren Schränke und Arbeitsplatten in einem angenehmen hellblauen Farbton gehalten waren, alles blitzsauber und wohlgeordnet war. Isabelle öffnete einen Schrank, holte eine große Plastiktüte heraus.
»Das sind zwanzig Flaschen – leer, aber mit den Schraubverschlüssen. Ich habe sie beim Wegwerfen gezählt. Wonach suchen Sie?«
Auf einem Bord standen mehrere Aluminiumtrichter. Newman nahm einen davon, griff in die Tüte, die sie ihm hinhielt, holte eine Flasche heraus, schraubte den Deckel ab, steckte den Trichter hinein. Er paßte genau in den Hals der Flasche.
»Könnte ich den auch haben? Sofern es nicht Ihr Lieblingstrichter ist?« fragte er.
»Sie machen Witze.« Sie lächelte. »Stecken Sie ihn in die Tüte. Sie können ihn gern haben.«
Bevor er ging, nahm er sie noch einmal in die Arme. Dann ging er durch die menschenleeren Straßen zu der Stelle, an der er den Renault geparkt hatte, legte die Plastiktüte auf den Rücksitz und verbarg sie unter einer Decke. Als er langsam durch Archachon fuhr, glaubte er, einen französischen Offizier in Uniform zu erkennen. Das Scheinwerferlicht fiel nur sekundenlang auf ihn, dann verschmolz der Mann mit den Schatten. Trotz der Uniform und des tief in die Stirn gezogenen Képis hätte Newman schwören können, daß er gerade Leutnant Berthier gesehen hatte.
Es war etwas an der Art, wie er sich hielt und sich bewegte. Newman erinnerte sich an ihre Begegnung im Foyer des Brudenell – als der Mann, der dort als James Sanders, Händler mit Ersatzteilen für Boote, auftrat, sich den Zeh gestoßen und *Merde*! gemurmelt hatte. Das war noch etwas, was ihm Sorgen machte, als er aus Arcachon heraus und auf der N 650 nach Bordeaux fuhr.

Das erste, was Newman bemerkte, als er ins Stadtzentrum kam, war die Tatsache, daß zahlreiche uniformierte Soldaten in Gruppen durch die Straßen patrouillierten. Selbst zu dieser späten Stunde. Er hatte beschlossen, zuerst zur Bar Miami zu fahren, aus der die falschen DST-Männer Francis Carey entführt hatten, bevor er ermordet wurde.
Er wußte, wo sie lag – Isabelle hatte es bei seinem vorigen Besuch erwähnt. Da er nicht sicher war, ob die Bar um diese Zeit noch offen war, parkte er in der Nähe und ging den Rest des Weges zu Fuß.

Er war sicher, daß er in seiner französischen Kleidung und mit der Baskenmütze den paar Leuten, die sich beeilten, wieder ins Warme zu kommen, nicht auffallen würde. Die Bar Miami war noch offen.
Er trat langsam ein, schaute sich um, um zu sehen, ob unter den Gästen irgendwelche Offiziere waren. Es schienen fast ausschließlich Zivilisten anwesend zu sein – unermüdliche Trinker, die an einigen wenigen Tischen saßen. Der Chef, den Isabelle ihm beschrieben hatte, polierte die Theke.
»Einen Pernod«, bestellte Newman.
»Wir machen bald zu«, sagte der massige Mann, während er das Geld entgegennahm.
»Isabelle Thomas«, flüsterte Newman. »In ihrer Wohnung ist sie nicht. Wir stehen so miteinander.« Er hakte zwei Finger ineinander, zwinkerte. »Haben Sie eine Idee, wo sie sein könnte?«
Der Mann war im Begriff, die Achseln zu zucken; Newman spürte den Beginn einer verneinenden Geste. Dann sah der Mann die zwei Hundert-Franc-Scheine, die zwischen Newmans Fingern herausragten. Seine polierende Hand bewegte sich langsamer, er schaute sich schnell um, beugte sich vor.
»Die genaue Adresse kann ich Ihnen nicht geben.«
»Ein Ort würde mir genügen. Ein Anhaltspunkt.«
»Der andere ...« Der Mann brach mitten im Satz ab, und in Gedanken ergänzte Newman, was er hatte sagen wollen. *Der andere Mann hat fast dasselbe gesagt* ... Er konnte den Blick nicht von den Scheinen abwenden.
»Arcachon«, flüsterte er. »Mehr kann ich für Sie nicht tun.«
»Ich muß wissen, wie Sie darauf kommen«, drängte Newman.
»Die Frau war vor einiger Zeit hier – mit ihrem Freund. Dem, der an der Gare St. Jean ermordet wurde. Ich hörte, wie er zu ihr sagte, daß er sie in Arcachon besuchen würde. Das ist alles.«
»Ein Anhaltspunkt«, wiederholte Newman.
Er ließ ihm unauffällig die Scheine zukommen. Der Mann begann wieder heftig zu polieren, als bedauerte er seine Indiskretion. Newman trank seinen Pernod, verließ die Bar, eilte zu seinem Wagen.
Dann saß er bei laufendem Motor ein paar Minuten hinter dem Lenkrad. Die Neuigkeit war die schlimmste, die man sich vorstellen konnte. Wenn der Barbesitzer Isabelle für ein paar Scheine an ihn, einen Fremden, verriet, dann hatte er dasselbe ganz offensichtlich schon vorher getan. Es sah ganz so aus, als spürten de Forges Leute Isabelle nach. Und der Gedanke, daß es Berthier gewesen sein mußte, den er im Scheinwerferlicht gesehen hatte, ging ihm nicht aus dem Kopf. Er mußte sie so bald wie möglich warnen.

Aber zuerst mußte er versuchen, Bayles – Francis Careys – Tagebuch zu holen. Er fuhr los, als die letzten Gäste aus der Bar Miami herauskamen. Von jetzt an mußte er sehr vorsichtig sein.

Einunddreißigstes Kapitel

Als Newman sich dem Mietshaus näherte, fuhr er langsam. Er hatte vor, den Renault in einer Nebenstraße zu parken, ungefähr hundert Meter von der Gasse entfernt, in der er den Wagen bei seinem früheren Besuch bei Isabelle abgestellt hatte. So weit weg, daß er nicht den Argwohn etwaiger Beobachter erregte; aber nahe genug, daß er ihn, falls es erforderlich werden sollte, schnell erreichen konnte.

Die Straße war relativ leer und dunkel bis auf das Licht, das aus einem Schaufenster gegenüber dem Eingang zu dem Mietshaus herausfiel, und das schwache Glimmen der Straßenlaternen.

Vor dem Eingang hielt sich niemand auf, aber auf dem Gehsteig vor dem beleuchteten Schaufenster hockte eine Gruppe von Männern in dicken Mänteln. Sie spielten irgend etwas mit Würfeln. Bei dieser Kälte? Als er an ihnen vorbeifuhr, musterte er sie kurz. Innerlich versteifte er sich, behielt seine Geschwindigkeit aber unverändert bei.

Ungefähr hundert Meter hinter ihnen bog er links in eine schmale, mit Kopfsteinen gepflasterte Nebenstraße ein und parkte mit zwei Rädern auf dem Gehsteig. Dann blieb er bei laufendem Motor mit grimmiger Miene hinter dem Lenkrad sitzen.

Einer aus der Gruppe der Würfelspieler hatte aufgeschaut, als er vorbeifuhr. Der Mann hatte wie die anderen einen dicken Mantel angehabt, dessen Kragen er hochgeschlagen hatte. Außerdem trug er eine Pelzmütze. Eine kurze Sekunde lang hatte Newman einen ungehinderten Blick auf das Gesicht unter der Mütze. Ein Gesicht, das er auf einem Foto gesehen hatte. Ein bösartiges, grinsendes Gesicht. Ein gefährlicher Typ. Sergeant Rey vom Dritten Corps. De Forges Experte für Sprengfallen. Ein Mann, von dem es hieß, daß er wesentlich mehr Einfluß hatte, als sein Sergeantenrang vermuten ließ.

Und weshalb hockte er jetzt an einem lausig kalten Abend gegenüber dem Mietshaus auf dem Gehsteig? Und grinste? Wie in Erwartung irgendeiner professionellen Genugtuung?

Newman ging ein wenig geduckt, als er die Seitenstraße verließ und auf die Gasse zuging, in der sich der Hintereingang befand. Auch einige Pärchen

gingen geduckt die Straße entlang, drängten sich aneinander, blieben sogar stehen, um sich zu umarmen.
Newman erinnerte sich an etwas, das Isabelle ihm erzählt hatte. Die Treppe, auf der sie von der Wohnung ihrer Mutter im ersten Sock heruntergekommen waren – die Treppe, auf der die beiden falschen DST-Männer, die versucht hatten, Isabelle anzugreifen, den Tod gefunden hatten –, führte ausschließlich zur Wohnung ihrer Mutter, was merkwürdig war. Zu den anderen Wohnungen führte eine andere Treppe.
Also würde jeder, der das Schloß aufbrach und die Treppe untersuchte, diese Tatsache gleichfalls feststellen. Jemand wie Sergeant Rey.
Aus dem Augenwinkel heraus beobachtete er die Gruppe von Würfelspielern, die ganz in ihr Spiel vertieft zu sein schienen. Als er die Stelle erreicht hatte, an der die Gasse abzweigte, stieß Newman mit einem mit sich selbst beschäftigten Pärchen zusammen.
»Pardon!« sagte der junge Mann automatisch.
Als sie weitergegangen waren, befand sich Newman auf der breiten Gasse. An ihrem Ende, bevor sie abknickte und zur Rückseite des Mietshauses führte, stand ein ramponierter alter Transporter. Im Licht einer schwachen Wandlampe konnte Newman lesen, was darauf stand. *Ramoneur,* Schornsteinfeger.
Er ging an der Mauer des Gebäudes neben dem Mietshaus entlang; da er Schuhe mit Gummisohlen trug, waren seine Schritte auf den Kopfsteinen nicht zu hören. Er betrachtete die geschlossene Tür, die zur Treppe führte, die Tür, deren Schlüssel in seiner Tasche steckte. Es war pure Einbildung – vielleicht Nervosität –, sagte er sich selbst, aber die geschlossene Tür wirkte irgendwie unheimlich.
Er betrachtete auch den Transporter, als er sich ihm näherte, fragte sich, ob der Schornsteinfeger am Steuer saß und eine Zigarette rauchte, bevor er heimkehrte zu seiner keifenden Frau. Er erreichte die Kabine, schaute hinein. Leer. Für die Nacht abgestellt. Vermutlich hatte er die netteste Frau in ganz Bordeaux. Er betrachtete wieder die geschlossene Tür.
Die Idee kam ihm ganz plötzlich. Ausgelöst von der Gewißheit, daß es Sergeant Rey gewesen war, den er unter den Würfelspielern gesehen hatte. Er holte ein Schlüsselbund aus der Tasche, suchte den Dietrich heraus, den ihm ein kleiner Ganove im East End von London gegeben hatte. Alles hing davon ab, ob der Schornsteinfeger noch mit der altmodischen Ausrüstung arbeitete, die manche Hausfrauen bevorzugten – besonders draußen auf dem Land, der Bürste mit langem Stiel, der aus ineinandergesteckten Bambusstäben bestand, anstatt mit einem Staubsauger.

Er brauchte weniger als eine Minute, um die Hecktür zu öffnen. Er untersuchte das Innere im Lichte seiner Stablampe, die er mit der Hand abschirmte. Gott sei Dank! Der altmodische Typ.
Newman arbeitete rasch, steckte den langen Stiel zusammen und setzte dann die Bürste auf. Er verließ den Transporter, sah sich in der Gasse um, schaute in Richtung Straße, lauschte. Nichts. Nirgendwo ein Lebenszeichen.
Mit dem langen, geschmeidigen Stiel in der Hand näherte er sich in einem flachen Winkel der Haustür des Mietshauses. Er streckte die Bürste aus, ging tief in die Hocke, bewegte die Bürste über die Tür. Er tastete die obere Hälfte ab, ließ sie langsam um den Rahmen herumwandern, dann drückte er die Bürste mit aller Kraft gegen das Schloß und die Klinke.
Die Explosion war ein gedämpfter Knall. Die ganze Tür flog heraus, wurde in mehrere Teile zerfetzt. Der Bürstenstiel wurde ihm aus der Hand gerissen. Staub quoll aus dem Innern des Hauses hervor. Hätte er versucht, die Tür zu öffnen, dann wäre er in Stücke gerissen worden.

Newman lief auf den zerstörten Eingang zu, ins Haus hinein. Mit angehaltenem Atem, der Staubwolke wegen, rannte er die Treppe hinauf, in einer Hand die Stablampe, in der anderen den Wohnungsschlüssel.
Wenn er sich schnell bewegte, brauchte er sich um die anderen Hausbewohner keine Sorgen zu machen. Sie befanden sich vermutlich in einem Schockzustand und würden nur langsam reagieren. Er zog die Schublade im Schlafzimmer auf, wühlte in Isabelles Wäsche, versuchte, möglichst wenig durcheinanderzubringen. Das Tagebuch war in einen Unterrock eingewickelt. Francis Careys Tagebuch. Klein, dünn, in blaues Leder eingebunden. Er steckte es in die Tasche, verließ eilig die Wohnung und machte die Tür hinter sich zu, bevor er die Treppe hinunterrannte. Er warf einen Blick über das Geländer, wo es noch hell war – gegenüber von Isabelles Wohnung war ein großes Stück herausgebrochen. Er schaute hinunter und sah im Schein eines schwachen Lichtes den Betonfußboden des Kellers. Kein Wunder, daß die beiden DST-Männer tot gewesen waren – nach einem so tiefen Sturz.
Er lugte hinaus in die Gasse, bevor er das Gebäude verließ. Niemand zu sehen. Aber früher oder später würde die Polizei kommen. Er ging schnell auf das Ende der Gasse zu, wobei er sich dicht an der Hausmauer hielt. Er hatte gerade die Ecke erreicht, als ein Mann in einem dicken Mantel um sie herumbog. Sergeant Rey.
Newman reagierte instinktiv, wie er es bei seinem SAS-Training gelernt

hatte. Auch Rey reagierte schnell, griff mit der rechten Hand in seinen Mantel. Die versteifte Kante von Newmans rechter Hand versetzte Rey einen heftigen Schlag gegen die Seite seines Halses. Rey sackte auf die Pflastersteine, stöhnte und wand sich. Newman hatte gehofft, er würde den Mistkerl umbringen. Aber er hatte keine Zeit zu verlieren.

Er rannte auf seinen geparkten Wagen zu, nachdem er noch einen Blick über die Schulter geworfen hatte. Die Würfelspieler beobachteten nach wie vor den Vordereingang. Bis sie ihn gesehen hatten und aufsprangen, hatte er schon den halben Weg bis zu der Seitenstraße zurückgelegt.

Newmans Füße berührten kaum den Boden, als er auf den Renault zujagte, hineinsprang, den Motor anließ und losfuhr, in die der Hauptstraße hinter ihm entgegengesetzte Richtung. Am Ende der Straße bog er in eine weitere Nebenstraße ab. Eine Sekunde vor dem Abbiegen warf er einen Blick in den Rückspiegel. Die Würfelspieler waren nicht in Sicht. Langsam von Begriff. Und sie hatten nicht gesehen, was für einen Wagen er fuhr.

Er verließ Bordeaux, so schnell er konnte, und fuhr auf der einsamen Straße zurück nach Arcachon.

Moshe Stein öffnete nach Newmans drittem Klopfen die Tür des Zimmers in dem kleinen Hotel. Er war voll angezogen und deutete auf das zerwühlte Bett.

»Ich habe in den Kleidern geschlafen. Von mir aus können wir gleich jetzt zu meiner Villa fahren. Aber vielleicht brauchen *Sie* Schlaf. Und Ihr Anorak ist mit Staub bedeckt. Ich könnte auch allein fahren.«

»Reden Sie keinen Unsinn. Ich muß nur noch ein Telefongespräch führen. Danach kann es gleich losgehen.«

Newman benutzte das Telefon neben dem Bett und rief Isabelle an. Sie meldete sich nach dem zweiten Läuten, und Newman vermutete, daß sie neben dem Apparat gesessen hatte.

»Hier ist Bob«, sagte er. »Hören Sie gut zu, ich habe nicht viel Zeit. Dieser widerliche Chef in der Bar Miami hat gehört, wie Sie eines Abends Henri gegenüber Arcachon erwähnten. Ich brauchte ihm nur ein bißchen Geld zu zeigen, und schon hat er mir verraten, was er bestimmt schon anderen, Ihnen weniger freundlich gesinnten Leuten erzählt hat.«

»Ich werde sehr vorsichtig sein, Bob. Es ist wunderbar, Ihre Stimme zu hören. Von wo aus sprechen Sie?«

»Von weit fort«, log er. »Und nun hören Sie genau zu! Als ich aus Arcachon herausfuhr, habe ich einen gewissen Leutnant Berthier gesehen. Haben Sie den Namen verstanden? Gut. Er ist einer von General de Forges Leuten und gehört zu seinem inneren Kreis. Beschreibung... Haben Sie das? Er war in Uniform, aber es ist durchaus möglich, daß er in Zivil auftaucht. Deshalb habe ich ihn so genau beschrieben. Verlassen Sie das Haus so selten wie möglich.«

»Irgendwann muß ich einkaufen gehen.«

»Tun Sie das ganz früh – sobald die Geschäfte öffnen. Vermeiden Sie Gedränge. Binden Sie sich ein Tuch um den Kopf. Vielleicht rufe ich in nicht allzu ferner Zeit wieder an.«

»Wann, Bob? *Wann?*«

»Sobald ich kann. Muß jetzt Schluß machen.«

Er legte den Hörer auf, bevor sie protestieren konnte. Er hatte es absichtlich vermieden, sie beim Namen zu nennen. Er vertraute Moshe uneingeschränkt – aber wieviel Folter kann ein Mensch ertragen? Nach allem, was in der Gasse in Bordeaux passiert war, hatte er den Eindruck, daß de Forge zu einem Ungeheuer geworden war. Es hätte Isabelle sein können – sogar ihre Mutter –, die versuchte, diese Hintertür zu öffnen. Ihr Körper wäre zu einer blutigen Masse zerfetzt worden.

»Von mir aus kann's losgehen«, sagte Moshe hinter ihm. »Das heißt, wenn Sie immer noch mitkommen wollen. Sie wissen, daß ihnen bei dem Massaker in Tarbes ein Mann entkommen ist. In dem Gästebuch, in das sich alle eingetragen haben, stehen die Namen und Adressen aller Mitglieder der Gruppe. Von mir ist bekannt, daß ich aus meiner Abneigung gegen de Forge nie einen Hehl gemacht habe. Ich werde eine Zielscheibe sein – wir beide, wenn Sie mitfahren.«

»Ich bin soweit«, erwiderte Newman.

Eine halbe Stunde später befanden sie sich bereits weit südlich von Arcachon auf der Fahrt in die Landes.

Paula verließ nach Einbruch der Dunkelheit in Bordeaux die Maschine der Air Inter. Hinter ihr stieg Harry Butler aus, in Freizeitkleidung und einer Lederjacke. Er tat, als kennte er sie nicht. Er trug den Koffer in der linken Hand und schaute sich überall um.

Nur wenige Passagiere waren der Maschine entstiegen, aber etliche uniformierte Soldaten mit automatischen Waffen patrouillierten im Flughafengebäude. Hinter Harry Butler ging Pete Nield, gleichfalls scheinbar allein reisend, in einem eleganten Straßenanzug, in dem er aussah wie ein Handelsvertreter.

Es war Butler, der die Frau bemerkte, die die Uniform einer Stewardeß trug und alle Neuankömmlinge filmte. Er überholte Paula, trat hinaus in den

kalten Abend und fand den Mietwagen, den er vor dem Abflug aus Paris telefonisch bestellt hatte. Die Vertreterin der Mietwagenfirma hielt ein Schild mit dem Namen *Pierre Blanc* hoch. Ein hübscher, ganz gewöhnlicher Name, und die Leute im Keller des Hauses am Park Crescent hatten die erforderlichen Papiere auf diesen Namen angefertigt.
Butler legte seinen Koffer so auf den Rücksitz, daß ein Platz frei blieb, und bezahlte die Miete in bar. Paula war mit ihrem kleinen Koffer aus dem Flughafengebäude herausgekommen. Butler setzte sich ans Steuer, ließ sich Zeit beim Anschnallen, fuhr an und holte sie ein. Er hielt kurz an, sie stieg rasch ein, und dann fuhren sie in die Innenstadt.
Hinter ihnen hatte sich Pete Nield, der fließend Französisch sprach, in der Taxischlange angestellt. Paula legte ihren Koffer auf den von Butler, streckte sich, ein wenig steif von dem Flug; dann entspannte sie sich und betrachtete die abendlichen Lichter.
»Das haben wir geschafft, Harry.«
»Nein, das haben wir nicht. Ein kleiner, dicker Mann, der einen Stumpen raucht, folgt uns in einem Fiat. Er hat gesehen, wie ich Sie aufnahm.«
»Das ist ein Problem.«
»Aber kein großes.« Butler zuckte die Achseln. »Wir fahren zuerst zum Pullman Hotel, tragen uns dort ein, bezahlen im voraus in bar, lassen ein paar Sachen in unseren Zimmern zurück und verschwinden dann wieder.«
»Und was ist mit dem dicken, kleinen Mann mit dem Stumpen?«
»Wenn wir das Pullman verlassen, fahren wir nicht direkt nach Arcachon. Ich habe mir eine Karte der Gegend angesehen. Wir fahren zuerst nach Süden. Dieser Fiat hat eine sehr modern aussehende Funkantenne. Es könnte sein, daß der Stumpen regelmäßig Meldung macht. Da ist eine Landstraße, der ich folgen werde, immer noch nach Süden. Später können wir umkehren und nach Arcachon und zu der ansehnlichen Isabelle fahren. Newmans Beschreibung, nicht meine.«
»Und der Stumpen?«
»Wird uns nicht mehr Gesellschaft leisten ...«

Paula hatte Jean Burgoyne in der Villa Forban von Paris aus angerufen. Jean hatte ihr mitgeteilt, morgen nachmittag wäre eine gute Zeit für ihren Besuch; dann würde sie allein in der Villa sein. Daraufhin hatte Paula beschlossen, am Vormittag Isabelle Thomas in Arcachon aufzusuchen.
Es war Harry Butler, der den Plan ausgearbeitet hatte für den Fall, daß sie von angeblichen DST-Beamten entdeckt wurden. Sie erreichten das ultramoderne Pullman, buchten zwei Zimmer für eine Woche, bezahlten im

voraus in bar. Das Hotel machte auf Paula den Eindruck eines Bienenstokkes aus Beton, besonders als sie sich in ihrem Zimmer umsah, das auf einer Etage lag, die *Privilège* genannt wurde und entsprechend teuer war. Das isolierverglaste Fenster hatte die Form einer Wabe in einem Bienenstock, und aus dieser Höhe konnte man kaum hinausschauen. Sie bewegte sich schnell, öffnete ihren Koffer und holte eine große Plastiktüte heraus, in der ein paar Kleidungsstücke steckten, die sie nicht unbedingt brauchte. Sie hängte die Kleidungsstücke in den kleinen Schrank. Im Badezimmer stellte sie eine halbleere Tube Zahnpasta in ein Glas, zusammen mit einer gebrauchten Zahnbürste; daneben stellte sie eine Dose mit Körperpuder. Jeder, der das Zimmer betrat, würde vermuten, daß sie bald zurückzukehren gedachte. Sie sah auf die Uhr, machte ihren Koffer zu, wartete genau dreißig Sekunden und fuhr dann mit dem Fahrstuhl hinunter ins Foyer.
Butler, der sein Zimmer auf ähnliche Weise mit Gegenständen ausgestattet hatte, die er nie wiedersehen sollte, wartete am Steuer des Renault. Pete Nield saß im Fond; er war etwas später mit einem Taxi vom Flughafen eingetroffen und hatte gleichfalls einige überflüssige Dinge in seinem Zimmer zurückgelassen.
»Arcachon, wir kommen«, flüsterte Paula, die sich neben Butler niedergelassen hatte.
»Noch nicht. Stumpen hat seinen Fiat ein Stück die Straße hinauf geparkt. Zuerst fahren wir in Richtung Süden durchs Land.«
Eine halbe Stunde später fuhren sie eine Landstraße entlang, auf der keinerlei Verkehr herrschte, von ihrem Renault und den Scheinwerfern eines weiteren Wagens abgesehen, der ihnen in einiger Entfernung folgte. Während sie fuhren, begann Paula zu reden.
»Ich möchte wissen, was aus Marler geworden ist. Er scheint von der Erdoberfläche verschwunden zu sein.«
»Er ist irgendwo hier im Lande«, erwiderte Butler. »Fragen Sie mich nicht, wo, denn ich habe nicht die leiseste Ahnung.«
»Tweed hat ihm einen ganz speziellen Auftrag erteilt. Ich wüßte zu gern, um was es geht. Höchst geheimnisvoll.«
»Warum fragen Sie nicht Tweed, wenn Sie ihn wiedersehen?«
»Ich nehme an, er ist immer noch in Paris. Ich hatte den Eindruck, daß er eine Weile dort zu bleiben gedenkt, um engen Kontakt mit Navarre zu halten. Die Lage ist äußerst kritisch. Sowohl der Präsident als auch der Premierminister sind bei dieser TGV-Katastrophe umgekommen.«
Paula hatte die Neuigkeit von einem Franzosen gehört, mit dem sie sich auf dem Flug nach Bordaux unterhalten hatte. Die wenigen Passagiere hatten

erregt darüber gesprochen. Sie glaubte auch Anzeichen von Angst entdeckt zu haben.
»Vermutlich könnte ich Tweed danach fragen«, sagte sie mit undurchdringlichem Gesicht.
»Und Sie bekommen einen Floh ins Ohr gesetzt.« Butler grinste. »Ich wette, daß Marler, wo immer er sich aufhalten mag, keine Ahnung davon hat, wo wir uns befinden. In diesem Fall operiert Tweed mit äußerster Geheimhaltung.«
Er versteifte sich, als der Wagen die Kuppe einer Anhöhe erreichte, warf einen schnellen Blick in den Rückspiegel. Nichts hinter ihnen außer Stumpen in seinem Fiat. Sie fuhren einen langen, geraden Hang hinunter. Auch vor ihnen war die Straße leer, soweit sie sie im Mondschein sehen konnten. Butler hielt am unteren Ende des Abhangs an und stellte seinen Wagen so hin, daß er die schmale Landstraße blockierte.
»Diese Stelle ist so gut wie jede andere«, bemerkte Butler auf seine sachliche Art.
»Wozu?« fragte Paula.
»Warten Sie's ab.«
Butler tastete nach der Walther in seinem Hüftholster, der Waffe, die Paula ihm in dem Schweizer Restaurant in Paris in einem Aktenkoffer ausgehändigt hatte. Lasalle war sehr hilfsbereit gewesen, und in Paulas Umhängetasche steckte ein .32er Browning. Nield war mit einer weiteren Walther bewaffnet. Butler holte die Landkarte aus dem Türfach und stieg aus; die Scheinwerfer ließ er brennen.
Er ging auf dem Weg, den sie gekommen waren, ein Stück zurück und stellte sich dann mit der Karte in der behandschuhten Hand mitten auf die Straße. Der Fiat kam über die Kuppe, jagte auf ihn zu, verlangsamte, kam im Schrittempo heran. Butler winkte.
Der Fiat hielt an. Drinnen saß nur der Fahrer, Stumpen. Butler ging auf ihn zu, schwenkte im Scheinwerferlicht die Karte. Er trat an die Seite des Wagens, auf der der Fahrer saß, der die Scheibe heruntergekurbelt hatte und ihn mißtrauisch musterte. Butler redete auf Französisch auf ihn ein.
»Wir haben uns verirrt. Ich weiß nicht einmal, wo wir sind. Diese Karte hilft uns auch nicht weiter. Vielleicht könnten Sie ...«
Der dicke kleine Mann, der einen dunklen Anzug trug, behielt den qualmenden Stumpen im Mund, während er zuhörte. Butlers rechte Hand, die in einem Fahrhandschuh steckte, schnellte vor wie eine Schlange. Seine Faust prallte gegen das Kinn des Franzosen. Es gab ein Klicken, als wäre etwas ausgerenkt. Der Fahrer sackte hinter seinem Lenkrad zusammen.

Butler öffnete die Tür, tastete seinen Mantel ab, zog einen .32er Browning heraus. Er warf ihn über eine Hecke auf ein Feld und danach auch das Magazin, das er vorher herausgenommen hatte.
Butler setzte seine Suche fort und fand in seiner Brusttasche einen Ausweis des Militärs. *Caporal Jean Millet.* Der Ausweis folgte der Waffe auf das Feld. Ein Soldat, der seinen Ausweis verloren hat, bekommt eine Menge Ärger. Dann stellte Butler fest, daß Millet seinen Stumpen durchgebissen hatte; die eine Hälfte steckte vermutlich noch in seinem Mund, die andere lag brennend auf der Fußmatte. Vielleicht würde sie den Fiat in Brand setzen. Wenn sie Glück hatten.
Butler riß das am Armaturenbrett befestigte Mikrofon heraus, griff hoch und brach die Antenne vom Dach ab. Als nächstes zog er den Zündschlüssel aus dem Schloß und warf auch ihn weit weg. Seine letzte Tat bestand darin, daß er die Kühlerhaube öffnete, mit seiner behandschuhten Hand herumtastete und Drähte losriß. Als er zu ihrem Renault zurückkehrte, konnte er davon ausgehen, daß der Fiat lahmgelegt war. Er stieg wieder ein.
»Probleme?« fragte Paula.
»Ja. Für den Unteroffizier Jean Millet. Jetzt können wir umkehren und nach Arcachon fahren. Hoffen wir, daß die Eingeborenen dort etwas freundlicher sind.«

Zweiunddreißigstes Kapitel

General de Forge war allein in seinem Büro im Hauptquartier des Dritten Corps, als das Telefon läutete. Er rechnete damit, daß es Lamy war, nahm den Hörer ab und meldete sich unwirsch.
»Hier ist *Manteau*«, sagte eine Stimme in einwandfreiem Französisch. »Ich habe den Job für Sie erledigt. Nicht schlecht. Der Präsident und der Premierminister mit einer Bombe. Was, wie ich weiß, genau das ist, was Sie wollten ...«
»Wer zum Teufel sind Sie?«
»*Manteau*. Ich sagte es bereits. Zwei Millionen Schweizer Franken sollten ein angemessener Preis sein für den Unfall des TGV. Ich rate Ihnen, diesmal zu zahlen, General. Sie wollen doch nicht, daß ich meine Aufmerksamkeit auf das Hauptquartier des Dritten Corps richte?«
»Ich brauche Beweise ...«
»Die Sie in Kürze bekommen werden. Wenn Sie überzeugt sind, lasse ich Sie wissen, wie ich das Geld haben will. In großen Scheinen. Wobei ich

hoffe, daß sie keine fortlaufenden Seriennummern haben. Das würde mir nicht gefallen.«
»Drohen Sie mir?«
»Nein, natürlich nicht. Ich drohe nie. Ich handle. Nehmen Sie das als eine Art lebensrettenden Ratschlag. *Au revoir . . .*«
Die Verbindung war unterbrochen. Verblüfft über die Kühnheit dieses Anrufs saß de Forge unbeweglich da. Wo zum Teufel steckte Lamy? Ein Klopfen an der Tür riß ihn aus seiner vorübergehenden Konfusion heraus. Er brüllte im Kasernenhofton.
»Herein!«
Die Tür ging auf, und Leutnant Berthier, wie immer in makelloser Uniform, trat mit einem Blatt Papier in der Hand ein. Sein Haar war noch immer dunkler als normal – das Ergebnis des Färbemittels, das er in Aldeburgh benutzt hatte. Er erinnerte sich gerade noch rechtzeitig daran, zu salutieren.
»Ja? Ist es wichtig? Ich erwarte jemand anderen.«
»Major Lamy hat von unterwegs angerufen. Ich habe ihn von der Reuter-Meldung erzählt, die gerade eingegangen ist, und er sagte, Sie würden sie bestimmt gleich sehen wollen.«
»Legen Sie sie auf meinen Schreibtisch.« De Forge war stolz auf seine Fähigkeit, an drei Dinge auf einmal zu denken. »Sie sind nach Arcachon geschickt worden, um Isabelle Thomas, die Geliebte dieses Spions Henri Bayle, ausfindig zu machen. Ist es Ihnen gelungen?«
»Noch nicht, *mon général.* Sie steht nicht im Telefonbuch . . .«
»Telefonbuch!« De Forges Faust knallte auf den Schreibtisch. »Ich habe Sie dorthin geschickt, damit Sie sie finden. Sie haben von diesem Mann in der Bar Miami ihre Beschreibung bekommen. Und alles, was Sie tun können, ist, im Telefonbuch nachzuschlagen?«
»Ich habe noch mehr getan. Ich habe mich unauffällig umgehört – keiner der Ladenbesitzer in Arcachon, mit denen ich sprechen konnte, wußte etwas von ihr. Ich bin nächtelang in den Straßen herumgewandert, weil ich hoffte, sie zu sehen . . .«
»Dann fahren Sie zurück und wandern Sie tagelang in den Straßen herum. Sie könnte gefährlich sein. Wir wissen nicht, was Bayle ihr erzählt hat. Kehren Sie sofort nach Arcachon zurück!«
»Gewiß, *mon général . . .*«
Während des Gesprächs hatte de Forge bemerkt, daß die markierte Karte von Paris offen auf seinem Schreibtisch lag. Er hatte sie zusammengefaltet, während er Berthier seinen Anpfiff erteilte. Sobald er wieder allein war, las

er den Bericht mit wachsender Verblüffung. Eine Stunde später starrte er ins Leere, als abermals an die Tür geklopft wurde. Diesmal war es Major Lamy.

»Wo zum Teufel haben Sie gesteckt?« fuhr de Forge ihn an. »Sie waren stundenlang fort.«

»Ich komme gerade aus Lyon. Der Rückflug hatte Verspätung wegen dem, was passiert ist. Haben Sie den Bericht gelesen?«

»Ich habe ihn gelesen.« De Forge saß sehr aufrecht auf seinem hochlehnigen Stuhl. »Hier heißt es, daß irgendein alter Mann in einem Dorf in der Nähe des Viadukts den Zug durch sein Fernglas beobachtet hat. Was für ein blödes Hobby! Er hat gesagt, er hätte nur ein paar Minuten vor dem Kommen des TGV auf dem Viadukt einen Mann mit einem Cape gesehen. *Manteau!* Später haben DST-Beamte das Dorf durchsucht und in einer Mülltonne ein graues Cape gefunden. Ich verstehe das einfach nicht. Eigentlich hätte doch Kalmar...«

»Den Auftrag hatte Kalmar erhalten, und...«

»Unterbrechen Sie mich nicht! Während Sie eine Ewigkeit dazu gebraucht haben, aus Lyon zurückzukehren, hatte ich einen Anruf. Raten Sie mal, von wem?«

»Kalmar?« mutmaßte Lamy.

»Nein! Von *Manteau!* Wie zum Teufel hat er meine Privatnummer herausbekommen? *Manteau* behauptet, *er* hätte den TGV zerstört. Ich habe ihm nicht geglaubt. Und jetzt lese ich diesen Bericht. Dieser Idiot von einem alten Mann kann seine Geschichte nicht erfunden haben – niemand hat je etwas von *Manteau* gehört. Am Telefon hat er für diese Arbeit zwei Millionen Schweizer Franken verlangt. Wenn er wieder anruft, müssen Sie mit ihm verhandeln.«

»Sie haben doch nicht etwa vor, diese Riesensumme zu zahlen?« fragte Lamy.

»Wieviel haben wir bisher an den uns unbekannten Kalmar gezahlt?«

»Drei Millionen Schweizer Franken. Er hat mehrere Jobs für uns ausgeführt.«

»Das weiß ich!« De Forge funkelte seinen Untergebenen an. »Ich habe Ihnen mehr als drei Millionen ausgehändigt, damit Sie sie dieser Geisterperson Kalmar übergeben. *Irgendjemand* hat eine Menge Geld auf seinem Schweizer Konto. Ist es nicht so, Lamy?«

»*Mon général!*« protestierte Lamy erschüttert. »Ich habe Ihnen erzählt, wie Kalmar vorgeht. Ich rufe eine Nummer an, es meldet sich eine Frau. Meist fragt sie mich nach Namen – nach dem *Zielobjekt*. Dann nennt sie mir die abgelegene Telefonzelle, zu der ich fahren soll. Dort warte ich, bis Kalmar mich zu der vereinbarten Zeit anruft. Ich gebe ihm detailliertere Hinweise auf das Zielobjekt – oder die Zielobjekte. Er spricht mit mir auf englisch, aber mit einem Akzent, den ich nicht lokalisieren kann. Ich hinterlasse das Geld in einem Stoffbeutel hinter der Telefonzelle. Jedesmal weist er mich darauf hin, daß er mich beobachtet – sagt, wenn ich versuchen sollte, ihn zu identifizieren, wenn er das Geld abholt, dann bringt er mich um.«

»Alles sehr bequem«, höhnte de Forge. »Aber nun müssen wir uns ganz auf das Unternehmen Austerlitz konzentrieren. Das Organisieren von Panik in Paris. Die Sabotage-Einheiten beziehen Stellung?«

»Alles verläuft planmäßig.«

»Die berühmte Behauptung, die bedeutet, daß alles schiefgeht. Wie ist Ihre Meinung über Berthier?«

»Einer meiner vertrauenswürdigsten Leute«, erwiderte Lamy nachdrücklich.

»Das sind genau die, die man im Auge behalten muß«, bemerkte de Forge zynisch. »Ein Mann, dem jeder grenzenloses Vertrauen entgegenbringt, ist der erfolgreichste Verräter.« Er entfaltete die Karte von Paris, auf der die Positionen der Saboteurzellen eingezeichnet waren, die sich in die Hauptstadt einschlichen. »Berthier war vor einer Stunde hier, und mir ist aufgefallen, daß er sich sehr für diese Karte interessierte.«

»Er gehört schließlich dem inneren Kreis an – ist einer der wenigen Auserwählten, die in Dinge mit höchster Geheimhaltungsstufe eingeweiht sind. Da ist es nur logisch, wenn er sich für alles interessiert, was vorgeht.«

»Wenn Sie meinen.« De Forge schien nicht überzeugt zu sein. »Die Hauptsache ist, daß wir für Austerlitz genau den richtigen Zeitpunkt abpassen. Im Augenblick ist es für ein Zuschlagen noch zu früh. Unserem Marsch auf Paris muß das Chaos vorausgehen – damit wir die Ordnung wiederherstellen können, wenn das gegenwärtige System dem Zusammenbruch nahe ist.«

»Unsere Leute werden das Signal abwarten.«

»Sorgen Sie dafür, daß sie es tun. Im Augenblick könnte es verfrüht sein. Inzwischen verstärken Sie die Sicherheitsvorkehrungen in den Landes. Und zwar sofort.«

»Und was ist, wenn Kalmar wieder anruft?«

»Halten Sie ihn hin. Ich bin allerdings ziemlich sicher, daß *Manteau* als erster anrufen wird. Versuchen Sie herauszubekommen, woher er wußte, was wir als nächstes planten.« De Forge starrte Lamy grimmig an. »Dieses Kalmar-*Manteau*-Geheimnis geht mir nicht aus dem Kopf. Ist es ein und derselbe Mann, oder sind es zwei verschiedene Männer? Aber das ist Ihr Problem. Und vergessen Sie nicht«, wiederholte er, »ich will, daß die Sicherheitsvorkehrungen in den Landes so verstärkt werden, daß keine Maus durchschlüpfen kann.«

Im Innenministerium in Paris brannte noch am späten Abend Licht. Navarre hatte für sich selbst, Tweed, Lasalle und Kuhlmann Sandwiches und Getränke bringen lassen.

Kuhlmann hatte inzwischen mehrfach mit seinem Bundeskanzler telefoniert. Die Nachricht von der TGV-Katastrophe hatte Deutschland erreicht. Auch Navarre sprach mit dem Kanzler und versicherte ihm, daß die Krise unter Kontrolle gebracht werden würde, daß alle antideutschen und antiamerikanischen Demonstrationen verboten worden waren, daß es sich nur um einen kleinen Kreis von Fanatikern handelte, was der Wahrheit entsprach.

»Ihr Plan funktioniert, Tweed?« fragte er während einer kurzen Ruhepause.

»Meine Leute sind an Ort und Stelle«, erwiderte Tweed. »Sie wissen, was sie zu tun haben. Wir haben so schnell wie möglich gehandelt. Aber wie sehen Ihre Pläne jetzt aus, da Frankreich keinen Präsidenten und keinen Premierminister mehr hat?«

»Ich habe eine Dringlichkeitssitzung der überlebenden Kabinettsmitglieder für zwei Uhr heute nacht einberufen.«

»Weshalb zu dieser unchristlichen Zeit?«

Navarre grinste. »Ich habe vor, die Regierung zu übernehmen. Irgend jemand muß es tun. Ich kann ziemlich lange durchhalten, und ich schätze die Nachtstunden. Falls es erforderlich werden sollte, werde ich die anderen erschöpfen, bis sie meiner Ernennung zum kommissarischen Premierminister zustimmen. Aber ich werde außerdem das Innenministerium behalten.«

»Eine Schlüsselposition«, bemerkte Tweed.

»So ist es. Ich habe bereits dafür gesorgt, daß schwerbewaffnete CRS-Einheiten einsatzbereit sind. Außerdem habe ich zahlreiche Hubschrauber bereitstellen lassen. Es kann sein, daß wir sie in den Landes brauchen werden.«

»Weshalb in den Landes?« fragte Tweed.

»Weil de Forges Stärke im Süden liegt. Es sind Berichte eingegangen, nach denen Zivilisten Karabiner und Munition kaufen. Angeblich für die Jagd. Aber ich weiß, daß sie vor den Algeriern Angst haben. Dubois von *Pour*

France wird, mit de Forges Rückendeckung, alles tun, was in seinen Kräften steht, um weiteres Öl ins Feuer zu gießen. Er hält schon jetzt Reden, in denen er sagt, alle moslemischen Elemente müßten deportiert werden, bevor Nordafrika in Flammen aufgeht.«
»Um noch einmal auf Ihre Übernahme der Regierung zurückzukommen«, sagte Tweed. »Muß Ihre Ernennung nicht von den Abgeordneten der Nationalversammlung bestätigt werden?«
Navarre grinste abermals. »So ist es. Aber es gibt einen Präzedenzfall. 1958 wurde de Gaulle zurückgerufen und mit der Regierungsbildung beauftragt, was die Versammlung bestätigte. Die Abgeordneten waren außer sich vor Angst, sie fürchteten eine Fallschirmlandung französischer Truppen aus Algerien in Paris und wünschten sich nichts mehr als eine starke Führung. Jetzt befinden wir uns in einer ähnlichen Situation. Auch jetzt sind die Abgeordneten außer sich vor Angst und wünschen sich eine starke Führung. De Forge hofft, sich selbst an die Spitze stellen zu können – aber ich komme ihm zuvor. Heute nacht. Um zwei Uhr.«
Sie aßen gerade, als ein weiterer Anruf für Kuhlmann kam. Er hörte zu, sagte sehr wenig, bat darum, ständig auf dem laufenden gehalten zu werden, legte den Hörer auf.
»Mein Informant hat eine weitere Siegfried-Zelle entdeckt. Diesmal in Hamburg. Bewaffnete Polizisten haben das Haus gestürmt, in denen sie sich versteckt hatten.«
»Sie?« fragte Tweed. »Sie meinen, diesmal haben sie ein paar Terroristen erwischt?«
»Drei Männer und ein kleines Waffen- und Sprengstoffdepot. Die ersten Verhöre lassen darauf schließen, daß die Gefangenen kleine Fische aus dem Elsaß sind. Was durchaus möglich ist – die Leute dort sprechen sowohl Deutsch als auch Französisch.«
»Der gleiche Informant, der Sie auf die anderen Orte hingewiesen hat, der in Freiburg?« fragte Tweed.
»Ja. Warum?«
»Ich wollte es nur gern wissen. Und außerdem wüßte ich gern, wie es Newman geht. Schließlich ist er unterwegs in die Landes.«

Nachdem sie Bordeaux umgangen hatten, fuhr Moshe auf der N 10 mehr als hundert Kilometer weit nach Süden. Es war mitten in der Nacht, aber Moshe lehnte es ab, sich von Newman am Steuer ablösen zu lassen, während er einen Fernlaster nach dem anderen überholte. Der Straßenbelag war in vorzüglichem Zustand, und sie befanden sich bereits tief in den Landes.

Zu beiden Seiten der Straße ragten dunkle Tannenwälder auf, ein endloses Land aus Bäumen. Newman fiel auf, daß an einigen der Laster, die sie überholten, spanische Namen standen. Ein Hinweis darauf, wie weit südlich sie sich befanden, daß es nicht mehr weit war bis zur spanischen Grenze. Newman fühlte sich fast hypnotisiert vom Beobachten der gleißenden Augen, die ihnen entgegenkamen und dann an ihnen vorbeirauschten. Dann wurde der Verkehr schwächer, und Moshe begann zu reden, um sich wachzuhalten.
»Da ist noch eine Sache bei dem Massaker in Tarbes, von der ich Ihnen noch nicht erzählt habe. Wie Sie wissen, wurden all die anderen Juden verbrannt. Ich beschloß mit einem anderen, durch einen Hinterausgang zu flüchten. Mein Freund ging vorweg und machte die Tür auf, während ich noch nach einer Waffe suchte. Als er die Tür öffnete, flog sie ihm ins Gesicht, und sein zerfetzter Körper wurde an die gegenüberliegende Wand geschleudert.«
»Das war vermutlich das Werk eines guten Bekannten. Sergeant Rey. De Forges Spezialist für Sprengfallen. Ich bin ihm begegnet; als ich ihn verließ, hatte er Probleme mit seinem Unterkiefer. Wie sind Sie entkommen?«
»Nachdem ich gesehen hatte, was mit der Tür passiert war, bin ich durch ein Fenster gestiegen und in einen schmalen, von totem Farn überdeckten Graben gesprungen. Dann habe ich mich kriechend in Sicherheit gebracht. Bei der Villa Jaune, zu der wir jetzt fahren, gibt es einen ähnlichen Fluchtweg. Ich werde ihn Ihnen zeigen. Außerdem werde ich Sie mit einer alten Frau bekannt machen, die weiß, wozu de Forge die Gegend dort benutzt. Als Friedhof...«
Das hörte sich makaber an; aber zu gegebener Zeit würde Moshe ihm mehr erzählen. Inzwischen war er von der Hauptstraße nach Biarritz auf die N 42 abgebogen. Auf dem Wegweiser hatte ST. GIRONS gestanden. Angesichts dessen, was Moshe ihm gerade erzählt hatte, erinnerte sich Newman an die präzisen Instruktionen, die Tweed ihm erteilt hatte, bevor er Paris verließ.
»Der Süden ist de Forges eigentliche Domäne. Bordeaux ist das Symbol der Niederlagen von 1871 und 1940, was er nach Kräften für sich ausnutzt. Diesmal werden aus Bordeaux Sieg und Macht für Frankreich kommen, das behauptet er jedenfalls.«
»Woher wissen Sie das?« hatte Newman gefragt.
»Lasalle hat zumindest einen Informanten in de Forges Lager eingeschleust. Ich habe keine Ahnung, wer dieser Informant ist, aber Lasalle erhält regelmäßig Berichte. Deshalb bin ich froh darüber, daß Sie nach Süden fahren. Finden Sie heraus, was zum Teufel da vor sich geht. Und vor allem, versuchen Sie Beweismaterial zu finden, das ihn fertigmacht. In

dieser Sache unterstützen wir sowohl Deutschland als auch Frankreich. Und wenn es sich einrichten läßt, könnten Sie versuchen, mit Stahl, Kuhlmanns Geheimagenten in Bordeaux, Verbindung aufzunehmen. Die Einzelheiten sind Ihnen bekannt...«

Tweed, erinnerte sich Newman, hatte mit ungewöhnlichem Nachdruck gesprochen und seine Worte unterstrichen, indem er mit der Hand auf den Tisch schlug. Alles Hinweise darauf, daß Tweed trotz der gelassenen, sachlichen Miene, die er zur Schau stellte, besorgter war als je zuvor.

»Moshe, diese Villa, zu der wir fahren – beschreiben Sie mir ihre Lage.«

»Westlich von St. Girons. Mitten im Wald, aber sehr dicht am Meer. Nachts hört man, wie die Wellen auf den Strand prallen. Und bei schwerer See auch am Tage. Die Dünen sind kilometerlang. Es war ein idyllisches Plätzchen, bevor das Morden begann.«

»Welches Morden?«

»Das sollen Sie selbst sehen. Die eigene Anschauung, heißt es, besagt mehr als tausend Worte. Und es gibt jemanden, der es Ihnen vermutlich noch besser zeigen kann als ich.«

»Wie sieht das Innere der Villa aus?«

»Es ist ein alter, einstöckiger Holzbau. An der der See zugewandten Seite zieht sich eine Veranda entlang. Drinnen gibt es zwei Schlafzimmer, ein Wohn- und Eßzimmer, eine Küche und eine Toilette. Das ist alles.«

»Die Ein- und Ausgänge?« fragte Newman weiter.

»Vorn eine schwere Holztür, die auf die Veranda führt, Fenster an der Vorder- und beiden Seitenfronten. Keines an der Rückfront, abgesehen von einem dicht über dem Boden, das vergittert ist. Durch dieses Fenster gelangt man in einen Graben, ähnlich dem, der mir in Tarbes das Leben gerettet hat. An einer Seite gibt es eine Hintertür. Und einen Keller – ohne Ausgang.«

»Jetzt kann ich mir eine Vorstellung machen«, erklärte Newman.

Er schwieg, während sie weiter durch die Nacht fuhren. Sie passierten St. Girons, wo keine Lichter mehr brannten, und ein Stück hinter der Ortschaft bog Moshe auf einen Pfad ein, der durch den Tannenwald führte. Newman sah auf die Uhr. In ungefähr zwei Stunden würde es zu dämmern beginnen. Angriffe fanden oft im Morgengrauen statt.

In Arcachon hatte sich Butler zufällig für das gleiche kleine Hotel entschieden, das Moshe Stein eine Weile zuvor als vorübergehenden Aufenthaltsort benutzt hatte. Sie betraten es wie geplant mitten in der Nacht. Paula hatte sich bei Butler eingehängt und drückte sich an ihn.

Butler vergeudete keine Zeit mit dem unsympathischen Nachtportier, der das Pärchen musterte, und Nield, der mit den Koffern die Nachhut bildete. Butler hielt zusammengefaltete Geldscheine in der Hand und verlangte drei nebeneinanderliegende Zimmer.

»Das könnte schwierig sein.« Der Portier schaute über seine halbmondförmigen Brillengläser hinweg. »Wir sind fast ausgebucht.«

»Ende November? Machen Sie mir nichts vor. Wir haben eine lange Fahrt hinter uns von der Côte d'Azur. Ich sagte drei Zimmer, nebeneinanderliegend. Aber wenn das nicht möglich ist...«

Die Geldscheine begannen in seiner Tasche zu verschwinden. Das munterte den Portier auf. Er tat, als schaute er im Zimmerverzeichnis nach.

»Entschuldigung. Zufällig habe ich drei solche Zimmer frei, im ersten Stock. Und das mitten in der Nacht...« Er nannte einen unverschämten Preis.

»Halten Sie mich für schwachsinnig?« fragte Butler. »Das hier ist für alle drei Zimmer für eine Nacht.«

»Ich sorge dafür, daß Sie nicht gestört werden.«

Der Portier grinste. Er war überzeugt, daß die drei Zimmer eine Finte waren – daß Paula das Bett mit Butler teilen würde. Was genau der Eindruck war, den sie erwecken wollten.

Butler trug Paulas Koffer in das mittlere Zimmer, so daß sie von Nield und ihm selbst in den anderen beiden Zimmern flankiert werden konnte. Er wollte gerade den Raum verlassen, als Paula sprach.

»Danke, Harry. Daß Sie auf mich aufgepaßt haben.«

»Wobei mir einfällt«, erwiderte Butler. »Keine privaten Abenteuer ohne uns!«

»Ich verspreche es. Morgen früh rufe ich Isabelle an. Ich hoffe, ich kann sie aufsuchen – mit meinen beiden Beschützern. Und am Nachmittag fahre ich dann in die Villa Forban, um meine Bekanntschaft mit Jean Burgoyne zu erneuern. Nachdem ich am Telefon mit ihr gesprochen habe.«

»Das sollte in Ordnung gehen. Solange Sie nicht vergessen, daß wir uns hier mitten in der Gefahrenzone befinden. Hier kann alles mögliche passieren. Gute Nacht...«

In einer kleinen Wohnung in der Nähe der Rue du Bac am linken Seine-Ufer in Paris saß Marler im Bett und rauchte eine seiner King Size-Zigaretten. Er war voll bekleidet mit französischen Jeans und einem französischen Hemd, und sein einziges Zugeständnis an eine kurze Ruhepause war der geöffnete Hemdkragen.

Neben ihm lag eines der fortschrittlichsten Mobiltelefone der Welt, konstruiert von den Leuten im Keller des Hauses am Park Crescent. Es war mit einem starken Sender ausgerüstet und hatte eine sehr lange Antenne, die auf Knopfdruck ausfuhr. Er hielt ständig Verbindung mit Tweed, der sich bei Navarre im Innenministerium aufhielt. Aber seine potentielle Reichweite war wesentlich größer.
In einem gepackten Koffer befand sich außer Kleidungsstücken noch ein Sortiment verschiedener anderer Dinge. Marler gab sich als Handlungsreisender für kosmetische Artikel aus; in dem Koffer steckten »Muster« – bestimmte Ausrüstungsgegenstände, die im Keller des Hauses am Park Crescent so getarnt worden waren, daß sie wie kosmetische Artikel aussahen.
In einer großen Reisetasche unter einer Wolldecke befand sich ein auseinandergenommenes Armalite-Gewehr mitsamt Munition und Nachtsichtgerät. Die Waffe war ihm in der Tasche von einem von Lasalles Kurieren in einem dubiosen Lokal auf dem Montmartre übergeben worden. Anschließend war Marler mit der Métro zu seiner Basis zurückgekehrt. Der einzige Mensch, der wußte, wo er sich aufhielt, war Tweed.
Marler hatte außerdem eine sehr große Summe Geldes bei sich und eine Sammlung von offenen Tickets für die Air Inter. Einige davon hatte er bereits gebraucht. Er schaute auf die Uhr, machte die Augen zu und schlief ein. Er war imstande, zu jeder Tages- und Nachtzeit ein Nickerchen zu machen. Das Mobiltelefon lag neben seinem Ohr auf dem Kopfkissen. Er erwartete neue Instruktionen und würde es sofort hören, wenn es piepte.

Dreiunddreißigstes Kapitel

»So, da wären wir. Mein kleines Heim im Walde«, sagte Moshe.
Newman betrachtete die Villa Jaune. Sie war groß, aber kaum mehr als eine alte Holzhütte, die auf einer Lichtung stand, umgeben von einer dichten Palisade aus Tannen, die im Dunkeln auf sie vorzurücken schienen. Woher das Haus den Namen »Jaune« – Gelb – hatte, konnte Newman sich beim besten Willen nicht vorstellen; aber er hatte keine Lust, Moshe danach zu fragen.
Er sah auf die Uhr. Noch mehr als eine Stunde bis Tagesanbruch. Während Moshe beide Koffer auf die Veranda trug und die schwere Haustür aufschloß, holte Newman die Tüte mit den zwanzig leeren Mineralwasserflaschen und Isabelles Trichter sowie den Benzinkanister aus dem Wagen.

Moshe hatte das Fahrzeug an der Seitenfront der Villa abgestellt, halb verborgen von dem Unterholz, in das er hineingefahren war. Newman erreichte die Veranda, als Moshe Licht einschaltete. Er legte seine Last nieder und rief: »Moshe, ich sehe mich draußen ein wenig um. Bin bald wieder da.«
»Ein Glas Wein wartet auf Sie...«
Es wehte ein böiger Wind. Als Newman um das Haus herumwanderte, hörte er ein Geräusch, das sich anhörte wie Meeresbranden, aber es waren die Baumwipfel, die im Wind rauschten. Dann legte sich der Wind plötzlich, aber ein ähnliches Geräusch dauerte fort. Das Auflaufen der Wellen auf den nahen Strand.
Newman überprüfte alle Zugangswege. Er ging zur Rückseite des Gebäudes und fand den tiefen Graben, von dem Moshe ihm erzählt hatte. Er war von dem toten Farn des Vorjahres überwuchert und führte von der Rückfront des Gebäudes fort. Ein Mann, der in ihm entlangkroch, würde für jeden Menschen, der auf ebener Erde stand, unsichtbar sein. Ungefähr auf halber Länge führte er durch ein Rohr, dahinter ging er weiter.
Newman empfand die Atmosphäre als bedrückend und fühlte sich eingeengt, als er sich mit seinem Smith & Wesson in der Hand lautlos über den schwammigen Boden bewegte. Er empfand das dringende Bedürfnis, ins Freie zu gelangen, und ging auf den Strand zu.
Der Wald endete unvermittelt. Vor ihm lag die endlose Weite des Atlantik. Große Brecher rollten langsam heran, prallten auf die Küste, überschütteten sie mit einem Teppich aus Gischt. Er vermochte auch im Dunkeln gut zu sehen, und plötzlich fiel ihm auf, daß sich am Strand etwas bewegte.
Er stand auf einer kleinen Anhöhe, und zwischen seinem Standort und der Küste lag eine ausgedehnte Dünenlandschaft. Weiter südlich waren die Dünen sehr hoch. Die Gestalt, die gebückt am Ufer stand und etwas aufsammelte, war eine alte, in einen schwarzen Schal eingehüllte Frau.
Er zog sich langsam in den Wald zurück und eilte dann wieder zu dem Haus. Es war leicht zu finden – helles Licht wies ihm den Weg. War Moshe verrückt? Er öffnete die Haustür, und sein Gefährte saß an einem großen Holztisch und trank Wein. Er deutete auf ein zweites Glas.
»Das ist für Sie.«
»Haben Sie den Verstand verloren? Was soll diese Festbeleuchtung? Sie machen es ihnen verdammt leicht, falls sie hinter Ihnen her sind.«
»Falls sie hinter mir her sind – ich bin bereit.«
»Aber ich nicht. Und unten am Strand treibt sich eine merkwürdige alte Frau herum. Um diese Zeit.«

»Gut!« Moshe sprang auf. »Die alte Martine. Sie wird Ihnen erzählen, was hier vorgeht. Wir gehen gleich zu ihr...«
»Nachdem Sie das verdammte Licht ausgeschaltet und die Tür abgeschlossen haben.«
Zusammen eilten sie zum Strand hinunter. Newman hatte Mühe, das Gleichgewicht zu halten, als er dem wesentlich behenderen Moshe über die Sanddünen folgte. Moshe rief die alte Frau an, dann warnte er Newman.
»Martine ist Fremden gegenüber sehr argwöhnisch. Aus gutem Grund, wie Sie hören werden. Ich werde Sie als Sicherheitsagenten aus England vorstellen – was Sie in gewisser Weise ja auch sind. Sie ist überzeugt, daß alle französischen Sicherheitsbeamten mit de Forge im Bunde stehen.«
Jetzt sah Newman, was die alte Frau getan hatte. Am Rande des Gischtteppichs, der den Strand bedeckte, sammelte sie an Land gespültes Treibholz. Ihr runzliges Gesicht mit einer Hakennase und einem kräftigen Kinn lugte unter dem Schal hervor, als Moshe Newman vorstellte.
»Ich bin in offiziellem Auftrag hier«, erklärte Newman ihr rundheraus. »Ich untersuche die Verbrechen von General de Forge.«
Ihre hellwachen Augen musterten ihn. »Für einen Engländer sprechen Sie sehr gut Französisch«, bemerkte sie.
»Man hat mir gesagt, daß man mich ohne weiteres für einen Franzosen halten kann.«
Newman sprach die Worte langsam auf englisch, wartete einen Moment, dann kehrte er zum Französisch zurück.
»Sie haben Informationen, die mir helfen könnten, ihn zur Rechenschaft zu ziehen?«
Der Damm brach. Sie sprach schnell, schwang ihr Bündel Treibholz wie eine Waffe. Ihre Augen glitzerten vor Haß.
»Mein Neffe gehörte zum Dritten Corps. De Forge hat ihn als Spion erschießen lassen. Genau wie viele andere, die er hier erschießen ließ. Das hier ist de Forges Friedhof. Kommen Sie mit. Kommen Sie. Ich zeige es Ihnen. Kommen Sie mit!«
Ihre freie Hand packte Newmans Arm. Er war überrascht von ihrer Kraft, als sie ihn zu den Dünen zerrte und dann losließ, um behende vor ihm hinaufzuklettern. Der Wind hatte sich gelegt, und als sie ihn in den Wald hineinführte, fort vom Tosen des Atlantik, legte sich eine unheimliche Stille über die kleine Gruppe.
Sie strebte auf die Villa Jaune zu, doch dann schlug sie einen südwärts führenden Pfad ein, der zwischen den Stämmen der hohen Tannen verlief. Newman sah auf die Uhr. Er hoffte, daß dies nicht lange dauern würde. Er

wollte so schnell wie möglich zum Haus zurückkehren. Als sie durch das schlafende St. Girons gefahren waren, hatte er in einer Seitenstraße ein parkendes Auto mit zwei Männern darin gesehen. All seine Instinkte sagten ihm, daß die größte Gefahr in der Zeit kurz vor Tagesanbruch drohte.

Die alte Frau führte sie einen kleinen Hang hinunter auf eine Lichtung, die übersät war mit flachen, von totem Unterholz und verrottendem Farn bedeckten Hügeln. Die alte Martine schwenkte ihr Bündel Treibholz wie einen Zauberstab.

»De Forges Friedhof.« Sie sah zu Newman auf. »Haben Sie starke Nerven?«

»Ich habe schon etliche unerfreuliche Dinge gesehen.«

»Dann graben Sie mit dem Fuß in einem dieser Hügel. Wenn Sie wollen, können Sie auch die Hände nehmen – mit Handschuhen. Aber es könnte sein, daß Ihnen nicht gefällt, was Sie finden werden...«

Newman hockte sich neben dem nächsten Hügel nieder, entfernte eine dichte Matte aus verfilztem Farn und schob vom letzten Regen feuchte Erde beiseite. Seine Hand stieß auf etwas Hartes. Er grub tiefer, hielt inne. Er starrte auf einen Schädel, Teil eines Skeletts, das seiner Schätzung nach schon seit mindestens zwei Jahren hier gelegen hatte.

Aber was seinen Blick vor allem auf sich zog, war das dritte Auge in dem Schädel. Ein Loch, das nur von einer Kugel herrühren konnte. Er zog seine Handschuhe aus und holte die kleine Kamera aus der Tasche, die ihm vom Park Crescent zur Verfügung gestellt worden war, drückte auf den Knopf für Nachtaufnahmen, machte drei Fotos. Dann zog er die Handschuhe wieder an, schüttete die Erde wieder auf und packte den Farn in seiner früheren Position wieder darauf.

»Und jetzt hier!«

Die alte Frau hatte das Kommando übernommen. Sie stand jetzt steif aufgerichtet da, und ihr knochiger Finger deutete auf einen weiteren Hügel, dem anzusehen war, daß sich erst kürzlich jemand daran zu schaffen gemacht hatte. Er ging hin, hockte sich abermals nieder, biß die Zähne zusammen, entfernte die Farnabdeckung und die Erde. Darunter lag die Leiche eines französischen Soldaten in den ersten Stadien der Verwesung. Diesmal konnte keinerlei Zweifel daran bestehen, daß er mit einer Kugel in die Stirn getötet worden war. Newman wußte, daß es ein französischer Soldat gewesen sein mußte, weil er noch die Uniform eines Gemeinen trug. Mit seiner Kamera machte er zehn Aufnahmen von dieser Leiche – der Leiche eines jungen Mannes, der in die Armee eingetreten war und dann so geendet hatte. Newman zwang sich, die Taschen des Toten zu durchsuchen, aber alle Erkennungszeichen waren entfernt worden. Er betrachtete den Mann, bevor er das Grab wieder schloß. Das Opfer erweckte den makabren Eindruck, als schliefe es.

»Und jetzt hier!«

Wieder die alte Frau und ihr knochiger Finger, der auf einen weiteren Hügel deutete. Newman empfand Übelkeit. Er schüttelte den Kopf, sah sich auf der Lichtung um, zählte zwanzig improvisierte Grabstellen. Ein grauenhaftes Verbrechen.

»Weshalb?« fragte er die alte Frau.

Martine spuckte auf den Boden. »De Forge beseitigt alle, die ihn nicht unterstützen. Ich habe Ihnen von meinem Neffen erzählt ...«

»Ja. Der angeblich ein Spion war. Aber was ist mit all den anderen? Sie können doch nicht alle Spione gewesen sein.«

»Einige weigerten sich, die Gräber auszuheben. Sie wurden erschossen.«

»Woher wissen Sie das?« fragte Newman.

»Ich habe gesehen und gehört, wie ein Mann seine Schaufel hinwarf, bei seinem Offizier protestierte. Er wurde sofort erschossen.«

»Wie konnten Sie das beobachten, ohne selbst gesehen zu werden?« fragte Newman, immer noch nicht überzeugt.

»Ich saß im Dunkeln im Unterholz, wenn ich hörte, daß sie da waren. Sie glauben der alten Martine nicht? Passen Sie auf.«

Sie entfernte sich, in Schwarz gekleidet, schien sich plötzlich in Luft aufzulösen. Newman hatte sie beobachtet und war verblüfft. Er sah sich überall um, dann rief er.

»Martine, wo stecken Sie?«

»Hier drüben.«

Gefolgt von Moshe ging Newman in die Richtung, aus der ihre Stimme gekommen war. Er wäre fast über die zusammengekauerte Gestalt gestolpert, die am Fuße eines dicken Baumstammes hockte. Er war überzeugt. Er sagte Moshe, daß er kurz zum Strand hinunterginge. Er wollte nicht das Risiko einer Infektion eingehen, nachdem er mit Leichen in Berührung gekommen war. Er warf seine Handschuhe ins Meer; die Flut lief aus. Dann bückte er sich und wusch seine Hände gründlich in der Brandung.

Auf dem Rückweg zu Moshe sah er Martine in einiger Entfernung, die wieder am Strand entlangwanderte und Treibholz einsammelte.

»Wir müssen so schnell wie möglich zurück zur Villa«, erklärte er Moshe.

»Sie wissen, wo Martine wohnt?«

»In einem winzigen Häuschen am Rande von St. Girons. Sie heizt mit Treibholz vom Strand und toten Ästen aus dem Wald. Was sie nicht selbst

braucht, verkauft sie, und mit dem Geld bestreitet sie ihren Lebensunterhalt.«
»Wie manche Leute so existieren ...«
»Wenigstens ist sie noch am Leben.« Moshe deutete mit einer Handbewegung auf den grauenhaften Begräbnisplatz. »Soldaten von de Forges Armee landen hier mit Schlauchbooten. Ich habe manchmal Gewehrfeuer gehört. Ich dachte, sie veranstalten Übungsschießen. Auf die Idee, daß es sich um Erschießungskommandos handeln könnte, bin ich nie gekommen.«
»Da wir gerade vom Überleben reden – sobald wir wieder in der Villa sind, müssen wir einige Vorkehrungen treffen. Und zwar tun wir folgendes ...«

Der Angriff kam etwas früher, als Newman erwartet hatte. Sie saßen im Haus und hatten nur das Licht eingeschaltet, das die Veranda erhellte, als sie hörten, wie fernes Gebrüll näherkam. »Tod allen Juden! Tod allen Juden!« Seit ihrer Rückkehr in Moshes Haus hatten die beiden Männer pausenlos gearbeitet. Moshe hatte das vergitterte Kellerfenster geölt, so daß es sich lautlos öffnen ließ. Newman hatte sich von Moshe Putzlappen geben lassen und sie in Streifen gerissen. Dann hatte er sich mit den Mineralwasserflaschen beschäftigt, die er von Isabelle erhalten hatte, und sie aufgeteilt – zehn für sich, zehn für Moshe. Die zugeschraubten Flaschen wurden auf die Taschen von Newmans Trenchcoat verteilt, andere steckte er in seinen Gürtel. Moshe trug ein Jackett mit großen Taschen, die gleichfalls mit Flaschen vollgestopft wurden; auch er steckte weitere in seinen Gürtel. Als das Gebrüll lauter wurde, gab ihm Newman sein Reservefeuerzeug. Inzwischen waren sie schon recht nahe herangekommen.
»Ich finde, Sie sollten verschwinden«, versuchte Moshe ihn zu überreden. »Wenn Sie gleich gehen, kommen Sie wahrscheinlich davon.«
»Es ist mein Krieg ebenso wie Ihrer. Mein Job ist es, de Forge Einhalt zu gebieten. Das sind seine Leute, die Ihnen ans Leder wollen. Darauf wette ich zehntausend Pfund.«
»Sie müssen verschwinden«, beharrte Moshe. »Ich wollte, ich hätte Sie gar nicht erst hierher mitgebracht.«
»Wollen Sie keine Rache? Ist das nicht das gleiche Gebrüll, das Sie auch in Tarbes hörten, bevor all Ihre Freunde verbrannt wurden?«
»Genau das gleiche ...«
»Also könnte es sich um die gleichen Leute handeln. Wollen Sie keine Rache?« wiederholte Newman.
»Wir können uns nicht einfach hinlegen und sterben, wie wir es früher getan haben.«

»Also weshalb zum Teufel nörgeln Sie dann herum?«
»Ich habe nicht genörgelt«, protestierte Moshe.
Newman grinste im Dunkeln. »Es hörte sich aber so an ...«
Er verstummte, als er hörte, wie das Gebrüll immer wütender wurde. Es klang, als befänden sie sich bereits auf der Lichtung, die die Villa umgab. Er schlich an ein Fenster, als ein Lichtschein das Innere des Hauses erhellte und unheimliche Schatten auf die Wände warf. Er hielt den Atem an.
Der Anführer der Angreifer hielt ein Feuerkreuz hoch – das Lothringer Kreuz, das General de Gaulle während des Zweiten Weltkriegs zum Symbol erhoben hatte. Newman starrte auf diese gespenstische Perversion eines geheiligten Zeichens. Der Anführer wurde flankiert von jeweils vier Männern, die in militärischer Flügelformation beiderseits von ihm auf das Haus vorrückten. Die Flügelmänner trugen brennende Fackeln und brüllten immer wieder den gleichen Satz. Es war purer Ku-Klux-Klan.
»Sie müssen jetzt verschwinden, Bob«, flüsterte Moshe.
»Entweder kommen wir beide hier lebend heraus – oder wir werden beide umgebracht«, sagte Newman ruhig. »Sie wissen, was Sie zu tun haben?«
»Ja, ich weiß es. Ist es soweit?«
»Lassen Sie sie noch ein bißchen näher herankommen. Die Schweine genießen das, wollen den Terror in die Länge ziehen.«
»Sie werden das Haus in Brand stecken.«
»Das ist *ihr* Plan. Jetzt setzen wir unseren in die Tat um ...«
Sie verließen das Haus durch das Kellerfenster und machten es hinter sich wieder zu. Newman ging voraus, kroch rasch in dem Graben voran. Er hatte das bereits vorher einmal getan, um sich zu vergewissern, daß sie das Rohr schnell passieren konnten. Am Ende des stickigen Grabens kam er wieder zum Vorschein und roch das Aroma der Tannen. Hinter ihm kletterte Moshe heraus. Wie sie es geplant hatten, bewegte sich Newman zur rechten Seite der Villa und Moshe zur linken.
Newman hielt eine Flasche in der Hand, schraubte den Deckel ab, und an die Stelle des Tannenaromas trat der Gestank von Benzin aus dem Kanister – in die Flasche eingefüllt mit Hilfe von Isabelles Trichter. Er zog ein kurzes Stück des Stoffstreifens heraus, den er in den Flaschenhals gesteckt hatte, bog um die Hausecke und stand den beiden äußeren Flügelmännern auf seiner Seite gegenüber. Mit seinem Feuerzeug setzte er den Streifen in Brand, schleuderte die Flasche. Sie landete zwischen den beiden Männern, explodierte in Flammen, die aufloderten und die Laken der beiden Männer in Brand setzten. Sie verwandelten sich in lebende, schreiende Feuersäulen.
Newman zündete eine weitere Lunte an, warf die Flasche auf den Anführer

mit dem obszönen Feuerkreuz. Sie explodierte vor seinen Füßen, hüllte seine unheimliche Verkleidung in Flammen. Das Kreuz schwankte, fiel zu Boden, und der Anführer stürzte, vor Entsetzen kreischend, in das Inferno.
Newman warf eine dritte Flasche. Sie explodierte schon kurz vor dem Aufschlagen und setzte die weißen Laken von zwei weiteren Angreifern in Brand. Sie ließen ihre Fackeln fallen, die noch zu der Feuersbrunst beitrugen.
Links von ihm warf Moshe seine Flaschen und traf seine Ziele. Vier Angreifer standen in Flammen, rannten schreiend ein paar Schritte und brachen dann zusammen. An diesem Morgen bestand die Hölle aus Flammen, die in der Dunkelheit loderten. An die Stelle des Gebrülls war das Heulen und Schreien der Männer getreten, die gekommen waren, um Moshe Stein zu ermorden, ihn zu verbrennen.
Dann herrschte plötzlich Stille, und das einzige Geräusch war das ersterbende Prasseln des Feuers, verbunden mit einem widerlichen Gestank, der durch die Luft driftete. Zwei Männer hatten sich bei dem vergeblichen Versuch, ihr Leben zu retten, auf dem Boden gewälzt; dadurch war es ihnen gelungen, das Feuer etwas rascher zu löschen, während die anderen Leichen völlig verkohlt waren.
Newman ging zu den beiden Toten hinüber. Die Laken waren verbrannt, aber ihre Kleidung war erstaunlicherweise nur angesengt. Unter den Laken trugen sie Uniformen der französischen Armee. Newman holte seine Kamera heraus und machte von jeder Leiche fünf Fotos.
»Das ist ja grauenhaft«, sagte Moshe, der hinter Newman getreten war.
Gestählt von den Erfahrungen, die er einige Jahre zuvor während eines Aufenthalts in der DDR zur Zeit des Kalten Krieges gemacht hatte, machte Newman mit völlig ruhigen Händen seine Aufnahmen. Er steckte die Kamera weg und holte die unbenutzten Flaschen aus seinen Taschen.
»Wenn wir sie nicht getötet hätten, dann hätten sie uns getötet. Jetzt habe ich Beweise. Ich schlage vor, daß wir sofort nach Arcachon zurückfahren. Ich muß mit Paris Verbindung aufnehmen ...«

Vierunddreißigstes Kapitel

Rauchfarbene Wolken hingen über Arcachon wie ein schwerer Deckel, und es war bitter kalt, als Paula um halb neun Uhr morgens in der Nähe des Hauses, in dem Isabelle Thomas wohnte, dem Renault entstieg.
Butler stieg gleichfalls aus, um sie zu begleiten. Pete Nield blieb am Steuer

sitzen – um den Wagen zu bewachen und den Hauseingang im Auge zu behalten. Sowohl Butler als auch Nield trugen kleine Walkie-Talkies bei sich. Falls sich irgend jemand dem Haus näherte, während sie darin waren, würde Nield Butler warnen.

Paula hatte vor der Abfahrt vom Hotel aus bei Isabelle angerufen. Die Französin schien über Paulas Ankunft nicht gerade begeistert zu sein, war aber mit ihrem Besuch einverstanden gewesen. Butler hatte darauf bestanden, Paula in die Wohnung zu begleiten.

Isabelle öffnete die Tür bei vorgelegter Kette. Sie lugte heraus und musterte Paula.

»Ja?« fragte sie.

»Ich bin Paula Grey. Ich wollte fragen, ob Sie etwas Gruyère-Käse haben.«

»Wer ist der Mann bei Ihnen?«

»Mein Aufpasser.« Paula lächelte. »Ein Freund und zugleich ein professioneller Leibwächter. Er hält mich an einer kurzen Leine.«

Isabelle löste die Kette und öffnete die Tür, und als sie drinnen waren, legte sie die Kette wieder vor und schloß ab. Sie führte sie durch das Wohn- und Eßzimmer zu einer Sitzecke. Butler sagte, er wolle nicht stören, ob es irgendeinen Platz gäbe, an dem er warten könnte?

»Möchten Sie Kaffee?« fragte Isabelle.

»Ja, gern. Schwarz und ohne Zucker«, erwiderte Paula.

Fünf Minuten später kehrte Isabelle mit dem Kaffee zurück; Butler war in der Küche geblieben. Wieder musterte sie Paula von Kopf bis Fuß, und sie lächelte nicht, als sie sich mit dem Tisch zwischen ihnen niederließ. Paula spürte eine untergründige Feindseligkeit, deren Ursache mit Isabelles nächster Frage zum Vorschein kam.

»Sie sind mit Bob Newman eng befreundet?«

»Ich arbeite für ein Sicherheitsunternehmen. Mr. Newman hilft uns von Zeit zu Zeit. Nach den Erfahrungen, die er als Auslandskorrespondent gemacht hat, kennt er sich in der Welt aus. Ich kenne ihn gut, aber daß wir eng befreundet wären, kann ich nicht sagen.«

Paula sah die Erleichterung in Isabelles Augen, obwohl sie versuchte, sich nichts anmerken zu lassen. Es war also Eifersucht. Sie konnte verstehen, daß Newman sich zu ihr hingezogen fühlte: Isabelle sah nicht nur ungewöhnlich gut aus, sie war außerdem sehr intelligent. Das erklärte den Enthusiasmus, mit dem Bob sie beschrieben hatte. Paula wechselte rasch das Thema.

»Fühlen Sie sich hier sicher? Sie haben einige böse Erlebnisse hinter sich.«

»Da ist etwas, das ich ihnen erzählen muß, Paula. Ich darf Sie doch Paula nennen?« Ihre Stimmung hatte sich verändert, sie war wesentlich lebhafter geworden. »Gut. Ich heiße Isabelle. Bob hat gesagt, ich soll nur ganz früh morgens einkaufen und die restliche Zeit im Haus bleiben. Ich habe genau das getan, was er gesagt hat.«

»Sehr vernünftig...«

»Warten Sie! Ich habe etwas gehört. Ein Verkäufer hat mir von einem Gerücht erzählt, nach dem ein merkwürdiges Schiff aus England mit einem gespaltenen Rumpf möglicherweise bald hier einläuft. Bob interessierte sich für dieses Schiff. Und für einen Mann, der Dawlish heißt.«

»Er wird erwartet?«

»Das weiß ich nicht.«

»Haben Sie eine Idee, wo der Verkäufer das Gerücht gehört hat?«

»Ja.« Isabelle wirkte erfreut. »Er hat mir erzählt, er hätte es in der Bar Martinique in der Nähe der Strandpromenade gehört.«

»Können Sie mir beschreiben, wo sich diese Bar befindet?« fragte Paula.

»Ja.« Isabelle war jetzt sehr hilfsbereit. »Ich kann Ihnen aufzeichnen, wie Sie von hier aus dorthin kommen. Sie müßte jetzt offen sein. Aber sie ist nicht gerade das feinste Lokal. Ich hole einen Block...«

Als sie die Skizze angefertigt hatte, fiel Paula auf, wie ordentlich und deutlich sie war. Wie ihre Handschrift. Sie trank noch mehr Kaffee, während die Französin die Skizze erklärte.

»Darf ich Sie etwas fragen?« erkundigte sich Isabelle, während Paula den Zettel zusammenfaltete.

»Fragen Sie.«

»Haben Sie eine Ahnung«, begann Isabelle zögernd, »wann mit Bobs Rückkehr nach Arcachon zu rechnen ist?«

»Nicht die geringste. Es kommt äußerst selten vor, daß er mir sagt, was er vorhat.«

»Paula!« Isabelle war wieder angespannt. »Das hätte ich beinahe vergessen, und es ist etwas, was Sie vielleicht wissen sollten. Ein paar Stunden nachdem er gegangen war, hat Bob noch einmal angerufen. Um mir zu sagen, daß er ziemlich sicher wäre, einen Leutnant Berthier gesehen zu haben, als er Arcachon am Abend verließ. Er hat ihn mir beschrieben. Er sagte, ich solle mich vor diesem Mann hüten.«

Paula war bestürzt. Sie erinnerte sich, wie er sie in Aldeburgh zum Admirality House gefahren und dabei einen Annäherungsversuch unternommen hatte. Daß er sich dort James Sanders genannt hatte, und daß er zu General de Forges innerem Kreis gehörte. Arcachon war doch nicht der sichere Hafen, den sie erhofft hatte. Sie formulierte ihre Antwort sehr vorsichtig.

»Ich habe von Berthier gehört. Er ist ein gefährlicher Mann. Bitte folgen Sie Bobs Rat und bleiben Sie nach Möglichkeit im Haus. Und jetzt muß ich weiter.«

»Sie müssen auch vorsichtig sein«, drängte Isabelle. »Und wenn Sie ein sicheres Versteck brauchen, dann kommen Sie unverzüglich hierher.«

»Wenn es sein muß, mache ich von Ihrem Angebot gern Gebrauch.« Paula verbarg ihre Bestürzung über Berthiers Anwesenheit. »Und wir bleiben in Verbindung.«

Butler kam aus der Küche. »Danke für den vorzüglichen Kaffee«, sagte er förmlich.

Als sie aus dem Haus traten, hielt er zuerst in beiden Richtungen Ausschau, dann gingen sie auf den Renault zu, hinter dessen Steuer Nield zu schlafen schien.

»Vertrauen Sie ihr?« fragte Butler.

»Die einzigen Menschen, denen ich in dieser Situation vertraue, sind Tweeds Leute. Daß Berthier hier aufgetaucht ist, gefällt mir gar nicht. Wir müssen nach ihm Ausschau halten, wenn wir unterwegs sind.«

»Wohin unterwegs?«

»Zur Bar Martinique. Von dort stammt das Gerücht, daß Dawlishs *Steel Vulture* möglicherweise hierherkommt. Jedesmal wenn ich an dieses Schiff denke, überläuft es mich. Es erinnert mich an den Tag, an dem Karin und ich bei Dunwich tauchten. Als wir hochkamen, sahen wir dieses unheimliche Schiff. Ich hoffe, wir bekommen in der Bar etwas heraus.«

Nicht gerade das feinste Lokal. Isabelles Beschreibung der Bar Martinique war die reinste Untertreibung. Paula ging allein hinein, und Butler folgte eine halbe Minute später, um den Eindruck zu erwecken, als wäre Paula ohne Begleitung. Diesmal blieb Nield nicht im Wagen, sondern betrat kurz nach Butler gleichfalls das Lokal.

Eine Matrosenkaschemme – obwohl sie nicht direkt am Hafen lag. Paula ging auf die Bar zu. Sie spürte, wie Matrosen sie unverhohlen anstarrten. Einer machte mit lauter Stimme eine anzügliche Bemerkung, die Paula ignorierte.

»Einen trockenen Wermut, bitte«, bestellte sie.

Sie ließ sich auf einem Barhocker nieder, und als der Barmann, ein ungemütlich aussehender Typ, der auf dem rechten Auge schielte, ihren Drink brachte, riskierte sie eine verfängliche Frage.

»Ich habe gehört, daß dieser englische Katamaran, die *Steel Vulture*, bald wieder nach Arcachon kommen soll. Stimmt das?«

»Keine Ahnung. Mein Job ist es, dafür zu sorgen, daß dieser Laden läuft.« Er warf einen Blick über Paulas Schulter. »Der Gast, den Sie fragen sollten, sitzt an dem Ecktisch hinter der Tür.«

Paula nippte an ihrem Drink. Für alkoholische Getränke war es entschieden zu früh am Tage, aber es würde merkwürdig aussehen, wenn sie das Glas voll stehenließ. Sie sah sich in der Bar um, an deren Wänden Fotos von nackten Frauen in verschiedenen Posen hingen. Dann erlebte sie eine böse Überraschung. An dem Ecktisch saß ein schwergebauter Mann mit breiten Schultern, der eine saubere Matrosenjacke trug. Brand.

Das letzte Mal hatte sie Dawlishs rechte Hand bei der Schießparty in Grenville Grange an der Alde gesehen. An dem Tag, an dem sie Dawlish interviewt und seine Avancen abgewehrt hatte. Brands Blick war direkt auf sie gerichtet. Er sagte etwas zu seinen beiden Begleitern, stand auf, kam auf sie zu. Seine große Hand packte ihre Schulter, während er sich auf den Hocker neben ihr schwang.

»Miss Paula Grey. Was hat eine nette Dame wie Sie in Arcachon zu suchen – und in einer Bar wie dieser?«

»Wenn Sie mit mir reden wollen, dann nehmen Sie bitte Ihre Pfote weg.«

»Eine empfindliche Dame.« Seine Hand verließ ihre Schulter. »Die Welt ist klein, wie man so sagt.«

»So ist es. Und was tun Sie hier, so weit von Aldeburgh entfernt?«

»Immer noch die neugierige Reporterin. Stellt ständig irgendwelche Fragen. Eines Tages wird diese Angewohnheit Sie noch in Teufels Küche bringen.«

»Interviews mache ich nur gelegentlich. Mein Hauptjob ist die Arbeit bei einer Versicherung.«

Brand lächelte unerfreulich. »Und Sie sind sehr geschickt darin, Fragen auszuweichen. Ich habe Sie gefragt, wieso Sie hier sind. In Arcachon. In dieser Bar.«

Paula schwenkte ihren Hocker herum, um ihm ins Gesicht zu sehen, aber auch, um notfalls schnell entkommen zu können. Sie lächelte kalt.

»Brand, ich schlage Ihnen ein Geschäft vor. Ich beantworte Ihre Fragen, wenn Sie zuerst die meinen beantworten. Ist das fair genug?«

»Nein, das ist es nicht.« Brands Miene verhieß nichts Gutes. »Von Ihnen lasse ich mich nicht aufs Kreuz legen.« Er streckte wieder die Hand aus, ergriff Ihren Unterarm, umklammerte ihn. Paula zwang sich, nicht zu stöhnen. Er hatte den Griff eines Affen. »Die letzte Frau, die das versucht hatte, ist immer noch gelb und grün am ganzen Körper. Ich will eine Antwort...«

»Ich kann Ihnen eine geben.« Butler war hinter Brand aufgetaucht. Seine Stimme war so beherrscht wie seine Miene. »Miss Grey und ich haben eine Verabredung. Und wenn Sie sie nicht auf der Stelle loslassen, dann breche ich Ihnen den Arm. Vielleicht sogar beide Arme.«

Brand ließ Paula los, glitt von seinem Hocker, fuhr zu Butler herum, der gut fünf Zentimeter größer war als er. Brand ballte die riesige Faust, starrte Butler an, der ganz still dastand. Irgend etwas an Butlers Haltung, seiner undurchdringlichen Miene verunsicherte Brand. Er zuckte die Achseln, wendete sich zum Gehen.

»Ich könnte Hackfleisch aus Ihnen machen«, knurrte er.

»Versuchen Sie es«, schlug Butler vor.

Brands Stiernacken rötete sich, ebenso sein Gesicht. Er drehte sich um und musterte Butler abermals. Sein Arm versteifte sich, machte sich bereit für den ersten Schlag.

»Wenn Sie wollen, können Sie eine Schlägerei haben«, fuhr Butler gelassen fort. »Natürlich wird dann jemand die Polizei rufen, und ich habe massenhaft Zeugen dafür, wer angefangen hat. Wenn Sie auf dem Boden liegen.«

»Sie kommen zu spät zu Ihrer verdammten Verabredung.«

Brand kehrte an den Ecktisch zurück, an dem seine beiden Kumpane warteten. Einer von ihnen hatte aufstehen wollen, als er sah, was passierte. Nield, der an den Tisch herangetreten war, drückte eine Hand auf die Schulter des Mannes und hielt ihn nieder. Dann wanderte sein Blick zu dem anderen Mann.

»DST. Wenn Sie irgendwelchen Ärger machen, schlage ich Ihnen den Schädel ein.« Seine rechte Hand steckte in seinem Mantel, umklammerte die Walther. »Und dann schleppe ich Sie als mutmaßlichen Terroristen zum Verhör ...«

Paula und Butler passierten den Tisch, an dem Brand sich gerade wieder niedergelassen hatte. Dawlishs rechte Hand schaute in die andere Richtung, als sie das Lokal verließen. Paulas Reaktion kam, als sie sich neben Butler niederließ, der sich ans Steuer gesetzt hatte. Nield stieg hinten ein.

»Danke, Harry. Das wurde ungemütlich. Haben Sie gesehen, wie groß seine Hand ist? Er hat mir ziemlich weh getan. Aber vor Ihnen hat er einen Rückzieher gemacht.«

»Was interessant ist«, bemerkte Butler. »Es war der Hinweis auf die Polizei, der ihm Angst einjagte. Sie wissen natürlich, wer er ist.«

»Brand. Dawlishs engster Vertrauter, soweit wir wissen. Er wurde ungemütlich, als ich ihn fragte, was er in Arcachon tut. Ich frage mich, ob die *Steel Vulture* wirklich kommen soll und ob er deshalb hier ist.«

»Es sei denn, er hat hier noch etwas anderes zu erledigen. Wohin fahren wir jetzt?«

»Zur Villa Forban. Ich möchte Jean Burgoyne besuchen. Sie ist sicher, daß de Forge heute nicht kommt. Aber wir sollten trotzdem vorsichtig sein – sehr vorsichtig.«

»Ich dachte, das wäre genau der Grund, aus dem Pete und ich Sie begleiten«, bemerkte Butler trocken.

Er studierte die Karte, die Paula von Lasalle erhalten und auf der er ihr die abgelegenste Route zu der Villa gezeigt hatte. Dann fuhr er auf Paulas Wunsch hin die windgepeitschte Uferpromenade entlang. Paula wollte ganz sicher sein, daß die *Steel Vulture* noch nicht eingetroffen war. Das Wetter war so ungemütlich, daß sich kein Fischerboot aus dem Schutz des *bassin* herauswagte.

Paula fuhr plötzlich hoch.

Die Uferpromenade war fast menschenleer. Eine zusammengefaltete Markise über dem Schaufenster einer Eisdiele knallte heftig und versuchte, sich loszureißen. Selbst innerhalb des *bassin* gingen die Wellen hoch, türmten sich auf und überschlugen sich. In einiger Entfernung schwankten die Masten der im Hafen liegenden Schiffe.

Ein Mann, der einen Trenchcoat trug und dessen Haar im Wind flatterte, kam auf sie zu. Paula war sicher – sie wußte, zu wem die sportliche Haltung, der schwingende Schritt des hochgewachsenen, einsamen Spaziergängers gehörten.

»Harry, halten Sie an, wenn wir den Mann, der da auf uns zukommt, erreicht haben.«

Als er näherkam, sah Paula, daß es tatsächlich Victor Rosewater war. Der letzte Mensch, mit dem sie in Arcachon gerechnet hatte. Als Butler angehalten hatte, trat sie hinaus in den Sturm.

»Victor! Was für eine wundervolle Überraschung. Ich wäre nie auf die Idee gekommen, daß ich Sie hier treffen würde.«

Rosewater blieb stehen, schaute in den Wagen und warf Paula einen fragenden Blick zu. Das war typisch für ihn – sich nicht direkt in irgendwelche Dinge einzumischen.

»Das geht in Ordnung«, versicherte sie ihm. »Es sind Tweeds Leute. Sie können also offen reden. Was tun Sie hier?«

»Tweed hat mich wissen lassen, daß Sie hier in der Gegend sind. Ich habe Monica angerufen. Eine äußerst vorsichtige Dame. Ich mußte ihr eine Nummer geben, damit Tweed zurückrufen konnte.«

»Und weshalb sind Sie hier, Victor? Es ist schön, Sie zu sehen.«

»Vor allem wollte ich Sie finden. Deshalb bin ich hier entlanggewandert. Können wir uns unterhalten?«

»Später am Tage. Ich bin gerade zu jemandem unterwegs. Sehen Sie das Café in der Nebenstraße? Wollen wir uns gegen vier Uhr heute nachmittag dort treffen?«

»Ich werde halb vier dort sein. Falls erforderlich, werde ich warten und warten und warten ...«

»Wer war das?« fragte Butler, als er, immer noch in Richtung Hafen, die Seitenstraße entlangfuhr.

»Victor Rosewater, ein Offizier vom militärischen Geheimdienst. Er ist in Freiburg stationiert, reist aber viel herum.«

Sie erzählte ihm, wie sie und Tweed Rosewater im Hotel Drei Könige in Basel getroffen hatten und von dem Mord an seiner Frau Karin, den sie fast als Augenzeugin miterlebt hatte. Butler fuhr inzwischen weiter am *bassin* entlang. Sie erreichten den Hafen. Die *Steel Vulture* war nirgends zu sehen.

»Wir sollten jetzt direkt zur Villa Forban fahren«, sagte Paula nach einem Blick auf die Uhr. »Ich wollte, ich könnte Tweed wissen lassen, daß Brand hier ist.«

»Auf der Hinfahrt habe ich eine Telefonzelle gesehen«, erinnerte sich Nield. »Von der aus könnten Sie ihn anrufen ...«

Tweed, nach wie vor in Paris, hatte die Nacht im Innenministerium verbracht. Navarre hatte für ihn und Kuhlmann Feldbetten aufstellen lassen. Tweed war noch steif von der Nacht auf dem Feldbett, als Paula anrief. Er hörte zu, wie sie von der Anwesenheit Brands in Arcachon berichtete, von ihrer Begegnung mit Victor Rosewater.

»Ja, ich habe ihm gesagt, daß er Sie möglicherweise in Arcachon finden würde«, bestätigte Tweed. »Er rückt näher an den Feind heran. Berichten Sie mir, was er gesagt hat, nachdem Sie sich heute nachmittag mit ihm getroffen haben. Vielleicht verfügt er über neue Informationen. Ich muß unbedingt auf dem laufenden bleiben.«

»Was ist mit Bob Newman?« fragte sie.

»Bisher kein Wort von ihm. Aber ich rechne damit, bald zu erfahren, was er herausgefunden hat. Und nun hören Sie zu, Paula. Die Villa Forban ist ein überaus gefährlicher Ort. Frankreich hat keinen Präsidenten, aber Navarre ist letzte Nacht mit knapper Mehrheit zum Premierminister gewählt worden. Das könnte de Forge zu einem entscheidenden Schritt veranlassen. Er ist unberechenbar. Sie könnten in der Villa Forban in eine ziemlich gefährliche Situation geraten.«

»Im Augenblick ist die Luft rein, und es ist eine einmalige Chance, irgendwelche wichtigen Dinge herauszufinden. Jean steht ihrem Freund sehr nahe.«

»Sie werden begleitet?« fragte Tweed.

»Ununterbrochen. Sie kleben an mir wie Heftpflaster. Machen Sie sich keine Sorgen. Und jetzt muß ich Schluß machen. Bis später.«

Tweed legte den Hörer mit einem sehr unguten Gefühl auf und wünschte sich, er hätte ihr den riskanten Ausflug verboten.

General de Forge richtete ein Lineal so aus, daß es mit der Kante seines Schreibtisches genau parallel lag. Lamy empfand diese Geste als typisch: de Forge war berühmt dafür, daß er peinlich genau auf jedes Detail achtete. Einige der Offiziere nannten es Besessenheit. Der General musterte seinen Untergebenen, der ihm in dem großen Raum gegenübersaß und gerade über die Ankunft weiterer Sabotage-Einheiten in Paris berichtet hatte.

»Also kann Paris«, schloß Lamy, »destabilisiert werden, sobald Sie den Befehl dazu geben. Die Ernennung von Navarre zum Premierminister wird daran nichts ändern. Er wird nicht in der Lage sein, die Situation zu meistern.«

»Ich muß ständig an Jean Burgoyne denken«, bemerkte de Forge, ins Leere blickend. »Ob ich ihr trauen kann oder nicht.«

»Sie wollten heute nicht zu ihr fahren«, erinnerte ihn Lamy. »Sie haben eine Menge zu erledigen.«

»Sicherheit steht an oberster Stelle«, fuhr de Forge fort, als hätte er Lamy nicht gehört. »Sie hat Vorrang vor allem anderen. Lassen Sie den Wagen kommen.« Er hatte eine seiner instinktiven Entscheidungen getroffen; jetzt stand er auf und rückte sein Képi zurecht. »Wir fahren unverzüglich zur Villa Forban. Mit einer bewaffneten Eskorte.«

»Wollen Sie das wirklich, General?« fragte Lamy.

»Ich bin ein aufmerksamer Beobachter.« De Forges Mund verspannte sich. »Ich war kürzlich in der Villa und ließ, während ich duschte, meine Depeschenmappe auf einem Tisch liegen. Hinterher, als ich sie holte, fiel mir auf, daß sie nicht mehr wie vorher genau an den Intarsien des Tisches ausgerichtet war. Ich weiß, daß hier irgendwo ein Spion sitzt, der Lasalle Bericht erstattet. Wenn wir diesen Spion identifiziert haben, wird er – oder sie – dafür büßen müssen und bei den anderen in den Landes enden. Meine Eskorte wird mit automatischen Waffen ausgerüstet...«

Fünfunddreißigstes Kapitel

Marler hatte zwei Reisetaschen bei sich, als er aus der Air Inter-Maschine ausstieg, mit der er aus Paris gekommen war. Die Tatsache, daß es bei Inlandsflügen keine Sicherheitskontrollen gab, war ein großer Vorteil.
Er trug Jeans, einen Anorak und Turnschuhe sowie eine Baskenmütze, die er in einem flotten Winkel in die Stirn gezogen hatte. Eine französische Melodie pfeifend, wanderte er gemächlich durch die Halle. Niemand wäre auf die Idee gekommen, daß kein ganz gewöhnlicher Franzose war.
Der Peugeot, den er von Paris aus telefonisch gemietet hatte, wartete auf ihn. Er wies seine falschen, auf einen häufig vorkommenden französischen Namen ausgestellten Papiere vor, zahlte bar und stieg ein.
Er fuhr ein paar Meter am Bordstein entlang, dann hielt er an und holte eine Karte der Gegend hervor. Er überprüfte, ob er die Route richtig in Erinnerung hatte, dann fuhr er los. Tweeds Anruf mit neuen Instruktionen hatte ihn in seiner Basis in der Wohnung in der Nähe der Rue du Bac erreicht. »Verstärken Sie den Druck«, war Tweeds erste Anweisung gewesen.

Im Innenministerium in Paris hatte Navarre Tweed ein eigenes kleines Büro zur Verfügung gestellt, in dem sich ein Scrambler-Telefon befand. Es war früher Nachmittag, und er saß in Hemdsärmeln am Tisch und putzte mit dem Taschentuch seine Brillengläser.
Er versuchte sich vorzustellen, wie Lord Dawlish es schaffen konnte, Waffen an Bord der *Steel Vulture* zu schmuggeln – sofern Seine Lordschaft das tat. Schließlich spielte er eine wichtige Rolle im internationalen Rüstungsgeschäft. Aber die *Vulture* war in ihrem Heimathafen Harwich zweimal auf Drogen durchsucht worden. Würde Dawlish es riskieren, mit seinem einzigartigen Schiff Waffen zu transportieren? Heathcote, der Hafenmeister, konnte jederzeit eine weitere Durchsuchung anordnen. Nein, Dawlish war zu klug, das Risiko des Ruins und einer langen Gefängnisstrafe einzugehen. Irgend etwas lauerte im Hintergrund von Tweeds Kopf, das er sich nicht ins Bewußtsein rufen konnte. Er wählte die Nummer des Büros am Park Crescent, sprach mit Monica.
»Paula hat Ihnen einen Bericht diktiert über die Ereignisse in Dunwich und Aldeburgh an dem Tag, an dem ihre Freundin Karin Rosewater ermordet wurde. Könnten Sie ihn mir noch einmal vorlesen? Ich muß mir die Details vergegenwärtigen...«
Er hörte zu, wie Monica ihm den Bericht vorlas. Gelegentlich machte er sich eine Notiz auf dem vor ihm liegenden Block.

»Das war's«, sagte Monica. »Hat es Ihnen weitergeholfen?«
»Ich weiß es nicht. Irgendwas ist mir nach wie vor entgangen, aber ich bin sicher, daß es da ist. Es wird mir wieder einfallen – hoffentlich noch rechtzeitig. Sonst gibt es hier nichts Neues...«
Tweed hatte Monica schon früher angerufen und sie über seine neue, temporäre Basis informiert. *Nichts Neues* – das entsprach nicht ganz der Wahrheit. Die Nationalversammlung hatte Navarre als Premierminister bestätigt – mit knapper Mehrheit.
Die Tür ging auf, und der Mann, an den er gerade gedacht hatte, kam herein. Navarre hatte nur zwei Stunden geschlafen, steckte aber voller Energie. Er setzte sich auf die Kante von Tweeds Schreibtisch und verschränkte die sehnigen Hände.
»Jetzt habe ich ein Problem, mein Freund. Ich war im Begriff, ein großes Kontingent von schwer bewaffneter CRS mit einer Flotte von Hubschraubern nach Süden zu schicken. Jetzt berichtet mir Lasalle, daß eine kleine Armee von Saboteuren Paris infiltriert hat und Stellung bezieht, um einen Aufstand anzuzetteln. Also was unternehme ich – konzentriere ich meine Kräfte im Norden – hier – oder im Süden?« Er schwenkte eine Hand. »Ich erwarte keine Antwort. Die Entscheidung kann nur ich treffen. Aber de Forge ist im Begriff, seinen großen Schritt zu tun und in Paris die Macht zu ergreifen.«
»Was ist mit de Forges Vorgesetztem, General Masson, dem Chef des Generalstabes? Er könnte ihn absetzen.«
»Ich habe ihn bereits aufgefordert, das zu tun. Er hat sich geweigert. Sagte, wenn ich darauf bestünde, würde er sein Amt niederlegen. Wie würde sich das auf die öffentliche Meinung auswirken? Die Meldung, daß der Chef des Generalstabs zurücktritt? Es würde de Forge direkt in die Hände spielen. Jetzt vermute ich, daß Masson dem *Cercle Noir* angehört, daß er de Forges Kreatur ist.«
»Das ist eine schwierige Entscheidung – wo Sie die paramilitärischen CRS-Einheiten stationieren sollen«, bemerkte Tweed.
»Eine Entscheidung, die ich in den nächsten Stunden treffen muß. Oh, Kuhlmann möchte Sie sehen...«
Der Deutsche kam, sobald Navarre gegangen war. Er rauchte seine unvermeidliche Zigarre und machte einen frischen, entschlossenen Eindruck. Nachdem er sich Tweed gegenüber niedergelassen hatte, kam er gleich zur Sache.
»Ich habe beschlossen, diese Siegfried-Geschichte auf meine Art zu handhaben. Fast alle Beamten des BKA haben Wiesbaden verlassen und sich

über ganz Deutschland verteilt. Sie setzen alle uns bekannten Informanten unter Druck, um die geheimen Zellen von Siegfried zu lokalisieren. Ich habe sie angewiesen, die Leute, falls erforderlich, mit allen erdenklichen Mitteln zum Reden zu bringen.«

»Der Bundeskanzler weiß das?«

Kuhlmann schlug sich mit der Hand gegen die Stirn – eine gespielte Geste der Vergeßlichkeit. Dann grinste er.

»Wissen Sie was? Bei alldem, was vor sich geht, ist mir der Gedanke, es ihm zu berichten, überhaupt nicht gekommen. Und jetzt, denke ich, werde ich erst einmal abwarten, was bei dieser gnadenlosen und gründlichen Suchaktion herauskommt. Ich halte Sie auf dem laufenden...«

Wieder allein, überlas Tweed noch einmal die Notizen, die er sich über Paulas Bericht gemacht hatte. Alles war jetzt ein Wettlauf gegen die Zeit. Kuhlmanns offensiver Versuch, Siegfried zu lokalisieren, seine eigene Suche nach dem Weg, auf dem Dawlish Waffen und Munition für de Forge schmuggeln konnte. Paulas Nachricht, daß Brand in Arcachon war, machte alles noch dringlicher.

Es dämmerte bereits, als Lord Dane Dawlish den Strand von Dunwich hinunterging, um in ein wartendes Schlauchboot mit Außenbordmotor einzusteigen. Anstelle seines Bowlers trug er jetzt eine Schiffermütze und einen blauen Blazer mit Goldknöpfen und eine dunkelblaue Hose.

Dawlish war ein Mann, der es liebte, sich der Rolle entsprechend zu kleiden, die er gerade spielte. Gegenwärtig bot er den Anblick eines Schiffseigners. Das paßte zu den Gegebenheiten und stärkte seinen Ruf als Playboy. Wenn ihm dann noch eine hübsche Frau über den Weg lief – um so besser; dann würde er alles tun, um seinem Playboy-Image gerecht zu werden.

Die *Steel Vulture*, die früh am Morgen von Harwich herübergekommen war, ankerte ein Stück von der Küste entfernt. Selbst jetzt noch, in der Abenddämmerung, gingen Taucher über Bord und erkundeten die Tiefen des versunkenen Dorfes.

»Ist das Unternehmen abgeschlossen?« fragte er den Ersten Maat, der gekommen war, um ihn abzuholen, als die Besatzung das Schlauchboot an den zweigeteilten Rumpf des riesigen Schiffes heranmanövrierte.

»Es ist noch im Gange, Sir.«

»Eigentlich müßte alles längst erledigt sein. Wenn wir hinter dem Zeitplan zurückbleiben, werden verschiedene Leute einen Tritt in den Hintern bekommen.«

»Ich bin froh, Ihnen berichten zu können, daß alles planmäßig läuft, Sir.«
»Sie sind vielleicht froh, aber ich bin es erst dann, wenn der Kapitän mir meldet, daß die Ladung an Bord ist...«
An Land beobachteten ein paar Dorfbewohner, dick vermummt gegen die Kälte, die *Steel Vulture* durch Ferngläser. Sie waren fasziniert von Dawlishs Beharrlichkeit, das versunkene Dorf zu erkunden.
In der Dorfkneipe hatte reger Betrieb geherrscht – Taucher, die in ihren Pausen an Land kamen und ihren Durst mit Bündeln von Geldscheinen löschten. Dawlish war populär. Dawlish war gut fürs Geschäft. Niemand argwöhnte, daß da irgend etwas Finsteres vorgehen könnte. Sie sahen zu, wie Dawlish die unmittelbar über der ruhigen See hängende Plattform betrat.
Als die *Steel Vulture* am Morgen aus Harwich angekommen war, hatte sie eine Drehung um hundertachtzig Grad ausgeführt, bevor sie vor Anker gegangen war. Jetzt lag sie ungefähr eine halbe Meile von der Küste entfernt, und vom Strand aus war zu sehen, was an ihrer Steuerbordseite vorging.
Was die Neugierigen nicht sehen konnten, waren die Aktivitäten an der der See zugewandten Backbordseite. Ein massiger, fahrbarer Kran bewegte eine lange, bis tief ins Meer hinabreichende Kette. Wenn der Kran nicht gebraucht wurde, stand er, in sich zusammengeschoben, in einem riesigen, würfelförmigen Deckaufbau.
Auf einer Plattform, nicht weit vom Heck entfernt, stand ein modernes Wasserflugzeug. Es war nicht nur mit Schwimmern ausgerüstet, sondern hatte auch ein einziehbares Fahrwerk; es konnte so ausgefahren werden, daß unterhalb der Schwimmer Räder erschienen, die das Landen auf festem Grund ermöglichten.
Die *Vulture,* auf einer norwegischen Werft entworfen und gebaut, hatte Dawlish rund vierzig Millionen Dollar gekostet. Dawlish begab sich sofort auf die Brücke, und als er sich an Santos, den Kapitän, wendete, war er in sehr aggressiver Stimmung.
»Ich nehme an, wir können heute nacht nach Arcachon fahren?«
Santos breitete entschuldigend die Hände aus. »Ich fürchte, das Laden wird noch ein paar Stunden dauern. Vielleicht können wir morgen fahren...«
»Ein paar Stunden!« Dawlish war wütend, und seine Augen funkelten den Kapitän an. »Ich hätte schon früher kommen und ein paar Schädel gegeneinanderschlagen sollen. Weshalb zum Teufel muß ich mich selbst um alles kümmern, wenn ich will, daß der Zeitplan eingehalten wird? Es ist immer dasselbe. Alles und jedes muß ich selbst erledigen.«

»Es ist gefährliche Arbeit«, wendete Santos ein. »Sie wollen doch bestimmt nicht, daß wir mit einer solchen Fracht einen Unfall riskieren.«
»Erstatten Sie mir alle halbe Stunde Bericht. Die Laster sind in der Nacht entladen worden?«
Er bezog sich auf die Lastwagen, die von der Fabrik im Wald an der Straße nach Orford gekommen waren. Der Fabrik, die Newman und Marler hatten erkunden wollen, bis sie die Minen entdeckten, die sie zwangen, den Versuch aufzugeben.
Die Bewohner von Dunwich waren nicht überrascht, als mitten in der Nacht Lastwagen eintrafen. Zwei Taucher, die im Ship Inn saßen, hatten beiläufig erwähnt, daß die Lastwagen Proviantnachschub für die Besatzung bringen würden und Ausrüstungsgegenstände für die Taucher, die mit modernsten Geräten das versunkene Dorf erkundeten.
Santos wünschte sich, Dawlish würde die Brücke verlassen. Er war panamaischer Staatsangehöriger und erhielt mehr Geld, als er irgendwo anders auf der Welt hätte verdienen können. So viel Geld, daß er den Mund hielt.
»Erstatten Sie mir alle halbe Stunde Bericht!« wiederholte Dawlish, dann stürmte er in seine Luxuskabine hinunter.
Sein Quartier war mit der modernsten Nachrichtentechnik ausgestattet. Er hatte kaum die Tür geschlossen und war dabei, sich einen großen Scotch einzugießen, als sein privates Funktelefon läutete.
»Verdammter Mist.«
Er stellte sein Glas ab, ließ sich in einem Sessel nieder und nahm den Hörer ab. Brands tiefe Stimme kam aus Arcachon über die Leitung, klar und unverzerrt.
»Hier könnte es Probleme geben. Raten Sie mal, wer mir hier in einer Bar über den Weg gelaufen ist ...«
»Ich mag keine Ratespiele. Kommen Sie zur Sache, aber schnell.«
»Diese Ziege Paula Grey, die Sie interviewt hat. Ich habe versucht, herauszubekommen, was sie hier tut, habe aber nichts erreicht.«
»Das kann kein Zufall sein ...«
Dawlish gab Brand präzise Anweisungen, verschlüsselte sie aber in Worten, die niemand sonst verstehen konnte. Er wußte, daß die britische Regierung in Cheltenham eine hochtechnisierte Abhöranlage besaß, und ging deshalb keinerlei Risiko ein. Während des Gesprächs hatte keiner der beiden Männer den anderen beim Namen genannt. Und was Paula Grey betraf, so glaubte Dawlish nicht, daß bei der Erwähnung ihres Namens irgendetwas läuten würde.

Tweed war gerade von einem Spaziergang durch Paris zurückgekehrt. Es nieselte; der Himmel hing wie eine ungemütliche graue Decke über der Stadt. In der Bevölkerung hatte er ein wachsendes Unbehagen gespürt. Er war in ein Lokal gegangen und hatte, während er eine Tasse Kaffee trank, einem Gespräch zwischen einigen Gästen zugehört. Wenn man bedachte, daß sie nicht gerade zur Elite der Pariser Gesellschaft gehörten, waren ihre Ansichten bestürzend.

»Wir brauchen General de Forge«, hatte ein Mann gesagt. »Er muß den Laden hier übernehmen.«

»Meiner Meinung nach könnte er ein zweiter de Gaulle sein«, hatte ein anderer ihm beigepflichtet.

»Ein starker Mann, der imstande ist, diese Araber und das andere fremde Gesindel hinauszuwerfen«, hatte ein dritter Gast verkündet. »Ich weiß genau, was ich tun würde. Diese Kerle zusammentreiben und die ganze Bagage dorthin zurückschaffen, wo sie hergekommen ist. Und dafür ist de Forge genau der richtige Mann...«

Wieder beim Innenministerium angekommen, zeigte Tweed den Ausweis vor, den Navarre für ihn ausgestellt hatte. Er eilte in sein Büro, wo gerade das Telefon läutete. Er griff rasch nach dem Hörer.

»Ja, bitte?«

»Monica. Ich habe weitere Neuigkeiten. Ich hoffe, Sie verstehen mich. Erstens, die Aufnahmen, die Marler gemacht hat, als er mit Newman diesen Angelausflug unternahm.«

Sie bezog sich auf die Aufnahmen, die Marler bei ihrem kurzen Vorstoß auf Dawlishs Fabrik im Wald an der Straße nach Orford von dem laborähnlichen Gebäude gemacht hatte.

»Ja. Sie haben sich verdammt viel Zeit gelassen, sie zu entwickeln und ihren Kommentar dazu zu liefern.«

»Es ist merkwürdig. Ich greife ein bißchen vor. Als aus Porton die Untersuchungsergebnisse und der wissenschaftliche Bericht kamen, hat der Innenminister das Sonderdezernat ermächtigt, den Betrieb zu durchsuchen. Leute aus Porton waren mit von der Partie. Ich muß Ihnen sagen, daß sie nichts gefunden haben.«

»Gar nichts?«

Tweed war verblüfft. Er erinnerte sich an den Bericht des Tierpathologen über den toten Fuchs, den Newman mitgebracht hatte. Nervengas.

»Das verstehe ich nicht«, bemerkte er.

»Warten Sie. Ich sagte, daß ich ein bißchen vorgreife. Die Aufnahmen, die Marler gemacht hatte, wurden in Porton genau unter die Lupe genommen –

soweit ich verstanden habe, mit neuen Vergrößerungstechniken. Nach Ansicht der Experten waren einige der Behälter, die darauf zu erkennen waren, genau von der Art, die für Nervengas benutzt wird. Deshalb ihre Bereitwilligkeit, die weite Reise zu machen und sich den Leuten vom Sonderdezernat anzuschließen.«

»Also was zum Teufel haben sie in diesem Labor entdeckt – beziehungsweise nicht entdeckt?«

»Die Fabrik war leer. Kein einziger Behälter war noch vorhanden. Und sie haben alles mit Spezialinstrumenten untersucht. Alles war pieksauber. Fast zu sauber – so hat es einer der Wissenschaftler ausgedrückt. Und keine Tretminen.«

»Danke, Monica. Wir bleiben in Verbindung…«

Tweed war niedergeschlagen, als er den Hörer auflegte. Ihm war immer noch so, als hätte er etwas übersehen. Er griff nach den Notizen, die er sich über Paulas Bericht gemacht hatte, und las sie abermals. Wort für Wort.

Butler fuhr mit dem Renault die Landstraße entlang und hielt ungefähr hundert Meter vom Eingang der Villa Forban entfernt an. Wie vorher besprochen, stieg Paula aus und ging rasch auf das geschlossene Gittertor zu.

»Ich habe ein ungutes Gefühl bei dieser Sache«, sagte Nield, der im Fond saß.

»Ich auch«, erwiderte Butler. »Deshalb die Vorsichtsmaßnahmen, auf die wir uns geeinigt haben.«

Paula erreichte das Tor und sah die in eine der Pfosten eingelassene Sprechanlage, auf die Jean Burgoyne sie hingewiesen hatte. Sie drückte auf den Knopf und schaute die Straße hinunter, die zum Hauptquartier des Dritten Corps führte.

»Ja? Wer ist da?«

Jeans unverwechselbare Stimme, die französisch sprach. Paula brachte den Mund nahe an die Sprechanlage heran.

»Paula. Sind Sie allein?«

»Ja. Kommen Sie herein. Ich öffne…«

»Nein, machen Sie das Tor nicht auf. Wir kommen von der Rückseite des Geländes. Bitte vertrauen Sie mir. Schließen Sie eine Hintertür auf – ich werde in ungefähr fünf Minuten dort sein. Okay?«

»Wie Sie wollen. Ich freue mich sehr darauf, Sie wiederzusehen.«

Paula lief zu ihrem Wagen zurück, stieg neben Butler ein und sagte ihm, daß alles in Ordnung und Jean allein war. Butler nickte wortlos, dann fuhr er von der Straße herunter auf einen schmalen Feldweg. Er hatte sich eine Karte im großen Maßstab angesehen, bevor sie Arcachon verließen, und dabei diesen Weg gefunden, der zur Rückseite der Villa führte. Er hatte außerdem festgestellt, daß er sich gabelte und daß ein weiterer schmaler Feldweg über das Land führte und dann zurück zu der Straße, auf der sie gekommen waren.

Rechts von ihnen verlief eine hohe Steinmauer. Das störte Butler nicht weiter, denn er hatte sich am Vorabend von Paula die Villa so genau wie möglich beschreiben lassen. Vor ihrer Abfahrt war er bei einem Schiffsausrüster gewesen und hatte ein starkes Tau und einen Enterhaken gekauft. Damit würden sie die Mauer an der Rückseite erklettern können.

Es war früher Nachmittag, und der Himmel sah aus wie dicke Erbsensuppe. Es war windstill, aber sehr kalt. Der Wetterbericht, den Butler abhörte, so oft er konnte, hatte dichten Nebel von der See her angekündigt. Sie waren später daran als vorgesehen, und auch das beunruhigte Butler. Sie waren einmal falsch abgebogen.

Nachdem er dem Weg, der um das ummauerte Grundstück herumführte, ein Stück weit gefolgt war, stellte Butler fest, daß sie das Tau und den Enterhaken nicht brauchen würden. Er lenkte den Wagen unter die überhängenden Äste eines Baumes, dessen Stamm sich auf der anderen Seite der Mauer befand.

»Was meinen Sie, Paula – schaffen Sie es, sich an diesem Ast hochzuziehen und an dem Stamm an der anderen Seite hinunterzuklettern?«

Sie warf ihm einen verächtlichen Blick zu, öffnete ihre Tür und wollte aussteigen. Butler legte ihr eine Hand auf den Arm.

»Wir tun dies auf meine Art. Wir befinden uns auf feindlichem Territorium.«

»General de Forges Hochburg«, bemerkte Nield. »Wir müssen verrückt sein.«

»Und deshalb«, fuhr Butler fort, »komme ich mit. Wenn Sie allein mit der Burgoyne reden wollen, okay. Aber ich will im Nebenzimmer sein. Und ich klettere zuerst auf den Baum.«

»Was ist mit mir?« fragte Nield.

»Sie bleiben im Wagen – und wenden ihn, damit wir notfalls schnell verschwinden können. Dies ist kein Sonntagsausflug.«

»Wenden?« wiederholte Nield. »Auf diesem schmalen Feldweg? Ich werde es versuchen ...«

Butler überprüfte seine Walther, stieg aus, ergriff den dicken Ast, schwang sich auf die Mauer, ließ den Blick über das Grundstück schweifen. Bäume,

die die Mauer abschirmten – nützlich. Durch die kahlen Zweige hindurch sah er ein paar Morgen Rasen, die Rückseite der Villa. Er kletterte an dem Stamm herunter.
Paula, die unter ihrem Trenchcoat Jeans, einen Anorak und Turnschuhe trug, folgte ihm. Vorher zog sie den Mantel aus, faltete ihn zusammen und warf ihn über die Mauer. Dann schwang sie sich behende hinauf und landete neben Butler, der ihr in den Mantel half. Die Stille innerhalb der Mauer war unheimlich und bedrückend.
»Ich gehe vor und erkunde die Lage«, sagte Butler.
»Aber Jean hat gesagt, sie wäre allein ...«
»Es kann durchaus sein, daß sie das mit einer Pistole am Kopf gesagt hat.«

Marler ließ sich an einer Stelle nieder, von der aus er ein weites Blickfeld hatte. Der Peugeot war so hinter einem Nadelwäldchen versteckt, daß niemand ihn entdecken konnte.
Er hockte auf der Anhöhe hinter totem Unterholz und justierte sein Fernglas. Langsam und systematisch schwenkte er es herum, auf der Suche nach jemandem oder etwas, das ihm entgangen war. Er entdeckte nichts. Es war sehr still. Keine Vogelstimmen. Kein Wind. Totenstille. Geduldig wartete er – an Untätigkeit war er seit langem gewöhnt.

Sechsunddreißigstes Kapitel

Tweed saß in seinem provisorischen Büro im Innenministerium am Schreibtisch, als das Telefon läutete. Er erkannte Monicas Stimme.
»Reden Sie«, drängte er.
»Ich sagte Ihnen, daß ich versuchen wollte, Informationen über die *Steel Vulture* zu bekommen, die auf einer norwegischen Werft gebaut worden ist. Unser Verbindungsmann in Oslo hat sich gemeldet. Er bittet um Entschuldigung wegen der Verzögerung, aber er wollte, daß Sie das vollständige Bild bekommen.«
»Und wie sieht es aus?«
»Dramatisch. Die Werft, auf der das Schiff gebaut wurde, ist kurz nach der Überführung der *Vulture* nach England abgebrannt. Es war eine Katastrophe. Die Arbeiter, die das Schiff gebaut hatten, feierten bei geschlossenen Türen in einem Schuppen. Das Gebäude ging in Flammen auf, und keiner von ihnen überlebte. Die Polizei vermutet Brandstiftung, aber verhaftet wurde niemand.«

»Vorsätzlich, skrupellos und grauenhaft ...«
»Ich bin noch nicht fertig. Unser Verbindungsmann in Oslo ging zum Büro des Konstrukteurs, der die *Vulture* entworfen hat, um sich eine Kopie der Pläne zu beschaffen. Kurz nach dem Brand auf der Werft wurde dort eingebrochen. Eine Menge Pläne wurden gestohlen – einschließlich der für die *Vulture* ...«
»Natürlich.«
»Ich bin immer noch nicht fertig. Unser Mann fragte, wo der Konstrukteur wohnt. Offenbar ist er auf einer vereisten Straße in den Bergen ins Schleudern geraten und auf den Grund einer tiefen Schlucht gestürzt. Tot.«
»Natürlich. Vielen Dank, Monica. Und rufen Sie wieder an, wenn sich etwas Neues ergibt ...«
Tweed legte den Hörer auf und lehnte sich auf seinem Stuhl zurück. Jetzt war er restlos überzeugt, daß es an Bord der *Steel Vulture* etwas gefährlich Unübliches gab. Etwas, das so ausschlaggebend war, daß es um jeden Preis geheimgehalten werden mußte. Selbst um den Preis des Verbrennens der gesamten Belegschaft einer Werft – und des Vortäuschens eines Unfalltodes des Konstrukteurs, der sie entworfen hatte. Brutale Morde.
Er rief sich noch einmal den Bericht ins Gedächtnis, den Paula über ihr grauenhaftes Erlebnis vor Dunwich diktiert hatte, gefolgt von der ebenso grauenhaften Flucht über die Marsch, die mit der Erdrosselung von Karin Rosewater geendet hatte. Er gedachte, nicht locker zu lassen, bis ihm der entscheidende Punkt in ihrem Bericht wieder bewußt geworden war.

In der Villa Forban fand Butler die Hintertür unverschlossen. Er öffnete sie leise, aber als er sie langsam aufdrückte, knarrte sie. Er hielt die Walther in der Hand, während er sie vollends öffnete und in eine supermoderne Küche trat. Er blickte in den Lauf einer 7.63 mm Mauser.
Es war eine Frau mit langem, blondem Haar, die den Kolben der automatischen Pistole auf überaus professionelle Art mit beiden Händen umklammerte. Butler flüsterte auf Englisch, während er den Blick rasch durch die Küche schweifen ließ.
»Kann ich etwas auf diesen Block schreiben?«
Er legte seine Walther vorsichtig auf die Arbeitsplatte, auf der er einen Block mit einem Kugelschreiber daneben gesehen hatte. Die Frau nickte, hielt aber nach wie vor die Waffe auf ihn gerichtet. Butler riß ein Blatt von dem Block ab, legte es auf die Pappunterseite und schrieb rasch ein paar Worte. Dann hielt er das Blatt so hoch, daß sie lesen konnte, was darauf stand.

Sind Sie allein im Haus? Paula Grey wartet am Ende des Gartens. Ich bin ihr Begleiter.

»Gott sei Dank! Ich bin Jean Burgoyne.« Sie hatte die Waffe gesenkt und wirkte ziemlich mitgenommen. »Ich habe Sie durchs Fenster gesehen. Einen fremden Mann mit einer Waffe. Ich dachte, de Forge hätte jemanden geschickt, der mich umbringen soll. Bitte sagen Sie Paula, daß sie hereinkommen soll. Ich mache inzwischen Kaffee. Nehmen Sie Milch?« Sie brachte ein schwaches Lächeln zustande. »Ist das nicht albern? Eben bin ich vor Angst fast gestorben, und jetzt frage ich, ob Sie Milch nehmen. Wie ist es? Und Zucker?«

»Schwarz für mich«, erwiderte Butler gelassen. »Und für Paula auch. Kann ich meine Waffe wieder an mich nehmen? Danke. Ich hole Paula.«

Er ging wieder nach draußen und winkte Paula zu, die hinter einem Baumstamm in Deckung gegangen war und jetzt herbeikam. Bevor sie hineingingen, berichtete er ihr kurz, was passiert war. Butler folgte ihr in die Villa und spürte, wie seine innere Anspannung ein wenig nachließ.

Zum einen hatte er befürchtet, daß möglicherweise versteckte Männer die Burgoyne gezwungen hatten, ihm entgegenzutreten. Zum anderen war ihm nicht entgangen, daß ihr Finger am Abzugshebel lag; ein schneller Druck, und mit ihm wäre es aus gewesen. Er brauchte den Kaffee.

»Ich behalte die Vorderseite der Villa im Auge, während ihr beide euch irgendwo unterhaltet«, schlug er vor. »Falls wider Erwarten jemand auftauchen sollte, verschwinden wir durch die Hintertür. Mir wäre es sehr lieb, wenn Sie sie unverschlossen ließen.«

»Gern.« Jean lächelte ihn an. »Tut mir leid, daß ich Sie so erschreckt habe. Das muß ziemlich unerfreulich für Sie gewesen sein.«

»Gehört alles zu meinem Job...«

Butler verließ die Küche, machte sich mit dem Grundriß des Erdgeschosses vertraut und ließ sich im Wohnzimmer hinter der Gardine eines Fensters nieder, durch das er die zum Tor führende Zufahrt im Auge behalten konnte.

»... und ich freue mich so, Sie zu sehen«, fuhr Jean fort, während sie Kaffee einschenkte. »Ich bin ein bißchen nervös. Wir können uns hinten im Arbeitszimmer unterhalten, sobald ich Ihrem Begleiter seinen Kaffee gebracht habe.«

Sie war sehr schnell zurück und führte sie in das Arbeitszimmer, dessen Fenster auf den großen Hintergarten hinausgingen. Paula ließ sich in einem Sessel nieder und bemerkte, wie stark Jeans Hand zitterte, als sie ihren Kaffee trank. Dies erschien ihr als der geeignete Moment, ein heikles

Thema zur Sprache zu bringen, zu versuchen, sie dahin zu bringen, daß sie offen redete.

»Jean«, begann sie, »Harry hat mir erzählt, daß Sie dachten, de Forge hätte jemanden geschickt, der Sie umbringen soll. Weshalb sollte er das tun?«

Jean schien sich in sich selbst zurückzuziehen. Sie war offensichtlich auf der Hut und strich lediglich ihr langes, dichtes Haar zurück. Paula ließ nicht locker.

»Sie sind an einem Punkt angekommen, wo Sie mit jemandem darüber reden müssen. Ich habe das Gefühl, daß Sie seit Monaten unter Stress stehen. Und mein wirklicher Job hat mit Sicherheit zu tun.«

»Der Sicherheit des Landes?« erkundigte sich Jean beiläufig.

»So ist es.«

Jean lächelte. »Ich glaube, ich habe Ihnen erzählt, daß mein Onkel in Aldeburgh früher beim militärischen Geheimdienst war...«

»Und immer noch Kontakte zum Verteidigungsministerium hat?« warf Paula ein.

»Das habe ich nicht gesagt, oder?« Jean betrachtete ihre Tasse. »Aber nachdem Sie überfallen worden waren und ich Sie zum Brudenell zurückgefahren hatte – was glauben Sie, was er gesagt hat, als ich wiederkam?«

»Das kann ich nicht einmal vermuten.«

»Mein Onkel hat gesagt, diese Frau hat irgend etwas mit dem Geheimdienst zu tun. So etwas spüre ich, hat er gesagt.«

»Also gehen wir davon aus, daß er nicht allzuweit von der Wahrheit entfernt war. Was natürlich eine bloße Vermutung ist.«

»Natürlich.« Jean lächelte wieder. »Vielleicht haben Sie erkannt, daß ich schon seit vielen Monaten de Forges Geliebte bin. Und das nicht, weil es mir Spaß macht.«

»Und was haben Sie herausbekommen? Dieser Mann ist eine große Gefahr für Frankreich – für die ganze Welt«, erklärte Paula nachdrücklich.

»Er hat vor, sich zum Präsidenten von Frankreich zu machen«, sagte Jean und starrte die Wand an. »Er arbeitet mit Dubois zusammen, dem Fanatiker, der an der Spitze der *Pour France*-Bewegung steht. Er will ein derartiges Chaos anrichten, daß die Männer und Frauen auf der Straße in ihm den Retter sehen.«

»Aber wie genau will er das anstellen?« drängte Paula.

»Ich weiß nicht, ob ich Ihnen das sagen sollte.« Jean zögerte, aber nur kurz. »Vor kurzem hat er seine Depeschenmappe ein paar Minuten auf einem Tisch im Wohnzimmer liegen lassen. Während er im Bad war, habe ich hineingeschaut – es waren Pläne für einen Militärputsch. Details über die

Einheiten, die er einsetzen will, die Routen, auf denen sein Drittes Corps auf Paris vorstoßen soll.«

»Was für Einzelheiten?«

»Ich habe mir alles gemerkt. Nachdem er gegangen war, habe ich es aufgeschrieben. Ich würde Ihnen meine Notizen geben, aber damit brächte ich Ihr Leben in Gefahr.«

»Verlassen Sie die Villa zusammen mit mir und meinem Begleiter. Nehmen Sie die Notizen mit.«

»Das geht nicht. Wo halten Sie sich auf?«

»In Arcachon.«

»Es sollte nicht allzu schwierig für mich sein, dorthin zu fahren und Ihnen die Notizen zu übergeben. Hier sind wir dem Dritten Corps zu nahe. Die Verantwortung liegt bei mir. Wo kann ich Sie in Arcachon erreichen?«

Paula war zu dem Schluß gelangt, daß es keinen Sinn hatte, weiter in sie zu dringen. Jean Burgoyne war eine willensstarke Frau. Die Übergabe würde in Arcachon stattfinden müssen.

»Ich wohne in einem kleinen Hotel. Dem Atlantique. Ein ziemlich großspuriger Name für eine so kleine Absteige, kaum mehr als eine *pension* ...«

Sie schaute auf, als Butler ins Zimmer geeilt kam und ihren Arm ergriff. Irgend etwas war passiert. Er drängte sie zur Tür, sprach leise ein paar Worte zu Jean.

»Probleme am Vordereingang. De Forge – mit großer Eskorte ...«

»Wir sehen uns in Arcachon«, flüsterte Paula.

Sie liefen zu der Hintertür, die Jean unverschlossen gelassen hatte. Während Paula wie ein Marathonläufer auf die Mauer zusprintete, machte Butler leise die Tür zu. Als er die Mauer erreichte, war Paula bereits an dem Baum hochgeklettert und an der anderen Seite heruntergesprungen. Butler hielt auf der Mauerkrone eine Sekunde inne und warf einen Blick zurück zur Villa. Niemand in Sicht. Er sprang von dem überhängenden Ast aus auf die Erde, rannte zu dem Renault.

Paula saß bereits im Fond, und Nield hatte den Motor gestartet. Butler ließ sich auf dem Beifahrersitz nieder, und Nield fuhr mit mäßiger Geschwindigkeit los; er getraute sich nicht, mehr Gas zu geben, weil dann der Wagen zu viel Lärm gemacht hätte.

General de Forge hatte die Schlüssel zur Vordertür der Villa in der Hand. Er warf einen Blick über die Schulter zu der Stelle, an der Lamy in seiner Limousine wartete und die Motorradfahrer mit umgehängten Waffen auf ihren Maschinen saßen.

De Forge durchquerte schnell das Wohnzimmer und öffnete die Tür zu dem angrenzenden Arbeitszimmer. Jean Burgoyne saß da und las in einem Buch. Sie tat so, als wäre sie überrascht, klappte das Buch zu, stand auf.
»Ich hatte dich heute nicht erwartet, Charles...«
»Genau!«
Als er das Wort ausspie, drückte er sie grob wieder auf ihren Stuhl und ging in die Küche. Dort sah er sich um, drückte die Klinke der Hintertür herunter, und sie ging auf. Sicherheit wurde großgeschrieben in der Villa. Alle Fenster waren kugelsicher. In die Hintertür war ein Weitwinkel-Spion eingelassen, und sie war außer mit dem Schloß noch mit drei Riegeln gesichert. Es war der Anblick der drei nicht vorgeschobenen Riegel, der seine Aufmerksamkeit erregt hatte.
De Forge zog seine Pistole, trat hinaus und ließ den Blick über den ganzen Garten schweifen. Er sah nichts, aber er hörte etwas – das schwache Geräusch eines Wagens, der in einiger Entfernung gestartet wurde.
Er kehrte ins Haus zurück, verschloß die Tür und lief dann direkt zur Vordertür, öffnete sie und eilte die Stufen hinunter auf die wartende Limousine zu. Lamy stieg sofort aus und erwartete ihn auf der kiesbestreuten Auffahrt.
»Führt nicht an der Rückseite der Villa eine Landstraße entlang?«
»Ja. Eine sehr einsame Landstraße...«
»Schicken Sie einen Motorradfahrer los. Wenn er einen Wagen überholt, soll er ihn stoppen – falls erforderlich, mit Gewalt. Beordern Sie sofort jemanden auf diese Straße.«
Während Lamy seine Befehle erteilte, kehrte er in die Villa zurück. Jean hatte inzwischen im Arbeitszimmer die Mauser aus einer Schublade geholt. Sollte sie ihn jetzt gleich erschießen? Sie hatte nicht die Zeit gehabt, die drei Riegel an der Hintertür wieder vorzuschieben. Sie hatte seinen Schlüssel in der Vordertür gehört, und er hätte sie dabei ertappen können.
Als de Forge in das Arbeitszimmer kam, saß sie wieder auf dem gleichen Stuhl und musterte ihn kalt; das Buch lag zugeklappt auf ihrem Schoß. Sie hatte sich gegen die Waffe entschieden: Paulas Begleiter hatte sie gewarnt, daß er nicht allein gekommen war. Wenn sie ihn jetzt erschoß, würde das auch ihr Ende bedeuten. Sie entschied sich für die verbale Attacke.
»Bist du verrückt geworden? Ich bin nicht einer deiner Soldaten, die du herumstoßen kannst, wann immer du Lust dazu hast. Diesmal bist du zu weit gegangen.«
»Nein!« De Forge packte die Lehne ihres Stuhls, zum Teil, um seine Selbstbeherrschung zurückzugewinnen. »*Du* bist zu weit gegangen. Die

Hintertür war offen. Wer war bei dir? Wer hat die Flucht ergriffen, als ich unvermutet ankam?«
»Niemand«, sagte sie ruhig und legte ihr Buch auf einen Tisch. Dann stand sie auf und trat ihm gegenüber. »Ich war im Hintergarten, um etwas frische Luft zu schöpfen. Dann hörte ich, wie deine Kavalkade ankam, und kam schnell wieder herein. Ich weiß, daß du möchtest, daß ich dich erwarte. Ich kann beim besten Willen nicht einsehen, weshalb ich über jeden meiner Schritte Rechenschaft ablegen soll. Und ich habe auch nicht die Absicht, es zu tun.«
De Forge hatte seinen Zorn unter Kontrolle. Sein Verstand war eiskalt und lief auf Hochtouren. Er lächelte, nahm sie in die Arme, küßte sie. Sie stand da und ließ es zu, ohne zu reagieren. Dann gab er sie frei.
»Du bist schöner als je zuvor«, bemerkte er. »Die frische Luft hat dir gutgetan. Ich wollte nur kurz hereinschauen – um zu sehen, wie es dir geht. Ich komme morgen abend. Bis dahin ...«
Absichtlich überquerte er das Parkett in der Diele mit schnellen Schritten, damit sie hören konnte, daß er es eilig hatte. Seine Miene änderte sich, sobald er neben Major Lamy in der Limousine saß und das Fahrzeug anfuhr.
»Sie haben diesem Wagen einen Motorradfahrer nachgeschickt?«
»Sofort. Er wird ihn stoppen, feststellen, wer darinsitzt. Dann meldet er über Funk, um wen es sich handelt, wobei er den Wagen nach wie vor aufhält.«
»Gut. Es könnte durchaus sein, daß es zu einem bedauerlichen Unfall kommt. Einem tödlichen. Zurück zum Hauptquartier.«

»Geben Sie Gas, Pete«, befahl Butler. »Wenn sie unseren Wagen gehört haben, schicken sie vielleicht jemanden hinter uns her. Ich möchte von diesem Feldweg herunter und wieder auf der Hauptstaße sein, bevor uns jemand eingeholt hat. Dann können wir nicht mehr mit der Villa Forban in Verbindung gebracht werden.«
»Halten Sie sich fest, Paula«, warnte Nield, dann drückte er den Fuß auf das Gaspedal.
Der schmale, gewundene Feldweg führte durch eine Senke, was bedeutete, daß sie von der Hauptstraße, auf die er zurückführte, nicht zu sehen waren. Der Weg war uneben und holprig. Aber Nield hatte einige Erfahrung als Rennfahrer – er war früher in Brand's Hatch gefahren. Nur wenige Fahrer hätten es fertiggebracht, in diesem Tempo zu fahren und den Wagen trotzdem auf der Straße zu halten. Paula beobachtete, wie die Nadel des

Tachometers immer höher stieg, doch dann kam sie zu dem Schluß, daß sie gar nicht wissen wollte, wie schnell sie fuhren.
Sie waren nur noch ein paar Kilometer von der Hauptstraße entfernt, als Paula einen Blick nach hinten warf. Der Feldweg verlief jetzt schnurgerade; die Oberfläche war jetzt glatter und ebener. Paula holte das Fernglas aus ihrer Umhängetasche. Jetzt konnte sie sich umdrehen und das Glas vor die Augen halten.
Hinter ihnen war ein Punkt aufgetaucht, der ständig größer wurde. Sie richtete ihr Glas auf diesen Punkt und sog den Atem ein. Dann tippte sie Butler auf die Schulter. Er drehte sich um.
»Probleme?«
»Vermutlich. Da ist ein Soldat, der wie eine Fledermaus aus der Hölle auf uns zukommt. An seinem Motorrad hat er eine große Antenne. Und über seiner Schulter hängt etwas, das aussieht wie eine automatische Waffe.«
»Sie könnten ihn erschießen, Harry«, schlug Nield nach einem Blick in den Rückspiegel vor.
»Nein«, sagte Butler. »Wenn wir einen von de Forges Leuten mit einer Kugel umbrächten, wäre der Teufel los. Ich habe schon mehrfach darauf hingewiesen – wir befinden uns auf feindlichem Territorium.«
»Sie haben eine bessere Idee?«
»Kann sein ...«
Butler erläuterte die Taktik, die er plante – sofern sie die richtige Situation finden konnten. Paula sah sich wieder um, und der Motorradfahrer war näher herangekommen, aber noch nicht so nahe, daß sie ihn deutlich sehen konnte. Butler schaute zum dritten Mal in seinen Außenspiegel. Dann erteilte er Paula seine Anweisung.
»Verschwinden Sie außer Sicht. Hocken Sie sich auf den Boden, so tief Sie können. Wir wollen nicht, daß Sie zu sehen sind.«
»Wie Sie befehlen, Sir.«
Paula kauerte sich so tief wie möglich hin und knickte ihre Beine in einer sehr unbequemen Stellung ein. Gott sei Dank war die Straße jetzt eben.
Nield behielt seine Geschwindigkeit bei, aber der Motorradfahrer überholte sie schnell. Die Straße war jetzt breiter – breit genug, daß er sie überholen und dann mit gleichbleibender Geschwindigkeit vor dem Renault herfahren konnte. Butler sah die Tarnjacke. Als der Motorradfahrer vorbeijagte, hatte er den Sturzhelm gesehen, die Brille, die den Mann augenlos erscheinen ließ, die hohe, im Fahrtwind bebende Antenne, die automatische Waffe über seiner Schulter.
Der Motorradfahrer hielt die Lenkstange mit nur einer Hand – was keine

große Leistung war, da die Straße hier völlig gerade verlief – und benutzte die andere, um sie auf und ab zu schwenken. Ein Signal. Ein Befehl. *Anhalten!*

»Fahren Sie weiter«, wies Butler Nield an, »aber gehen Sie allmählich mit der Geschwindigkeit herunter.«

»Ich sehe keine Chance für Ihr geplantes Manöver«, bemerkte Nield.

»Fahren Sie einfach weiter«, erwiderte Butler gelassen. »Vielleicht haben wir Glück.«

»Sie sind ein Optimist«, erklärte Nield.

»Positives Denken, Freund.«

»Passiert etwas?« rief Paula.

»Ja«, sagte Butler. »Sie müssen den Kopf unten behalten.«

Der Motorradfahrer gab plötzlich Gas, donnerte davon, verschwand außer Sichtweite. Butler grunzte befriedigt, als er in einiger Entfernung nicht wieder auftauchte. Offensichtlich lag vor ihnen eine Senke, und der Motorradfahrer wartete außer Sichtweite auf sie. Er sah Nield an, der nickte und dann noch ein wenig langsamer fuhr. Dann drehte er sich zu Paula um.

»Bleiben Sie, wo Sie sind. In den nächsten Minuten könnte es ungemütlich werden.«

Nield fuhr weiter, und ohne Vorwarnung senkte sich die Straße plötzlich in eine flache Mulde ab. Hundert Meter vor ihnen stand der Motorradfahrer mitten auf der Straße; sein Motorrad hatte er aufgebockt. In den Händen hielt er seine automatische Waffe. Als der Renault auftauchte, begann er sie zu heben, bereitete sich aufs Zielen vor.

Nield reagierte, wie Butler vorgeschlagen hatte. Er trat das Gaspedal nieder, raste mit Höchstgeschwindigkeit voran, direkt auf den Motorradfahrer zu, der schon fast seine Waffe auf sie gerichtet hatte. Als er sah, wie das Projektil auf ihn zuraste, zögerte er, was ein Fehler war.

Im letzten Augenblick sprang er beiseite. Die Stoßstange des Renault versetzte ihm einen heftigen Schlag, und er stürzte auf die Straße wie ein Sack Zement, dann lag er still. Der Renault rammte auch das Motorrad und stürzte es um. Nield bremste, und Paula fluchte innerlich, aber sie hatte ihren Kopf mit der Umhängetasche abgepolstert. Butler schaute zurück. Die Antenne des Motorrads war verbogen und unbrauchbar.

»Das haben Sie gut gemacht, Pete«, bemerkte er.

»Danke für die Blumen.«

Nield fuhr weiter, bis sie die Hauptstraße erreicht hatten, und dann auf dem schnellsten Wege nach Arcachon, wo Paula eine Verabredung mit Victor Rosewater hatte.

Siebenunddreißigstes Kapitel

General de Forges Limousine, vorn und hinten eskortiert von einer Gruppe von Motorradfahrern, befand sich auf der Rückfahrt ins Hauptquartier auf einer einsamen Landstraße. In einiger Entfernung ragten beiderseits der Straße flache Hügel auf, von denen einige von Baumgruppen gekrönt wurden. Major Lamy saß neben ihm und studierte einen Stadtplan von Paris.

Plötzlich bremste der Chauffeur. De Forge setzte sich steiler hin und schaute nach vorn. Der Motorradfahrer, der an der Spitze gefahren war, lag auf der Straße; neben ihm lag seine Maschine, deren Räder sich noch immer langsam drehten. Zitternd kam der Motorradfahrer wieder auf die Beine.

»Zum Teufel!« fuhr de Forge auf. »Kann sich der Kerl nicht einmal im Sattel halten?«

Das Krachen von splitterndem Glas ließ ihn verstummen. Etwas schoß durch das Wageninnere. Das Fenster neben de Forge hatte ein Loch, genau wie das Fenster neben Lamy, durch das die Kugel eingedrungen war.

»Runter!« schrie Lamy. Er packte de Forge, drückte ihn unter das Niveau des Fensters. »Das war eine Kugel. Bleiben Sie unten, ich untersuche die Sache ...«

»Sie verdammter Narr!« brüllte de Forge. »Sagen Sie dem Chauffeur, er soll weiterfahren, und zwar schnell!«

Lamy gab den Befehl. Der Chauffeur lenkte die Limousine um das umgestürzte Motorrad und seinen Fahrer herum, der Rest der Eskorte stob auseinander. Im Vorbeifahren warf Lamy einen Blick auf die auf der Straße liegende Maschine. Dann wendete er sich an de Forge.

»Sie haben uns mit einer Kugel in den Vorderreifen der Maschine gestoppt. Ich habe es gesehen, er war total zerfetzt. Und es muß ein spezielles Explosivgeschoß gewesen sein, sonst hätte es das Glas nicht durchdringen können.«

»Die Kerle können nicht einmal geradeaus schießen.«

Damit zitierte de Forge fast wörtlich einen Ausspruch, den General de Gaulle nach einem mißglückten Attentat auf ihn am 22. August 1962 getan hatte. De Forge liebte es, dieselben Redewendungen zu benutzen wie der legendäre General.

Um seine eiserne Selbstbeherrschung unter Beweis zu stellen, seine Fähigkeit, sich mehreren Problemen gleichzeitig zu widmen, wechselte er das Thema.

»Ich bin jetzt überzeugt, daß Jean Burgoyne eine Spionin ist. Sie muß

möglichst schnell eliminiert werden. Setzen Sie sich mit Yvette in Verbindung. Sie soll unverzüglich das Hauptquartier verlassen und in der Nähe der Villa Forban Posten beziehen. Wenn die Burgoyne wegfährt, soll sie ihr folgen und durchgeben, wohin sie fährt. Sie braucht einen Zivilwagen mit Funk von der Transportabteilung.«
Während die Limousine mit Höchstgeschwindigkeit dem Hauptquartier entgegenfuhr, begleitet von einigen Motorradfahrern, die sie eingeholt hatten, griff Lamy nach seinem Mobiltelefon. Er erreichte Yvette in ihrem Zimmer, gab de Forges Anweisungen an sie weiter.
»Ich fahre gleich ab«, erklärte Yvette.
Lamy legte den Hörer auf und betrachtete die Kugellöcher in den Fenstern. Der Schuß war nur wenige Zentimeter an de Forges Kopf vorbeigegangen. Dennoch schien der General mit anderen Dingen beschäftigt zu sein. Er erteilte einen weiteren Befehl.
»Lamy, kurz vor der Abfahrt rief *Oiseau* aus England an. Er hat mir gesagt, daß sein engster Mitarbeiter, Brand, in Arcachon eine Paula Grey getroffen hat. Sie scheint gleichfalls eine Spionin zu sein. Also hat Kalmar jetzt zwei Aufträge zu erledigen. Sagen Sie ihm, daß er es so schnell wie möglich tun soll.«

In Paris sprach Tweed von seinem provisorischen Büro aus mit Pierre Loriot von Interpol. Loriot beantwortete die Frage, die Tweed ihm gestellt hatte.
«Es tut mir leid, Tweed, aber ich habe keine konkreten Informationen über diesen Killer Kalmar. Nur unbestätigte Gerüchte. Daß er vorher in Bukarest, Warschau und Berlin gearbeitet hat. Daß er aus dem Osten kommt, was immer das heißen mag.«
»Ich brauche ein paar eindeutige Fakten«, beharrte Tweed. »Mordmethode, irgendwelche Kenntnisse im Umgang mit Sprengstoff, einen Hinweis darauf, wie er aussieht, wie alt er ist. Bisher ist er nur ein Gespenst.«
»Auf zwei dieser Punkte wollte ich gerade kommen. Gleichfalls nur Gerüchte, aber frische. Daß seine bevorzugte Mordmethode die Erdrosselung und daß er ein Experte im Umgang mit Sprengstoff ist.«
»Eindeutige Fakten, sagte ich«, wiederholte Tweed.
»Danach suchen wir noch. Ich melde mich, wenn ich etwas habe«, erklärte Loriot.
Tweed hatte gerade den Hörer aufgelegt, als Otto Kuhlmann in seinem Büro erschien und seine Zigarre schwenkte.
»Worauf konzentrieren Sie sich im Augenblick?«

»Was ist mit Ihnen?« antwortete Tweed mit einer Gegenfrage.
»Wir stellen auf der Suche nach Siegfried alles auf den Kopf – und wir könnten Erfolg damit haben. Der Druck ist so stark, daß die Zellen in Bewegung geraten und in sicherere Schlupfwinkel umziehen. Eine Gruppe von drei Männern und einer Frau ist uns um Haaresbreite entwischt. In Düsseldorf. Sie haben ein großes Lager von Waffen und Sprengstoff hinterlassen. Und Fingerabdrücke. Diesmal hatten sie keine Zeit zum Saubermachen.«
»Und Sie haben die Fingerabdrücke an Interpol geschickt?«
»Natürlich.« Kuhlmann machte eine ungeduldige Geste. »Halten Sie es für bezeichnend, daß Interpol mir nach Prüfung der Fingerabdrücke mitgeteilt hat, daß sie nicht von irgendwelchen Terroristen stammen, die in ihrem Fahndungscomputer erfaßt sind?«
»Für sehr bezeichnend«, erwiderte Tweed voller Genugtuung, weil das eine Theorie bestätigte, die er aufgestellt hatte.
»Und worauf konzentrieren Sie sich?« wiederholte Kuhlmann.
»Auf die Identität von Kalmar. Ich warte auf ein paar weitere Teile des Puzzles, das ich zusammenzusetzen versuche – man könnte es ein Phantombild von Kalmar nennen. Irgend etwas an diesem Killer ist überaus merkwürdig.«

De Forge hatte sich kaum an seinem Schreibtisch im Hauptquartier niedergelassen, als sein Privatapparat zu läuten begann. Lamy hatte sich in sein Quartier begeben, um mit Kalmar Verbindung aufzunehmen – über die Frau, die ihm sagen würde, zu welcher Telefonzelle er fahren sollte.
Nachdem er sein Képi so auf den Schreibtisch gelegt hatte, daß der Schirm ihm zugewendet war, nahm de Forge den Hörer ab. Vielleicht war es Lamy, der ihm mitteilen wollte, daß er sich auf den Weg zu einer weiteren abgelegenen Telefonzelle zu machen gedachte.
»Ja? Was ist?«
»Die Kugel, die durch Ihre Limousine geflogen ist, sollte Ihren Kopf um genau fünf Zentimeter verfehlen. Was sie getan hat. Das nächste Mal wird sie Ihre Schläfe treffen.«
»Wer zum Teufel sind Sie?«
»Das wissen Sie sehr gut. *Manteau.* Sie schulden mir zwei Millionen Schweizer Franken. Veranlassen Sie, daß Lamy die Bezahlung arrangiert. Ich rufe ihn in fünf Minuten selbst an, unter seiner Privatnummer.«
»Woher soll ich wissen, daß Sie...«
»Lesen Sie die Zeitungen. Sie können doch lesen?«

»Sie wagen es, mich zu beleidigen?« sagte de Forge mit schneidender Stimme.

»Ich wage es, Sie zu töten, wenn ich mein Geld nicht bekomme. Andere haben bezahlt. Bis auf einen. Und der hat auch bezahlt – mit seinem Leben.«

»Ich werde gut bewacht«, fuhr de Forge in demselben schneidenden Tonfall fort.

»Das wurden Sie vorhin auch. Und Sie saßen in einer kugelsicheren Limousine. Das hat Ihnen nichts genützt. Ich bin über jede Ihrer Bewegungen informiert. Wenn Sie noch einen Job haben, den ich ausführen soll, dann lassen Sie es mich wissen. Über Lamy. Aber erst, nachdem Sie gezahlt haben. In Schweizer Franken. Und, wie ich bereits sagte, nicht mit fortlaufenden Seriennummern.«

»Ich muß über Ihren Vorschlag nachdenken ...«

De Forge wurde klar, daß er ins Leere redete. Sein Gesprächspartner hatte aufgelegt. De Forge saß einen Moment ganz still da, dann wählte er Lamys Nummer.

»Kommen Sie auf der Stelle in mein Büro!«

»Aber, *mon général,* ich muß sofort abfahren. Ich habe die Verbindung hergestellt.«

»In mein Büro. *Auf der Stelle!*«

De Forge knallte den Hörer auf die Gabel. Es bereitete ihm eine gewisse Genugtuung, mit seinem Untergebenen dasselbe tun zu können, was *Manteau* mit ihm getan hatte. Mit grimmiger Miene richtete er seinen Notizblock parallel zur Schreibtischkante aus. Lamy kam herein, außer Atem und ohne anzuklopfen, und sein Vorgesetzter ignorierte diesen Verstoß gegen die Etikette. Er überlegte sich, wie er verheimlichen sollte, daß er nicht wußte, wie er sich entscheiden sollte.

»Ist etwas passiert, *mon général*?« fragte Lamy.

»Setzen Sie sich. Halten Sie den Mund. Hören Sie mir genau zu. Und unterbrechen Sie mich nicht.«

De Forge berichtete knapp über das Gespräch, das er gerade mit *Manteau* geführt hatte. Während er sprach, beobachtete er seinen Nachrichtenoffizier. Auf Lamys hoher Stirn standen Schweißperlen. Das konnte natürlich daran liegen, daß er den Weg ins Büro seines Vorgesetzten im Laufschritt zurückgelegt hatte.

»So liegen die Dinge«, schloß de Forge. »Und er hat gesagt, daß wir die Zeitungen lesen sollten. Ich gehe davon aus, daß Sie auf dem laufenden sind – daß Sie die Zeitungen gelesen haben.«

Er griff nach einem Stapel Zeitungen. *Liberation, Figaro, Le Monde.* Er warf sie über den Schreibtisch hinweg seinem Untergebenen in den Schoß.
»Lesen Sie!«
Die Schlagzeilen sprangen Lamy entgegen. Er hatte sie bereits gelesen, aber es empfahl sich, zu tun, was ihm befohlen wurde. Er legte die Zeitungen so, daß die Schlagzeilen untereinander lagen.
›MANTEAU‹ ERMORDET PRÄSIDENTEN UND PREMIERMINISTER. PRÄFEKT VON PARIS VON ›MANTEAU‹ ERSCHOSSEN. FÜHRENDE STAATSMÄNNER OPFER VON ›MANTEAU‹.
»*Manteau!*«, brüllte de Forge. »Immer wieder *Manteau.* Wozu bezahlen wir eigentlich Kalmar? Läßt er seine Arbeit von *Manteau* erledigen?«
»Das bezweifle ich«, mutmaßte Lamy.
»Ach, tun Sie das? Und vor nicht einmal einer Stunde hat *Manteau* seine Drohung wahr gemacht. Diese Kugel hat meinen Kopf nur um ein paar Zentimeter verfehlt. Und«, fuhr er sarkastisch fort, »für den Fall, daß Ihnen das entgangen sein sollte – der Angriff war brillant organisiert. Zuerst zerschießt er den Vorderreifen des Motorradfahrers an der Spitze, um meinen Wagen zum Halten zu zwingen. Er hat nicht den Motorradfahrer erschossen – obwohl ich verdammt sicher bin, daß er genau das hätte tun können. Und *Manteau* will Sie in fünf Minuten unter Ihrer Privatnummer anrufen. Gott weiß, wo er diese Nummern her hat. Aber Sie sollten zusehen, daß Sie in Ihrem Büro sind, wenn *Manteau* anruft.«
»Wie lauten Ihre Befehle, *mon général*?«
Lamy war schnell aufgestanden. De Forge warf die Hände hoch und schaute zur Decke, als bäte er den Allmächtigen um Hilfe beim Umgang mit den Idioten, von denen er umgeben war.
»Sie bezahlen ihn. Zwei Millionen Schweizer Franken. Und achten Sie darauf, daß die Banknoten keine fortlaufenden Seriennummern haben.«
»Aber ich muß zu einer Telefonzelle fahren und dort auf Kalmars Anruf warten. Was soll ich ihm sagen?«
»Können Sie sich das nicht selbst zusammenreimen? Immer bin ich es, der alles planen muß! Sie geben Kalmar die beiden Namen. Jean Burgoyne und Paula Grey in Arcachon. Wenn er nach Geld fragt, sagen Sie ihm, daß wir in Kürze über beachtliche Mittel verfügen werden. Was stimmt.«
»Und *Manteau*? Ich bezahle ihm einfach, was immer er haben will?«
»Genau das werden Sie tun.« De Forge lächelte. »Und Sie geben auch ihm die Namen. Jean Burgoyne und Paula Grey. Sehen wir zu, wer die Arbeit für uns erledigt und sich das Geld verdient. Und jetzt wird es Zeit, daß Sie sich schleunigst wieder in Ihr Büro begeben ...«

Wieder allein, wanderte de Forge mit hinter dem Rücken verschränkten Händen in seinem Büro herum. Er war zufrieden mit sich und seinem hinterhältigen Plan. Welcher der beiden Killer würde es schaffen? Es war Zeit zum Großreinemachen. Alle Spione mußten eliminiert werden, bevor er sein Ziel erreichte. Die Präsidentschaft .

Im Innenministerium in Paris hatte Tweed gleichfalls die Schlagzeilen gelesen und die dazugehörigen Artikel. Er schaute auf, als René Lasalle hereinkam.

»Hat sich Navarre inzwischen entschieden, wo er seine Streitkräfte konzentrieren will?« fragte Tweed. »Hier im Norden, um Paris herum – oder im Süden in der Umgebung von de Forges Hauptquartier?«

»Er wartet immer noch ab, weil er mit weiteren Entwicklungen rechnet, die den Ausschlag geben könnten. Er hat gehört, daß Josette, de Forges Frau, wieder in Paris ist und etwas abhält, was sie ›Salons‹ nennt – Nachmittags-Parties in de Forges Wohnung in Passy. Dort pflegt eine Menge einflußreicher Leute aufzutauchen, auch von der Presse. Anscheinend will sie den Boden bereiten für die Ankunft ihres Mannes in Paris.«

»Ich verstehe.« Tweed sah aus dem Fenster. Der Himmel glich noch immer einer Decke aus Blei. »René, könnten Sie mir die Adresse dieser Wohnung in Passy geben?«

Lasalle riß ein Blatt von Tweeds Notizblock ab und notierte die Adresse. Dann faltete er das Blatt zusammen und gab es Tweed.

»Was haben Sie vor?«

»Es wird Zeit, daß ich endlich einmal wieder in Aktion trete und mir mein eigenes Bild mache. Hier herrscht eine fast unerträgliche Spannung. Ich brauche ein bißchen frische Luft.«

»Ich habe noch eine Information für Sie«, sagte Lasalle. »Da ist dieses ausländische Mitglied des *Cercle Noir,* das den Decknamen *Oiseau* benutzt. In letzter Zeit hat er wesentlich öfter an diesen konspirativen Treffen teilgenommen.«

»Wie in aller Welt kommen Sie an derartige Informationen?«

»Das ist streng geheim. Ich habe Informanten.«

»Plural?« fragte Tweed.

»Sie haben richtig gehört. Und noch ein guter Rat. Wenn Sie nach Passy fahren, seien Sie vorsichtig ...«

Als er wieder allein war, schrieb Tweed das Wort *Oiseau* auf seinen Block und darunter die Übersetzung. Vogel. Dann zeichnete er einen Geier. Es paßte alles zusammen. Aber wer konnten Lasalles Informanten sein?

Yvette Mourlon, Lamys Agentin, hatte den Anweisungen ihres Chefs entsprechend gehandelt. Sie saß in dem verbeulten Peugeot, mit dem sie aus dem Hauptquartier des Dritten Corps gekommen war, und beobachtete die Villa Forban. Sie hatte das Fahrzeug mit dem frisierten Motor auf ein Feld gelenkt, von dem aus sie das Tor im Auge behalten, aber selbst nicht gesehen werden konnte.
Yvette war eine unansehnliche Frau mit bläßlicher Haut und unschönen Beinen. Außerdem hatte sie einen grausamen Mund. Ihre Loyalität gegenüber General de Forge grenzte an Ergebenheit. Der General machte ihr von Zeit zu Zeit kleine Geschenke, Aufmerksamkeiten, die ihr kein anderer Mann je erwiesen hatte. Er war sehr darauf bedacht, sie auf Distanz zu halten, aber für ihn hätte sie alles getan.
Ihr Peugeot war außerdem mit einem starken Funkgerät ausgerüstet, das es ihr ermöglichte, auch über größere Entfernungen hinweg mit dem Hauptquartier des Dritten Corps Verbindung zu halten. Ihr größter Vorteil bestand darin, daß sie eine Frau war, an die niemand einen zweiten Blick verschwendete. Sie trug einen zerknitterten Regenmantel und alte, abgetragene Handschuhe.
Als sie sah, wie das Tor geöffnet wurde, beugte sie sich vor. Selbst aus dieser Entfernung konnte sie die Fahrerin des Rover erkennen, der in Richtung Norden davonfuhr. Jean Burgoynes langes, blondes Haar war unverkennbar. Yvette wartete einen Moment, dann startete sie den Motor, fuhr von dem Feld herunter und folgte dem Rover.

Jean Burgoyne hatte sich von de Forges scheinbarem Stimmungsumschwung nicht täuschen lassen. Sie hatte seine vorgebliche Liebenswürdigkeit durchschaut und erkannt, daß er ihr nicht mehr traute.
Sie hatte immer gewußt, daß dieser Tag kommen würde – der Tag, an dem sie um ihr Leben würde rennen müssen. Sie packte in aller Eile und steckte die Notizen, die sie sich nach der eiligen Lektüre der Papiere in de Forges Depeschenmappe über das Unternehmen Marengo gemacht hatte, in einen Plastikbeutel. Dann befestigte sie den Beutel mit Klebeband unter dem Schlüpfer an ihrem Körper.
Sie hatte nur ein Minimum an Alltagskleidung eingepackt. Ohne eine Spur von Bedauern hatte sie das Nerzcape zurückgelassen und die seidene Unterwäsche, die de Forge ihr geschenkt hatte; sie wollte nichts tragen, was sie an ihr Verhältnis erinnerte. Nur die Mauser steckte sie in ihre Handtasche.
Auf der Landstraße, über die sie durch den Spätnachmittag nach Arcachon

fuhr, herrschte keinerlei Verkehr. Sie würde zum Hotel Atlantique fahren, sich dort ein Zimmer nehmen, sich bei Paula melden. Wenn Paula nicht da war, würde sie sich mit Paris in Verbindung setzen.

Der Mann, der sich Kalmar nannte, saß in seinem Hotelzimmer und betrachtete ein Foto von Jean Burgoyne. Er zweifelte nicht daran, daß sich bald eine Gelegenheit ergeben würde, seinen Auftrag zu erledigen.
Von Paula Grey hatte er kein Foto, aber das brauchte er auch nicht. Die kannte er. Es kam nicht oft vor, daß er beauftragt wurde, zwei Personen auf einmal zu beseitigen. Er freute sich fast auf den Doppelmord.
Die Anweisungen, die Lamy ihm telefonisch erteilt hatte, waren simpel und präzise gewesen. Seltsam war nur, daß Lamy ihm keinerlei Hinweise auf den Aufenthaltsort der beiden Frauen gegeben hatte. Das war höchst ungewöhnlich. Manchmal machte Kalmar sich Gedanken über den Major Jules Lamy. Sein Sold als Nachrichtenoffizier war vermutlich ziemlich bescheiden. Und er wußte als einziger – vermutlich abgesehen von de Forge –, wer umgebracht werden sollte. Was möglicherweise einige der merkwürdigen Dinge erklärte, die vorgefallen waren.
Er verstaute das Foto wieder in dem Umschlag und steckte ihn in die Tasche. Das sah aus wie leicht zu verdienendes Geld. Der Gedanke, daß er dafür zwei Frauen ermorden mußte, kam ihm überhaupt nicht.

Newman hatte in seinem Zimmer im Hotel Atlantique in Arcachon vierundzwanzig Stunden geschlafen. Er war mit Moshe Stein nonstop aus den Landes nach Arcachon gefahren und dort total erschöpft am späten Nachmittag eingetroffen.
Auch Moshe war am Ende seiner Kräfte gewesen. Beide Männer hatten sich in ihre Zimmer zurückgezogen. Newman hatte vorgehabt, Tweed anzurufen, war aber sofort eingeschlafen, nachdem er sich kurz gewaschen und auf dem Bett ausgestreckt hatte.
Es war ein unruhiger Schlaf, durchsetzt mit Alpträumen. Erschießungskommandos auf einem einsamen Strand mit langen Sanddünen und dem Wald der Landes dahinter. Männer mit Bahren, die die Toten über die Dünen in den Wald trugen und eine Leiche, deren Gesicht aussah wie sein eigenes, in eine Grube kippten. Eine alte Frau, die zuschaute und das Spektakel mit obszönem Entzücken bekicherte. Ein Mann mit Ku-Klux-Klan-Maske, der sich über ihn beugte. Und dann die Maske abnahm, wobei das grinsende Gesicht von Major Lamy zum Vorschein kam.
Schließlich wachte Newman auf, mit einem Kopf, der sich anfühlte, als

steckte er voller Watte. Er zwang sich zum Aufstehen, sah auf die Uhr. Draußen wurde es bereits dunkel. Er entkleidete sich bis zur Taille, überschüttete sich mit kaltem Wasser, trocknete sich ab. Sein Gehirn begann wieder zu funktionieren.

Er zitterte vor Kälte. Die Heizung im Hotel war äußerst dürftig. Er zog frische Sachen an, die ersten Dinge, die er beim Öffnen des Koffers in die Hand bekam.

Dann setzte er sich auf die Bettkante, griff zum Telefon und wählte aus dem Gedächtnis die Nummer des Innenministeriums. Er mußte seine ganze Überredungskraft aufbieten, um mit jemandem in führender Position verbunden zu werden. Es meldete sich Lasalle.

»Ich muß ganz dringend mit Tweed sprechen.«

»Tut mir leid, aber im Augenblick ist er nicht im Hause. Kann ich Ihnen helfen?«

»Das kann nur Tweed. Ich rufe wieder an«, murmelte Newman und legte den Hörer auf.

Niemandem außer Tweed konnte er die Informationen anvertrauen, die er gesammelt hatte. Er ging den Flur entlang zu Moshes Zimmer, klopfte an. Er mußte mehrmals klopfen, bevor die Tür bei vorgelegter Kette geöffnet wurde. Moshe lugte verschlafen und unrasiert heraus.

»Ach, Sie sind es. Entschuldigung, ich habe geschlafen.«

Nachdem Newman eingetreten war, legte Moshe die Kette wieder vor. Dann fuhr er sich mit der Hand durch das zerzauste Haar.

»Ich fühle mich, als wäre der Eiffelturm auf mich gestürzt. Was tun wir jetzt? Ich finde immer noch, Sie sollten mich hier zurücklassen. Fahren Sie nach Norden. Nehmen Sie den Wagen. Es besteht keinerlei Veranlassung für Sie, Ihr Leben noch weiter aufs Spiel zu setzen.«

»Ich bleibe bei Ihnen, bis Sie sicher in Paris angekommen sind. Inzwischen könnte es sein, daß ich ausgehen muß. Haben Sie Geld? Gut. Bestechen Sie die Leute hier, daß sie Ihnen eine anständige Mahlzeit aufs Zimmer bringen. Bleiben Sie hier, bis ich so anklopfe.«

Newman hämmerte mit den Knöcheln in einem ganz bestimmten Rhythmus auf den Tisch. In sein Zimmer zurückgekehrt, rasierte er sich rasch und zog einen warmen Mantel an. Draußen war es vermutlich sehr kalt.

Zuerst würde er sich erkundigen, ob Paula im Hotel war. Im Winter waren die Möglichkeiten, in Arcachon unterzukommen, ziemlich beschränkt. Er stellte fest, daß sie hier wohnte, aber ausgegangen war. Er hatte also Zeit, Isabelle zu besuchen. Vielleicht hatte sie jemanden in Arcachon gesehen, über dessen Anwesenheit er Bescheid wissen mußte.

Achtunddreißigstes Kapitel

»Tut mir leid, daß es so spät geworden ist, Victor. Ich hatte nicht damit gerechnet, daß Sie noch warten würden.«

Rosewater lächelte, als Paula in dem Restaurant, das sie als Café bezeichnet hatte, auf ihn zueilte. Er trug eine schwarze Lederjacke und eine marineblaue Hose mit messerscharfer Bügelfalte. Er schloß sie in die Arme, und als sie sich niedergelassen hatten, fragte er, was sie trinken wollte.

»Einen Wermut, bitte.«

»Sind Sie hungrig?« erkundigte er sich.

»Wie ein Wolf. Ich habe seit Stunden nichts gegessen.«

»Hier ist die Karte. Was möchten Sie?«

»Ich brauche nicht erst hineinzuschauen. Ein großes Pilzomelett mit massenhaft Pommes frites. Heute abend denke ich nicht daran, auf meine Figur zu achten.«

»Dann wird es mir ein Vergnügen sein, auf sie zu achten«, versicherte er ihr und winkte einen Kellner herbei.

Das Restaurant war nur halb besetzt. Butler kam herein, als gehörte er zu niemandem, und entschied sich für einen kleinen Tisch an einem Fenster. Paula hatte gesagt, es wäre nicht erforderlich, daß ihre beiden Beschützer mitkämen, sie würde sofort nach dem Essen mit Rosewater ins Atlantique zurückkehren.

»Sie können allein hineingehen«, hatte Butler gesagt. »Dann folge ich Ihnen und verschmelze mit der Tapete. Aber wir lassen Sie keine Minute aus den Augen. Strikte Anordnung von Tweed.«

Draußen saß Nield in dem geparkten Renault; Butler konnte ihn durch das Fenster sehen. Nield musterte die Umgebung. Was seine Aufmerksamkeit erregte, war ein roter Porsche, der ungefähr zwanzig Meter weiter die Straße hinunter parkte.

Da er im Schatten stand, ein gutes Stück von der nächsten Straßenlaterne entfernt, war nicht zu sehen, ob jemand darinsaß oder nicht. Nield zog seine Walther aus dem Holster und legte sie auf den Schoß. Der Porsche beunruhigte ihn.

Drinnen trank Paula ihren Wermut und musterte Rosewater. Selbst jetzt, so spät am Tage, machte er einen taufrischen Eindruck mit seinem kräftigen Kinn, dem gebräunten Gesicht und dem angenehmen Lächeln. Paula mochte Männer, die viel lächelten.

»Erzählen Sie mir, wo Sie gewesen sind«, forderte Rosewater sie auf.

»Oh, ich habe jemanden besucht.«

»Einen Mann oder eine Frau?«
»Seien Sie nicht so neugierig.«
»Ich bin eifersüchtig...«
Sein Blick schweifte ab, als eine elegante Französin das Restaurant betrat. Ein Kellner nahm ihr den Mantel ab. Sie machte eine Schau daraus, ließ langsam die Arme aus den Ärmeln gleiten und hob dann die Hände, um damit über ihr langes, glattes Haar zu streichen, wobei ihre schlanke Figur voll zur Geltung kam. Sie trug ein eng anliegendes schwarzes Kleid, unter dem sich ihre Brüste abzeichneten. Sie sah Rosewater direkt an und lächelte träge.
Paula folgte Rosewaters fasziniertem Blick. Butler benutzte den Moment, um sich umzudrehen und sich den Salzstreuer von dem leeren Tisch hinter sich zu holen. Dabei musterte er rasch die Frau, die gerade hereingekommen war.
Der Kellner führte sie zu einem Tisch an einem Fenster neben dem, an dem Butler saß. Er stellte den Salzstreuer hin, den zu benutzen er nicht vorhatte.
»Diese Frau...« Rosewater löste seinen Blick von ihr und wendete sich wieder Paula zu. »Sie sieht sehr gut aus – deshalb ist es merkwürdig, daß sie allein ist. Sie ist genau die Art von Frau, die zu de Forges Heer von Spionen gehören könnte.«
»Vergessen wir sie und genießen wir unseren Abend«, schlug Paula vor.
»Also – war es ein Mann oder eine Frau? Ich bin eifersüchtig«, wiederholte Rosewater.
»Was nur meinen Appetit vergrößert. Und womit, wenn ich fragen darf, haben Sie Ihre Zeit verbracht?«
»Bin überall im Lande herumgefahren, wurde an Straßensperren aufgehalten, habe meine Papiere vorgezeigt. Aber nicht die echten.«
»Straßensperren?« Paula wunderte sich.
»Soldaten der Dritten Armee...«
»Sie meinen das Dritte Corps?«
»Nein. Ich habe nachgehakt. Sie sagten ganz eindeutig Dritte Armee. Sie schienen jemanden zu suchen. Ich habe versucht, sie in ein Gespräch zu verwickeln, aber sie sagten nur, daß sie im Manöver wären. Mehr war aus ihnen nicht herauszubekommen. Man hätte glauben können, das Land stünde unter Kriegsrecht.«
»Ziemlich beunruhigend«, sondierte Paula.
»Aber das soll uns den Appetit nicht verderben...«
Eine Stunde später war Paula satt und fühlte sich wesentlich wohler. Sie warf einen Blick auf die Uhr.

»Jetzt muß ich leider gehen, Victor. Danke für einen wunderschönen Abend. Ich habe jede Minute genossen.«
»Warten Sie«, protestierte Rosewater. »Ich dachte, wir könnten noch eine Spazierfahrt machen. Ich kenne einen Club, der noch geöffnet hat. Dort könnten wir etwas trinken, vielleicht sogar tanzen.«
»Es tut mir leid. Ich käme gern mit, aber ich bin todmüde. Geben Sie mir eine Nummer, unter der ich Sie erreichen kann.«
Rosewater zog einen Block aus der Tasche, notierte eine Nummer. Nachdem er den Zettel abgerissen und ihr gegeben hatte, stellte er ihr die Gegenfrage.
»Und wo kann ich Sie erreichen?«
»Das können Sie nicht.« Sie lächelte. »Ich reise herum. Mein Job.«
»Geheimnisvolle Dame...«
Der Kellner brachte ihren Mantel, und Rosewater half ihr hinein. Seine Hand drückte vertraulich ihre Schulter. Als sie zur Tür gingen, folgte ihnen Butler, der inzwischen gleichfalls seine Rechnung bezahlt hatte. Er holte sie ein, und als sie draußen standen, stellte Paula ihn Rosewater vor.
»Das ist mein Cousin Harry.«
»Ich habe Sie im Restaurant gesehen«, sagte Rosewater, als sie sich die Hand reichten. »Sie hätten sich zu uns setzen können.«
»Ich störe ungern.« Butlers Miene verriet nichts von seinen Gedanken.
»Wir gehen zu Fuß«, erklärte Paula. »Wo ist Ihr Wagen?«
»Er steht gleich um die Ecke in einer Sackgasse«, erwiderte Rosewater. »Melden Sie sich bei Gelegenheit. Gute Nacht.«
Er ging in Richtung Uferpromenade davon. Butler berührte Paulas Ellenbogen, und sie blieb, wo sie war, bis Rosewater um die Ecke herum verschwunden war. Dann gingen sie dorthin, wo Nield geduldig in dem Renault wartete. Paula dachte daran, daß er im Wagen gesessen hatte, während sie ein fürstliches Mahl verzehrte. Sie setzte sich in den Fond.
»Pete, wann haben Sie zum letzten Mal gegessen?«
»Vor einer halben Stunde.« Er drehte sich um, lächelte und hielt etwas hoch. »Sandwiches. Meine Notverpflegung habe ich immer bei mir. Und eine Thermosflasche mit Kaffee.«
»Fahren Sie los«, sagte Butler, nachdem er sich neben Nield niedergelassen hatte. »Zurück zum Atlantique. Fahren Sie langsam.«
»Noch nicht. Vorher möchte ich noch einen Blick auf diesen Porsche werfen. Er steht dort, seit wir angekommen sind. Bin gleich wieder da.«
Er war aus dem Wagen, bevor Butler etwas erwidern konnte. Paula sah, daß er seine Walther gezogen hatte und sie dicht am Körper hielt. Er ging auf

dem gegenüberliegenden Gehsteig entlang, wo der Porsche stand wie ein sprungbereiter Tiger.
Er schlenderte an ihm vorbei wie ein Einheimischer auf dem Heimweg, mit hochgeschlagenem Kragen. Außer ihm war kein Mensch auf der Straße. Seine gummibesohlten Schuhe machten keinerlei Geräusch, als er sich dem in beunruhigender Düsternis dastehenden Wagen näherte.
Mit der linken Hand zog er seinen Kragen enger zusammen und warf gleichzeitig einen Blick auf das geparkte Fahrzeug. Paula spürte, wie ihre Hände feucht wurden, als sie sah, wie Nield die Straße schräg überquerte, so daß er von hinten einen Blick auf den Fahrersitz werfen konnte. Paula machte sich auf Schüsse gefaßt.
Nield umrundete den Wagen von hinten, dann ging er vorne herum und kam zurück. Nachdem er sich wieder ans Steuer gesetzt hatte, steckte er die Walther ins Holster.
»Falscher Alarm. Niemand darin. Also zurück zum Atlantique.«
»Und fahren Sie langsam«, wiederholte Butler, als er anfuhr.
»Das haben Sie schon einmal gesagt.«
»Ich hoffe, Jean Burgoyne ruft an«, bemerkte Paula. »Je früher sie aus der Villa verschwindet, desto besser.«
»Sie wird auf sich selbst aufpassen müssen«, erwiderte Butler.
Nield hielt plötzlich an, fluchte, sagte, er hätte seine Brieftasche verloren. Er ließ den Motor laufen und rannte den Weg zurück, den sie gekommen waren. Er war ziemlich schnell wieder bei ihnen, sagte, er hätte Glück gehabt, und steckte die Brieftasche ein. Paula kam sein Verhalten merkwürdig vor. Pete verlor nie irgend etwas. Sie setzten ihre Fahrt zum Atlantique fort. Die meisten Straßen waren menschenleer: die späte Stunde, das kalte Wetter, die Jahreszeit – Ende November. Sie bogen um eine Ecke, und Paula fuhr zusammen.
»Schleichen, Pete.«
Vor ihnen ging ein Mann auf dem Gehsteig an ihrer Straßenseite. Trotz seines dicken Mantels und der Pelzmütze erkannte ihn Paula an seiner Haltung, an seinem Gang, der den Eindruck erweckte, als schritte er eine bestimmte Strecke ab.
»Das ist Leutnant Berthier.«
»Sind Sie sicher?« fragte Butler.
»Ganz sicher. Ich habe ihn mehrfach beobachten können, als er in Aldeburgh war und sich als James Sanders ausgab.«
»Fahren Sie ein bißchen schneller, Pete«, riet Butler. »Er könnte argwöhnisch werden, wenn wir zu langsam fahren.«

Paula schaute rasch aus dem Fenster, bevor sie Berthier eingeholt hatten, dann duckte sie sich. Ja, es war ganz eindeutig de Forges Mann. Sie hatten das Atlantique fast erreicht, als Butler seine Bemerkung machte.
»Das ist doch merkwürdig. Berthier wandert in der Stadt herum. Außerdem sind wir dem liebenswürdigen Mr. Brand begegnet, gleichfalls hier in Arcachon. Man könnte fast meinen, daß hier am Ende der Welt irgend etwas passieren soll.«
»Fahren wir«, sagte Paula. »Ich mache mir Sorgen um Jean Burgoyne. Vielleicht hat sie angerufen, während ich nicht da war.«
»Das werden wir gleich erfahren«, erwiderte Butler.

Yvette Mourlon, de Forges Agentin, war dem Rover gefolgt, ohne Jean Burgoynes Argwohn zu erregen. Yvettes alter Peugeot sah aus wie einer der vielen französischen Wagen, die sich im Verkehr ihre Beulen geholt hatten. Als Jean im Atlantique ankam, war es bereits dunkel. Sie ging zur Rezeption und formulierte ihre Erkundigung sehr vorsichtig.
»Eine Freundin von mir, Paula Grey, sagte, sie wohnte in einem Hotel in Arcachon. Ich hoffe, ich bin hier am rechten Ort.«
Sie stützte sich auf den Tresen und hielt zwei Geldscheine in der Hand. Die Hand des Portiers strich über das Melderegister und nahm ihr mit der gleichen Bewegung die Scheine ab.
»Ja, hier sind Sie richtig. Sie wohnt hier.«
»Wunderbar. Können Sie mir Ihre Zimmernummer geben?«
»Die würde Ihnen nichts nützen. Sie ist unterwegs.«
»Haben Sie eine Ahnung, wann sie zurück sein wollte?« drängte Jean.
»Nicht die geringste. Sie sagt mir nicht, was sie vorhat.« Er zögerte, dann lehnte er sich über den Tresen. »Ich hatte den Eindruck, daß sie den Abend außerhalb verbringen wollte. Sie war in Begleitung.«
»Danke. Haben Sie etwas dagegen, wenn ich warte?« Sie ließ den Blick durch die düstere Halle schweifen. »Auf der Bank dort drüben?«
»Wie Sie wünschen...«
Der Lederbezug der Bank hatte einen Riss, aus dem die Polsterung herausquoll. Nicht gerade das Ritz, dachte Jean, als sie sich niederließ, um zu warten. Sie saß eine ganze Weile dort, dann begann sie nervös zu werden. Es konnte sein, daß de Forge in die Villa zurückgekehrt war. Und dann konnte es sein, daß seine Leute bereits nach ihr suchten. Sie kam sich vor wie auf dem Präsentierteller.
Sie öffnete ihre Tasche, zog eine abgenutzte Karte der Umgebung heraus und studierte sie. Das Problem war, daß sie sie bei dem Portier lassen

mußte, der ein ausgemachter Schnüffler zu sein schien. Sie zweifelte nicht daran, daß er einen Weg finden würde, einen verschlossenen Umschlag zu öffnen. Doch dann fiel ihr eine Lösung ein. Sie markierte auf der Karte drei verschiedene Punkte mit Kreuzen und schrieb über jedes Kreuz eine Zahl. Eins. Zwei. Drei. Sie schrieb ein paar Worte, steckte Karte und Zettel in einen der Umschläge, die sie immer bei sich hatte, und schrieb Paula Greys Namen darauf.

Dann ging sie an den Tresen, hinter dem der Portier saß und eine Zeitung las, und händigte ihm zusammen mit zwei weiteren Geldscheinen den Umschlag aus.

»Ich muß jetzt weg. Würden Sie das bitte Paula Grey geben, sobald sie zurückkommt? Und ich nehme an, um diese Jahreszeit haben Sie ein Zimmer für mich frei?«

»Ihr Name?«

»Lisa Mason. Nein, ich habe es sehr eilig. Ich trage mich ein, wenn ich zurückkomme...«

Yvette Mourlon hatte beobachtet, wie Jean Burgoyne das Atlantique betrat. Sie wartete ein paar Minuten, um zu sehen, ob sie wieder herauskam. Als sie überzeugt war, daß sie die Nacht dort zu verbringen gedachte, fuhr sie ein paar Meter die Straße entlang und parkte im Schatten einer hohen Mauer. Sie zog die Antenne aus und stellte ihr Funkgerät auf die richtige Wellenlänge ein. Als die Verbindung hergestellt war, nannte sie ihren Codenamen und begann, Bericht zu erstatten.

»Hier Yvette. Die Betreffende befindet sich zur Zeit im Hotel Atlantique in Arcachon. Scheint die Nacht dort verbringen zu wollen. Irgendwelche Befehle?«

»Ja. Behalten Sie das Hotel im Auge. Berichten Sie unverzüglich über etwaige Bewegungen der Betreffenden. Verstanden? Unverzüglich.«

»Verstanden.«

Yvette verstaute das Mikrofon wieder in seinem Geheimfach. Arrogante Ziege! Es kam ihr höchst merkwürdig vor, daß ausgerechnet diese eingebildete Pute bestimmte Nachrichten entgegennahm – daß Major Lamy, mit dem sie gewöhnlich sprach, manchmal nicht anwesend war. Immer dann, wenn wenig später jemand starb.

Leutnant Berthier befand sich auf einer Nebenstraße in der Nähe der Uferpromenade, als sein Mobiltelefon piepte. Er trat in einen Hauseingang, zog den Apparat unter seinem Mantel hervor, meldete sich, hörte zu.

Er erhielt genau dieselbe Botschaft, die gerade Yvette übermittelt worden war – mit Ausnahme der Anweisung, die Überwachung fortzusetzen. Außerdem wurde er angewiesen, sich alle fünfzehn Minuten zu melden. Berthier schob seine Antenne zusammen und eilte zur Uferpromenade, wo er seinen Wagen abgestellt hatte.

Brand nahm das Gespräch in einer Kabine in der Ecke der Bar entgegen. Er hörte zu, gab eine kurze Antwort, legte den Hörer wieder auf. Dann legte er das Geld für seinen Drink auf die Theke und begab sich eiligst zu seinem Wagen.

Neununddreißigstes Kapitel

Paula nahm den Umschlag, den ihr der Portier des Atlantique aushändigte. Sie eilte zusammen mit Butler und Nield nach oben, als der Portier ihr nachrief. Sein Ausdruck sprach Bände: alle drei zusammen in einem Zimmer?

»Ein Mann hat angerufen, fragte, ob Sie da wären.«

»Hat er einen Namen hinterlassen?«

»Als ich nein sagte, hat er aufgelegt.«

In ihrem Zimmer untersuchte Paula den Umschlag, während Butler und Nield zwischen den Vorhängen hindurch hinausschauten.

»Er ist geöffnet worden«, stellte Paula fest. »Und hinterher sehr ungeschickt wieder zugeklebt.«

»Der alte Schnüffler hinter dem Tresen«, bemerkte Butler.

Sie öffnete den Umschlag, holte eine zusammengefaltete Karte und einen Zettel heraus. Die Nachricht war kurz. *Ein Bote kommt heute abend mit der Nummer meines Aufenthaltsortes. 22 Uhr.*

»Jean ist sehr auf ihre Sicherheit bedacht. Das gefällt mir nicht.«

Sie breitete die Karte auf dem einzigen Tisch in dem engen Zimmer aus. Eine Eins stand über dem Kreuz mit der Bezeichnung »Villa Rose«. Ein »Kreuzweg« war mit Zwei beschriftet und ein »Bootshaus« mit Drei. Sie gab Butler die Karte und sah auf die Uhr. Es war ein Viertel vor zehn.

»Harry, Sie müssen mich lotsen, wenn der Bote mit dem Treffpunkt kommt. Ich wollte, er würde sich beeilen. Es bleibt nicht viel Zeit. Die Vorsichtsmaßnahmen, die sie ergriffen hat – wären wir doch nur hier gewesen, als sie kam.«

»Wir können nur abwarten und sehen, was passiert«, erklärte Butler.

»Nach allem, was ich in der Villa Forban gehört und gesehen habe, ist sie eine Frau, die sich zu helfen weiß.«
»Ich gehe hinunter und warte auf den Boten«, sagte Nield und verließ das Zimmer.
Kaum eine Minute später war er wieder da und stürzte ins Zimmer, nachdem Butler ihm die Tür geöffnet hatte. Er ergriff Paulas Arm.
»Er will es nur Ihnen selbst aushändigen. Beeilen Sie sich. Dieser Portier da unten beschwert sich schon über seine Anwesenheit im Hotel.«
Paula rannte die Treppe hinunter, dichtauf gefolgt von Nield, während Butler sich mit seiner Walther hinter dem Rücken über das Geländer lehnte. Ein abgerissen aussehender Mann mit Bartstoppeln im Gesicht warf dem Portier finstere Blicke zu. Als Paula erschien, drehte er sich um und händigte ihr einen Umschlag aus.
»Sie sind mir beschrieben worden«, sagte er in provençalischem Französisch. »Ich sollte ihn niemand anderem geben als Ihnen.«
»Danke. Darf ich Ihnen etwas geben?«
»Ich bin gut bezahlt worden.«
Der Stromer verabschiedete sich von Paula mit einem Antippen seines schmutzigen Hutes, warf dem Portier einen weiteren finsteren Blick zu und verließ das Hotel. Ein Blatt Papier mit derselben Handschrift wie zuvor und der knappen Nachricht *Nummer drei.*
»Das ist das Bootshaus«, sagte Paula. »Zwischen Gujan und Facture. Sie lotsen mich, Harry«, sagte sie, als sie das Zimmer verließen.
»Ich werde fahren«, erbot sich Nield. Sie rannten die Treppe hinunter.
»Nein, verdammt nochmal! Ich fahre«, erklärte Paula, »Ich habe ein sehr ungutes Gefühl.«

Jean Burgoyne stand auf der Veranda des Bootshauses und rauchte eine Zigarette. Sie rauchte nur selten, aber ihre Nerven waren angespannt bis zum Zerreißen. Mit der linken Hand schirmte sie die Glut der Zigarette ab. Sie war, in ihren Schaffellmantel gehüllt, hinausgegangen, weil sie drinnen Platzangst bekommen hatte. Das einzige Geräusch war das Plätschern des Wassers gegen die Pfosten. Am Ende der Veranda verlief ein Bach, in dessen stehendem Wasser der Rumpf eines kleinen Bootes lag.
Das Bootshaus stand dicht am Rande des *bassin.* Früher hatte eine Helling über die Marsch zum Wasser geführt; jetzt waren nur noch ihre äußeren Streben vorhanden, und alles befand sich im letzten Stadium des Verfalls. An beiden Seiten der Veranda gab es eine Holztreppe. Die eine ging von festem Boden aus; über sie hatte Jean die Veranda betreten. Die andere am

entgegengesetzten Ende führte zum Bach hinunter. Sie hatte ihren Rover in einer flachen Senke neben dem breiten Pfad abgestellt, der von der Straße zu dem Bootshaus führte. Das leise Plätschern des Wassers in der Mitte des Bootshauses, bis zu der sich eine kleine Ausbuchtung des *bassin* erstreckte, wäre normalerweise ein beruhigendes Geräusch gewesen. Aber jetzt, in der Nacht und an diesem einsamen Ort, ging es ihr auf die Nerven.

Sie hatte sich für diesen Treffpunkt entschieden, weil er weit von jeder anderen Behausung entfernt war. Sie war überzeugt, daß de Forge inzwischen ihre Abwesenheit entdeckt hatte, daß ihr Gefahr drohte. Sie war entschlossen, Paula die Aufzeichnungen über das Unternehmen Marengo auszuhändigen, die sie an ihrem Oberschenkel befestigt hatte. Es war ein gemeiner Plan, der Plan für einen Staatsstreich. Die Aufzeichnungen mußten unbedingt nach Paris gelangen.

Sie hörte ein Knarren. Wie ein Schritt auf altem Holz. Sie drückte sich flach gegen die Wand der Veranda, verbarg die Zigarette in der hohlen Hand, lauschte. Das Geräusch wiederholte sich nicht. Sie stieß einen Seufzer aus, richtete sich auf. Es kam oft vor, daß altes Holz knarrte.

Sie hatte daran gedacht, im Atlantique zu warten und darauf zu hoffen, daß Paula in der nächsten Minute auftauchen würde. Aber ihr hatte die Art nicht gefallen, auf die der Portier sie immer wieder verstohlen gemustert hatte. Wenn sie ihn bestechen konnte, dann konnten andere Leute das auch. Und jede Suche nach ihr würde in den paar Hotels beginnen, die in Arcachon geöffnet waren. Es war ihr sicherer erschienen, an einem abgelegenen Ort zu warten.

Sie ließ ihre Zigarette über das Geländer ins Wasser fallen. Sie zischte, verlöschte. Sie ging nicht das Risiko ein, sie auf den alten Planken unter ihren Füßen auszutreten, denn das letzte, was sie wollte, war, daß dieses alte Gebäude in Flammen aufging. Dann hörte sie weitere schwache Geräusche. Die Geräusche von Automotoren. Wahrscheinlich auf der Hauptstraße. Aber die Geräusche verstummten. Hatte sie *zwei* Autos gehört? Sie war sich nicht sicher; Geräusche trugen weit in der Nacht. Sie zitterte. Es war entsetzlich kalt. Aber sie war sich selbst gegenüber ehrlich: sie zitterte vor Angst.

Jetzt endlich forderte die Anspannung der Monate, die sie in der Villa Forban verbracht hatte, ihren Zoll. Die Anspannung, de Forges Bedürfnisse zu befriedigen, ihn dazu zu verleiten, daß er zuviel sagte, und dann heimlich Berichte nach Paris zu schicken. Solange es dauerte, hatte das Adrenalin dafür gesorgt, daß sie kühl und berechnend blieb. Jetzt, da sie alles hinter sich hatte, litt sie unter der Reaktion. Gott, würde sie froh sein,

nach Aldeburgh zurückkehren zu können, in den Frieden und die Ruhe im Haus ihres Onkels und zu intelligenten Gesprächen – Gesprächen, bei denen sie zuhören konnte, ohne sich jedes Wort merken zu müssen.
Das Holz knarrte abermals. Sie versteifte sich. Das Geräusch war jetzt anders gewesen, das Knarren lauter – wie unter dem Druck eines schweren Schrittes. Mit dem Rücken an der Wand schob sie sich auf die zum Bach hinunterführende Treppe zu. Dann verharrte sie reglos. Das Plätschern des Wassers erinnerte sie an die Bewegungen eines Hais. Absurd! Nimm dich zusammen, Mädchen. Dann sah sie den riesigen Schatten, der über der vom festen Grund heraufführenden Treppe erschien. Die Silhouette einer großen Gestalt. Das Gesicht konnte sie nicht sehen. Das jagte ihr Entsetzen ein.
Dies war wirklich. Die Planken knarrten unheildrohend, als die Gestalt sich ihr näherte. Sie rannte in die entgegengesetzte Richtung und erreichte die zu dem Bach hinunterführende Treppe. Sie eilte hinunter und hörte dicht hinter sich das Platschen anderer Füße in dem sumpfigen Boden. Sie fuhr herum, erinnerte sich plötzlich an die Mauser, die sie in die Manteltasche gesteckt hatte. Sie packte den Kolben, zog die Waffe heraus. Sie hatte Angst.
Ihre Augen hatten sich an die Dunkelheit gewöhnt, und jetzt erkannte sie, warum sie kein Gesicht gesehen hatte. Der Mann trug eine Sturmhaube. Eine große Hand umklammerte ihr Handgelenk, verdrehte es, brach es beinahe, und sie ließ die Mauser fallen. Zwei Hände legten sich um ihren Hals, zwei behandschuhte Hände, die Daumen preßten sich gekonnt auf ihren Kehlkopf. Sie torkelte rückwärts in das alte Boot, und sein Gewicht drückte sie nieder. Der erbarmungslose Druck auf ihre Kehle ließ nicht eine Sekunde lang nach. Das letzte, was Jean Burgoyne von der Welt sah, war die Sturmhaube, die kalten Augen, die sie durch die Sehschlitze hindurch anstarrten. Ihr Blick verschwamm, dann war er für immer ausgelöscht.
Der Killer richtete sich schwer atmend auf. Dann bückte er sich nieder, um sie zu durchsuchen, und hörte das Geräusch näherkommender Autos. Er sprang auf und rannte tief geduckt über die Marsch, wobei seine Gummistiefel tief in den Schlamm einsanken, bis er seinen Wagen erreicht hatte. Er hatte ihn ein gutes Stück von dem Bootshaus entfernt stehengelassen, über dem jetzt eine gespenstische Stille lag.

Als Jean Burgoyne das Atlantique verlassen hatte, war Yvette Mourlon ihr gefolgt. Sobald sie festgestellt hatte, daß sie zu dem Bootshaus fuhr, hatte sie ihre Antenne ausgezogen und den Ort bekanntgegeben. Anschließend

hatte sie ein Stück von dem Bootshaus entfernt gewartet, das, wie sie vermutete, Schauplatz eines Mordes werden würde.
Yvette war in de Forge verliebt. Was in dem Bootshaus mit der reichen und gutgekleideten Frau passieren mochte, interessierte sie nicht im geringsten. Es gab nur eine Sache, die Yvette noch mehr liebte als de Forge: Geld.

Vierzigstes Kapitel

»Da ist das Bootshaus. Hoffentlich kommen wir noch rechtzeitig.«
Paula sprach, während sie wie eine Wahnsinnige mit voll aufgeblendeten Scheinwerfern die Straße entlangjagte. Um diese Zeit herrschte keinerlei Verkehr – es spielte also keine Rolle, wie schnell sie fuhr. Butler hütete sich, etwas zu sagen.
»Sieht ziemlich öde und verlassen aus«, bemerkte Nield, der hinten saß.
Paula drosselte das Tempo, suchte nach dem Pfad, der links von der Straße abzweigte. Sie fand ihn, bog ab und ließ die Scheinwerfer aufblinken, ein Signal für Jean, daß sie kam, daß Hilfe ganz nahe war, daß sie nicht mehr allein sein würde.
Hinter dem Bootshaus trat sie auf die Bremse, streckte die Hand nach dem Türgriff aus. Butlers Hand ergriff ihren Arm und hielt sie zurück.
»Lassen Sie mich zuerst aussteigen ...«
»Nehmen Sie Ihre verdammte Hand weg! Ich habe es eilig.«
Sie riß die Tür auf, sprang hinaus, öffnete ihre Umhängetasche, holte ihren Browning .32 heraus. Die andere Hand zog eine Taschenlampe aus der Manteltasche. Als sie die Stufen hinaufstieg, war Butler mit der Walther in der Hand dicht hinter ihr.
Paula bewegte sich langsamer, als sie sich auf der Veranda befand. Sie ließ das Licht ihrer Taschenlampe herumwandern, versuchte die Tür zu öffnen, die in der Mitte der Veranda in das Bootshaus führte, richtete die Taschenlampe auf ein altes Boot mit zerfallendem Rumpf. Wußte Jean nicht, wer angekommen war?
»Hier ist Paula, Jean. Paula mit Freunden. Sind Sie da drinnen?«
Erst als keine Antwort kam, ging sie weiter, wobei sie die Taschenlampe auf die Planken richtete für den Fall, daß eine von ihnen verrottet war. Sie hatte keine Lust, durchzubrechen und ins Wasser zu fallen. Sie erreichte das andere Ende der Veranda, von dem gleichfalls eine Treppe hinunterführte.
Nield war beim Wagen geblieben. Er hörte, wie sich ein weiteres Fahrzeug näherte, und glitt an der der Straße abgewandten Seite aus dem Auto. Als

das Scheinwerferlicht auf seinen Wagen fiel, duckte er sich und faßte seine Walther fester.

Im Licht ihrer Taschenlampe hatte Paula auch die Fußabdrücke im Schlamm gesehen, große Fußabdrücke, zu groß für Jean. Sie blieb am oberen Ende der Treppe stehen, ließ den Lichtstrahl herumwandern. Plötzlich kam er zum Stillstand. Sie erstarrte.

»Was ist?« flüsterte Butler, der dicht hinter ihr stand.

»Oh, mein Gott! Nicht schon wieder! Bitte! Nicht schon wieder...«

Sie lief die Stufen hinunter und über die paar Meter schwammigen Geländes. Dann blieb sie stehen und hielt unter Aufbietung ihrer gesamten Willenskraft die Lampe stetig. Die Leiche lag im Wrack eines Bootes auf dem Rücken. Das blonde Haar hing über das Heck herunter. Der Bach mit seiner öligen Oberfläche, der Schlick. Genau wie damals in Aldeburgh. Sie biß die Zähne zusammen, als Butler sich an ihr vorbeischob, sich über die Leiche beugte, sie im Schein seiner eigenen Taschenlampe betrachtete.

»Bleiben Sie, wo Sie sind, Paula.«

Sie wäre fast aus der Haut gefahren, als sich eine Hand auf ihren Arm legte. Es war Newmans Stimme. Sie drehte sich zu ihm um. Mit ihm hatte sie in diesem grauenhaften Moment am allerwenigsten gerechnet.

»Bob. Gott sei Dank. Sie ist tot, nicht wahr?«

Noch während sie die Frage aussprach, wurde ihr bewußt, wie töricht sie war. Schließlich hatte sie die Quetschungen an Jean Burgoynes Hals im Licht ihrer Taschenlampe deutlich genug gesehen. Sie drehte sich um und wollte Butler folgen, aber Newman hielt sie zurück.

»Warten Sie hier. Rühren Sie sich nicht von der Stelle.«

»Sie wollte mir einige wichtige Unterlagen aushändigen.«

»Ich habe gesagt, Sie sollen sich nicht von der Stelle rühren. Pete deckt uns am anderen Ende der Veranda den Rücken.«

Newman folgte Butler über das schwammige Gras und beugte sich neben ihm nieder. Es war ein häßlicher Anblick. Jeans Augen waren herausgequollen. Ihre Kehle war zerquetscht. Nur ihr blondes Haar war nach wie vor schön.

Die untere Hälfte ihres Schaffellmantels stand offen, ein Knopf war abgerissen. Sanft schob er den Mantel höher hinauf, legte ihren Rock frei, der bei ihrem Kampf ums Überleben gleichfalls hochgerutscht war. Etwas ragte unter dem Rocksaum hervor. Er schob ihn an ihrem langen, schlanken Bein hoch. Eine Plastiktüte war mit Klebeband an ihrem Körper befestigt. An einem Mordopfer sollte man sich nicht zu schaffen machen, dachte er. Er löste die Plastiktüte ab, dann zog er den Rock wieder herunter.

»Ich glaube, der Killer hat gehört, daß wir kamen«, sagte er zu Paula, nachdem er zu ihr zurückgekehrt war. »Deshalb konnte er sie nicht mehr durchsuchen. Vielleicht ist sie nicht umsonst gestorben.«

Er legte den Arm um sie und führte sie zurück auf die Veranda. Sie ging wie ein Zombie. Dann erinnerte sie sich, daß sie noch immer den Browning in der Hand hielt, und steckte ihn wieder in die Tasche. Er führte sie die Treppe hinunter und zurück zu ihrem Wagen, hinter dem Newmans eigener Renault stand.

»Ich bin in Ordnung«, sagte sie, als sie den Wagen erreicht hatten.

»Das sind Sie keineswegs.«

»Nein, ich bin es nicht! Oh, Bob, es war genau wie bei Karin in Aldeburgh. Auch sie wurde erwürgt und wie eine Puppe, die niemand mehr haben will, in einem alten Boot liegengelassen. Genau derselbe Alptraum wie damals. Wenn wir je herausbekommen, wer das getan hat, dann lege ich ihn selbst um. Ich schieße ihm ein halbes Dutzend Kugeln in den Bauch...«

Dann brach sie zusammen, wie Newman gehofft hatte. Schluchzend legte sie den Kopf an seine Brust. Er legte die Arme um sie, drückte sie an sich, streichelte ihr Genick, ihr Haar. Allmählich hörte ihr Körper auf zu beben. Butler und Nield hielten taktvoll Abstand, beide mit ihren Waffen in der Hand, beide die Umgebung beobachtend. Paula holte ein Taschentuch aus ihrer Umhängetasche, blickte zu Newman auf.

»Mir ist es egal, wie ihre Beziehungen zu de Forge waren – sie war eine gute Frau. Ich fing an, sie sehr zu mögen. Ich vermute, daß sie sehr tapfer war, als sie diesem Schwein nachspionierte.«

»Da könnten Sie recht haben.« Newman hielt die Plastiktüte hoch. »Das können wir uns ansehen, wenn wir ein gutes Stück von hier fort sind. Es könnte Verstärkung in der Nähe sein. Und wir wollen nicht, daß die örtlichen Behörden sich einmischen.«

»Von Gesetzes wegen...«

»Hier ist de Forge das Gesetz. Das ist eine Sache für Lasalle. Ich rufe ihn vom Hotel aus an. Und ich bringe Sie weit fort aus dieser Gegend.«

Paula hatte sich erholt, trat ein Stück zurück, richtete ihren Mantel. Dann schüttelte sie den Kopf.

»Ich verschwinde nicht von hier, bis Tweed es anordnet. Ich bin hergekommen, um einen Job zu erledigen. Jean ist tot, aber ich bin noch am Leben.«

»Und ich möchte, daß es dabei bleibt«, erklärte Newman und führte sie zu seinem Renault.

»Wie in aller Welt kam es, daß Sie gerade im rechten Moment dort aufgetaucht sind?« fragte Paula.
Sie waren auf der Rückfahrt nach Arcachon, dichtauf gefolgt von Butler und Nield in dem anderen Wagen.
»Als Moshe und ich aus den Landes zurückkamen, waren wir völlig fertig und haben im Atlantique erst einmal vierundzwanzig Stunden geschlafen. Als ich wieder zu mir kam, waren Sie ausgegangen. Deshalb beschloß ich, Isabelle zu besuchen, was ich getan habe. Als ich danach wieder beim Atlantique ankam, sah ich, wie Sie in Ihren Wagen sprangen und davonfuhren wie eine Besessene. Ich bin Ihnen gefolgt, um zu sehen, was los war.«
»Sie haben es gesehen. Es widerstrebt mir zutiefst, Jean so liegen zu lassen. Es kommt mir irgendwie grausam vor.«
»Und was wäre die Alternative? Wir nehmen die Leiche mit – und was dann? Wenn wir die hiesige Polizei informieren, stecken wir bis zum Hals in Schwierigkeiten. Schlimmer noch, wir könnten festgehalten werden. Glauben Sie, das würde Tweed gefallen – ausgerechnet jetzt, da Frankreich explodiert? Inzwischen hat es in Marseille antiamerikanische und antiarabische Ausschreitungen gegeben. Es breitet sich aus.«
»Woher wissen Sie das?«
»Isabelle hat Radio gehört und ferngesehen. Sie sagt, es hätte Unmengen von Verletzten gegeben. Und unsere alten Freunde, die Männer mit den Sturmhauben, haben den Mob angeheizt.«
»Sie haben die Landes erwähnt. Wie ist es Ihnen dort ergangen?«
»Darüber reden wir später«, sagte Newman ingrimmig. »Jetzt hoffe ich, daß wir Tweed und Lasalle erreichen können. De Forges Welt kommt auf uns zu.«

In Paris hatte Tweed einen beunruhigenden Abend verbracht. Der Kurier, den Monica mit dem gefälschten Presseausweis losgeschickt hatte, war angekommen. Lasalle hatte ihm mitgeteilt, daß Josette de Forge ab acht Uhr einen ihrer »Salons« abhielt.
Tweed hatte sich in einem Taxi nach Passy bringen lassen und den Fahrer angewiesen, ihn in einiger Entfernung von dem Haus abzusetzen, dem er einen Besuch abstatten wollte. Als er sich dem eleganten Terrassenhaus gegenüber einem kleinen Park näherte, sah er, wie Limousinen vorfuhren und Besucher entließen. Unter ihnen erkannte er Louis Janin, Verteidigungsminister und Handlanger von General de Forge. Der Lakai an der Tür fragte, ob er eine Einladung hätte.
»Presse«, sagte Tweed. »Sagen Sie Madame de Forge, daß ich von der *Daily*

World komme. Und beeilen Sie sich. Es ist kalt hier draußen. Wenn Sie nicht in drei Minuten zurück sind, bin ich fort. Aber ich werde Madame morgen anrufen – und ich bezweifle, daß Sie danach noch hier angestellt sind. Meine Karte ...«

Während er wartete, trafen weitere Gäste ein, alle in Abendkleidung. Einige der Frauen stellten ein Vermögen an Juwelen zur Schau. Aber Tweed fühlte sich keineswegs unwohl in seinem Straßenanzug. Weshalb sollte er sich in Schale werfen für dieses Schlangennest?

Der Lakai kehrte eiligst zurück. Jetzt verhielt er sich ganz anders. Er geleitete Tweed hinein, nahm ihm den Mantel ab und führte ihn durch die mit rotem Teppichboden ausgelegte Diele in einen großen Raum, in dem sich die Besucher drängten. Der Raum war geschmackvoll möbliert und wurde von funkelnden Kronleuchtern erhellt. An den Wänden hingen Bilder; eines davon hielt Tweed für einen Gauguin.

Der Lakai mußte ihm durch die plaudernde Menge einen Weg bahnen; alles redete durcheinander, Champagnergläser klirrten. Tweed bemerkte einen General in Uniform. Masson, Chef des Generalstabes. Dann war er bei der Dame des Hauses angekommen.

Josette de Forge war eine schlanke, hochgewachsene Frau, in einem Samtkleid, das ihre Figur voll zur Geltung brachte. Ihr langes, glattes schwarzes Haar war zu einem Chignon geschlungen. Das Kleid war tief ausgeschnitten und ließ ihre wohlgeformten Schultern frei. Ihre dunklen Augen musterten Tweed, dessen Karte sie in der Hand hielt, und ihm wurde sofort klar, daß sie sich alle Mühe gab, ihn zu bezaubern.

»Die *Daily World*, Mr. Prentice. Sie sind sehr willkommen bei meinem kleinen Salon. Champagner?« Sie winkte einen Kellner herbei, und Tweed nahm ein Glas, obwohl er nichts trinken wollte. »Kommen Sie, setzen Sie sich zu mir, damit wir uns unterhalten können«, fuhr sie auf Englisch fort. »All diese vielen Leute! Es ist einfach fürchterlich. Aber wenn man einen einlädt, muß man viele andere auch einladen. Sie sind sofort beleidigt, wenn sie nicht eingeladen werden ...«

Ununterbrochen redend führte sie ihn zu einer eleganten Couch, bedeutete ihm mit einer Handbewegung, sich zu ihr zu setzen. Nachdem sie sich niedergelassen hatte, schlug sie die langen Beine übereinander, die ein Schlitz in ihrem Kleid zum Vorschein kommen ließ. Tweed nahm sie bewundernd zur Kenntnis – er hatte das Gefühl, daß das von ihm erwartet wurde. Er antwortete auf Englisch. Sie brauchte nicht zu wissen, daß er fließend Französisch sprach.

»Sie haben wirklich bedeutende Gäste hier. Ich habe General Masson gesehen. Er bietet Ihnen moralische Unterstützung in der gegenwärtigen Krise?«

»Ich bin wirklich erfreut, Mr. Prentice, daß sich die britische Presse jetzt für das zu interessieren beginnt, was in Frankreich vorgeht. Bald wird Paris wieder die Hauptstadt Europas sein, wie zu Zeiten Napoleons.«

»Was ist mit Deutschland?«

»Deutschland respektiert Macht.« Sie machte mit ihrer freien, wohlgeformten Hand eine wegwerfende Geste. »Und bald wird niemand mehr daran zweifeln, daß wir in Europa die Supermacht sind. Schließlich ...« Sie trank einen Schluck Champagner. »... haben wir die *force de frappe*, Atomwaffen. Da drüben steht General Lapointe, der Oberbefehlshaber der *force*.«

Die Geier versammeln sich, dachte Tweed und drehte den Kopf, um den General zu betrachten, auf den sie hingewiesen hatte. Er war schlank und mittelgroß mit einem kleinen schwarzen Schnurrbart und hörte gerade einer blonden Schönheit zu, die mit bewundernden Augen zu ihm aufblickte.

»Er ist geschieden«, fuhr Josette fort, »deshalb macht Lisette sich Hoffnungen. Er mag mit ihr ins Bett gehen, aber seine zweite Frau wird sie bestimmt nicht.«

»Ich vermute, daß Premierminister Navarre andere Vorstellungen hat – daß ihm an guten und engen Kontakten mit Deutschland liegt.«

»Navarre! Pah!« Sie blies ihn davon. »Der wird nicht lange im Amt bleiben, wenn mein Mann in Paris eingetroffen ist.«

»Sie erwarten ihn? Mit einer Armee, meinen Sie?«

Ihre schwarzen Augen verengten sich. Sie musterte Tweed, bevor sie antwortete. Dann sah sie sich in dem Zimmer um, und ihre vollen roten Lippen verzogen sich schmollend.

»In diesem fürchterlichen Durcheinander kann man sich nicht richtig unterhalten. Kommen Sie mit. Die werden eine Weile ohne mich auskommen müssen.«

Sie ließ es klingen, als legte sie ihnen eine Entbehrung auf. Tweed hinderte einen Kellner daran, sein Glas wieder aufzufüllen, und folgte ihr. Sie öffnete eine Seitentür und führte ihn in einen kleineren Raum, der vorwiegend mit Chaiselongues möbliert war. Sie schloß die Tür ab und ließ sich auf einer an der Wand stehenden Chaiselongue nieder. Dann klopfte sie einladend darauf.

»Kommen Sie, setzen Sie sich zu mir, damit wir die Welt in Ordnung bringen können.«

Tweed ließ sich auf der Kante nieder und drehte sich zu ihr; sie hatte sich zurückgelehnt und den Kopf auf die Kopfstütze gelegt. Er holte ein kleines Bandgerät aus der Tasche, legte es auf einen Beistelltisch und drückte den Startknopf. Es gab ein sirrendes Geräusch von sich.
»Sie haben doch sicher nichts dagegen«, meinte er.
Sie streckte die Hand aus und drückte mit einer pathetisch wirkenden Geste auf den Stoppknopf. Das sirrende Geräusch brach ab. Sie lächelte träge und verschränkte die bloßen Arme hinter ihrem Schwanenhals.
»Es könnte durchaus sein, daß Sie nicht alles aufzeichnen möchten, was wir zueinander sagen. Auf jeden Fall kann ich diese Dinger nicht leiden.«
»Wie Sie wünschen.« Er holte einen Notizblock und einen Stift aus der Tasche. »Aber Notizen darf ich mir doch machen? Gut. Vielleicht sagen Sie mir noch einmal, was Sie mir in dem anderen Zimmer sagen wollten. Ich konnte nicht alles verstehen«, log er.
»Natürlich ...« Sie wiederholte, was sie zuvor gesagt hatte, wobei sie die Knie hochzog und sich auf sie stützte. Dabei kamen wieder ihre langen Beine zum Vorschein. Tweed machte sich Notizen.
»Und«, drängte er, als sie verstummt war, »Sie sagten, Sie rechnen damit, daß Ihr Mann mit einer Armee nach Paris kommt?«
»Ihr Zeitungsleute seid niederträchtig.« Sie versetzte ihm einen leichten Schlag aufs Knie, ließ ihre Hand liegen. »Danach haben Sie vorhin schon gefragt. Und ich habe nicht geantwortet.«
»Und wie lautet Ihre Antwort?«
»Natürlich wird er nach Paris kommen. Zum rechten Zeitpunkt. Wenn ganz Frankreich nach einem starken Mann ruft, der das Land rettet. Und vielleicht wird mit ihm eine Armee kommen – seine Leute sind ihm zutiefst ergeben, und möglicherweise kann er sie nicht daran hindern, ihm zu folgen.«
Was eine verdammt gerissene Erklärung war, dachte Tweed, während er sich weiter Notizen machte. Jetzt war ihm klar, wie der Staatsstreich gerechtfertigt werden sollte. Schon jetzt hatten ihre Enthüllungen seinen Besuch gelohnt. Und zwar sehr. Ihre Hand begann zu wandern. Er legte seine Hand auf die ihre. Sie war eine überaus attraktive und gefährliche Frau. Er beschloß, den Stier bei den Hörnern zu packen.
»Angenommen, Ihr Mann käme herein und fände uns so?«
»Die Tür ist abgeschlossen.«
»Sie wissen, was ich meine.«
»Oh, Charles findet seine Vergnügungen anderswo. Er hat seit langem eine

Geliebte, eine Engländerin. Außerdem verfügt er über andere Möglichkeiten, sich zu entspannen. Entspannen Sie sich nie?«
Sie hatte ihre Hand unter der seinen umgedreht und ihre Finger zwischen die seinen geschoben. Sie zupfte sanft, um ihn näher an sich zu ziehen. Tweed machte von seiner beträchtlichen Willenskraft Gebrauch. Er erinnerte sich daran, daß de Forge höchstwahrscheinlich verantwortlich war für den kaltblütigen Mord an seinem Agenten Francis Carey in Bordeaux. Und er wußte nicht – war ihr lediglich amourös zumute, oder sah sie in diesem Interview eine einmalige Chance, de Forges Propaganda auch jenseits des Kanals zu verbreiten? Er holte tief Luft.
»Wenn wir dieses Interview nicht fortsetzen, verliere ich meinen Job.«
»Dann machen Sie weiter, Mr. Prentice. Entspannen können wir uns später.«
»Ich habe gerüchteweise von einem Club auf höchster Ebene gehört, der vorhat, in Frankreich die Macht zu übernehmen. Sogar ein Gerücht, demzufolge eines der Mitglieder dieses Clubs ein ausländischer Rüstungsfabrikant ist, der General de Forge heimlich mit neuen Waffen beliefert.«
Das hatte sie erschüttert, aber sie war eine clevere Frau. Ihre Reaktion war unerwartet. Sie streckte ihr entblößtes Bein aus und legte es quer über seinen Schoß. Er deponierte das Notizbuch auf ihrem Bein, lächelte, wartete auf ihre Antwort.
»Ich kann mir nicht vorstellen, wo Sie derart absurde Gerüchte gehört haben können. Natürlich wird mein Salon, wie Sie selbst gesehen haben, von sehr einflußreichen Leuten besucht. Die Ereignisse nähern sich ihrem Höhepunkt.« Sie bewegte ihr Bein hin und her. »Da wir gerade von Höhepunkten reden ...«
»Ihre Schwäche«, sagte Tweed brüsk, »ist, daß Sie keinerlei politische Unterstützung haben.«
»Das glauben Sie!«
Sie zog ihr Bein zurück, sprang auf. Er hatte einen Nerv getroffen. Sie strich ihr Kleid glatt und trat vor einen Spiegel, um sich zu vergewissern, daß alles in Ordnung war. Dann schloß sie die Tür auf und bedeutete ihm, ihr zu folgen. Als sie wieder im Salon angekommen waren, ergriff Josette seinen Arm und benutzte die andere Hand, um auf einen Mann zu zeigen, der ununterbrochen auf eine kleine Brünette einredete und seine Worte mit pathetischen Handbewegungen unterstrich.
»Dort«, sagte Josette, »steht unsere politische Unterstützung. Emile Dubois, Vorsitzender der Partei *Pour France*. Jeden Tag strömen ihm Tausende von Anhängern zu.«

Tweed betrachtete Dubois. Ein mittelgroßer, zum Fettwerden neigender Mann in den Fünfzigern. Er hatte eine Masse von strähnigem Haar, einen zottigen Schnurrbart über dicken Lippen. Zu seinem Dinnerjackett trug er eine gewöhnliche weiße Krawatte, die ein wenig schmuddlig wirkte. Ein überaus abstoßender Typ; er erinnerte Tweed an Fotos von Pierre Laval, der im Krieg mit den Deutschen kollaboriert hatte.

»Sie haben in der Tat die großen Tiere auf Ihrer Seite«, bemerkte Tweed, der es darauf anlegte, Josette in zufriedener Verfassung zu verlassen.

»Und es sind immer die großen Tiere, die gewinnen. Wollen Sie nicht morgen abend wiederkommen? Ich halte keinen Salon ab, und wir wären allein. Ich gebe Ihnen meine Karte. Rufen Sie mich an, sagen Sie mir, wann Sie kommen, damit ich Sie gebührend empfangen kann.«

Josette öffnete eine Schublade eines an der Wand stehenden Schreibpultes und holte eine gravierte Karte mit einer roten Rose über der Schrift heraus. Ihr Lächeln war einladend, als sie sie ihm aushändigte.

»Meine private Karte, meine private Nummer. Die nur wenige bekommen.«

Tweed dankte ihr und verabschiedete sich. Der Lakai brachte seinen Mantel. Als er das Haus verließ, betastete er seine Jackentasche, um sich zu vergewissern, daß das kleine Bandgerät darin steckte. Er hatte es wieder an sich genommen, bevor er in den Salon zurückgekehrt war.

»Da drüben, auf der anderen Straßenseite, stehen Taxis, Mr. Prentice«, teilte der Lakai ihm mit, jetzt überaus hilfsbereit.

Prentice. Das war der Deckname, den Monica gewählt hatte, bevor sie den Presseausweis drucken ließ, und sie hatte Tweeds guten Freund, den Chefredakteur der *Daily World*, darüber informiert, daß Tweed ihn benutzen würde. Im Taxi holte Tweed das Bandgerät aus der Tasche, betrachtete es und lächelte.

Das glauben Sie!

Josette de Forges Stimme kam klar aus dem Bandgerät. Tweed stand auf, schaltete es ab und sah Lasalle an. Sie befanden sich in Navarres Büro im Innenministerium. Navarre, der seinen Ministerposten beibehalten hatte, als er Premierminister wurde, war nicht zugegen. Lasalle hatte sich gerade Tweeds ganze Unterhaltung mit Josette angehört.

»Wie haben Sie das gemacht?« fragte er. »Sie sagten doch, sie hätte das Gerät ausgeschaltet.«

»Das glaubte sie. Unsere Leute am Park Crescent sind sehr erfinderisch. Sie konstruierten das Gerät so, daß es mit dem Stoppknopf eingeschaltet wird, während der Startknopf nur ein Geräusch auslöst, als ob das Band liefe – was es nicht tut. Wenn das Band tatsächlich läuft, geschieht das völlig lautlos.«

»Aber angenommen, sie hätte nichts dagegen gehabt, daß Sie es benutzen, und hätte es nicht gestoppt?«

»Dann hätte ich gesagt, es hörte sich nicht richtig an, hätte daran hantiert und den Schalter betätigt, der das Band in Bewegung setzt.«

»Von dieser Sorte könnten wir auch ein paar gebrauchen. Aber das wichtigste Resultat Ihres Besuches ist ihre vage Anspielung darauf, daß de Forge mit einer Armee nach Paris zu kommen gedenkt. Sie haben gehört, daß de Forge kommissarisch zum Befehlshaber der *Dritten Armee* ernannt worden ist?«

»Nein. Das hat Navarre gebilligt?«

»Er hatte keine Chance. General Masson hat die Ernennung öffentlich verkündet, ohne vorherige Rücksprache mit ihm. Navarres einzige Möglichkeit hätte darin bestanden, sowohl den Chef des Generalstabes als auch General de Forge zu entlassen. Und das könnte einen Aufstand auslösen. Das kann er nicht.«

In diesem Augenblick kehrte Navarre selbst in sein Büro zurück. Sein schmales Gesicht wirkte grimmig und entschlossen. Lasalle berichtete von Tweeds Besuch, und Navarre wollte die Tonbandaufzeichnung hören.

Er ließ sich hinter seinem Schreibtisch nieder, betrachtete das Bandgerät und hörte aufmerksam zu, wie es Tweeds Unterhaltung mit Josette wiedergab. Als er es abgeschaltet hatte, machte Tweed seine Bemerkung.

»Ich bin sehr froh, daß Sie Ihr Amt als Innenminister beibehalten haben, als Sie Premierminister wurden.«

Navarre grinste. »Meine Trumpfkarte. Kontrolle der DST, der Polizei, vor allem aber der CRS, unserer paramilitärischen Einheiten. Die Frage ist nur, wann ich diese Trumpfkarte ausspielen soll. Ich brauche eindeutige Beweise für de Forges Hochverrat.«

Das Telefon läutete. Navarre hörte zu, übergab den Hörer an Tweed.

»Robert Newman für Sie ...«

Einundvierzigstes Kapitel

General de Forge war gleichfalls noch spät auf. Er wanderte in seinem Büro im Hauptquartier herum und hörte sich Lamys Bericht über Kalmars Erfolg an. Lamy störte es, daß sein Chef ständig in Bewegung war, oft

hinter seinem Rücken. Es war ein psychologischer Trick, den de Forge gern anwendete, um einen Besucher zu verunsichern. Er unterbrach Lamys Redestrom.
»Der Saum Ihres Mantels und Ihre Schuhe sind ziemlich schmutzig.«
»Draußen auf dem Lande ist es schlammig.«
»Trotzdem sollten Sie sich säubern, bevor Sie sich bei mir melden. Sie sollten jedem Soldaten, der Sie vielleicht sieht, jederzeit ein Vorbild an Makellosigkeit sein.«
»Ich bitte um Entschuldigung. Ich wollte Sie so schnell wie möglich über Kalmars telefonische Bestätigung informieren. Jean Burgoyne ist tot.«
»Ein Spion weniger. Und ich überlege, ob ich die gegenwärtigen Manöver zum Unternehmen Marengo ausweite – den Marsch auf Paris. Nachdem Sie das Unternehmen Austerlitz in Gang gebracht und Paris ins Chaos gestürzt haben. Und von jetzt an muß überall das Feuerkreuz auftauchen.«
Während de Forge redete, beschäftigte sich ein anderer Teil seines Verstandes mit seiner Überzeugung, daß es in seinem Hauptquartier einen Verräter gab. Paris erhielt Informationen – das hatte sein Mann in der Rue de Saussaies bestätigt. Es mußte jemand sein, der zu seinem inneren Kreis gehörte. Leutnant Berthier? Major Lamy selbst? Er mußte schnell entlarvt und liquidiert werden. Eine unerläßliche Vorarbeit, bevor er Austerlitz und dann Marengo anlaufen ließ.
»Das Feuerkreuz wurde bei den Unruhen sowohl in Marseille als auch in Toulon mitgeführt«, versicherte Lamy ihm hastig. »Morgen werden die Zeitungen voll davon sein. Befehlen Sie, daß ich Austerlitz in Gang bringe?«
»Jetzt noch nicht. Der Erfolg eines Feldzugs hängt von der Wahl des richtigen Zeitpunktes ab. Sie sagten, Berthier hätte Sie angerufen, daß er sicher wäre, Paula Grey zusammen mit zwei Männern in einem Wagen in Arcachon gesehen zu haben. Sie ist Kalmars nächste Aufgabe. Er muß sie innerhalb der nächsten vierundzwanzig Stunden beseitigen.«
»Das läßt Kalmar nicht viel Zeit. Er ist ein gewissenhafter Planer.«
»Dann muß er seine gewissenhafte Planung ein bißchen beschleunigen. Außerdem möchte ich Näheres über Ihren Kontakt mit dem mysteriösen *Manteau* wissen.«
»Er hat mich angerufen, verlangt, daß ich die zwei Millionen Schweizer Franken in einen Stoffbeutel stecke und den Beutel hinter einer abgelegenen Telefonzelle am Rand eines Dorfes südlich von Bordeaux deponiere. Das habe ich getan. Danach bin ich weggefahren.«
»Aber was hat er außerdem gesagt?«

Der General ist ein Teufel, dachte Lamy. Wie hatte er erraten können, daß da noch mehr war?

»*Manteau* hat mich angewiesen, eine halbe Stunde in der Gegend herumzufahren, bevor ich ins Hauptquartier zurückkehrte. Wenn ich die Absicht hätte, früher dort einzutreffen, dann wäre ihm das auch recht, aber ich würde eine Kugel in den Kopf bekommen.«

Ja, dachte de Forge, das hörte sich tatsächlich an wie *Manteau*. Und kein bißchen wie Kalmar.

»Sonst noch etwas?«

»Ja. Er sagte, um Paula Grey würde er sich kümmern. Und um alle anderen Personen, von denen Sie wollten, daß sie ausgelöscht werden. Genau dieses Wort hat er verwendet.«

Nun, die Bezahlung würde schon dafür sorgen, daß weitere Anschläge auf sein Leben unterblieben, dachte de Forge. Er empfand Erleichterung – die Kugel, die seine Limousine durchschlagen hatte, war entschieden zu dicht an seinem Kopf vorbeigegangen.

»Schicken Sie ein gelbes Signal an die Austerlitz-Einheiten in Paris«, entschied er plötzlich. »Und zwar sofort...«

Als Lamy gegangen war, sah er auf die Uhr. Das nächste und entscheidende Signal würde rot sein – das Signal an die Saboteure, Paris in Brand zu stecken. Er mußte handeln, bevor Navarre die Regierungsgewalt fest im Griff hatte.

Navarre und Lasalle beobachteten Tweed, als er Newmans Anruf entgegennahm, doch aus seiner Miene ließ sich nichts ablesen. Tweed machte sich kurze Notizen, stellte hin und wieder eine Frage, bat Newman, einen Moment zu warten. Dann sah er die beiden Franzosen an.

»Er ruft von einem Hotel in Arcachon aus an. Die Verbindung sollte sicher sein – einer meiner Männer beobachtet den Portier, der an der Vermittlung sitzt –, aber ich brauche schnelle Entschlüsse.«

»Wo liegt das Problem?« fragte Navarre.

»Newman hat fotografische Beweise für Verbrechen, die de Forges Leute begangen haben...« Er berichtete ihnen rasch über den Friedhof in den Landes, den Angriff von als Ku-Klux-Klan maskierten Männern auf Moshe Steins Villa.

»Lassen Sie mich mit ihm sprechen«, sagte Lasalle und übernahm den Hörer.

»Hier Lasalle. Ich fasse mich kurz. Sie haben den Film? Gut. Kennen Sie den Flugplatz nördlich des Etang de Cazaux, westlich der N 652?«

»Ja. Ich habe ihn gesehen, als Moshe und ich in die Landes fuhren.«
»Ein Alouette-Hubschrauber wird dort bei Tagesanbruch landen. Geben Sie den Film dem Piloten. Das Codewort für den Piloten ist Valmy.«
»Ich werde dort sein.«
»Tweed gibt mir ein Zeichen. Bleiben Sie am Apparat...«
Tweed hatte an Newmans Bericht über die Entdeckung von Jean Burgoynes Leiche durch Paula gedacht und beschlossen, sie aus der Gegend abzuziehen. Er informierte Lasalle rasch über den Mord. Lasalle schlug sich mit der Hand an die Stirn.
»Großer Gott! Jean Burgoyne gehörte zu den Agenten, die in dieser Gegend für mich gearbeitet haben. Das ist ja entsetzlich. Jetzt ist nur noch einer übrig...«
»Geben Sie mir den Hörer«, verlangte Tweed. »Bob, wo ist Paula? Bei Ihnen? Ich will mit ihr sprechen... Paula, das mit Jean Burgoyne tut mir leid – es muß ein Schock für Sie gewesen sein. Ein schwerer Schock... Ja, ich verstehe, daß Sie die Sache in Aldeburgh noch einmal durchleben mußten. Und nun hören Sie zu, ich ziehe Sie ab. Bob weiß, daß Lasalle einen Hubschrauer schickt. Sie gehen an Bord und kommen zurück nach Paris.«
»Nein. Ich bleibe hier und versuche, diesen Killer zu finden. Inzwischen hat er zwei meiner Freundinnen umgebracht – Karin Rosewater und Jean Burgoyne.«
»Paula.« Tweeds Stimme war hart. »Das ist keine Bitte, sondern ein Befehl. Sie fliegen mit der Alouette.«
»Nein«, wiederholte sie ebenso entschlossen wie zuvor. »Ich bleibe hier. Bob ist bei mir – und Harry und Pete.«
»Mir scheint, Sie haben mich nicht verstanden«, fuhr Tweed sie an. »Ich erteile Ihnen einen Befehl.«
»Dem ich nicht Folge leiste. Wenn Ihnen das nicht paßt, können Sie mich vor die Tür setzen.«
»Sie sind ein Dickkopf...«
»Wenn es sein muß. Und jetzt muß es sein. Wie stehen die Dinge bei Ihnen?«
»Geben Sie mir Newman noch einmal. Und zwar sofort.«
»Hier bin ich, Tweed«, meldete sich Newman, nachdem er den Hörer übernommen hatte.
»Paula macht Schwierigkeiten, wie Sie zweifellos mitbekommen haben. Sie muß unbedingt an Bord dieser Alouette gehen – notfalls müssen Sie sie in die Maschine tragen.«

»Das kann ich nicht«, erklärte Newman. »Außerdem wäre es ein Fehler. Sie würde das Gefühl haben, als liefe sie davon. In gewisser Hinsicht bin ich durchaus Ihrer Meinung. Aber sie ist ein vollwertiges Mitglied des Teams. Vergessen Sie das nicht.«
»Wenn Sie meinen.« Tweeds Stimme klang gereizt. »Ich hoffe nur, daß das Beweismaterial, das Sie uns liefern, uns einen wirksamen Hebel zum Neutralisieren des Feindes liefert. Natürlich wäre es noch besser, wenn wir einen Zeugen hätten.«
»Es gibt einen Zeugen«, teilte Newman mit. Er dachte an Martine, die alte Frau, die am Strand Treibholz gesammelt hatte. »Eine Frau, ziemlich betagt, hat aber noch alle Tassen im Schrank. Könnte Eindruck machen im Fernsehen.«
»Wir brauchen diese Zeugin.«
»Das würde bedeuten, daß ich noch einmal in die Landes fahren muß. Aber ich sehe ein, daß es wichtig ist.«
»In die Landes?« Tweed war bestürzt. »Das kann ich nicht von Ihnen verlangen.«
»Das haben Sie auch nicht verlangt. Ich habe gerade selbst beschlossen, daß ich so bald wie möglich fahren werde.«
»Bob, versprechen Sie, mir Bescheid zu sagen, bevor Sie losfahren – oder lassen Sie einen von den anderen fahren.«
»Okay. Ich verspreche es. Seien Sie vorsichtig.«
»*Sie* sollten vorsichtig sein.« Tweeds Stimme war eindringlich. »Ich muß Sie darauf hinweisen, daß wir gute Gründe zu der Annahme haben, daß bald die Hölle los sein wird. Nur damit Sie gewarnt sind ...«

Als Tweed den Hörer auflegte, war ihm klar, daß dies in dem titanischen Kampf um die Rettung Frankreichs der kritische Punkt war. Während Tweeds Telefongespräch hatte Navarre dagestanden, als blickte er in den Nebel einer ungewissen Zukunft. Tweed musterte ihn, registrierte seine Miene, dann wanderte sein Blick zu Lasalle.
Der DST-Chef war gereizt und gleichfalls unsicher. Sollte er seine Bataillone – die DST, die paramilitärische CRS und andere Kräfte, die seinem Befehl unterstanden – in Marsch setzen? Und wenn ja, in welche Richtung? In den Süden, wo de Forge das kontrollierte Chaos organisierte? Oder sollten sie um Paris herum Stellung beziehen?
Nur Tweed war sicher, was zu tun war. Obwohl ein Ausländer in einer fremden Hauptstadt, schien er so entspannt zu sein, als säße er an seinem Schreibtisch am Park Crescent. Er ergriff das Wort.

»Ich weiß, was wir tun müssen, aber zuerst möchte ich genau wissen, wie aus Ihrer Sicht die Dinge im Augenblick liegen.«
Es war Navarre, der antwortete. Selbst zu dieser späten Stunde zeigte er noch keinerlei Ermüdungserscheinungen.
»Wie Sie wissen, hat Masson mich übergangen und die Ernennung von de Forge zum kommissarischen Oberbefehlshaber der Dritten Armee öffentlich bekanntgegeben. Diese Armee hält jetzt im gesamten Süden Frankreichs Manöver ab. Vorgeblicher Zweck dieser sogenannten Übung ist das Zurückschlagen einer Invasionsmacht, die von der See und aus der Luft in Marseille, Toulon und Bordeaux landet. Der fiktive Gegner ist ein General Ali, ein nordafrikanischer Diktator – der den verfolgten Arabern in Frankreich zu Hilfe kommt. Was zu der antiarabischen Propaganda von Dubois paßt.«
»Und der tatsächliche Zweck?«
»Sie liefert de Forge den idealen Vorwand, seine Armee in jede beliebige Richtung über weite Gebiete zu bewegen.«
»Wir müssen sofort zuschlagen«, erklärte Tweed. »Pausenlos und gnadenlos. Wir haben es mit finsteren Mächten zu tun – rassistisch, antiarabisch, antideutsch, antiamerikanisch.«
Er war aufgestanden, als Otto Kuhlmann ins Büro gestürmt kam. In seinem Mund steckte eine unangezündete Zigarre, und in der Hand hielt er ein zusammengefaltetes Blatt Papier.
»Ich bin gerade von einem Blitzbesuch in Deutschland zurückgekehrt«, teilte er Navarre mit. »Darf ich berichten?«
»Tun Sie das.«
»Tweed«, begann Kuhlmann, »vor kurzem haben Sie mir empfohlen, heimlich Leute nach Basel und Genf zu schicken. Sie sagten, das wären die Orte, an denen Kalmar Instruktionen für die nächste Phase ausgäbe. In der neutralen Schweiz. Und wo er seine Befehle entgegennähme.«
»Und was ist passiert?« erkundigte sich Tweed.
»Vier Leute, von denen wir wissen, daß sie in die Sache verwickelt sind, waren kürzlich in Basel oder in Genf – oder in beiden Städten. Hier ist eine Liste mit ihren Namen und Reisezielen.«
Tweed entfaltete das Blatt, überflog die Liste, gab es Kuhlmann zurück.
»Der Mann, der sich Kalmar nennt, steht auf dieser Liste. Ich kann es nur noch nicht beweisen.«

Tweed kehrte in sein eigenes Büro zurück, machte die Tür hinter sich zu und ließ sich an seinem Schreibtisch nieder. Er mußte ein paar Telefonge-

spräche führen, ohne daß jemand mithörte, und ganz spezielle Anweisungen erteilen.
Als erstes rief er Marler an.
Der zweite Anruf galt Newman, mit dem er sich eine ganze Weile unterhielt. Dann bat er ihn, Butler an den Apparat zu holen. Seine Anweisungen waren kurz. Danach sprach er mit Pete Nield, und auch dieser erhielt kurze Anweisungen.
Schließlich verlangte er Paula zu sprechen. Mit ihr führte er gleichfalls ein längeres Gespräch – freundlicher als bei ihrer vorhergehenden Unterhaltung. Er hatte gerade den Hörer aufgelegt, als Kuhlmann hereinkam.
»Setzen Sie sich, Otto. Nein, ich werde Kalmar nicht identifizieren. Meine Strategie läuft darauf hinaus, daß der Killer sich sicher und unentdeckt fühlen soll.«
»Soll mir recht sein. Ich bin gekommen, um mit Ihnen allein zu reden. Während ich in Deutschland war, kam eine kurze Funkmeldung von Stahl. Sie erinnern sich an ihn?«
»Natürlich. Das Hotel des Bergues in Genf – es kommt mir vor, als wäre das Jahre her. Sie haben Paula und mir von ihm erzählt. Ihr Agent, der sich in Bordeaux als Franzose ausgibt. Sie haben mir den angenommenen Namen sowie Adresse und Telefonnummer gegeben.«
»Wie ich sagte, war die Meldung kurz. Sie war außerdem ermutigend – und beunruhigend. Er hat wertvolle Informationen, kommt aber nicht aus Bordeaux heraus. Können Sie da helfen?«
»Ich denke schon. Ich habe Leute in der Gegend. Das Codewort zur Identifizierung war Gamelin.«
»Richtig. Ich danke für Ihre Hilfe.«
»Ich kann Ihnen nichts versprechen, Otto«, warnte Tweed, und der Deutsche verließ das Zimmer.
Tweed griff nach dem Telefon, wählte die Nummer des Atlantique, die Newman ihm gegeben hatte. Er gedachte, Newman eindeutig klarzumachen, daß er die Entscheidung, ob er sich nach Bordeaux wagte, um Stahl zu retten, selbst treffen mußte. Schließlich hatte Newman schon jetzt mehr als genug durchzustehen gehabt.

Als Tweed eine Weile zuvor mit Marler telefoniert hatte, saß der schlanke Engländer auf der Kante seines Bettes in der Wohnung nahe der Rue du Bac in Paris und rauchte eine seiner King Size-Zigaretten. Vor ihm lag eine Karte Frankreichs in großem Maßstab, die er studierte. Als das Telefon läutete, nahm er den Hörer ab, nannte jedoch nicht seinen Namen.

»Ja? Wer spricht?«
»Tweed. Ein weiterer Auftrag. Dringend. Natürlich. Ich möchte den Druck verstärken, so kräftig wie möglich. Wir starten eine ausgewachsene psychologische Kriegführung. Das heißt, ich tue das. Irgendwelche Ideen?«
»Lassen Sie mich eine Sekunde überlegen.«
Marler blies einen Rauchring und beobachtete, wie er zu der mit Spinnweben überzogenen Decke des schäbigen kleinen Zimmers empordriftete.
»Mir ist etwas eingefallen. Rein psychologische Kriegführung. Was bedeuten würde, daß ich eine Weile unterwegs sein werde.«
»Viel Glück ...«
Marler verstaute das Mobiltelefon in dem Koffer, der auf einem Stuhl stand. Dann überprüfte er seine offenen Air Inter-Tickets. Etliche davon hatte er bereits verbraucht, aber es waren noch genug übrig. Er wählte einen Behälter mit Gesichtspuder aus, der einen gelblichen Unterton hatte, trat vor den Spiegel an der Wand und trug etwas davon auf.
Es war ein unauffälliger Bestandteil seiner Kollektion. Schließlich gab er sich als Kosmetik-Vertreter aus. Der Puder verlieh seinem Gesicht eine Blässe, die manche Franzosen aufweisen. Er betrachtete sich im Spiegel, dann setzte er seine Baskenmütze auf.
Er trug ausgewaschene Jeans und einen Anorak. Er hatte seine Maskierung immer wieder getestet, war in Bars gegangen und hatte sich auf die Art, wie Franzosen es zu tun pflegen, eine Weile bei einem einzigen Drink aufgehalten. Er hatte sich mit dem Barmann unterhalten und mit etlichen Gästen und sich darüber beklagt, wie schlecht die Geschäfte gingen. Alle hatten ihm beigepflichtet. Und, was noch wichtiger war, alle hatten ihn als einen von ihnen akzeptiert.
»Höchste Zeit, an die Arbeit zu gehen«, teilte er seinem Spiegelbild mit.
Er war sich durchaus bewußt, daß er ein Selbstgespräch führte. Das war eine Angewohnheit, in die er gelegentlich verfiel, wenn er längere Zeit auf sich allein gestellt war. Er war froh, die schäbige, ungeheizte Behausung am linken Seineufer verlassen zu können.

Im Atlantique in Arcachon hatte Newman gleichfalls eine Karte auf dem Bett ausgebreitet, aber bei ihm handelte es sich um einen Stadtplan von Bordeaux. Bei ihm im Zimmer waren Paula, Butler und Nield.
»Ich muß noch einmal in die Stadt, um Stahl herauszuholen, den deutschen Agenten, der sich dort versteckt hat«, erklärte er. »Ich fahre heute abend. Im Dunkeln habe ich die besten Chancen.«

»Sie sind verrückt«, fuhr Paula auf. »Sie haben schon viel Glück gehabt, als Sie das vorige Mal dort waren. Und überall heißt es, daß die Sicherheitsvorkehrungen inzwischen beträchtlich verstärkt worden sind. Schauen Sie in die Zeitungen ...«
Auch die Zeitungen lagen auf Newmans Bett. Alle enthielten Fotos von den Unruhen in Marseille und Toulon. Das auffälligste an den Fotos waren Männer mit Sturmhauben, die das Lothringer Kreuz trugen – brennende Kreuze, deren Flammenschein durch die Nacht loderte. Die Lage wurde von Stunde zu Stunde explosiver.
»Außerdem«, fuhr Paula fort, »bekommen Sie keinen Schlaf, wenn Sie nach Bordeaux fahren. Und bei Tagesanbruch müssen Sie in der Nähe des *étang* sein, um diesen Hubschrauber zu treffen, der dort landen soll. Ihre Reflexe werden nicht die besten sein, wenn sie in eine Klemme geraten, was wahrscheinlich passieren wird.«
»Danke für das Vertrauensvotum«, fuhr Newman sie an.
»Ich denke doch nur an Ihre Sicherheit, Sie Schwachkopf.«
»Immer mit der Ruhe.« Newman lächelte. »Das ist mir klar, und ich bin dankbar und gerührt.«
»Sie sind ein verdammter Dickschädel«, erklärte sie, und mit seinem ansteckenden Lächeln kehrte ihrc gute Laune zurück.
Sie umarmten sich. Pete Nield zwinkerte hinter ihrem Rücken Butler zu. Während eines Unternehmens gab es immer Augenblicke wie diesen. Ständige Gefahr. Zu wenig Schlaf. Erschöpfung. Überreizte Nerven.
»Ich kann Stahls Adresse auf der Karte nicht finden«, gab Newman zu, nachdem er Paula freigegeben hatte. »Die Passage Emile Zola. Bevor ich losfahre, werde ich Isabelle besuchen. Sie müßte wissen, wo sie liegt.«
Paula lächelte boshaft. »Passen Sie nur auf, daß sie Sie nicht die ganze Nacht über dabehält.«
Er gab ihr einen Klaps aufs Hinterteil, dann sah er Butler und Nield an.
»Ihr beide paßt gut auf sie auf, während ich unterwegs bin.«
»Aber Sie kommen doch hierher zurück, bevor Sie losfahren, um die Alouette zu treffen«, sagte Butler.
Er war nahe daran gewesen, zu sagen *bevor Sie wieder in die Landes fahren.* Aber er vermutete, daß Newman es absichtlich unterlassen hatte, ihr von diesem gefährlichen Ausflug zu erzählen. Und Newman hätte sich seine Anweisung sparen können: am Telefon hatte Tweed Butler und Nield getrennt erklärt, daß sie persönlich für Paulas Sicherheit verantwortlich waren, daß sie in großer Gefahr schwebte.

Zweiundvierzigstes Kapitel

Victor Rosewater war weit fort von Arcachon. Er saß im Wohnzimmer seiner ultramodernen Wohnung in der Konviktstraße in Freiburg am Rande des Schwarzwaldes. Er sah auf die Uhr. Vier Uhr morgens. Helmut konnte jede Minute kommen.

Rosewater war in der Nacht mit einer Privatmaschine von Bordeaux nach Basel geflogen. Nachdem er dem Piloten das vereinbarte, beträchtliche Honorar gezahlt hatte, war er mit seinem Wagen, den er in der Nähe des Flughafens abgestellt hatte, auf der Autobahn nach Freiburg gefahren.

Das Wetter war unerfreulich. Auf den alten Dächern der Universitätsstadt lag eine dicke Schneedecke. Rosewater stand auf und ging in seine mit den modernsten Geräten ausgestattete Küche. Er goß sich eine weitere Tasse Kaffee aus der Maschine ein und kehrte ins Wohnzimmer zurück. Während er seinen Kaffee trank, betrachtete er das Foto von Paula Grey, das er heimlich aufgenommen hatte. Es lehnte an einem alten Silberkrug, den er in einem Antiquitätengeschäft gekauft hatte. Silber war sein Hobby, und er hatte eine beachtliche Sammlung.

Paula war eine sehr attraktive Frau, dachte er. Und im Gegensatz zu vielen anderen attraktiven Frauen war sie eine starke Persönlichkeit. «Alles, was eine Frau haben muß«, sinnierte er.

Helmut Schneider. Seine Gedanken wanderten zu dem Deutschen, den zu treffen er nach Freiburg gekommen war. Helmut war ein ungewöhnlicher Mann. Er verfügte über ein ausgedehntes Netz von Informanten in ganz Deutschland, darunter etliche unerfreuliche Typen. Zu den Respektableren gehörten Barmänner, Hotelportiers und Hausmeister, Taxi- und Busfahrer – alles Leute, die registrierten, was um sie herum vorging, und zuhörten, wenn andere sich unterhielten.

Es gab aber auch andere – Bordellbesitzer, unlizensierte Waffenhändler und dubiose Rausschmeißer von Nachtclubs. Das war eine Welt, von deren Existenz die Öffentlichkeit nicht viel wußte.

Bis vor kurzem hatte Helmut sie aufgefordert, ihn – gegen angemessene Entlohnung – über Fremde zu informieren, die in ihren Etablissements auftauchten und mit irischem Akzent sprachen. Mit Hilfe dieser Quellen war es Rosewater gelungen, etliche IRA-Zellen aufzuspüren, bevor sie Zeit hatten, aktiv zu werden.

Kürzlich hatte er Helmut einen neuen Auftrag erteilt. Nach Hinweisen auf den Aufenthaltsort von Siegfried-Einheiten zu suchen. Jetzt wartete er darauf, zu erfahren, ob Helmut dabei Glück gehabt hatte.

Das Merkwürdige war, daß Helmut nur selten seine billige Wohnung in Frankfurt verließ. Alle Erkundigungen wurden über das Telefon eingezogen. Aber Helmut war überaus schlau. Er mietete seine jeweilige Wohnung immer nur für kurze Zeit und benutzte dieselbe Telefonnummer selten länger als zwei Monate.

Dann zog er in einen anderen Teil von Frankfurt um. Das bedeutete, daß er einer Unzahl von Informanten seine neue Nummer mitteilen mußte. Aber Helmut besaß einen starken Überlebensinstinkt. Zu lange an einem Ort zu bleiben, war riskant, konnte sich als verhängnisvoller Fehler erweisen.

Ein Anschlagen des Klopfers an der Wohnungstür unterbrach Rosewaters schweifende Gedanken. Er sprang auf, zog eine 7.65 mm-Pistole aus seinem Holster, ging zur Tür und schaute durch den Spion, bevor er die Riegel zurückschob und die Tür aufschloß.

Draußen stand eine bizarre Gestalt. Der Mann, von Kopf bis Fuß in Schwarz gekleidet, trug eine dunkle Brille; in der Hand hielt er einen weißen Blindenstock. Es dauerte einen Moment, bis Rosewater in ihm Helmut Schneider erkannte.

»Schütteln Sie den Schnee von Ihrem Mantel«, befahl er. »Und vielleicht sind Sie so rücksichtsvoll, Ihre Stiefel auszuziehen.«

Das Appartment war mit Teppichboden ausgelegt. Der stets tadellos gekleidete Rosewater hielt die Luxuswohnung blitzsauber. Er schloß die Tür wieder ab, nachdem Schneider den Schnee von seinem Mantel geklopft und sich seiner Stiefel entledigt hatte. Rosewater deutete auf das Wohnzimmer, nahm Mantel und Stiefel mit in die Küche, hängte den Mantel hinter der Tür auf und stellte die abgetragenen Stiefel in den Ausguß. Er goß eine weitere Tasse Kaffee ein und reichte sie Schneider, der sich im Wohnzimmer in einem Sessel niedergelassen hatte und die bestrumpften Füße dem Heizkörper entgegenstreckte.

»Irgendwelche Ergebnisse in Sachen Siegfried?« begrüßte Rosewater seinen Besucher.

»Eine tüchtige Frau ist in ihre Kommandoebene eingedrungen. Wer sie ist, sage ich nicht.« Schneider lächelte und entblößte eine Zahnlücke. »Sie hat persönliche Gründe, Gesindel dieser Art zu hassen. Sie hat Verstand – und eine Menge Mumm.«

Schneider hatte seine dunkle Brille abgenommen, und seine verschlagenen Augen funkelten vor Befriedigung. Bei seiner Ankunft hatte er ausgesehen wie ein Stromer; jetzt war er hellwach und auf der Hut. Wie ein gerissenes Frettchen.

»Aber handgreifliche Ergebnisse?« fragte Rosewater ungeduldig.

»Warten Sie die Zeit ab«, mahnte Schneider auf Deutsch, der Sprache, der sich beide Männer bedienten. »Hier drinnen ist es entschieden wärmer als draußen.«
»Weshalb diese Verkleidung?« fragte Rosewater, plötzlich nervös. »Es ist Ihnen doch niemand gefolgt?«
»Doch.«
»Sie meinen, hierher? Großer Gott...«
»Warten Sie die Zeit ab«, wiederholte Schneider, erfreut, daß es ihm gelungen war, den normalerweise so gelassenen Engländer aus der Ruhe zu bringen. »Glauben Sie etwa, ich könnte einen Schatten nicht entdecken? Es waren zwei, die getrennt operierten. Ich habe sie in Heidelberg abgehängt. Dann habe ich bei einem Freund den Wagen gewechselt und schließlich, als ich den zweiten Wagen hier am Stadtrand stehen ließ, diese Klamotten angezogen.«
»Sehr professionell.« Rosewater zwang sich, seine wachsende Gereiztheit zu verbergen. »Und die Ergebnisse?«
»Siegfried ist in Hamburg, Dortmund, Berlin, Hannover, Düsseldorf, Frankfurt, Karlsruhe, München und Stuttgart tätig. Es ist eine große Organisation.«
Während er redete, zog Schneider eine alte Brieftasche aus den drei Lagen Kleidung, die er trug – zwei dicke Pullover und ein Jackett. Er öffnete ein Geheimfach, holte ein zusammengefaltetes Blatt heraus und gab es Rosewater. Dann schob er seine Füße noch ewas näher an den Heizkörper heran.
Rosewater überflog die Liste von Adressen; einige davon kannte er. Er schaute Schneider an, der seine Handschuhe ausgezogen hatte und die Kaffeetasse in beiden Händen hielt, um sich zu wärmen.
»Ist das alles?« fragte er.
»Keineswegs.« Schneider trank seinen Kaffee aus und stellte die Tasse auf den Tisch. »Wahrscheinlich werde ich in Kürze eine weitere Liste haben. Ich rufe unter der Nummer an, die Sie mir gegeben haben, damit wir uns verabreden können.«
»Gut.«
Rosewater dachte daran, daß Schneider ideal war für diesen Job. Ein Außenseiter der Gesellschaft, ein Mann, der imstande war, mit der finsteren Halbwelt, aus der er seine Informationen bezog, zu verkehren und zu feilschen. Und es bestand nicht die Gefahr, daß er versuchen würde, Rosewater zu übergehen und seine Informationen an die Polizei zu verkaufen. Die Polizei war sein Feind.
Schneider, ein Taschendieb, hatte fünfmal für kurze Zeit im Gefängnis

gesessen. Wenn er noch einmal erwischt wurde, drohte ihm eine sehr lange Strafe.

»Es wird Zeit, daß Sie verschwinden«, erklärte Rosewater.

Schneider machte die universelle Geste der Forderung nach Geld – er rieb Daumen und Zeigefinger gegeneinander. Es war Rosewaters Taktik, zu warten, bis Geld gefordert wurde; auf diese Weise kam der Deutsche nicht auf die Idee, daß er über unbegrenzte Mittel verfügte.

Er holte vier Fünfhundert-Mark-Scheine aus der Tasche und gab sie Schneider. Eine beachtliche Summe, aber Helmut hatte hohe Spesen. Der Deutsche betrachtete zweifelnd das Geld.

»Das reicht nicht einmal für das, was ich zahlen muß. Das Doppelte käme gerade so ungefähr hin.«

»Soviel kann ich nicht erübrigen.« Das übliche Feilschen, das Schneider erwartete. »Sie müssen damit auskommen. Keine Mark mehr.«

Er holte zwei weitere Fünfhundert-Mark-Scheine hervor und legte sie auf den Tisch. Schneider steckte sie ein, während Rosewater in die Küche ging und Mantel und Stiefel holte. Er schlug die Stiefel gegeneinander, um sie von dem Rest Schnee zu befreien, der in der geheizten Wohnung noch nicht geschmolzen war. Er wollte Schneider so schnell wie möglich loswerden.

Bevor er ging, schlüpfte der Deutsche wieder in seine Verkleidung. Er setzte seine dunkle Brille auf, nahm eine gebückte Haltung ein und klopfte mit dem weißen Stock gegen die Wand, um sich an seine Rolle als Blinder zu gewöhnen.

Rosewater war froh, als er gegangen war. Er wollte so schnell wie möglich nach Basel fahren, dann über Genf mit der ersten Maschine nach Bordeaux fliegen und von dort aus weiterfahren nach Arcachon. In der Bar Martinique hatte er gehört, wie jemand mit unverkennbar irischem Akzent sprach. Diskrete Erkundigungen hatten ergeben, daß er Stammgast war. Und außerdem wollte er Paula Grey wiedersehen.

Zwölf Stunden zuvor, am Vorabend, war Newman vom Atlantique aus zu Isabelles Wohnung gefahren. Als er an der Küste entlangfuhr, war das *bassin* eine schäumende Masse turmhoher Wellen, die ihn an Aldeburgh erinnerte.

Außerdem dachte er an die Notizen in dem Plastikbeutel, den er an dem leblosen Körper der armen Jean Burgoyne gefunden hatte. Er hatte sie gelesen, als er in seinem Zimmer allein war, und fassungslos festgestellt, daß es sich um Pläne für einen Marsch auf Paris handelte, um Einzelheiten über die Route, auf der de Forges Panzerbrigaden vorrücken sollten.

Konnten die Informationen echt sein? Newman war davon überzeugt. Jean hatte Kartenpunkte angegeben und Ausdrücke gebraucht, die sich anhörten, als stammten sie aus militärischen Unterlagen. Sein Problem war, ob er es riskieren konnte, derart wichtiges Material einer Alouette anzuvertrauen, die vor der Ankunft in Paris abstürzen konnte. Aber wie sonst sollte er dafür sorgen, daß Tweed das Material in die Hand bekam?
Er parkte seinen Wagen ein Stück von Isabelles Wohnung entfernt in einer Seitenstraße und stieg aus. Bevor er sich dem Eingang näherte, blieb er stehen und vergewisserte sich, daß ihm niemand gefolgt war.
Kurz bevor er das Atlantique verließ, hatte er Isabelle angerufen. Als er nun auf die Klingel neben ihrer Wohnungstür drückte, wurde sie in Sekundenschnelle geöffnet. Sie redete bereits, während sie die Tür verschloß und verriegelte.
»Es ist so lange her, seit Sie das letzte Mal hier waren, Bob. Sie bleiben doch über Nacht? Wenn Sie nicht mit mir ins Bett wollen, können wir einfach dasitzen und uns unterhalten. Vielleicht hätte ich das nicht sagen sollen. Aber ich mußte immer an Sie denken. Haben Sie auch an mich gedacht?«
Alles in einem Atemzug. Sie umarmte ihn, ihr Körper preßte sich an seinen. Sie stöhnte vor Entzücken, ihre Hände griffen nach ihm. Da habe ich ein Problem, dachte er. Er ergriff ihre Schultern, schob sie sanft auf Armeslänge von sich, und sie stand da und starrte ihn zitternd und mit großen Augen an.
»Isabelle, ich brauche Ihre Hilfe. Ich muß gleich wieder fort. Nach Bordeaux ...«
»Nein! Nicht Bordeaux! Sie wissen nicht, wie es jetzt dort aussieht. In allen Hauptstraßen patrouillieren Soldaten ...«
»Ich will nicht in eine Hauptstraße. Ich will in die Passage Emile Zola. Kennen Sie die?«
Er ließ sie los, holte seinen Stadtplan aus der Tasche und breitete ihn auf dem Tisch im Wohnzimmer aus. Sie trat neben ihn, wobei ihr Haar sein Gesicht streifte. Sie hatte einen Stift in der Hand und war im Begriff, ein Kreuz zu machen, als er sie aufhielt.
»Nein. Markierte Karten sind gefährlich. Sie wissen, wo das ist?«
»Ja. Sehr schwer zu finden. Sie können ein dutzendmal daran vorbeilaufen, ohne die Passage zu finden. Aber ich kann Sie hinbringen.«
»Kommt nicht in Frage. Das ist eine Fahrt, die ich allein machen muß.«
»Wirklich?« Sie zupfte an einer Haarsträhne. »Auf welchem Weg wollen Sie nach Bordeaux fahren? Ich nehme an, auf dem, auf dem wir hergekommen sind.«

»Das erscheint mir vernünftig, da ich ihn kenne.«
»Sehr vernünftig. Obwohl die Passage Emile Zola in diesem Teil der Stadt liegt.«
Sie deutete auf den Ostteil, der am weitesten von Arcachon entfernt war und von dem aus man zum Flughafen gelangte. Er betrachtete das Gebiet, auf das sie gedeutet hatte, und konnte die Passage nicht finden. Auf jeden Fall war sie im Straßenverzeichnis nicht aufgeführt. Sein Tonfall änderte sich, wurde grob.
»Hören Sie auf mit den Faxen, Isabelle. Das Leben eines Menschen steht auf dem Spiel. Zeigen Sie mir, wo diese verdammte Passage ist, ohne die Stelle anzukreuzen.«
»Hier.« Sie ließ die Mine ihres Kugelschreibers zurückschnappen und tippte leicht auf die Karte. »Und wir haben nur eine Chance, den Patrouillen zu entgehen, wenn wir um die Stadt herumfahren und von Osten aus in sie hinein. Ich kann Ihnen den Weg zeigen.«
»Danke. Das Risiko, daß Sie mitkommen, kann ich nicht eingehen.«
»Entschuldigen Sie mich. Ich muß die Kaffeemaschine abstellen.«
Sie verschwand durch die Schwingtür in die Küche, war nicht länger als dreißig Sekunden abwesend und kehrte dann mit einem Mantel über dem Arm und einer Ledertasche in der Hand zurück. Newman sagte Gute Nacht, nachdem er rasch die Karte wieder eingesteckt hatte. Er ging zur Tür, schob den Riegel zurück, drehte den Schlüssel im Schloß und verließ die Wohnung.
Er hatte gerade seinen Wagen aufgeschlossen und sich ans Steuer gesetzt, als die Beifahrertür aufging und Isabelle, die jetzt den Mantel angezogen hatte, sich neben ihn setzte und die Tür zumachte. Sie bewegte sich wie eine Katze. Er hatte nicht einmal ihre Schritte gehört. Ihre Ankunft war so plötzlich gewesen, daß er unwillkürlich die Hand in die Tasche gesteckt und den Kolben seines Smith & Wesson ergriffen hatte.
»Geben Sie mir die Karte«, sagte sie gelassen. »Sie sagten, das Leben eines Menschen stünde auf dem Spiel. Auf diese Weise wären es zwei Leben, die auf dem Spiel stünden. Ohne meine Ortskenntnis würden Sie es niemals schaffen. Fahren wir nun endlich los?«

»Hier *Manteau.*«
General de Forge, allein in seinem Büro im Hauptquartier, erstarrte. Nur zwei Worte, aber am Telefon hörten sie sich unheildrohend an.
»Was wollen Sie denn nun schon wieder? Sie haben Ihr Geld doch bekommen.«

»Ein fauler Trick. Mein Gott, Sie gehen Risiken ein. Wollen Sie nicht weiterleben?«
»Einen Moment.« Jetzt hatte de Forge sich wieder in der Gewalt. »Ich wäre Ihnen dankbar, wenn Sie mir erklären würden, was sie damit meinen.«
»Das Geld, General.«
»Was ist damit? Die Summe war genau die, auf die wir uns geeinigt hatten.«
De Forge war verblüfft. Lamy hatte es seinen Anweisungen gemäß gezahlt. Oder brachte sein Nachrichtenoffizier sein eigenes Schäfchen ins Trokkene? War Lamy der faule Apfel in seinem inneren Kreis?
»Die Summe war die, auf die wir uns geeinigt hatten«, pflichtete *Manteau* ihm bei. »Aber drei Viertel davon sind Falschgeld. Und das restliche Viertel hat fortlaufende Seriennummern. Das war ein schwerer Fehler, General. Vielleicht sogar ein selbstmörderischer.«
Die Stimme sprach mit tödlicher Gelassenheit, als wäre von einer ganz normalen geschäftlichen Transaktion die Rede. Der Mann war wie Eis. Und de Forge war entsetzt über das, was er da gerade gehört hatte, wußte nicht, wie er reagieren sollte.
»Ich gehe der Sache nach«, erklärte er brüsk. »Ich habe das Geld meinem Abgesandten selbst ausgehändigt. Und da war es so, wie Sie verlangt hatten.«
»Das sagen Sie. Das müssen Sie natürlich sagen. Ich werde Ihnen noch eine letzte Demonstration liefern müssen. Ich habe den Stoffbeutel mitsamt seinem Inhalt hinter derselben Telefonzelle zurückgelassen. Sorgen Sie dafür, daß er abgeholt wird. Für den Fall, daß Sie die Wahrheit sagen sollten. Was ich sehr bezweifle.«
»Von was für einer Demonstration reden Sie?«
De Forge begriff, daß er in eine tote Leitung redete. Erschüttert legte er den Hörer auf, dachte einen Augenblick lang nach, dann rief er Major Lamy an und befahl ihm, sofort zu erscheinen. Als nächstes rief er Leutnant Berthiers Quartier an, stellte fest, daß der Offizier gerade zurückgekehrt war, und sagte, daß er ihn sehen wollte; er sollte vor seinem Büro warten. Als Lamy eintrat, stand de Forge vor der großen Silhouette des Generals de Gaulle. Was bedeutete, daß auch Lamy stehenbleiben mußte.
De Forge informierte ihn über den Anruf von *Manteau*. Dabei beobachtete er Lamy genau. Der Nachrichtenoffizier wartete mit ausdruckslosem Gesicht, bis sein Vorgesetzter geendet hatte.
»Was haben Sie dazu zu sagen?« fragte de Forge.
»Das ist unmöglich«, versicherte Lamy. »Ich habe das Geld wie verabredet abgeliefert. Falschgeld? Unmöglich.«

»Es sei denn, daß jemand sein eigenes Nest auspolstern will«, bemerkte de Forge kalt.
»Ist das eine Anschuldigung, General?«
»Mehr eine Vermutung. Aber es gibt einen Weg, die Wahrheit herauszufinden. Ich sagte es bereits – er hat den Beutel hinter der Telefonzelle zurückgelassen. Fahren Sie sofort los und holen Sie ihn.«
»Jetzt? Mitten in der Nacht?«
»Sind Sie taub geworden? Ich sagte sofort. Und nehmen Sie Begleitung mit. Leutnant Berthier wartet draußen. Er soll mitfahren – und noch ein weiterer Offizier.«
»Was ist mit Kalmar, General? Er hat gerade angerufen und sein Geld verlangt. Für die Beseitigung von Jean Burgoyne.«
Er hörte auf zu sprechen, weil das Telefon läutete. De Forge musterte Lamy von Kopf bis Fuß mit der eisigen Miene, für die er berühmt war. Er nahm den Hörer ab.
»De Forge. Ich bin beschäftigt. Was ist denn nun schon wieder?«
»*Manteau*, General. Bei meinem Anruf habe ich es unterlassen, Ihnen mitzuteilen, daß ich Jean Burgoyne beseitigt habe. Das kostet Sie eine Million Schweizer Franken. Sagen Sie Major Lamy, daß er Anweisung erhält, wie die Bezahlung erfolgen soll. Diesmal in echtem Geld, wenn ich bitten darf.«
»Hören Sie ...« Wieder war die Leitung tot.
De Forge legte den Hörer so vorsichtig auf, als könnte er in seiner Hand explodieren. Er musterte Lamy abermals, fast eine Minute lang, dann informierte er ihn über diesen neuerlichen Anruf. Lamy hörte zu und versuchte verzweifelt, eine Erklärung zu finden.
»Ich weiß wirklich nicht, woher er wissen konnte, wo sie war. Jean Burgoyne hielt sich an einem sehr abgelegenen Ort auf. Wenn Yvette ihr nicht gefolgt wäre, hätte niemand gewußt, wo sie war.«
»Aber es gibt Leute, die es gewußt haben«, sagte de Forge leise. »Sie haben es gewußt – und die Frau, die hier Yvettes Anruf entgegennahm. Sie hat die Information über Funk an Sie weitergegeben. Und Sie haben selbst gesagt, Sie hätten Kalmar unter einer vereinbarten Nummer angerufen.«
»Was wollen Sie damit andeuten?« fragte Lamy steif.
»Daß Sie meinen Befehl ausführen und den Beutel mit dem Geld von der Telefonzelle abholen sollen.«
Lamy wendete sich zum Gehen. Dann beschloß er, noch einen weiteren Protest zu riskieren. De Forge schien sich nicht im klaren zu sein, was er verlangte.

»Wenn *Manteau* hier in der Gegend ist und diese einsame Telefonzelle beobachtet, dann wird er denken, es wäre eine Falle – wenn er sieht, daß ich Begleitung habe.«

»Das Risiko müssen Sie schon eingehen«, erklärte ihm de Forge brutal. »Schicken Sie Leutnant Berthier herein und warten Sie draußen auf ihn.«

Berthier stand stramm, während de Forge ihn musterte. Der General suchte nach Anzeichen von Nervosität, von Schweiß auf seiner Stirn – genau, wie er es bei Lamy getan hatte.

»Paula Grey«, sagte de Forge. »Haben Sie etwas herausbekommen?«

»Ja, *mon général*. Sie wohnt im Hotel Atlantique in Arcachon. Der Nachtportier hat mir ihre Unterschrift im Melderegister gezeigt. Das Problem ist, daß sie von zwei Männern beschützt wird. Profis, ihrem Verhalten nach zu urteilen. Sie lassen sie keine Minute aus den Augen.«

»Danke, Berthier. Gute Arbeit.« De Forge gab sich jetzt verbindlich. Er ließ es sich angelegen sein, nie mehr als jeweils einen Offizier seinen Zorn spüren zu lassen. »Es kann sein, daß ich Sie bald nach Arcachon zurückschicke. Aber im Augenblick hat Major Lamy Arbeit für Sie. Er wartet draußen...«

Als er allein war, setzte sich de Forge an seinen Schreibtisch und zeichnete Lothringer Kreuze auf seinen Block. Er dachte nach. Kalmar. *Manteau*. Konnten beide ein und derselbe Mann sein? Oder waren beide Erfindungen von Major Lamy?

Lamy war ein hervorragender Schütze. Lamy war immer der Mittelsmann gewesen, hatte stets zwischen ihm und dem unbekannten Killer gestanden. Es war ein Arrangement, das de Forge nur recht sein konnte; auf diese Weise konnte ihn niemand mit dem Mörder in Verbindung bringen. Der Vorschlag war von Lamy gekommen. Es war immer Lamy, der dem Mörder die gewaltigen Summen überbrachte, nachdem er jemanden aus der Welt geschafft hatte. Den Präsidenten und den Premierminister zum Beispiel. Und bevor er den Posten des Nachrichtenoffiziers übernahm, war Lamy Sprengstoffexperte bei den Pionieren gewesen. Häufte Lamy ein Vermögen an auf Kosten der Armee?

De Forge war gereizt und verwirrt. Eigentlich sollte er sich mit nichts anderem beschäftigen als mit der Planung der Unternehmen Austerlitz und Marengo. Das Geheimnis der Killer – wenn es wirklich zwei waren – kostete ihn wertvolle Zeit. Wenn sie mit dem Geld zurückkommen, müßte ich eigentlich wissen, woran ich bin, dachte er. Und auch das Problem Paula Grey würde bald gelöst werden.

Dreiundvierzigstes Kapitel

Major Jules Lamy war ein Einzelgänger. Seine Begleitung war ihm überaus zuwider, und er hatte die beiden Offiziere in den Fond des Wagens gesetzt. Seine voll aufgeblendeten Scheinwerfer erhellten eine öde Landschaft, in der keine menschliche Behausung zu sehen war.

Es waren nur noch drei Kilometer bis zu dem kleinen Dorf, an dessen Rand die Telefonzelle stand. Sie hatte den Vorteil, daß er ihre Umgebung nach dem Beutel mit dem Geld absuchen konnte, ohne riskieren zu müssen, von einem der Dorfbewohner gesehen zu werden. Vorausgesetzt natürlich, das Geld war da.

Im Fond saß Berthier neben seinem Kameraden, Leutnant Chabert, hinter dem leeren Beifahrersitz. Sein Dienstrevolver lag auf seinem Schoß, seine Hand umfaßte den Griff. Er hatte ihn unauffällig aus dem Holster gezogen, weil er sicher war, daß es Lamy nicht recht gewesen wäre.

Keiner der Leutnants hatte während der langen Fahrt vom Hauptquartier ein Wort gesprochen. Sie wußten beide, daß Lamy sie zum Teufel wünschte, und hüteten sich, auf sich aufmerksam zu machen. Berthier war ein wenig nervös. Diese Fahrt durch die Dunkelheit ohne Motorradeskorte gefiel ihm gar nicht. Seiner Meinung nach boten sie ein allzu leichtes Ziel.

Der Gedanke war ihm gerade durch den Kopf gegangen, als Lamy eine scharfe und gefährliche Kurve erreicht hatte. Er fuhr sehr langsam, und plötzlich war die Stille im Wagen gebrochen. Ein heftiger Knall erschreckte die drei Insassen. Berthier war der erste, der begriff, daß es sich um eine Kugel handelte.

Dem Knall folgte das Bersten von Glas. Der Leutnant neben Berthier wurde mit Glassplittern überschüttet. Berthier sah, daß auch das Fenster an seiner Seite ein Loch hatte. Er nahm sein Képi ab – der Mützenschirm war abgerissen.

»Losfahren!« brüllte er Lamy an. »Jemand schießt auf uns. Das war eine Kugel!«

Noch während er sprach, gab Lamy Gas. Vor ihm lag eine gerade Strecke, und er jagte im Zickzack auf ihr entlang, wobei er darauf achtete, nicht in einem vorhersehbaren Rhythmus zu fahren. Er steuerte den Wagen in einem unregelmäßigen Kurs und bewies damit, daß er ein geschickter Fahrer war. Außerdem riß er die Autorität wieder an sich.

»Ist jemand verletzt?«

»Leutnant Chabert hat einen Schnitt im Gesicht«, erwiderte Berthier. »Aber er wird es überleben.«

Berthier war unverletzt geblieben. Die Kugel hatte beim Eindringen den neben ihm sitzenden Mann mit Glassplittern überschüttet, aber an seiner Seite hatte sie die Scheibe nach außen gesprengt. Durch die beiden Löcher drang die eiskalte Nachtluft herein. Am Ende der geraden Strecke fuhr Lamy in eine tiefe Senke, verlangsamte, hielt an und erteilte seinen Befehl.

»Während ich die Umgebung der Telefonzelle absuche, beziehen Sie Stellung – ein Stück vom Wagen entfernt und weit auseinander. Sind Sie dazu imstande, Leutnant Chabert?«

»Ich denke schon...«

»Denken reicht nicht.«

»Ich bin es«, erwiderte er hastig.

Er wischte sich mit einem großen Taschentuch das Blut aus dem Gesicht. Als der Wagen wieder anfuhr, tastete er sein Gesicht mit den Fingern ab, aber es steckten keine Splitter in der Haut. Dann hielt Lamy ein paar Meter von der Telefonzelle entfernt an, und die beiden Leutnants stiegen aus.

Ohne Zeit zu vergeuden, sprang Lamy aus dem Wagen, duckte sich mit der Waffe in der Hand und leuchtete mit seiner Stablampe in die Telefonzelle. Leer. Er fand den Beutel genau dort, wo *Manteau* gesagt hatte: hinter der Telefonzelle. Derselbe Beutel – Lamy erkannte ihn an einem Schmutzfleck –, aber er war geöffnet worden; die Schnur, mit der er ihn zugebunden hatte, war jetzt anders geknotet. Lamy warf den Beutel auf den Beifahrersitz, die Leutnants stiegen wieder im Fond ein, Lamy wendete und fuhr zurück in Richtung Hauptquartier. Was ihn nervös machte, war, was sie in dem Beutel finden würden. Und die Angst vor einer weiteren Kugel.

Nachdem er Lamys Bericht gehört hatte, verließ de Forge sein Arbeitszimmer und trat in die eisige Nacht hinaus, ohne seinen Mantel überzuziehen. Dann stand er mit den Händen auf den Hüften da und betrachtete die Schußlöcher in dem Wagen. Dann wendete er sich an die Leutnants Berthier und Chabert.

»Steigen Sie wieder ein und versuchen sie, genau dieselbe Stellung einzunehmen wie in dem Augenblick, als die Kugel einschlug.«

Berthier, der immer noch sein schirmloses Képi trug, lehnte sich etwas vor, wie er es getan hatte, weil er im Begriff gewesen war, etwas zu Lamy zu sagen. De Forge betrachtete ihre Position und erinnerte sich daran, wie eine Kugel in seine eigene Limousine eingedrungen war. Er bedeutete den beiden Offizieren, wieder auszusteigen.

»Lassen Sie sich in der Kleiderkammer ein neues Képi geben«, bemerkte er zu Berthier.

»Er hätte mich beinahe getroffen, *mon général.*«
»Nein, er hat Sie absichtlich um ein paar Zentimter verfehlt.« Er sah Lamy an. »Das war die Demonstration, die er uns versprochen hatte. Gehen Sie in Ihre Quartiere«, befahl er den beiden Leutnants. »Berthier, Sie fahren wieder nach Arcachon. In Zivil. Stellen Sie fest, wo sich diese Frau befindet, dann erstatten sie Major Lamy sofort Bericht.«
Er marschierte in sein Büro zurück, gefolgt von Lamy. Der Beutel lag auf dem Schreibtisch. De Forge schwenkte eine Hand.
»Machen Sie ihn auf und zählen Sie das Geld.«
Ein weiterer Major, der Zahlmeister, von de Forge herbeibeordert, kam herein, noch während Lamy beim Zählen war. Der Zahlmeister war vor seinem Eintritt in die Armee Bankbeamter gewesen; de Forge reichte ihm einen Tausend-Franken-Schein.
»Was meinen Sie – ist der echt?«
De Forge wanderte nervös herum, während der Zahlmeister eine Lupe aus der Tasche holte und den Schein im Licht der Schreibtischlampe genau untersuchte. Dann gab er sein Urteil ab.
»Das ist eine Fälschung. Eine sehr gute – aber eindeutig eine Fälschung.«
De Forge ergriff zwei weitere Scheine und händigte sie ihm wortlos aus. Abermals die sorgfältige Untersuchung, bevor der Zahlmeister sich wieder an de Forge wandte.
»Gleichfalls Fälschungen, *mon général.* Ganz eindeutig.«
»Könnte es sein, daß sie von einer Bank versehentlich ausgegeben wurden?«
»Ausgeschlossen. Das sind große Scheine. Darauf würde keine Bank hereinfallen. Ein Schein vielleicht – aber auch das wäre höchst ungewöhnlich. Aber drei? Niemals.«
»Danke, Major. Sie können gehen. Und kein Wort zu irgendjemandem. Es könnte sich um einen Skandal handeln, den ich untersuchen muß.«
»Nun, Major Lamy«, fragte de Forge leise, als sie allein waren.
Lamy war verwirrt, verblüfft. Er hielt ein Bündel Scheine hoch.
»Die haben fortlaufende Seriennummern. Das war nicht der Fall, als ich sie ablieferte.«
»Sie glauben, unser englischer Freund *Oiseau* hat uns beschwindelt?«
Die Frage war eine Falle. De Forge wartete, während Lamy sich seine Antwort überlegte. Er schürzte die dünnen Lippen.
»Das glaube ich keine Sekunde. Er erkauft sich Freundschaft – Ihre Freundschaft – für künftige Waffengeschäfte mit Ländern, zu denen Frankreich in enger Beziehung steht.«

»Nehmen Sie das ganze Zeug und packen Sie es in den Safe.«
Als Lamy gegangen war, war de Forges Vertrauen in *Manteau* in dem Maße gestiegen, in dem sein Vertrauen in Lamy geschwunden war. Aber jetzt mußte er sich auf das Unternehmen Marengo konzentrieren.

Ungefähr um die gleiche frühe Morgenstunde, in der de Forge der Überprüfung des Geldes zusah, frühstückte Helmut Schneider in einem Fernfahrerlokal am Rand von Karlsruhe.
Nachdem er Victor Rosewater verlassen hatte, war er auf der Autobahn nach Norden gefahren. Jetzt sah er völlig anders aus. Bevor er seinen Wagen holte, hatte er die dunkle Brille, den Blindenstock, den schäbigen Mantel und die Stiefel in eine Tasche gesteckt, die er dann im Kofferraum versteckt hatte.
In dem Lokal trug er einen sauberen Anorak, Jeans und eine Schirmmütze. Er trank langsam seinen dampfend heißen Kaffee und ließ sich Zeit beim Verzehren eines Hamburgers. Zwischendurch sah er immer wieder auf die Uhr.
Sobald die Hauptpost öffnete, fuhr er in die Stadt hinein und stellte seinen Wagen ein Stück von ihr entfernt ab; den Rest des Weges legte er zu Fuß zurück. Er betrat das Postamt, musterte die paar frühen Kunden, ging in eine der Telefonzellen.
Er wählte eine Nummer im Inland und verbrachte mehrere Minuten mit dem Übermitteln einer verschlüsselten Nachricht, die sich für einen Lauscher angehört hätte wie ein ganz normales geschäftliches Gespräch. Dann kehrte er zu seinem Wagen zurück und setzte die Fahrt zu seiner Wohnung in Frankfurt fort.

Isabelle hatte Newman auf Umwegen um den südlichen Stadtrand von Bordeaux herumdirigiert. Sie wollte, daß sie von Osten her in die Stadt einfuhren; auf diese Weise würde niemand auf die Idee kommen, daß sie aus Arcachon kamen.
Auch Newman hatte eine gute Idee gehabt, bevor sie losfuhren. Sie kehrten in die Wohnung zurück, plünderten die Weinvorräte und trugen ein Dutzend Flaschen Beaujolais zum Wagen. Auf Newmans Vorschlag hin hatte Isabelle aus dem Kleiderschrank ihrer Schwester einen weißen Schal entliehen und sich um den Kopf gebunden. Weiß – die Farbe für »Frisch verheiratet«.
Der Umweg kostete viel Zeit, und als sie in die Stadt einfuhren, war es bereits weit nach Mitternacht. Newman fuhr auf der von Bergerac kom-

menden N 136. Sie hatten zwar in einiger Entfernung zahlreiche manövrierende Militärfahrzeuge gesehen, waren aber bisher problemlos durchgekommen.
»Wir nähern uns dem Pont de Pierre«, warnte Isabelle. »Da könnte eine Straßensperre sein.«
Wie sich herausstellte, hatte sie recht. Als sie sich der Brücke über die Garonne näherten, sah Newman, daß auf der Straße Soldaten mit automatischen Waffen standen. Hinter ihnen versperrte eine hölzerne Barriere mit einem Schlagbaum den Weg. Das Licht seiner Scheinwerfer verschwamm in dem Nebel, der vom Fluß aufstieg.
»Denken Sie daran, Ihre Schau abzuziehen«, erinnerte er sie.
Mit dem weißen Schal, der ihr Haar verdeckte und bis auf die Schultern reichte, kuschelte sie sich an ihn. In der Hand hielt sie eine Flasche Wein. Newman kurbelte sein Fenster herunter, und sie tat mit ihrer freien Hand dasselbe. Newman hielt an, ließ den Motor laufen und ergriff gleichfalls eine Flasche Wein, während sich die Soldaten um den Wagen scharten. Mit betrunkener Stimme begann Newman, die *Marseillaise* zu singen.
»Der neue Beaujolais«, rief er und warf eine Flasche aus dem Fenster.
Er hatte sie über die Köpfe der am nächsten stehenden Soldaten hinweggeworfen, und es gab ein heftiges Gerangel, als einer der Soldaten sie aus der Luft auffing. Newman begann wieder zu singen, und die Soldaten, die eben noch in dem eisigen Nebel gezittert und zu Tode gelangweilt die Brücke bewacht hatten, fielen in den Refrain ein.
Isabelle warf ihre Flasche und schenkte den neben ihr stehenden Männern ein Lächeln. Sie starrten sie lüstern an; dann stießen sie sich gegenseitig aus dem Weg, um die Flasche zu erwischen. Newman warf eine weitere Flasche hinaus, weit von dem Wagen weg.
»Der neue Beaujolais«, grölte er mit betrunkener Stimme.
»Ziemlich spät dieses Jahr«, flüsterte Isabelle und kicherte nervös.
Newman warf eine weitere Flasche, grölte wieder dieselben Worte, und Isabelle schleuderte von ihrer Seite gleichfalls eine Flasche hinaus. Die Soldaten waren ein Stück zurückgewichen, um ihre Chance, eine Flasche zu erwischen, zu vergrößern. Betrunken grinsend drückte Newman auf die Hupe und bedeutete ihnen, den Schlagbaum zu öffnen, damit er weiterfahren konnte.
»Wir haben es nämlich eilig«, rief er vielsagend.
»Mädchen, du wirst nicht mehr lange Jungfrau sein«, rief ein Soldat Isabelle zu.
»Rüpel«, murmelte sie, lächelte, warf eine weitere Flasche.

Newman behielt die Hand auf der Hupe, lehnte sich aus dem Fenster, warf dem direkt am Schlagbaum stehenden Mann eine Flasche zu. Mehrere Soldaten tranken bereits, ließen die Flaschen herumgehen. Der Mann am Schlagbaum öffnete ihn, winkte sie mit der Flasche in der Hand durch. Newman grinste, grüßte und überquerte die Brücke. Isabelle dirigierte ihn durch Nebenstraßen.
Dann wußte er wieder, wo sie sich befanden – in der Nähe des Mériadeck Geschäfts- und Einkaufszentrums. Eine Scheußlichkeit aus Beton, die aussah wie eine Festung. Er schaute in den Rückspiegel und sah, daß ein Jeep mit vier Soldaten ihnen folgte. Er sagte es Isabelle. Dann war der Jeep im Nebel verschwunden.
»Rechts abbiegen!« sagte sie.
Er steuerte in eine schmale Nebenstraße. Im Laternenlicht sah Bordeaux noch grauenhafter aus. Alte, heruntergekommene Häuser mit Cinzano-Reklamen an den Brandmauern, verdreckt und zerbröckelnd. Wieder hatte er den Eindruck einer Stadt nach einem Bombenangriff.
»Jetzt schnell nach links!«
Er befand sich in einer schmalen Straße; auf beiden Gehsteigen parkten verbeulte Autos. Isabelle beugte sich vor und starrte hinaus. Newman schaute in den Rückspiegel. Der Jeep war nicht in Sicht.
»Da ist eine Parklücke! Wir sind fast da.«
Newman lenkte den Renault auf den Gehsteig, drehte das Lenkrad und brachte den Wagen bis auf ein paar Zentimeter an den vor ihnen parkenden heran. Dann setzte er ein Stückchen zurück, hielt an, schaltete den Motor aus. Selbst in London hätte niemand die Lücke, in die er seinen Wagen gesetzt hatte, für einen möglichen Parkplatz gehalten.
Als er so schnell abgebogen war, hatte er einen Citroën gesehen, der ihnen entgegenkam. Der Wagen hielt, als er ausstieg und fast auf einer vereisten Pfütze ausgerutscht wäre. Die Luft auf seinem Gesicht war von arktischer Kälte. Eine elegant gekleidete Frau sprang aus dem Citroën und kam mit wütendem Gesicht auf sie zu.
»Das ist meine Parklücke. Haben Sie nicht gesehen, wie ich zurückgesetzt habe? Verschwinden Sie!«
Newman öffnete seine Wagentür, griff hinein und holte die letzte Flasche Beaujolais heraus. Er verbeugte sich und streckte sie ihr mit einer schwungvollen Geste entgegen.
»Wir haben gerade geheiratet. Ein Geschenk, damit Sie auf unser Glück trinken können. Bitte.«
Sie ergriff die Flasche, drehte sie um, betrachtete das Etikett. Dann warf sie

einen Blick auf Isabelle, die auf dem Gehsteig stand, und warf den Kopf zurück.
»Ich denke, das ist eine gewisse Entschädigung. Aber Gott weiß, wo ich einen anderen Parkplatz finde. Die verdammten Soldaten haben ein Stück weiter die Straße hinauf ein Haus umzingelt, und jeder ihrer Jeeps besetzt fünf Parkplätze. Eine Gemeinheit...«
Ohne ein Wort des Dankes kehrte sie zu ihrem Wagen zurück und fuhr an dem Renault vorbei. Dann verschwand sie im grauen Nebel. Newman warf einen Blick auf Isabelle und streckte in einer resignierenden Geste die Hände aus.
»Ich hielt es für richtig, dafür zu sorgen, daß sie den Mund hält.«
»Die wird den Mund halten, diese habgierige Person. Ich sah das Funkeln in ihren Augen, als sie uns von den Soldaten erzählte. Es war der Prädikatswein, nicht wahr?«
»Ja. Und es kann durchaus sein, daß sie uns einen Gefallen getan hat. Daß diese Soldaten ein Haus umzingelt haben, gefällt mir gar nicht. Wie weit ist es noch bis zu der Passage?«
»Ungefähr hundert Meter weiter die Straße hinauf.«
Newman legte den Arm um sie, und sie gingen langsam, scheinbar mehr aneinander interessiert als daran, wohin sie gingen. Er dankte Gott, daß sie diese Vorsichtsmaßnahme ergriffen hatten. Als der Nebel davondriftete, sahen sie vor sich die auf den Gehsteigen an beiden Straßenseiten geparkten Jeeps. Zwei Personenwagen, die vermutlich zuvor auf den Plätzen gestanden hatten, die die Armee benötigte, lagen umgekippt mitten auf der Straße. Newman verschwand mit Isabelle in der tiefen Nische eines Hauseingangs. Überall standen Soldaten mit automatischen Waffen, und alle starrten an einem Gebäude an der Straßenseite empor, auf der Newman und Isabelle standen. Eine vertraute Gestalt hockte vor dem Eingang und packte etwas vor die Tür. Newman erkannte das bösartige, gnomenhafte Gesicht von Sergeant Rey.
»Könnte das das Haus sein, in das wir wollen?« fragte er Isabelle.
»Ja, das ist es. Die Passage Emile Zola ist nur ein paar Meter entfernt. Sie verläuft an der Seitenfront des Hauses.«
»Offenbar sind die Soldaten im Begriff, es zu stürmen. De Forges Experte für Sprengfallen packte gerade etwas vor die Tür, womit er sie vermutlich aufsprengen will.«
»Wir sind gerade noch rechtzeitig gekommen.«
»Oder bereits zu spät«, erwiderte Newman und dachte an den armen Teufel Stahl, der da drinnen saß.

Vierundvierzigstes Kapitel

Tweed nahm Paulas Anruf in seinem Büro im Innenministerium entgegen. Seine erste Frage war, ob die Leitung sicher wäre.

»Das ist sie«, versicherte sie ihm. »Ich habe Vorsichtsmaßnahmen ergriffen. Inzwischen habe ich Zeit gehabt, über Ihre Aufforderung nachzudenken, daß ich zu Ihnen zurückkehren soll.«

»Ich höre«, erklärte Tweed, als sie innehielt.

»Ich habe verschiedene der Dokumente gelesen, die Jean Burgoyne bei sich hatte. Ich finde, ich sollte sie Ihnen sofort bringen – an Bord dieses Hubschraubers, den Lasalle schickt. Jean hat ihr Leben riskiert« – sie schluckte – »hat ihr Leben verloren, weil sie sie mir übergeben wollte. Und sie sind wirklich wichtig. Das ist die eine Sache.«

»Und die andere?« fragte Tweed, ohne sich seine Erleichterung anmerken zu lassen.

»Ich finde es grauenhaft, daß Jean da draußen liegt. In der Kälte und Feuchtigkeit. Ich weiß, für sie spielt es keine Rolle mehr ...«

»Deshalb brauchen Sie sich keine Sorgen zu machen. Lasalle hat ein Team von DST-Leuten aus Bordeaux beauftragt, sie zu holen und die Leiche nach Paris zu überführen. Die Maschine, in der sie sich befindet, ist bereits in der Luft.«

»Gott sei Dank. Aber da ist noch etwas.«

»Und das wäre?«

»Ich komme nur unter der Voraussetzung nach Paris, daß ich sehr schnell wieder hierher zurückkehren kann. Sie wissen, wen ich aufspüren muß.«

Kalmar, dachte Tweed. Er vermied es, ihr mitzuteilen, daß Lasalle sehr beunruhigt war wegen des Mordes an Jean Burgoyne. Er dachte schnell über ihre Bitte nach.

»Ich bin einverstanden«, erklärte er.

»Unter der genannten Bedingung?«

»Der Bitte, die Sie vorgetragen haben«, korrigierte Tweed.

»Natürlich. Entschuldigung. Es war eine Bitte.«

»Ich bin einverstanden.«

»Und dieses DST-Team«, beharrte sie. »Wußten die Leute, wo sie sie finden würden?«

»Newman hat den Ort ganz genau beschrieben, als wir miteinander telefonierten. Ich wiederhole – sie befindet sich bereis in der Luft. Wir freuen uns darauf, Sie hier zu sehen. Und nun holen Sie bitte Butler an den Apparat ...«

Er hatte gerade den Hörer aufgelegt, als Kuhlmann hereinkam. In der Hand hielt er ein zusammengefaltetes Fax-Blatt. Er händigte es Tweed aus. »Ist gerade aus Wiesbaden gekommen. Sie hatten recht. Verdammt nochmal, Sie haben immer recht.«

Im Atlantique hatten sie sich ein simples System ausgedacht, um dafür zu sorgen, daß der jeweils diensttuende Portier – der auch die kleine Telefonvermittlung bediente – nicht mithörte, wenn jemand einen Anruf tätigte. Nield hatte sich mit dem Tages- und dem Nachtportier angefreundet. Beide rauchten. Der Tagesportier bevorzugte Gitanes, der Nachtportier Gauloises. Nield hatte immer eine Schachtel in der Tasche und gab großzügige Trinkgelder für Dienste wie das Heraufschicken von belegten Broten und Kaffee.

Er hatte es sich zur Gewohnheit gemacht, hinunterzugehen und den jeweiligen Portier in ein Gespräch zu verwickeln, wenn telefoniert werden mußte. Damit sie nicht die Absicht errieten, die dahintersteckte, blieb er auch auf ein Schwätzchen stehen, wenn niemand telefonierte.

Als Butlers Gespräch mit Tweed beendet war, fragte Paula, was er gesagt hatte. Butler legte ihr die Hand auf den Arm.

»Wenn Sie unbedingt alles wissen müssen – Pete und ich sollen Sie bei Tagesanbruch zu dem Hubschrauber begleiten und uns vergewissern, daß Sie sicher an Bord kommen. Wenn Sie aus Paris zurückkommen, sollen wir Sie keine Sekunde aus den Augen lassen. Tweed ist es offensichtlich verdammt ernst damit.«

»Ich habe das Gefühl, Tweed weiß eine Menge mehr, als er uns verrät. Es ist fast, als wäre jemand hinter mir her und er wüßte es«, sinnierte Paula.

»Tweed weiß im allgemeinen, was er tut.« Butler sah auf die Uhr. »Sie haben keinen Schlaf gehabt, und bei Tagesanbruch müssen Sie im Hubschrauber sein. Wie wär's, wenn Sie sich eine Weile hinlegen würden?«

»Sie haben recht.« Sie saß auf der Bettkante, offensichtlich in Gedanken mit irgend etwas beschäftigt. »Ich sollte mich wirklich hinlegen.«

»Sie sehen aus, als dächten Sie über etwas nach.«

»Vor kurzem ist mir eine merkwürdige Sache wieder eingefallen, die in Aldeburgh passiert ist. Fragen Sie mich nicht, was es ist – ich muß erst darüber nachdenken. Und ich frage mich, wie Bob in Bordeaux zurechtkommt.«

»Es kann sein, daß dieses Haus in der Passage Emile Zola einen Hintereingang hat«, sagte Isabelle. »Wie das Haus, in dem meine Mutter wohnt.«

»Dann sollte ich es riskieren«, entschied Newman, »bevor die Soldaten das Gebäude stürmen.«
»Wir sollten es riskieren«, erklärte Isabelle entschlossen. »Mit einer anderen Version des Tricks, mit dem wir am Pont de Pierre durchgekommen sind. Keine Widerrede. Ich kenne die Passage.«
Sie nahm seinen Arm, schmiegte sich an ihn, nachdem sie sich vergewissert hatte, daß der weiße Schal über ihre Schultern drapiert war, sah mit verliebtem Blick zu ihm auf. Sie gingen langsam, und als ein Soldat sich umdrehte und einen Blick auf sie warf, zog Isabelle Newmans Kopf herunter und küßte ihn voll auf den Mund. Der Soldat grinste und wendete sich wieder ab, als sie den Eingang zur Passage erreicht hatten.
Sie bogen in die schmale Gasse ein, ohne daß jemand sie aufhielt. Es stank nach altem Müll. Isabelle rümpfte die Nase, während sie Newman schnell zu einer Tür nahe dem Ende der Gasse dirigierte. Er stellte fest, daß sie früher auch einen Ausgang am anderen Ende gehabt haben mußte, aber der Bogengang war zugemauert. Schade. Kein zweiter Fluchtweg. Isabelle richtete die Stablampe, die Newman ihr geliehen hatte, auf das Namensschild unter der Sprechanlage, deren Gitter verdreckt und rostig war.
Jean Picot. 3ème.
»Ist das der Name, unter dem Stahl sich verbirgt?« flüsterte Isabelle.
»Ja.« Newman blickte zum Ende der Gasse. Niemand war in Sicht. »Merkwürdig, daß hier keine Soldaten sind.«
»Das ist doch offensichtlich. Diese Gasse ist ihnen entgangen. Sie wären selbst daran vorbeigegangen, wenn ich Sie nicht hineingezerrt hätte.«
»Stimmt.« Newman schaute an der Hauswand empor. »Dem Namenschild zufolge wohnt er im obersten Stockwerk. Also los.«
Er drückte auf den Knopf der Sprechanlage, hielt ein Ohr dicht an das schäbige Gitter. Ob das verdammte Instrument überhaupt noch funktionierte? Eine Stimme meldete sich auf Französisch.
»Wer ist da? Ich will mich gerade hinlegen.«
»Gamelin.« Newman wiederholte schnell das Codewort. »Gamelin.«
»Kommen Sie schnell herauf.«
Isabelle stieß die Tür auf, als der Öffner betätigt wurde. Als sie einen Spaltbreit offen war, stellte Newman den Fuß dazwischen und schob Isabelle zurück. Er nahm ihr die Stablampe ab, ließ den Strahl rasch rings um den Türrahmen wandern. Keine Drähte. Kein Hinweis auf eine Sprengfalle. War es möglich, daß die Soldaten nichts von diesem Eingang wußten?
»Ist diese Gasse auf irgendeinem Stadtplan eingezeichnet?« fragte er schnell.

»Ich habe sie noch auf keinem gesehen. Sollten wir uns nicht beeilen?«
Beim eiligen Eintreten wäre sie fast auf dem Eis ausgerutscht. Newman richtete die Taschenlampe nach oben und sah eine alte Treppe mit Eisengeländer. Trotz der großen Tasche, die sie über die Schulter gehängt hatte, rannte sie behende die Treppe hoch, während Newman, ein wenig verärgert über ihr Ungestüm, ihr folgte und das Licht seiner Taschenlampe auf die Stufen vor ihr fallen ließ. Die Tür zur Gasse hatte er mit dem Fuß zugestoßen.
Isabelle rannte die Treppe hinauf, Flucht um Flucht. Die Tasche schlug gegen ihre Hüfte. Newman rechnete jeden Moment damit, das gedämpfte Explodieren des Sprengstoffs an der Vordertür zu hören. Waren sie in eine Falle gegangen? Was ihn zum Weitergehen veranlaßte, war der Gedanke an Stahl, Kuhlmanns Agenten, der von hier aus so lange operiert hatte. Er mußte ein mutiger Mann sein.
Die nackten Betonstufen waren in der Mitte von wer weiß wie vielen Tausenden von Füßen ausgetreten. Das ganze Haus roch muffig. Genau dieselbe trostlose Atmosphäre wie in vielen anderen der heruntergekommenen Häuser, aus denen ein großer Teil von Bordeaux bestand. Sie erreichten den obersten Absatz.
Newman hob die Taschenlampe, sah neben der geschlossenen Tür ein ähnliches Namensschild wie unten in der Gasse. Keine Sprechanlage. Nur ein Klingelknopf. Er drückte seinen Daumen darauf, ließ ihn liegen. Ihnen blieb nur noch sehr wenig Zeit.
Die Tür wurde bei vorgelegter Kette einen Spaltbreit geöffnet. Das Gesicht, das herauslugte, war nicht so, wie Newman es erwartet hatte. Rundlich mit einem buschigen Haarschopf und einem buschigen Schnurrbart. Augen hinter einer Hornbrille musterten sie.
»Gamelin«, wiederholte Newman schnell. »Soldaten haben das Haus umstellt. Wir müssen so schnell wie möglich hier heraus.«
»Engländer?«
Die Frage wurde auf Englisch gestellt, nicht auf Französisch. Newman war leicht verärgert. Jedermann sonst hatte ihn als Franzosen akzeptiert. Er schaltete auf Englisch um.
»Ja. Wollen Sie nun entkommen oder nicht? Wir haben unser Leben riskiert, um Ihnen …«
»Kommen Sie herein.«
Die Tür wurde für eine Sekunde geschlossen und die Kette gelöst. Dann waren sie drinnen, und Stahl verschloß und verriegelte die Tür mit einer Hand. In der anderen hielt er eine Handgranate. Newman starrte sie an,

dann Stahl. Der Deutsche war klein und rundlich und strahlte Tatkraft aus. Seine Augen musterten Newman, dann Isabelle. Er trat nahe an Newman heran.
»Wer Sie sind, weiß ich von Fotos in Zeitungen. Kuhlmann hat von Ihnen gesprochen. Aber wer ist diese Frau?« flüsterte er.
»Isabelle Thomas. Sie hat bewiesen, was sie wert ist.«
Isabelles Gehör war besser, als Stahl vermutet hatte. Sie funkelte ihn an.
»Zwei von de Forges Leuten habe ich bereits getötet. Wie viele muß ich noch umbringen, damit Sie zufrieden sind?«
»Ich muß mich vergewissern«, sagte der Deutsche scharf. »Nur auf diese Weise habe ich bisher überlebt.«
Das Gespräch dauerte nur Sekunden, aber Newman wollte so schnell wie möglich aus dem Gebäude heraus. Sofern das überhaupt möglich war.
»Wir müssen schleunigst verschwinden«, erklärte er Stahl. »Die Treppe hinunter, auf der wir heraufgekommen sind, und dann hinaus in die Passage?«
»Zu gefährlich.« Stahl schüttele den Kopf. »Zeigen Sie mir Ihre Schuhsohlen«, verlangte er von Isabelle. Sie stellte sich wie ein Storch auf ein Bein und zeigte ihm die Gummisohle ihres Turnschuhs. Er nickte, dann wendete er sich Newman zu, der ihrem Beispiel folgte. Auch er trug Schuhe mit Gummisohlen, deren Profil kaum abgenutzt war. Stahl nickte abermals.
»Es ist sehr gefährlich – der Weg über die Dächer. Sie sind völlig vereist. Aber die Treppe ist noch gefährlicher.« Wie als Bestätigung seiner Meinung hörten sie irgendwo unten den gedämpften Knall einer Explosion.
»Rey hat die Vordertür aufgesprengt«, warnte Newman. »Konnten Sie Informationen sammeln?«
Als er die Frage stellte, hatte sich Stahl, bekleidet mit Lederjacke und Cordhose, schon auf eine Tür zubewegt und sie geöffnet. Dahinter lag eine schmale, zu einem Oberlicht emporführende Treppe. Stahl stieg rasch die Treppe hoch und zog dabei ein Paar dicke Handschuhe an. Er antwortete, als er die oberste Stufe erreicht hatte und eine Hand hob, um das Oberlicht zu öffnen. Über seiner Schulter hing eine Ledertasche, ähnlich der, die Isabelle bei sich trug. Sie folgte Newman die Treppe hinauf, nachdem sie die Tür an ihrem unteren Ende geschlossen hatte.
»Eine Menge Informationen«, sagte Stahl. »In einem Buch in meiner Tasche. Die Granate war für den Fall, daß nicht Sie vor der Tür standen, sondern ein Soldat. Ich hätte gedroht, mich damit selbst in die Luft zu sprengen. Aber denken Sie daran, die Dächer sind spiegelglatt. Ich steige zuerst hinaus, dann Sie. Anschließend ziehen wir Isabelle hoch.«

Eine Weile zuvor hatte er die Handgranate in die Tasche gesteckt. Jetzt stieß er das Oberlicht auf; eisige Luft strömte über die Treppe. Behende kletterte Stahl auf das Dach, legte sich flach hin und streckte Newman eine Hand entgegen.
Newman bewegte sich vorsichtig hinaus in die bitterkalte Nacht. Das Dach war sehr steil, und er sah, daß es sich oberhalb der Straße befand, auf der sich die Soldaten anschickten, das Gebäude zu stürmen.
Es konnte nur noch Sekunden dauern, bis sie Stahls Wohnung erreicht hatten.
Im Licht einer flackernden Neonreklame auf der anderen Straßenseite sah Newman die Eisschicht auf den Dachziegeln. Er lag neben Stahl und hatte einen Fuß in ein Loch gestellt, das ein zerbrochener Ziegel hinterlassen hatte. Unter sich hörte er ein Splittern, das aus Stahls Wohnung kam. Sie hatten bereits die Tür aufgebrochen. Er hatte gerade einen Arm ausgestreckt und Isabelle unter der linken Achselhöhle gefaßt, als er das Poltern von Armeestiefeln hörte, die die Treppe hochkamen. Er versuchte, sie hochzuziehen, aber sie rührte sich nicht, sondern schaute mit grimmiger Miene zu ihm hoch.
»Er hält mein Bein fest. Lassen Sie mich nicht los, Bob. Und fassen Sie meinen rechten Arm nicht an ...«
Der Gedanke schoß ihm durch den Kopf, wie breit ihre Stimmungsskala war. Glücklich erregt, wenn er in ihrer Wohnung in Arcachon auftauchte. Jetzt, da ihr Leben auf dem Spiel stand, war sie eiskalt und berechnend. Ihre rechte Hand tastete in ihrer Tasche, kam mit einem Küchenmesser mit einer breiten Klinge wieder zum Vorschein. Sie packte es fest, schaute herunter, sah den zu ihr hochstarrenden Soldaten, der ihr Bein mit eisernem Griff umklammert hielt. Sie hob das Messer, zielte auf seinen Hals, stieß es tief hinein, ohne es loszulassen. Er gab ein gräßliches Gurgeln von sich, ließ ihr Bein los, als das Blut herausspritzte, und stürzte die Treppe hinunter.
Newman zog sie aufs Dach. Sie legte sich neben ihn und umfaßte mit der Linken den Rahmen des Oberlichts, während sie mit der Rechten das Messer abwischte, bevor sie es wieder in die Tasche steckte. Newman benutzte seinen linken Fuß, um das Eis vom Dach abzuschlagen. Drei Ziegel folgten dem Eis dachabwärts; verrottende Sparren kamen zum Vorschein. Er keilte seinen Fuß in das neue Loch, und Isabelle stemmte sich in das Loch, das er für sie freigemacht hatte. Auch Newman hielt sich am Rahmen des Oberlichtes fest, während er sich umschaute. Stahl hatte bereits den First erreicht und saß rittlings darauf. Er bedeutete ihnen, zu ihm zu kommen.

»Kommen Sie hier entlang«, rief er, nach wie vor Englisch sprechend.
Newman wollte Isabelle gerade helfen, zu ihm zu gelangen, als sie ausrutschte. Entsetzt beobachtete er, wie sie auf der vereisten Schräge der Dachkante entlangglitt. Ihr Fuß bohrte sich in die Dachrinne. Ihre behandschuhten Hände krallten sich in das Dach, suchten nach Halt, fanden keinen. Nur die Dachrinne rettete sie. Newman ließ den Rahmen des Oberlichts los, rutschte zu ihr hinunter. Seine behandschuhten Hände griffen einen der freigelegten Sparren. Er hielt sich fest, vollführte eine Drehung um hundertachtzig Grad, dann ließ er los in der Hoffnung, mit einem Fuß in demselben Loch Halt zu finden. Beide Füße glitten in das Loch, wurden von dem Balken unter den Sparren gehalten. Er streckte Isabelle eine Hand entgegen, Isabelle streckte gleichfalls eine Hand aus, und er umfaßte ihr Handgelenk. Er war im Begriff, sie hochzuziehen, als sie einen Ruck machte und das gesamte Gewicht ihres Körpers an seiner Hand riß, aber er ließ nicht los. Die verdammte Dachrinne hatte nachgegeben, fiel auf die Straße. Damit hätte er rechnen müssen. Dies war Bordeaux.
Er zog sie langsam auf der glitzernden Fläche hoch, und jetzt half das Eis, weil ihr Körper darauf gleiten konnte. Dann lag sie neben ihm, stemmte ihre Füße in das große Loch und brachte ein mattes Lächeln zustande. Er schaute hinauf zum First, wo Stahl sitzend weiter vorgerückt war, als säße er in einer Turnhalle auf einem Sprungpferd. Wieder bedeutete er ihnen, zu ihm zu kommen.
»Hier entlang«, rief er.
Newman hatte einen Arm um Isabelles Taille gelegt, mit der anderen hämmerte er auf das Eis, löste weitere morsche Ziegel, fand Halt und konnte sie höher hinaufziehen. Es war ein langsames Vorankommen, aber das Oberlicht war nicht weit vom First entfernt, und Newman zog sich und Isabelle hinauf. Isabelle war dem Oberlicht näher, als Stahl einen Warnruf ausstieß. Als sie, noch immer von Newmans Arm sicher gehalten, einen Blick über die Schulter warf, sah sie, wie ein Soldat mit einer automatischen Waffe zum Vorschein kam. Newman war gerade im Begriff, sie auf den First zu hieven.
»Halten Sie meinen rechten Arm«, befahl sie.
Auf dem First sitzend, tat er, was sie von ihm verlangt hatte – er lehnte sich herunter, um ihren Arm zu ergreifen, und sie ließ ihren Körper absichtlich ein Stück herunterrutschen. Dann zog sie das linke Knie an und ließ das Bein vorschießen, während der Soldat, jetzt auf dem Dach, mit seiner Waffe hantierte. Ihr Turnschuh traf den liegenden Soldaten mitten ins Gesicht. Er verlor den Halt, den seine Linke am Rahmen des Oberlichts gefunden

hatte, und sie sahen, wie er ins Rutschen geriet. Seine Hände versuchten verzweifelt, sich in das Dach zu krallen, während die Waffe außer Sichtweite verschwand. Seine Füße gruben sich ins Eis, lösten einen großen Brocken. Der Brocken flog über die Dachkante. Von seiner hohen Position aus konnte Newman fast bis auf die Straße hinunterschauen. Der Soldat rutschte jetzt schneller. Er folgte dem Eisbrocken über die Dachkante, stieß einen ohrenzerreißenden Entsetzensschrei aus, stürzte mit flegelnden Armen in die Tiefe. Der Schrei brach ab, als sein Körper drei Stockwerke tiefer auf die eisenharten Pflastersteine prallte.

Newman hatte Isabelle auf den First gehievt, und sie rutschte auf den eiskalten Firstziegeln voran, als in dem Oberlicht der Kopf eines weiteren Soldaten auftauchte. Stahl holte eine Handgranate aus seiner Tasche, zog sie ab und warf sie. Die Granate verschwand in der Öffnung des Oberlichts. Ein scharfes Krachen, und der Kopf des Soldaten verschwand. Dann folgte ein weiteres Geräusch – das Herabstürzen von Körpern von der Treppe. Danach plötzliche Stille. Newman und Isabelle schoben sich weiter auf dem First entlang. Newman war beunruhigt – Stahl war plötzlich nicht mehr zu sehen. Seine Beine schmerzten von der Anstrengung, sich auf dem First vorwärszubewegen, als er sein Ende erreichte. Er schaute hinunter und sah, wohin Stahl verschwunden war.

Ungefähr anderthalb Meter unterhalb des Firstendes befand sich eine eiserne Plattform. Stahl stand auf ihr und schaute lächelnd zu ihnen empor. Der Deutsche hatte stählerne Nerven. Newman warf einen Blick über die Schulter, stellte fest, daß Isabelle dicht hinter ihm war und an dem jetzt ein gutes Stück entfernten Oberlicht keinerlei Aktivitäten zu sehen waren. Er sprang hinunter auf die Plattform, mit lockerem Körper und gebeugten Knien, um den Sprung abzufedern.

Dann drehte er sich um und konnte gerade noch rechtzeitig Isabelles Taille umfassen und die Wucht ihres Falles abbremsen. Sie atmete schwer, nahm ihren weißen Schal ab und steckte ihn in die Tasche.

»Wohin jetzt?« fragte Newman.

Stahl legte einen Finger auf die Lippen, winkte Newman an den Rand der Plattform, lehnte sich vor und deutete nach unten. Newman lehnte sich gleichfalls vor und stellte fest, daß er in die Passage Emile Zola hinunterschaute. Sie wimmelte von Soldaten mit automatischen Waffen. Vermutlich hatten sie ihren Weg nach unten von dem Absatz aus gefunden, auf den beide Treppen des Gebäudes mündeten. Er trat zurück, als Stahl an seinem Ärmel zupfte.

»Gibt es irgendeinen Ausweg?« fragte Newman. »Ich bin nicht scharf darauf, weiter auf den Dächern herumzuklettern. Beim nächsten Mal haben wir vielleicht nicht so viel Glück.«

»Wie sind Sie hergekommen?« fragte Stahl.

»Mit dem Wagen. Einem gemieteten Renault. Er steht auf der anderen Seite, ungefähr zwanzig Meter von der Einmündung der Passage entfernt. Wir können ihn unmöglich erreichen, ohne gesehen zu werden.«

»Vielleicht doch«, erwiderte Stahl. »Auf der Straße werden sie uns nicht vermuten. Wahrscheinlich werden sie Soldaten auf sämtliche Dächer beordern. Wir benutzen diese Feuerleiter. Ich schlage vor, daß ich mit Isabelle vorangehe.«

Erst jetzt bemerkte Newman die Eisenleiter, die von der Plattform aus an der Seite des Gebäudes herunterführte. Er folgte Stahl, der sich mit einer Hand an einem der Holme festhielt und mit der anderen Isabelles Taille umfaßte, was ihr gar nicht gefiel.

Ihre Nerven waren zum Zerreißen gespannt, aber sie hatte sich vollständig unter Kontrolle. Sie stiegen eine Flucht hinunter, erreichten einen Absatz, wandten sich der nächsten Flucht zu. Stahl schaute immer wieder hinunter in die Gasse. Dann glitten Isabelles Füße aus, und sie wäre abgestürzt, wenn Stahl sie nicht mit eisernem Griff gehalten und an sich gedrückt hätte, bis sie ihr Gleichgewicht wiedergefunden hatte.

»Die Sprossen sind total vereist«, erklärte er. »Aber zum Schlittern haben wir jetzt keine Zeit.«

Sie schaute zu ihm auf, und er lächelte sie an. Von diesem Moment an mochte sie Stahl. Und sie hatte das Gefühl, daß sie mit diesen beiden Männern, die sich um sie kümmerten, eine Chance hatte, aus der Hölle zu entkommen, zu der Bordeaux geworden war.

Auf der Höhe des ersten Stocks mußten sie eine tückische Metallbrücke überqueren, die gleichfalls dick vereist war. Als sie unten angekommen waren, führte Stahl sie durch ein Labyrinth von Gassen; Newman hatte den Eindruck, daß sie einen Kreis beschrieben. Schließlich hatten sie die Straße erreicht, auf der der Renault stand, nur ungefähr fünfzig Meter entfernt.

Die Straße war leer. Stahls Vermutung war richtig gewesen, die Soldaten schwärmten über die Dächer. Auf Newmans Vorschlag hin verschwand der Deutsche im Fond und versteckte sich unter einer Decke. Dann steckte er den buschigen Kopf mit dem vom Eisnebel bereiften Schnurrbart heraus.

»Ich habe eine Flasche Beaujolais gefunden. Darf ich sie aufmachen? Wenn wir angehalten werden sollten, dann bringen Sie einen betrunkenen Freund nach Hause. Mich!«

Isabelle dirigierte Newman auf einer anderen Route durch den Eisnebel. In dem grauen Dunst wirkte Bordeaux noch schäbiger und verkommener als bisher, sofern das überhaupt möglich war. An der anderen Seite des Pont Saint Jean standen Posten, und ein Schlagbaum versperrte die Straße, aber Newman war nicht in der Stimmung, sich auf weitere Begegnungen mit de Forges Truppen einzulassen. Außerdem hatte er festgestellt, daß der Nebel über dem Fluß besonders dicht war. Im Licht seiner voll aufgeblendeten Scheinwerfer sah er schattenhafte Gestalten, die sich wie in einem Alptraum um die gleiche Art von Barriere wie auf dem Pont de Pierre herumbewegten.

»Wir halten nicht an«, warnte er seine Mitfahrer.

Isabelle war verblüfft. Als Newman sich dem westlichen Ende der Brücke näherte, blendete er ab und verringerte die Geschwindigkeit, als wollte er anhalten. Sobald er auf der Brücke war, drückte er plötzlich den Daumen auf die Hupe und ließ sie ununterbrochen heulen. Er blendete die Scheinwerfer voll auf, gab Gas, jagte über die Brücke, durchbrach den Schlagbaum. Beiderseits von ihm sprangen die Schatten aus dem Wege. Er beschleunigte noch mehr, glaubte, einen Gewehrschuß zu hören, dann hatten sie die Brücke hinter sich gelassen.

»Jetzt rechts abbiegen!« rief Isabelle, die sich gegen den Sicherheitsgurt vorgebeugt hatte, um zu sehen, wo sie sich befanden.

Er riß das Lenkrad herum, und der Wagen bog mit kreischenden Reifen um die Ecke. Er fuhr erst langsamer, als sie eine scharfe Biegung in einer schmalen Straße erreichten. Isabelle dirigierte ihn durch ein unübersichtliches Labyrinth, das kein Ende zu nehmen schien. Dann waren sie ganz plötzlich aus den Vororten heraus und fuhren auf einer leren Straße durch eine offene, völlig nebellose Landschaft.

»Wie lange werden wir brauchen bis nach Arcachon?« fragte Newman.

»Wir werden lange vor Tagesanbruch dort sein.«

»Das müssen wir auch.«

Newman war fast völlig erschöpft, am Ende seiner Kräfte nach zwei endlosen Fahrten und der Anspannung, Stahl zu retten. Und vor ihm lag noch die Fahrt in die Nähe des *étang*, wo die Alouette landen sollte. Und danach die lange Fahrt nach Süden in die Landes, um die Zeugin Martine zu holen, die alte Frau, die an der Küste des Atlantik Treibholz sammelte. Würde er das durchhalten? Und falls es irgendwelche Probleme geben sollte – würde er imstande sein, schnell genug zu reagieren?

Fünfundvierzigstes Kapitel

Die Anspannung, die in den frühen Morgenstunden zunimmt, wenn man unter Druck steht, war im Innenministerium in Paris unverkennbar. Tweed saß unrasiert an seinem Schreibtisch, als Navarre hereinkam, direkt von einer Dringlichkeitssitzung des Kabinetts. Lasalle, der wie die anderen nicht zum Schlafen gekommen war, wanderte rastlos auf und ab. Nur Kuhlmann, der in einem Ledersessel saß, war – wie Tweed – entspannt und hellwach.

»Irgendwelche Neuigkeiten?« fragte Navarre und sah Lasalle an, während er sich auf Tweeds Schreibtich niederließ.

»Ein Riesenkonvoi von CRS-Lastern ist unterwegs nach Bordeaux und inzwischen vielleicht schon angekommen. Sie sollen um die Präfektur in Stellung gehen.«

»Psychologische Kriegführung«, sagte Tweed gelassen.

»Psychologische Kriegführung?« fragte Navarre.

»In den Berliet-Lastern sitzen keine CRS-Männer«, erläuterte Lasalle. »Nur ein Fahrer und ein Beifahrer. Ihr Eintreffen wird de Forge natürlich sofort gemeldet. Wenn wir Glück haben, müssen sie ihn wecken, um ihm das mitzuteilen. So kommt er um seinen Nachtschlaf. Tweed möchte ihm zusetzen.«

»Aber wie wollen Sie Unmengen von CRS-Leuten transportieren, falls es zur endgültigen Konfrontation kommen sollte?« fragte Navarre brüsk.

»Ich habe insgeheim eine ganze Armada von Hubschraubern auf Flugplätzen außerhalb von Paris zusammengezogen. Wenn wir zuschlagen, dann tun wir es aus der Luft.«

»Die Idee gefällt mir«, entschied Navarre. »Ich habe für das Fernsehen eine Ansprache an das Volk aufzeichnen lassen. Darin betone ich mehrfach,daß in einer Demokratie das Militär der zivilen Macht untergeordnet ist.«

»Und das Kabinett ist darüber informiert?« fragte Lasalle bestürzt.

Navarre lächelte grimmig. »Nein. Louis Janin, unser loyaler Verteidigungsminister, hätte es sofort de Forge hinterbracht. Ich habe das Gefühl, daß die endgültige Konfrontation nahe bevorsteht.« Er holte eine Kassette aus der Jackentasche und gab sie Lasalle. »Das ist die Aufzeichnung meiner Ansprache. Verschließen Sie sie in Ihrem Safe in der Rue des Saussaies. Und seien Sie bitte dort oder hier verfügbar.«

»Wann, meinen Sie, wird de Forge seine Offensive starten?« fragte Kuhlmann.

»Ich fürchte, sie hat bereits begonnen. Dieses sogenannte Manöver, das

General Masson gutgeheißen hat – unter der Annahme, daß sie eine nordafrikanische Invasion des fiktiven Generals Ali zurückschlagen müssen. Ich habe gerade gehört, daß de Forges Vorhut, ein paar Stoßtrupps auf Motorrädern, Angoulême erreicht hat.«

»Was ziemlich weit nördlich von Bordeaux liegt und näher an Paris«, bemerkte Tweed.

»So ist es«, sagte Navarre. »Und jetzt, meine Herren, muß ich erst einmal ein paar Stunden schlafen.«

Auch die anderen hielten das für eine gute Idee, und Tweed blieb allein zurück. Er entfaltete eine Karte, betrachtete die Lage von Angoulême, schüttelte den Kopf. Er hatte gerade die Karte wieder zusammengefaltet, als das Telefon läutete. Es war Monica, die am Park Crescent gleichfalls noch an ihrem Schreibtisch saß.

»Howard ist gerade von seiner Reise in die Staaten zurückgekehrt«, teilte sie ihm mit. »Er möchte Sie zum frühestmöglichen Zeitpunkt hier sprechen. Er war am Abend beim Premierminister.«

»Sagen Sie ihm, daß ich heute morgen mit der ersten Maschine komme. Und sagen Sie ihm außerdem, daß ich noch vor dem Abend nach Paris zurückfliege.«

»Ich glaube nicht, daß es das war, was er im Sinne hat«, warnte Monica.

»Dann werde ich es ihm beibringen, wenn ich dort bin. Sie brauchen ihm nur mitzuteilen, daß ich komme. Und es könnte sein, daß ich nach Aldeburgh fahre, während ich in England bin. So schnell wie möglich, damit ich die Maschine nach Paris noch erreiche.«

»Soll ich dafür sorgen, daß Ihr Wagen bereitsteht?«

»Der Ford Escort«, erwiderte Tweed. »Sehr verläßlich, aber unauffällig. Außerdem stellen Sie bitte fest, wo sich Lord Dawlish im Augenblick befindet und sein Katamaran, die *Steel Vulture*. Dabei kann Ihnen vielleicht Heathcote helfen, der Hafenmeister von Harwich.«

»An den habe ich bereits gedacht. Ich freue mich, Sie bald hier zu sehen.«

Tweed legte den Hörer auf und runzelte die Stirn. Howard war der Direktor, sein einziger Vorgesetzter im SIS. Weshalb in aller Welt hatte er ihn so dringend zu sich beordert? Und was war zwischen ihm und dem neuen Premierminister, einem Mann mit sehr entschiedenen Ansichten, besprochen worden? Er hatte Tweed vor seiner Reise nach Paris empfangen, sich angehört, was Tweed zu sagen hatte, und sie waren sich einig gewesen, wie wichtig seine Mission war.

Er griff wieder zum Telefon, und nachdem er auf die Uhr geschaut hatte, wählte er die Nummer des Atlantique in Arcachon.

»Ich möchte Mr. Harry Butler sprechen. Er wohnt bei Ihnen. Sagen Sie ihm, ein Freund ist am Apparat – er erwartet meinen Anruf.«
»Hier Butler. Gut, daß Sie anrufen. Bitte warten Sie einen Moment...«
Butler legte die Hand über die Sprechmuschel und weckte Nield.
»Pete, wir haben einen Anruf.«
»Ich gehe sofort hinunter.«
Nield schlüpfte in seine Schuhe. Während er zur Tür eilte, vergewisserte er sich, daß er eine Schachtel Gauloises für den Nachtportier in der Tasche hatte. Als er das Foyer erreichte, legte der Portier gerade den Hörer auf. Nield bat um eine Tasse Kaffee, sagte, er könnte nicht schlafen.
»So, jetzt können Sie«, sagte Butler im Zimmer.
»Ich muß mit der ersten Maschine nach London. Am späten Abend bin ich zurück. Sagen Sie Paula Bescheid. Das war alles.«
»Wird gemacht.«
In Paris griff Tweed abermals zum Hörer, um den Flughafen anzurufen und darum zu bitten, daß ein Rückflugticket nach London für ihn ausgestellt würde. Er hatte keine Ahnung von den Konsequenzen, die sein Anruf in Arcachon haben sollte.

Im Atlantique wurde Paula von ihrem Wecker aus dem Schlaf gerissen, den sie auf vier Uhr gestellt hatte. Sie wollte früh aufstehen, um rechtzeitig an Bord der Alouette gehen zu können.
Sie duschte, zog sich rasch an, brauchte drei Minuten, um Make-up aufzulegen. Sie schloß den Koffer, den sie am Abend zuvor gepackt hatte, und in diesem Moment hörte sie das vereinbarte Klopfzeichen an der verschlossenen Tür. Trotzdem holte sie den Browning aus ihrer Umhängetasche, bevor sie bei vorgelegter Kette die Tür öffnete. Es war Butler.
»Kommen Sie herein, Harry. Ich bin reisefertig. Ist Bob inzwischen zurück?« fragte sie besorgt.
»Noch nicht. Aber machen Sie sich deshalb keine Sorgen. Es war ein gewaltiger Umweg, den sie fahren wollten.«
»Ich hoffe nur, es ist nichts schiefgegangen«, sagte sie, nachdem sie die Tür wieder abgeschlossen hatte. »Der Gedanke, daß er noch einmal nach Bordeaux wollte, behagt mir ganz und gar nicht.«
In ihrer Stimme klang neben der Besorgnis etwas mit, was an Zuneigung grenzte. Butler lächelte beruhigend.
»Bob kann auf sich selber aufpassen. Aber ich bin gekommen, um Ihnen zu sagen, daß wir hier ausziehen sollten. Es ist gefährlich, zu lange an einem Ort zu bleiben.«

»Aber wohin?«
»Ein anderes geeignetes Hotel konnte ich nicht finden. Ich werde Bob fragen, ob wir vielleicht ein paar Tage bei Isabelle wohnen können.«
»Isabelle?« Paulas Stimme klang skeptisch. »Ich kann mit ihr auskommen, aber ich bin nicht sicher, ob sie auch mit mir...«
»Bob wird sich darum kümmern.«
Er schaute zur Tür. Abermals ertönte das vereinbarte Klopfzeichen. Er zog seine Walther, öffnete die Tür bei vorgelegter Kette und sah, daß Newman draußen stand und ein Fremder mit einem buschigen Haarschopf. Er ließ sie ein, und Newman stellte sie nur mit den Vornamen Stahl vor. Paula fand sofort Gefallen an dem sympathischen Deutschen, der ihr direkt in die Augen schaute, als sie sich die Hand gaben. Newman war entschlossen, die Echtheit von Egon Stahl zu überprüfen.
»Egon möchte mit Kuhlmann sprechen«, sagte er. »Ich werde die Verbindung herstellen.« Er sah Butler an. »Wie ich gesehen habe, ist Nield unten und pokert mit dem Nachtportier.«
Butler nickte. Nield hatte nicht wieder einschlafen können, deshalb war er hinuntergegangen, um mit dem Nachtportier Karten zu spielen. Nield wollte gerade gehen, als er sah, wie Butler über das Geländer herabschaute, kurz nachdem Newman mit dem Mann mit buschigem Haar und Schnurrbart gekommen war. Butler signalisierte ihm, daß sie telefonieren wollten. Nield mischte die Karten neu, ließ dem Nachtportier einen Royal Flush zukommen. Der würde dafür sorgen, daß er mit seinen Gedanken voll und ganz bei dem Spiel war, während der Anruf getätigt wurde.
In Paulas Zimmer wählte Newman die Nummer des Innenministeriums, nannte das Codewort, das Tweed vorgeschlagen hatte, bat, mit ihm verbunden zu werden. Nach einer Pause meldete sich Lasalle mit schlaftrunkener Stimme. Er hörte Newman an, bevor er ihm mitteilte, daß Tweed gerade zum Flughafen abgefahren war.
»Eigentlich wollten wir mit Otto Kuhlmann sprechen«, erklärte Newman. Ein wesentlich wacherer Kuhlmann meldete sich rasch, und Newman übergab den Hörer an Stahl. Er hatte den Deutschen nicht merken lassen, daß er seine Sprache ebenso gut beherrschte wie das Französische.
Er hörte, wie Stahl einen Kapitän Fischer erwähnte. Die Betonung des Wortes Kapitän verriet ihm, daß dies das Wort war, mit dem Stahl sich identifizierte. Stahl berichtete, daß er über wichtige Informationen verfügte, daß er sie bei sich behalten würde, bis er sie ihm selbst übergeben konnte. Außerdem bekam Newman mit, daß Kuhlmann Stahl erklärte, sein Retter sei absolut vertrauenswürdig und er könne ihm alles erzählen.

Paula beobachtete Newman, der auf ihr Bett sackte und auf die Uhr schaute. Sie stellte fest, daß Newman aussah, als wäre er am Ende seiner Kräfte und brauchte unbedingt Schlaf. Er beugte sich vor und flüsterte heiser, während Stahl sein Gespräch beendete.

»Tweed ist nicht mehr in Paris. Lasalle hat mir gesagt, daß er zum Flughafen unterwegs ist.«

»Aber ich sollte doch zu ihm kommen«, protestierte Paula. »Mit der Alouette.«

Butler war zu ihnen getreten. Er hörte einen Moment zu, dann senkte er die Stimme, während Stahl sich die Hände wusch. Das Geräusch des fließenden Wassers dämpfte ihre Unterhaltung.

»Tweed sagte, er würde erst am Abend aus London zurückkommen.«

»Dann hat es keinen Sinn, daß ich mit dem Hubschrauber nach Paris fliege«, entschied Paula, immer noch Newman beobachtend, der ein Gähnen unterdrückt hatte. »Harry, Sie sollten Lasalle anrufen und ihm sagen, er soll den Hubschrauber erst vierundzwanzig Stunden später schicken, also morgen bei Tagesanbruch.«

»Ich *muß* in die Landes fahren«, bemerkte Newman. Die Worte kamen stockend und nur mit Mühe heraus.

»Kommt gar nicht in Frage«, fuhr Paula auf. »Sie sind am Ende Ihrer Kräfte. Das ist nicht zu übersehen. Sie würden den Wagen nur in irgendeinen Straßengraben fahren.«

»Muß die Zeugin holen – Martine ...«

»Ja, das werden wir tun«, fuhr Paula fort. »Deshalb werde ich mich beim Fahren von Harry und Pete ablösen lassen. Sie können auf dem Rücksitz schlafen. Dann sind Sie wieder frisch genug, um uns den Weg zu zeigen, wenn wir in der Gegend sind, in der sich die Zeugin aufhält.«

Inzwischen war Stahl wieder herbeigekommen; er rückte seine Brille zurecht und lächelte. Dann musterte er zuerst Newman und dann Paula.

»Ich bin okay«, murmelte Newman. Er lehnte sich gegen das Kopfbrett des Bettes, um nicht einzuschlafen. »Sie bleiben hier, Paula. Die Landes ... gefährlich ...«

»Ja, gefährlich für Sie«, fuhr sie auf. »Sie sagen, Sie wären okay, und dabei haben Sie seit einer Ewigkeit nicht geschlafen und können die Augen nicht mehr offenhalten.«

»Und«, erinnerte ihn Butler, »Pete und ich dürfen Paula nicht von der Seite weichen. Erinnern Sie sich?«

Stahl mischte sich ein. »Sie haben ein Problem? Vielleicht kann ich helfen. Ich habe gestern den ganzen Tag geschlafen und bin frisch.«

»Sie haben nicht zufällig eine Waffe?« erkundigte sich Butler.
»Warum fragen Sie? Würde Sie das beruhigen?« erwiderte Stahl.
Auf seine eifrige Art öffnete er den Reißverschluß seiner Ledertasche. Butler war verblüfft, als er eine Heckler & Koch-Maschinenpistole herausholte. Newman erkannte den Typ; er wurde auch vom SAS benutzt. Während Stahl weiterredete, achtete er darauf, daß der Lauf zur Zimmerdecke gerichtet war.
»Diese Maschinenpistole kann sechshundertfünfzig Schuß pro Minute abgeben und hat eine Reichweite von fast hundertfünfzig Metern. Wie Sie sehen, habe ich reichlich Reservemagazine. Außerdem habe ich Handgranaten, eine ganze Menge. Wie die hier.«
»Sie schleppen ja ein ganzes Arsenal mit sich herum«, bemerkte Butler.
»Schließlich saß ich in dem Haus in der Falle, bevor Mr. Newman und diese Frau, Isabelle, mich herausholten. Ohne ein Fahrzeug hätte ich keinen Fluchtversuch unternehmen können. Die Patrouillen auf den Straßen halten nachts Leute an – insbesondere solche, die zu Fuß gehen. Ich könnte Sie begleiten.«
»Sie sind angeheuert«, entschied Paula, ohne jemanden um Rat zu fragen. Newman blinzelte sie an.
»Haben Sie das Kommando übernommen?« fragte er.
»Ja. Jemand muß es tun, bis Sie wieder fit sind. Ich habe mich gewählt. Harry, Sie sollten jetzt Lasalle bitten, die Alouette zurückzuhalten.«
Butler informierte Newman, daß sie vor der Abreise ihre Basis in Isabelles Wohnung verlegen wollten, dann ging er ans Telefon. Newman hob die Hand, ließ sie wieder fallen.
»Ich sollte Isabelle sagen – sie bitten, meine ich ...«
»Nein!« Paulas Ton war entschlossen. »Ich rede kurz mit ihr, bevor wir losfahren. Ich sage ihr nicht, wo wir hinwollen, aber ich werde mich vergewissern, ob sie uns alle unterbringen kann. Ich weiß sie zu nehmen.«
»Ich finde immer noch, daß Sie nicht mitkommen sollten – in die Landes. Es könnte – es wird ein verdammt gefährliches Unternehmen sein«, protestierte Newman abermals.
»Mein Entschluß steht fest«, teilte Paula ihm mit. »Und versuchen Sie, nicht einzuschlafen, bevor wir Sie auf den Rücksitz des Autos getragen haben. Es wird ziemlich eng werden«, setzte sie mit einem Blick auf Stahl hinzu, »aber es wird gehen. Und Sie beide sollten sich vorher rasieren. Wenn's recht ist.«

Victor Rosewater traf, angetan mit einem englischen Kamelhaarmantel, aus der Schweiz kommend am Flughafen von Bordeaux ein. Als er von einer Armeepatrouille angehalten wurde, zeigte er einen Ausweis vor.
»Gehen Sie mir aus dem Weg. Ich habe es eilig.«
Er eilte zu dem Parkplatz, auf dem er seinen Wagen abgestellt hatte. Zwei Minuten später war er unterwegs nach Arcachon, und wie üblich wollte er sein Ziel so schnell wie möglich erreichen.
Um sich nicht in einem Hotel anmelden zu müssen, hatte er einen kleinen Kabinenkreuzer gemietet, der am Rande des *bassin* vor Anker lag. Er kaufte in einem Supermarkt ein und bereitete sich sein Essen in der Kombüse selbst zu oder aß in irgendeinem Restaurant. Rosewater war ein Experte im Umgehen der Bestimmungen eines Landes, die den Zweck hatten, genau festzuhalten, wer aus dem Ausland eingereist war.
Nachdem er sein Schiff überprüft hatte, wollte er als erstes in der Bar Martinique anrufen und den Bewegungen des redseligen Irländers nachspüren, der dort Stammgast war. Und außerdem hoffte er, Paula Grey wiederzusehen, auch wenn dazu eine Menge Geduld erforderlich sein sollte.

Mit seiner Tasche in der Hand stieg Marler am Pariser Flughafen Orly aus der Air-Inter Maschine. Wieder verzichtete er auf eines der wartenden Taxis; Taxifahrer haben in der Regel ein gutes Gedächtnis.
Er benutzte die anonyme Metro und fuhr mit ihr zu seiner schäbigen Unterkunft in der Nähe der Rue du Bac. Bevor er in sein Zimmer ging, dessen Schlüssel in seiner Tasche steckte, zahlte er an der Rezeption für weitere zwei Wochen.
»Gehen die Geschäfte gut?« fragte der Mann, der an der Rezeption saß.
»So halbwegs ...«
In seinem Zimmer suchte Marler nach etwaigen Hinweisen darauf, daß es durchstöbert worden war. Falls ja, würde er in ein anderes Zimmer umziehen, das er ein paar Straßen weiter gemietet hatte. Aber es gab nichts, das auf irgendwelche Eindringlinge schließen ließ.
Er zog die Schuhe aus, setzte sich auf das gemachte Bett und holte das Mobiltelefon aus seiner Tasche. Er wählte die Nummer des Innenministeriums und fragte, seinen Codenamen benutzend, nach Tweed. Nach einer Weile kam Lasalle an den Apparat und teilte ihm mit, daß der Mann, den er sprechen wollte, den ganzen Tag über nicht in Paris war.
»Danke, René. Ich rufe später wieder an.«

Sechsundvierzigstes Kapitel

Tweed war am Park Crescent auf dem Kriegspfad. Als er mit der ersten Maschine aus Paris gekommen war, wartete Howard bereits in seinem Büro auf ihn. Monica begrüßte ihn mit grimmigem Gesicht und vergrub dann ihren Kopf in einer Akte.

»Sie haben sich in den Staaten einen neuen Anzug gekauft?« meinte Tweed mit undurchdringlichem Gesicht.

»Soll das ein Witz sein?« Howard war entrüstet. »Der stammt von Harrods. Chester Barrie. Das Beste, was man von der Stange kaufen kann.«

Der Direktor, mit einem rundlichen, rosigen Gesicht, glatt rasiert, einen Meter achtzig groß und einen wohlgenährten Eindruck machend, gab sich von seiner anmaßendsten Seite. Er stand neben Tweeds Schreibtisch, zupfte an seinen Manschetten, damit die edelsteinbesetzten Knöpfe zum Vorschein kamen, und strich über eines der Revers seines dunkelgrauen Nadelstreifenanzugs. Die Hose hatte die wieder modernen Aufschläge. Dann legte er die Rechte auf die Hüfte.

»Ich habe Sie zurückgerufen, weil ich wissen möchte, was in Frankreich vorgeht. Und ich habe gestern abend mit dem Premierminister gesprochen und dabei erfahren, daß er Ihnen, wie seine Vorgängerin im Amt, einen dieser verdammten persönlichen Aufträge erteilt hat.«

»Das hat er getan«, sagte Tweed und ließ sich an seinem Schreibtisch nieder.

»Hat er Ihnen auch gesagt, daß er zweigleisig vorgeht?«

»Was heißt das – zweigleisig?« erkundigte sich Tweed, während er mit der Ecke seines Taschentuchs seine Brillengläser putzte.

»Es heißt...« Howard hielt inne, nahm seine Lieblingspose ein, indem er sich in einem Sessel niederließ und ein Bein über die Lehne legte. Seine schwarzen Schuhe funkelten. »Es heißt«, wiederholte er, »daß der Premierminister noch eine zweite Einheit ins Feld geschickt hat, von welcher wir keine Kenntnis haben.«

Von welcher... Das war typisch für die pedantische Ausdrucksweise des Direktors. Tweed begann, mit den Fingern langsam auf der Schreibtischplatte zu trommeln, ein Anzeichen dafür, daß er wütend war. Monica schaute auf. Offenbar stand ein Kampf bevor.

»Ist ihm denn nicht klar«, fragte Tweed, »daß ein solches Manöver katastrophale Folgen haben kann? Zwei verschiedene Einheiten, die auf ein und demselben Territorium herumstolpern, ohne daß die eine von der Existenz der anderen weiß? Haben Sie ihn denn nicht darauf hingewiesen, wie gefährlich das ist?«

»Nun...« Howard zupfte an dem Ziertaschentuch in seiner Brusttasche. »Er ist der neue Mann. Wir sind auf seine Unterstützung angewiesen, also müsen wir ihm freie Hand lassen.«

»Mit anderen Worten – Sie hatten nicht den Mut, Einspruch zu erheben«, knurrte Tweed.

»Ich verbitte mir Ihre unverschämte Sprache.«

»Verbitten Sie sich, was Sie wollen.« Tweed zeigte keinerlei Reue. »Hat er Ihnen zufällig irgendeinen Hinweis darauf gegeben, welche andere Einheit das ist?«

»Überhaupt keinen.« Howard gab sich steif. »Und ich habe auch nicht danach gefragt. Wir sprechen von dem neuen Premierminister. Er hat ein Recht auf eigene Ideen.«

»Ich hatte von ihm den Eindruck eines Mannes, der offene Worte zu würdigen weiß.« Tweed war entrüstet. »Er hat darauf gewartet, ob Sie in ihn dringen und darauf bestehen würden, diese Information zu erhalten.«

»Sie waren nicht dabei...«

»Er hat Sie auf die Probe gestellt«, beharrte Tweed.

»Mein lieber Freund.« Howard fuhr sich mit einer manikürten Hand über das makellos gebürstete Haar. »*Wir* sind diejenigen, die auf die Probe gestellt werden. Ich vermute, daß er sich nicht nur auf eine Organisation verlassen will. Die Lage ist ernst. Übrigens – wie ernst ist sie?«

Tweed informierte ihn kurz. Er beendete seinen Bericht mit der Mitteilung, daß er von Heathrow aus rasch bei Lasalle angerufen und von ihm erfahren hatte, daß Butler sich gemeldet und gesagt hatte, sie führen nach Süden, um eine Zeugin zu holen.

»Nach Süden?« Howards Stimme klang bestürzt. »Von Arcachon aus nach Süden? Großer Gott! Direkt in die Höhle des Löwen. Die Höhle von General Charles de Forge. Wo genau wollen sie hin?«

»In die Landes, vermute ich.«

»Sind Sie wahnsinnig?« Howard schwang sein Bein auf den Boden, sprang auf, knöpfte sein Jackett zu. »Sie haben mir doch gerade eben von diesem grauenhaften Begräbnisplatz in den Landes erzählt! Wie können Sie zulassen, daß Ihre Leute dorthin zurückkehren?«

»Ich lasse meinen Leuten einen breiten Ermessensspielraum, damit sie in einer Notsituation so handeln können, wie sie es für richtig halten. Das wissen Sie«, sagte Tweed ruhig. »Es war ihre Entscheidung, und ich unterstütze sie, wo ich nur kann. Wenn Sie glauben, man könnte eine Operation von einem Sessel hier im Hause aus dirigieren, dann waren sie entschieden zu lange in den Staaten.«

Die Gelassenheit, mit der Tweed ihn attackierte, brachte Howard aus dem Gleichgewicht. Er schürzte die Lippen und sah Monica an, die seinen Blick erwiderte.
»Wie sehen Ihre weiteren Pläne aus?« fragte Howard schließlich, um Sachlichkeit bemüht. »Ich meine, was Sie selbst angeht.«
»Bevor ich heute abend nach Paris zurückfliege, fahre ich nach Aldeburgh. Dort hat alles angefangen – mit dem Mord an Karin Rosewater. Wenn Lord Dawlish zu Hause ist, statte ich ihm einen Besuch ab.«
»Was bezwecken Sie damit, wenn ich fragen darf?«
»Sie dürfen. Er steckt bis zum Hals in dieser Sache. Da bin ich jetzt ganz sicher. Ich will an seinem Käfig rütteln.«
»Ich bestehe darauf, daß Sie nicht allein fahren. Nein, hören Sie mir zu.« Er hob eine Hand, als Tweed den Mund aufmachte, um zu protestieren. »Wie wäre es mit Fred Hamilton? Es wäre ein gutes Training für ihn. Und soweit ich weiß, hat er auf dem Schießstand hervorragend abgeschnitten.«
»Er ist sehr vielversprechend«, gab Tweed zu.
»Das wäre also abgemacht.« Howard produzierte sein breites Lächeln. »Ich werde mir entschieden weniger Sorgen machen, wenn Sie mit Hamilton an Ihrer Seite nach Aldeburgh fahren. Und jetzt muß ich gehen. Auf meinem Schreibtisch warten Berge von Akten ...«
Monicas Blicke bohrten sich in Howards Rücken, als dieser das Büro verließ. Sie war wütend und platzte heraus, sobald sie annehmen konnte, daß Howard außer Hörweite war.
»Berge von Akten! Ich habe alles erledigt, was während seiner Abwesenheit für ihn hereingekommen ist. Er braucht nicht mehr zu tun, als die Kopien meiner Antwortschreiben durchzulesen.« Sie beruhigte sich. »Aber daß er darauf bestanden hat, daß Hamilton Sie begleitet, hat mich überrascht. Es hörte sich an, als wäre er wirklich besorgt um Sie.«
»Das ist er«, erklärte Tweed. »Und er wird einige Zeit brauchen, um sich auf den Stil des neuen Premierministers einzustellen.«
»Und wie stellen Sie sich in Frankreich auf de Forge ein?«
»Ich erzähle es Ihnen ...«

Tweed verschränkte die Hände hinter dem Rücken, nachdem er auf die Uhr gesehen hatte, und schaute zur Decke empor.
»In meinem provisorischen Büro im Innenministerium in Paris habe ich ein Foto von de Forge, das Lasalle mir gegeben hat, an die Wand geheftet, so, daß ich es von meinem Schreibtisch aus sehen kann. Ich studiere meinen Feind, versuche, mich in seine Lage zu versetzen.«

»Ich habe gelesen, daß General Montgomery das auch getan hat – in seinem Stabswagen hat er ein Bild von Rommel an die Wand geheftet. Auf diese Weise wollte *er* in die Denkweise seines Gegners eindringen.«

»Das ist eine Überdramatisierung dessen, was ich tue. Vielleicht gibt es da eine Ähnlichkeit – ich weiß es nicht. Aber kommen wir zur Sache. Ich bin überzeugt, daß de Forge alle Vorbereitungen getroffen hat für einen *coup d'état,* mit dem er sich zum Präsidenten von Frankreich machen will. All diese Unruhen, die absurde – aber überaus effektive – Verwendung von Männern in Ku-Klux-Klan-Kostümierung. Ich habe keinen Zweifel daran, daß er nur noch eine einzige Entwicklung abwartet, bevor er zur Tat schreitet.«

»Und das ist?«

»Das Eintreffen weiterer Geldmittel und ganz spezieller Waffensysteme von Lord Dawlish, dem Rüstungskönig. Mit anderen Worten, das Einlaufen der *Steel Vulture* in Arcachon. Brand, seine rechte Hand, befindet sich bereits dort.«

»Und wo ist die *Steel Vulture* jetzt? Kann sie nicht gestoppt werden?«

»Antwort Nummer eins. Ich fahre nach Aldeburgh, um Dawlish nervös zu machen. Dann weiter nach Dunwich, wo ich versuchen werde, etwas über das Schiff zu erfahren. Antwort Nummer zwei. Nein, wir können das Schiff nicht stoppen. Wir haben keine Beweise dafür, daß es Waffen transportiert.«

»Sie meinen, General de Forge will einen Krieg führen?«

»Keineswegs«, erwiderte Tweed. »Er wird versuchen, Paris und die gegenwärtige Regierung in die Knie zu zwingen, indem er mit einer nicht zu überwältigenden Streitmacht droht. Ich bin sicher, daß es Gerüchte geben wird, wonach seine Truppen mit Nervengas ausgerüstet sind.«

»Und was tun Sie, um ihn aufzuhalten?«

»Zweierlei zur gleichen Zeit. Ich verunsichere ihn, indem ich Taktiken der psychologischen Kriegführung anwende, die Verzögerungen zur Folge haben. Ziemlich ungewöhnliche Taktiken. Und zweitens gilt es, Beweismaterial zu beschaffen, das ihn in Mißkredit bringt, bevor er zuschlagen kann.«

»Die Lage ist also ernst.«

»Es ist die schlimmste Bedrohung der Stabilität Westeuropas seit dem Fall der Berliner Mauer. Ein Militärdiktator in Paris wäre eine Gefahr für ganz Europa. Aber jetzt muß ich los. Ich habe nicht mehr viel Zeit, um nach Aldeburgh und Dunwich zu fahren und wieder zurück, wenn ich die letzte Maschine nach Paris erreichen will.«

Als er aufstand, brachte ihm Monica von ihrem Schreibtisch ein Exemplar der *Daily Mail.* Sie legte es vor ihm hin und deutete auf die Schlagzeile und den Leitartikel.

MANTEAU – ›DAS CAPE‹ – MEISTERKILLER.

Tweed warf einen Blick auf die Geschichte, die inzwischen über den Kanal vorgedrungen war. Auf *Manteaus* Konto wurde die Erschießung des Präfekten von Paris »gutgeschrieben«, die Ermordung des Präsidenten und des Premierministers durch das Attentat auf den TGV und außerdem die Ermordung einer Engländerin, Jean Burgoyne.

In jedem Fall, hieß es in dem Artikel weiter, hatte der Killer sein Markenzeichen, ein Cape, zurückgelassen. Im Falle des Präfekten von Paris war das Cape in einer Mülltonne in der Nähe des Tatorts gefunden worden. Als der TGV in den Abgrund gestürzt war, hatten DST-Leute ein weiteres Cape in einem nahegelegenen Dorf gefunden. Und jetzt, nach dem Mord an Jean Burgoyne, hatte die DST in einem einsamen Bootshaus in der Nähe von Arcachon gleichfalls ein weggeworfenes Cape entdeckt.

»Dieser *Manteau* ist ein überaus gefährlicher Mann«, bemerkte Monica.

»Und mysteriös«, pflichtete Tweed ihr ungeduldig bei. »Hamilton wartet mit dem Wagen?«

»Ja. Seien Sie vorsichtig. Es könnte sein, daß sich Kalmar noch in der Umgebung von Aldeburgh aufhält.«

»Oder meinen Sie *Manteau*?« fragte Tweed und verließ das Zimmer.

Fred Hamilton saß am Steuer des Ford Escort, aber Tweed erklärte, er wollte selbst fahren, und Hamilton rutschte auf den Beifahrersitz. Er war achtundzwanzig Jahre alt, glatt rasiert, hatte kurzgeschnittenes braunes Haar und eine Adlernase. Während sie durch den Londoner Verkehr fuhren, saß er steif aufgerichtet da und schaute sich ständig um, weil er feststellen wollte, ob jemand ihnen folgte. Sie waren bereits ein gutes Stück aus London heraus und fuhren durch Essex, als Tweed nach einem Blick auf Hamiltons Trenchcoat seine Frage stellte.

»Sie haben doch eine Waffe bei sich, oder?«

»Eine automatische .455 Colt-Pistole. Mit einem Magazin für sieben Schuß. Und Reservemagazine.«

»Ich glaube nicht, daß Sie die brauchen werden.«

»Mr. Howard hat darauf bestanden. Und, mit allem Respekt, Sir, gerade dann, wenn man nicht damit rechnet, daß man eine Waffe brauchen wird, kann sie einem das Leben retten.«

»Sie brauchen mich nicht ›Sir‹ zu nennen. Tweed genügt.«

Er fuhr durch Suffolk, so schnell es die Geschwindigkeitsbegrenzung erlaubte, an Aldeburgh vorbei, und wurde erst langsamer, als er die nach Grenville Grange führende Landstraße erreicht hatte. Die Alde lag wie eine stille Lagune unterhalb von ihnen. Er wollte gerade nach Iken abbiegen, als ein auf dem grasbewachsenen Bankett stehender Volvo startete und hupend hinter ihnen herkam.

Hamilton schob die Hand in den Trenchcoat. Tweed warf einen Blick in den Außenspiegel, schüttelte den Kopf, fluchte innerlich, fuhr an den Straßenrand und hielt an.

»Ich kenne diese Leute. Sie gehören zum Yard«, warnte er Hamilton.

Es waren natürlich Chefinspektor Buchanan und Sergeant Warden. Tweed schaute geradeaus, als Buchanan ausstieg und neben sein Fenster trat.

»Die Welt ist klein, Tweed«, sagte er, und seine grauen Augen musterten Hamilton. »Wir machen gerade eine kleine Pause, bevor wir zu Lord Dawlish fahren, um ihm ein paar Fragen zu stellen.«

»Die Absicht hatte ich auch«, entgegnete Tweed steif.

»Warum fahren wir dann nicht zusammen hin? Unter welcher Flagge segeln Sie diesmal?«

»Sonderdezernat.«

»Gemeinsam könnten wir vielleicht noch mehr Druck auf Seine Lordschaft ausüben. Ich bin sicher, daß Sie nichts dagegen einzuwenden haben...«

Es war ein nasser, grauer Tag. In Grenville Grange schaute Lord Dawlish aus dem Fenster über den Rasen hinunter zum Bootsanleger. Über den Rasen, auf dem er – und das schien hundert Jahre her zu sein – eine Schießparty abgehalten hatte. Seine Jacht, die *Wavecrest V*, war am Anleger festgemacht und lag unbewegt im stillen Wasser. Regen schlug gegen die Fensterscheiben, ließ das Wasser der Alde anschwellen.

Dawlish kochte vor Wut. Er war vor kurzem von der *Steel Vulture* zurückgekehrt, die immer noch vor Dunwich lag, und er hätte Santos, den Kapitän, erwürgen können. Kaum auf der Brücke angekommen, hatte er die entscheidende Frage gestellt.

»Wann können wir auslaufen? Ich verlange eine eindeutige Antwort.«

»Das Laden« – Santos hatte die Hände ausgestreckt – »ist noch im Gange.«

»Verdammt, Mann, ich will wissen, wie lange es noch dauert.«

»Señor, es ist eine sehr gefährliche Fracht, die wir laden. Und eine sehr große – die bisher größte. Sie wollen doch bestimmt nicht, daß wir irgendwelche Risiken eingehen, bei denen das Schiff beschädigt werden könnte.«

»Mich interessieren nur die Ergebnisse. Die Bedingungen sind ideal. Eine

ruhige See – und die Wettervorhersage für die Biskaya ist gut. Glauben Sie etwa, das wird ewig so bleiben?«
»Mir geht es in erster Linie um die Sicherheit Ihres Schiffes, Señor ...«
»Es ist kein Kreuzfahrtschiff. Natürlich liegt auch mir an seiner Sicherheit.« Dawlish schwenkte einen dicken Zeigefinger unter Santos' Nase. »Aber wir sind schon jetzt erheblich hinter unserem Zeitplan zurück. Setzen Sie mehr Leute ein!«
»Alle verfügbaren Taucher arbeiten rund um die Uhr. Ist das richtig – rund um ...?«
»Ob Sie sich richtig ausdrücken oder nicht, kümmert mich einen feuchten Dreck«, hatte Dawlish gewütet. »Wann können wir auslaufen?«
»Morgen abend sind wir fertig. Sie werden sehen ...«
»Ich verlasse mich darauf. Und wenn nicht, geht es Ihnen an den Kragen.«
Er hatte noch zweierlei getan, bevor er das Schiff wieder verließ. Zuerst war er in seine Kabine gestürmt und hatte eine Nachricht verschlüsselt. Sie war vorsichtig formuliert.
Erwartete Fracht wird binnen zweiundsiebzig Stunden am vereinbarten Bestimmungsort eintreffen. Voraussichtliche Ankunftszeit wird noch mitgeteilt. Oiseau.
Nachdem er im Funkraum gewesen war, begab er sich auf das Deck hinter der Brücke. Auf der Landeplattform stand das Spezialflugzeug, das sowohl auf dem Land als auch auf dem Wasser niedergehen konnte.
»Ich möchte sehen, wie Sie starten und wieder auf dem Schiff landen«, hatte er dem Piloten befohlen.
Die Triebwerke der Maschine, einer abgewandelten Miniaturversion des Harrier Jump Jet, kamen auf Touren. Er beobachtete, wie der Pilot mit ihr senkrecht aufstieg, über dem Schiff verharrte und dann präzise wieder auf dem Landeplatz aufsetzte. Zumindest in dieser Hinsicht zufriedengestellt, war er nach Grenville Grange zurückgekehrt, nur um dort die Nachricht vorzufinden, daß Chefinspektor Buchanan von der Mordkommission ihn im Laufe des Vormittags aufsuchen würde.
»Was zum Teufel kann dieser Plattfuß wollen?« fragte er sich, während er über den Rasen hinausschaute.
Dawlish hatte sich eingeredet, die Untersuchung des Mordes an Karin Rosewater wäre eingestellt worden. Jemand klopfte nervös an die Tür. Dawlish, aus seinen Gedanken gerissen, forderte den Eindringling unwirsch zum Eintreten auf. Ein Diener erschien.
»Ein Chefinspektor Buchanan und ein Sergeant Warden sind da. Sie sagen, sie wären angemeldet.«

Dawlish befahl ihm, zu bleiben, wo er war. Er öffnete die Hausbar und goß sich einen großen Whisky ein. Er kippte den Drink mit zwei großen Schlucken hinunter, leckte sich die dicken Lippen, schloß die Bar. »Lassen Sie die Leute hereinkommen.«

Beim Betreten des Zimmers stellte Buchanan fest, daß Dawlish Reitkleidung trug und sogar einen Bowler aufhatte, was jetzt, Ende November, ziemlich bizarr wirkte. Er stand mit dem Rücken zu einem großen, aus Ziegelsteinen aufgemauerten Kamin, in dem ein Feuer brannte. In der Hand hielt er eine Reitgerte. Er benutzte sie zum Gestikulieren.
»Bitte nehmen Sie dort Platz.«
Buchanan lächelte innerlich, während er sich auf der Couch niederließ, auf die das Licht vom Fenster fiel; Warden setzte sich widerstrebend neben ihn. Ein alter Trick: bleibe selbst im Schatten und postiere deine Besucher so, daß ihre Gesichter im Licht sind.
Dawlish runzelte die Stirn, als ein dritter Mann eintrat, stehenblieb und sich im Zimmer umsah. Er schien jedes einzelne Möbelstück zu inspizieren – alles, bis auf den Eigentümer.
»Wer zum Teufel sind Sie?« fuhr Dawlish ihn an. »Mir wurde gesagt, daß zwei Herren vom Yard kommen würden.«
»Sonderdezernat.«
Tweed hielt einen Ausweis hoch, den die Experten im Keller des Hauses am Park Crescent gefälscht hatten. Dann ließ er sich viel Zeit damit, die Karte wieder in seine Brieftasche zu stecken.
»Da liegt offenbar ein Mißverständnis vor. Trotzdem muß ich Ihnen nachher noch ein paar Fragen stellen. Aber zuerst ist Chefinspektor Buchanan an der Reihe.«
»Ich verstehe überhaupt nichts mehr. Setzen Sie sich. Dorthin.«
Die Gerte deutete auf die große Couch, auf der noch Platz war für einen dritten Besucher. Tweed ignorierte die Anweisung, ging statt dessen zu einem Stuhl, der an derselben Wand stand, an der sich auch der Kamin befand, und ließ sich darauf nieder. Damit befand er sich seitlich von Dawlish, der den Kopf drehen mußte, um ihn im Auge zu behalten. Buchanan lächelte abermals innerlich; er erriet den Grund für Tweeds Manöver.
»Ich ziehe einen Stuhl vor«, erklärte Tweed gelassen. »Und jetzt überlasse ich dem Chefinspektor das Feld.«
»Der mir noch keinen Ausweis gezeigt hat«, knurrte Dawlish.
Buchanan erkannte seine Chance. Er stand auf, wanderte hinüber zu Daw-

lish, zeigte ihm seinen Ausweis. Dann blieb er, wo er war, und stützte einen Ellenbogen auf den Kaminsims. Er war etliche Zentimeter größer als der Gastgeber. Dann zog er ein Foto aus der Tasche.
»Kennen Sie diese Frau?«
»Nein.«
»Also, Lord Dawlish, das Foto ist ein wenig verschwommen, und Sie haben nicht einmal einen Blick darauf geworfen. Also – kennen Sie die Frau?«
»Wer ist das?« fragte Dawlish, jetzt das Foto betrachtend.
»Das sollen Sie mir sagen. Es scheint Ihnen schwerzufallen, meine Frage zu beantworten. Kommt sie Ihnen bekannt vor?«
»Ich habe sie noch nie gesehen. Um was geht es überhaupt?«
Dawlish gab Buchanan das Foto zurück und warf einen Blick auf Tweed, der mit geschlossenen Knien und im Schoß gefalteten Händen dasaß und Dawlish beobachtete. Seine Lordschaft schien nicht recht zu wissen, ob er sich von den beiden ihn flankierenden Männern fortbewegen sollte. Er warf die Gerte auf einen Tisch, anschließend auch den Bowler, und schob die großen Hände in die Taschen seiner Reithose.
»Es geht«, informierte Buchanan ihn gelassen, »um den brutalen Mord an Karin Rosewater auf der Marsch in der Nähe von Aldeburgh. Gar nicht weit von hier.«
»Und weshalb kommen Sie zu mir?«
»Weil Paula Grey, eine Zeugin des Mordes, zumindest fünf kräftig gebaute Männer mit Sturmhauben und Gewehren gesehen hat, die hinter ihnen her waren, nachdem sie den beiden Frauen in einem Schlauchboot von Dunwich aus gefolgt waren. Soweit ich informiert bin, haben Sie Taucher an Bord der *Steel Vulture,* Lord Dawlish«, setzte Buchanan im Plauderton hinzu.
»Das ist eines meiner philanthropischen Projekte – ich lasse das versunkene Dorf, das vor Jahren von der See verschlungen wurde, von Tauchern erkunden.«
»Sie geben also zu, daß Sie Taucher angestellt haben.« Buchanan ließ es klingen wie eine Anschuldigung. »Und ich habe die Aufgabe, die Angehörigen der Mörderbande zu identifizieren, die hinter den beiden Frauen her waren und von denen die eine brutal erwürgt wurde.«
»Ich begreife immer noch nicht, weshalb Sie mich belästigen.«
Dawlishs Ton war aggressiv geworden. Er sah ostentativ auf seine Rolex.
»Weil«, fuhr Buchanan auf die gleiche, gelassene Art fort, »es mir schwerfällt, die Männer ausfindig zu machen, aus denen diese Bande bestanden hat. Sie überprüfen die Vergangenheit Ihrer Leute, bevor Sie sie einstellen?«

»Ganz genau.« Dawlish fühlte sich von Tweeds Blick irritiert, wendete sich ihm zu. »Und was wollen Sie wissen?«
»Von Ihren *philanthropischen* Projekten einmal abgesehen, haben Sie Ihr Vermögen in der Rüstungsindustrie gemacht. Sie liefern Waffen nach Frankreich?«
»Frankreich hat seine eigene Rüstungsindustrie«, bellte Dawlish.
»Sie haben meine Frage nicht beantwortet. Läuft Ihr Schiff, die *Steel Vulture*, auch französische Häfen an?«
Dawlish holte zum Schlag gegen Tweed aus. »Jetzt reicht es mir aber. Ein Mann mit meinen Interessen – bei denen es sich, nebenbei bemerkt, in erster Linie um Supermärkte handelt – braucht gelegentlich auch einmal ein bißchen Entspannung. Das mag Sie überraschen«, erklärte er sarkastisch. »Aber ich kreuze mit der *Vulture* auf der ganzen Welt herum.«
»Also ein Schiff mit einer Doppelfunktion«, bemerkte Tweed.
Dawlish erstarrte. Seine harten schwarzen Augen musterten Tweed. Wenn Blicke töten könnten, wäre Tweed tot umgefallen.
»Was zum Teufel wollen Sie damit sagen?« fragte er.
»Habe ich einen wunden Punkt getroffen?« erkundigte sich Tweed unschuldig. »Ich bezog mich auf die Tatsache, daß die *Vulture* bei der Erkundung Ihres versunkenen Dorfes eingesetzt wird. Und außerdem für Vergnügungsfahrten in fremde Gewässer.«
Buchanan mischte sich wieder ins Gespräch, gab Dawlish seine Karte.
»Veranlassen Sie bitte, daß eine vollständige Liste sämtlicher Taucher an die Adresse auf meiner Karte geschickt wird. Natürlich könnte ich ihre Vergangenheit auch auf anderem Wege überprüfen. Ich danke Ihnen dafür, daß Sie uns Ihre wertvolle Zeit geopfert haben, Lord Dawlish. Ich glaube, das war alles. Jedenfalls fürs erste. Tweed?«
Tweed nickte nur, stand auf und folgte Buchanan und Warden. Sie waren gerade im Begriff, das Zimmer zu verlassen, als sich Tweed noch einmal umdrehte und an Dawlish wendete.
»Ich habe gehört, daß Brand normalerweise immer in Ihrer Nähe ist. Eine Art siamesischer Zwilling. Macht er Urlaub im Ausland?«
Dawlish richtete einen dicken Finger wie eine Waffe auf Tweed.
»Die Haustür ist hinter Ihnen.«

Siebenundvierzigstes Kapitel

Dawlish stürmte die breite Treppe hinauf und in ein an der Vorderfront liegendes Schlafzimmer. Von dort aus beobachtete er, wie die beiden Wagen abfuhren – der Volvo als erster –, bis sie um eine Biegung der Auffahrt herum verschwunden waren. Dann kehrte er langsamer in sein Arbeitszimmer zurück, öffnete seine Bar und goß sich einen großen Scotch ein.

Er ließ sich auf einem Sessel nieder, trank die Hälfte des Scotch und stellte dann das Glas auf einen Tisch. Der arrogante Chefinspektor vom Yard war ihm völlig gleichgültig. Es war dieser rätselhafte Eindringling vom Sonderdezernat, der ihn aus der Fassung gebracht hatte.

Erstens seine Anspielung auf Frankreich und französische Häfen. Zweitens die Verwendung des Wortes »Doppelfunktion« in bezug auf die *Steel Vulture*. Und drittens diese letzte Frage nach Brand. Die Art, auf die der Mann ihn, Dawlish, gemustert hatte, als er den Namen erwähnte.

»Möge er in der Hölle schmoren«, sagte Dawlish laut und schüttete den Rest seines Scotch in einem Schluck hinunter.

Tweed folgte Buchanans Volvo, bis sie die A 12 erreicht hatten. Hier bog Buchanan südwärts nach London ab. Tweed dagegen bog nach rechts ab, nordwärts in Richtung Dunwich.

»Zufriedenstellend, Sir?« fragte Hamilton, als sie etliche Meilen zurückgelegt hatten.

»Ich denke schon.«

Mehr sagte Tweed nicht. Er konzentrierte sich darauf, mit der erlaubten Höchstgeschwindigkeit zu fahren; auf der Straße herrschte verhältnismäßig wenig Verkehr. Doch als er auf die Landstraße nach Dunwich abgebogen war, mußte er notgedrungen langsamer fahren. An der Küste angekommen, lenkte er seinen Escort auf den Parkplatz neben dem Ship Inn.

Tweed stieg aus und setzte eine Jagdmütze auf, die im Fond des Wagens gelegen hatte. Außerdem hängte er sich ein Fernglas um den Hals. Jetzt sah er aus wie ein Mann auf Urlaub, allem Anschein nach ein Vogelbeobachter. Er warf einen Blick auf Hamilton.

»Versuchen Sie, ein bißchen gelöster auszusehen. Wir sind Touristen.«

Hamiltons widerstrebende Konzession an Tweeds Aufforderung bestand darin, beide Hände in die Taschen seines Trenchcoats zu schieben. Er hatte die rechte Hand gern frei, um notfalls seine Pistole ziehen zu können. Tweed ging voraus. Am Rande des Parkplatzes wendete er sich nach rechts

und ging einen steilen, gewundenen Pfad hinauf. *Cliff Path* stand auf einem Wegweiser.
»Waren Sie schon einmal hier, Sir?« erkundigte sich Hamilton.
»Vor langer Zeit. Dies ist einer der Orte, die sich nie verändern.«
Tweed eilte den unwegsamen Pfad hinauf und erreichte ein grasbewachsenes Plateau am oberen Ende der Klippe. Dort stand eine Holzbank, die nur darauf zu warten schien, daß sich jemand auf ihr niederließ. Von hier aus hatte man einen ungehinderten Blick auf die stille, graue See. Was er sehen wollte, sah Tweed auch ohne sein Fernglas; dennoch hob er es vor die Augen und stellte es scharf ein.
Er sah die *Steel Vulture*, die Paula ihm beschrieben hatte, klar und deutlich; sie lag ungefähr eine halbe Meile entfernt vor Anker. Tweed suchte das Schiff mit seinem Glas ab. An einer dicht über dem Wasser hängenden Plattform hatte ein Leichter festgemacht – vermutlich wurde mit ihm Proviant an Bord gebracht. An dem Leichter war ein großes Schlauchboot mit Außenbordmotor vertäut. War es das Schlauchboot, in dem die Männer mit den Sturmhauben gesessen hatten, die Karin und Paula so kaltblütig verfolgten? Er hielt das Glas noch näher an die Augen, stellte es so scharf wie möglich ein.
Hinter der Brücke stand ein merkwürdiges Flugzeug. Davon hatte ihm bisher noch niemand berichtet. Also war Dawlish, wenn er einmal an Bord war, überaus beweglich. Tweed sah, wie mehrere Männer das Schlauchboot bestiegen, offenbar in der Absicht, an Land zu kommen.
»Wir sollten schnell von hier verschwinden.«
Er hatte die kurze Anweisung kaum ausgesprochen, als er auch schon den gewundenen Pfad hinuntereilte, der zurück nach Dunwich führte. Hamilton hatte Mühe, mit ihm Schritt zu halten. Als Hamilton sich auf dem Beifahrersitz niederließ, hatte Tweed bereits den Motor angelassen. Nach einem letzten Blick über die zum Strand hin abfallenden Felder auf die vor Anker liegende *Steel Vulture* fuhr Tweed los.
Er befand sich wieder auf der A 12, als er plötzlich auf die Bremse trat, den Wagen auf ein breites Grasbankett lenkte und mit laufendem Motor anhielt. Dann saß er da wie ein Mann in Trance; seine Hände lagen völlig still auf dem Lenkrad. Hamilton sah ihn an, bemerkte seinen entrückten Blick und hielt den Mund.
Butler hatte Hamilton einmal darauf hingewiesen, daß er, falls er sich in Tweeds Gesellschaft befinden sollte, wenn so etwas passierte, ihn keinesfalls stören dürfte. Es bedeutete, daß ihm etwas überaus Wichtiges klargeworden war.

Zweigleisig.
Das war das Wort, das der Premierminister bei der Unterredung mit Howard gebraucht hatte. Zwei verschiedene Einheiten auf dem Schlachtfeld – und Tweed war nicht mitgeteilt worden, welches die andere Einheit war. Damit hatte Tweed die Bestätigung, daß er mit seiner Vermutung über die Identität des Mörders Kalmar recht gehabt hatte.
Er setzte die Fahrt nach London mit Höchstgeschwindigkeit fort.

»Haben Sie etwas zu essen gehabt?« fragte Monica, sobald Tweed sein Büro betreten hatte. »Das dachte ich mir«, sagte sie, als er den Kopf schüttelte. »Auf Ihrem Schreibtisch sind Schinken-Sandwiches und eine Kanne mit frischem Kaffee.«
»Danke. Sehr fürsorglich von Ihnen.«
Tweed setzte sich an seinen Schreibtisch und sah auf die Uhr. Ihm blieb noch eine halbe Stunde, bevor er losfahren mußte, um seine Maschine nach Paris zu erreichen. Er wickelte die Folie ab, biß in ein Schinken-Sandwich und stellte fest, daß er überaus hungrig war. Monica kam herüber und schenkte ihm Kaffee ein.
»Sie bleiben in Paris, bis alles vorbei ist – so oder so?« fragte sie.
»Nein. Zuerst fliege ich nach Paris, ja. Dann weiter nach Süden, um in diesem kritischen Moment in Arcachon zu sein.«
»Porton Down hat noch einmal angerufen«, informierte sie ihn. »Sie haben unter all dem Müll einen Behälter gefunden. Inzwischen ist ihr Spezialist aus dem Urlaub zurückgekommen. Er hat gesagt, in dem Behälter befänden sich Reste von Nervengas. Aus Dawlishs Fabrik in der Nähe von Orford.«
»Was meine Reise nach Arcachon umso wichtiger macht.«
»Ist das nicht sehr gefährlich?« fragte Monica besorgt.
Tweed verschlang ein weiteres Sandwich. »Vermutlich. Aber mein Team ist in der Gefahrenzone. Ich muß bei meinen Leuten sein.«
»Sie wissen etwas, das Sie mir nicht sagen«, warf sie ihm vor.
»Wenn es so ist, dann habe ich auch sonst niemandem etwas davon gesagt. Sie brauchen sich nicht ausgeschlossen zu fühlen.«
»General de Forge ist im Begriff loszuschlagen, nicht wahr?«
»Innerhalb der nächsten zwei oder drei Tage. Er wartet nur noch auf ein weiteres Ereignis. Und ich möchte an Ort und Stelle sein, wenn dieses Ereignis eintritt.«
Das Telefon läutete. Ärgerlich eilte Monica zu ihrem Schreibtisch, nahm den Hörer ab, hörte zu, sagte, sie würde nachsehen, ob er sich noch im Hause befände.

»Chefinspektor Buchanan ...«
»Hier Tweed.«
»Ich habe den Eindruck, wir waren ein gutes Team. Ich entdeckte Anzeichen von Bestürzung bei Seiner Lordschaft. Ich spüre diesen Tauchern nach.«
»Gute Idee. Eine noch bessere wäre es, sämtliche Hotelregister in Aldeburgh für den Abend von Karin Rosewaters Ermordung zu überprüfen. Konzentrieren Sie sich auf die Namen der Leute, die in diese Sache verwikkelt sind. Das sollte Sie zu dem Mörder hinführen. Und jetzt muß ich leider Schluß machen ...«

Dritter Teil

Feuerkreuz

Achtundvierzigstes Kapitel

»Unternehmen Marengo – die Eroberung von Paris – hat begonnen.«
General Charles de Forge hatte seinen Entschluß mitten in der Nacht gefaßt. Jetzt studierte er eine Karte Frankreichs in großem Maßstab, die er auf seinem Schreibtisch ausgebreitet hatte. Neben ihm stand Major Lamy.
»Die Vorhut der Ersten Panzerdivision nähert sich Angoulême«, berichtete Lamy. »Sie rückt im Schutz der Dunkelheit so schnell wie möglich vor. Motorradpatrouillen haben die Außenbezirke der Stadt bereits erreicht. Morgen nacht rückt dann die Division weiter vor. Sie wird Paris umgehen und von Norden her in die Stadt eindringen. Genau nach Plan.«
»Nein!« widersprach de Forge. »Das ist der offizielle Plan. Wir haben einen Spion unter uns, der entlarvt werden muß.« Er warf einen Blick auf Lamy. »Von Angoulême aus wendet sich die Division, gefolgt von beträchtlicher Verstärkung, nach Nordosten, über Argenton nach Chateauroux – und dann weiter auf der N 20.«
»Der Plan wurde geändert?« fragte Lamy überrascht.
»Nein! Der Plan, den ich ausgegeben habe, ist eine Finte. Wenn Gerüchte über unser Vorrücken in Paris laut werden, dann wird man dort glauben, wir hielten uns westlich von Paris, um von Norden her in die Stadt eindringen zu können.«
»Und der tatsächliche Plan?«
»Wurde in Form einer versiegelten Order an alle Kommandeure gegeben – einer Order, die erst geöffnet und in die Tat umgesetzt werden darf, wenn sie ein Signal von mir persönlich erhalten. Ich habe das Signal gegeben.«
»Soll ich jetzt Austerlitz in Paris in Gang setzen?«
»Noch nicht. Aber Sie können etwas tun, Major. Sie können mit Kalmar Verbindung aufnehmen und ihm sagen, daß er seinen Job erledigen soll. Paula Grey. Sie ist bestimmt eine Spionin. Das war's.«
»Aber Kalmar dringt auf Bezahlung – er will unbedingt Geld sehen.«
»Dann bezahlen Sie ihn.« De Forges Stimme war seidenweich. »Ich bin sicher, daß Sie über die erforderlichen Mittel verfügen können.«
Lamy verließ seinen Chef, und in seinem Kopf überschlugen sich die

Gedanken. De Forge hatte seinem Nachrichtenoffizier den wirklichen Plan für das Unternehmen Marengo verheimlicht. Und es kam höchst selten vor, daß er seinen Untergebenen mit seinem Rang anredete anstatt mit seinem Namen. De Forge distanzierte sich.
In seinem Büro fuhr de Forge mit dem Studium der detaillierten Karte fort. Der versiegelte Plan wies seine Kommandanten an, auf der N 20 nach Norden vorzurücken – also auf dem kürzesten und direktesten Weg nach Paris. Das war die Strategie, die Navarre von einem für seine Ausweichmanöver bekannten General am allerwenigsten erwarten würde. Er würde in Paris sein, bevor die Regierung in ihren Betten aufgewacht war.
Und Austerlitz, das Infiltrierungs-Unternehmen, würde die Regierung in Panik stürzen. Kommandotrupps würden alle Schlüsselstellungen der Macht erobern – und zwar nur wenige Stunden bevor de Forges Vorauseinheiten in Paris einrückten.

Paula saß am Steuer auf der Fahrt in die Landes. Sie waren schon weit südlich von Bordeaux, als in einer einsamen, menschenleeren Landschaft die Katastrophe eintrat. Bei einer Tankstelle hatten sie den Wagen gegen einen wesentlich geräumigeren Renault Espace eingetauscht und ihr bisheriges Fahrzeug und einen beträchtlichen Geldbetrag als Sicherheit hinterlegt.
Butler saß neben ihr und dirigierte sie. Unmittelbar hinter ihnen saßen Nield und Stahl, und Newman lag fest schlafend auf dem Rücksitz. Vor einem verlassenen Gehöft mit einer großen Scheune streikte der Wagen.
Paula betätigte wiederholt die Zündung und gab Gas. Es nützte nichts – der Motor sprang nicht an. Butler stieg aus, um ihn zu inspizieren, und Stahl folgte ihm.
»Mit diesem Motor kenne ich mich nicht aus«, bemerkte Butler.
»Großartig«, sagte Paula, die gleichfalls ausgestiegen war.
»Aber ich«, erklärte Stahl eifrig. »Ich habe lange in Frankreich gelebt und einen dieser Wagen gefahren. Lassen Sie mich einmal nachsehen...«
Sie warteten eine halbe Stunde, während Stahl den Motor überprüfte. Paula sah sich ständig um; ihr war klar, wie exponiert sie auf dieser einsamen Landstraße waren. Stahl war offenbar der gleichen Ansicht.
Als die halbe Stunde um war, hob er die Hand und bedeutete ihnen damit, daß sie bleiben sollten, wo sie waren. Er ging den kurzen Weg entlang, der zu dem Bauernhaus führte, dessen Dach eingesackt war; wo die Ziegeln abgerutscht waren, lagen die Dachsparren bloß.
Die Scheune war offensichtlich stabiler gebaut. Das Dach war heil, und das

große Tor hing an festen Angeln. Stahl öffnete es, untersuchte kurz das Innere der Scheune, dann kam er zurück auf die Straße.
»Wir müssen den Espace in die Scheune schieben, damit ich den Motor reparieren kann. Paula, setzen Sie sich ans Steuer. Alle anderen steigen aus.«
»Weshalb?« fragte Paula.
»Weil«, erklärte Stahl geduldig, »die Reparatur des Motors ein paar Stunden dauern wird. Ich muß ihn auseinandernehmen und dann wieder zusammensetzen. Wir sind übers Ohr gehauen worden.«
»Sind Sie sicher, daß Sie ihn wieder in Gang bringen?«
»Völlig sicher. Aber ich brauche Zeit. Und wir befinden uns hier in einer sehr exponierten Position. Wir haben vorhin schon in einiger Entfernung Panzer gesehen. Also bitte! Alle schieben!«
Nield stand bereits neben Butler, aber Newman bekam von alledem nichts mit. Er schlief tief und fest. Paula setzte sich ans Steuer, während Stahl, Butler und Nield den Wagen über den ebenen Weg in die große, leere Scheune schoben, auf deren Boden eine dicke Strohschicht lag. Die Fenster an den drei Seiten waren mit einer dicken Schmutzschicht bedeckt. Im Hintergrund führte eine Leiter auf einen Heuboden mit einem ebenso schmutzigen Oberlicht. Stahl schloß die eine Hälfte des Tores, Butler die andere. Stahl machte sich an die Arbeit; Nield leuchtete ihm mit einer Taschenlampe.
»Glauben Sie wirklich, daß Sie es schaffen?« fragte Paula noch einmal.
Stahl grinste. »Bevor ich meinen gegenwärtigen Job übernahm, war ich Mechaniker. Aber bitte erwarten Sie keine raschen Ergebnisse ...«
Während dieser ganzen Aktivitäten hatte sich Newman nicht gerührt, geschweige denn ein Auge aufgemacht. Er schlief tief und fest. Um die Mittagszeit holte Paula den Koffer mit in Folie eingewickelten belegten Broten und zwei Thermosflaschen mit Kaffee aus dem Wagen. Als sie kurz vor ihrer Abfahrt aus Arcachon Isabelle besucht hatten, hatte diese gefragt, zu wie vielen sie wären und wie lange sie fortbleiben wollten.
»Vier Leute«, hatte sie gelogen, Stahl auslassend. »Und zwei oder drei Tage«, log sie weiter.
»Dann braucht ihr Proviant für unterwegs.«
Isabelle hatte in aller Eile Brote zurechtgemacht, während Paula den Kaffee zubereitete. Die Verzögerung hatte sie geärgert, doch jetzt war sie froh über Isabelles Voraussicht. Sie wickelte Brote aus ihrer Alufolie und schenkte Kaffee ein, den sie reihum aus dem Deckel der Thermosflasche tranken. Newman schlief weiter.
Während Nield die Taschenlampe hielt, die Paula ihm gegeben hatte,

arbeitete Stahl. Seine Hände und Arme waren mit Öl verschmiert. Die Hälfte des Motors schien auf dem Boden zu liegen, und Paula fragte sich, ob er ihn je wieder zusammenbringen würde. Der Alarm kam am frühen Nachmittag.

Butler hatte es sich zur Aufgabe gemacht, an den Fenstern Wache zu halten, wobei er der Versuchung widerstand, ein Guckloch in die Schmutzschicht zu wischen. Zwischendurch stieg er immer wieder die Leiter hoch und ließ den Blick durch das Oberlicht über die Landschaft schweifen. Jetzt befand er sich auf dem Heuboden. Paula wanderte unruhig über das knirschende Stroh und versuchte, den aufsteigenden Staub zu ignorieren, als Stahl den Schraubenzieher schwenkte, den er im Werkzeugkasten des Wagens gefunden hatte.

»Alles okay. Er wird beim ersten Versuch anspringen. Das verspreche ich Ihnen...«

»Probleme. Große Probleme. Und sie kommen schnell auf uns zu.«

Es war Butler, der den Deutschen unterbrach. Paula erstarrte, als Butler eiligst die Leiter herunterkam. Eine kurze Sekunde lang hatte sie Stahl geglaubt; er war sich seiner Sache so sicher gewesen. Jetzt war ihre Hoffnung, daß sie diese muffige Scheune schnell verlassen konnten, zunichte. Normalerweise bewahrte Butler in jeder Lage die Ruhe, aber seine Warnung hatte überaus eindringlich geklungen. Sie warf einen Blick auf Newman. Er schlief immer noch fest.

»Was ist, Harry?« fragte sie.

»Sehen Sie selbst. Durch dieses Fenster. Panzer. De Forges Panzer. Eine ganze Schwadron...«

Sie trat neben das Fenster und sah hinaus? Butler schaute ihr über die Schulter. Über eine niedrige Kuppe kamen drei große Panzer mit angehobenen Geschützrohren auf sie zu. Sie preßte die Lippen zusammen. So ein verdammtes Pech. Butler ergriff ihren Arm.

»Kommen Sie mit. Von oben sehen Sie mehr.«

Er stieg wieder die Leiter zum Heuboden hinauf, und sie folgte ihm. Dort lagen Massen von Strohballen, alle knochentrocken. Das Scheunendach war offensichtlich noch dicht. Er führte sie an das Oberlicht, dann trat er zurück, damit sie hinausschauen konnte. Von dieser Höhe aus hatte sie eine wesentlich bessere Aussicht – eine Rundumsicht über die flache Landschaft. Felder, so weit das Auge reichte. Keine Bäume. Und eine Menge Panzer, die sich dem Gehöft näherten.

»Sieht nicht gut aus«, bemerkte sie.

»Sie halten Manöver ab.« Es war Stahl, der sprach. Er war ihnen die Leiter

hinauf gefolgt. »Wenigstens sind wir in Deckung. Vielleicht ändern sie die Richtung, bevor sie hier angelangt sind.«
Paulas Bauchmuskeln verkrampften sich, während sie hinausschaute. Hier und dort drifteten Schwaden aus kaltem, grauem Nebel dicht über dem Boden über die Landschaft. Die Panzer bewegten sich durch die Schwaden hindurch und kamen wie auf dem Land lebende Haie auf der Suche nach Beute wieder zum Vorschein. Stahl war, wie immer, für schnelles Handeln.
»Der Espace fährt wieder«, drängte er. »Wir könnten losfahren, zurück nach Norden, wo wir hergekommen sind.«
»Dann werfen Sie einmal einen Blick nach Norden«, empfahl Butler.
Stahl und Paula drehten die Köpfe. Weitere Panzer näherten sich aus dieser Richtung. Die Panzer schienen aus drei Himmelsrichtungen auf das Gehöft zuzusteuern. Aus Westen, Süden und Norden. Nur der Osten war frei. Und die Straße verlief ziemlich genau in nordsüdlicher Richtung.
Butler eilte die Leiter wieder hinunter, gefolgt von den anderen. Er schaute durch das Fenster, durch das er das Bauernhaus sehen konnte. Nur ungefähr zehn Meter trennten die Scheune von dem verfallenen Haus. Als er sich umdrehte, nahm er im Wagen eine Bewegung wahr. Newman war endlich aufgewacht.
Er taumelte heraus, starrte auf seine Füße, unter denen Stroh knirschte, schüttelte den Kopf, als Staub aufstieg. Dann sah er sich verschlafen um, bis sein Blick sich schließlich auf Butler heftete.
»Was zum Teufel ist passiert?« Er sah auf die Uhr. »Es ist schon Nachmittag. Wir sollten längst in den Landes sein.«
Paula goß ihm lauwarmen Kaffee ein. Er trank gierig und hielt ihr den Deckel zum Nachschenken hin, während Butler ihm kurz berichtete, was passiert war und in welcher Lage sie sich befanden. Der Bericht bewirkte, daß Newman sofort hellwach war.
Er reichte Paula den Deckel und eilte die Leiter zum Heuboden hinauf, um sich selbst ein Bild zu machen. Butler und Stahl folgten ihm. Unten stand Nield neben Paula; sie beobachteten die näherkommenden Panzer, die jetzt aussahen wie Leviathane. Mobile Gewalt in ihrer beängstigendsten Form.
»Wir bleiben, wo wir sind«, entschied Newman. »Etwas anderes bleibt uns nicht übrig. Wenn wir versuchen, die Flucht zu ergreifen, dann benutzen sie uns als Zielscheiben.«
»Wenn es dazu kommen sollte, können wir etliche von ihnen mitnehmen. Die Panzerkommandanten sind ziemlich ungeschützt in ihren Türmen«, bemerkte Stahl.
Während er sprach, hatte er die Heckler & Koch-Maschinenpistole aus

seiner Tasche geholt. Seine Arme und Hände hatte er mit Lappen gesäubert, die er im Kofferraum des Espace gefunden hatte.
»Stecken Sie das Ding weg«, fuhr Newman ihn an. »Wir können nur warten und das Beste hoffen.«
»Oder das Schlimmste«, setzte Butler fast unhörbar hinzu.
Paula war ihnen die Leiter hinauf gefolgt. Sie starrte wie hypnotisiert auf die Panzer. Eine Gruppe von dreien der Ungetüme hielt direkt auf sie zu. Plötzlich beschleunigte der Panzer an der Spitze, rumpelte vorwärts. Sie konnte das Mahlen und Klappern seiner Ketten auf dem steinigen Feld deutlich hören.
»Oh, mein Gott!« keuchte sie.
In dem Turm des Panzers stand ein behelmter Sergeant von Anfang Zwanzig, der begeistert die Arme schwenkte. Der Panzer rollte unerbittlich weiter, verlangsamte, als er das Bauernhaus erreicht hatte, rammte eine Wand. Die Wand fiel um, das ganze Haus stürzte ein, und die Ketten rumpelten über die Trümmer hinweg. Der junge Panzerkommandant schwenkte die Hand zur Seite, sprach in sein Mikrofon. Paula hörte den Befehl deutlich.
»Jetzt die Scheune. Macht sie platt...«
Ihr letzter Gedanke war, daß sie von Isabelles Wohnung aus noch kurz Lasalle angerufen und ihm mitgeteilt hatte, daß sie nach Süden fuhren; außerdem hatte sie ihm die Adresse von Isabelles Wohnung und ihre Telefonnummer gegeben. Sie hatte die Gelegenheit für den geflüsterten Anruf genutzt, während Isabelle die Brote zurechtmachte.

Tweed war in den frühen Morgenstunden des Tages, an dem Newman und sein Team Arcachon für ihre Fahrt in die Landes verlassen hatten, ins Innenministerium zurückgekehrt. In Heathrow hatte er wegen einer Bombendrohung stundenlang warten müssen. Als seine Maschine endlich starten konnte, hatte sie fünf Stunden Verspätung.
Lasalle, der gerade aus der Rue de Saussaies gekommen war, wartete in seinem Büro. Er studierte eine Karte, als Tweed eiligst hereinkam und seinen Burberry auszog.
»Navarre«, sagte Tweed sofort. »Wo ist er?«
»In einer Dringlichkeitssitzung des Kabinetts. Ich kann ihn unmöglich herausholen. Weshalb?«
»Meiner Schätzung nach hat er höchstens noch sechzig Stunden, bevor de Forge versucht, die Macht zu ergreifen. Ich habe am Flughafen gehört, daß Dubois gestern abend vor einer großen Menschenmenge in Bordeaux eine

Rede gehalten und erklärt hat, es würde nicht mehr lange dauern, bis ›das Volk‹ an die Macht käme. Was vermutlich heißen soll, daß er selbst Premierminister werden will.«

»Ich bin über diese Rede informiert. Weshalb nur noch sechzig Stunden?«

»Weil de Forge nur noch auf eine Waffenlieferung wartet – mit Nervengas bestückte Raketen, wie ich vermute –, bevor er zuschlägt. Die Waffen kommen an Bord der *Steel Vulture,* eines Schiffes, das dem Waffenfabrikanten Lord Dane Dawlish gehört.«

»Der Katamaran, von dem Sie mir vor Ihrem Abflug nach London erzählten?«

»Genau der. Ich glaube, ich weiß jetzt, wo die Waffen versteckt wurden. Etwas, das Paula mir sagte, ist mir endlich wieder eingefallen. Und alles hängt mit Kalmar zusammen, wovon ich von Anfang an überzeugt war.«

»Wo ist das Schiff im Augenblick?«

»Liegt bei einem Dorf namens Dunwich an der Ostküste Englands vor Anker.«

»Weshalb lassen Sie es dann nicht festhalten und durchsuchen?«

»Weil ich keinen Beweis für meine Theorie habe.« Tweed, der ruhelos herumwanderte, wußte, daß sich das merkwürdig anhören mußte. »Das Problem ist, daß der Katamaran normalerweise in Harwich liegt. Dort ist er dreimal durchsucht worden – auf Drogen. Es wurde nichts gefunden. Dawlish hat viel Einfluß in den höchsten Kreisen, spendet große Summen für Parteikassen. Ich weiß, daß ich recht habe, aber ich kann es nicht beweisen.«

»Wir könnten Flugzeuge aufsteigen lassen, die vor der Küste patrouillieren. Wenn wir wüßten, auf welches Gebiet sie sich konzentrieren müßten.«

»Die Zufahrt nach Arcachon. Die Biskaya«, sagte Tweed prompt.

»Ich werde es Navarre vortragen, sobald sich die Gelegenheit dazu ergibt. Ich selbst bin dazu nicht ermächtigt. Sie erwähnten Paula. Sie hat mich ein paar Minuten vor Ihrer Ankunft angerufen ...«

Er brach ab, als Otto Kuhlmann, in Hemdsärmeln und etwas zerknittert aussehend, das Büro betrat. In seinem Mund steckte eine unangezündete Zigarre, als fühlte er sich verloren ohne sie. Lasalle deutete auf einen Stuhl, dann fuhr er fort.

»Ich sagte Tweed gerade, daß Paula vorhin von Arcachon aus angerufen hat. Sie sprach leise, als wollte sie nicht, daß jemand mithört. Sie sagte, das Team, Stahl eingeschlossen, führe nach Süden ...«

»Diese verdammte Bombendrohung«, fuhr Tweed auf. »Von wo aus hat sie angerufen?«

»Aus der Wohnung von Isabelle Thomas. Sie hat mir die Nummer gegeben.«
»Ich brauche sie, René. Schnell«, erklärte Tweed. »Vielleicht erreiche ich sie noch, bevor sie losfahren.«
»Stahl wird ihnen eine große Hilfe sein«, versicherte Kuhlmann Tweed.
»Daran zweifle ich nicht. Aber wir brauchen die Informationen, die Jean Burgoyne beschafft hat. Dringender als je zuvor...«
Er holte tief Luft, als Lasalle ihm den Hörer reichte. Er überlegte, wie er mit Isabelle reden sollte, falls sie sich melden sollte. Sie tat es.
»Ist Paula da?« fragte er.
»Paula? Wer soll das sein? Und wer sind Sie?«
»Ein enger Freund – ein Mitarbeiter – von Robert Newman.«
»Ich habe Fotos von Newman in den Zeitungen gesehen – wenn Sie den Auslandskorrespondenten meinen. Sie haben Ihren Namen nicht genannt. Können Sie Mr. Newman beschreiben? Ganz genau?«
Tweed fluchte innerlich, aber er war beeindruckt von Isabelles Vorsicht. Er konnte irgendwer sein. Sie hatte genügend Schlimmes erlebt mit angeblichen DST-Leuten. Er lieferte ihr eine detaillierte Beschreibung von Newman, aber sie war immer noch nicht zufrieden.
»Nehmen wir an, er würde zur Selbstverteidigung eine Waffe bei sich tragen. Was für eine Waffe wäre das?«
»Eine Smith & Wesson .38er Special«, sagte Tweed sofort.
»Entschuldigen Sie, daß ich Ihnen so viele Fragen gestellt habe, aber ich mußte wissen, ob Sie wirklich ein Freund von Newman sind. Paula Grey ist nicht mehr hier. Niemand ist hier außer mir. Sie sind vor ungefähr einer halben Stunde abgefahren.«
»Ich verstehe.« Tweed bemühte sich, ihr keine Angst einzujagen. »Sie haben in einem Hotel gewohnt«, sagte er, um sie auf die Probe zu stellen.
»Ich weiß. Im Atlantique. Aber wenn sie zurückkommen, werden sie bei mir wohnen. In zwei oder drei Tagen. Sie haben meine Nummer und können mich jederzeit anrufen.«
»Darf ich Ihnen raten, Ihre Wohnung so selten wie möglich zu verlassen.«
»Das hat Bob – Mr. Newman – bereits getan. Sie können mich jederzeit anrufen«, wiederholte sie.
»Wir müssen irgend etwas Drastisches unternehmen, René«, sagte Tweed, nachdem er den Hörer aufgelegt hatte. »Ich mache mir Sorgen – schwere Sorgen. Mein gesamtes Team ist unterwegs in die Landes. Diese Karte, die da vor Ihnen liegt – auf ihr sind eine Menge Kreuze eingezeichnet. Markieren sie die Gegenden, in denen de Forges Truppen manövrieren?«

»So ist es. Den Berichten zufolge, die ich bisher erhalten habe ...«
»Und da sind auch Kreuze im Gebiet der Landes.«
»Sie können lesen, was auf dem Kopf steht. Ah, ich verstehe, was Sie damit sagen wollen. Ihre Leute bewegen sich direkt in die Gefahrenzone hinein. Tut mir leid, das sagen zu müssen.«
»Ich wiederhole, wir müssen etwas Drastisches unternehmen. Und ich habe noch eine andere Idee. Ist anzunehmen, daß die Fahrer der Tanklaster Sympathien für de Forge haben?«
»Auf gar keinen Fall! Sie sind ein eigensinniger Haufen. Sehr zäh. Sie konnten nicht einmal de Gaulle leiden. Sie verabscheuen de Forge. Für sie ist schon der Gedanke an eine Militärherrschaft gleichbedeutend mit der Hölle.«
»Und die Bauern?« fuhr Tweed fort. »Die Bauern in der Mitte und im Norden Frankreichs? Halten Sie de Forge für den Retter der Nation – wie ihre Landsleute im Süden?«
»Nein. Sie mißtrauen der Armee zutiefst. De Forge hat die Bauern im Süden auf seine Seite gebracht, indem er ihnen beim Einbringen der Ernte helfen ließ. Die Bauern weiter im Norden würden einen Soldaten mit der Heugabel von ihrem Land vertreiben. Weshalb? Sie scheinen vor Ideen ja geradezu zu sprühen.«
»Ich bin eine Nachteule«, erklärte Tweed mit einem trockenen Lächeln. »Sind Sie immer noch der Ansicht, daß de Forge hier in Paris ein Netzwerk von Spionen hat, die ihm laufend Bericht erstatten?«
»Ja. Ich weiß es. Ich kann dieses Netzwerk nur nicht lokalisieren.«
»Dann werde ich später am Vormittag von Josette de Forges Einladung zu einem Wiedersehen Gebrauch machen.«
»Und Ihre Frage wegen der Tanklaster und der Bauern?«
»Ich schlage vor, daß Sie blitzschnell folgendes unternehmen ...«

Neunundvierzigstes Kapitel

»Schnell, die Leiter hinunter«, befahl Newman.
Paula schlitterte beinahe vom Heuboden herunter, gefolgt von Stahl und Newman. Wenn der Panzer die Scheune rammte, würde der Heuboden nicht gerade der sicherste Ort sein. Sie eilten an das Fenster, von dem aus sie den Trümmerhaufen überblicken konnten, der noch vor einigen Minuten ein Bauernhaus gewesen war. Paula stand zusammen mit Newman an einer Seite des Fensters, Stahl an der anderen.

Paula erging es ebenso wie ihnen. Sie wollte sehen, was passierte, bevor sie um ihr Leben rannte. Aber wohin? Sie hatte die gräßliche Vision von Mauern, die aus großer Höhe herabstürzten und sie unter sich begruben. Als der junge Heißsporn sein metallenes Ungetüm auf die Scheune zulenkte, hörte sie, wie jemand auf Französisch etwas rief.

Ein zweiter Panzer erschien und fuhr so dicht an der Scheune vorbei, daß er fast an die Mauer schrammte. Paula sah seinen Kommandanten, einen Leutnant. Er hatte seine Kopfhörer abgenommen, schwenkte die geballte Faust und brüllte mit höchster Lautstärke. Durch die Fensterscheibe hindurch konnten sie jedes Wort hören, das er sagte.

»Dafür werden Sie sich zu verantworten haben! Und zwar vor einem Kriegsgericht, Sie verdammter Idiot! Sie haben mutwillig den Besitz eines Bauern zerstört. Wir brauchen die Bauern auf unserer Seite. Außerdem wird die Anklage auf versuchte Zerstörung der Scheune lauten. Sie sind von der Führung Ihres Panzers entbunden, Sergeant. Mein eigener Sergeant übernimmt ihn. Steigen Sie sofort aus. Sie fahren als Gefangener in meinem Panzer mit.«

Die Motoren beider Panzer waren abgeschaltet worden. Die Menschen in der Scheune erstarrten, sahen einander ungläubig an. Draußen hörten sie Stiefeltritte – vermutlich der Sergeant, der ausgestiegen war und zu dem anderen Panzer ging. Newman bedeutete ihnen, vom Fenster zurückzutreten und sich an der rauhen Wand entlangzuschieben.

Paula warf einen Blick auf Nield, der auf der anderen Seite der Scheune geblieben war und, die Ruhe selbst, seine Waffe in der Hand hielt. Er reckte aufmunternd den Daumen der anderen Hand hoch und zwinkerte ihr zu. Sie brachte ein Lächeln zustande.

Das Motorengedröhn setzte wieder ein und das mahlende Klirren der Raupenketten. Newman hob warnend die Hand, um sicherzugehen, daß alle sich ganz still verhielten. Er wartete, bis die Geräusche aus größerer Entfernung kamen, dann eilte er, Paula dicht hinter sich, die Leiter hinauf. Durch das Oberlicht hindurch ließ er den Blick über die Umgebung schweifen. Das Bild war nicht ermutigend. In einiger Entfernung vereinigten sich die Panzer zu einer kompakten Formation, manövrierten und trugen ein Scheingefecht aus. Er schüttelte den Kopf.

»Bis auf weiteres sitzen wir hier fest.«

»Und was meinen Sie, wie lange wir noch warten müssen?«

»Bis wir ganz sicher sind, daß die Luft rein ist. Und ich sehe, daß Pete ein belegtes Brot ißt. Ich hoffe, ihr habt etwas für mich übriggelassen ...«

Am späten Vormittag desselben Tages erschien Tweed in der Wohnung von Josette de Forge in Passy. Er hatte sein Kommen telefonisch angekündigt und sich desselben Pseudonyms bedient wie bei seinem ersten Besuch, Prentice von der *Daily World*, und gesagt, sein Chefredakteur wollte unbedingt weitere Informationen haben.

»*Informationen*, Mr. Prentice?« hatte sie geschnurrt und dem Wort einen zweideutigen Klang verliehen. »Wenn Sie gleich kommen, stehe ich Ihnen zur Verfügung...«

Zur Verfügung? Sie öffnete ihm selbst die Tür, angetan mit einem flauschigen, offenen Hausmantel; darunter trug sie ein leichtes Chiffon-Unterkleid, das nicht viel verbarg. Als sie die gewundene Treppe hinaufstieg und ihn nach oben führte, schwang der Hausmantel noch weiter auf und entblößte ein reizvolles Bein. Tweed war erleichtert, als sie ihn in ein auf die Straße hinausgehendes Schlafzimmer führte. Sie drehte sich zu ihm um, nahm ihm seinen Burberry ab, und ihre dunklen Augen musterten ihn durch lange Wimpern hindurch. Dann schaute sie auf ein großes Himmelbett mit teurer, spitzengesäumter Bettwäsche.

»Ich dachte, hier oben wäre es viel gemütlicher. Und wir werden nicht von Dienstboten gestört werden. Nur ein erfreuliches *tête-à-tête*.«

»Ich muß Ihnen ein paar Fragen stellen«, beharrte Tweed.

Er ging zu einer Chaiselongue und ließ sich am Fußende nieder. Nicht gerade das Möbelstück, für das er sich aus freien Stücken entschieden hätte, aber in dem elegant eingerichteten Zimmer gab es keinen einzigen Stuhl. Sie hängte seinen Burberry in ein Ankleidezimmer, dann kam sie herbei, setzte sich neben ihn und schlug die Beine übereinander.

»Müssen wir denn unbedingt Zeit mit blöden Fragen verschwenden? Und wann wird Ihr Artikel über meinen Mann in Ihrer Zeitung erscheinen?«

»Bald. Das ist wirklich eine prachtvolle Büste da drüben.«

Für den Fall, daß sie die Absicht hatte, das Wort »Büste« auf sich zu beziehen, deutete er auf einen halbrunden Tisch an der Wand, auf dem eine Porträtbüste Napoleons stand. Ihm kam der Gedanke, daß, von anderen Faktoren abgesehen, schon die Entdeckung, daß es hier eine solche Büste gab, seinen Besuch gelohnt hatte. Er wartete auf ihre Reaktion.

»Die hat Charles mitgebracht. Im Augenblick ist er vielleicht nur Bonaparte, aber in der Zukunft...«

»Ich habe gerüchteweise gehört, daß General de Forges Armee sich Paris nähert. Wird Navarre das zulassen?«

»Eine hübsche Frage, *mon chéri*. Navarre ist ein Niemand, der von der Flutwelle der Geschichte davongeschwemmt werden wird.«

»Sie meinen, Sie rechnen damit, daß Ihr Mann in den Elysée-Palast einziehen wird?«
Sie tätschelte seine rechte Wange. »Das habe ich nicht gesagt.«
»Aber er ist clever. Ich habe gehört, daß er hier in Paris über erstklassige Informationsquellen verfügt. Und als ich neulich bei Ihnen war, sind mir etliche einflußreiche Gäste aufgefallen. General Masson zum Beispiel. Und da kam mir der Gedanke, daß Ihre Salons ein idealer Ort zur Übermittlung von Nachrichtenmaterial vom Hauptquartier der Dritten Armee nach Paris und umgekehrt sein könnten.«
Während er sprach, war sie dabei, eine Zigarette in eine Elfenbeinspitze zu stecken. Ihre Hand rutschte aus, brach das Ende der Zigarette ab. Ihre vollen Lippen preßten sich zusammen, und einen Augenblick lang schaute sie beiseite, um ihre Fassung wiederzugewinnen.
»Sie haben eine blühende Phantasie«, erwiderte sie mit einem scharfen Unterton.
»Meinen Sie? Die meisten Ihrer illustren Gäste wurden mit de Forges Ansichten in Verbindung gebracht.«
»Es war eine bunte Mischung. Künstler, Intellektuelle ...«
»Und dazu Generäle und andere wichtige Offiziere.«
»Meine Salons sind ein Treffpunkt von Künstlern ...«
»Was eine hervorragende Tarnung für den Austausch von Informationen wäre.«
»Sie werden diese Lügen doch hoffentlich nicht in Ihrer Zeitung bringen?«
»Nur die Wahrheit, Madame de Forge«, erwiderte Tweed.
»Wir vergeuden Zeit.« Sie deponierte eine frische Zigarette und die Spitze in einem kristallenen Aschenbecher. Dann drehte sie sich zu ihm um und beugte sich vor, und er roch ein teures Parfum, als sie ihm die bloßen Arme auf die Schultern legte.
Er lächelte, langte hoch und entfernte ihre Hände, bevor sie ihn umarmen konnte. Dann stand er auf und trat an eines der auf die Straße hinausgehenden Fenster, das mit einer dichten Gardine verhängt war. Er hob die Gardine an, als wollte er hinausschauen, dann ließ er sie wieder fallen.
»Was soll das?« fragte Josette, jetzt mit kalter, ausdrucksloser Miene. »Niemand beobachtet dieses Haus, wenn es das ist, was Sie beunruhigt. Ich dachte, ich hätte es Ihnen erzählt. Mein Mann hat seine eigenen Affären. Weshalb also sollte ich keine haben?«
Sie hatte die Tür einen Spaltbreit offengelassen, und plötzlich wurde an der Haustür vehement geklingelt und gleichzeitig mit dem Messingklopfer gehämmert. Tweed eilte zur Tür.

»Entschuldigen Sie mich, Madame.«
Er lief die Treppe hinunter, während in der Diele eine Frau mit einem knöchellangen schwarzen Kleid und einem schwarzen Schal auf dem Kopf erschien. Die Haushälterin. Er fegte an ihr vorbei, öffnete die Sicherheitsverriegelung – er hatte beobachtet, wie Josette sie geschlossen hatte – und riß die Tür auf. Draußen standen sechs Männer in Straßenanzügen und offenen Trenchcoats. Hinter ihnen parkten zwei schwarze Limousinen am Bordstein.
»Das vordere Schlafzimmer oben«, sagte Tweed.
Lasalle und drei Männer stürmten die Treppe hinauf. Als er das Zimmer betrat, sah Lasalle, daß Josette den Hörer eines antiken goldenen Telefons ans Ohr hielt und wütend auf die Gabel hämmerte. Er legte eine Hand auf ihren Arm.
»DST. Sie müssen mitkommen. Und die Telefonleitung wurde unterbrochen. Wenn Sie sich weigern, müssen wir Sie tragen. Das wäre doch würdelos.«
Sie geleiteten sie die Treppe hinunter, während sie heftig protestierte. Auf dem Marmorfußboden der Diele standen zwei weitere Männer neben der Haushälterin. Lasalle trat neben sie, entschuldigte sich höflich, nahm ihr den schwarzen Schal ab. Dann drehte er sich um und band ihn Josette um den Kopf.
»Was tun Sie da, Sie Mistkerl?« kreischte sie.
»Wir behandeln Sie wie eine Dame. Sie wollen doch nicht, daß es einen Skandal gibt, daß die Nachbarn reden? Sie werden gehen, als wären Sie die Haushälterin. Wir bringen Sie zu einer behaglichen Wohnung außerhalb von Paris. Nein, Madame. Sie haben in dieser Sache nichts mitzureden. Hochverrat ist ein Vergehen, auf das schwere Strafen stehen. Wenn Sie eine Szene machen«, fuhr Lasalle liebenswürdig fort, während er sie zu einer der Limousinen führte, »dann übergebe ich der Presse eine Liste von zwölf Ihrer Liebhaber – von denen acht verheiratet sind. Da gibt es bestimmt mindestens eine Ehefrau, die in aller Öffentlichkeit ein großes Geschrei anstimmen wird, was ein Jammer wäre. Und Ihrer Stellung in der Pariser Gesellschaft überaus abträglich...«
Ihren Arm haltend, hatte er sie in die Limousine verfrachtet, in die zwei weitere Männer eingestiegen waren. Er schloß die Tür und verneigte sich, um etwaige Neugierige zu täuschen. Josette hatte ein – für sie höchst ungewöhnliches – Stillschweigen gewahrt. Die Limousine fuhr davon.
Tweed, der zugesehen hatte, bewunderte Lasalles geschicktes Vorgehen. So brachte das nur ein Franzose zustande. Er ging zu der anderen Limousine

und setzte sich in den Fond, wo Lasalle sich zu ihm gesellte. Der Chauffeur fuhr los.

»Ich habe Leute in der Wohnung zurückgelassen, die sie durchsuchen sollen«, teilte Lasalle ihm mit. »Sie wird einfach verschwinden. Sie sehen, ich kenne mich auch in psychologischer Kriegsführung aus. Stellen Sie sich vor, welche Wirkung das auf de Forge haben wird.«

»Ausgezeichnet«, pflichtete Tweed ihm bei. »Ich hatte einen üblen Moment, als ich glaubte, sie würde mich in ein nach hinten hinausgehendes Schlafzimmer führen. Sie haben natürlich mein Signal mit der Gardine gesehen?«

»Wir sind ausgestiegen, sobald wir gesehen hatten, wie sich die Gardine bewegte. Sie haben Ihre Rolle gut gespielt.«

»Ich habe etwas gesehen, was mir verraten hat, auf welcher Route de Forge auf Paris vorrücken wird – wenn es je dazu kommen sollte. Jetzt müssen wir Phase zwei starten.«

»Was haben Sie in dieser Wohnung gesehen?«

»Eine Lieblingsbüste von de Forge. Napoleon. Denken Sie an Waterloo«, schloß Tweed geheimnisvoll.

In Arcachon stand Victor Rosewater auf dem Deck seines Kabinenkreuzers und suchte die Promenade mit seinem Fernglas ab. Dann richtete er seine Aufmerksamkeit auf die Boote im Hafen, deren Masten in der sanften Dünung des aus dem Atlantik in das *bassin* eindringenden Wassers schaukelten.

Er trug einen Rollkragenpullover unter Ölzeug und sah aus wie der typische Seemann. Aus einem Himmel wie grauer Haferbrei fiel ein feiner Nieselregen. Alles sah grau aus. Nachdem er sicher war, daß er nicht beobachtet wurde, eilte er den Niedergang hinunter in die Kajüte.

Er warf das Ölzeug ab und drückte auf einen verborgenen Knopf. Ein Stück der Kabinenwand glitt zur Seite und gab ein Funkgerät und einen Sender frei. Er drückte auf einen weiteren Knopf, und auf Deck fuhr neben dem Mast eine lange Antenne aus.

Minuten später sprach er mit seinem Verbindungsmann Oskar im Bundeskriminalamt in Wiesbaden. Sie tauschten Codeworte aus, und Rosewater gab seine Botschaft durch.

»Ich werde bald in der Lage sein, eine Liste der Adressen zu liefern, unter denen sich unsere Freunde in der Bundesrepublik aufhalten. Das war alles.«

In Wiesbaden leitete Oskar die Nachricht sofort an Kuhlmann in Paris weiter.

Obwohl Rosewater das *bassin* genau abgesucht hatte, war ihm ein breitschultriger Mann in einer Matrosenjacke entgangen. Brand hockte hinter dem Ruderhaus eines kleineren Kabinenkreuzers, der im Hafen festgemacht hatte.

Auch er benutzte ein Fernglas, und er hatte gesehen, wie Rosewater den Hafen absuchte. Er beobachtete weiter, auch nachdem der Engländer in der Kabine verschwunden war. Durch das Fernglas sah er, wie die Antenne ausfuhr. Er erhob sich, sprang an Land und ging auf der Strandpromenade bis zu einer Telefonzelle. Mit eingezogenen Schultern und einer tief in die Stirn gezogenen Mütze sah er aus wie ein gewöhnlicher Matrose. Er betrat die Zelle, wählte aus dem Gedächtnis eine Nummer, meldete sich als Vogel zwei. Die Frau, die den Hörer abnahm, sprach Englisch.

»Sind Sie das, Yvette? Hören Sie zu. Sie wissen, wo ich bin. Im Hafen liegt das Schiff eines britischen Spions. Mit der britischen Flagge am Mast. Ein Kabinenkreuzer. Die *Typhoon IV.* Haben Sie das? Wiederholen Sie den Namen. Ja, das war's.«

General de Forge war wütend. Major Lamy, zu ihm beordert, traf ihn in aufgebrachter Stimmung an und unfähig, stillzusitzen. Er musterte seinen Untergebenen mit durchdringendem Blick.

»Wissen Sie, was jetzt passiert ist? Ich kann Josette nicht erreichen. Die Vermittlung sagt, die Telefonleitung wäre unterbrochen. Meine Hauptverbindungslinie nach Paris funktioniert nicht mehr. Und das ausgerechnet jetzt, wo das Unternehmen Austerlitz so nahe bevorsteht. Finden Sie heraus, was zum Teufel da vorgeht. Weshalb stehen Sie noch hier herum?«

»Yvette hatte einen Anruf von *Oiseau Deuxième* ...«

Mit einigem Zögern informierte er de Forge über weitere schlechte Nachrichten. Wie er befürchtet hatte, war das keineswegs dazu angetan, die Laune des Generals zu verbessern. De Forge hieb mit der Faust auf seinen Schreibtisch.

»Schicken Sie ein Team los, das in Arcachon aufräumt. Sie wissen, wie wichtig dieser Ort ist. Zuerst diese Paula Grey, die immer noch herumläuft. Und nun dieser neue Spion. Sergeant Rey soll dem Team angehören. Ein Sprengsatz wäre vielleicht genau das richtige für diesen Kabinenkreuzer. Und Kalmar soll diese Grey sobald wie möglich beseitigen.«

»Da ist unser Problem der Bezahlung von Kalmar ...«

»*Ihr* Problem! Überschwemmen Sie Arcachon mit Männern, die sich als Angehörige der DST ausgeben. Und vergessen Sie Isabelle Thomas nicht, die Geliebte von Henri Bayle. Lassen Sie die ganze Bagage beseitigen. Und noch etwas. Ich habe einen Bericht aus den Landes erhalten und erfahren, daß der Versuch, Moshe Stein auszuschalten, gescheitert ist. Finden Sie ihn. Bisher scheint er noch nicht in Paris eingetroffen zu sein – wenn es so wäre, dann hätten sie ihn todsicher im Fernsehen auftreten und über das sogenannte Massaker in Tarbes wehklagen lassen. Schicken Sie ein weiteres Team zu Wasser los, das die Überreste der kriminellen Elemente auf dem Friedhof in Leichensäcke stecken soll. Dann sollen die Leute hinausfahren, die Säcke beschweren und in den Atlantik werfen.«

»Wollen Sie, daß ich das selbst in die Hand nehme?« protestierte Lamy.

»Nein. Leutnant Berthier soll das Team anführen. Und sagen Sie ihm, er soll warten, bis Sergeant Rey bereit ist, sich dem Kommando anzuschließen. Vielleicht wäre es einfacher und effektiver, wenn die Überreste auf See in die Luft gesprengt würden. So, und jetzt an die Arbeit...«

De Forge wartete ein paar Minuten, dann ließ er Sergeant Rey kommen. Als der Sprengfallen-Experte erschien, mit dem Képi unter dem Arm und respektvoll geneigtem Kopf, begrüßte ihn de Forge herzlich mit seinem wirklichen Rang.

»Setzen Sie sich, Hauptmann. Kürzlich habe ich einen Telefontechniker kommen und die Apparate sämtlicher Offiziere anzapfen lassen, die zu unserem inneren Kreis gehören. Ich habe den Verräter entdeckt, der Paris über einige meiner Pläne informiert hat. Ich werde Ihnen das Band gleich vorspielen.«

»Sämtlicher Offiziere?« fragte Rey.

In seiner Rolle als Sergeant konnte er sich unter die Truppe mischen und de Forge über die Stimmung der Leute informieren. Tücke war eine der Lieblingswaffen des Generals.

»Ja. Sie selbst eingeschlossen.« De Forge lächelte zynisch. »Ich bin bekannt für meine Gründlichkeit. So, und nun möchte ich, daß Sie folgendes tun...«

Newman und sein Team saßen nach wie vor in der Scheune in der Falle. Es war früher Abend, und eine graue Dämmerung legte sich über die Landschaft. Durch das Oberlicht auf dem Heuboden beobachtete Newman, wie sich in einiger Entfernung die Panzer hintereinander zu Marschsäulen aufreihten. Sie hatten die Rücklichter eingeschaltet, aber keine Scheinwerfer, und sie rückten sehr dicht zusammen. Ihr Manöver erinnerte Newman an Berichte über den Einfall von General Guderian in Frankreich im Zweiten Weltkrieg. Seine Panzer waren in der Nacht durch die Schluchten der Ardennen gefahren, einer dicht hinter dem anderen, wobei jeder

Panzerkommandant sich anhand der Rücklichter des Fahrzeugs vor ihm orientiert hatte. Er stieg die Leiter hinunter.

»Sitzen wir immer noch fest?« fragte Paula.

»Ich fürchte, ja. Wir können nur hoffen, daß die Manöver nicht die ganze Nacht weitergehen. Sie sehen aus, als machten Sie sich Sorgen.«

»Ich dachte gerade an Moshe Stein. Wo ist er?«

»Immer noch in seinem Zimmer im Atlantique. Er läßt sich das Essen heraufbringen, und ich habe ihm geraten, das Hotel nicht zu verlassen. Sobald es geht, muß einer von uns ihn nach Paris begleiten.«

»Wird er das tun? Immer in seinem Zimer bleiben?«

»Als Kind hat er sich einmal sechs Monate lang in einem engen Keller versteckt. Während des Zweiten Weltkrieges, irgendwo auf dem Balkan. Er wird bleiben, wo er ist.«

»Gott sei Dank«, sagte Paula erleichtert. »Dann dürfte er in Sicherheit sein.«

Fünfzigstes Kapitel

Frankreich stand in Flammen. In Toulouse, in Marseille, in Toulon, in Bordeaux wüteten Männer, die Sturmhauben trugen und langsam brennende Lothringer Kreuze hochhielten. Sie wurden unterstützt von aggressiven jungen Leuten, kleinen Ladenbesitzern, Markthändlern. Von den Männern mit den Sturmhauben angestimmt, ertönte überall der gleiche Slogan.

Pour France! Pour France! Au pouvoir! Au pouvoir!

Für Frankreich! Für Frankreich! An die Macht! An die Macht!

Der Flächenbrand griff auf die kleineren Städte über. Inzwischen war es dunkel geworden, und überall brannten die symbolischen Kreuze.

Auf den Hügelkuppen wurden Feuer angezündet, mächtige Fanale, die meilenweit zu sehen waren und die Botschaft immer weiter nach Norden verbreiteten. In Bordeaux hielt Dubois eine Ansprache vor einer Volksmenge, die sich auf der Place de la Victoire versammelt hatte.

»Franzosen! Eure Stunde hat geschlagen. Endlich werden auch die kleinen Leute etwas zu sagen haben. Wir werden die etablierten Mächte hinwegfegen, die euch so lange geknechtet haben. Ihr werdet der Stolz von ganz Europa werden. Paris wird gesäubert werden von den dreckigen Ausbeutern, den korrupten Ministern, den Männern, die euch für eine elende Handvoll Francs verkaufen...«

Nicht alle Leute schlossen sich dieser Orgie der Gewalttätigkeit an. Einige blieben in ihren Häusern, hinter fest verschlossenen Läden. In einem dieser Häuser sprach ein Anwalt seiner Frau gegenüber seine bösen Vorahnungen aus.
»Das erinnert mich an das, was ich über die Anfänge der Revolution von 1789 gelesen habe, Louise. Das Vorspiel der Schreckensherrschaft...«

In der Mitte und weiter in Norden Frankreichs spielten sich ganz andere Szenen ab. Bauern arbeiteten in der Nacht, holten Heuballen aus den Scheunen. Auch ihre Frauen halfen mit – sie trugen die Ballen zu den offenen Lastwagen, auf die sie aufgeladen werden sollten.
DST-Beamte überwachten das Unternehmen. Sie notierten sorgfältig die Zahl der Ballen für eine spätere Entschädigung der Bauern durch die Regierung.
Sobald sie sich auf den Lastwagen befanden, wurden viele der Ballen aufgerissen. Wenn ein Wagen voll war, sprangen kräftige junge Bauern, mit Heugabeln bewaffnet, hinauf und legten sich auf das Heu. Dann fuhr der Wagen los zu seinem vorgesehenen Standort.
Am Rand der Hauptstraßen parkten Gruppen von Tanklastern, an manchen Stellen ein halbes Dutzend. Die Fahrer saßen zufrieden in ihren Kabinen; sie erhielten ihren vollen Lohn, und das ohne die Anstrengung, mit den schweren Fahrzeugen durch die Nacht fahren zu müssen. In jeder Fahrerkabine lag zusammengerollt ein langer Schlauch, und jeder Fahrer hatte von DST-Beamten ein Walkie-Talkie und genaue Instruktionen erhalten.
Wo immer es möglich war, hatten sie in Nadelwäldern Position bezogen. Was bedeutete, daß sie aus der Luft nicht zu sehen waren. Jetzt brauchten sie nur noch darauf zu warten, daß sie über die Walkie-Talkies ihre Befehle erhielten.

Die Nachricht von den im Süden brennenden Feuerkreuzen, dem Wüten und Schreien der Massen hatte Paris erreicht. Im Innenministerium, das Navarre zu seiner Zentrale gemacht hatte, brannte die ganze Nacht hindurch Licht.
Das Ministerium war schwer bewacht, und außerdem verfügte es über die besten Kommunikationseinrichtungen in ganz Frankreich. Navarre hatte in seinem großen Büro eine Konferenz einberufen. Um den Tisch herum saßen Tweed, Kuhlmann und Lasalle, die einzigen Männer, denen er voll und ganz vertrauen konnte.

»Ich habe«, begann Navarre, »das Kabinett informiert, daß die nächste Sitzung in drei Tagen stattfinden wird.«
»Weshalb?« fragte Lasalle.
Navarre lächelte grimmig. »Ein Trick. Innerhalb dreier Tagen wird die Krise vorüber sein. So oder so. Ich bin sicher, daß de Forge es bereits erfahren hat. Er wird glauben, wir bildeten uns ein, wir hätten massenhaft Zeit und würden bis dahin nichts gegen ihn unternehmen.«
»Und werden die Maßnahmen, von denen wir sprachen, in die Tat umgesetzt?« fragte Tweed.
»Die Maßnahmen, die *Sie* vorgeschlagen haben«, korrigierte ihn Navarre.
»Ja. Sowohl was die Bauern angeht, als auch eine ganze Flotte von Tanklastern. Das Problem ist nur, daß wir wissen müssen, auf welcher Route de Forge vorzurücken gedenkt.«
»Auf der N 20«, sagte Tweed. »Der direkten Route nach Paris. Aber ich betone, daß das nur eine begründete Vermutung meinerseits ist. Wir brauchen das Material, das Stahl zusammengetragen, das Jean Burgoyne sich beschafft hat. Und meine Leute, die die Dokumente haben, sind unterwegs in die Landes. Das war ein Fehler, aber ich kann ihnen keinen Vorwurf daraus machen. Ich bin sicher, daß sie uns das vollständige Material aushändigen wollen – einschließlich einer Zeugin, die wir ins Fernsehen bringen können.«
»Die Zeit wird knapp«, sagte Lasalle leise.
»Haben Sie noch immer einen Informanten in de Forges Lager?« erkundigte sich Tweed. »Auch nach dem Mord an Jean Burgoyne?«
»Dieser Mord hat mich schwer getroffen«, erklärte Lasalle. »Sie war eine mutige Frau. Um Ihre Frage zu beantworten – ja, ich habe noch einen Informanten. Ich habe heute nachmittag eine kurze Nachricht von ihm erhalten. Der *Cercle Noir* trifft sich heute abend kurz nach Einbruch der Dunkelheit zu einer letzten Sitzung. Deshalb sagte ich, die Zeit wird knapp.«
»Ich finde, in dieser Hinsicht müssen wir etwas unternehmen«, entschied Navarre. »Bei der Kabinettssitzung hat General Masson gesagt, er würde wegfahren, um eine Einheit zu inspizieren.«
»Ich schlage vor, daß wir zweierlei unternehmen, wenn Sie einverstanden sind. Eine Attacke an zwei Fronten. Und dazu weitere psychologische Kriegführung. Das eine Angriffsziel sollte folgendes sein...«
Tweed legte seine Pläne dar.

In Arcachon angekommen, handelte Sergeant Rey schnell. Er hatte nicht viel Zeit, denn er sollte sich Leutnants Berthiers Team anschließen, das im Süden von der See her landen sollte.
Rey war wie ein Fischer gekleidet. Er trug Ölzeug, dessen Kapuze er tief ins Gesicht gezogen hatte. Er stapfte in Gummistiefeln und mit einer Angelrute in der Hand durch den Nieselregen. Über die Schulter hatte er einen Beutel gehängt, allem Anschein nach für seinen Fang. In dem Beutel steckte die Zeitbombe.
Zuvor hatte er auf einer Mole gesessen, die Angelrute in das vom Regen gesprenkelte Wasser gehalten und die *Typhoon IV* beobachtet. Er hatte keinerlei Anzeichen irgendwelcher Aktivität gesehen, und in der Kabine waren die Vorhänge zugezogen. Der Eigner hielt ganz offensichtlich ein Mittagsschläfchen.
Rey machte kein Geräusch, als er vom Ufer aus das nasse Deck betrat. Er schaute sich noch einmal um, um ganz sicher zu sein, daß er nicht beobachtet wurde. Er holte die kleine Bombe aus der Tasche, drückte auf einen Knopf, der den Haftmechanismus aktivierte. Er hockte sich nieder und befestigte sie an einem um die Außenseite der Kabine herumlaufenden Metallstreifen. Dann drückte er auf einen zweiten Knopf. Jetzt war der Zünder eingeschaltet, die Uhr tickte. Rey hatte fünf Minuten, um sich in Sicherheit zu bringen.
Er eilte zu seinem Wagen, als hätte er genug von dem Nieseln, aus dem inzwischen ein Dauerregen geworden war. Er warf seine Angel und den Beutel auf den Rücksitz, setzte sich ans Steuer, startete den Motor, wartete. Er hatte den Wagen an einer Stelle geparkt, von der aus er die für sich allein liegende *Typhoon IV* sehen konnte. Er war ein paar hundert Meter von seinem Ziel entfernt. Er sah auf die Uhr. Noch eine Minute...
Die Explosion wurde durch den Regen gedämpft, war aber trotzdem laut. Die *Typhoon IV* flog über dem *bassin* in die Luft, zerbrach in Stücke, die ins Wasser zurückfielen und zum Teil hohe Fontänen aufsprühen ließen. Aus dem Teil des Rumpfes, der sich noch an seinem ursprünglichen Platz befand, quoll Rauch hervor. Feuer flackerte auf und verlöschte schnell wieder, als die Überreste des Schiffes versanken.
»Wieder etwas erledigt«, murmelte Rey kaltblütig.
Er fuhr los zu seinem Rendezvous mit Berthier an einem einsamen Küstenstreifen südlich von Arcachon. In den frühen Morgenstunden würden sie die Landes erreicht haben.

An Bord eines anderen Kabinenkreuzers, seiner Reservebasis, sah Rosewater die Explosion. Er hatte mit etwas dergleichen gerechnet und alle wichtigen Dinge auf das Schiff gebracht, von dem aus er jetzt mit seinem Fernglas die Vorgänge beobachtete.
Früher, als er seine kurze Nachricht an Oskar in Wiesbaden durchgab, hatte er durch die Vorhänge vor den Fenstern seiner Kabine hindurch Ausschau gehalten. Er hatte gesehen, wie Brand plötzlich erschien und die Strandpromenade entlangeilte. Zu plötzlich, nachdem Rosewater das gesamte Gebiet sorgfältig abgesucht hatte.
Es hätte Zufall sein können, aber Rosewater hatte nur überlebt, indem er nie etwas für Zufall hielt. Und wo immer er sich gerade befand, und sei es auch nur für ein paar Tage, hatte er eine geheime zweite Basis. Als die Wasserfontänen in sich zusammenstürzten, zuckte er die Achseln. Er war nicht beunruhigt – sein Geschäft war immer mit Risiken verbunden.

Newman fuhr den Renault Espace durch die Nacht. Paula saß neben ihm und las die Karte. Hinter ihnen saßen Stahl und Nield. Butler, der ganz hinten saß, hielt ständig durch das Heckfenster hindurch Ausschau.
Weil sie soviel Zeit verloren hatten, raste Newman mit riskantem Tempo die N 10 entlang, die zur spanischen Grenze führende Hauptverkehrsstraße. Eine Weile zuvor hatte er bei einem Fernfahrerlokal angehalten, um die Lage zu sondieren. Das Lokal, direkt an der N 10 gelegen, war angefüllt mit dem Qualm billiger Zigaretten, und zwar so dicht, daß er am Eingang zu dem blockhausähnlichen Gebäude stehenbleiben mußte, um sich an den blauen Dunst, den Geruch zu lange gekochten Essens und den Biergestank zu gewöhnen.
Alle Tische waren mit Fahrern besetzt, deren Laster draußen parkten. Andere standen. Er bahnte sich seinen Weg zur Theke, bestellte einen Pernod und wendete sich dann auf Französisch an einen stämmigen Fahrer.
»Wir kommen aus Paris und sind auf dem Weg zur Grenze. Wir wollten in Spanien Urlaub machen. Aber jetzt frage ich mich, ob wir nicht lieber umkehren sollten. Die verdammte Armee scheint überall zu sein.«
»Fahren Sie ruhig weiter«, riet der Fahrer. »Ich komme aus San Sebastian. Die Panzer sind alle nach Norden gefahren. Sie werden ihnen nicht mehr begegnen. Was halten Sie von diesem Dubois? Ich glaube kein Wort von dem, was er sagt. Er ist auf einen dicken Posten in der Regierung aus – damit er den Mund hält. Eine feine Politik.« Er spuckte auf den mit Stroh bedeckten Boden. »Fahren Sie ruhig in Urlaub, Monsieur.«
Sie fuhren weiter, erreichten die Landes. Beiderseits der Straße bildeten die

Bäume eine dichte Mauer. Hier und dort hatte ein Massaker stattgefunden. Bäume waren umgehackt worden; die Scheinwerfer des Espace glitten über Lichtungen mit häßlichen Baumstümpfen, die wie die amputierten Gliedmaßen von Riesen aufragten.
Die Morgendämmerung war nicht mehr fern, als Newman, von Paula dirigiert, die N 10 verließ und bei Castets nach Westen auf die N 42 abbog. Wenig später erreichten sie St. Girons, den Ort, in dem ihre Zeugin Martine wohnte. Sie brauchten eine Weile, um das Häuschen am Rande des Dorfes zu finden, von dem Moshe Stein erzählt hatte. Newman war beunruhigt, als er feststellen mußte, daß aus sämtlichen Fenstern Licht herausfiel.
Im Osten zeigten sich die ersten grauen Streifen der Dämmerung, als Newman, von Paula begleitet, auf die altertümliche Klingel drückte. Er hörte kein Geräusch von drinnen, deshalb hämmerte er an die Tür. Ein schlurfendes Geräusch wie von jemandem, der Pantinen trägt, näherte sich. Die Tür wurde, durch eine schwere Kette gesichert, einen Spaltbreit geöffnet, und Martine lugte heraus.
»Erinnern Sie sich an mich?« fragte Newman leise. »Das ist Marie. Draußen warten weitere Freunde.«
»Sind Sie bewaffnet?«
Die Frage verblüffte Newman, und er war sich nicht sicher, welche Antwort sie beruhigen würde. Dann begriff er, daß sie Angst hatte.
»Ja, das sind wir.«
»Kommen Sie herein.« Sie konnte die Tür nicht schnell genug öffnen und redete ununterbrochen und eindringlich auf ihn ein. »Vielleicht kommen Sie noch rechtzeitig. Aber vielleicht ist es auch schon zu spät. Erinnern Sie sich an den Weg zu dem Friedhof? Sie wollen noch einen umbringen... Sie sind von der See her gekommen... Ich habe Holz gesammelt, als ich sie kommen sah.«
»Wen sahen Sie kommen?«
Paula schaute sich in der kleinen Wohnküche um. Sie war makellos sauber. An einer Wand stand ein alter Herd, der wohltuende Wärme ausstrahlte. Draußen fror es.
»Schlauchboote mit Motoren...« Martine umklammerte Newmans Arm. »Einem Mann waren die Hände hinter dem Rücken zusammengebunden. Es ist wieder so ein Erschießungskommando. Die Schweine wollen wieder jemanden ermorden und dann verscharren. Beeilen Sie sich. Vielleicht kommen Sie noch rechtzeitig. Ich bin eben erst zurückgekommen. Als ich verschwand, wollten sie gerade landen...«
»Wir fahren sofort los.«

Nachdem Newman eine kurze Strecke gefahren war, mußte er den Espace stehenlassen; der Pfad, der in den Wald hineinführte, war zu schmal. Das Licht wurde kräftiger, aber es war immer noch nicht ganz hell, als sie, die Füße flach aufsetzend, um auf dem sumpfigen Boden nicht zu stolpern, zwischen den Bäumen hindurchrannten.

Sie waren der See sehr nahe; sie konnten hören, wie die auflaufenden Wellen auf den Strand klatschten. Sie rochen das Salz in der Luft, vermischt mit dem Aroma der Kiefern und Tannen. Normalerweise hätte Paula diese Gerüche genossen, aber jetzt hoffte sie nur, daß sie nicht zu spät kamen.

Vor Martines Häuschen hatte es eine kurze Diskussion gegeben. Newman hatte Paula angewiesen, bei Martine zu bleiben, und sie hatte darauf bestanden, mitzukommen. Newman hatte bei der Formulierung seines Vorschlags einen Fehler gemacht.

»Es wäre besser, wenn jemand hierbleiben und Martine beschützen würde – und auf jeden Fall wäre es wesentlich sicherer für Sie, wenn Sie hier auf uns warten würden.«

»Sicherer!« brauste sie auf. »Glauben Sie etwa, ich wäre nicht mehr als ein Passagier? Jemand, den Sie aus dem Zug werfen können, sobald es so aussieht, als könnte die Fahrt riskant werden? Sie vergeuden nur Ihre Zeit – ich komme mit.«

Newman stellte fest, daß er sich an den Weg erinnern konnte, den er beim vorigen Mal entlanggegangen war. Paula folgte ihm, und hinter ihr ging Stahl mit seiner Maschinenpistole. Butler und Nield vervollständigten die kleine Kolonne. Sie hatten festeren Boden erreicht und suchten sich ihren Weg zwischen den mächtigen Baumstämmen hindurch, als Newman eine Hand hob, um sie zum Stehenbleiben zu veranlassen.

»Wir haben den Friedhof erreicht.«

»Diese Hügel dort?« fragte Paula und biß die Zähne zusammen.

»Ja. Ich glaube, ich habe rechts von uns etwas gehört. Eine Stimme, da bin ich ganz sicher.«

»Dann muß derjenige, von dem sie kommt, am Strand sein«, bemerkte Paula. »Wir sollten keine Sekunde verlieren...«

Sie schlichen zwischen den Bäumen hindurch voran, Newman in der Mitte, Paula zu seiner Linken und Stahl zu seiner Rechten. Butler und Nield folgten ihnen. Alle hielten ihre Waffen in der Hand. Plötzlich endete der Wald. Sie waren im Freien, und unterhalb von ihnen erstreckte sich die bleierne See, aufgewühlt von den endlosen Wellen, die auf den Strand rollten.

Paula hätte fast aufgeschrien vor Entsetzen und schlug schnell die linke

Hand vor den Mund. Sie standen auf einer Anhöhe aus feinem Sand. Unterhalb von ihnen erstreckten sich Dünen nach Süden, die in einiger Entfernung ziemlich hoch waren. Doch es war die Szene auf dem Strand unter ihnen, die Paula entsetzt hatte.

Ein Leutnant stand aufrecht da, mit verbundenen Augen; die Hände waren hinter seinem Rücken an einen in den Strand gerammten Pfosten gebunden. Sechs Meter von ihm entfernt standen zehn Soldaten mit Gewehren. Ein Stück beiseite und in der Mitte zwischen dem Ziel und den Männern mit den Gewehren stand ein weiterer Mann mit einer Pistole in der Hand.

»Mein Gott!« flüsterte Paula. »Es ist ein Erschießungskommando. Sie wollen Leutnant Berthier erschießen.«

»Und ich kenne den Kerl, der uns den Rücken zuwendet. Sergeant Rey. Er wird für den *coup de grâce* sorgen. Nachdem das Kommando Berthier erschossen hat.«

»Können wir sie nicht daran hindern?«

Während sie sprach, erhob Rey die Stimme und nahm eine kommandierende Haltung ein.

»Legt an...«

Die Gewehrläufe hoben sich, als Newmans Stimme losbrüllte. Im gleichen Augenblick hob Stahl seine Maschinenpistole.

»Keine Bewegung, Sergeant Rey! Wir können Sie alle in Sekunden niederschießen. Hier ist der Beweis...«

Stahl betätigte den Auslöser, und die Maschinenpistole beharkte den Strand dicht vor den Füßen des Erschießungskommandos.

Feiner Sand spritzte in die Gesichter der Soldaten. Sie erstarrten im Akt des Anlegens ihrer Gewehre und sahen aus wie ein Tableau von Wachsfiguren. Newman brüllte abermals.

»Sergeant Rey! Befehlen Sie ihnen, die Waffen fallen zu lassen. Sofort!«

Stahl zielte abermals. Kugeln landeten nur wenige Zentimeter vor Reys Füßen. Er erstarrte und gab den Befehl. Zehn Gewehre fielen auf den Sand. Zum dritten Mal brüllte Newman einen Befehl.

»Sergeant Rey! Lassen Sie Ihre Pistole fallen. Sofort!«

Rey, der immer noch nicht wagte, sich umzudrehen, gehorchte. Newman erteilte ihm eine weitere Anweisung.

»Befehlen Sie Ihren Leuten, sich auf den Bauch zu legen. Fächerförmig – wie die Speichen eines Rades. Ein Mann mit dem Kopf nach außen, der nächste mit dem Kopf zur Nabe. Los.«

Rey gab den Befehl. Den Soldaten mußte dreimal gesagt werden, was er verlangte. Newmans Taktik bestand darin, daß das Gesicht eines Mannes

zwischen den Stiefeln seiner Nebenmänner lag. Auf diese Weise konnten sie sich nicht miteinander verständigen.
»Nehmen Sie ihnen die Waffen ab, Pete«, flüsterte Newman Nield zu. »Und passen Sie auf, daß Sie Stahl nicht in die Schußlinie kommen – für den Fall, daß jemand übermütig werden sollte.«
Nield griff sich zuerst Reys automatische Pistole, holte das Magazin heraus und schoß die im Lauf befindliche Kugel in die Luft. Dann sammelte er die Gewehre ein und häufte sie in einiger Entfernung von den Soldaten und dicht an der Brandungsgrenze an. Er nahm ein Gewehr nach dem anderen zur Hand, zog sämtliche Verschlüsse heraus und warf sie dann, so weit er konnte, ins Meer hinaus.
»Durchsuchen Sie Rey nach weiteren Waffen«, rief Newman.
»Sauber«, berichtete Nield, nachdem er den Mann durchsucht hatte, dessen Gnomengesicht wutverzerrt war.
»Rey«, befahl Newman, »jetzt binden Sie Leutnant Berthier von diesem barbarischen Pfosten los. Nield, Sie begleiten ihn mit schußbereiter Waffe.«
Als die beiden Männer den Gefangenen erreicht hatten, legte sich eine unheimliche Stille über die Szene. Nur das friedliche Auflaufen der Wellen auf den Strand war zu hören. Berthier lockerte die schmerzenden Hände, streckte die Arme und ging dann mit erstaunlicher Festigkeit auf Newman zu.
»Behalten Sie Rey, wo er ist«, wies Newman Nield an.
Er vermochte sich den verstohlenen Ausdruck nicht zu erklären, der auf Reys bösartigem Gesicht erschienen war. Als wartete er auf etwas. Berthier trat vor Newman.
»Gott sei Dank! Sie haben mir das Leben gerettet. Sie sind über mich hergefallen, als ich in einem der Schlauchboote saß. Es ist mir gelungen, in Paris anzurufen«, fuhr er leise fort, »kurz bevor wir an Bord gingen. Habe gesagt, ich müßte mit meiner Freundin sprechen. Dann habe ich die Fahrt der Schlauchboote hierher verzögert, bevor sie mich packten. Ich habe immer wieder behauptet, ich sähe die Lichter von Schiffen – was bedeutete, daß wir unsere Lichter löschen und anhalten mußten.«
»Sie haben in Paris angerufen? Mit wem haben Sie...«
Weiter kam Newman nicht. Rey brüllte mit höchster Lautstärke.
»Keine Bewegung. Laßt eure Waffen fallen, sonst werdet ihr über den Haufen geschossen.«
Nachdem er seine Drohung ausgesprochen hatte, ließ sich Rey auf den Strand fallen. Newman warf einen Blick hinter sich. Zwölf weitere Soldaten

waren aus dem Wald gekommen, und die meisten von ihnen hielten automatische Waffen in der Hand, die auf Newman und seine Begleiter gerichtet waren. Zwei von ihnen trugen Schaufeln über der Schulter. Stahl erstarrte. Newman warnte ihn rasch.

»Nicht, Egon. Wir würden umgelegt. Lassen Sie sie fallen. Die sind in der Überzahl.«

Newman verfluchte sich selbst wegen seiner Unvorsichtigkeit. Als sie über den Friedhof geeilt waren, hatte er bemerkt, daß sich kürzlich jemand an den Hügeln zu schaffen gemacht hatte, die Tatsache aber kaum registriert, weil er es so eilig gehabt hatte, den Strand zu erreichen.

Jetzt war offensichtlich, daß ein weiteres Kommando damit begonnen hatte, das Beweismaterial zu beseitigen, als die Männer Newmans Team kommen hörten. Sie mußten sich in den Wald zurückgezogen haben, um zu beobachten, wer da kam. Und Rey trug jetzt die Uniform eines Hauptmanns. Der Mann mit dem Gnomengesicht folgte Nield, der sich mit erhobenen Händen zu den anderen gesellte. Rey grinste, ließ schlechte Zähne sehen, dann musterte er Paula.

»Wir werden eine Menge Spaß mit dir haben, bevor sechs weitere Leichen im Meer versenkt werden. Und Sie, Berthier, werden langsamer sterben.«

Im Atlantique in Arcachon wurde die Tür von Moshe Steins Zimmer aufgerissen, und zwei grimmig dreinschauende Männer in Trenchcoats starrten ihn an. Der kleinere von ihnen richtete eine Luger auf Steins Brust. Der größere, schwerer gebaute schien das Kommando zu haben.

»DST. Moshe Stein? Kommen Sie mit. Zum Verhör.«

»Wo? Und warum, wenn ich fragen darf?«

»Dürfen Sie nicht.« Der größere Mann trat vor und versetzte ihm mit der geballten Faust einen Schlag ins Gesicht. Der Ring an seinem Finger zerschnitt Moshe die Lippe. »Sie kommen einfach mit, Sie dreckiger Jude, und halten Ihr ungewaschenes Maul.«

Beide Männer ergriffen einen Arm, zerrten ihn zur Tür und die Treppe hinunter. Die Treppe war eng, deshalb ging der größere Mann, einen Arm haltend, voraus, und sein Begleiter folgte ihm, gleichfalls einen Arm haltend und ihn dabei verrenkend. Der Abstieg war schmerzhaft. Kein Portier hinter dem Tresen, stellte Moshe fest. Sie zerrten ihn auf die Straße hinaus und auf ein wartendes Auto zu.

Einundfünfzigstes Kapitel

In Dunwich hätte niemand die wohlbekannte Gestalt von Lord Dawlish erkannt, als er, nur halb so schnell wie gewöhnlich, am Strand entlangging. Er trug Gummistiefel und eine Matrosenjacke unter Ölzeug, dessen Kapuze er über den Kopf gezogen hatte.

Er war unterwegs zu dem auf den Strand hochgezogenen großen Schlauchboot, und er hatte sich als Seemann verkleidet, damit kein Einheimischer merkte, daß er an Bord ging, was er vor dem Ablegen der *Steel Vulture* häufig tat.

Seine Miene veranlaßte die Männer in dem Schlauchboot, ihn nicht anzusprechen, als er sich im Heck niederließ. Der Außenbordmotor wurde gestartet, nachdem mehrere kräftige Seeleute das Boot ins Wasser geschoben hatten und dann an Bord gesprungen waren.

Das Schlauchboot rauschte im Nieselregen über die See. Die Atmosphäre war so dunstig, daß es mehrere Minuten dauerte, bis der Katamaran in Sicht kam – Wetterbedingungen, die Dawlish sehr zusagten. Nach Einbruch der Dunkelheit würde die *Vulture*, entgegen allen Vorschriften ohne Positionslichter, ablegen, ohne daß irgend jemand in Dunwich es bemerkte.

Sobald er an Bord gegangen war, beorderte er Kapitän Santos in seine Kabine, zog sein tropfnasses Ölzeug aus und streckte es dem Kapitän entgegen.

»Nehmen Sie das und lassen Sie es trocknen. Wir können heute abend auslaufen? Wehe Ihnen, wenn die Antwort nicht ja lautet.«

»Señor, ich bin überaus glücklich, Ihnen mitteilen zu können, daß wir mit dem Laden fast fertig sind...«

»Fast?«

»Und daß es heute abend beendet sein wird. Ganz bestimmt, Señor. Ich gebe Ihnen mein Wort darauf.«

»Ich nenne Ihnen den Bestimmungsort, wenn Sie endlich zu Rande gekommen sind. Und jetzt verschwinden Sie. Und teilen Sie ein paar Tritte aus, damit die Leute schneller arbeiten.«

Sobald er wieder allein war, öffnete er den Wandsafe, entledigte sich der Matrosenjacke und löste den dicken Geldgürtel, den er um die Taille trug. Er entnahm ihm Stapel von französischen und Schweizer Banknoten, allesamt große Scheine. Als er den Safe wieder geschlossen hatte, lag ein Vermögen darin.

Als nächstes holte er aus seiner Brieftasche die Botschaft, die er bereits vor dem Verlassen von Grenville Grange verschlüsselt hatte. Er ließ sich vor

dem Sender nieder und übermittelte die Nachricht, die von der Antenne neben dem Radar auf der Brücke ausgestrahlt wurde. Entschlüsselt, war die Botschaft simpel.
Erwartete Lieferung trifft morgen am vereinbarten Ort ein. Geld und Material. Vermutliche Ankunftszeit 0800 Uhr. Oiseau.
»Gerade rechtzeitig zum Frühstück in Arcachon«, murmelte Dawlish.

In seinem Hauptquartier las General de Forge die entschlüsselte Botschaft von *Oiseau*, die Lamy ihm gerade gebracht hatte. Er faltete seine kräftigen Hände und musterte seinen Nachrichtenoffizier wortlos. Lamy zwang sich, nicht auf seinem Stuhl herumzurutschen. Auch das war eine beliebte Taktik von de Forge – seine Untergebenen mit Schweigen einzuschüchtern. Er hatte eine Maxime, die er manchmal bei Sitzungen des *Cercle Noir* äußerte, dessen letzte Sitzung heute abend stattfinden würde. Die Maxime war typisch für den General. »Es gibt zwei Methoden, Menschen zu beherrschen. Durch Liebe oder durch Angst. Ich ziehe die Angst vor.«
»Lamy«, sagte er schließlich, »Sie müssen eine Antwort senden. Warnen Sie ihn, daß wir festgestellt haben, daß Flugzeuge über der Küste patrouillieren. Er soll weit draußen in der Biskaya einen großen Bogen machen. Morgen schlagen wir los.«

Newman war von einer kalten Wut erfüllt. Die Soldaten beäugten Paula erwartungsvoll. Rey sah seinen Ausdruck und grinste abermals. In seinen Augen funkelte lüsterne Bösartigkeit. Er tippte Newman auf den Arm.
»Sie dürfen zusehen. Bevor wir Sie erschießen. Und dann sie.«
Newman warf einen Blick auf Berthier und hätte fast die Stirn gerunzelt. Rey entschied, welcher der Soldaten Paula als erster bekommen sollte. Berthier hatte verstohlen auf die Uhr geschaut. Dann wurde seine Miene ausdruckslos.
Es war dieser Moment, in dem Newmans scharfes Gehör das Geräusch von Motoren wahrnahm, die sich mit hoher Geschwindigkeit näherten. Binnen Sekunden übertönte das Motorengeräusch einer ganzen Flotte von Hubschraubern das Rauschen der Brandung. Die Alouettes erschienen über den Baumwipfeln wie ein Schwarm metallener Vögel. Etliche davon verschwanden außer Sichtweite; Newman vermutete, daß sie auf einer Lichtung landeten.
Weitere Hubschrauber flogen parallel zur Küste nach Süden, und zwar ganz tief. Sie landeten auf dem Sand, und Massen von CRS-Leuten in Ledermänteln und mit automatischen Waffen sprangen heraus.

Aus der ihnen am nächsten stehenden Maschine feuerte ein drehbares Maschinengewehr eine Warnsalve ab, die den Sand aufspritzen ließ. Eine vertraute Gestalt sprang heraus, rannte mit einer Eskorte von CSR-Männern zu der Stelle, an der die Gruppe stand. Lasalle.
»Ergebt euch!« Der Befehl war laut und durchdringend. »Laßt eure Waffen fallen, sonst werdet ihr allesamt niedergeschossen.«
Rey, von seinen bisherigen Gefangenen abgeschirmt, versuchte zu flüchten und rannte in den Wald. Newman folgte ihm. Seine Füße hämmerten auf den Boden; er war verblüfft, wie schnellfüßig der widerwärtige Typ mit dem Gnomengesicht war. Vor ihm flüchteten weitere Soldaten.
Sie blieben abrupt stehen. Hinter jedem der dicken Baumstämme – so kam es Newman jedenfalls vor – hatte ein CRS-Mann gestanden, der jetzt hervortrat und seine automatische Waffe hob. Die Soldaten blieben wie angewurzelt stehen. Rey wurde langsamer, blieb stehen, suchte verzweifelt nach einem Fluchtweg. Es gab keinen.
Rey hörte das Hämmern von Newmans Füßen, drehte sich um. Er griff nach seiner Pistole, die nicht mehr in ihrem Holster steckte. Newmans Faust landete mit gewaltiger Kraft auf Reys Kiefer und brach ihn. Rey sackte gegen einen Baumstamm.
»Das wolltest du einer Frau antun!« Newman war außer sich. Er packte Rey bei der Kehle, begann ihn zu würgen, während Reys Fäuste hilflos gegen seine Brust hämmerten. Lasalle und Paula hatten ihn eingeholt. CRS-Männer ergriffen Newman, zerrten ihn von Rey fort, der zusammensackte.
»Er ist es nicht wert, daß Sie sich an ihm die Hände schmutzig machen«, sagte Paula mit eiskalter Stimme. »Sie haben genug getan.«
Berthier erschien neben Paula. Er gab Lasalle die Hand, dankte ihm.
»Was ist passiert?« fragte Newman schwer atmend.
Dann erinnerte er sich, daß er vor einer Ewigkeit Paris über die Lage des Begräbnisplatzes informiert hatte. Berthier gab auch Newman die Hand.
»Ich sagte Ihnen doch, daß ich in Paris angerufen habe. Ich habe Lasalle mitgeteilt, daß sie die Beweise für ihre mörderischen Taten vernichten wollten.«
»Und damit haben Sie sich – und uns – gerettet«, bemerkte Newman und wischte sich mit dem Taschentuch das Blut von den Knöcheln.
»Sie müssen ihm den Knochen zerschmettert haben«, stellte Paula nach einem Blick auf den bewußtlosen Rey fest.
»Alle, hoffe ich«, erklärte Newman wütend.
»Wir müssen die restlichen Killer festnehmen«, sagte Lasalle. »Und wo ist Ihre Zeugin?«

»Geben Sie uns zehn Minuten, dann bekommen Sie sie...«
»Wo ist sie?«
»In St. Girons.«
»Also fliegt eine unserer Alouettes dorthin. Sie nimmt Ihre Zeugin an Bord und bringt Sie alle nach Paris.«
»Ich möchte mit meinem Team nach Arcachon zurückkehren«, sagte Newman entschlossen.
»Also« – Lasalle streckte die Hände aus – »fliegt die Alouette Sie nach St. Girons, die Zeugin geht an Bord, die Alouette bringt Sie nach Arcachon und setzt dann mit der Zeugin, die Navarre dringend braucht, ihren Flug nach Paris fort.«
»Einverstanden.« Newman deutete auf die zusammengesackte Gestalt von Rey, der sich jetzt stöhnend bewegte. »Was tun wir mit dem da? Er wollte Berthier umbringen, befehligte ein Erschießungskommando. Wir kamen gerade noch rechtzeitig.«
»Er wird zum Verhör nach Paris gebracht. Er wird auspacken. Das tut diese Sorte immer. Kommen Sie mit...«
Sie folgten ihm zurück an den Strand, an CRS-Leuten vorbei, die Soldaten Handschellen anlegten. Paula war erleichtert, als sie wieder die frische Luft am Strand atmen konnte. Stahl hatte ihre Waffen eingesammelt, händigte sie ihren Besitzern wieder aus, einschließlich Paulas Browning.
Lasalle führte sie zu der Alouette hinter der Maschine, mit der er selbst gekommen war. Er reichte jedem der Einsteigenden die Hand – Berthier, Newman, Stahl, Butler und Nield. Paula hatte er bis zuletzt aufgehoben, und sie umarmte er, bevor sie sich zu den anderen gesellte.
»Das muß für Sie ein grauenhaftes Erlebnis gewesen sein«, sagte er zu ihr.
»Es war ein bißchen ungemütlich«, gab sie zu.
Er spürte, wie sie zitterte, obwohl sie lächelte. Die Reaktion setzte ein. Sie warf noch einen letzten Blick nach Süden, wo die hohen Dünen aufragten, wo die See anrollte und wieder zurückwich, bevor eine weitere Welle anbrandete. Eine idyllische Szene – hinter der sich so viel Grauenhaftes verbarg. Sobald sie eingestiegen war, wurde die Tür geschlossen, die Rotoren begannen zu wirbeln, und die Maschine stieg auf.

Vor dem Atlantique war Moshe Stein zu dem auf der anderen Straßenseite wartenden Wagen gezerrt worden. Ein darin sitzender Mann stieß eine der hinteren Türen auf. Der größere der beiden Männer packte Moshe beim Genick, war im Begriff, ihn hineinzustoßen.
Plötzlich das Kreischen von Gummi auf dem Straßenpflaster, von abrupt

bremsenden Wagen. Vier Citroëns hielten mit militärischer Präzision an – einer verstellte dem Wagen, in den Moshe gerade hineinbefördert werden sollte, den Weg, ein zweiter hatte sich hinter ihn gestellt. Zwei weitere Wagen hielten auf der anderen Straßenseite an, und Männer in Zivil mit automatischen Waffen sprangen heraus. Ein schlanker Mann mit einem schmalen Schnurrbart kam mit den Händen in den Taschen seines Trenchcoats auf den blockierten Wagen zu.
»DST. Keine Bewegung. Meine Leute haben Befehl, beim ersten Anzeichen von Widerstand von ihren Waffen Gebrauch zu machen.«
»*Wir* sind von der DST«, protestierte der Mann, der Moshe geschlagen hatte.
Der schlanke Mann warf einen Blick auf das Mantelrevers des Protestierenden. Er grinste humorlos, als der Mann ihm seinen Ausweis zeigte. Er warf einen Blick darauf, hielt ihn gegen das graue Licht, schüttelte den Kopf.
»Eine Fälschung. Und das ist ein weiteres Vergehen.« Er warf einen Blick auf Moshes blutenden Mund. »Wer hat Sie geschlagen?«
»Spielt das eine Rolle? Gewalttätigkeit ist die einzige Sprache, die diese Leute verstehen.«
»Sie sind Moshe Stein? Gut. Und ich bin ganz Ihrer Meinung. Bitte, kommen Sie mit.«
Er brachte ihn außer Hörweite der drei falschen DST-Männer und führte ihn zu dem zweiten der an der anderen Straßenseite wartenden Wagen. Er öffnete die hintere Tür, hielt Moshe aber zurück, als dieser einsteigen wollte.
»Sie werden unter Bewachung nach Paris geflogen, wo Sie, soweit ich informiert bin, dringend als Zeuge für Greueltaten gebraucht werden. Da wir gerade von Greueltaten reden – ich bestehe darauf, daß Sie mir sagen, wer Sie geschlagen hat.«
Moshe zuckte die Achseln. »Wenn Sie es unbedingt wissen wollen – es war der Große. Und vielleicht sollte ich das nicht fragen, aber ich bin neugierig. Woher haben Sie gewußt, daß diese Männer keine echten DST-Beamten waren?«
»Da Sie nach Paris fliegen, kann ich es Ihnen sagen. Es war eine Idee von meinem Chef. Weil er wußte, daß sich etliche Männer für DST-Leute ausgeben, hat er uns angewiesen, an unseren Revers Stecknadeln mit blauen Köpfen zu tragen.«
»Clever.« Erst jetzt bemerkte Moshe die Stecknadel.
Der schlanke Mann schloß die Tür, der Wagen fuhr davon. Er winkte dem hochgewachsenen Mann, öffnete die hintere Tür des ersten Wagens. Der

Gefangene funkelte ihn wütend an, senkte den Kopf, um einzusteigen. Der schlanke Mann packte ihn beim Kragen, zerrte ihn zurück und rammte ihn dann vorwärts, so daß sein Gesicht gegen den Türrahmen prallte. Der Gefangene brüllte vor Schmerz. Sein Mund und sein Kinn waren blutüberströmt, und er hatte drei Zähne verloren.
»Ts, ts«, sagte der schlanke Mann mitfühlend und bewegte einen Fuß über die nasse Straße. »Es ist mächtig glatt. Sie hätten besser aufpassen sollen.«

Marler war mit seiner Tasche aus einer von Paris kommenden Inlandsmaschine ausgestiegen. Er ging durch die Halle, als er sah, wie ein paar Soldaten zwei Tramper anhielten. Er änderte sofort seine Richtung, trat an einen Kiosk, kaufte eine Zeitung.
Er schloß sich einer Gruppe an, die zu einem Abflugsraum unterwegs war. Als er zurückschaute, sah er, daß die Soldaten die Tramper zu einer Bank führten, wo sie ihre Rucksäcke absetzen mußten, damit sie durchsucht werden konnten. Die Soldaten waren beschäftigt.
Er rückte seine Baskenmütze zurecht, machte kehrt und verließ das Flughafengebäude. Der Wagen, den er von Paris aus bestellt hatte, wartete auf ihn. Ein Peugeot. Er wies sich aus und zahlte einen großzügig bemessenen Betrag, der vermuten ließ, daß er den Wagen mehrere Tage lang brauchen würde, und fuhr davon.
Eine Weile zuvor hatte er, in seinem Zimmer in der Nähe der Rue du Bac wartend, über sein Mobiltelefon weitere Anweisungen von Tweed erhalten.
»Verstärken Sie den Druck, soweit Sie nur können. Wir haben nicht mehr viel Zeit.«
»Keine Sorge. Ich habe eine neue Idee«, hatte Marler seinem Chef versichert. »Ich werde die Schraube ganz fest anziehen...«

Kalmar saß in einem Wohnwagen, gut versteckt in einem Wald außerhalb von Arcachon, trank Kaffee und studierte eine Karte des Hafens. Der Kaffee war stark und schwarz und half ihm, seine Fassung zurückzugewinnen. Er hatte einen ernüchternden Schock erlitten.
Er hatte Moshe Stein im Atlantique aufgespürt und war unterwegs gewesen, um den Juden zu erledigen. In der Nähe des Hotels angekommen, hatte er sein Motorrad in einer schmalen Gasse abgestellt. Das Fluchtfahrzeug immer in bequem erreichbarer Nähe des Hauses oder der zeitweiligen Unterkunft des Opfers abzustellen, war seine Regel. Aber nicht so nahe, daß Passanten es sehen und sich später daran erinnern konnten.

Er rauchte eine Gauloise und rief sich die Szene wieder vor Augen. Er war dem Hotel sehr nahe gewesen, angetan mit einem Trenchcoat von der Art, wie sie die in der Stadt herumlaufenden falschen DST-Leute trugen. Er hatte gesehen, wie sein vorgesehenes Opfer, Moshe Stein, aus dem Hotel gezerrt wurde, und war stehengeblieben und hatte sich gebückt, als wollte er einen gelösten Schnürsenkel wieder zubinden. Dann waren die anderen Wagen erschienen, und andere Männer waren herausgesprungen.
Kalmar war ein Profi und deshalb ein guter Beobachter. Bevor er kehrtmachte, hatten seine scharfen Augen das Glitzern eines blauen Stecknadelkopfes am Revers von einem der Neuankömmlinge registriert. Die Männer, die Stein herausgeholt hatten und offensichtlich von den Neuankömmlingen verhaftet wurden, hatten keine solchen Stecknadeln an den Revers getragen.
Kalmar war gegangen. Er wußte, wo es einen Laden gab, in dem Kurzwaren verkauft wurden. Natürlich gab es dort auch Stecknadeln mit blauen Köpfen. Er hatte ein halbes Dutzend davon gekauft, und jetzt trug er eine davon im Revers seines Trenchcoats. Er tat einen weiteren Zug an seiner Gauloise, dann faltete er die Karte zusammen. Als nächste war Paula Grey an der Reihe, die aus Arcachon verschwunden war. Sein Instinkt sagte ihm, daß sie bald zurückkommen würde.

Zweiundfünfzigstes Kapitel

Navarre hielt in seinem Büro im Innenministerium einen Kriegsrat ab, an dem nur Tweed und Kuhlmann teilnahmen. Die drei Männer trafen die letzten Entscheidungen.
»Lasalle hat sich gemeldet«, informierte Navarre seine beiden Vertrauten. »Die Nachricht war kurz. Der Begräbnisplatz wurde gefunden; Soldaten waren im Begriff, die Leichen zu beseitigen. Die beiden Zeugen, Moshe Stein und die alte Frau, sind hierher unterwegs.«
»Eine alte Frau?« fragte Kuhlmann. »Ist die als Zeugin zu gebrauchen?«
»Lasalle sagt, sie kann de Forge nicht ausstehen und hat außerdem ihre fünf Sinne beieinander.«
»Was ist mit meinen Leuten?« fragte Tweed.
Navarre fuhr sich mit einer Hand durch sein dunkles Haar. Sein mageres Gesicht strahlte Energie und Entschlossenheit aus.
»Entschuldigung. Das hätte ich zuerst sagen sollen. Newman, Paula Grey und der Rest Ihres Teams sind wohl und munter. Sie kehren nach Arcachon

zurück. Offenbar sind sie der Ansicht, daß dort etwas Wichtiges passieren wird.«
»Der Ansicht bin ich auch«, erklärte Tweed. »Was ist mit den Luftpatrouillen über der Biskaya?«
»Sie fliegen Tag und Nacht.« Navarre wendete sich an Kuhlmann. »Ich hätte Ihnen sagen müssen, daß auch Ihr Agent Stahl in Sicherheit ist. Er hat sich Newmans Team angeschlossen.«
»So kurz war die Nachricht also nicht«, bemerkte Tweed.
»Oh, Lasalle pflegt sich in einer Art Kurzschrift auszudrücken. Er kann mit wenigen Worten sehr viel sagen. Haben Sie inzwischen neue Informationen über Siegfried, Kuhlmann?«
Der Deutsche bedachte Tweed mit einem verständnisvollen Lächeln. »Mein Informant hat berichtet, daß er bald ihre Standorte haben wird. Bald.«
»Und die Saboteure, die de Forge in Paris eingeschleust hat?« fragte Tweed. »Ist es Ihnen gelungen, Sturmhauben zu besorgen?«
»Ja«, erwiderte Navarre. »Wir haben inzwischen kleine, mobile CSR-Einheiten an allen möglichen Gefahrenpunkten stationiert. Das war ein kluger Einfall von Ihnen, Tweed. Die Sturmhauben.«
»Ich habe lediglich Lasalles brillante Idee mit den blauen Stecknadeln zur Unterscheidung zwischen echten und falschen DST-Leuten übernommen.«
»Der Schlüssel zum Sieg über de Forge«, fuhr Navarre fort, wobei er Kuhlmann ansah, »ist die genaue zeitliche Abstimmung der beiden Schläge. Des unseren gegen die Saboteure in Paris und des Ihren gegen Siegfried in Deutschland.«
»Der Schlag gegen Siegfried sollte zuerst erfolgen«, meinte Tweed. »Und zwar nach Möglichkeit nur ein paar Stunden zuvor. Der zeitliche Ablauf muß haargenau stimmen.«
»Ich bin bereit. Und ganz Ihrer Meinung«, sagte Kuhlmann.
»Also können wir im Augenblick nichts tun, als auf Nachricht von Lasalles Attacke gegen den *Cercle Noir* zu warten«, stellte Navarre fest.
Sie bedienten sich der Sprache, die sie alle verstanden: Englisch. Tweed erhob sich, warf einen Blick auf die Uhr an der Wand.
»Ich warte auf gar nichts. Soweit ich weiß, steht ein Hubschrauber bereit, der mich nach Arcachon bringen kann. Ich möchte sofort abfliegen. Was sich dort tut, wird darüber entscheiden, ob wir gewinnen oder verlieren...«

General de Forge wanderte hinter seinem Schreibtisch hin und her. Lamy beobachtete ihn. Es war ungewöhnlich, daß der General so nervös war; normalerweise war er kalt wie Eis. Er vermutete, daß ihm die Anrufe von *Manteau* auf die Nerven gingen.
»Ich habe auf Sie gewartet, Lamy«, sagte de Forge grimmig. »Ich stand gerade an der Tür dieses Gebäudes und fragte mich, wo zum Teufel Sie stecken mögen, als ich sah, wie Sie auf einem Motorrad ankamen.«
»Ich hatte einen weiteren dringenden Anruf von der Frau, mit der Kalmar zusammenarbeitet. Ich mußte wie ein Wilder zu einer Telefonzelle bei einem einsamen Dorf in den Bergen fahren. Das Telefon begann in dem Augenblick zu läuten, in dem ich ankam.«
»Was wollte sie?«
»Geld natürlich. Er gedenkt, seinen Auftrag hinsichtlich Paula Grey auszuführen, sobald er sie ausfindig gemacht hat. Aber er will unbedingt Geld sehen.«
»Wie Sie wissen, soll morgen eine große Summe eintreffen.«
»Außerdem sagte Kalmar, daß Siegfried inzwischen in ganz Deutschland Stellung bezogen hat.«
»Und ich hoffe, Sie haben ihn darauf hingewiesen, daß er im Lauf der nächsten Stunden damit zu rechnen hat, daß wir ihm das Signal zum Losschlagen übermitteln?«
»Wie Sie befohlen haben. Er steht zur Verfügung, und ich kann ihn über die Geheimnummer der Frau erreichen.«
»Und dann«, sinnierte de Forge, »werden wir erleben, wie Deutschland von explodierenden Autobomben erschüttert wird. In dem Augenblick, in dem die Augen der Weltöffentlichkeit auf Deutschland gerichtet sind, schlagen wir zu. Es wird eine Modellkampagne sein, Lamy.«
»Die Sie ganz allein schon vor Monaten geplant haben. Bis zu den Aktionen im Stil des Ku-Klux-Klan, den Feuerkreuz-Ausschreitungen in allen großen Städten des Südens. Nicht nur eine Modellkampagne – eine einzigartige Kampagne.«
»Sie schmeicheln mir doch nicht grundlos...?«
De Forge brach ab, als er hörte, wie sich draußen eilige Schritte näherten. Jemand hämmerte wie ein Besessener an die Tür. De Forge nickte, und Lamy ging zur Tür und öffnete sie. Draußen stand der Sergeant der Wache, verängstigt und nach Atem ringend.

Der Zwischenfall hatte sich Minuten zuvor ereignet. Auf de Forges Befehl hin waren die Posten am Haupteingang verdoppelt worden. Vor dem Tor

patrouillierten sechs Soldaten zu Fuß, alle mit schußbereiten automatischen Waffen in der Hand.
Auf dem Grasbankett stand ein Panzer, dessen langes Geschützrohr auf die Straße nach Bordeaux zielte. Jetzt, da die Stunde Null nahe war, erschien es dem General angezeigt, sein Hauptquartier strenger bewachen zu lassen.
Es war ein für die Jahreszeit ungewöhnlich heller Nachmittag. Auf der dem Tor gegenüberliegenden Straßenseite war alles Unterholz gerodet worden. Bäume waren gefällt und weggeräumt worden. Es gab nur noch flaches Gelände, über das sich niemand dem Hauptquartier nähern konnte, ohne gesehen zu werden.
Hier und dort erhoben sich niedrige, mit Felsbrocken übersäte Hügel aus der Ebene, die sich bis zum Horizont erstreckte. Hinter den Hügeln durchzogen tiefe Rinnen die Landschaft; einige von ihnen bildeten das Bett kleiner Flüsse. Es war eine hübsche und friedliche Szenerie.
Peng! Der erste Gewehrschuß zerriß die Stille. Ein Soldat ließ seine Waffe fallen, starrte auf seine blutüberströmte Hand. Der nächste Schuß. *Peng!* Ein weiterer Soldat verlor seine Waffe, betrachtete fassungslos seine blutverschmierten Knöchel. *Peng!* Eine dritte Waffe fiel auf die Straße. Der Soldat wurde vor Schreck ohnmächtig.

Nachdem er den Bericht des Sergeanten über den Zwischenfall gehört hatte, machte sich de Forge ungeachtet der Warnung des Mannes auf den Weg zum Tor. »Sie könnten es auf Sie abgesehen haben, *mon général...*«
An Mut hatte es de Forge nie gefehlt. Die Proteste ignorierend, marschierte er auf das Tor zu, gab mit einem Handschwenken Befehl, es zu öffnen, trat auf die Straße hinaus.
Er betrachtete die Hände der drei Männer, die getroffen worden waren, auch die des Soldaten, der ohnmächtig geworden war, aber zu seinem Glück das Bewußtsein zurückerlangt hatte und aufgestanden war, bevor der General eintraf. De Forge wendete sich an Lamy, der ihm gefolgt war. »Wieder Präzisionsarbeit. Wie bei der Kugel, die mich in meinem Wagen nur um Zentimeter verfehlte...«
»Ich verstehe nicht...«
De Forge führte ihn beiseite, damit niemand mithören konnte. »Dann sind Sie dämlich. Bei diesen drei Männern wurden lediglich die Knöchel angeschrammt – wodurch sie gezwungen waren, die Waffen fallen zu lassen. Höchst bemerkenswert. Ich wollte, wir hätten Leute, die so schießen können...«
Er brach ab, starrte hinaus in die Landschaft und zu den mit Felsbrocken

übersäten Hügeln. De Forge stand im Ruf, einen schärferen Blick zu haben als jeder seiner Untergebenen. In der windstillen Luft stieg von einer der Hügelkuppen eine Rauchsäule auf. De Forge wies darauf.
»Von dort aus hat er geschossen. Untersuchen Sie die Stelle, Lamy.«
»Ja, General. Ich steige in einen Panzerspähwagen und nehme eine Eskorte mit.«
»Tun Sie das, Lamy.« De Forge grinste. »Nur kein Risiko eingehen...«
Eine Stunde später betrachtete de Forge seinen Plan für den Marsch auf Paris. Als Lamy eintrat, faltete er ihn schnell zusammen und legte ihn in den Safe.
»Sie haben es also überlebt«, bemerkte de Forge, nachdem er sich wieder auf seinem Stuhl niedergelassen hatte.
»Das Feuer wurde von jemandem angezündet, der Holz und Reisig gesammelt hatte. Wir haben auch die Umgebung durchsucht und in einer der Rinnen die Spuren eines Motorrads gefunden. Und das hier.«
Lamy brachte etwas hinter seinem Rücken hervor, legte es auf den Schreibtisch und setzte sich. Es war ein großes, zusammengeknülltes Stück Stoff. De Forge breitete es auf seinem Schreibtisch aus. Es war ein graues Cape. Als er es betrachtete, überlief ihn ein leises Schaudern.

Als das Telefon läutete, wußte de Forge bereits, wer anrief, noch bevor er den Hörer abgenommen hatte. Seine Miene war ausdruckslos, als er fragte, wer am Apparat war.
»Hier ist *Manteau*, General. Vorhin habe ich auf drei Ihrer Wachen geschossen. Ich beabsichtigte, ihre Knöchel anzuschrammen und sie zu zwingen, ihre Waffen fallen zu lassen. Ich glaube, es ist mir gelungen.«
»Das ist es.«
»Und das, General«, fuhr die Stimme respektvoll fort, »war der letzte Hinweis darauf, daß ich immer noch auf die Zahlung von einer Million Schweizer Franken für die Ausschaltung von Jean Burgoyne warte. Ich habe Major Lamy angerufen, um ihm Instruktionen zu geben, und er hat einfach aufgelegt. Schlechte Manieren sind mir zuwider. Und ebenso Leute, die ihren Verpflichtungen nicht nachkommen. Sie haben drei Stunden, um das in Ordnung zu bringen. Ich werde Lamy noch einmal anrufen. Danach sind Sie das Ziel.«
Die Verbindung wurde unterbrochen. De Forge legte den Hörer auf, informierte Lamy über den Inhalt des Gesprächs.
»Das war mehr als ein Verbrechen, das war ein grober Fehler, wie Talleyrand einmal gesagt hat – daß Sie einfach aufgelegt haben, als er Sie anrief.«
»Kalmar ist der Mann, mit dem wir arbeiten«, erklärte Lamy halsstarrig.

»Er ist der Mann, dem wir drei Millionen Franken dafür bezahlt haben, daß er Siegfried organisiert.«

»Was, rückblickend betrachtet, möglicherweise ein Fehler war. Diese Aufgabe einem Mann zu übertragen, von dessen Identität ich keine Ahnung habe. Sie sollten *Manteau* bezahlen, wenn er wieder anruft.«

»Wir haben das Geld nicht«, protestierte Lamy. »Wir haben gerade genug, um die Truppe zu entlohnen. Und Zahltag ist heute. In der gegenwärtigen Situation können wir es uns nicht leisten, sie nicht zu entlohnen. Also was tun wir?«

»Was tun *Sie*?« korrigierte ihn de Forge, wobei er mit träumerischem Blick über die Schulter seines Untergebenen hinwegschaute.

»Kalmar hat immer geliefert«, erklärte Lamy ebenso halsstarrig wie zuvor.

»Wer immer dieser Kalmar sein mag.« De Forge warf Lamy einen durchdringenden Blick zu. »Haben Sie schon von Hauptmann Rey gehört? Inzwischen müßte der Verräter Berthier eigentlich tot und der Friedhof geräumt worden sein.«

»Bisher noch nicht, *mon général*. Aber vielleicht scheut Rey davor zurück, in einer solchen Angelegenheit selbst eine kodierte Nachricht zu übermitteln. Es ist durchaus möglich, daß er wartet, bis er wieder hier ist, um Ihnen dann persönlich Meldung zu machen.«

»Wenn Sie meinen.« De Forge stand auf, womit er andeutete, daß Lamy entlassen war. »Und finden Sie das Geld für *Manteau*.«

»Ich weiß wirklich nicht, wo...«

Lamy brach mitten im Satz ab. De Forge verließ das Zimmer, um seine Truppen zu inspizieren.

Brand kam aus der Telefonzelle an der windgepeitschten Strandpromenade von Arcachon. Das Wetter war plötzlich umgeschlagen, und das *bassin* war eine aufgewühlte Masse; Wellen klatschten auf die Promenade. Brand warf seine Zigarette weg.

Heute hatte er die Matrosenkleidung abgelegt, die er in den letzten Tagen getragen hatte. Jetzt trug er unter seinem Trenchcoat einen blauen Blazer mit Goldknöpfen und eine graue Hose mit scharfen Bügelfalten. Auf seinem Kopf saß eine Schiffermütze. Er sah aus wie der typische britische Jachtbesitzer im Ausland.

Er eilte um eine Ecke herum in die Straße, in der er sein Motorrad abgestellt hatte. Er hatte es dazu benutzt, Arcachon überaus gründlich abzusuchen. Er schwang sich auf den Sattel, stopfte die Hosenbeine in die Stiefel, startete die Maschine und setzte seine Suche fort.

Die Alouette, die Newman, Paula, Berthier und die anderen Passagiere einschließlich ihrer Zeugin Martine transportierte, ging auf dem verlassenen Flughafen in der Nähe des *étang* südlich von Arcachon nieder. Der Wind hatte beträchtlich zugenommen, und das Wasser des Sees war aufgewühlt. Der Pilot bewies sehr viel Geschick bei der Landung, und Paula stieß einen Seufzer der Erleichterung aus, als die Kufen aufsetzten.
»Keine Spur von de Forges Truppen«, sagte sie zu Newman, als die Rotoren langsamer wurden und dann stehenblieben.
»Und zwar deshalb, weil er seine Streitkräfte im Norden massiert«, sagte Newman grimmig.
»Ich bin froh, daß wir die gräßlichen Landes hinter uns haben«, bemerkte sie.
Die Tür wurde geöffnet, kalte Luft strömte in die Maschine, die Ausstiegsleiter wurde ausgeklappt. Als sie sich dem Flugplatz näherten, hatte Newman den Renault Espace gesehen, der dort auf sie wartete. Sobald sie sich über St. Girons in der Luft befunden hatten, war Newman eingefallen, daß sie ein Fahrzeug brauchen würden. Der Kopilot hatte seine Bitte über Funk an Lasalle weitergegeben, der die Nachricht in seiner gleichfalls mit Funk ausgestatteten Alouette am Strand entgegengenommen hatte.
»Was für ein Fahrzeug soll es sein?« hatte er zurückgefunkt.
»Nach Möglichkeit ein Renault Espace. Oder irgendein anderes, das groß genug ist für uns alle.«
Er war überrascht zu sehen, daß tatsächlich ein Espace auf sie wartete. Lasalle mußte sich sehr angestrengt haben, um zu beschaffen, was er brauchte. Der Fahrer stand neben dem Wagen und hob grüßend die Hand, als sie landeten.
Newman war neben Berthier getreten. Beide standen an der offenen Tür. Newman erstarrte. Ein Trupp Soldaten, der bisher in Deckung gelegen hatte, rannte auf den Hubschrauber zu. Einer von ihnen richtete eine automatische Waffe auf die Pilotenkanzel. Paula, die Newman über die Schulter sah, zitterte.
»Großer Gott! Gerade, als ich dachte, wir wären in Sicherheit. De Forges Leute...«

Am Nachmittag traf Major Lamy in Arcachon ein. Er fuhr mit dem Citroën langsam über die Strandpromenade und hielt immer wieder an, um den Blick über die Schiffe schweifen zu lassen, die unter der Gewalt der hohen Wellen schwankten, die gegen sie anbrandeten.
Er trug die gleiche Kleidung, die er auch bei seinem Besuch in Aldeburgh

getragen hatte. Einen schäbigen Aquascutum-Regenmantel mit einer abgenutzten Gürtelschließe und darunter ein englisches Sportjackett. Auch seine Wildlederschuhe waren in England hergestellt, ebenso seine Krawatte und das gestreifte Hemd. Lamy war ein sehr gründlicher Mann.

Nachdem er die Promenade und die Umgebung des Hafens erkundet hatte, verließ er Arcachon und gelangte auf eine Straße, die am Rande des *bassin* entlangführte, nicht weit von dem Bootshaus entfernt, bei dem Jean Burgoyne ermordet worden war. In der Nähe einer breiten Helling, die über die Marsch bis an den Rand des *bassin* führte, parkte eine ganze Flotte von Lastern mit Segeltuchaufbauten in Tarnfarben. Er hielt abermals an. Einen Augenblick später stand rechts und links von seinem Wagen je ein Soldat mit einem Gewehr.

»Hier können Sie nicht weiterfahren«, sagte der Soldat neben seinem Fenster auf Französisch.

»Ich bin Engländer«, erklärte Lamy auf Englisch. »Verzeihung, aber ich verstehe kein Französisch. *Anglais.*«

»Hier halt. Hier halt«, befahl der Soldat in gebrochenem Englisch.

»Und wohin?« fragte Lamy.

»Zurück.« Der Soldat schwenkte eine Hand. »Sie fahren. *Zone militaire.*«

»Ich bitte vielmals um Entschuldigung.« Lamy lächelte unter seiner Jagdmütze. »Ich fahre zurück. Okay?«

»Okay. *Maintenant.*«

Lamy wendete auf einem Weg, der von der Straße abzweigte, winkte dem Soldaten zu, der nicht reagierte, und fuhr auf der Straße zurück nach Arcachon. Dann kreuzte er langsam in der Stadt herum, suchte geduldig eine Straße nach der anderen ab und wurde noch langsamer, wenn er an einem Fußgänger vorbeifuhr.

Auf der Brücke der *Steel Vulture*, die vor Dunwich vor Anker lag, sprach Dawlish mit Kapitän Santos. In seiner Tasche steckte die Nachricht, die ihn vor patrouillierenden Flugzeugen warnte.

»Santos, ich habe Grund zu der Annahme, daß die Küste vor Frankreich von Flugzeugen überwacht wird. Wir müssen ihnen entschlüpfen.«

»Entschlüpfen, Señor?«

»Dafür sorgen, daß sie uns nicht entdecken, Sie Idiot.«

»In diesem Fall tun wir zweierlei. Wir ändern den Kurs, halten uns weiter draußen auf See. Und wir fahren in der Nacht und erreichen Arcachon kurz nach Tagesanbruch. Bitte warten Sie einen Moment.«

Santos stapfte mit seinem Seemannsgang in den Kartenraum. Dawlish

folgte ihm ungeduldig. So etwas konnte er doch sicher in seinem dicken Schädel berechnen. Santos ließ sich nicht hetzen. Er benutzte ein Lineal, um Messungen auf seiner Karte vorzunehmen, grunzte, tippte mit dem Lineal auf die Karte.
»Ja, aber es ist nur eine grobe Schätzung. Wahrscheinlich können wir ein paar Stunden nach Tagesanbruch dort sein.«
»Dann sorgen Sie dafür, daß das der Fall ist.«
Wütend über die Verzögerung, kehrte Dawlish in seine Kabine zurück, um eine weitere Nachricht aufzusetzen, zu verschlüsseln und zu senden.

De Forge fluchte innerlich, als er die neue Nachricht von *Oiseau* las, die die reizlose Yvette ihm ausgehändigt hatte. Aber seiner Miene war keine Reaktion anzumerken. Es konnte sein, daß er den Befehl an seine Kommandeure, ihre versiegelten Orders zu öffnen, hinausschieben mußte – und das Unternehmen Austerlitz. Ich werde mit der Entscheidung bis zum letzten Moment warten, beschloß er. Dann sah er Yvette an, und ihm kam eine Idee.
»Der Abend, an dem Sie Jean Burgoyne zu dem Bootshaus gefolgt sind. Wenn ich mich recht erinnere, sagten Sie, Sie hätten im Licht der Scheinwerfer Ihres Wagens einen Mann und eine Frau gesehen.«
»Ja, *mon général*. Der Mann war Robert Newman, der Auslandskorrespondent. Ich habe ihn sofort erkannt, nach Fotos, die ich in Zeitungen gesehen habe. Und ich konnte auch die Frau deutlich sehen.«
»So deutlich, daß Sie beide wiedererkennen würden?«
»Unbedingt. Ich habe ein gutes Gedächtnis für Gesichter«, erklärte Yvette stolz. »Ich würde sie wiedererkennen.«
»Dann nehmen Sie Ihren alten Wagen und fahren Sie in Arcachon herum. Halten Sie nach ihnen Ausschau. Wenn Sie einen von ihnen – oder beide – entdecken, geben Sie mir über Funk Bescheid.« Er lächelte, und sie strahlte. »Ich verlasse mich auf Sie, Yvette.«

Von der offenen Tür der Alouette aus musterte Leutnant Berthier die Soldaten, die die Maschine umringten, und flüsterte Newman etwas zu.
»Überlassen Sie das mir. Ich glaube, ich kann uns da herausholen. Mit ein bißchen Glück.«
Berthier rückte sein Képi zurecht und stieg langsam und mit strenger Miene die Leiter hinunter. Der Anführer des Trupps, ein Sergeant, wirkte unsicher, zielte aber nach wie vor mit seiner Waffe auf Berthier.
»Richten Sie immer Ihre Waffe auf einen Offizier?« fragte Berthier ruhig.

»Wenn Sie sie nicht sofort senken, lasse ich Sie ins Wachlokal bringen und zum Gefreiten degradieren.«
»Wir haben Befehl, diesen Flugplatz zu überwachen und jeden, der hier landet, ins Hauptquartier zu bringen«, erklärte er nervös.
Berthier entschied sich für den großen Bluff. Er bezweifelte, daß de Forge seinen Befehl, ihn erschießen zu lassen, publik gemacht hatte.
»Sie erwähnten das Hauptquartier«, fuhr er ebenso gelassen wie zuvor fort. »Sie haben von Major Lamy gehört?«
»Ja, Leutnant. Er ist...«
»Nachrichtenoffizier«, beendete Berthier den Satz für ihn. »Ich bin Leutnant Berthier, Major Lamys Adjutant. Ich habe mehrere sehr wichtige Personen bei mir, die ich nach Arcachon begleiten soll. Eine geheime Mission für das Hauptquartier. Sie behindern die Ausführung eines Befehls von höchster Stelle.«
»Und wurde nicht mitgeteilt...«
»Natürlich nicht, Sie Schwachkopf.« Berthiers Stimme wurde grob. »Ich sagte schon, daß dies eine geheime Mission ist. Weshalb, glauben Sie, steht dieser Espace dort drüben und wartet auf uns? Es gibt Sperren auf der Straße nach Arcachon.«
Die letzten Worte sprach er so aus, daß sie ebenso gut eine Feststellung wie eine Frage sein konnten.
»So ist es, Leutnant.«
»Also können Ihre Leute, die ziemlich schlampig aussehen, dem Hauptquartier einen nützlichen Dienst leisten. Haben Sie Motorräder?«
»Ja, Leutnant.«
»Dann fungieren vier von Ihnen als Eskorte und geleiten den Espace durch die Sperren. Sie fahren mit. Sobald wir die letzte Sperre passiert haben, machen Sie kehrt und kehren hierher zurück. So, und jetzt ziehen Sie Ihre Leute zurück. Die Passagiere an Bord dieser Maschine sind so wichtig, daß niemand sie sehen darf. Bewegen Sie sich, Mann. Wir sind spät dran...«
Als alle Soldaten verschwunden waren, winkte Berthier den Espace herbei. Er fuhr an den Fuß der Leiter; der Fahrer machte einen verängstigten Eindruck. Die Passagiere kletterten einer nach dem anderen die Leiter hinunter und stiegen in den Wagen. Berthier setzte sich neben den Fahrer und wies ihn an, mit Höchstgeschwindigkeit nach Arcachon zu fahren. Die vier Motorradfahrer schlossen sich ihnen an, als sie den Flugplatz verließen, zwei vorweg und zwei hinterher.
»Ich frage mich, warum ich schwitze«, bemerkte Berthier.

Kalmar saß auf seinem Motorrad, das in einer stillen Straße in der Nähe der Strandpromenade am Bordstein stand. Er trug eine schwarze Lederjacke und einen Sturzhelm. Er rückte seine Schutzbrille zurecht und machte sich bereit, seine Durchsuchung der Stadt fortzusetzen.
Er war eine Stunde lang durch die Straßen gekreuzt und hatte jetzt angehalten, um eine kurze Pause zu machen. Ein Traktor kroch die Promenade entlang. Im gleichen Schrittempo folgte ihm ein Renault Espace, dessen Fahrer offensichtlich auf einen geeigneten Moment zum Überholen wartete.
Durch seine Schutzbrille hindurch schaute Kalmar genau hin. Als der Espace vorbeirollte, sah er, wie eine Frau im Mittelteil des Fahrzeugs herausschaute. Paula Grey. Er verließ den Bordstein, bog auf die Promenade ab, folgte mit reichlich Abstand. Der Traktor fuhr auf der Promenade weiter, der Espace bog in eine Nebenstraße ab.
Kalmar konnte seinem Glück kaum trauen. Wieder einmal hatte sich sein Instinkt als richtig erwiesen: Paula Grey war zurückgekommen. Als der Espace abermals abbog, überholte Kalmar ihn, sorgsam darauf bedacht, keinen Blick auf die Fenster zu werfen. Im Rückspiegel sah er, daß der Wagen anhielt. Er verlangsamte.
Newman stieg zuerst aus, half Paula heraus, lief zum Eingang des Hauses, steckte den Schlüssel, den Isabelle ihm gegeben hatte, ins Schloß, stieß die Tür zur Diele auf. Die anderen Passagiere stiegen aus und verschwanden schnell im Haus. Newman kehrte zu dem Fahrer zurück, der gleichfalls ausgestiegen war. Der Fahrer verschloß den Espace, händigte Newman die Schlüssel aus und wanderte in Richtung Strandpromenade davon.
All das beobachtete Kalmar in seinem Rückspiegel. Er zählte fünf Männer, Newman eingeschlossen. Einer hatte buschiges Haar und ein anderer schien, sehr zu seiner Überraschung, die Uniform eines französischen Offiziers zu tragen.
Newman schloß wieder ab, während die anderen in den ersten Stock hinaufstiegen. In der Diele stand die Tür zu einer Erdgeschoßwohnung einen Spaltbreit offen. Eine Frau mit scharfen Augen und einer spitzen Nase machte sie zu. Ein paar Minuten später machte sie sie wieder auf, als jemand läutete. Ein Mann in einer schwarzen Lederjacke mit einem Sturzhelm unter dem Arm zeigte ihr einen Zeitungsausschnitt mit einem Foto von Newman. Er erklärte ihr, er müßte ein Päckchen bei Mr. Newman abliefern. Welches Stockwerk?«
»Erster Stock«, teilte ihm Spitznase mit. »Jetzt hat sie fünf Männer oben.« Sie verzog das Gesicht. »Wenn Sie verstehen, was ich meine.«

Kalmar begann, die Treppe hinaufzusteigen, wobei er seinen Helm wieder aufsetzte. Sobald er hörte, wie sie die Tür schloß, kehrte er lautlos in die Diele zurück. In seiner Tasche steckte der Dietrich, mit dem er die Haustür geöffnet hatte.
Er machte die Haustür leise hinter sich zu. Wieder konnte er seinem Glück kaum trauen. Er hatte herausgefunden, wo sein vorgesehenes Opfer wohnte. Sehr lange würde Paula Grey nicht mehr leben.

Dreiundfünfzigstes Kapitel

Der Telefonwagen hielt vor dem Mietshaus. Vier Männer in Overalls sprangen heraus, gingen zur Haustür. Einer von ihnen hatte ein Schlüsselbund in der Hand. Der dritte Schlüssel paßte. Er öffnete die Tür und betrat die Diele. Ein kleiner, untersetzter Mann bemerkte sofort, daß die Wohnungstür einen Spaltbreit offenstand und eine Frau mit neugierigen Augen und spitzer Nase herauslugte.
»Sind Sie scharf auf einen guten Mann, Sie alte Ziege?«
»Wie können Sie...«
Sie knallte die Tür zu. Die Männer eilten die Treppe hinauf, und der zweite, ein schlanker Mann, klopfte an die Tür von Isabelles Wohnung. Newman öffnete sie ein paar Zentimeter; in der Rechten hielt er seinen Smith & Wesson. Er starrte den Mann im Overall fassungslos an. Lasalle.
»Wollen Sie der neugierigen Alten unten Konkurrenz machen?« scherzte er auf Englisch.
Newman ließ die vier Männer ein. Lasalle stellte seine Begleiter als DST-Beamte vor. Sie trugen Stecknadeln mit blauen Köpfen an ihren Overalls. Lasalle lächelte, als er sah, wie überrascht Paula war.
»Ich weiß, was Sie sich fragen. Martine und Moshe Stein sind mit einem Hubschrauber unterwegs nach Paris. Ebenso Rey und der Rest dieser Gangster, die sich Soldaten nennen. Wir sind auf der Insel im *bassin* gelandet, wo ein Boot auf uns wartete und uns an Land brachte. Der Telefonwagen stand gleichfalls bereit. Erstklassige Organisation. In der Stadt wimmelt es von de Forges Leuten.«
»Ich kann es kaum glauben«, sagte Paula lächelnd.
»Aber wir haben keine Zeit zu verschwenden. Sie haben die Papiere, die Sie am Körper der armen Jean Burgoyne gefunden haben?«
»Hier in meiner Tasche. Allem Anschein nach sind es Einsatzbefehle für ein militärisches Unternehmen. Hier sind sie.«

»Danke.« Er wendete sich an Stahl. »Kuhlmann sagte mir, daß Sie über wichtige Informationen verfügen. Er ist in Paris, wohin ich jetzt weiterfliege.«
Stahl brachte ein kleines Notizbuch zum Vorschein, das er unter seinem Jackett versteckt hatte, und übergab es Lasalle.
»Ich habe mich als DST-Beamter verkleidet«, erklärte er auf Englisch. »Es ist mir gelungen, ins Hauptquartier einzudringen und auch in de Forges Büro. Er mußte in irgendeiner dringenden Sache nach draußen und hatte auf seinem Schreibtisch den Schlachtplan liegengelassen. Für einen Angriff auf Paris. In diesem Buch stehen die Details.«
»Danke. Eine beachtliche Leistung. Kuhlmann – und andere – werden froh sein, das in die Hände zu bekommen.« Lasalle sah Berthier an. »Ich bin froh zu sehen, daß Sie de Forge entkommen sind. Sie haben wahre Wunder vollbracht für Ihr Land. Wir werden uns ausführlicher unterhalten, wenn Sie wieder in Paris sind.« Seine Stimme nahm einen beiläufigen Ton an. »Ist Isabelle da?«
»In der Küche«, sagte Newman. »Ich hole sie, wenn Sie sie sehen möchten.«
»Bitte. Eine bemerkenswerte Frau, nach allem, was Sie mir erzählt haben. Sagen Sie Ihr nur, daß wir zur DST gehören. Aber bitte beeilen Sie sich.«
»Hier habe ich noch Henri Bayles Notizbuch. Es enthält eine Liste von de Forges Einheiten, die er in Bordeaux identifiziert hat.« Nachdem er Lasalle das Notizbuch ausgehändigt hatte, für das Francis Carey gestorben war, holte Newman Isabelle, die vorher schnell ihre Schürze abgenommen hatte. Sie war gerade dabei gewesen, einen Haufen belegte Brote zurechtzumachen. Sie gab Lasalle die Hand. Er musterte sie auf eine eindringliche Art, die Newman merkwürdig vorkam. Dann verließ das DST-Team die Wohnung.

Berthier begann zu sprechen, als sie alle an dem großen Tisch saßen und die belegten Brote verzehrten. Isabelle stand immer wieder auf, um Kaffee nachzuschenken. Paula hatte sich erboten, ihr in der Küche zu helfen, aber sie hatte höflich abgelehnt. Newman hatte den anderen gesagt, daß sie Isabelle vertrauen könnten; er hatte ihnen erzählt, wie sie de Forges falsche DST-Männer getötet und ihn auf seiner gefährlichen Mission zur Rettung Stahls begleitet hatte.
»Ich habe viele Monate für Lasalle gearbeitet«, berichtete Berthier. »Ich fing damit an, sobald mir klar geworden war, daß de Forge eine Bedrohung für Frankreich darstellt. Als Major Lamy unterstellter Nachrichtenoffizier

behauptete ich de Forge gegenüber, ich führte Lasalle hinters Licht und täte nur so, als arbeitete ich für die DST. Verstehen Sie, was ich meine? Lasalle lieferte mir irreführende Informationen, die ich im Hauptquartier weitergab. Außerdem ließ er mir ein Abhörgerät zukommen, das ich an der Wand meines Büros anbringen konnte, das neben dem von Lamy lag. Ich habe viele Telefongespräche mitgehört. Wenn ich Lasalle anrief, dann tat ich das von einer Telefonzelle in einem nahegelegenen Dorf aus.«

»Und was ist schief gegangen?« fragte Newman. »Schließlich waren sie im Begriff, Sie am Strand zu erschießen.«

»Später durfte niemand das Hauptquartier verlassen. Ich machte den Fehler, ein Telefon auf dem Gelände zu benutzen, weil ich Lasalle eine wichtige Nachricht zukommen lassen wollte. Dieses Schwein de Forge hatte alle Telefone angezapft. Das Gespräch wurde abgehört. Das hat mir Hauptmann Rey mit sichtlichem Vergnügen am Strand erzählt.«

»Aber was haben Sie in Aldeburgh gemacht?« fragte Paula. »Als James Sanders, Händler mit Ersatzteilen für Schiffe?«

»General de Forge hatte mich hingeschickt, mit einer Nachricht für Lord Dawlish. Das ist auch ein ganz übler Typ.« Er sah Newman an. »Ihm geht es ausschließlich um beste Beziehungen zu den Leuten, die in Frankreich an der Macht sind, damit er Waffen an gewisse Staaten im Mittleren Osten verkaufen kann. Besonders an diejenigen, an die offiziell keine Waffen geliefert werden dürfen. Das ist meine Geschichte.«

Newman warf einen Blick auf Paula, die aufgestanden war, um aus dem Fenster zu sehen. Es war das zweite Mal, daß sie das getan hatte.

»Was beunruhigt Sie, Paula?«

»Kurz nachdem wir ankamen, habe ich aus dem Fenster geschaut. Ein Mann auf einem Motorrad fuhr unten vorbei. Er trug einen Sturzhelm und beugte sich über den Lenker. Ich bin sicher, ich kenne den Mann. Irgendetwas an seiner Art, sich zu bewegen, als er um die Ecke bog. Es wird mir wieder einfallen.«

»Eßt weiter. Anschließend möchte ich in Arcachon herumfahren. Mein Gefühl sagt mir, daß hier ein wichtiges Ereignis bevorsteht.«

General Charles de Forge stand steif aufgerichtet im Turm seines Panzers. Vor ihm, auf dem riesigen Paradeplatz des Hauptquartiers, waren Reihe um Reihe die Fahrzeuge der Zweiten Panzerdivision aufgefahren. Ihre Kommandanten und die Besatzungen standen neben ihren Ungetümen. Aller Augen waren auf den General gerichtet, als er mit seiner Ansprache begann.

»Soldaten Frankreichs! Die Stunde der Entscheidung steht unmittelbar bevor! Es ist unsere Pflicht, die Republik vor den korrupten Politikern in Paris zu retten. In Toulon, in Marseille, in Toulouse, in Bordeaux, in Lyon und einem halben Dutzend anderer Städte regiert der Mob. Wie lange wird es dauern, bis auch Paris im Chaos versinkt?
Soldaten! Wer steckt hinter dieser Anarchie? In Frankreich leben dreieinhalb Millionen Araber. Araber! Sie haben unsere Frauen vergewaltigt, Läden verwüstet, die Häuser französischer Bürger in Brand gesteckt. Auch die Juden haben sich erhoben – sie glauben, sie könnten die Macht an sich reißen. Algerier! Sie sollen dorthin zurückkehren, wo sie hergekommen sind! In die afrikanischen Slums – mit all den Krankheiten, die sie hier einschleppen.
Soldaten, *ihr* werdet die Erretter Frankreichs sein! Horden von Flüchtlingen aus dem Osten drohen Europa zu überschwemmen. Frankreich muß die Rolle spielen, die ihm zukommt. Nur Frankreich hat den Willen, dieser Flut fremder Elemente Einhalt zu gebieten. Seid ihr bereit?«
Ein Beifallssturm brach los. Ein donnerndes Gebrüll von Männern, die bis an den Rand der Hysterie aufgepeitscht waren.
»De Forge nach Paris! Nach Paris! De Forge in den Elysée!«
Als das Gebrüll schließlich erstarb, wendete sich ein Hauptmann an einen Leutnant.
»Ein großartiger Redner. Neben ihm ist Dubois ein schwacher Amateur...«
De Forge winkte, nahm die Akklamation entgegen. Dann sprang er von seinem Panzer herunter und schritt die vorderste Linie ab, schüttelte Offizieren und Gemeinen die Hand. Sie waren bereit.

Vierundfünfzigstes Kapitel

Tweed war in Arcachon eingetroffen. Inzwischen war es Dezember geworden.
Die Alouette, die ihn von Paris aus hergebracht hatte, ging über dem dreieckigen *bassin* herunter, um auf der nördlich von Arcachon gelegene Île aux Oiseaux zu landen. Auf dem Sand wartete ein zweiter Hubschrauber. Sie hatten es so eingerichtet, daß sie bei Ebbe ankamen. Tweed wendete sich über sein Mikrofon an den Piloten.
»Könnten Sie bitte so tief wie möglich an der Küste entlangfliegen? Ich möchte einen Eindruck von der Gegend gewinnen.«

»Was bezwecken Sie damit?« fragte Fred Hamilton, der neben ihm saß.
Die Alouette ging noch tiefer, änderte den Kurs. Sie flog südwärts, fast bis nach Cap Ferret an der Spitze der Halbinsel, die das *bassin* vor der vollen Gewalt des Atlantiks schützt.
»Was ich damit bezwecke«, sagte Tweed, als sich die Maschine der Strandpromenade näherte, »ist, festzustellen, ob ich jemanden erkenne.«
Er hatte ein starkes Fernglas vor die Augen gehoben und suchte die Promenade und die vor Anker liegenden Boote ab. In sein Blickfeld kam ein Mann, der das Deck eines Kabinenkreuzers schrubbte. Victor Rosewater. Immer dort, wo sich etwas tat.
In der Nähe des Hafens runzelte er die Stirn, stellte sein Glas wieder schärfer ein. Ein Mann mit einer Schiffermütze ging von einem Boot aus an Land und steuerte auf ein Motorrad zu. Brand, Dawlishs rechte Hand. Tweed hatte fast damit gerechnet, daß er ihn hier sehen würde. Gespannt beobachtete er, wie Brand seine Schiffermütze mit einem gelben Sturzhelm vertauschte, die Maschine startete und vom Strand in die Stadt fuhr. Er gab dem Piloten eine neue Anweisung.
»Bitte folgen Sie diesem Motorrad – wenn möglich, ohne daß der Fahrer es merkt. Auch wenn Sie dazu wieder etwas höher gehen müssen.«
Die Alouette legte etwas Höhe zu. Der Pilot bewies großes Geschick darin, sein Ziel in einiger Entfernung zu verfolgen. Tweed, der nach wie vor durch sein Fernglas schaute, war verblüfft über das verschlungene Straßengewirr der Stadt.
Brand fuhr kreuz und quer in dem Labyrinth herum. Er schien kein besonderes Ziel zu haben. Dann begriff Tweed, daß er die Stadt absuchte. Wonach? Ein paar Minuten später sah er den zweiten Motorradfahrer.
Er fuhr in einem anderen Teil der Stadt eine Straße entlang. Tweed stellte sein Glas scharf ein und beobachtete, wie der Motorradfahrer in eine Gasse einbog, anhielt, seine Maschine wendete und dann den Helm abnahm. Offenbar wollte er eine Pause einlegen.
In einer Stadt wie Arcachon war ein Motorrad ein praktisches Verkehrsmittel; dennoch war es merkwürdig, in so kurzem Abstand zwei Motorräder zu sehen. Der Mann dehnte seine schmerzenden Muskeln. Ein bekanntes Gesicht kam in Tweeds Blickfeld, ein Gesicht von einem der Fotos, die Lasalle ihm gezeigt hatte. Das Gesicht von Major Lamy.

Einer weiteren Anweisung von Tweed folgend, schlug der Pilot einen neuen Kurs ein und flog an der Süd- und der Ostküste des *bassin* entlang. Sie hatten die Stadt hinter sich gelassen, und unter ihnen erstreckte sich die

Marsch bis an den Rand des Wassers. Auf den landeinwärts führenden Straßen entdeckte Tweed Straßensperren. De Forge hatte den Hafen isoliert.
Er hielt das Glas dicht vor die Augen und sah eine lange Helling, die vom festen Grund bis zum Wasser hinunterführte. Hinter der Helling stand ein Konvoi von getarnten Lastern. Er runzelte die Stirn, ließ den Blick über die gesamte Umgebung schweifen. Jede Zufahrtsstraße war bewacht.
Tweed nickte, ließ sein Fernglas sinken, bat den Piloten, sofort auf der Insel zu landen.
»Sie haben etwas gesehen, Sir?« erkundigte sich Hamilton.
»Ja. Ich habe mich mit dem künftigen Schlachtfeld vertraut gemacht.«

Ein Boot wurde auf den Strand gezogen, als Tweed behende die Leiter der Alouette herunterstieg. Er war in Eile. Ein schlanker Mann im Overall der Telefongesellschaft kam ihm entgegen.
»Willkommen auf der Île aux Oiseaux«, sagte Lasalle.
Sie schüttelten sich die Hände. Dann brachte Tweed zur Sprache, was ihm im Kopf herumging. Er berichtete über die Helling in der Marsch, den wartenden Konvoi von Armeelastern, die Straßensperren.
»Hamilton, mein Begleiter«, fuhr er fort, »war in Dunwich, bevor wir uns in Heathrow trafen, um nach Paris zu fliegen. Es war neblig, er konnte die *Steel Vulture* nicht einmal sehen. Ich bin ziemlich sicher, daß das Schiff, das sehr schnell ist, hier eintreffen wird, um de Forge mit Waffen zu beliefern. Innerhalb der nächsten paar Stunden. Vielleicht mitten in der Nacht. Oder bei Tagesanbruch.«
»Bestimmt nicht mitten in der Nacht«, wendete Lasalle ein. »Die Einfahrt ins *bassin* ist schwierig. Der Kapitän braucht Tageslicht. Aber wir haben ein anderes Problem. Überall wimmelt es von de Forges Leuten.«
»Dann darf die *Steel Vulture* nicht anlegen. Setzen Sie sich mit Navarre in Verbindung. Er hat die Autorität...«
»Was zu tun?«
»Eine Warnung herauszugeben, daß vor Arcachon Minen aus dem Zweiten Weltkrieg gesichtet wurden. Kein Schiff darf sich auf mehr als zehn Meilen nähern.«
»Und das wird Dawlish aufhalten?«
»Da ich Dawlish kenne, bezweifle ich das. Er wird es für einen Bluff halten. Also lassen Sie von Flugzeugen ein paar echte Seeminen abwerfen. Soweit ich informiert bin, gibt es einen Typ, der ein Funksignal gibt, so daß die Minen hinterher leicht wieder aufzuspüren und zu entschärfen sind.«

»Den gibt es. Sie sind erbarmungslos«, bemerkte Lasalle mit einem etwas gezwungenen Lächeln.
»Das ist General de Forge auch. Ich kenne jetzt meinen Gegner. Ich würde ihm gern einmal von Angesicht zu Angesicht begegnen.«
»Das ließe sich arrangieren, mit entsprechendem Begleitschutz. Aber ich müßte dabei sein.«
»Dann arrangieren Sie es. Wie ich sehe, haben Sie im Unterholz ein weiteres Boot versteckt. Kann ich es benutzen, um Arcachon einen Besuch abzustatten?«
»Sie haben scharfe Augen.« Lasalle lächelte wieder. »Wir glaubten, es wäre gut getarnt. Aber aus der Luft ist es nicht zu sehen...«
»Wo sind Paula, Newman und die anderen?« drängte Tweed.
Lasalle teilte ihm mit, daß sie aus den Landes zurückgekehrt waren, was sie dort erlebt hatten, daß sie aus dem Atlantique ausgezogen waren und sich jetzt in Isabelle Thomas' Wohnung aufhielten. Tweed schüttelte den Kopf.
»Dieser sogenannte sichere Ort könnte aufgespürt werden. Sie müssen unbedingt woanders hin. Aber wohin?«
»Da kann ich helfen«, sagte Lasalle. »Ich habe einen großen Kabinenkreuzer gechartert. *L'Orage V.* Er liegt abseits von den anderen Ankerplätzen am Rande des *bassin.*« Er holte eine Karte aus der Tasche und markierte die Stelle mit einem Kreuz. »Er ist das Hauptquartier meiner Leute hier in der Stadt und weit entfernt von jeder Straßensperre. Dort sollte für alle genügend Platz sein.«
»Dann lassen Sie mich schnell an Land bringen.«

Newman war gerade in Isabelles Wohnung zurückgekehrt. Er war mit dem Espace in Arcachon herumgefahren, dann aber zu dem Schluß gelangt, daß er zu viele Risiken einging. Sobald er sich dem Stadtrand näherte, entdeckte er eine Straßensperre. Er parkte den Espace ein Stück entfernt in einer stillen Seitenstraße. Sie hatten zu lange denselben Wagen benutzt.
Tweed traf ein paar Minuten später auf einem Fahrrad ein, einem von mehreren, die Lasalle im Unterholz auf der Insel versteckt hatte. Außerdem hatte er ihm auf der Karte gezeigt, wo sich Isabelles Wohnung befand.
»Niemand achtet auf einen Mann auf einem Fahrrad«, hatte er bemerkt.
Tweed mußte läuten. Nach einer Minute öffnete eine massige Frau mit gierigen Augen und spitzer Nase die Tür.
»Besuch für jemanden im ersten Stock«, erklärte er auf Französisch.
»Diese Person ist unersättlich«, bemerkte die Frau. »Sie hat schon jetzt fünf Männer bei sich. Aber mit Ihnen wird sie wohl auch noch fertig werden.«

»Würden Sie das bitte wiederholen?« fragte Tweed.
Die Frau wich vor seinem eisigen Blick zurück. Verächtlich schob er sich an ihrer massigen Gestalt vorbei in die Diele, eilte die Treppe hinauf. Newman öffnete die Tür und konnte seine Verblüffung nicht verhehlen.
»Ihr müßt alle von hier verschwinden«, verkündete Tweed beim Eintreten, ohne Zeit auf irgendwelche Zeremonien zu verschwenden. »Und zwar sofort!«
Er nahm mit einem schnellen Blick von Butler, Nield, Berthier, Stahl und Paula Notiz. Isabelle, die ihm ohne Namensnennung als eine Freundin von Newman vorgestellt worden war, betrachtete er etwas eingehender.
»Weshalb müssen wir so schnell von hier fort?« fragte sie mit vorgeschobenem Kinn und musterte ihn dabei.
»Weil de Forge diese Stadt praktisch okkupiert hat. Ich kann Ihnen fünf Minuten zum Aufräumen und zum Einpacken von ein paar Sachen geben. Weniger wäre besser.«
»Bisher waren wir hier in Sicherheit«, beharrte sie, und ihm wurde klar, daß sie ihn herausforderte, was ihn wunderte.
»Kalmar, ein Profikiller, hält sich in Arcachon auf. Er hat in England eine Frau erdrosselt und eine weitere keine drei Meilen von hier entfernt. Er scheint sich darauf spezialisiert zu haben, gut aussehende Frauen umzubringen. Ich glaube, daß Sie auf seiner Liste stehen. Und Paula auch. Also packen Sie. Schnell...«

L'Orage V war ein sehr großer Kabinenkreuzer. Er lag außerhalb von Arcachon in einem Bach vor Anker, durch ein Kiefernwäldchen vom Festland abgeschirmt. Tweed verließ den Espace, den Newman in das Wäldchen gefahren hatte, und bestand darauf, das scheinbar leere Schiff allein zu erkunden.
Er überquerte vorsichtig die Laufplanke und betrat das Deck. Das *bassin* war noch ruhig, nur kleine Wellen kräuselten die Oberfläche, aber von der See her näherten sich tiefhängende dunkle Wolken.
Das Ruderhaus der *L'Orage* lag vorn, und eine Kajütstreppe führte hinunter in einen Salon. Daß sich außer ihm noch jemand an Bord befand, merkte Tweed erst, als er den großen Salon betrat, in dem ein langer Tisch stand. Ein harter Gegenstand, vermutlich der Lauf einer Waffe, bohrte sich in seinen Rücken. Er stand ganz still.
»Pierre?« fragte er.
»Wer zum Teufel sind Sie?« kam grob die Gegenfrage.
Tweed hielt das zusammengefaltete Einführungsschreiben hoch, das La-

salle ihm gegeben hatte. Eine Hand langte über seine Schulter und ergriff es. Der Lauf bohrte sich nach wie vor in seinen Rücken. Dann ergriff der unsichtbare Mann wieder das Wort.

»Bleiben Sie ganz still stehen, während ich Sie durchsuche.«

»Tun Sie das. Ich trage nur ganz selten eine Waffe.«

Eine Hand tastete ihn gekonnt ab. Er spürte, wie der Lauf von seinem Rücken verschwand, drehte sich vorsichtig um. Ein Mann stand ihm gegenüber, blond und mit humorvollen Augen. Im Aufschlag seines Trenchcoats steckte eine Nadel mit blauem Kopf.

»Ich habe Sie erwartet«, begrüßte er Tweed. »Aber man kann nicht vorsichtig genug sein. De Forges Leute sind überall. Und jetzt, da Sie hier sind, muß ich los. Habe etwas zu erledigen. Wie viele Leute haben Sie bei sich?«

»Zwei Frauen und fünf Männer, mich selbst nicht mitgerechnet.«

»Das sollte gehen. In der Back gibt es acht anständige Kojen, eine gut ausgestattete Kombüse, eine Tonne Essen und massenhaft Getränke.«

»Könnten Sie mir ein Glas Wasser geben, bevor Sie gehen?«

Tweed grauste vor Schiffen und der See. Dort war man nie vor unerwarteten Bewegungen sicher. Obwohl der Kreuzer in einem Bach lag, traute er dem Frieden nicht; das *bassin* war den Gezeiten unterworfen. Bevor er die anderen an Bord holte, nahm er mit etwas Wasser ein Dramamin ein. Vorsicht schien ihm besser als Nachsicht.

Fünf Minuten später war Pierre verschwunden, nachdem er Tweed gesagt hatte, daß ihm das Schiff zur Verfügung stünde. Tweed hatte sein Team mit allem Gepäck an Bord geholt, und sie hatten sich eingerichtet. Paula hatte Isabelle das untere Bett in ihrer Koje am Ende der Unterkünfte angeboten, aber Isabelle hatte darauf bestanden, das obere zu nehmen. Sie eilten in die Kombüse und nahmen gemeinsam die Essensvorräte und die Kochutensilien in Augenschein. Newman bemerkte, wie gut sie miteinander auskamen. Dann rief Tweed sie alle in den Salon, wies Nield an, auf dem Deck Wache zu halten, und forderte die anderen auf, sich an dem langen Tisch niederzulassen. Er selbst setzte sich ans Kopfende.

»Es gibt Regeln. Erstens, niemand verläßt dieses Schiff ohne meine Zustimmung. Zweitens, wir werden einen Wachplan aufstellen...«

»Der uns einbezieht.«

Isabelle und Paula hatten gleichzeitig gesprochen. Tweed funkelte sie an.

»Das entscheide ich später. Irgendwann, bevor es dunkel wird, kommt Lasalle, der mit mir irgendwo hin will. Bob wird mich begleiten. Während unserer Abwesenheit hat Egon Stahl das Kommando. Drittens, wir nehmen unsere Mahlzeiten zu bestimmten Zeiten ein...«

»Die wir im voraus wissen müssen«, erklärte Isabelle.
»Und zwar rechtzeitig, falls wir kochen sollen«, fügte Paula hinzu.
»Weshalb«, fragte Newman, »haben Sie uns alle hierher gebracht?«
»Weil die Umstände so sind, daß ich alles unter Kontrolle haben muß. Isabelles Wohnung ist lange genug benutzt worden.«
»Sind das Ihre einzigen Gründe?« fragte Stahl.
Es war eine kluge Frage. Tweed hatte sich schnell ein Urteil über den Deutschen gebildet – er war tüchtig und erfinderisch. Andernfalls hätte er in Bordeaux nicht so lange überleben können. Bevor Tweed antworten konnte, stellte Newman Stahl eine Frage, die ihn schon lange beschäftigt hatte.
»Wie in aller Welt haben Sie es geschafft, in de Forges Hauptquartier einzudringen?«
»Planung.« Stahl lächelte auf seine ansteckende Art. »Ich versteckte mich in dem Transporter, mit dem den Offizieren täglich das Brot gebracht wird, ohne daß der Fahrer es merkte. Es war nicht ganz einfach, herauszubekommen, wo er seine Ware einlud, aber vergessen wir das. Während er lieferte, verließ ich den Transporter. Eine Weile zuvor hatte ich einem falschen DST-Beamten, der meine Papiere überprüfte, den Ausweis gestohlen.«
»Wo haben Sie gelernt, wie man als Taschendieb arbeitet?« fragte Paula.
»Ach, das war früher einmal mein Beruf.«
Es dauerte einen Moment, bis Paula begriffen hatte, daß er scherzte. Er tätschelte ihre Hand, dann fuhr er fort.
»Ich wurde von einem Sergeanten hinter einer Hütte angehalten. Ich zeigte ihm den DST-Ausweis, schlug ihn nieder, fesselte ihn und steckte ihn in eine große Mülltonne, was mir angemessen erschien. Dann wartete ich lange Zeit in der Nähe von General de Forges Büro. Als er hinausstürmte, stürmte ich hinein. Alles andere habe ich Ihnen bereits erzählt.«
»Interessant«, sagte Tweed.
»Und Sie haben meine Frage nicht beantwortet«, erinnerte ihn Stahl. »Der weitere Grund, weshalb Sie uns alle hierher gebracht haben.«
Tweed schwieg einen Moment und ließ den Blick um den Tisch herumwandern. Er wollte, daß seine Antwort die gewünschte Wirkung zeitigte: sie alle noch wachsamer zu machen.
»Weil ich, als ich mit der Alouette, mit der ich aus Paris gekommen bin, über Arcachon flog, Kalmar gesehen habe.«

Fünfundfünfzigstes Kapitel

Eine halbe Stunde bevor es dunkel wurde, traf Lasalle in einem großen Motorboot ein. Das Boot fuhr in den Bach ein, der sich mit der auflaufenden Flut füllte, und prallte gegen den Rumpf der *L'Orage V*. An Bord befanden sich mehrere DST-Männer mit automatischen Waffen. Lasalle drängte zur Eile.

»Kommen Sie schnell«, rief er zu Tweed hinauf. »Wir haben nicht viel Zeit. Berthier, Sie kommen auch mit...«

»Newman begleitet uns gleichfalls«, teilte Tweed ihm mit.

Das Motorboot wendete und jagte aus dem Bach heraus. Paula stand an Deck des Kabinenkreuzers und betrachtete das Kielwasser des Bootes, das auf die Île aux Oiseaux zuhielt. Butler ergriff ihren Arm.

»Unter Deck. Hier oben sind Sie ein Ziel.«

»Ich fürchte, was sie vorhaben, ist ziemlich gefährlich.«

»Vermutlich.« Butler folgte ihr die Kajütstreppe hinunter. »Aber Ihnen war doch bestimmt klar, daß es genau das sein würde, wenn sich die Dinge ihrem Höhepunkt nähern. Gefährlich.«

Tweed dankte dem Himmel, daß er das Dramamin genommen hatte. Er klammerte sich an der Reling fest, während das Motorboot über die Wellen jagte, die jetzt heranrollten. Ein Sturm braute sich zusammen.

Sobald sie die Insel erreicht hatten, scheuchte Lasalle sie in die wartende Alouette. Die Maschine startete, fast bevor sie Zeit gehabt hatten, sich anzuschnallen und ihre Kopfhörer aufzusetzen. Der Pilot flog nach Osten – landeinwärts und fort von Arcachon.

»Fliegen wir zu meinem Treffen mit de Forge?« fragte Tweed.

»Das ist ein Teil des Plans«, erwiderte Lasalle. »Sie werden sogar den ganzen *Cercle Noir* treffen – der sich jetzt zu seiner letzten Sitzung in der Villa Forban versammelt hat.«

»Woher wissen Sie das?«

»Berthier hat es mir mitgeteilt.«

»Von einem Apparat im Hauptquartier aus?« fragte Tweed.

»Nein. Er rief von einer Telefonzelle in einem kleinen Dorf aus an. Mit diesem letzten Anruf, der ihn beinahe das Leben gekostet hätte, informierte er mich, daß de Forge seine Zweite Panzerdivision im Hauptquartier zusammengezogen hat. Unsere Razzia kommt völlig unvermutet. Wir greifen sie uns...«

Als sie mit Höchstgeschwindigkeit weiter landeinwärts flogen, sah Tweed, wie weitere Alouettes aufstiegen, die zuvor auf kleinen Waldlichtungen

oder in großen Scheunen gestanden hatten. Vor seinem Fenster flog eine ganze Flotte von Alouettes auf gleicher Höhe, und durch das Fenster auf der anderen Seite war gleichfalls eine kleine Armada zu sehen.
»Wer befindet sich an Bord dieser Hubschrauber?« fragte Tweed.
»Verläßliche CRS-Einheiten, schwer bewaffnet. De Forge wird glauben, sämtliche CRS-Leute in dieser Gegend säßen nach wie vor in den Lastwagen, die vor der Präfektur in Bordeaux stehen. In Wirklichkeit wurden sie alle mit Alouettes eingeflogen, die einzeln aufstiegen und an Stellen landeten, die ein DST-Offizier, der die Gegend hier gut kennt, ausgewählt hat. Ich glaube, ich sehe schon die Lichter der Villa Forban.«
Inzwischen war die Dämmerung hereingebrochen, eine dunstige graue Dämmerung. Die Alouettes kreisten. Vor sich konnte Tweed ein von einer Mauer umgebenes Grundstück sehen, eine gewundene Auffahrt, die zu einer großen Villa führte, in der Lichter brannten. Als sie näherkamen, sah er die Limousinen, die vor dem Gebäude standen.
Die Razzia aus der Luft war perfekt organisiert. Tweed beobachtete, wie eine große Zahl von Hubschraubern sich vor ihre Maschine setzte und dann überall auf dem Grundstück landete. Der *Cercle Noir* war eingekreist.

»Durch diesen Kordon kommt niemand hindurch«, bemerkte Newman.
»Und sie haben die Wachen am Tor außer Gefecht gesetzt«, stellte Tweed fest.
Als ihre Maschine dicht über die Baumwipfel hinwegflog, hatte er gesehen, wie die Wachen – Soldaten in Uniform – am Tor die Hände in die Luft streckten. Eine mit einem schwenkbaren Maschinengewehr ausgerüstete Alouette war dicht hinter dem geschlossenen Tor auf dem Rasen gelandet. Lasalles Maschine setzte vor der Villa auf, neben den geparkten Limousinen. Mit seiner Pistole in der einen und Schlüsseln in der anderen Hand war er der erste, der ausstieg, gefolgt von mehreren CRS-Männern in Lederjakken, die im Heck des Hubschraubers gesessen hatten. Tweed, Newman und Berthier sprangen gleichfalls heraus. Lasalle steckte einen Schlüssel ins Schloß, drehte ihn um, nickte den CRS-Männern zu.
»Wo hat er die Schlüssel her?« flüsterte Tweed.
»Ich habe in Jean Burgoynes Handtasche ein Schlüsselbund gefunden«, teilte Newman ihm mit. »Auf zweien von den Schlüsseln war das Lothringer Kreuz eingraviert – genau wie das Emblem an der Tür hier...«
Lasalle war in die große Diele gestürmt. Er schien genau zu wissen, wohin er wollte. Mit vorgehaltener Pistole stieß er eine Tür an der linken Seite auf. Drinnen herrschte plötzliche Fassungslosigkeit.

Tweed erkannte General Masson, den Chef des Generalstabs, der hastig Papiere in einen Aktenkoffer stopfte. General Lapointe, Befehlshaber der *force de frappe*, war aufgesprungen und stand steif aufgerichtet neben seinem Stuhl. Louis Janin, der Verteidigungsminister, verharrte mit aschgrauem Gesicht wie versteinert an dem langen Tisch. Dubois, der wie gewöhnlich einen zerknitterten schwarzen Anzug und ein angeschmutztes weißes Hemd trug, saß mit zerzaustem Haar da und sah sich verwirrt um. Aber was Tweeds Aufmerksamkeit erregte, war der Stuhl am Kopfende des Tisches, der zurückgeschoben worden war. Und keine Spur von General Charles de Forge. Lasalle, der am anderen Ende des Tisches stand, während CRS-Männer mit schußbereiten Waffen hereindrängten, wendete sich an Masson.

»Wo ist de Forge?«

»Sie meinen General Charles de Forge?«

Masson gab sich kalt und brüsk. Er starrte Lasalle mit unverhohlener Verachtung an.

»Ich wiederhole – wo ist de Forge?« fuhr Lasalle ihn an. »Sie sind verhaftet. Die Anklage lautet auf Hochverrat. Und das betrifft auch General Charles de Forge – der eben noch auf diesem Stuhl gesessen hat. Wo ist er?«

»Der General ist nie hier gewesen. Wer sind Sie? Und reden Sie mich gefälligst mit General an...«

»Lasalle, Chef der DST.«

»Was Sie nicht mehr lange bleiben werden!« wütete Masson. »Ich werde persönlich dafür sorgen, daß man Sie auf die Straße wirft...«

»Ein Wunschtraum. Und nun kommen Sie mit. Alle«, befahl Lasalle.

Er ging zu einer Tür in der Mitte des Zimmers, öffnete sie und betrat das angrenzende Zimmer, das mit einem großen Schreibtisch als eine Art Arbeitszimmer eingerichtet war. Newman und Berthier beobachteten, wie zwei CRS-Männer Masson bei den Armen packen mußten. Er wehrte sich erbittert, als sie ihn in das Arbeitszimmer führten.

General Lapointe, dünn und mit düsterer Miene, leistete Lasalles Anweisung anstandslos Folge. Er bewegte sich mit einer gewissen Würde in das Arbeitszimmer; Newman hatte den Eindruck, daß er das intelligenteste Mitglied des *Cercle* war. Auch Dubois leistete keinen Widerstand; er zupfte an seinem ungepflegten Schnurrbart und trottete mit hängenden Schultern hinter Masson her. Lasalle saß bereits am Schreibtisch, hatte einen Schlüssel benutzt, um eine der unteren Schubladen zu öffnen. Newman warf einen Blick hinein: sie enthielt ein modernes Bandgerät. Lasalle hatte auf die Rücklauftaste gedrückt, und die Spulen wirbelten. Die Mit-

glieder des *Cercle* standen nebeneinander an der Wand. Lasalle drückte auf die Starttaste, lehnte sich zurück, hörte zu.
»Meine Herren, ich will mich nicht bei der Vorrede aufhalten. Morgen nehmen wir Paris. Früh am Morgen werde ich das Austerlitz-Signal zur Destabilisierung der Hauptstadt geben...«
De Forges befehlsgewohnte Stimme. Unverkennbar.
»Und Sie sind ganz sicher, daß Austerlitz funktionieren wird? Denn nur das gibt uns den Vorwand, daß Sie gebraucht werden, um wieder für Ruhe und Ordnung zu sorgen.«
Massons Stimme, die eine Spur von Nervosität verriet.
»Masson, Sie müssen mir schon vertrauen. Bei einem Unternehmen kann es nur einen Befehlshaber geben. Und dieser Befehlshaber bin ich.«
Aus Massons normalerweise rötlichem Gesicht war alle Farbe gewichen. Er stand so reglos da wie eine Statue, während der Fortgang des Gesprächs vom Band kam.
»Natürlich akzeptieren wir alle Sie als Befehlshaber des Unternehmens, General. Bald werde ich Sie mit ›Herr Präsident‹ anreden. Aber wie schnell können wir Navarre beseitigen, damit ich seinen Posten übernehmen kann?«
Die ölige Stimme von Dubois. Sein Blick wanderte nervös von dem CRS-Mann zu seiner Linken zu dem an seiner Rechten. Lasalle hielt das Band an, musterte die vier Männer.
»Reicht das, oder wollen Sie noch mehr hören? Ich sagte Hochverrat, Masson. Sie haben nur eine Alternative...«
Während das Band lief, hatte sich Newman zur anderen Seite des Zimmers begeben, an der verglaste Bücherschränke standen. Er bemerkte einen Schrank, in dem die darinstehenden Bücher umgekippt waren. Er fuhr mit dem Finger über die Scharniere, mit denen die verglaste Tür angeschlagen war. Als er auf eines der Scharniere drückte, gab es ein Klicken. Die Kante des Bücherregals glitt ein paar Zentimeter vor wie eine Tür. Er zog daran, und die Geheimtür ging auf; dahinter lag eine Steintreppe.
Der Smith & Wesson lag in seiner Hand, als er die Treppe hinunterrannte und einen langen Gang unter dem Haus entlang, bis er auf eine Stahltür stieß, die er nicht öffnen konnte. Er eilte zurück. Lasalle drehte sich auf seinem Stuhl um.
»De Forge ist durch einen Fluchttunnel entkommen«, berichtete Newman. »Ich bin ziemlich sicher, daß er weit außerhalb der Mauern endet, die das Grundstück umgeben. Wahrscheinlich wartete dort ein Wagen auf ihn.«
»Pech. Unsere Probleme sind noch nicht gelöst.« Lasalle erteilte einem der

CRS-Männer seine Befehle. »Legen Sie den Gefangenen Handschellen an, eskortieren Sie sie zu verschiedenen Hubschraubern. Sie werden nach Paris gebracht.«

»Das ist eine Unverschämtheit«, protestierte Dubois.

General Lapointe erhob keine Einwände. Er streckte lediglich die Hände aus, legte die Handgelenke nebeneinander. Lasalle schüttelte den Kopf, als der Mann, der ihn bewachte, Handschellen aus der Tasche zog.

»Keine Handschellen für General Lapointe. Führen Sie ihn zu dem Hubschrauber.«

Tweed hatte bisher geschwiegen. Dies war schließlich Lasalles Sache, aber er wunderte sich über Lapointe. Er stellte seine Frage, als Dubois abgeführt und die anderen beiden Männer hinausgebracht worden waren.

»General, Ihre Stimme ist auf dem Band?«

»Ja.« Lapointe lächelte trocken. »Sie haben alle Beweise, die Sie brauchen.«

»Sie haben de Forges Plan unterstützt?« drängte Tweed.

»Über seinen Operationsplan hat er uns nie etwas mitgeteilt. Er ist ein sehr vorsichtiger Mann.« Er hielt inne. »Nun ja, es ist alles auf dem Band. Ich habe ihn gebeten, nichts Voreiliges zu unternehmen, sich mit Navarre in Verbindung zu setzen und seine Meinung zu hören. Ich übernehme die volle Verantwortung für mein Tun. Guten Abend, meine Herren.«

Von einem Bewacher begleitet, verließ Lapointe den Raum.

»Und jetzt zu Masson«, entschied Lasalle und stand auf.

»Vorher wüßte ich gern noch, woher Sie von diesem Bandgerät wußten«, sagte Tweed. »Haben Sie es selbst installiert?«

»Es war Jean Burgoynes Idee. Von dem Gerät aus verläuft hier unter dem Teppich ein Kabel.« Lasalle ging zu der Wand zu dem Zimmer, in dem der *Cercle Noir* getagt hatte, und schob ein Schreibpult beiseite. »Einer meiner Techniker hat ein Loch in die Wand gebohrt und ein kleines Verstärkermikrofon eingesetzt. Es registriert jedes Wort, das nebenan gesprochen wird. Jean wußte stets, wann sie zusammenkamen – de Forge dachte sich immer einen Vorwand aus, damit sie an den jeweiligen Abenden das Haus verließ. Sie legte jeweils ein neues Band ein, und später ließ sie mir die Bänder zukommen. Einer der Gründe dafür, weshalb ich so gut informiert war. Heute war ich schon einmal hier und habe ein neues Band eingelegt. Und jetzt zu Masson...«

Masson saß im Nebenzimmer und starrte die Wand an. Lasalle zog sich einen Stuhl heran und setzte sich dem General gegenüber.

»Sie haben zwei Möglichkeiten. Vorgeschlagen von Navarre. Sie werden in Paris Tag und Nacht bewacht – es wird das Gerücht verbreitet, daß *Man-*

teau behauptet hat, er wollte Sie umbringen. Sie behalten Ihre gegenwärtige Stellung, geben aber nur öffentliche Erklärungen ab, die Navarre vorher gutgeheißen hat. Später legen Sie – aus Gesundheitsgründen – Ihr Amt nieder und ziehen sich mit voller Pension ins Privatleben zurück.«
Lasalle hielt inne und musterte Masson, der seinen Blick mit eisiger Miene erwiderte.
»Die andere Möglichkeit«, fuhr Lasalle fort, »ist Bloßstellung, ein Kriegsgericht, vielleicht sogar eine Gefängnisstrafe.«
»Ich werde kooperieren«, sagte Masson sofort.
In seinen Augen lag ein eigentümliches Funkeln. Lasalle lächelte innerlich. Masson war auf sein Angebot hereingefallen. Er zweifelte nicht daran, daß de Forge siegen würde. Als Masson abgeführt worden war, wendete sich Lasalle an Tweed und Newman.
»Ich werde Janin vor die gleiche Wahl stellen. Auch er wird sich für die Kooperation entscheiden. Aber es ist ein Glücksspiel. Das Problem ist noch nicht gelöst. Ein Jammer, daß de Forge entkommen konnte. Er wird schnell handeln. Die entscheidende Krise steht unmittelbar bevor. Sie sollten gleich mit mir nach Paris zurückfliegen. Navarre war mit dem Auslegen der alten Minen einverstanden.«
»Noch nicht«, sagte Tweed. »Fürs erste bleiben wir in Arcachon. Ich möchte sehen, was Dawlish tut. Und ich meine, daß für Kuhlmann jetzt die Zeit gekommen ist, gegen die Siegfried-Leute vorzugehen, bevor sie losschlagen können.«

Das Netz, das Kuhlmann über ganz Deutschland ausgeworfen hatte, wurde um ein Uhr in der folgenden Nacht zusammengezogen. Polizeieinheiten stürmten Wohnungen in Hamburg, Frankfurt, München und vielen weiteren Städten. Die Adressen hatte Helmut Schneider, Rosewaters Informant, geliefert.
Die Siegfried-Organisation wurde überall vollkommen überrascht. Um drei Uhr waren bei Kuhlmann Berichte eingegangen, nach denen mehrere hundert Kilo Semtex, Bomben mit Zeitzündern, eine große Zahl von Granatwerfern und ein ganzes Arsenal von Schußwaffen beschlagnahmt worden waren.
»Genug, um einen kleinen Krieg zu führen«, bemerkte er zu Lasalle, der nach Paris zurückgekehrt war.
»Und die Leute, die dieses Material benutzen wollten?«
»Überwiegend aus dem Elsaß. Vermutlich, weil dort viele Leute Deutsch sprechen. Sogar Angehörige einer Bewegung von Spinnern, die wollen, daß

das Elsaß deutsch wird. Die Medien haben keine Ahnung von dem, was passiert ist. Alles ist reibungslos gelaufen.«
»In Paris wird es nicht ganz so einfach sein«, bemerkte Lasalle grimmig.

Die *Steel Vulture* hatte bei Dunwich den Anker gelichtet, sobald es dunkel geworden war. In der Biskaya herrschte rauhe See, doch der Doppelrumpf des Katamarans schnitt in die Wellen ein wie ein Messer in Butter.
Dawlish war auf der Brücke, als Santos – wie schon zahllose Male zuvor – den Schirm der hochmodernen Radaranlage überprüfte. Nirgends ein Anzeichen für ein anderes Schiff. Vor einer Weile hatte er kurz Flugzeuge ausgemacht, die von der französischen Küste kamen, aber sie waren abgebogen und jetzt auf dem Radarschirm nur weit entfernte Punkte.
Auf Dawlishs Befehl hin beschrieb die *Vulture* auf dem Atlantik einen großen Bogen und fuhr ohne Positionslichter. Santos hatte Einwände erhoben.
»Ich bin noch nie ohne Lichter gefahren.«
»Also wird es Zeit, daß Sie lernen, gefährlich zu leben«, hatte Dawlish ihn angefahren. »Wir haben Radar. Das Beste, das es gibt.«
»Kein Radar ist narrensicher...«
»Dann sorgen Sie dafür, daß kein Narr es benutzt. Beobachten Sie es selbst. Dazu ist ein Kapitän da. Und jetzt Schluß mit dem Gefasel. Das heißt, wenn Sie den versprochenen Bonus haben wollen...«
Santos hatte die Achseln gezuckt. Und er wollte den großen Bonus haben, in bar und steuerfrei. Jetzt näherten sie sich Arcachon, und am Horizont erschienen die ersten blutroten Streifen der Morgendämmerung. Santos stand neben Dawlish auf der Brücke, als der Funker die Kajütstreppe heraufgerannt kam. Er schwenkte ein Stück Papier und schien vor Angst völlig außer sich zu sein.
»Kapitän! Ich habe gerade eine Meldung von der Küste erhalten. Alte Minen aus dem Krieg sind gesichtet worden. Wir sollen sofort umkehren, bevor es zu spät ist.«
»Großer Gott!« sagte Santos.
»Ein Bluff!« bellte Dawlish. »Nichts als ein Bluff. Minen – so ein Blödsinn. Das ist ein Trick von Navarre. Behalten Sie den gegenwärtigen Kurs bei.«
»Aber wenn es stimmt...« wendete Santos ein.
»Verdammt noch mal, ich habe gesagt, Sie sollen den gegenwärtigen Kurs beibehalten!«

An Bord der *L'Orage V* saß der hochgewachsene DST-Mann, der bei ihrer Ankunft auf dem Schiff gewesen war, vor einem leistungsstarken Funkgerät. Hinter ihm standen Tweed, Newman, Paula und die anderen. Der DST-Mann drehte sich zu Tweed um.
»Sie haben die Warnung mehrfach ausgestrahlt. Keine Antwort.«
»Und es wird auch keine kommen«, erwiderte Tweed. »Ich kenne Dawlish. Er wird versuchen, die *Vulture* hereinzubringen. Wahrscheinlich glaubt er, daß es nur ein Trick ist. Ich werde mich selbst überzeugen...«
Mit einem umgehängten Fernglas eilte er die Kajütstreppe hinauf. Auf Deck kletterte er auf das Dach des Ruderhauses, dann erstieg er die am Radarmast angebrachte Leiter. Unten beobachtete Paula ihn nervös – sie wußte, daß Tweed nicht schwindelfrei war.
Vom Mast aus konnte Tweed die *Vulture* sehen, deren Doppelrumpf vor der Einfahrt in das *bassin* durch die Wellen schnitt. Er beobachtete sie durch sein Nachtglas hindurch. Es war wirklich ein erstaunliches Schiff. Konnte es, mit dem Glück, das die Bösen so oft haben, die Minensperre unbeschadet passieren und den vorgesehenen Landeplatz erreichen?

Dawlish trat an die Backbordseite der Brücke und schaute hinunter. Eine Metallkugel mit herausragenden Dornen trieb nur ungefähr einen Meter vom Rumpf entfernt im Wasser. Er verließ die Brücke, rannte zu dem kleinen Flugzeug, das hinter der Brücke stand und in dem ständig ein Pilot saß. Er erklomm die Leiter, die ins Innere der Maschine führte, und brüllte seinen Befehl. Gleichzeitig drückte er auf den Knopf, der die Leiter einzog, und knallte die Tür zu.
»Abheben! Bringen Sie dieses verdammte Ding in die Luft, bevor wir in Stücke zerrissen werden. Kurs? Sage ich Ihnen später. Jetzt bringen Sie das Ding um Gottes willen schnell hoch!«

Durch sein Glas sah Tweed, wie die *Vulture* vor der Einfahrt in das *bassin* die Fahrt verlangsamte. Er schürzte die Lippen. Es sah aus, als würde Dawlish es schaffen. Nervengas in den Händen eines Mannes wie de Forge. Schon die Drohung damit würde ihm den Weg nach Paris freimachen.
Dann sah er, wie das kleine Flugzeug senkrecht vom Deck aufstieg. Er vermutete, daß Dawlish zu entkommen versuchte. Die Maschine schwebte ungefähr dreißig Meter über dem Schiff, im Begriff, davonzufliegen.
In diesem Moment berührte die *Vulture* die Mine. Es gab einen dumpfen Knall, der rings um das *bassin* herum widerhallte. Ein riesiger Wassergeysir schoß hoch und riß große Metallfetzen mit sich. Er hüllte das

schwebende Flugzeug ein, das kurz in einer dichten Gischtwolke verschwand. Dann sank der Geysir in sich zusammen. Das Flugzeug sank mit dem Geysir, stürzte langsam kreiselnd ab. Unter ihm riß der eine Teil des Rumpfes ab und schlitterte über die Wasseroberfläche. Der andere Teil versank mit der Geschwindigkeit eines Schnellifts. Als das abstürzende Flugzeug auf das Deck prallte, wurden große Teile der Brücke und des Rumpfes auf die See hinausgeschleudert. Dann gab es abermals einen dumpfen Knall. Die Raketen waren explodiert. Abermals schoß eine Wassersäule hoch, eine riesige Fontäne, die die Trümmer von etwas emporriß, das einmal eines der modernsten Schiffe der Welt gewesen war. Tweed tröstete sich mit dem Wissen, daß das Nervengas sich im Meer schnell verteilen und harmlos werden würde. Er hielt sich fest; die Schockwelle ließ den Mast heftig schwanken. Dann Stille. Er stieg hinunter auf Deck, wo seine Leute standen.
»Dawlish ist tot. Die Waffenlieferung vernichtet. Aber ich glaube nicht, daß das de Forge aufhalten wird.«

Sechsundfünfzigstes Kapitel

Marler hatte seine neuen Instruktionen erhalten, bevor Tweed von Paris nach Arcachon geflogen war. Zum ersten Mal reiste er nicht mit Air Inter, sondern hatte stundenlang in der Kabine einer auf einem kleinen Flugplatz außerhalb von Paris stehenden Alouette gewartet.
Auf dem Sitz neben ihm stand die große Tasche, die sein Armalite-Gewehr und das Zielfernrohr enthielt. Er verzehrte das Essen, das eine Frau ihm brachte, die kaum ein Wort sprach. Zwischen den Mahlzeiten schlief er die meiste Zeit. Aber als der Pilot kam, um ihn zu wecken, war er sofort hellwach.
»Etwas Neues?« fragte er kurz.
»Sie sind unterwegs. Auf den Straßen von Paris ist der Teufel los. Wir fliegen jetzt nach Süden ...«

Auf den Straßen von Paris war in der Tat der Teufel los. Aber es waren die in die Stadt eingeschleusten Saboteure, die den Teufel zu schmecken bekamen.
Eine Gruppe von Männern mit Sturmhauben stieß die Hecktüren eines Möbelwagens auf, der in der Nähe des zentralen Fernmeldeamtes geparkt hatte. Die Männer sprangen, automatische Waffen in den Händen,

heraus. Als sie sich dem Eingang näherten, wurden sie von anderen, gleichfalls Sturmhauben tragenden Männern mit Gewehren umringt.
Der Anführer der Angreifer, der vorhatte, sich des Kommunikationszentrums zu bemächtigen, war verwirrt. War das eine Verstärkung, über die er nicht informiert worden war? Er wußte es immer noch nicht, als ein Gewehrkolben seinen Hinterkopf traf und er zusammensackte.
Ohne ihren Anführer waren seine Leute noch unsicherer. Ihre nächste Überraschung erlebten sie, als vor ihren Füßen Tränengasgeschosse explodierten. Keinem der Saboteure fiel auf, daß die Neuankömmlinge am rechten Arm ein grünes Band trugen.
Der Kampf um das Fernmeldeamt war kurz und heftig. Die paramilitärische CRS-Einheit – imstande, anhand der grünen Bänder Freund von Feind zu unterscheiden – nahm die Austerlitz-Leute gefangen. Sie wurden in Berliet-Laster verfrachtet, die in Nebenstraßen warteten. Viele der Verhafteten wurden bewußtlos verladen. Die gesamte Operation dauerte genau fünf Minuten.
Ähnliche Szenen spielten sich überall in Paris ab. Lasalle hatte sich überlegt, welches die wahrscheinlichsten Objekte sein würden, und hatte die mit Sturmhauben getarnten CRS-Männer in der Nähe sämtlicher strategischen Punkte stationiert.
Der Hauptangriff richtete sich gegen das Innenministerium. Hundert Austerlitz-Saboteure entströmten mehreren gestohlenen Lieferwagen. Zu ihrer freudigen Überraschung war das Tor, durch das man von der Place Beauveau in den Innenhof gelangte, unverschlossen. Sie stießen die Wachen beiseite und stürmten in den geräumigen Hof und auf das Innenministerium zu. General de Forge hatte erklärt, daß dies das wichtigste Objekt wäre – auf Anraten seiner Frau, die seither verschwunden war.
Sie blieben unvermittelt stehen, als vor ihnen zahlreiche weitere Männer mit Sturmhauben auftauchten. Hinter ihnen wurde das Tor geschlossen, und sie saßen in der Falle. Bevor sie noch recht wußten, was geschah, waren die CRS-Männer über sie hergefallen; sie schwangen Gewehrkolben, ließen Schlagstöcke niedersausen, warfen die Angreifer zu Boden. Von der CRS ist bekannt, daß sie nicht gerade zimperlich vorgeht. Jeder Mann ohne ein grünes Band am Arm war ein Gegner.
Navarre beobachtete das wüste Gemenge vom Fenster seines Büros im ersten Stock aus. Wieder wurden die überwältigten Angreifer fortgetragen und in Berliet-Laster geworfen, die durch das inzwischen wieder geöffnete Tor hereingefahren waren.
Eine Stunde später hatten alle Anführer der CRS-Einheiten in der gesamten

Stadt die Ausführung ihres Auftrags gemeldet. Spezielle CRS-Einheiten hatten dafür gesorgt, daß Aufnahmewagen des Fernsehens und Reporter nicht in die Nähe der Kampfhandlungen gelangen konnten. Navarre erschien im Fernsehen. Er berichtete kurz, daß »Terroristen« verhaftet worden waren und jetzt in der Stadt wieder Ruhe herrschte.

General Charles de Forge war ein entschlossener Befehlshaber. Als Major Lamy aus Arcachon anrief, hörte er nur zu.
»Es ist eine Katastrophe, *mon général!*« Lamys Stimme klang erschüttert. »Die *Steel Vulture* befand sich schon fast innerhalb des *bassin*, als sie in die Luft flog. Es war eine Meldung durchgegeben worden, man habe vor der Küste Minen aus dem Krieg gesichtet. Ich hielt die Sache für einen Bluff. Die zusätzlichen Waffen, auf die Sie gewartet haben, sind nicht mehr verfügbar...«
»Danke, Lamy. Melden Sie sich im Hauptquartier.«
De Forge legte den Hörer auf. Dann stand er auf und wendete sich an die wartenden Offiziere.
»Es geht los. Unternehmen Marengo beginnt. Ich fahre im Spitzenpanzer der Ersten Division. Die anderen Kommandeure wurden vor einer Stunde angewiesen, ihre versiegelten Orders zu öffnen. Der Sieg wird unser sein – noch bevor der Tag zu Ende geht.«

An Bord der *L'Orage V* las Tweed die Bekanntmachung, die de Forge am Vorabend herausgegeben hatte – so rechtzeitig, daß sie am nächsten Tag in *Le Monde* abgedruckt werden konnte.
Das Manöver Marengo wird auf die Mitte Frankreichs ausgeweitet. Das Manöver wird sich nicht weiter erstrecken als bis nach Chateaurouge. Der Bevölkerung wird dringend empfohlen, sich von den Orten fernzuhalten, an denen das Manöver stattfindet. Unter bestimmten Umständen kann scharfe Munition verwendet werden.
»Was hat das zu bedeuten?« fragte Paula.
Tweed schaute durch das Bullauge hinaus. Es war früher Nachmittag, und der Kabinenkreuzer schaukelte heftig. Er hatte ein weiteres Dramamin genommen.
»Beachten Sie die dreimalige Verwendung des Wortes ›Manöver‹«, sagte er. »Ein Versuch, Navarre irrezuführen. Und von Chateaurouge aus führt die N 20 direkt nach Paris. Ich habe vorausgesehen, daß er diese Route nehmen würde, anstatt einen Bogen zu schlagen und sich der Stadt von Norden her zu nähern, wie man in Paris glaubte.«

»Ich bin sicher, daß Sie recht haben«, sagte Berthier. »Er wird mit Höchstgeschwindigkeit durch die Nacht fahren. Und wenn Paris aufwacht, stehen seine Truppen auf den Champs-Elysées, und er hat gewonnen.«
»Wie sind Sie darauf gekommen, daß er die N 20 benutzen wird?« fragte Paula.
Tweed lächelte trocken. »Als ich Josette in Passy besuchte, sah ich bei ihr eine Büste Napoleons. Das ist einer von de Forges Helden. Bestimmt hat er sich eingehend mit seinen Feldzügen beschäftigt. Als Napoleon gegen Wellington vorrückte, führte er sein Heer so schnell wie möglich auf dem direkten Wege nach Brüssel und überraschte Wellington bei Quatre Bras. Paris ist de Forges Brüssel – der direkte Vorstoß auf dem kürzesten Weg.«
»Und nichts steht ihm im Wege«, sagte Newman grimmig.
»Jedenfalls nicht viel«, pflichtete Tweed ihm bei. Er sah den für das Schiff verantwortlichen DST-Beamten an. »Ich meine, wir sollten nach Paris zurückkehren. Auf der Insel wartet eine Alouette auf uns? Gut ...«
Er schwieg, als er hörte, wie jemand die Laufplanke überquerte. Newman stellte sich mit dem Smith & Wesson in der Hand neben das untere Ende der Kajütstreppe. Schwere Schritte kamen die hölzernen Stufen herunter. Victor Rosewater blieb am unteren Ende der Treppe stehen, lächelte Paula und die anderen an.
»Ich dachte mir, daß Sie hier in Arcachon sein würden. Nun, das war das Ende von Lord Dane Dawlish.«
»Wir sind alle zu Tränen gerührt«, sagte Newman.
Rosewater sah Tweed an. »Ich fand, Sie sollten wissen, daß Major Lamy nach wie vor in Arcachon ist. Weshalb ist er nicht bei de Forge?« Er warf einen Blick auf Paula. »Sollte er hier noch etwas zu erledigen haben?«

Siebenundfünfzigstes Kapitel

»Außerdem habe ich heute am späten Vormittag in einer Bar Brand gesehen«, teilte Rosewater Tweed mit.
»Brand. Ich habe mich schon gefragt, wo er steckt.«
Mehr sagte Tweed nicht. Er schaute aus dem Fenster der Alouette, die sich jetzt in der Luft befand. An Bord der Maschine waren Isabelle und Paula, Stahl, Newman, Butler, Nield, Hamilton und Berthier. Alle über Paris auf dem Weg nach Hause.
Tweed war so in Eile, daß ihn der lange Aufenthalt auf der Insel nervös gemacht hatte. Irgendein Defekt am Motor der Alouette hatte behoben

werden müssen. Als sie hinter Chateaurouge auf die Dritte Armee stießen, herrschte noch Tageslicht, aber die Dämmerung stand ganz nahe bevor. Tweed bat den Piloten, tiefer herunterzugehen. Zuerst sahen sie Lastwagen voller Infanterie, Panzerspähwagen, Motorradeskorten. Dann eine endlose Kolonne von 155-mm-Geschützen auf Selbstfahrlafetten. Und vor den Geschützen, gleichfalls auf der N 20 nach Norden fahrend, Kolonnen von schweren Panzern. Tweed hob sein Fernglas und richtete es auf den Panzer an der Spitze, der hinter einer Motorradeskorte herfuhr.

General de Forge stand im Turm seines Le Clerc-Panzers. Er trug keinen Helm, sondern nur sein Képi; um den Hals hatte er ein Fernglas gehängt. Als er die Alouette bemerkte, hob er sein eigenes Glas, und Tweed hatte das merkwürdige Gefühl, daß sie sich gegenseitig anstarrten. Dann ließ de Forge sein Glas sinken und winkte, während sein Panzer weiter voranrollte.

»Er befindet sich bereits weit nördlich der sogenannten Manövergrenze«, sagte Tweed kalt. »Der Grenze, die er selbst festgelegt hat. Angeblich sollte sich das Manöver nicht über Chateaurouge hinaus erstrecken. Und er befindet sich auf der N 20. Wie in aller Welt schafft er es, den Verkehr von der Straße zu schaffen, damit diese stählerne Armee freie Fahrt hat?«

»Ich bin sicher, daß ihm das nicht schwerfällt«, erwiderte Rosewater. »Und was hat Brand in Arcachon getan? Auf die *Steel Vulture* gewartet?«

»Mit Sicherheit. Und es kann sein, daß er noch etwas anderes vorgehabt hat. Er wird uns bestimmt wieder über den Weg laufen.«

Marler stand in dem Hubschrauber, der über der N 20 nach Süden flog, hinter dem Piloten. Es war noch Tag, und ein Sonnenstrahl hatte wie ein Scheinwerfer die hochhängenden Wolken durchbrochen.

»Da kommen sie«, sagte der Pilot auf Französisch.

»Um Paris zu befreien«, erwiderte Marler zynisch in der gleichen Sprache. Mit einer Hand hielt er sich an der Rückenlehne des Pilotensitzes fest, mit der anderen hob er sein Fernglas vor die Augen. Eine Gruppe von Motorradfahrern hatte an einer Kreuzung angehalten. Hinter ihnen holten Männer Schilder aus einem zivilen Lastwagen. Durch das Glas hindurch konnte Marler lesen, was auf ihnen stand.

Umleitung. Nicht weiterfahren! Manöver!

»De Forge läßt die N 20 absichern«, bemerkte Marler.

»Fliegen Sie weiter über der Straße entlang. Er kann nicht mehr weit weg sein.«

»Und er rückt auf Paris vor...«

Der Pilot behielt die geringe Höhe bei. Marler beobachtete das Licht. Bald würde es dämmern und dann dunkel sein. Was bedeutete, daß das, was er vorhatte, möglicherweise undurchführbar war. Er hob wieder sein Glas, entdeckte eine Gruppe von Motorradfahrern. Hinter ihnen rollten die Panzer.

Mit weit auseinandergestellten Füßen und sich gut festhaltend, stellte Marler das Glas scharf ein. Er konnte es nicht glauben. General de Forge stand aufrecht im Turm des Le Clerc-Panzers an der Spitze der Kolonne. Marler senkte das Glas und ließ den Blick über die Landschaft schweifen. Östlich der N 20 ragte ein kleiner Hügel auf. Er schätzte die Entfernung ab.

»Können Sie auf der Kuppe dieses Hügels dort landen?« fragte er den Piloten.

»Ein idealer Landeplatz.«

Die Maschine beschrieb einen Bogen und entfernte sich von der Straße. Als sie auf dem Hügel aufsetzte, ergriff Marler, nachdem er seinen Kopfhörer abgenommen hatte, seine Tasche, riß die Tür auf, sprang heraus, duckte sich unter den wirbelnden Rotoren hinweg. Er rannte zu einem aus der Erde herausragenden Felsbrocken, ließ sich fallen, holte das Armalite aus der Tasche, schraubte das Zielfernrohr auf, legte die Waffe auf den Felsbrocken, stellte das Zielfernrohr scharf ein. Dann hatte er den Le Clerc-Panzer an der Spitze im Fadenkreuz.

De Forge hatte einen stark ausgeprägten Instinkt für Gefahr. Er beobachtete, wie der Hubschrauber landete. Er drehte sich um und winkte den ihm folgenden Panzern zuversichtlich zu. Anschließend erteilte er durch sein Mikrofon dem Schützen seinen Befehl.

»Ziel: der Hubschrauber, der gerade östlich von hier auf dem Hügel gelandet ist. Feuer frei!«

Der Computer vollführte mit Lichtgeschwindigkeit seine Berechnungen. Der riesige Lauf schwenkte um neunzig Grad. Die Richthöhe senkte sich, richtete das Rohr genau auf sein Ziel.

Zwei Sekunden bevor das Geschütz des Panzers eine Granate auf den Hubschrauber abfeuerte, drückte Marler auf den Abzug. Das Sprenggeschoß riß dic vordere Hälfte von de Forges Schädel ab. Sein Körper sackte auf die unter ihm stehende Besatzung, und das herausströmende Blut spritzte in die Augen des Schützen, der automatisch auf den Knopf drückte. Die Granate flog in ungefähr drei Metern Höhe über den Hubschrauber hinweg, traf ein Bauernhaus und tötete den Bauern, seine Frau und ihre drei Kinder, die gerade beim Essen waren.

Marler feuerte dreimal über die Köpfe der Motorradfahrer hinweg, die wie versteinert auf ihren Maschinen saßen. Sie sprangen aus dem Sattel, ergriffen ihre automatischen Waffen und begannen, auf gut Glück auf den Hubschrauber zu feuern, der sich bereits wieder in der Luft befand und schnell stieg.
In dem Panzer herrschte Panik. De Forge, ein schrecklicher Anblick, lag, noch immer Blut verspritzend, auf den Männern. Fünf Panzer hinter dem zum Stehen gekommenen Fahrzeug, deren Besatzung nicht wußte, daß der General tot war, handelten seiner letzten Handbewegung entsprechend und rollten auf ihren Ketten, die rumpelten und klirrten wie ein riesiges Stampfwerk, weiter voran.
Unmittelbar vor ihnen befand sich ein Wäldchen, und hinter den Bäumen standen Fahrer von Tanklastern mit Schläuchen und übergossen die Straße mit Benzin, das sich ausbreitete wie ein See. Ein Bauer hielt eine Strohfackel in der Hand. Er warf die brennende Fackel, der Benzinsee geriet in Brand, die fünf Panzer rollten auf einen Flammenvorhang zu.
Konfusion. Chaos. Panzer schwenkten herum, kollidierten miteinander in dem verzweifelten Versuch, der Flammenwand zu entkommen. Zwei Panzer rumpelten an beiden Seiten des Fahrzeugs vorbei, in dem de Forge lag, und stießen frontal mit drei weiteren Le Clercs zusammen. Bald war die gesamte Kolonne zum Stillstand gekommen – eine Armee ohne Anführer, ohne Befehle, ohne Ziel.
Die Alouette, die Marler nach Paris zurückbrachte, war ein grauer Punkt an einem grauen Himmel, als die Dämmerung hereinbrach und auf den Feldern beiderseits der Straße eine Flammenwand aufloderte, wo mit Benzin getränkte Heuballen in Brand gesetzt worden waren.

Achtundfünfzigstes Kapitel

»Wir müssen immer noch Kalmar zur Strecke bringen«, erklärte Tweed.
Es war vierundzwanzig Stunden später, und sie saßen alle in Navarres Büro im Innenministerium. Navarre hatte gerade berichtet.
»Wir sind dabei, so schnell wie möglich wieder Ordnung zu schaffen«, hatte er erklärt. »Wie Sie heute morgen in den Zeitungen lesen konnten, ist General Charles de Forge auf tragische Weise ums Leben gekommen, während eines Manövers, bei dem auf seinen Befehl mit scharfer Munition geschossen wurde. Wir werden nie erfahren, wer ihn während dieser Panik auf der N 20 versehentlich erschossen hat.«

»Einer seiner eigenen Leute?« meinte Marler.
»Davon gehen wir aus«, hatte Navarre ihm beigepflichtet.
»Dann ist ein großer Tanklaster umgestürzt, und das Benzin geriet in Brand. Wie ich bereits sagte, eine schreckliche Tragödie.«
»So ist es«, sagte Lasalle mit ausdrucksloser Miene.
»Das Manöver ist abgebrochen worden«, hatte Navarre weiterhin erklärt. »Die Truppen sind in ihre Kasernen zurückgekehrt. Es wird keine Berichte über diesen mysteriösen Friedhof geben, den Newman in den Landes entdeckt hat.«
»Sie wollen das auf sich beruhen lassen?« hatte Newman gefragt.
»De Forge hatte alle Toten als Deserteure gemeldet. Es hätte keinen Sinn, die Angehörigen zu verstören. Also belassen wir es dabei«, hatte Navarre erklärt. »Und die Aufnahmen, die wir von den beiden Zeugen, Martine und Moshe Stein, für das Fernsehen gemacht haben, werden nicht gesendet. Die Videos wurden vernichtet. Martine schien damit einverstanden zu sein, nachdem sie von de Forges Tod erfahren hatte. Moshe Stein nimmt es philosophisch.«
»Und die Zerschlagung der Siegfried-Bewegung ist abgeschlossen«, bemerkte Kuhlmann. »Damit wäre wohl alles erledigt.«
Da war der Punkt, an dem Tweed sich zu Wort gemeldet hatte.
»Wir müssen immer noch Kalmar zur Strecke bringen...«
»Und woher sollen wir wissen, womit wir anfangen können?« fragte Rosewater. »Wir haben nicht den geringsten Hinweis auf seine Identität.«
»Da bin ich nicht so sicher«, erklärte Tweed. »Ich habe mit Jim Corcoran, dem Sicherheitschef von Heathrow, gesprochen. Er hat gesehen, wie Major Lamy mit einem Direktflug aus Bordeaux angekommen ist.«
»Mit einer Menge auf seinem Gewissen«, warf Navarre ein.
»Corcoran ist ihm gefolgt«, fuhr Tweed fort. »Er kennt die Nummer des Wagens, den er gemietet hat. Ich habe die Firma angerufen. Lamy wollte nach Aldeburgh.«
»Dahin will ich auch«, erklärte Paula.
»Das ist zu gefährlich«, widersprach Tweed. »Übrigens habe ich auch in Grenville Grange angerufen. Und wissen Sie, wer den Anruf annahm? Brand. Also ist auch er wieder in der Gegend um Aldeburgh.«
»Ich habe noch Urlaub gut«, beharrte Paula. »Ich fahre auf eigene Faust. Ich muß das Gespenst dessen, was dort passiert ist, ein für allemal bannen.«
»Keine gute Idee«, fuhr Newman auf.
»Sie brauchen nicht mitzukommen. Es ist meine ganz persönliche Angelegenheit.«

»Was ist mit den Unruhen in Südfrankreich?« erkundigte sich Tweed.
»Dubois wurde vor die Wahl zwischen zwei Möglichkeiten gestellt«, erklärte Navarre. »Entweder löst er seine rassistische Bewegung *Pour France* auf, oder er wird als Mitglied des *Cercle Noir* wegen Hochverrats vor Gericht gestellt. Er wurde darauf hingewiesen, daß wir das Band mit seiner Stimme darauf haben. Raten Sie mal, wofür er sich entschieden hat.«
»Er ist ausgestiegen«, erwiderte Newman. »Diese Laus mit der schmutzigen Krawatte hat kein Rückgrat.«
»Sie haben recht. Er hat sich bereit erklärt, seine Partei aufzulösen und wie früher in der Provence faules Obst zu überhöhten Preisen zu verkaufen. Ohne Führung sind die Rassisten ohnmächtig.«
»Und wir müssen nach London zurückkehren«, sagte Tweed.
»Dann fahre ich nach Aldeburgh«, erklärte Paula.

Es war später Nachmittag an einem Tag im Dezember, als Paula am Fenster ihres Zimmers im Hotel Brudenell in Aldeburgh stand und auf die Strandpromenade hinunterschaute. Von Nordosten jagten graue Wolken heran. Riesige Wellen rollten herein, prallten gegen den Damm, schleuderten Gischt bis zu ihrem Fenster herauf. Das Wetter war stürmischer als an dem Tag, an dem sie mit Karin über die Marsch gerannt war, aber die Atmosphäre war ähnlich. Sie mußte zu ihrem Spaziergang aufbrechen, bevor es völlig dunkel geworden war.
Sie überprüfte den Inhalt ihrer Umhängetasche, zog den Gürtel ihres Regenmantels fester, band sich ein Tuch um den Kopf und verließ das Zimmer. Das Foyer war leer. Sie lächelte der Frau am Empfang zu, lief die Treppe zum Hinterausgang hinunter, bog nach links ab und machte sich auf den Weg in die Marsch.
Sie überquerte den öffentlichen Parkplatz, und dann knirschte unter ihren Füßen der Kies der Straße, die zu den Dämmen führte, die nach wie vor verstärkt wurden. Um diese Tageszeit war die Baustelle verlassen; alle Arbeiter hatten Feierabend gemacht. Nachdem sie das Gebäude des Slaughden Sailing Club passiert hatte, bog sie auf den steilen Pfad ab, der in die Marsch hinunterführte.
Es wurde schneller dunkel, als sie vermutet hatte. Ihre Gedanken wanderten zu Kalmar, dem Mann, der die arme Karin erwürgt hatte. Es schien eine Ewigkeit her zu sein. Der Boden war sumpfiger als an dem Tag, an dem sie diesen Weg zum letzten Mal gegangen war. Sie erreichte die Stelle, an der der Weg sich gabelte – links zurück zur Straße, rechts auf den Deich hinauf. Sie nahm die Abzweigung nach rechts, suchte sich ihren Weg auf dem

gewundenen Pfad, der auf der Deichkrone entlangführte. Das war der Moment, in dem sie das stetige Geräusch von Schritten hörte, die sich von hinten eilig näherten.

Tweed parkte seinen Ford Escort auf einem freien Platz vor dem Brudenell, stieg aus, verschloß den Wagen und eilte ins Haus. In der Mitte der Treppe stolperte er, fluchte laut. Als er sich mit Hilfe des Geländers die restlichen Stufen hinaufschleppte, erschien die Frau von der Rezeption.
»Ist etwas passiert, Sir? Ach, Sie sind es, Mr. Tweed.«
»Ich habe mir den Knöchel verstaucht. Ist Miss Grey im Hause?«
»Sie ist gerade gegangen. Wollte einen Spaziergang in die Marsch machen.«
»Hoffentlich nicht allein?«
»Doch. Niemand begleitet sie.«
Victor Rosewater erschien aus der Richtung der Bar. Er musterte Tweed, der in einen Sessel gesunken war und das rechte Bein mit dem verrenkten Knöchel lang ausgestreckt hatte.
»Gibt es ein Problem?« fragte er. »Paula hat mich in meiner Wohnung in der Stadt angerufen und mich wissen lassen, daß sie hierherkommen wollte. Ob ich Lust hätte, ihr Gesellschaft zu leisten.«
»Und weshalb tun Sie es dann nicht?«
»Weil ich nicht wußte, daß sie schon hier ist. Ich habe in der Bar auf sie gewartet.«
»Ist Robert Newman nicht da?« fragte Tweed die Frau an der Rezeption. Er wirkte nervös. »Er sagte mir, daß er herkommen wollte.«
»Er ist schon vor einer ganzen Weile eingetroffen. Soweit ich weiß, wollte er nach Grenville Grange fahren.«
»Oh, nein!« Tweed sah Rosewater an. »Er ist überzeugt, daß sich Kalmar wieder in Aldeburgh aufhält. Er muß nach Grenville Grange gefahren sein, um sich Brand vorzuknöpfen, aber er wird feststellen, daß Brand nicht dort ist.«
»Wie ist Newman auf diese Idee gekommen?« wollte Rosewater wissen.
»Weil sowohl Major Lamy als auch Brand nach Aldeburgh zurückgekehrt sind. Und jetzt stromert Paula ganz allein in dieser Marsch herum. Ich mache mir wirklich Sorgen. Sie ist in großer Gefahr. Und ich kann bestenfalls ein paar Meter weit humpeln.«
»Ich gehe los und suche sie«, versprach Rosewater. Dann senkte er die Stimme. »Und ich habe meinen Dienstrevolver bei mir.«
»Worauf warten Sie dann noch?« Tweed schaute zur Rezeption hinüber. »Können Sie mir sagen, wann sie das Haus verlassen hat?«

»Vor einer guten Viertelstunde...«
»Ich mache mich gleich auf den Weg. Sie bleiben sitzen und schonen Ihren Knöchel.«
Rosewater war die Treppe hinuntergeeilt und verschwunden, bevor Tweed etwas erwidern konnte.
»Ist sie wirklich in Gefahr?« fragte die Frau. »Ich denke an das, was vor einiger Zeit in der Marsch passiert ist.«
»Ich auch. Und ich bete zu Gott, daß er noch rechtzeitig kommt.«

Paula hörte, wie das auflaufende Wasser unterhalb des Deiches über die Marsch plätscherte. Die Flut kam mit voller Gewalt herein und ließ die an Bojen verankerten Boote heftig schwanken. Sie drehte sich um, als sie die eiligen Schritte hörte. Es war Victor Rosewater.
»Gott sei Dank, Sie sind es, Victor. Ich habe mich schon gefragt, wer es sein könnte. Ich hatte das Gefühl, noch einmal herkommen und einen letzten Blick auf die Stelle werfen zu müssen, an der Karin starb.«
Rosewater verschränkte die behandschuhten Hände. Er schaute hinunter auf den Ankerplatz, wo eine mit blauem Plastik abgedeckte Jacht von der Flut herangetrieben wurde. Offenbar hatte sie sich von ihrer Verankerung losgerissen und driftete jetzt durch den Schilfgürtel auf sie zu.
»Tweed ist im Brudenell eingetroffen«, teilte er ihr mit. »Er macht sich große Sorgen, weil Sie hier ganz allein unterwegs sind.«
Paula hatte eine Hand in ihrer Umhängetasche. Sie lächelte ihn an.
»Aber Ihnen paßt das sehr gut, nicht wahr, Kalmar?«
»Wovon zum Teufel reden Sie?« fragte Rosewater grob.
»Oh, ich hätte es eigentlich schon viel früher merken müssen. Erinnern Sie sich an den Abend, an dem wir mit Newman hier waren – auf Ihren Vorschlag hin. Sie sagten, die Polizei hätte vielleicht einen wichtigen Hinweis übersehen. Als wir am Bootshaus des Sailing Club vorbeikamen, haben Sie gefragt, wo es langgeht. Sie haben so getan, als wüßten Sie nicht, wie man hierherkommt. Und als wir dann die Stelle erreichten, an der sich der Weg gabelt – wo eine Abzweigung zur Straße zurückführt und die andere, weniger deutlich sichtbare, auf den Deich hinauf –, da bin ich ausgerutscht. Sie gingen voran, und sie zogen mich *geradewegs auf den Deich hinauf*. Erst kürzlich habe ich begriffen, was das bedeutet. Sie wußten, wo man Karins Leiche gefunden hatte.«
»Und Sie, meine Liebe, sind entschieden zu clever. Aber ich hatte ohnehin befürchtet, daß Sie von Ihrem Platz auf dem Baum aus gesehen haben könnten, wie ich die dämliche Ziege erledigte.«

»Dämliche Ziege? Karin war Ihre Frau…«
»Und wurde ausgesprochen lästig. Genau wie Sie.«
»Jean Burgoyne war eine Freundin von mir. Sie haben sie umgebracht, Sie Schwein. Sie gleichfalls erdrosselt.«
»Für ein dickes Honorar. Das war ziemlich haarig – die Sache bei dem abgelegenen Bootshaus in der Nähe von Arcachon. Aber ich hatte meinen Job erledigt und konnte verschwinden, bevor Sie und Ihre Freunde ankamen.«
»Sie kaltblütiger Mistkerl. Gott weiß, was Sie sonst noch getan haben.«
»Unter anderem in Deutschland Siegfried organisiert. Als Offizier des Geheimdienstes, der angeblich hinter der IRA her ist, hatte ich die entsprechenden Kontakte. Gleichfalls für ein dickes Honorar. Und jetzt sind nur noch Sie übrig. Ist das nicht hübsch? Sie werden an der gleichen Stelle sterben wie Ihre Freundin Karin. Vielleicht tröstet Sie das…«
Er bewegte sich näher an sie heran. Sie hatte den Browning halb aus ihrer Umhängetasche herausgezogen, als seine rechte Hand ihr Handgelenk mit stählernem Griff umklammerte und es verdrehte. Die Waffe fiel auf den Pfad. Seine behandschuhten Hände fuhren hoch zu ihrem Hals, die Daumen zielten auf ihren Kehlkopf.
»Damit kommen Sie niemals durch«, keuchte sie.
»Warum nicht? Tweed hat zwei Verdächtige hier in der Gegend. Major Lamy und Brand. Sagen Sie der Welt Lebewohl, Paula…«
Die Daumen preßten sich auf ihren Kehlkopf. Sie versuchte, ihm das Knie in die Lenden zu rammen, aber die über ihr aufragende Gestalt drehte sich zur Seite. Ihr Knie traf nur die Seite seines Beins. Sein Bild verschwamm vor ihren Augen.
Die Plastikabdeckung der herangedrifteten Jacht war heruntergerissen worden. Newman war herausgesprungen, stürmte durch den Schlamm und über Grasbüschel auf den Deich hinauf. Er ergriff eine Handvoll von Rosewaters Haar, riß heftig daran. Rosewater grunzte, ließ Paula los, fuhr herum. Die beiden Männer rangen, verloren das Gleichgewicht, rollten gemeinsam den Deich hinunter und landeten auf den Überresten des Bootes, in dem Karins Leiche gefunden worden war. Newman spürte Hände um seinen Hals, benutzte seine Schultern als Hebel, um sich unter Rosewaters Körper hervorzurollen, und lag dann auf ihm. Seine eigenen Hände packten Rosewater bei der Kehle, drückten seinen Kopf unter Wasser, hielten ihn fest. Rosewaters Kopf war eine undeutliche Silhouette unter der Oberfläche. Er öffnete den Mund, um Luft zu holen, und schluckte bei dem Versuch, sich zu befreien, die Lungen voll Wasser. Ein gräßlicher Anblick.

Doch Newman ließ nicht locker, sonder drückte noch fester zu und zwang seinen Gegner noch tiefer ins Wasser, ignorierte seine verzweifelte Gegenwehr. Newman spürte, wie die Hände um seinen eigenen Hals erschlafften, heruntersanken. Vorsichtig lockerte er seinen Griff. Der untergetauchte Körper war leblos.

Triefnaß und bis auf die Haut durchweicht, kam Newman mühsam wieder auf die Beine. Er schaffte es, Paula zuzulächeln, die herunterschaute und mit einer Hand ihren Hals massierte. Er schleppte sich auf den Deich hinauf, trat neben Paula, die in die Marsch schaute.

Dann hörte Newman das Geräusch eines näherkommenden Motors und sah ein Fahrzeug – einen Buggy mit riesigen Reifen –, das mit voll aufgeblendeten Scheinwerfern auf sie zukam. Er schirmte mit seiner nassen Hand die Augen ab, und als der Buggy auf der dem Land zugewandten Seite des Deiches anhielt, sah er drei Männer. Chefinspektor Buchanan, neben ihm Tweed, und Sergeant Warden am Steuer.

»Bob – sehen Sie«, krächzte Paula.

Sie deutete auf die andere Seite des Deiches. Die Flut lief ab. Rosewaters Schuhe tauchten kurz aus dem Wasser auf, dann schwamm seine Leiche rasch den Bach hinunter und stieß gegen die Überreste des Bootes, dessen Trümmer schnell nach Süden abtrieben. Tweed, an dem nicht das geringste auf einen verstauchten Knöchel hindeutete, war der erste, der neben ihnen stand.

Newman, dem die Kleider am Leibe klebten, berichtete den drei Männern, was passiert war.

»Wir haben immer geglaubt, daß es Rosewater war«, teilte Buchanan ihm mit. »Diese Sache mit dem Fund des Ringes mit dem Lothringer Kreuz – die von Rosewater ablenken und uns auf Frankreich verweisen sollte. Zuvor hatte Warden mit einem Team von Experten den gesamten Tatort abgesucht. Denen wäre bestimmt nichts entgangen. Das Problem war nur, daß wir keinerlei Beweise hatten. Aber wenn eine Ehefrau ermordet wird, ist der Ehemann immer der Hauptverdächtige.«

»Ich meine, wir sollten diese beiden ins Brudenell zurückbringen, damit sie ein heißes Bad nehmen können«, sagte Tweed. »Und im Wetterbericht wurde eine ungewöhnlich hohe Flut vorhergesagt. Es kann durchaus sein, daß die Leiche bis in die Nordsee hinausgeschwemmt wird.«

Nachspiel

Eine Woche später hatte Tweed sein gesamtes Team in seinem Büro versammelt. Die Quetschungen am Hals von Newman und Paula – die Buchanan von der Wahrheit ihrer Geschichte überzeugt hatten – waren nicht mehr zu sehen. Marler lehnte an der Wand und rauchte eine seiner King Size-Zigaretten. Butler und Nield saßen auf Paulas Schreibtisch, und Newman hatte sich auf dem Sessel niedergelassen.

»Wer war *Manteau*? fragte Paula. »Ich verstand einfach nicht, wieso es zwei Killer gab.«

»Die gab es auch nicht«, sagte Tweed und lehnte sich auf seinem Stuhl zurück. »Marler war *Manteau*. Nur drei Menschen wußten es – Navarre, Lasalle und ich.«

»Aber weshalb?« beharrte Paula.

»Wenn Sie den Mund halten, sage ich es Ihnen. Es war meine Idee – ein Teil der psychologischen Kriegführung gegen de Forge. Wir wußten, daß er sich Kalmars bediente, also erfanden wir einen weiteren Mörder, um ihn aus der Fassung zu bringen. Berthier hatte Lasalle die privaten Telefonnummern von Lamy und de Forge verschafft. Es war alles ganz simpel.«

»Simpel? Aber *Manteau* soll doch die TGV-Katastrophe bewerkstelligt haben, bei der der Präsident und der Premierminister ums Leben kamen. Und in einem nahegelegenen Dorf wurde sein Markenzeichen, ein Cape, gefunden. Ebenso in Paris, in der Nähe der Präfektur, wo der Präfekt ermordet wurde. Und ein drittes bei dem Bootshaus, wo Jean Burgoyne erdrosselt wurde. Marler kann doch nicht gewußt haben, daß diese Morde begangen werden sollten.«

»Zugegeben.« Tweed lächelte trocken. »Bevor *Manteau* auf der Bildfläche erschien, kaufte Lasalle in einem Geschäft für Theatergarderobe in Paris eine Reihe von Capes. Sie wurden vertrauenswürdigen DST-Leuten ausgehändigt. Eines davon wurde in eine Mülltonne in der Nähe der Präfektur gestopft. Der Präfekt von Paris wurde übrigens nicht ermordet. Er fuhr unter angenommenem Namen auf einen seit längerem geplanten Urlaub nach Martinique. Offiziell hat er sich inzwischen von der Schußverletzung erholt und seine Tätigkeit wieder aufgenommen. Das Cape in dem Dorf wurde erst Stunden nach der TGV-Tragödie gefunden. Massenhaft Zeit, eines von Lyon herbeizuschaffen. Dann bestach der DST-Agent einen alten Mann in dem Dorf, damit er der Presse erzählte, er hätte auf dem Viadukt einen Mann mit einem Cape gesehen. Ein weiteres Cape wurde nach Arcachon geschafft. Marler hat, in der Rolle von *Manteau*, de Forge wiederholt angerufen und viel Geld für die Erledigung dieser Jobs verlangt. Als eine große Summe gezahlt worden war, besorgten wir uns von einer Pariser Bank Schweizer Franken mit fortlaufenden Seriennummern und außerdem einen Packen Falschgeld, das Monate zuvor von der Pariser Polizei beschlagnahmt worden war. Marler gab das Geld zurück, um de Forge noch mehr unter Druck zu setzen.«

»Aber wer hat de Forge umgebracht?« fragte Paula.

»Lesen Sie denn keine Zeitungen, meine Liebe?« erkundigte sich Marler. »Es war ein unglücklicher Zufall, als de Forges Truppen in Panik gerieten, nachdem der Tanklaster umgestürzt war.«

»Wirklich?« fragte sie, und Marler nickte.

»Berthier, Lasalles Spion in de Forges Hauptquartier, hat hervorragende Arbeit geleistet«, fuhr Tweed fort. »Mit einem Lauschgerät hörte er die Telefongespräche ab, die Lamy im Nebenzimmer mit Kalmars Kontaktperson führte. Dadurch erfuhr er auch die Namen der vorgesehenen Opfer – und daher wußten wir, daß auch Sie ermordet werden sollten.«

»Ein unerfreulicher Gedanke«, bemerkte sie. »Und dabei habe ich Rosewater eine Zeitlang gemocht.«

»Und das ist der Grund dafür«, erklärte Tweed, »daß Butler und Nield Ihnen nicht von der Seite gewichen sind. Sie hatten strikte Anweisung, Sie keine Minute allein zu lassen.«

»Seit wann haben Sie Rosewater verdächtigt?«

»Eigentlich von Anfang an. Ich bin ziemlich sicher, daß Karin, die für Kuhlmann arbeitete, Verdacht gegen ihn geschöpft hatte. Er merkte es und ermordete sie auf der Marsch bei Aldeburgh. Auch Newman kam ihm schon früh auf die Schliche. Sie erinnern sich, daß Sie beide Rosewater bei dem Spaziergang über die Marsch begleitet haben? Newman hat gesehen, wie Rosewater Sie ohne jedes Zögern auf den Deich hinaufzog, nachdem Sie ausgerutscht waren – Rosewater, der angeblich keine Ahnung hatte, wo Karin ermordet worden war. Er hat es mir erzählt. Von diesem Moment an wurden Sie beschützt. Das nächste, das auf Rosewater hindeutete, war etwas, das Kuhlmann mir berichtete. Sein Informant Helmut Schneider hatte ihm eine Liste mit Adressen von Siegfried-Basen in Deutschland zukommen lassen. Aber kein Wort von Rosewater, obwohl Schneider *ihn* vorher informiert hatte. Und als Sie in Arcachon aus dem Restaurant kamen, in dem Sie mit Rosewater gegessen hatten, wollte er, wie Sie mir später erzählten, mit Ihnen eine Spazierfahrt machen.«

»Das stimmt«, erklärte Paula. »Gott sei Dank hat Butler mich daran gehindert, mit ihm zu fahren.«

»Ein Stück die Straße hinunter parkte ein roter Porsche. Rosewater ging in die andere Richtung, als Butler sich Ihnen wieder anschloß. Nachdem Sie ein Stück gefahren waren, ließ Nield den Wagen anhalten, um nach seiner Brieftasche zu suchen, die er angeblich verloren hatte.«

»Ich erinnere mich ...«

»Nield ging bis zur nächsten Ecke und sah, wie Rosewater in den Porsche stieg. Welcher Captain beim Geheimdienst kann sich von seinem Sold einen Porsche leisten? Und es gab noch weitere Dinge, die sehr merkwürdig waren.«

»Sie sind ein ziemliches Risiko eingegangen«, bemerkte Marler, »indem Sie Paula als Köder benutzten.«

»Ich war einverstanden«, erklärte Paula. »Ich habe sogar darauf bestanden, als mir klargeworden war, daß es sich um Rosewater handelte. Ich war ziemlich vernarrt in ihn. Aber Tweed hatte Butler und Nield hinter dem Deich postiert – für den Fall, daß Newman Rosewater nicht rechtzeitig erreichte.« Sie sah Tweed an. »Aber wie hat Dawlish diese Raketen geschmuggelt?«

»Sie haben es mir erzählt, aber ich erinnerte mich erst daran, als ich die *Steel Vulture* vor Arcachon sah. Ganz zu Anfang, als Sie über Ihren Unterwasser-Ausflug mit Karin bei Dunwich berichteten, sagten Sie, Sie hätten geglaubt, einen großen weißen Wal zu sehen. Höchst unwahrscheinlich in diesem Teil der Welt.«

»Und was war es?«

»Einer dieser großen, widerstandsfähigen Kunststoffbehälter, die, mit Öl gefüllt, hinter Tankern hergeschleppt werden. Dawlish war clever. Wahrscheinlich wurden die Raketen in diesen Behältern aus dem Ausland herbeigeschafft und die Behälter dann in dem versunkenen Dorf verankert – daher sein Interesse für Unterwasser-Erkundung.«

»Also ist alles wieder im Lot?«

»In Frankreich auf jeden Fall.« Tweed ließ den Blick über die Versammlung schweifen. »Ich finde, Ihr habt alle gute Arbeit geleistet. Wir haben geholfen, einen Militärdiktator daran zu hindern, daß er in Paris die Macht ergreift und damit das neue Europa zunichte macht. Major Lamy, der oft die grauenhaften Exekutionen in den Landes überwacht hat, wurde in einem Hotel in Aldeburgh tot aufgefunden. Er hat sich erschossen. Hauptmann Rey wurde in diesem furchtbaren Strafbrunnen hängend aufgefunden. Ich nehme an, daß er bei seinen Leuten nicht sonderlich beliebt war. So, und jetzt sollten Sie alle nach Hause gehen.«

»Ich werde Isabelle anrufen«, sagte Newman und stand auf. »Nur um sicherzugehen, daß Sie sich in der Wohnung in South Kensington, die wir ihr beschafft haben, wohlfühlt.«

»Wo sie sich in bequemer Reichweite Ihrer eigenen Behausung befindet«, bemerkte Marler.

»Purer Zufall«, fuhr Newman auf.

»Und vielleicht würde Paula gern mit mir essen gehen«, schlug Tweed vor.

»Gute Idee.« Paula sprang auf. »Ich gehe mir nur schnell die Nase pudern.« Sie ging an Newman vorbei, ohne ihm einen Blick zu gönnen.

Monica, die an ihrem Schreibtisch gesessen und sich an der Unterhaltung nicht beteiligt hatte, wartete, bis alle außer Tweed gegangen waren.

»Es ist durchaus möglich, daß Isabelle in den SIS eintritt«, bemerkte Tweed. »Sie ist eine von Lasalle ausgebildete Agentin.«

»Und Ihr Gespräch mit dem Premierminister, bevor Sie die Sitzung hier einberiefen?« erkundigte sich Monica.

»Er hat sich auf nette Weise und rückhaltlos bei mir entschuldigt. Sie erinnern sich, daß Howard berichtete, der Premierminister hätte ihm gesagt, daß er zweigleisig operierte? Um uns zu testen, gewissermaßen? Er hat es dem Verteidigungsministerium überlassen, jemanden vom militärischen Geheimdienst auszuwählen. Man hat sich für Victor Rosewater entschieden! Noch einmal wird der Premierminister so etwas nicht tun. So, und jetzt muß ich gehen und mich ein bißchen frisch machen.«

»Isabelle«, sagte Monica. »Das ist gefährlich. Sie mag die entsprechende Ausbildung haben – Lasalle ist ein Profi. Aber Isabelle und Paula, die sollen zusammenarbeiten? Das gibt Ärger.«

»In Arcachon sind sie sehr gut miteinander ausgekommen.«

»Männer!« Monica verdrehte die Augen. »Das war für kurze Zeit in einer gefährlichen Situation. Über Frauen müssen Sie noch sehr viel lernen.«

»Das bilden Sie sich nur ein ...«

»Meinen Sie? Haben Sie nicht gesehen, wie Paula an Newman vorbeigerauscht ist, ohne ihn eines Blickes zu würdigen? Also gut, heuern Sie Isabelle an. Dann werden Sie sehen, wie die Fetzen fliegen.«